Wolfram Claviez
SEEMÄNNISCHES WÖRTERBUCH

WOLFRAM CLAVIEZ

SEEMÄNNISCHES WÖRTERBUCH

VERLAG DELIUS, KLASING & CO
BIELEFELD

2. Auflage
ISBN 3 - 7688 - 0166 - 7
© Copyright by Delius Klasing & Co, Bielefeld
Printed in Germany 1978
Gestaltung: Siegfried Berning
Zeichnungen:
W. Claviez (86), H. Donat (41), J. Baader (12),
HDW (5), G. Holler (5), W. Stein (1)
Gesamtherstellung:
Druckerei Ludwig Auer, Donauwörth

Dem Andenken an
Kapitän Hermann Piening

INHALT

Vorwort . . . . Seite 9

Wörterteil . . . . Seite 11

Anhang

    1. Im nautisch-technischen Bereich verwendete Abkürzungen . . . Seite 385
    2. Abkürzungen in deutschen Seekarten . . . . Seite 389
    3. Kennzeichen der Nationalität im Segel . . . . Seite 394
    4. Umrechnungsfaktoren für metrische und andere Maßeinheiten . Seite 395
    5. Geschwindigkeiten (kn – km/h – m/s) . . . . Seite 395
    6. Englische Fuß – Meter . . . . Seite 396
    7. Englische Zoll – Meter . . . . Seite 397
    8. Zurückgelegter Weg in sm bei gegebener Fahrt in kn . . . . . Seite 398
    9. Sichtweiten (Leuchtfeuer in der Kimm) . . . . Seite 399
  10. Millimeter Quecksilbersäule – Millibar . . . . Seite 400
  11. Temperaturvergleich Fahrenheit – Celsius . . . . Seite 400
  12. Entwicklung der Rennwertformeln für Segelyachten . . . . . . Seite 402
  13. Internationales Morsealphabet . . . . Seite 403
  14. Buchstabenflaggen – Hilfsstander – Zahlenwimpel . . . . . . Seite 404
  15. Internationales Winkeralphabet . . . . Seite 406
  16. Windstärken und Seegang nach Beaufort . . . . Seite 407
  17. Literaturnachweis . . . . Seite 408

Vorwort zur 1. Auflage

Als Friedrich Kluge, Professor für deutsche Sprache und Literatur, 1911 sein wortgeschichtliches Handbuch „Seemannssprache" herausbrachte, gab er im Vorwort seinem Bedauern darüber Ausdruck, daß er den Stoff in der südlichsten der deutschen Universitätsstädte, in Freiburg, erarbeiten mußte und nicht im Norden, in der Nähe der See. Umgekehrt hier. Der Verfasser ist kein Sprachwissenschaftler, lebt dafür aber in unmittelbarem Kontakt mit jener Welt, deren spezifischer Wortschatz in diesem Buch zusammengetragen worden ist. Demzufolge liegen die Akzente der vorliegenden Arbeit auch nicht auf der sprachwissenschaftlichen Seite, sondern es geht hier in erster Linie um kurze, präzise Begriffsbestimmungen. Wo zum besseren Verständnis knappe wortgeschichtliche Hinweise für sinnvoll erachtet wurden, stützt sich der Verfasser weitgehend auf die etymologischen Standardwerke von Friedrich Kluge und Walter W. Skeat.

Ein besonderes Problem ist bei Büchern dieser Art die Frage der Abgrenzung. Der Anspruch auf Vollständigkeit ist von vornherein illusorisch, es bleibt in jedem Fall eine Auswahl. Behandelt werden hier seemännische Begriffe im weitesten Sinne, jedoch keine Details, die sich aus dem Text von selbst verstehen. Nicht enthalten sind historische Ereignisse und Eigennamen, es sei denn, sie sind zu wissenschaftlich-technischen Begriffen geworden. Dagegen wurde bei nautischen Fachausdrücken auch dann auf eine kurze Erläuterung nicht verzichtet, wenn sie von der Sache her heute überholt zu sein scheinen; denn oft sind sie doch noch im praktischen Sprachgebrauch lebendig, oder sie tauchen in der maritimen Literatur auf, oder sie werden heute mit veränderter Bedeutung zu neuem Leben erweckt. So haben beispielsweise etliche Ausdrücke des modernen Yachtsports ihren eigentlichen Ursprung in der Segelschiffszeit. Englische Wörter wurden mit aufgenommen, soweit sie zum internationalen seemännischen Sprachgut gehören.

Eine Trennung zwischen Begriffen, die der beruflichen Seefahrt und solchen, die der Sportschiffahrt angehören, wurde nicht gemacht, denn eine solche Grenzziehung ist nicht möglich. Die wesentlichen Dinge der Seemannschaft, die Kunst der Navigation, die Regeln der Seestraßenordnung usw. sind für alle Beteiligten dieselben. Wenn über das rein Seemännische und Schiffstechnische hinaus manches in diesem Buch enthalten ist, was auf den ersten Blick in ein Wörterbuch der Technik hineinzugehören scheint, so beruht das auf voller Absicht. Seefahrt und Schiffsführung und selbst der Sport sind in unseren Tagen in höchstem Maße von Technik durchdrungen, und darum sind auch auf diesem Sektor exakte Begriffsbestimmungen unerläßlich. Die zur Zeit im Fluß befindliche Umstellung auf das Internationale Einheitensystem macht eine Reihe von Definitionen solcher technischer Begriffe, die auch für die Seefahrt von Bedeutung sind, sogar zu einer ganz aktuellen Aufgabe. Im übrigen wurde der Erklärung älterer, für die Nautik einstmals wichtiger und auch noch heute gebräuchlicher Maßeinheiten besondere Aufmerksamkeit geschenkt.

Zum systematischen Aufbau dieses Wörterbuches sei bemerkt, daß die alphabetische Reihenfolge der Wörter hier und da geringfügig verschoben wurde zugunsten einer Zusammenfassung zusammengehöriger Begriffe. Die Schreibweise älterer Schiffstypen wurde im Zweifelsfalle so gewählt, wie sie zu deren Zeit authentisch war. Wo es eine verbindliche Schreibweise nicht gab bzw. gibt, ist dies ausdrücklich vermerkt.

Zum Schluß sei allen Freunden aus den Bereichen Schiffbau, Schiffahrt und Yachtsport gedankt, die mich mit mancherlei Anregungen unterstützten. Insbesondere danke ich Herrn Kapitän Max Zabel, Deutsches Hydrographisches Institut, Hamburg, für wertvolle Hinweise und die kritische Durchsicht des Manuskripts.

Hamburg, 1973   Wolfram Claviez

Vorwort zur 2. verbesserten Auflage

Die Verbesserungen dieser Neuauflage sind verschiedener Natur. Neben der Beseitigung einiger Druckfehler und der Überarbeitung dieser oder jener unzureichenden Formulierungen umfassen sie eine Reihe von Änderungen, die sich seit der Erstausgabe aufgrund der technischen Entwicklung oder gesetzlicher Bestimmungen ergeben haben.

Bei Stichwörtern, deren Geschlecht nicht jedermann bekannt sein dürfte und wo dieses nicht eindeutig aus dem Text ersichtlich ist, wurde die Bezeichnung *m., w.* oder *s.* hinzugefügt.

Es besteht die Veranlassung, darauf hinzuweisen, daß man bei zusammengesetzten Wörtern unter dem zweiten Wortteil suchen möge, wenn man den Begriff unter dem ersten vermißt, denn zur Vermeidung von Wiederholungen sind z. B. mehrfach vorkommende Takelungselemente nur einmal erklärt (*Schot* statt Großschot, Fockschot, Klüverschot usw.). Der Zusammenhang ist jeweils offensichtlich und bedarf keiner weiteren Erörterung.

Das handige Format des Buches und die Klarheit des Druckbildes sind sehr begrüßt worden, darum schlagen sich die Verbesserungen insgesamt nur in einer Intensivierung des Textes nieder. Von einer Erweiterung des Umfangs wurde abgesehen.

Hamburg 1978　　　　　　　　　Wolfram Claviez

Bei Fremdwörtern sind kurze Hinweise zur sprachlichen Herkunft gegeben. Dabei werden die nachfolgenden Abkürzungen verwendet:

a-	alt-	mal.	malaiisch
arab.	arabisch	n-	neu-
dt.	deutsch	nd.	niederdeutsch
engl.	englisch	nl.	niederländisch
eskim.	eskimoisch	nord.	nordisch
frz.	französisch	norw.	norwegisch
germ.	germanisch	pers.	persisch
grch.	griechisch	port.	portugiesisch
ital.	italienisch	russ.	russisch
lat.	lateinisch	schwed.	schwedisch
m-	mittel-	span.	spanisch

Ein ausführliches Verzeichnis nautisch-technischer Abkürzungen befindet sich hinter dem Textteil Seite 385.

A An Stelle der früher gültigen Schiffsführungspatente
A 6 Kapitän auf Großer Fahrt
A 5 Seesteuermann auf Großer Fahrt
A 4 Kapitän auf Kleiner Fahrt I
A 3 Kapitän auf Kleiner Fahrt II
A 2 Seesteuermann auf Kleiner Fahrt
A 1 Seeschiffer auf Küstenfahrt
sind 1970 die nachfolgenden Bezeichnungen für Befähigungsnachweise des nautischen Schiffsoffiziers getreten:
AG Kapitän auf Großer Fahrt
AGW Nautischer Schiffsoffizier auf Großer Fahrt
AM Kapitän auf Mittlerer Fahrt
AMW Nautischer Schiffsoffizier auf Mittlerer Fahrt
AK Kapitän auf Kleiner Fahrt
AKW Nautischer Schiffsoffizier auf Kleiner Fahrt
AKü Seeschiffer in der Küstenfahrt

A 0 ·/· A 5 Kennzeichen für verschiedene Sendearten im Seefunkverkehr. Es bedeuten:
A 0 ungedämpfte Trägerwelle ohne Modulation, und ohne Signal.
A 1 ungedämpfte Trägerwelle ohne Modulation, aber mit Signal. Die Signalabgabe erfolgt durch rhythmische Unterbrechung (Morsezeichen).
A 2 ungedämpfte Trägerwelle mit Tonmodulation.
A 3 ungedämpfte Trägerwelle mit Sprache oder Musik moduliert.
A 4 ungedämpfte amplitudenmodulierte Wellen zur Übermittlung von festen Bildern (Bildfunk).
A 5 ungedämpfte amplitudenmodulierte Wellen zur Übermittlung von beweglichen Bildern (Fernsehen).

A 1; A 4 In Verbindung mit den Zahlen 100 oder 90 Gütebezeichnungen für Seeschiffe. Siehe Klassifikation.

Aak *s. u. w.* Flachbodiges niederrheinisch-friesländisches Segelfahrzeug für Fracht und Fischerei. Auffällig ist die stevenlose Bugform; die Planken bzw. Platten laufen in flacher Kurve bis zur Höhe des Decks. Die Schiffe sind als Slup oder Ketsch getakelt und haben Seitenschwerter. Die am Lemmer als Fischerboot entstandene Lemmeraak (Lemsteraak) ist heute in Holland als Yacht sehr beliebt. In Deutschland unterschied man früher Rheinaaken, Neckar- und Ruhraaken. Als Heimat dieses Flußschiffstyps gilt die Lippe (Dorsten).

A. B. (engl.) *Able Bodied.* Bezeichnung in den Schiffspapieren für Vollmatrose.

Abandon (frz.) *m.* Dieser Begriff kommt im Seefrachtgeschäft sowie in der Seeversicherung vor und heißt wörtlich (gleichlautend im frz. und engl.) Verzicht, Preisgabe eines Rechtes. Im Reedereirecht z. B. Aufgabe einer Schiffspart zwecks Befreiung von beschlossenen Einzahlungen. In der Seeversicherung bedeutet Abandon für den Versicherer, daß dieser durch Zahlung der Versicherungssumme von allen weiteren Verbindlichkeiten befreit ist; für den Versicherten, daß die Rechte an dem Schiff auf den Versicherer übergehen. Die Urkunde darüber heißt *Abandonrevers*.

abandonnieren Ein Schiff aufgeben.

abarbeiten 1. Ein Segelschiff von → Legerwall freikreuzen.
2. Arbeitsleistung als Gegenwert für eine Passage.

abbacken Die Back nach dem Essen abräumen; Backgeschirr abwaschen und verstauen.

abbäumen Ein Schiff mit Spieren vom Kai abhalten, damit Schuten oder Arbeitsboote auch zwischen Kai und Schiff festmachen können oder das Schiff in Schwellhäfen frei vom Kai liegt.

abbeizen Entfernen alter Lack- oder Farbanstriche mittels scharfer Lösungsmittel.

abblenden 1. Verdunkeln aller nach außen gehenden Fenster sowie das Löschen von Decklichtern, die von anderen Schiffen mit Positionslaternen bzw. Arbeitslampen (Fischerei) ver-

abbrechen

wechselt werden könnten.
2. Totales Verdunkeln bei Kriegsschiffen, Zollkreuzern o. ä. im Einsatz.

abbrechen 1. Abwracken, siehe dort.
2. Abbrechen einer Wettfahrt. Eine Wettfahrt gilt als abgebrochen, wenn sie zu irgendeinem Zeitpunkt nach dem Startsignal vom Wettfahrtausschuß für ungültig erklärt wird, aber nach Ermessen des Ausschusses neu zur Austragung kommt. Als Abbruchsignal gilt Flagge N des Internationalen Signalbuchs, allein oder in Verbindung mit anderen Signalen.

abbringen Ein auf Grund gelaufenes Schiff durch Krängen, Leichtern oder Abschleppen wieder flott machen.

Abdampf Wasserdampf, der nach der Energieabgabe in Turbinen beim Austritt noch ein ausreichendes Wärmegefälle hat, um betriebstechnisch genutzt zu werden. (Abdampfturbinen, -heizung, -strahlpumpen, -vorwärmer usw.)

abdecken 1. Ein in Lee segelndes Boot in den Windschatten der eigenen Segel bringen.
2. Luken mit Persenningen wasserdicht verschließen.

abdichten Ein Leck mittels Lecksegel oder anderer Materialien dicht machen. Je nach Baustoff eines Schiffes Undichtigkeiten durch Kalfatern, Kleben, Schweißen oder Nieten beseitigen. Bei Stabdecks Decksnähte kalfatern und ausgießen.

abdrehen Den Kurs eines Schiffes ändern, um einer Gefahr auszuweichen.

Abdrift (siehe Abtrift) Durch Seitenwind hervorgerufener Leeweg eines Schiffes.

Abendstern Der Planet Venus in östlicher Elongation. Da die Venus stets dicht bei der Sonne steht (maximal 48°), ist sie über dem Westhorizont kurz nach Sonnenuntergang als Abendstern, in westlicher Elongation dagegen über dem Osthorizont vor Sonnenaufgang als Morgenstern zu sehen. Vergl. Elongation.

abfallen Den Kurs einer Segelyacht dahingehend ändern, daß der Wind voller in die Segel fällt: auf Backbord-Bug nach Backbord, auf Steuerbord-Bug nach Steuerbord. Das Gegenteil ist *anluven*.

abfangen 1. Eine Last oder einen beweglichen Gegenstand sicher verzurren.
2. Eine Festmache- oder Schleppleine in ihrer freien seitlichen Beweglichkeit einengen.

Abflachungsreff Im Großsegel einer modernen Rennsegelyacht ein in flacher Kurve längs des Großbaumes verlaufender Reißverschluß, mit dem man das Segel wahlweise flach trimmen oder bauchig fahren kann.

abflauen Nachlassen des Windes.

Abgaskessel Kessel, der von den Abgasen der Hauptmaschine beheizt wird. Er liefert Dampf für Heizzwecke und den Betrieb von Hilfsmaschinen.

Abgasturbo-Aufladung Aufladung eines Dieselmotors mittels einer Abgasturbine. Siehe Aufladung.

abgezogene Räume Diejenigen Räume eines Schiffes, um die sich Brutto- und Nettoraumgehalt voneinander unterscheiden. Siehe Raumgehalt.

abgreifen Messen der Entfernungen auf der Seekarte mit Hilfe des Zirkels.

abhalten 1. Den Kurs eines Schiffes so ändern, daß es von einem Hindernis freikommt.
2. Dasselbe wie → abfallen (vom Wind abhalten).

Ablader Im Seefrachtgeschäft derjenige, der den Frachtvertrag mit dem Reeder oder Schiffsmakler abschließt, gleichbedeutend mit Versender. Das kann ein Spediteur sein, oder der exportierende Fabrikant (Urablader).

ablandig Der Wind, der vom Land ab nach See weht. Das Gegenteil ist auflandig.

Ablauf Siehe Stapellauf.

ablaufen 1. Vom → Stapel laufen; Zuwasserlassen eines neuerbauten Schiffes.
2. Ablaufendes Wasser, siehe Ebbe.
3. In der Meilenfahrt „die Meile ablaufen", um die Fahrt des Schiffes zu messen.

ablegen Ein Schiff an seinem Liegeplatz zur Abfahrt bereitmachen, es durch Ausnutzung von Strom und Wind nach Möglichkeit derart abkanten, daß es nach dem Einholen der letzten Festmacheleine ungehindert freies Wasser erreicht. Zum Ablegen unter Segeln das Schiff vorher in den Wind legen und nach Einholen der Vorleine abfallen, bei einem maschinengetriebenen Fahrzeug evtl. → eindampfen.

Ableichterung Umladung eines Teils der Schiffsladung in andere Schiffe (Leichter) zur Verringerung des Tiefgangs.

abliegender Gang Bei genieteten Schiffen älterer Bauart jeweils derjenige Plattengang der Außenhaut, der nicht unmittelbar auf den Spanten aufliegt, sondern auf den benachbarten *anliegenden* Gängen.

Ablenkung Siehe Deviation.

Ablösung 1. Wachwechsel.
2. Bei einem Strömungsvorgang liegt Ablösung vor, wenn infolge scharfer Kanten oder anderer strömungstechnisch ungünstiger Formen die Strömung ein Gebiet nicht ausfüllt und sich *Totwasser* bildet.

abloten In einem bestimmten Gebiet durch Loten die Wassertiefe messen, z. B. beim Aufgrundlaufen die Region rund um das Schiff.

Ablüfter Lüfter, der Luft aus dem Raum herausschafft (Abluft). Natürliche Ablüfter arbeiten mit Düse und Sog, künstliche mit Ventilatoren.

Abmessungen Siehe Hauptabmessungen.

Abmusterung Beendigung des Dienstverhältnisses einer Mannschaft oder einzelner Leute vor dem Seemannsamt. Lösung des *Heuervertrages*. Vergl. Musterung.

Abnahme Prüfung und Anerkennung von Material, technischen Einrichtungen und Arbeiten durch Abnahmebeamte, die von seiten der Reederei oder Klassifikationsgesellschaft gestellt werden.

Abnahmefahrt Die Probefahrt, auf der nach Erfüllung aller Leistungsbedingungen das Schiff dem Reeder übergeben wird.

abreiten (einen Sturm) 1. Vor Anker oder Treibanker liegend einen Sturm über sich ergehen lassen.
2. Durch Beidrehen einen Sturm abwettern, in einem offenen Boot auf hoher See nach Möglichkeit durch Ausbringen einer Art Floß aus allen entbehrlichen Spieren und sonstigen schwimmenden Gegenständen, woran man die Vorleine festmacht und ihr 10 bis 15 m Lose gibt. Dieses Floß dient zugleich als Wellenbrecher und Treibanker.

ABS 1. *A*merican *B*ureau of *S*hipping. Amerikanische Klassifikationsgesellschaft, New York.
2. *A*crylnitril-*B*utadien-*S*tyrol. Thermoplastischer Kunststoff, der u. a. für die fabrikmäßige Herstellung kleinerer Boote verwendet wird.

abscheren 1. Begriff aus der Festigkeitslehre: abquetschen, quertrennen.
2. Wird ein Schiff längsseits eines anderen geschleppt, kann es durch das anströmende Wasser bei entsprechender Ruderlage von dessen Bordwand freihalten, es schert ab.

Abschiedssignal Flagge P (den „Blauen Peter") setzt ein Schiff, das binnen 24 Stunden ausläuft.

abschlagen Ein Segel von seinen Spieren (Rah, Baum, Gaffel) losmachen, etwa um es im Segelsack zu verstauen oder gegen ein anderes auszutauschen. Nicht gleichbedeutend mit abtakeln.

abschleppen Ein manövrierunfähiges Schiff in Schlepp nehmen.

Absegeln Beim Segelsport gemeinsame letzte Fahrt zum Abschluß der Segelsaison.

absetzen 1. Ein Boot absetzen: Das Boot mit der Hand oder mittels Bootshaken vom Ab- oder Anlegeplatz freihalten.
2. Kurs absetzen: Den gewählten Kurs in die Seekarte einzeichnen.
3. Im Frachtverkehr bedeutet absetzen die Abnahme der Güter vom Kai, Lager, Waggon oder anderen Fahrzeugen in das Schiff und umgekehrt.

abstagen Dem Mast durch Stagen und Wanten Halt geben, ihn mit dem Schiff verankern und dergestalt verspannen, daß er gegen Knicken und Bruch gesichert ist.

Abstecher Von nl. *afsteeken*; ursprünglich eine kurze Fahrt im kleinen Boot, das mit dem Bootshaken vom Schiff „absticht".

abtakeln Das gesamte stehende und laufende Gut (Drahtseile und Tauwerk) von einer Yacht herunternehmen, Masten legen usw., beispielsweise zum Transport oder als Vorbereitung für das Winterlager.

Abteilung Der Schiffsraum zwischen zwei wasserdichten Schotten.

Abteilungsfaktor Ein Rechenwert, der mit der „flutbaren Länge" multipliziert die zulässige Länge der Abteilungen eines Fahrgastschiffes bestimmt. Der Abteilungsfaktor wird von der Schiffslänge und vom Verwendungszweck des Schiffes beeinflußt.

Abtrift (Abdrift) Durch Seitenwind hervorgerufener Leeweg eines Schiffes; Winkel zwischen Kielrichtung und wahrem Weg durchs Wasser. Für die Kurskorrektur gilt die Abtrift als positiv, wenn das Schiff nach Stb., als negativ, wenn es nach Bb. treibt. Die Abtrift ist nicht zu verwechseln mit Stromversetzung.

Abweichung, δ Im → Koordinatensystem des Himmelsäquators wird der Ort eines Gestirns durch dessen Abweichung und Stundenwinkel festgelegt. Die Abweichung ist der Abstand vom Himmelsäquator bis zum Gestirn auf dessen Stundenkreis. In der Astronomie ist für Abweichung der Begriff Deklination gebräuchlich.

Abweichungsparallel *m.* Parallel zum Himmelsäquator verlaufender Nebenkreis. Die Abweichungsparallele entsprechen den Breitenparallelen der Erdoberfläche und werden dementsprechend vom Himmelsäquator ausgehend nach Nord und Süd von 0 bis 90° bezeichnet.

Abweitung Längenunterschied auf einem Breitenkreis in Seemeilen. Die Abweitung der jeweiligen Breiten ist gleich der entsprechenden Distanz am Äquator · cos φ. (φ = geogr. Breite)

abwettern Einen Sturm, eine Bö seemännisch fachgerecht durchstehen.

Abwind Der durch ein Segel abgelenkte Wind, der den Sog auf der Leeseite eines anderen Segelfahrzeuges stört.

abwracken Ein ausgedientes Schiff abbrechen, verschrotten. Schiffe dürfen in Freihäfen ohne zollrechtliche Beschränkungen abgewrackt werden.

Achter Rennruderboot für 8 Ruderer und einen Steuermann.

achtern Hinten. *Achter-* in zusammengesetzten Worten soviel wie *Hinter-*
achteraus: in Richtung nach hinten, achterlastig:
Schiff taucht hinten tiefer ein als vorn
Achterleine: hintere Festmacheleine
Achterkante: am hinteren Ende, usw.

achterlich An Bord allgemein eine Richtung von querab bis achteraus. „2 Strich achterlicher als dwars" bezeichnet z. B. die Begrenzung des Lichtscheins der Positionslaternen.

Achterholer Leine, mit welcher der am Spinnakerbaum festgemachte Hals des Spinnakers nach achtern geholt wird.

Achtknoten Knoten, der das Ausrauschen einer Leine verhindern soll. Wird insbesondere bei den Schoten der Vorsegel angewandt. Siehe Knoten.

Achterstag Auf hochgetakelten Yachten Stag vom Masttopp zum Heck; braucht im Gegensatz zu den → Backstagen beim Kreuzen nicht losgemacht zu werden.

Act of God (engl.) Höhere Gewalt.

Adcock-Peilanlage Nach ihrem englischen Erfinder benannte Funkpeilanlage, bei welcher durch versetzte Antennen Peilfehlerquellen ausgeschaltet werden. Nur die Vertikalkomponente des elektrischen Feldvektors der Wellen wird empfangen, wodurch der Dämmerungseffekt (Nachteffekt) abgeschwächt wird.

adiabatisch (grch.-lat. „nicht hindurchtretend"). Temperaturänderung eines Gases bei veränderlichem Druck ohne Wärmeverlust oder -gewinn.

Admiral Befehlshaber zur See im Range eines kommandierenden Generals. Das Wort ist arabischen Ursprungs; *amir*, Befehlshaber, *ar-rahl*, Transport. Quereinfluß von lat. *admirari*, bewundern. Als militärische Ränge gibt es Flottillenadmiral, Konteradmiral, Vizeadmiral, Admiral. Früher darüber hinaus General- und Großadmiral.

Admiralität Oberste militärische Kommandobehörde des Marinewesens eines Staates. In Deutschland existierte eine Admiralität als oberste kaiserliche Marinebehörde bis kurz vor 1900, dann wurde sie aufgehoben.

Admiralitätsanker Veraltete Bezeichnung für Stockanker. Siehe Anker.

Admiralitätsformel

$$C = \frac{D^{\frac{2}{3}} \cdot v^3}{PSi}$$

Eine veraltete Annäherungsformel, nach der sich auf der Basis des Vergleichs mit ähnlichen Schiffen überschlägig die erforderliche Leistung für eine gewünschte Geschwindigkeit errechnen läßt. In der Formel bedeuten:
C = empirischer Wert je nach Schiffstyp.
D = Deplacement in Tonnen.
v = Geschwindigkeit in Knoten.
PSi = indizierte Leistung.

Admiral's Cup Eine der begehrtesten Trophäen in der internationalen Hochsee-Regattasegelei. Die Wettfahrten um den Admiral's Cup werden alle zwei Jahre im Rahmen der Cowes Week im Ärmelkanal ausgetragen und bestehen aus vier Einzelrennen: Dem Channel Race, zwei der sieben Regatten der Cowes Week im Solent, und schließlich dem Fastnet Race (Südspitze Irlands). Der Kampf um den Admiral's Cup ist eine Mannschaftsregatta, an der pro Nation drei Yachten teilnehmen dürfen. Die Yachten müssen einen Rennwert zwischen 34 Fuß und 42 Fuß nach IOR-Vermessung haben. Maßgebend für die Bewertung sind die berechneten Zeiten. Neben der Mannschaftsbewertung werden die Rennen auch einzeln bewertet.

ADS Allgemeine Deutsche Seeversicherungsbedingungen. Nach diesen kann jedes in Geld schätzbare Interesse an Schiff und Ladung gegen die Gefahren der Seefahrt versichert werden: Schiff (Kasko-Versicherung), Ladung (Kargo-Versicherung), Fracht (Frachtforderungen), Imaginärer Gewinn u. a.
Nicht versichert wird der Nutzungsverlust, z. B. infolge Schiffsreparatur.

Advance-Note (engl.) Diese von den Seeleuten in der Segelschiffahrtszeit kurz und bündig „Avangß-Schien" genannte Note war eine Anweisung über den Betrag einer Monatsheuer Vorschuß, die nicht sofort eingelöst werden konnte, sondern erst vier Tage nach Auslaufen des Schiffes. Durch diese Maßnahme versicherte sich die Reederei, daß der Seemann seinen Dienst auch tatsächlich antrat.

Advektion (lat.) *w.* In der Meteorologie die Bildung von Wolken durch horizontale Luftbewegung, z. B. durch Aufgleiten feuchtwarmer Luft auf polare Kaltluftmassen. Vergl. Konvektion.

Aerodynamik (grch.) Derjenige Zweig der Physik, der sich mit der Lehre der strömenden Gase befaßt, wobei vorausgesetzt wird, daß die Volumenänderung der Gase so klein ist, daß man sie vernachlässigen kann, und dabei die gleichen Gesetze anwendbar sind, wie sie für Flüssigkeiten gelten. Diese Voraussetzung trifft für Strömungsgeschwindigkeiten bis etwa 50 m/s zu.
In der modernen Flug- und Raumfahrttechnik mit den dort auftretenden extremen Geschwindigkeiten greifen die aerodynamischen Probleme auch auf andere physikalische Bereiche über.
In bezug auf das in diesem Buch angesprochene Sachgebiet versteht man unter Aerodynamik die Lehre von den Kräften, die der Wind über die Segel auf ein Boot überträgt und es vorwärts treiben, die Lehre von Widerstand und Auftrieb.

Aggregat (lat.) *s.* Angehäuft. Ein aus mehreren Gliedern bestehender Maschinensatz, z. B. eine zur Stromerzeugung gekoppelte Einheit von Motor und Dynamo.

Agone (Null-Isogone) (grch.-nlat.) *w.* Winkellose Linie. Verbindungslinie aller Orte, deren magnetische Mißweisung gleich Null ist.

Ahming *w.* Vorn und achtern angebrachte Markierungen zum Ablesen des Tiefgangs eines Schiffes. Angabe in Dezimetern bzw. Fuß. Gemessen wird von Unterkante Kiel bis zur Basislinie der jeweiligen Zahl.

Ähnlichkeitsgesetz Aufgrund des Ähnlichkeitsgesetzes ist es möglich, Widerstand und erforderliche Antriebsleistung eines Schiffes durch Meßwerte aus Modellschleppversuchen im voraus zu errechnen. Bei geometrisch ähnlichen Körpern darf man bei „korrespondierenden Geschwindigkeiten" gleichartige Wellenbildung und somit maßstäbliche Formwiderstände erwarten. William Froude kam durch Umformung des Newtonschen Ähnlichkeitsgesetzes auf das Verhältnis

$$\frac{v}{\sqrt{g \cdot L}} = \frac{v'}{\sqrt{g' \cdot L'}} = F$$

die sog. „Froudesche Zahl". In der Formel bedeuten v und L Geschwindigkeit und Länge des zu berechnenden Schiffes, v' und L' die entsprechenden Werte des geschleppten Modells. (g = Fallbeschleunigung).
Analog diesem für die Wellenbildung gültigen Ähnlichkeitsgesetz von Froude stellte Reynolds einen entsprechenden Zusammenhang für den Zähigkeitswiderstand her.

ahoi Früher gebräuchlicher Anruf eines Schiffes oder Bootes. Nachahmung des seit dem 18. Jh. bezeugten engl. „ahoy".

Aktionsradius Strecke, die ein maschinengetriebenes Fahrzeug mit seinem Brennstoffvorrat zurücklegen kann. Die Rückfahrt ist eingeschlossen, also nur halbe Reichweite.

Aktivruder Ruder mit eingebautem E-Motor und Propeller. Es ist besonders für Spezialschiffe geeignet, bei denen es wesentlich auf die Manövrierfähigkeit ankommt. Es hat den großen Vorteil, auch ohne Fahrt des Schiffes wirksam zu sein.

Alarmzeichen Siehe Seenotruf.

Albatros Seevogel aus der Familie der Sturmvögel mit einer Flügelspannweite bis über 4 m. Der Name ist aus dem Arabischen über das Spanische und weitere Umwege ins Deutsche gelangt und bedeutete ursprünglich „Krug" und dann „Brunnenrohr". Die etwas sonderbare Übertragung dieses Namens auf den Vogel ist auf dessen Schnabelform zurückzuführen.
Der Albatros ist auf den Weltmeeren vor allem der südlichen Breiten zu Hause. Er ist zu einem Ehrennamen für die letzten Kapitäne geworden, die noch als Kapitän um Kap Hoorn gesegelt sind.

Alcunic Firmenbezeichnung für einen hochwertigen Werkstoff, aus dem Propeller hergestellt werden (Bronze mit den Hauptbestandteilen *Al*uminium, *Ku*pfer, *Ni*ckel).

Alfol Dünne *Al*uminium*fol*ien in zahlreichen Schichten übereinander als Isoliermaterial für Lade- und Proviantkühlräume von Schiffen.

Alhidade w. (arab. *al-hidad*, Pfeiler, Säule, Pfosten). Zeigerarm des Sextanten mit dem beweglichen Spiegel. Der Mittelstrich der A. zeigt auf dem Gradbogen den gemessenen Winkel an.

Almanach m. Dieser Name für die ägyptischen Kalender – wahrscheinlich koptischen Ursprungs – nahm seinen Weg über das Lateinische in die europäischen Sprachen. Die Bedeutung, die das Wort noch heute für die Navigation hat, nämlich eine Sammlung von Ephemeriden und nautischen Tafeln, entspricht am ehesten der ursprünglichen als eines Kalenders, der astronomische, später auch astrologische Notizen enthielt. Im Lauf der Jahrhunderte wurde der Begriff Almanach dann auch zu einem kalenderartigen Jahrbuch allgemein mit unterhaltendem Inhalt.
Unter dem Namen „Nautical Almanac" erschien in England erstmals 1767 ein Jahrbuch mit vorausberechneten astronomischen Werten. Es diente zunächst der Wissenschaft und Seefahrt gemeinsam. Seit 1914 Trennung zwischen wissenschaftlichen und für den praktischen Gebrauch an Bord bestimmten Ephemeriden. Erstere heißen seit 1960 „Astronomical Ephemeris", letztere „Nautical Almanac". Diese entsprechen dem deutschen „Nautischen Jahrbuch".

Altersklassen Klassen von Rennyachten, die nicht mehr für Neubauten offen sind, z. B. die „nationalen 45er" (Segelzeichen P), 60er (A), 75er (O) usw., sowie Küstenjollen, Sonderklassen u. a.

Altersvergütung Yachten älteren Baudatums (vor 1963) erhalten gegenüber neuen im Ausgleichsverfahren eine Zeitvergütung von 1% auf den Zeitberichtigungsfaktor, vorausgesetzt, daß keine Umbauten am Unterwasserschiff vorgenommen worden sind und etwaige Änderungen an der Besegelung unter 10% des Vor- und Großsegeldreiecks liegen.

Alto ... (lat. *hoch*) Meteorologische Bezeichnung für mittelhohe bis hohe Wolken: *Altocumulus* (Haufenwolken) und *Altostratus* (Wolkenschichten) zwischen 2500 und 6000 m Höhe.

Altwasser Flußschlinge, die infolge natürlicher Durchbrüche oder im Zug einer Flußbegradigung stromlos geworden ist.

Aluminium, Al Metallisches Element der dritten Hauptgruppe des Periodensystems der Elemente. Ein leichtes Metall (Dichte 2,7 g/cm³), aus dem sich Legierungen von hoher Festigkeit bei geringem Gewicht herstellen lassen. Diese Legierungen enthalten in der Regel über 90% Aluminium, der Rest setzt sich aus Kupfer, Mangan und Magnesium zusammen.
Im zunehmenden Maße werden hochwertige Rennyachten aus Aluminium gebaut. Das Baumaterial hat neben seinem geringen Gewicht den Vorteil, nicht zu rosten, doch neigt es zu galvanischer Korrosion. Das Material ist schweißbar. Im Großschiffbau verwendet man es gelegentlich für Aufbauten und für Rettungsboote.

a. m. (lat. *ante meridiem*, vor dem Meridian). Vormittags.

Amboßwolke Form einer Cumuluswolke, die dadurch entsteht, daß über ihr liegende wärmere Luft als Sperrschicht für den Auftrieb wirkt und die Wolke an ihrer Oberseite auseinanderfließt.

America-Pokal (America's Cup) Ein 1851 von der Königin Victoria für eine Regatta rund um die Insel Wight gestifteter Pokal (Queen's Cup), der zur begehrtesten Segeltrophäe der Welt geworden ist. Der amerikanische Schoner „America" gewann überlegen gegen eine starke englische Konkurrenz. In New York wurde der Pokal durch Stiftung Wanderpreis mit der Auflage, daß der Herausforderer den Atlantik auf eigenem Kiel überqueren muß. Abgesehen von zwei erfolglosen kanadischen Herausforderungen 1876 und 1881 blieb es ein anglo-amerikanisches Duell bis 1962, als Australien sich erstmalig einschaltete. Bis 1920 kämpften unterschiedliche Yachten auf der Grundlage errechneter Zeitvergütung gegeneinander, danach die Yachten der J-Klasse

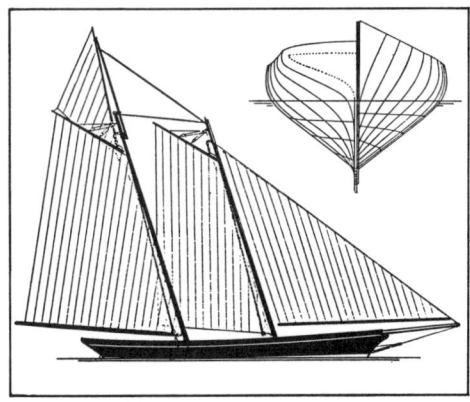

Der Schoner „America", der 1851 gegen die britische Konkurrenz so sensationell gewann.

mit einem Rennwert von 76 Fuß; seit dem Zweiten Weltkrieg Yachten der 12-m-R-Klasse. Die Austragung erfolgt heute auf olympischem Kurs, nicht öfter als alle drei Jahre.

Ampere, A Nach dem frz. Physiker A. M. Ampère (1775-1836) benannte Einheit der elektrischen Stromstärke. Basiseinheit im Internationalen Einheitensystem. (Moderne Schreibweise ohne Akzent.)

Amplitude (lat.) *w.* 1. Größte Schwingungsweite, der Scheitelwert einer Schwingung. In der Gezeitenlehre das Steigen und Fallen des Wassers um den Mittelwert bis zu den Scheitelpunkten.
2. Winkelabstand vom Ersten Vertikal bis zum Gestirnsmittelpunkt beim wahren Auf- und Untergang des Gestirns (Ostpunkt bis Gestirn beim Aufgang, Westpunkt bis Gestirn beim Untergang). In der nautischen Praxis auch das Azimut beim wahren Auf- und Untergang.

AMVER *A*utomated *M*utual-assistance *V*essel *R*escue System. Meldesystem, das von der U. S. Coast Guard eingerichtet worden ist und der zentralen Steuerung von Rettungsmaßnahmen in Seenotfällen dient. Grundlage für dieses System bilden laufende Positionsmeldungen einer großen Anzahl von Schiffen. Die in einer Zentrale in Computern gespeicherten Werte lassen in Seenotfällen sofort die nächstgelegenen Schiffe ermitteln. Das AMVER-System erstreckt sich

Amphidromie

über die Seegebiete: Atlantischer Ozean, Karibisches Meer, Golf von Mexiko, Pazifischer Ozean.

Amphidromie (grch.-nlat.) *w.* „Umlaufen". Drehwellen, die in breiten Meeresbecken durch Überlagerung von Längs- und Querschwingungen entstehen. In der Gezeitenlehre, Bereich des Seegebietes, wo der Tidenhub durch Überlagerung mehrerer Gezeitenwellen aufgehoben wird, wo die Flutstundenlinien (Linien gleicher Hochwasserzeit) in einem Punkt zusammenlaufen. Anzahl und Lage der A. sind abhängig vom Verlauf der Küstenlinien und anderen Faktoren. Im Nordseeraum gibt es drei Amphidromien.

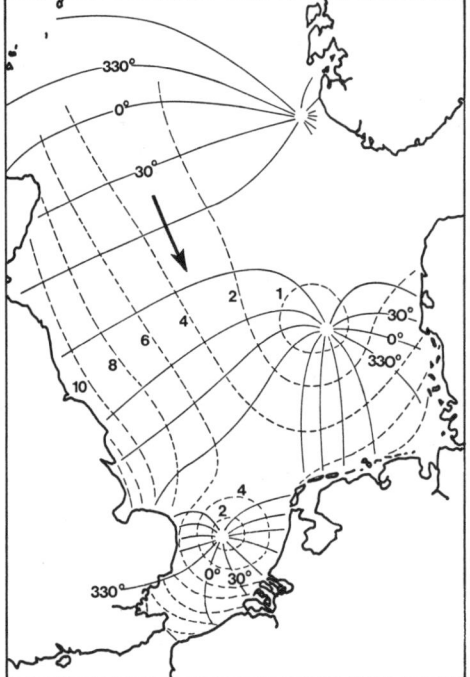

Die 3 Amphidromien des Nordseegebietes. Die ausgezogenen Linien verbinden Orte gleicher Hochwasserzeiten miteinander (Flutstundenlinien in vollen Mondstunden nach dem Meridiandurchgang des Mondes in Greenwich). Gestrichelt: Linien gleichen Springtidenhubes in Fuß.

am Wind segeln Auch *beim Wind* segeln: Der Kurs liegt im spitzen Winkel zur Windrichtung. Je spitzer der Winkel, desto „höher" segelt das Schiff am Wind.

Amwind-Segelfläche Summe der Flächen aller Segel, die eine Yacht bei mäßiger Brise am Wind tragen kann. Sie deckt sich etwa mit der vermessenen Segelfläche. Vergl. Beisegel.

„an Bord" (Aboard, on board.) Im Seefrachtgeschäft ein wichtiger Vermerk, der besagt, daß die Ware sich tatsächlich an Bord befindet.

anbrassen Die Segel eines Rahseglers mittels der Leebrassen soweit anholen, daß sie im spitzen Winkel zur Schiffslängsachse stehen und das Schiff am Wind segeln kann.

an den Wind gehen Kursänderung vom raumeren zum Amwind-Kurs; Segel dichter holen.

Anderthalbmaster Segelfahrzeuge, bei denen der achtere Mast niedriger ist als der vordere. Unter den Yachten *Ketsch* und *Yawl*.

andirken Zum Zwecke des Segelbergens oder Trimmens die Dirk durchsetzen, so daß der Baum nicht mehr vom Segel getragen wird, sondern an der Dirk hängt.

Anemometer (grch.) *s.* Meßgerät für die Windgeschwindigkeit.

Aneroid-Barometer (grch.-lat.) Gerät zum Messen des Luftdrucks mittels federnder Vakuumdosen.

Anfangsstabilität Stabilität eines Schiffes bei sehr geringer Neigung. Sie ist durch die Form des Schiffes bedingt. Breite, flache Schiffe haben eine große Anfangsstabilität (Jollen), schlanke Kielyachten dagegen eine große Endstabilität. Siehe Formstabilität.

Anhänge Diejenigen Teile des Unterwasserschiffes, die nicht direkt zum Rumpf gehören, jedoch bei der Berechnung der benetzten Oberfläche berücksichtigt werden müssen, wie Ruder und Schlingerkiele.

anheuern Siehe Musterung.

Anker Hakenförmiges Gerät aus unlegiertem Stahlguß oder Schmiedestahl, das auf den

Grund fallen gelassen wird, um ein Schiff durch eine an ihm befestigte Kette oder Trosse auf seiner Position zu halten. Lat. *uncus,* gekrümmt, Haken, und grch. *ánkyra* weisen auf eine Erfindung aus der Antike hin, die die Germanen von den Römern übernommen haben. Die Teile des Ankers heißen: Schaft, Arme, Pflugen oder Flunken, Hände, Stock, Ring oder Roring, Gelenk oder Kreuz, je nach Konstruktion. Die mit dem Anker zusammenhängenden Tätigkeiten: ankern, vor Anker gehen, vor Anker liegen, ankerauf gehen, Anker lichten oder hieven. Die Ankerkommandos heißen „fallen Anker", „festhieven" (wenn genügend Kette aus ist) und „Anker lichten". Vom Vorschiff wird „kurzstag" gemeldet, wenn beim Lichten die Kette so steil steht, daß der Anker beim weiteren Hieven ausbricht. „Aus dem Grund" heißt, daß der Anker ausgebrochen ist und an der auf und nieder zeigenden Kette hängt. Der Stockanker (Admiralitätsanker) findet nur noch auf kleineren Schiffen und gelegentlich als Heckanker Verwendung. Als Buganker werden in der Klüse gefahrene Patentanker benützt, die jederzeit klar zum Fallen sind. Yachten verwenden u. a. Danforth-Anker, Hall-Anker, Pflugschar-Anker, die aufgrund ihrer Konstruktion bei verhältnismäßig geringem Gewicht große Haltekraft haben.

Ankerball Schwarzer Signalball, den alle vor Anker liegenden Fahrzeuge am Tage auf dem Vorschiff setzen müssen. Er muß hoch genug hängen, daß er rundum deutlich sichtbar ist.

Ankerboje An den Anker mittels Bojenleine (Bojereep) gesteckte Boje, um den Anker wiederzufinden, falls die Kette bricht oder der Anker geslippt werden muß. Sichtbares Zeichen für andere Schiffe, ihren Anker nicht an dieser Stelle fallen zu lassen.

Ankerdavit *m.* Kleiner Kran, mit dem man den Anker an Deck hieven kann.

Ankergeschirr Die Gesamtheit der zum Ankern gehörenden Geräte: Anker, Ankerkette oder -trosse, Ankerspill, Kettenstopper, Ankerboje.

Ankergrund Der „Ankergrund" bezeichnet die Bodenbeschaffenheit. Von ihr hängt die Haltekraft des Ankers ab. Der Ankergrund ist aus der Seekarte ersichtlich.

Ankerkette Kette, an der der Anker befestigt ist. Sie wird in einzelnen „Kettenlängen" (15 Faden = 27,5 m) geliefert, die durch Kettenschäkel (Kenterschäkel) miteinander verbunden werden. Die einzelnen Kettenglieder (Facken oder Schaken) sind aus Stahl von hoher Bruchfestigkeit geschmiedet. Bei Ankerketten für schwerere Anker werden → Stegglieder verwendet. Lediglich die Endglieder jeder Kettenlänge sind steglos.

Ankerklüse Klüse für die Ankerkette. Siehe Klüse.

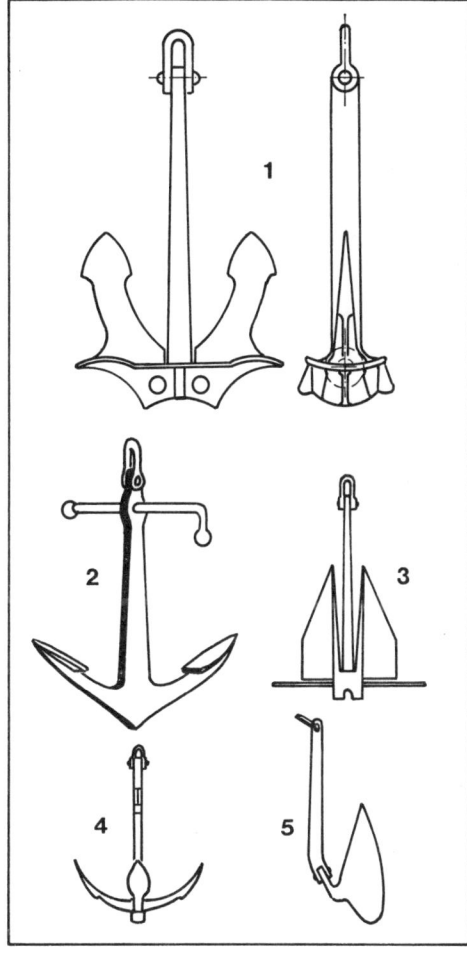

Einige wichtige Ankerformen.
1 Patentanker, 2 Stockanker, 3 Danforthanker, 4 Draggen, 5 Pflugscharanker.

Ankerlaterne

Ankerlaterne Vor Anker liegende Schiffe müssen nachts ein oder zwei Ankerlichter zeigen, die in genügender Höhe angebracht und rundum deutlich sichtbar sein müssen. Schiffe unter 50 m Länge zeigen ein weißes Rundumlicht dort, wo es am besten gesehen werden kann, solche über 50 m Länge zwei Lichter (je ein Rundumlicht im vorderen Teil und nahe am Heck, letzteres niedriger angebracht).

Ankerpeilung In Ortsnähe Kontrollpeilung, um zu prüfen, ob der Anker hält.

Ankerspill Vorrichtung zum Hieven des Ankers; heute allgemein mit maschinellem Antrieb. Je nach dem Konstruktionsprinzip unterscheidet man zwischen Gangspill (senkrechte Achse) und Pumpspill, Bratspill, Patentspill (horizontale Achse). Siehe Spill.

Ankerwache Wache, die auf vor Anker liegenden Schiffen gegangen wird, um auf eventuelle Stromversetzung und in befahrenen Gewässern auf mögliche Kollisionsgefahr zu achten.

anlaufen 1. Einen Hafen anlaufen bedeutet das kurzfristige Einlaufen in einen Zwischenhafen, der nicht das eigentliche Reiseziel ist.
2. Beim Schleppmanöver: sich dem zu schleppenden Fahrzeug nähern.

anlegen An einer Pier, einer Landungsbrücke oder längsseits an einem anderen Schiff festmachen.

anliegen 1. Ein Kurs „liegt an", wenn der zu steuernde Kompaßkurs richtig gehalten wird. Auf die Frage „Welcher Kurs liegt an?" sagt der Rudergänger den momentan gesteuerten Kompaßkurs.
2. Ein Ziel kann man anliegen, wenn man direkt auf dasselbe zuhalten kann, ohne kreuzen oder einem Hindernis, einer Untiefe u. dgl. ausweichen zu müssen.

anliegender Gang Bei genieteten Schiffen der jeweils direkt an den Spanten anliegende Plattengang der Außenhaut. Vgl. abliegender Gang.

anluven Höher an den Wind gehen, den Kurs in einen spitzeren Winkel zur Windrichtung legen. Gegenteil: abfallen.

anmustern Siehe Musterung.

Anodenschutz (grch., dt.) Kleine Zinkplatten, die bei stählernen Schiffen in der Nähe des Propellers an der Außenhaut angebracht werden, um den Propeller vor Anfressung zu schützen. Siehe elektrochemische Zelle.

anomalistisch (grch.-nlat.) Allgemein bedeutet *Anomalie* Abweichung vom Normalzustand. In der Astronomie wird der Begriff anomalistisch in bezug auf die Umlaufzeit von Gestirnen mit elliptischer Umlaufbahn gebraucht, und zwar wenn der Bezugspunkt für die Bahnbewegung jeweils der Punkt der größten Annäherung des umkreisenden Gestirns an das umkreiste ist. Beim anomalistischen Monat der Durchgang des Mondes durch sein → Perigäum; beim anomalistischen Jahr der Durchgang der Erde durch ihr → Perihel. Vgl. Monat und Jahr.

anpieken Steilertrimmen der Gaffel durch Holen des Piekfalls.

anpreien Das Anrufen eines Schiffes zur Feststellung von Name, Heimat- und Bestimmungshafen.

anreihen Ein Segel mit einer Reihleine an einer Spiere festmachen. Das kann durch gleichmäßige Rundtörns geschehen oder durch Marlschläge, denen aus Sicherheitsgründen der Vorzug zu geben ist.

anschäkeln Eine Kette, Drahtseil usw. durch Schäkel mit einem festen Gegenstand verbinden.

anschlagen Ein Segel an einer Spiere, eine Leine an einem zu hievenden Gegenstand befestigen.

Anschlußorte Orte an Tidengewässern, für die die in den Gezeitentafeln angegebenen Hoch- und Niedrigwasserzeiten nicht unmittelbar gelten, sondern für welche die Uhrzeitangaben um konstante Zeitdifferenzen zu korrigieren sind. Anschlußwerte sind in den → Gezeitentafeln für mehrere Orte angegeben.

Ansegeln Gemeinsame Eröffnung der Segelsaison im Frühjahr durch die Segelklubs; die Beendigung der Saison im Herbst heißt Absegeln.

anspringen Dieser von den Motoren übernommene Ausdruck wird auch auf die Beschleunigung sehr schneller Segelboote bezogen, beispielsweise bei Katamaranen.

anstecken Leinen durch Knoten miteinander verbinden.

Anstellwinkel Winkel, unter dem eine Strömung (Wind oder Wasser) auf eine zur Stromrichtung geneigte Fläche trifft. Der durch die Anströmung erzeugte Auftrieb ist in erster Linie vom Anstellwinkel abhängig, außerdem von Flächenform, Profiltiefe usw.

Ansteuerungstonne Vor einer Hafen- oder Flußeinfahrt liegende Tonne, meist größere Leuchttonne, die von einem von See kommenden Schiff zunächst angesteuert wird. Von der Ansteuerungstonne führt ein bezeichneter Weg in den Hafen.

Antenne (lat.-ital.) Ursprüngliche Bedeutung „ausgespannt", daher auch ital. antenna für Rah. Vorrichtung für die Abstrahlung und den Empfang elektromagnetischer Wellen. Leitungsgeführte Wellen werden in Freiraumwellen verwandelt und umgekehrt, wobei man je nach der technischen Ausführung Linearstrahler und Flächenstrahler unterscheidet.
Antennen, deren Ausstrahlung in allen horizontalen Richtungen gleich stark ist, heißen Rundstrahler und solche, die verstärkt in einer Richtung strahlen, Richtstrahler oder Richtfunk-Antennen.

Antifouling (grch.-engl.) Gifthaltige, bewuchshemmende Farbe für das Unterwasserschiff, die das Ansetzen von Algen, Muscheln und dgl. verhindern oder zum mindesten hemmen soll. Die alten hölzernen Segelschiffe wurden früher wirkungsvoll durch Beschlagen mit Kupferblech geschützt. Heute verwenden hölzerne Yachten „Kupferfarbe", in deren Bindemittel fein verteiltes Kupfermehl suspendiert ist unter Zusatz anderer gifthaltiger Substanzen.
Bei Yachten aus Stahl und Aluminium verwendet man wegen der Gefahr elektrolytischer Korrosionen keine Kupferfarben, sondern vorwiegend Quecksilberoxidfarben. Unterwasserfarben sollen kurz vor dem Zuwasserlassen aufgetragen werden, weil sie beim Austrocknen an der Luft ihre Wirksamkeit bald verlieren.

Antipassat (grch.-nl.) Man hat früher in einer Höhe von etwa 3000 m oberhalb der Passate eine ausgleichende Gegenströmung vermutet, und zwar auf der nördlichen Halbkugel der Erde NO-wärts, auf der südlichen SO-wärts. Diese mit „Antipassat" bezeichnete Luftbewegung konnte nicht nachgewiesen werden.

Antizyklone (grch.) w. Hochdruckgebiet, mit Winden, die dasselbe auf der nördlichen Halbkugel der Erde im Uhrzeigersinn, auf der südlichen im entgegengesetzten Sinn umkreisen. Vgl. Zyklone.

Aphel (grch.) s. Auf der elliptischen Bahn der Planeten der sonnenfernste Punkt.

Apogäum (grch.) s. Auf der elliptischen Bahn des Mondes um die Erde der erdfernste Punkt. Auch die größte Erdferne künstlicher Satelliten.

Apsiden (lat.-grch.) w. (Mz.) Die Endpunkte der großen Achsen der elliptischen Bahnen von Planeten und Mond: Perihel und Aphel auf den Bahnen der Planeten um die Sonne, Perigäum und Apogäum auf der Bahn des Mondes um die Erde.

Appretur (nlat.) w. Ausrüstung oder Zurichtung. Die Endbehandlung von Textilien; insbesondere das Zusetzen von Füllstoffen zur Erhöhung der Formbeständigkeit. Moderne Polyestersegeltuche z. B. erhalten nach dem Waschen mit besonderen Lösungen oft mehrere Kunstharz-Appreturen. Ein gutes Segeltuch sollte jedoch so dicht gewebt sein, daß man mit wenig oder gänzlich ohne Füllstoffe auskommt.

Äquator (lat.-nlat.) Großkreis der → Erde, dessen Ebene zur Rotationsachse der Erde senkrecht steht. Der Äquator teilt die Erdkugel in zwei gleiche Halbkugeln. Er hat eine Länge von rund 40 076,6 km. Der Äquator ist eine Bezugsgröße für das geographische Koordinatensystem und hat die Breite Null. Er wird von allen Meridianen im rechten Winkel geschnitten. Der dem Erdäquator entsprechende größte Kreis an der Himmelskugel heißt Himmelsäquator.

äquatoriales Koordinatensystem, Äquatorsystem Siehe Koordinatensystem (c).

Äquatorhöhe Winkel, den die gedachten

Äquatortaufe

Ebenen von Horizont und Himmelsäquator miteinander bilden. Er ist gleich dem Komplement der geographischen Breite, auf der sich der Beobachter befindet.

Äquatortaufe Alter Seemannsbrauch, jeden, der erstmalig den Äquator (die Linie) passiert, mit derben Scherzen und viel Salzwasser zu traktieren. Siehe Linientaufe.

Äquinoktialpunkte (lat. *aequi-noctium,* Nachtgleiche) Die beiden Schnittpunkte der Ekliptik mit dem Himmelsäquator. An den Tagen des Äquinoktiums (am 21. März und 23. September) sind an allen Orten der Erde Tag und Nacht gleich lang; die Sonne geht im Ostpunkt auf, im Westpunkt unter.

Aräometer (grch. *areios,* dünn) *s.* Gerät zur Bestimmung der Dichte einer Flüssigkeit aufgrund des Archimedischen Prinzips. Für die Schiffahrt von Bedeutung zur Feststellung der Dichte (des Salzgehaltes) des Wassers in einem Hafen hinsichtlich der Beachtung des zulässigen Tiefgangs beim Beladen eines Schiffes.

Arbeit Das Produkt aus Kraft und Weg. Arbeit, Energie und Wärmemenge sind Größen gleicher Art. Ihre Einheit im Internationalen Einheitensystem ist 1 Joule (1 J = 1 Nm = 1 Ws).

arbeiten 1. Die Bewegungen eines Schiffes im Seegang.
2. Die Formveränderungen von nicht genügend ausgetrocknetem Holz.

Arbeitsboot Robustes Beiboot mit Plattgat für Außenbordarbeiten, zum Verholen usw.

Arbeitssegel Die normale Amwindbesegelung; bei einer Slup z. B. Großsegel und Fock I (Ggs. Beisegel). Bei einem Fischereifahrzeug diejenigen Segel, die bei ausgelegtem Netz gesetzt werden.

Archimedisches Prinzip Das nach seinem Entdecker, dem griechischen Mathematiker und Physiker Archimedes (285–212 v. Chr.) benannte Prinzip besagt, daß jeder in eine Flüssigkeit getauchte Körper soviel an Gewicht verliert, wie die von ihm verdrängte Flüssigkeit wiegt. Ein schwimmender Körper verliert sein ganzes Gewicht. Demzufolge ist das Gewicht eines Schiffes gleich seinem Deplacement, d. h. gleich dem Volumen des eingetauchten Schiffsteiles multipliziert mit der jeweiligen Dichte des Wassers.

Architectura Navalis (lat.) Die Schiffbaukunst. Von den Werken, die unter diesem lateinischen Titel Berechnung und Entwurf von Schiffen abhandeln, ragt die des schwedischen Admirals Fredrik Henrik af Chapman (1721–1808) besonders hervor. Sie gilt als das früheste grundlegende und umfassende Werk auf diesem Gebiet: „Architectura Navalis Mercatoria".
Heute noch bezeichnen sich die Studierenden der Schiffbaufakultät gern als stud. bzw. cand. „arch. nav."
Die der deutschen Schiffbautechnischen Gesellschaft entsprechende Vereinigung in GB und in den USA heißt „Society of *Naval Architects* & Marine Engineers".

Armada Spanisches Wort für Kriegsflotte (seit dem 16. Jh.). Heute speziell verstanden als die Flotte Philipps II., die 1588 auf ihrem Vorstoß gegen England scheiterte.

Assekurant, Assekuradeur (lat.-ital.-frz.) Versicherer (kaum noch gebräuchliche Bezeichnung).

A-Schein Führerschein des Deutschen Segler-Verbandes, gültig für Binnengewässer.

Aspekte (lat.) *m.* (Mz.) Die → Konstellationen von Sonne, Planeten und Mond.

Astrolabium (grch.) *s.* „Sternfasser". Einfaches, ringförmiges Gerät für Höhenwinkelmessungen von Gestirnen, das schon von Ptolemäus (85–160) beschrieben wird. Astrolabien waren bis ins 16. Jahrhundert hinein in Gebrauch. Weiterentwicklungen waren der → Quadrant, der → Jakobstab und schließlich der → Oktant.

astronomische Navigation Unter astronomischer Navigation versteht man die Schiffsführung auf hoher See aufgrund astronomischer Ortsbestimmung nach der Stellung der Gestirne. Für eine astronomische Ortsbestimmung sind mehrere, mindestens zwei Höhenbeobachtungen nötig, denn jede Beobachtung liefert nur eine astronomische Standlinie („geometrischer Ort"). Erst der Schnittpunkt mindestens zweier Standlinien ergibt einen eindeutigen Schiffsort.

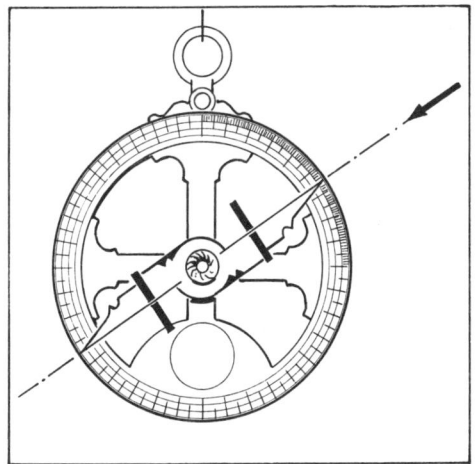

Spanisches Astrolabium für Höhenwinkelmessungen. Von der Teilung des Kreisringes her waren Ablesegenauigkeiten von Bruchteilen eines Grades möglich; wegen der lebhaften Rollbewegungen der alten Schiffe mußte man jedoch mit erheblichen Meßfehlern rechnen.

Atmosphäre (grch.) 1. Einheit des Druckes. Man unterscheidet die physikalische Atmosphäre (1 atm, Druck einer senkrechten Quecksilbersäule von 760 mm Höhe) und die technische Atmosphäre (1 at, Druck von 1 kp/cm²). Beide Einheiten dürfen seit 1. 1. 1978 im amtlichen und geschäftlichen Verkehr nicht mehr verwendet werden. Gesetzliche Druckeinheiten mit unbegrenzter Gültigkeitsdauer sind das
Pascal (1 Pa = 1 $\frac{N}{m^2}$) und das
Bar (1 bar = 10^5 Pa)
mit deren dekadischen Vielfachen und Teilen.
1 atm = 101 325 Pa
1 at = 98 066,5 Pa
2. Die die Erde abschirmende Gashülle. Man teilt die Atmosphäre aufgrund verschiedener Zusammensetzung und unterschiedlicher physikalischer Eigenschaften in mehrere charakteristische Zonen ein. Die erdnächste, in der sich alle Wettererscheinungen abspielen, heißt *Troposphäre*. Sie wird von der darüber liegenden *Stratosphäre* durch die *Tropopause* getrennt, die in unseren Breiten in einer mittleren Höhe von 11 km liegt, über den Polen in rund 8 km und über dem Äquator in ungefähr 17 km Höhe. Ihr folgt die Stratosphäre, an deren oberen Grenze in ca. 50 km Höhe die *Stratopause* liegt. Die Schicht zwischen 50 und 85 km Höhe wird *Mesosphäre* genannt. Oberhalb derselben bzw. der sie abschließenden *Mesopause* beginnt die *Thermosphäre*, deren Name auf einen starken Temperaturanstieg zurückzuführen ist, während Dichte und Druck ständig abnehmen. Der Bereich außerhalb 1500 km – allmählicher Übergang zum interplanetaren Medium – heißt *Exosphäre*. Unabhängig von dieser Einteilung trägt der Bereich zwischen 80 und 1500 km wegen der Ionisierung (Leitfähigkeit) des Gasgemisches dort auch den Namen → *Ionosphäre*.

Atoll (mal.) Ringförmige Korallenriffinsel, die eine flache Lagune umschließt. Vorkommen hauptsächlich im Pazifischen Ozean.

Atomantrieb, Atomschiff Siehe Kernenergieantrieb.

Atomuhrenzeit, Atomzeit Zeitskala, die nicht an der – geringfügigen Schwankungen unterworfenen – Erdrotation orientiert ist, sondern an äußerst gleichmäßigen atomaren Vorgängen, wie etwa den Schwingungszeiten des Cäsiumresonanzüberganges. Die beiden Zeitskalen weichen nur um Bruchteile einer → Sekunde voneinander ab, solange sie durch regelmäßige Korrekturen miteinander koordiniert werden. Eine solche Koordinierung ist erforderlich, da alle vorausberechneten astronomischen Daten auf der Weltzeit basieren (mittlere Greenwich-Zeit).

aufbacken Seemännischer Ausdruck für „Tisch decken".

Aufbauten Aller umbauter Raum, der oberhalb des Oberdecks eines Schiffes liegt und die ganze Schiffsbreite einnimmt. Auf den sehr breiten modernen Supertankern und Massengutfrachtern gehen die Aufbauten jedoch vielfach nicht mehr von Bord zu Bord.

aufbrassen Die Rahen eines Segelschiffes mehr in Querschiffsrichtung bringen (entsprechend dem Auffieren eines Schratsegels). Gegenteil: anbrassen.

Aufbringung Gewaltsame Inbesitznahme von Schiffen und ihren Ladungen; Einbringung in einen Hafen des besitznehmenden Staates.

aufbrisen Das Zunehmen des Windes.

auf ebenem Kiel Ein Schiff schwimmt *gleichlastig*, d. h. der Tiefgang ist vorn und hinten gleich groß. (Man setzt dabei voraus, daß der Kiel parallel zur Konstruktionswasserlinie verläuft, was bei früheren Schiffen häufig nicht der Fall war.)

auf eigenem Kiel Überführung kleinerer Schiffe aus eigener Kraft oder geschleppt. Segelt eine Yacht zur Teilnahme an einer Regatta in Übersee selbst hinüber statt verladen zu werden, so überquert sie das Meer „auf eigenem Kiel".

aufentern Über die Wanten in die Takelage klettern.

auffieren Einer Leine, einem Draht u. dergl. Lose geben. Insbesondere bei Schoten spricht man von auffieren.

auffrischen Das Stärkerwerden des Windes.

Aufgang Der Durchgang eines Gestirns durch den Horizont, bevor es seine Bahn über die sichtbare Halbkugel des Himmels beschreibt. Es ist zu unterscheiden zwischen dem scheinbaren (sichtbaren) und dem wahren Aufgang. → Kimmtiefe, → Parallaxe und → Refraktion bewirken, daß der sichtbare Aufgang vor dem wahren stattfindet. Der Zeitunterschied ist von Breite, Abweichung und Augeshöhe abhängig. Der Ortsstundenwinkel des wahren Aufgangs ist gleich dem halben Tagbogen des Gestirns.

aufgeien Die Schothörner eines Rahsegels mittels der Geitaue zur Mitte oder zu den Nocken der Rah aufholen, um den Wind aus dem Segel zu nehmen.

Aufgleitfront Siehe Warmfront.

Aufhebung einer Wettfahrt Eine Wettfahrt ist aufgehoben, wenn sie laut Entscheidung des Wettfahrtausschusses nicht mehr gesegelt wird.

aufheißen Hochziehen.

Aufkimmung Maß für das Ansteigen des Schiffsbodens, der Winkel am Kiel zwischen dem Schiffsboden und der Horizontalen.

aufklaren 1. An Bord: Ordnung machen.

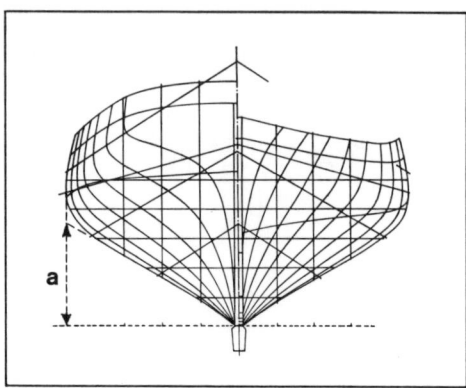

Extreme Aufkimmung (a) eines amerikanischen Schoners um 1830. Im Gegensatz dazu hat das Frachtschiff unserer Zeit überhaupt keine Aufkimmung mehr.

2. Wetter: Auflockerung der Bewölkung.

aufkommen 1. Verringerung des Abstandes. Ein schnelleres Schiff kommt von achtern auf; ein Schiff, das sich dem Hafen nähert, ein Gewitter u. dergl. kommt auf.
2. Das Ruder rechtzeitig zurücklegen, nachdem die Drehbewegung des Schiffes eingeleitet ist.

Aufklotzung Siehe Totholz.

aufkürzen Beim Klarmachen zum Ablegen das Einholen aller Festmacheleinen bis auf eine oder zwei.

Aufladung Bei Dieselmotoren die Zuführung von vorverdichteter Frischluft bei entsprechender Erhöhung der Kraftstoffzugabe. Eine derartige Aufladung bewirkt eine Steigerung der Hubraumleistung bzw. bei gleichbleibender Leistung eine Einsparung an Baugewicht und Raumbedarf, was an Bord von besond. Bedeutung ist.

auflandig Der Wind, der von See auf das Land zu weht. Das Gegenteil davon ist *ablandig*.

Auflanger Der obere Teil eines aus Krummhölzern gebauten Spantes (Holz, das „zur Verlängerung" dient).

auflaufen Festkommen; auf Grund geraten.

auflaufendes Wasser Siehe Flut.

auflegen 1. Ein Schiff außer Dienst stellen. 2. Eine Yacht abtakeln, weitestmöglich abrüsten und abdecken. An Land die Yacht gehörig aufpallen, im Wasser gegen Eisgang sichern, usw.

Auflösungsvermögen (Auflösung) 1. Begriff aus der Optik, der die Fähigkeit eines optischen Gerätes bezeichnet, sehr feine und nahe beieinanderliegende Objektteilchen noch getrennt erkennen zu lassen.
2. Sinngemäß bezeichnet in der Radartechnik Auflösungsvermögen die Fähigkeit eines Radargerätes, zwei Objekte noch nach Entfernung und Winkel getrennt anzuzeigen. Man unterscheidet:
a) *Nahauflösung*. Das Objekt muß mindestens eine halbe Impulslänge entfernt sein, um geortet werden zu können.
b) *Tiefenauflösung*, radiales Auflösungsvermögen. Die Fähigkeit eines Radargerätes, zwei (oder mehrere) Objekte in gleicher Peilung auch bei geringen Abständen noch getrennt zur Anzeige zu bringen. Die Tiefenauflösung ist abhängig von Impulslänge und Abstand.
c) *Winkelauflösung* oder azimutales Auflösungsvermögen. Die Fähigkeit, zwei Objekte in gleicher Entfernung, aber mit sehr geringem Winkelabstand voneinander noch getrennt anzuzeigen. Sie ist abhängig von der horizontalen Bündelung der Radarstrahlen.

aufmessen Maßnehmen eines auf dem Trokkenen stehenden Schiffes oder von Schiffsteilen, um danach eine Zeichnung machen zu können.

aufpallen Ein Schiff auf dem Trocknen abstützen, für Außenhautarbeiten, im Winterlager usw.

aufpicken Das Anbordnehmen eines im Wasser treibenden Gegenstandes.

aufplanken Das Anbringen der einzelnen Plankengänge auf die Spanten bei Schiffen mit hölzerner Außenhaut (nach der klassischen *Vollholz*-Bauweise).

auf Reede liegen Außerhalb eines Hafens vor Anker liegen, wenn in dem Hafen nicht genügend Platz ist.

Aufrichtvermögen Das Stabilitätsmoment, das den krängenden Momenten bei einem um seine Längsachse geneigten Schiff entgegenwirkt.

aufriggen Siehe auftakeln.

Aufriß Bei einem vollständigen → Linienriß diejenige Ansicht, die das Schiff von der Seite zeigt.

aufschießen 1. In den Wind gehen, um die Fahrt aus dem Schiff zu nehmen. Dieses Manöver wird als *Aufschießer* bezeichnet.
2. Eine Leine in regelmäßigen Buchten ordnungsgemäß zusammenlegen.

aufschwimmen 1. Diejenige Phase des → Stapellaufes, in der sich das Schiff vom Schlitten abzuheben beginnt. Von diesem Moment an bis zum vollständigen Schwimmen konzentriert sich das ständig abnehmende Restgewicht im vordersten Unterstützungspunkt des Schiffes.
2. Im Baudock gebaute Schiffe werden durch Fluten des Docks auf ebenem Kiel zum Aufschwimmen gebracht.

auftakeln Masten an Bord aufrichten, Spieren, Wanten und Stagen anbringen, das laufende Gut einscheren, so daß das Schiff seeklar ist.

auftoppen 1. Die Rahen bei beengten Platzverhältnissen mit Hilfe der Toppnanten aus ihrer horizontalen Lage schräg aufwärts holen.
2. Einen Ladebaum steiler holen oder ganz senkrecht stellen. Schwergutbäume werden meistens während der Reise aufgetoppt.

Auftrieb 1. Die Kraft, die das Schwimmen eines Körpers bewirkt oder ihn aus dem Wasser hebt. *Statischer* Auftrieb ist vorhanden, wenn das spezifische Gewicht eines Körpers – des ganzen, nicht seines Baumaterials – kleiner ist als das des Wassers. Von *dynamischem* Auftrieb spricht man, wenn die Vortriebskraft, analog den Vorgängen beim Flugzeug, eine Kraft erzeugt, die dem Gewicht entgegenwirkt. Der dynamische Auftrieb ist das entscheidende Prinzip bei den Tragflügelbooten und Rennmotorbooten, spielt aber auch bei U-Booten eine Rolle.
2. In der Aerodynamik ist Auftrieb die rechtwinklig zur Windrichtung wirkende Kraftkomponente und hat damit beim Flugzeug wörtliche Bedeutung. Aber auch bei anderen aerodynamischen Vorgängen wird der Begriff Auftrieb angewen-

det. Z. B. bei der Untersuchung der Wirkung des Windes auf das Segel.
Nur ein Teilbetrag des Auftriebes ist wirksamer Vortrieb; die sehr viel größere Komponente ist eine rechtwinklig zur Fahrtrichtung wirkende Querkraft, die von der Kielflosse bzw. dem Schwert aufgefangen werden muß.

auftuchen Das ordentliche Zusammenlegen der geborgenen Segel.

auf und nieder Im seemännischen Sprachgebrauch soviel wie *senkrecht*, z. B. Bezeichnung für die Stellung der Ankerkette, wenn der Anker aus dem Grund ist.

Auge 1. Schlinge in einer Leine, Loch in einem Eisen (Augbolzen), sowie allerlei zur Befestigung von Haken, Schäkeln und Tampen dienende Ösen.
2. Wolkenfreies Zentrum tropischer Wirbelstürme.

Augeshöhe Die Höhe des beobachtenden Auges über dem Wasserspiegel. Sie ist von großer Bedeutung für die Sichtweite; daher der Ausguck im Mast. Vergl. Tafel Sichtweiten (Anhang).

Augspleiß In das Ende einer Leine oder eines Drahtseils eingespleißtes Auge. Bei Naturfasertauwerk muß jedes Kardeel mindestens dreimal, bei Chemiefasertauwerk öfter durchgesteckt werden.

Ausbildungsschiff Welche Schiffe für die einzelnen Fahrtbereiche als Ausbildungsschiffe angesehen werden dürfen und welche nicht, bestimmt der Bundesminister für Verkehr. Soweit nicht in Einzelfällen anderes bestimmt worden ist, gelten alle deutschen Kauffahrteischiffe als Ausbildungsschiffe. Vergl. im Gegensatz dazu *Schulschiff*.

ausbooten Anlandsetzen von Personen in Booten, wenn das Schiff selbst nicht anlegt.

ausbrechen Das Lösen des Ankers aus dem Grund infolge der Hebelwirkung des Schaftes beim Einholen und Steilerkommen der Kette.

Ausbreitungsgeschwindigkeit Geschwindigkeit, mit der sich energieübertragende Wellenbewegung fortpflanzt. Diese in m/s oder km/s gemessene Geschwindigkeit ist von der Art der Wellenbewegung und vom Ausbreitungsmedium abhängig, z. B.: → Schallwellen in der Luft rund 330 bis 350 m/s, Schallwellen im Wasser 1490 bis 1500 m/s, elektromagnetische Wellen im leeren Raum 300 000 km/s.

ausbringen Etwas nach außenbords bringen, das noch mit dem Schiff in Verbindung bleibt; z. B. ein Boot, das noch in den Davits hängt, oder ein Fallreep, usw.

Ausdehnungsschacht Leerer Schacht über einem Tankraum, um dessen Füllung Spielraum für die Ausdehnung bei Erwärmung zu geben.

aus dem Ruder laufen Schwere achterliche See oder turbulente Strömungen können bewirken, daß das Schiff nicht mehr dem Ruder gehorcht, sondern einen unkontrollierten Kurs einschlägt. Ebenso wenn das Schiff zu wenig Fahrt macht, so daß das Ruder keine Steuerwirkung mehr hat.

ausfahren Von einer festgemachten oder aufgelaufenen Yacht mit dem Beiboot einen Anker an einen bestimmten Ort bringen und dort fallen lassen bzw. eine Verholleine festmachen.

ausflaggen 1. Über die Toppen flaggen.
2. Aus wirtschaftlichen Gründen ein Schiff in einem ausländischen Hafen registrieren und unter der Flagge dieses Landes fahren lassen.

Ausgleicher, Ausgleichsklasse Yachten, die nicht nach den Konstruktionsvorschriften bestimmter Rennklassen gebaut worden sind und sich trotzdem an Regatten beteiligen wollen. Die Wettfahrtergebnisse werden auf der Basis einer dem jeweiligen Rennwert der Yacht entsprechenden Zeitvergütung „ausgeglichen". Siehe hierzu *Klasse, Rennwert, Yardstick*.

Ausguck Damit wird sowohl der ausguckhaltende Wachposten bezeichnet als auch der Ort, wo er sich aufhält; auf alten Schiffen z. B. das „Krähennest". Es gehört zur seemännischen Sorgfaltspflicht, daß Ruder und Ausguck ordnungsgemäß besetzt sind; insbesondere ist Ausguck vorgeschrieben auf Revieren und verkehrsreichen Gewässern, bei Nebel und unsichtigem Wetter, nachts und zu jeder anderen Tageszeit, wenn die Umstände es erfordern.

ausholen Das Recken eines Segellieks.

Ausholer Leine oder mechanische Vorrichtung zur Streckung des Unterlieks eines Großsegels. Dem entspricht für das Vorliek der Strecker.

ausklarieren Die zum Auslaufen eines Schiffes notwendigen Papiere durch die Hafenbehörden und den Zoll abfertigen lassen. Siehe hierzu einklarieren.

auslaufen 1. Den Hafen verlassen; in See gehen. 2. Die Fahrt, die ein Schiff noch mit gestoppter Maschine, eine Yacht nach dem Aufschießer noch mit killenden Segeln macht bis zum völligen Stillstand.

Ausleger 1. An der Bordwand schmaler Rennruderboote angebrachte Arme aus Stahlstangen, die die Dollen in einem für die Ruderer angemessenen Abstand außenbords halten.
2. Über das Heck hinausragende kurze Spiere, an der bei einmastigen Yachten mit breitem Großsegel das Heckstag, bei einer Yawl der Fußblock für die Besanschot befestigt ist. Dieser Ausleger wird auch Papageienstock, -baum, -spiere genannt.

Auslegerboot Ein vorwiegend in der Inselwelt des Pazifischen Ozeans anzutreffendes Eingeborenenfahrzeug, das extrem lang im Verhältnis zu seiner Breite ist (zumeist Einbaum). Die Stabilität wird durch einen an langen Querhölzern befestigten Schwimmkörper hergestellt, den Ausleger. Urform aller Doppelrumpffahrzeuge. Auslegerboote werden so gesegelt, daß der Ausleger in Luv liegt; daher sind Bug und Heck bei den meisten (nicht bei allen) Auslegerbooten gleichartig.

ausmachen Ein in Sicht gekommenes Seezeichen, Schiff u. dergl. definitiv erkennen.

ausösen Wasser aus einem Boot ausschöpfen mit dem Ösfaß, einer schaufelartigen Holzkelle.

auspricken Ein Nebenfahrwasser durch Pricken kenntlich machen.

ausrauschen Schnelles, unkontrolliertes Auslaufen einer Leine aus einem Block, einer Kette aus einer Klüse.

ausreffen Ein gerefftes Segel bei abflauendem Wind wieder auf seine volle Größe bringen.

Ausreise Die Reise eines Schiffes vom Heimathafen weg. Gegenteil: Heimreise.

ausreißen Bereits vorgeheißte, jedoch aufgetuchte und mit Bändseln von Segelgarn gezeiste Vorsegel durch kräftigen, ruckartigen Zug an der Schot zum Stehen bringen. In entsprechender Weise können auch Flaggen gesetzt werden.

Ausreißer Fehlmessungen; sie werden bei Meßreihen, deren Werte gemittelt werden, nicht berücksichtigt.

Ausreitgurte Am Schwertkasten und über den Bodenbrettern angebrachte Gurte, unter denen Jollensegler mit den Füßen Halt suchen, wenn sie sich weit nach Luv hinauslegen müssen.

Ausrüster 1. Ausrüster allgemein: Die Werft.
2. Im Sinne des Seerechts ist ein Ausrüster, wer ein ihm nicht gehörendes Schiff zum Erwerb durch die Seefahrt für seine Rechnung verwendet und es entweder selbst führt oder die Führung einem Schiffer anvertraut.
3. Im Sinne des Binnenschiffahrtsgesetzes: der Eigentümer eines Binnenschiffes.

Ausrüstung 1. Die Ausrüstung eines Schiffes nach dem Stapellauf umfaßt den Einbau und das Anbordschaffen von allem, was für den Bordbetrieb notwendig ist: von der Maschine, Masten und Ladegeschirr, Rettungsbooten, Anker und Decksmaschinen bis zu allem für die Navigation erforderlichen Inventar. Zur reisefertigen Ausrüstung gehört das Anbordnehmen von Proviant, Wasser, Brennstoff. Schiffe dürfen in Freihäfen ohne zollrechtliche Beschränkungen ausgerüstet werden.
2. Endbehandlung von Segeltuchen. Siehe Appretur.

ausscheiden Mit einer augenblicklichen Arbeit oder auch mit einem Dienst ganz aufhören.

ausscheren 1. Ein durch Blöcke geschorenes (laufendes) Ende aus denselben herausziehen.
2. Vorübergehende absichtliche Kursänderung zum Zwecke des Ausweichens, oder unabsichtliche, wenn ein Schiff aus dem Ruder läuft.
3. Das Verlassen der Marschposition eines Schiffes beim Fahren im Verband.

ausschießen (des Windes) Plötzliches Rechtsdrehen des Windes an einer Kaltfront; auf der nördlichen Halbkugel Rechtsdrehung, auf der südlichen Linksdrehung. Gegensatz: krimpen.

ausschiffen Das Verlassen des Schiffes nach beendeter Reise (Fahrgäste, nicht Besatzung).

Außenballast Der außerhalb des Schiffskörpers unter den Kiel gebolzte Eisen- oder Bleiballast.

außenbords Alles, was sich außerhalb des Schiffes befindet; ein Gegenstand, der neben dem Schiff schwimmt, usw. Aber auch, im strengen Sinne des Wortes, was „außen an der Bordwand" ist, vom Außenbordanstrich bis zum Außenbordmotor.

Außenbordmotor Im Gegensatz zu den eingebauten solche Motoren, die außerhalb des Bootsrumpfes festgemacht sind. Im allgemeinen sind es möglichst leicht transportierbare Hilfsmotoren bis etwa 8 kW; bei seegehenden Rennmotorbooten hingegen sind es kompakte Maschinen mit Leistungen, deren kW-Zahlen bereits in die Hunderte gehen.

Außenbordumschlag Ladungsumschlag direkt zwischen Schiffen, wie z. B. der Umschlag *im Strom*. Außenbordumschlag trifft auch dann noch zu, wenn das Gut dabei den Kai berührt, aber nicht gelagert wird.

Außenhaut Die äußere Hülle eines Schiffskörpers, ganz unabhängig von dessen Größe und dem Material, aus dem das Schiff bzw. Boot gebaut ist: Stahl, Holz, Kunststoff, Aluminium usw.

Außenhaut-Abwicklung Eine Zeichnung, die die Oberfläche einer Schiffsaußenhaut nicht wie bei einem Aufriß in ihrer Projektion, sondern in ihrer wahren Flächengröße darstellt.

Außenkammer Kammer an Bord mit Fenster oder Bullauge nach der Wasserseite.

Außenklüver Bei Schiffen mit drei und mehr Vorstagsegeln das vorderste bzw. das zweite, wenn das vorderste ein Jager ist. Siehe Bark.

Außenseiter, Outsider Reedereien, die keiner → Konferenz angehören.

aussingen Die Ergebnisse einer fortlaufenden Lotung, Meßergebnisse oder Beobachtungen mit lauter Stimme ausrufen.

ausstecken Eine Leine oder Kette langsam wegfieren.

ausstraken Das Verbinden mehrerer Punkte mittels einer biegsamen Latte zu einer einwandfreien Kurve. Die strakende Kurve gibt Auskunft über die Qualität einer Schiffslinie, die Richtigkeit einer Reihe von Meßwerten oder graphisch dargestellter Rechenergebnisse.

austörnen Vor allem geschlagenes Tauwerk neigt infolge von Dehnung, Quellen usw. zum „Vertörnen". Austörnen heißt, eine Leine klarieren, die in sich verdreht ist. Auch gedrehte Drahtseile neigen zum Vertörnen und zur Bildung von Kinken und müssen ausgetörnt werden.

austonnen In flachem Gewässer ein Fahrwasser, z. B. eine gebaggerte Fahrrinne, durch Tonnen (Bojen) markieren.

auswandern 1. Sein Land verlassen, um eine neue Wahlheimat zu suchen.
2. Das langsame Abweichen eines angepeilten Objektes.

Auswandererschiffe Früher ein festumrissener Begriff für Seeschiffe nach außereuropäischen Häfen, die über die für sie vorgesehene Zahl von Kajütpassagieren hinaus mehr als 25 Reisende befördern sollten.

ausweben Die Wanten eines Schiffes mit Webeleinen versehen (Befestigung an den einzelnen Wanten durch *Webeleinstek*. Siehe Tafel Knoten).

auswegern Siehe Wegerung.

Ausweichregeln Regeln für die Ausweichpflicht von Schiffen, die sich auf Kollisionskurs befinden. Diese Regeln sind in der Seestraßenordnung (Teil B, Regel 4–19) festgelegt und gehen von dem Grundsatz aus, daß das unbeweglichere oder gefährdetere Schiff Wegerecht hat; bei Segelfahrzeugen auf sich kreuzenden Kursen hat nach einem alten Übereinkommen das auf Bb.-Bug (mit Stb.-Halsen) segelnde Vorfahrt. Vergl. hierzu *Wegerecht*. Für das Verordnungsgebiet der Seeschiffahrtstraßen-Ordnung hat das Sportboot in der seit dem 1. 11. 1971 gültigen Neuregelung die Änderung in seiner Stellung erfahren, daß kein Unterschied mehr zwischen Sportfahrzeug und Berufsfahrzeug gemacht wird und daß innerhalb der Fahrwasser keine Unterschiede bezüglich der Antriebsart von Kleinfahrzeugen bestehen. Hier gilt die Fahrregel, daß rechts zu fahren und links zu überholen ist. Einzelheiten und Ausnahmen sind aus dem vierten Abschnitt der Seeschiffahrtstraßen-Ordnung ersichtlich.

Autoalarmgeräte Automatische Alarmgeräte für den Empfang von Seenotrufen. Die Empfänger sprechen auf der Frequenz 500 kHz auf die Alarmsignale an. Siehe Seenotruf.

Automation (grch.-engl.) Entwicklungsstufe der Mechanisierung, die durch weitgehenden Einsatz bedienungsfreier Arbeitssysteme charakterisiert ist. Auch in die Schiffahrt hat die Automation Einzug gehalten. Die Maschinen werden bis zu 16 Stunden wartungsfreien Betrieb auf Automatik geschaltet. Durch ein vorgegebenes Programm werden mit Hilfe von Meßfühlern die wichtigsten Arbeitsgänge überwacht; Daten werden mit Rechenanlagen errechnet und festgehalten, Störungen oder Abweichungen vom normalen Ablauf des Programms werden angezeigt, aufgesucht und, wenn möglich, innerhalb der Automatik beseitigt; ist dies nicht möglich, gibt die Anlage Alarm.

Auxiliar-, Auxiliaries (lat.-engl.) Allgemeine Bezeichnung für Hilfsmaschinen aller Art.

Aviso (lat.-frz.-span.) *m.* Depeschenboot. Früher ein schnelles und nur leichtbewaffnetes Kriegsschiff für den Aufklärungsdienst und zur besonderen Verfügung der Admiralität.

Axiometer (grch.) Ruderlageanzeiger.

Axiometerleitung Wellenleitung zur Übertragung der Steuerkräfte auf die Spindel bzw. auf das Getriebe am Quadranten des Ruderschaftes.

„aye" Altes englisches, im seemännischen Sprachgebrauch allgemein übliches Wort für „ja", „verstanden".

Azimut (arab.) *s.* oder *m.* Die horizontale Koordinate eines Gestirns im Horizontsystem, der Winkel, den die gedachten Ebenen von Himmelsmeridian und Vertikalkreis des Gestirns miteinander bilden – oder, an der gedachten Himmelskugel – das Bogenstück des wahren Horizontes zwischen Himmelsmeridian und Vertikalkreis des Gestirns. Die Zählweise ist von 0 bis 360° oder vom Nordpunkt oder Südpunkt aus nach Ost und West von 0 bis 90°.
Auf das →Koordinatensystem der Erdoberfläche bezogen ist Azimut gleichbedeutend mit rechtweisender Peilung (Funkazimut).

Azimutgleiche Standlinie auf der Erdoberfläche, auf welcher alle Schiffe ein und dasselbe Funkfeuer in der gleichen Großkreispeilung peilen. Die Azimutgleiche ist eine Kurve, deren Bogen äquatorwärts von der Loxodrome abweicht.

Azimuttafeln Tafeln mit vorausberechneten Azimutwerten der für die astronomische Navigation wichtigen Gestirne. Eingangsgrößen sind Breite, Abweichung, Stundenwinkel und Höhe.

Azimutwinkel Im → nautisch-astronomischen Grunddreieck der Winkel am Zenit zwischen dem oberen Meridian und dem Vertikalkreis des Gestirns.

AZO Allgemeine Zollordnung.

Azorenhoch Ein im Bereich der Azoren mit großer Regelmäßigkeit vorherrschendes Hochdruckgebiet, das als ein Teil des subtropischen Hochdruckgürtels für die Wetterentwicklung in Europa von bestimmendem Einfluß ist.

B

B Patente in der Hochseefischerei.
Anstelle der früher gültigen Bezeichnungen
B 5 Kapitän in Großer Hochseefischerei,
B 4 Seesteuermann in Großer Hochseefischerei,
B 3 Kapitän in Kleiner Hochseefischerei,
B 2 Seesteuermann in Kleiner Hochseefischerei,
B 1 Seeschiffer in Kleiner Hochseefischerei sind 1970 neue Bezeichnungen getreten,
BG5 entspricht B 5 und berechtigt zum Führen von Fischereifahrzeugen aller Art und jeder Größe auf allen Meeren;
BGW4 Wachoffizier auf Trawlern mit den Befugnissen wie oben, was Größe und Fahrtgebiet betrifft;
BK3 die früheren Befugnisse in europäischen Gewässern sind erhalten geblieben. B 2 ist entfallen und geht im Bedarfsfall in BK 3 auf;
BKü 1 entspricht dem früheren Geltungsbereich B 1.

Baas (nl.) Ausdruck für „Meister", „Herr". Erscheint in der dt. Seemannssprache in verschiedenen Zusammensetzungen: *Heuerbaas,* Stellenvermittler für Matrosen; *Zimmerbaas,* Zimmermeister; *Schlafbaas,* Matrosenwirt.

Babbitmetall Lagermetall. Eine nach ihrem Erfinder benannte Legierung aus Zinn, Antimon und Kupfer.

Babystag Auf Segelyachten ein zusätzliches, kurzes Vorstag, das in der Höhe der Saling (Angriffspunkt der Unterwanten) am Mast angreift und dessen Fußpunkt an Deck zwischen dem des normalen Vorstags und dem Mast liegt. Es ist bis zu einem gewissen Grade ein Ersatz für vorliche Unterwanten und bietet zusätzliche Möglichkeiten für den Trimm des Mastes.

Back 1. Von Bord zu Bord reichender Aufbau auf dem Vorschiff, der den Bug mit einschließt.
2. Als Back wurde früher eine tiefe hölzerne Schüssel bezeichnet, in der eine Gruppe von Seeleuten, eine *Backschaft,* ihr Essen aus der Kombüse holte.
3. Zusammenklappbarer Tisch, an dem eine Backschaft sitzt.

back Aus dem Englischen: rückwärtig, hinter, rückläufig – mit eben dieser Bedeutung. Die Segel stehen *back,* wenn der Wind von der falschen Seite in sie einfällt.

Backbord Von achtern nach vorn gesehen die linke Schiffsseite.
Der Name rührt daher, daß in alter Zeit das Steuerruder auf der rechten Seite war und der Rükken des Steuermanns sich nach „Back"-Bord wandte. „Backbord" ist auch eine Zusatzbezeichnung für alle linken Gegenstände der Schiffsausrüstung, die beidseitig vorhanden sind, wie Positionslaternen, Anker, Propeller usw. Die Backbord kennzeichnende Farbe ist Rot.

Backbordbug Der Wind kommt von Steuerbord; blickt man in den Wind, liegt der Bug auf der linken Seite der Einfallsrichtung.

Backbordfahrwasserseite Die Seite des Fahrwassers, die ein von See kommendes Schiff an Backbord hat. Handelt es sich um eine Durchfahrt, so gilt als Backbordseite diejenige, die ein aus *westlicher* Richtung kommendes Schiff an Backbord läßt.

Backbordhalsen Das Gegenteil von Backbordbug. Der Name kommt aus der Zeit der Rahsegler, wo der Hals die luvwärtige Ecke des Segels bezeichnete. Ein Schiff mit Backbordhalsen segelte also auf Steuerbordbug.

Backbordschoten Das Gegenteil von Backbordhalsen, also dasselbe wie *Backbordbug:* Der Wind kommt von Steuerbord, Segel und Schoten sind an Backbord.

„Backbord Ruder!" Ruderkommando, wenn das Schiff nach Backbord drehen soll. Auch bei Yachten mit Pinnensteuerung geht man von der Lage des Ruderblattes, nicht der Pinne aus.

backbrassen Auf Rahseglern zur Ausführung von Wendemanövern, zum Stoppen usw. einen

Teil der Segel so brassen, daß der Wind sie von der falschen Seite trifft, die Segel also zurückschlagen.

Backdeckkreuzer Yachten, deren Deck in Kajütdachhöhe vom Bug bis zum Cockpit durchläuft.

„Backen und Banken!" An Bord das Kommando für „Klarmachen zum Essen", d. h. Tische (Backen) und Bänke aufstellen.

Backen und Füllen Dieser Ausdruck bezeichnete auf Rahseglern geschicktes Manövrieren in engen und gewundenen Gewässern, wo oftmals Segel backgebraßt werden mußten, um das Schiff auf Kurs zu bringen.

backholen Auf Yachten ein Segel (zumeist ein Vorsegel) so stellen, daß der Wind in die eigentliche Leeseite des Segels einfällt. Wird z. B. angewandt, um bei wenig Fahrt eine Drehbewegung des Schiffes zu beschleunigen.

Backschafter Die für ihre jeweilige Backschaft zum Essenholen abgeteilten Leute. Sie sind auch für das Aufklaren nach dem Essen verantwortlich.

Backsgäste Seeleute, deren Manöverstation die Back ist.

Backskiste Unter einer Bank kastenartig umbauter Stauraum.

Backspiere Eine am Vorschiff auf der Leeseite querschiffs ausgebrachte Spiere, an der bei im Hafen liegenden Kriegsschiffen die zu Wasser gelassenen Boote festgemacht werden.

Backstag Größere Yachten haben Backstage, d. h. Stage, die den Mast schräg nach achtern sichern. Sie gehören zum stehenden Gut; jedoch ist das leeseitige Backstag jeweils zu lockern, um dem Großsegel Platz zu machen.

Backstagsbrise Schräg von achtern, über das Backstag einwehender Wind. Soviel wie *raumschots*.

Badegäste So wurden bereits im vorigen Jahrhundert in der Offiziersmesse auf Kriegsschiffen die nichtseemännischen Teilnehmer genannt (z. B. Ärzte und Geistliche). Die freundlich abwertende Bezeichnung „Badegäste" hat sich ausgebreitet auf alle an Bord Befindlichen, die keine seemännische Funktion ausüben, auch auf Yachten.

Bagger (nl.) *Hafenräumer,* Arbeitsfahrzeug zur Fahrwasservertiefung; im volkswirtschaftlichen Sinne kein Schiff, sondern eine Maschine. Je nach Konstruktionsprinzip und Arbeitsweise unterscheidet man zwischen Eimer- und Saugbagger. Der Eimerbagger verwendet eine laufende Kette von ca. 50 Eimern, die das ausgeschaufelte Gut in Schuten entleeren. Der seetüchtige Saugbagger wird vorwiegend in Flußmündungen eingesetzt. Er benötigt keine Schuten, sondern nimmt das Baggergut in eigenen Laderäumen auf (Hopperbagger).

Baggergut Vom Grund des Fahrwassers ausgebaggerter Schlamm, Sand, Kies, Steine, usw.

Baggerschüttstellen Für das Versenken von Baggergut sind spezielle Schüttstellen freigegeben, die durch gelb-schwarze Tonnen, gegebenenfalls mit schwarzem Fähnchen als Toppzeichen, kenntlich gemacht sind.

Bagien Auf Vollschiffen das Untersegel des Kreuzmastes. Auf Schiffen früherer Jahrhunderte auch das Lateinsegel des Kreuzmastes. Auf Barken mit mehr als drei Masten das Untersegel des letzten vollgetakelten Mastes als Bagien zu bezeichnen ist hier und da üblich und zeigt, daß es eine allgemein verbindliche Benennung offensichtlich nicht gab.

Bagienrah Die unterste Rah des Kreuzmastes eines vollgetakelten Schiffes. Sie führte diese Bezeichnung auch dann, wenn kein Bagien gefahren wurde und die Rah nur für die Führung der Schoten des Kreuzuntermarssegels diente.

Baguio Wirbelsturm im philippinischen Raum. Die Bezeichnung ist auf dieses Gebiet beschränkt (Vergl. tropische Wirbelstürme).

Bahn 1. Als Bahnen eines Segels werden die Tuchstreifen bezeichnet, aus denen es zusammengenäht wird. Die Bahnen der Segel verliefen bei Rahsegeln senkrecht zur Rah, bei älteren Schiffen mit Gaffelsegeln parallel zum Achterliek, bei modernen Yachten verlaufen sie senk-

recht zur Sehne des Achterlieks oder, seltener, strahlenförmig von der Baumnock ausgehend (Radial- oder Strahlenschnitt). Die Vorsegel haben eine Diagonalnaht, die den Winkel am Schothorn halbiert; von dort aus verlaufen die Bahnen senkrecht zu den Lieken (Laschenschnitt). Die Webart des Segeltuches ist so, daß die Kettfäden mit der Bahn laufen, die Schlußfäden quer.
2. Regattabahn; siehe dort.

Bahnmarke Ein in den Segelanweisungen für eine Wettfahrt besonders bezeichneter Gegenstand (Boje mit Fähnchen u. dergl.), den eine Yacht auf einer vorgeschriebenen Seite runden oder passieren muß.

Bai w. Meerbusen. Das Wort ist vermutlich baskischen Ursprungs. Es erscheint in ähnlicher Lautform in allen westeuropäischen Sprachen.

Bake w. Landmarke, Richtzeichen der Seeleute. Ursprüngliche Bedeutung „Leuchtfeuer". Heute je nach Form oder Zweckbestimmung durch Zusätze gekennzeichnet: Kugelbake, Spitzbake, Leuchtbake, Funkbake, Rettungsbake, usw. Eine Bakentonne ist ein schwimmendes Seezeichen in Bakenform.

Balanceruder Ruder, dessen Drehachse nicht an der Vorderkante, sondern zur Verringerung des auf den Schaft kommenden Drehmoments (des auf die Pinne kommenden Ruderdrucks) im vorderen Drittel der Ruderfläche liegt. Die optimale Position des Drehpunktes ist abhängig von der Ruderform. Der vor der Drehachse liegende Teil schwankt zwischen einem Viertel und einem Drittel der gesamten Ruderfläche. Vergl. die Skizzen zum Stichwort Ruder.

Balancier (frz.) m. Schwinghebel an den alten Schiffsdampfmaschinen zur Übertragung des Kolbenhubs auf die Schaufelräder.

Balje (lat.-frz.-nd.) w. 1. Wasserlauf im Watt, der auch bei Ebbe noch Wasser führt.
2. Holzgefäß; Hälfte einer in der Rundung durchgesägten Tonne.

Balken Die querschiffs verlaufenden Verbände eines Schiffes, die Versteifungen des Decks.

Balkenbucht Maß für die Wölbung eines Decks. Sie wird angegeben in Prozenten der größten Breite.

Balkenkiel Kielform aus der Zeit des frühen Eisenschiffbaus, wo der genietete Mittellängskiel sich nicht wie bei flachbodigen Schiffen innerhalb, sondern wie einst bei den hölzernen Schiffen außerhalb des Rumpfes befand. Gegensatz: Flachkiel.

Balkenknie Auf Stahlschiffen auch Knieblech; die Eckverbindung zwischen Spant und Decksbalken.

Balkweger m. Bei hölzernen Schiffen ein auf Innenkante Spant parallel zum obersten Plankengang laufender Balken, auf Yachten eine Leiste, worauf die Decksbalken ruhen. Die Balkweger sind wichtige Teile des Längsverbandes.

Ball Signalkörper bei Tag (Ankerball, Windwarnung, Startball). Der an Bord mitgeführte Ball kann aus zusammenlegbaren Scheiben bestehen, muß aber vorgeheißt aus jeder Richtung als Rundkörper zu erkennen sein.

Ballast m. Totes Gewicht an Bord zur Erhöhung der Stabilität, zur Veränderung des Trimms, zur Vergrößerung des Tiefgangs bei Leerfahrt. In der Segelschiffszeit war bei Leerfahrt zur Erhaltung einer ausreichenden Stabilität die Übernahme von Ballast unerläßlich. Nach einer alten Faustformel sollte das Ballastgewicht in metrischen Tonnen etwa die Hälfte der Bruttotonnage (BRT) des Schiffes betragen. Der Ballast wurde auf der geschützten Reede vor dem Beladen wieder gelöscht, jedoch blieb ein Rest (der sogenannte Stiffeningballast) so lange an Bord, bis genügend eingenommene Ladung die Stabilität garantierte. Der Ballast bestand aus Eisen, Schotter oder Sand.
Heute wird – abgesehen von zuweilen auf Fahrgastschiffen notwendigem, fest eingebautem Ballast (Blei, Eisen, Beton) – nur noch Wasserballast an Bord genommen. Tanker füllen bei Leerfahrt einige ihrer Ladetanks mit Seewasser, sofern nicht Tanks vorgesehen sind, die ausschließlich der Aufnahme von Ballastwasser dienen.

Ballastfahrt Fahrt ohne Ladung. Da Frachtschiffe zugunsten einer möglichst großen Nutzlast so leicht gebaut werden wie ohne Gefährdung der Festigkeit eben zulässig, bedürfen sie einer gewissen Belastung bei Leerfahrt. Wasserballast eignet sich aus technischen und ökonomischen Gründen am besten dafür. Im Zusammenhang damit Ballastpumpe, -leitung, -tank.

Ballastkiel Seegehende Yachten sowie schlanke Rennyachten ohne ausreichende Formstabilität müssen einen möglichst tiefliegenden Gewichtsschwerpunkt haben. Deshalb konzentriert man ein kompaktes Gewicht an den tiefsten Punkt des Schiffes. Die ohnehin zur Verhinderung der Abdrift vorhandene Kielflosse wird zum Ballastkiel. Der Gewichtsanteil des Ballasts liegt bei Kreuzeryachten um 30 bis 45%, bei Rennyachten zwischen 50 und 65 % und kann in extremen Fällen ca. 70% des Schiffsgewichtes betragen. Etwa seit 1930 wird auch bei Kreuzeryachten der gesamte Ballast in den Außenkiel verlegt.

Ballenraum (Im allg. engl. *balespace* oder kurz *bale* genannt). Der für Stückgut tatsächlich nutzbare Laderauminhalt eines Frachtschiffes in Kubikmeter oder Kubikfuß, gemessen bis Innenkante Wegerung und Unterkante Decksbalken. Vergl. dagegen Kornraum.

Ballon Großes leichtes Vorsegel für leichte bis mäßige raume Brise. Differenzierung je nach Schnitt des Segels: Kreuzballon, Raumballon. Der Name rührt von der Ähnlichkeit des relativ bauchigen Segels mit einem aufgeblähten Ballon her.

Balsa 1. Floß der Bewohner der Westküste Südamerikas, aus 5 bis 9 Stämmen des leichten Balsaholzes (Kon-Tiki).
2. Das Wort wird auch für die Boote aus Schilf- oder Binsenbüscheln verschiedenster Formen gebraucht, wie sie von Eingeborenen Perus, Mexikos und anderer Länder gebaut werden. Ein charakteristisches Beispiel sind die Balsas auf dem Titicacasee.

Balsaholz Extrem leichtes Holz (leichter als Kork), das heute für Rettungsflöße, Bootsbausperrholz und dergl. verwendet wird.

Baltimore-Klipper In Baltimore gebaute, sehr schnelle Schiffe, die als Schoner oder Brigg getakelt waren und 90 bis 200 tons tragen konnten. Ihre höchste Blüte erlebten sie 1835–1850. Der Baltimore-Klipper hatte auf den zeitgenössischen und späteren Schiffbau großen Einfluß. Insbesondere zeigten Lotsen-, Fischerei- und Marinefahrzeuge sowie die großen Schoneryachten noch lange grundlegende Züge dieses Typs. Die Baltimore-Klipper waren keine Klipper in dem Sinne, wie das Wort später verstanden wurde. Siehe Klipper.

Bananenschiff Siehe Kühlschiff.

Bändsel Dünne Leine bis 2 cm Umfang, um etwas festzuzurren. Segelbändsel sind zur Schonung des Segels etwa zollbreite vernähte Segeltuchstreifen. Tätigkeitswort: bändseln.

Bank 1. Sandbank, Kiesbank, die sich in einem fließenden Gewässer bildet.
2. Untiefe, Sandbank im offenen Seegebiet, wie z. B. Doggerbank oder Neufundlandbank. Davon ,,Banker" für die Fischer auf den Neufundlandbänken.
3. Wolkenbank und Nebelbank sind Bezeichnungen für dicke, deutlich abgegrenzte Schwaden.

Bareboat-Charter (engl.) Vercharterung des leeren Schiffes ohne Besatzung, Brennstoff, Proviant usw. Für alles, was Betrieb und Instandhaltung des Schiffes betrifft, ist während der Dauer des Chartervertrages der Charterer verantwortlich. Ein solcher Charterer wird auch Ausrüster genannt. Im Verhältnis zu Dritten hat er die Verpflichtungen eines Reeders.

Barge (engl.) 1. In der englischen Marine ein Galaboot für offizielle Anlässe; früher mit 8 bis 12 Ruderern besetzt, heute auch mit Motorantrieb.
2. Flaches Mehrzweckfahrzeug für den Hafenbetrieb: Schute, Leichter, Prahm.
3. Schwimmcontainer, die mit Spezialschiffen transportiert werden. Neuartiges Transportsystem zur Abkürzung von Hafenliegezeiten, zum Löschen von Ladung auf Reede (Entwicklungsländer), zum schnellen Weiterleiten der Ladung auf dem Wasserweg, usw. Vergl. Lash-Schiff.

Barge Carrier (engl.) Leichterschiff. Siehe Lash-Schiff.

barisch (grch.) Den Luftdruck betreffend, von der Druckverteilung hergeleitet; siehe Windgesetz.

Bark

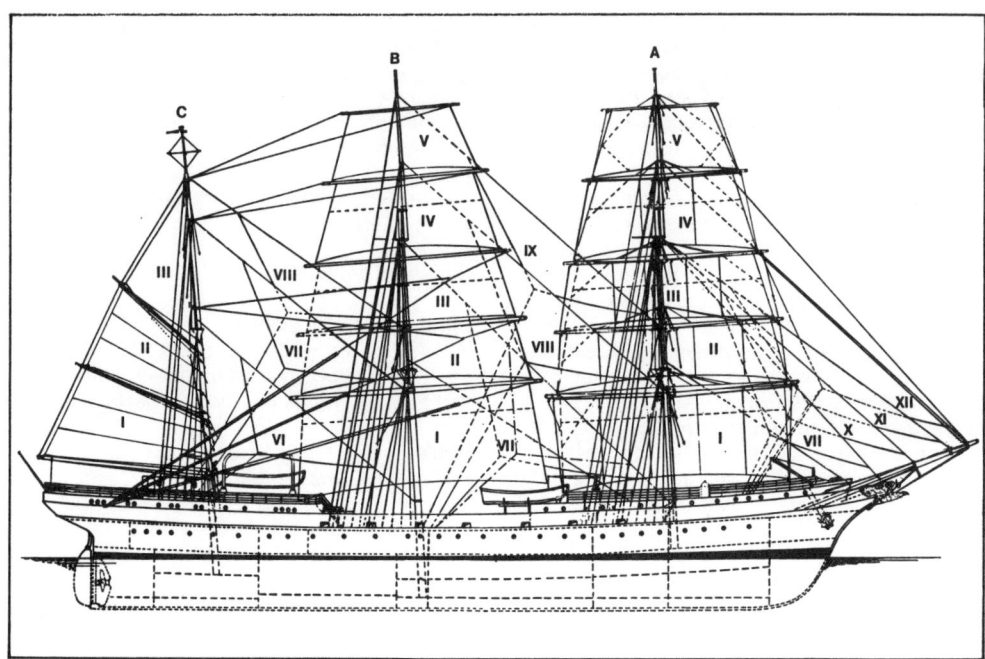

Bark (Segelschulschiff). Bezeichnungen:

	C Besantopp	B Großtopp	A Vortopp
I	unterer Besan	Großsegel	Fock
II	oberer Besan	Groß-Untermarssegel	Vor-Untermarssegel
III	Besan-Toppsegel	Groß-Obermarssegel	Vor-Obermarssegel
IV	–	Groß-Bramsegel	Vor-Bramsegel
V	–	Groß-Royal	Vor-Royal
VI	Besan-Stagsegel	–	–
VII	Besan-Stengestagsegel	Groß-Stengestagsegel	Vor-Stengestagsegel
VII	Besan-Bramstagsegel	Groß-Bramstagsegel	–
VIII	Besan-Bramstagsegel	Groß-Royalstagsegel	–
X	–	–	Innenklüver
XI	–	–	Außenklüver
XII	–	–	Jager

Rahen und stehendes Gut erhalten ihre Namen nach den dazugehörigen Segeln. Der Übersichtlichkeit wegen sind beim Vortopp die Brassen, beim Großtopp die Geitaue und Gordings weggelassen.

Bark Segelschiff mit 3 Masten, zwei vollgetakelten und einem Besan (Fockmast, Großmast, Besanmast). Hat eine Bark mehr als drei Masten, wird dies durch den Zusatz Viermast- bzw. Fünfmast- ausgedrückt.

Barke Aus einem alten Wort der Nilschiffahrt koptischen Ursprungs entstehen über grch. *barica* und lat. *barca* Wörter ähnlicher Lautform in allen romanischen Sprachen und danach auch im nordischen Raum. Als Typenbezeichnung hat das Wort keine Bedeutung; es ist zu einem poetischen Namen für „Boot" schlechthin geworden. Die nl.-engl. Form *Bark* als präziser seemännischer Begriff setzte sich erst mit der Differenzierung der Segelschiffstypen durch, die vom 17. bis ins 19. Jh. hinein währte. Vergl. Bark.

Barkarole Aus *barcarole* als Bezeichnung für ein Ruderboot des Mittelmeerraumes entstand der Name B. für die Lieder der Gondoliere.

Barkasse 1. In der Marine größtes Schiffsbeiboot.
2. Verkehrsboot im Hafenbetrieb.

Barkentine Auch Schonerbark. Dreimaster mit nur einem vollgetakelten Mast (Fockmast).

Barkhölzer Auch Berghölzer; verstärkte (auf der Außenseite des Schiffes vorspringende) Plankengänge alter Holzschiffe (oberhalb der Wasserlinie). Später der Teil der →Beplankung, der im Bereich der Wasserlinie liegt.

Barkunen Klappdavits. Vergl. Davits.

Barograph (grch.) Kombiniertes Meß-Schreib-Gerät, das den Luftdruck über der Zeit aufträgt und somit alle Druckschwankungen als Kurve sichtbar macht.

Barometer *s.* Meßgerät für den Luftdruck, benannt nach grch. *báros,* die Schwere, seit Torricellis Erfindung 1644. Torricelli entdeckte, daß der mittlere Druck der Atmosphäre einer Quecksilbersäule von 760 mm das Gleichgewicht hält, bzw. einer Wassersäule von 10,33 m.
1 atm = 10,33 m WS
(1 at = $\frac{1 \text{ kp}}{\text{cm}^2}$ = 10 m WS)
(Beachte *Atmosphäre* 1).
Heute wird der Luftdruck in Millibar angegeben. 1000 mb entsprechen 750,06 mm Hg.

Barraterie (frz.-engl.) Betrügerisches Verhalten von Kapitän oder Mannschaft zum Nachteil der Reederei. Dazu gehören Schmuggel, vorsätzliche Strandung, Ladungsdiebstahl und dergl.

Barre *w.* Durch Strömungen entstandene Sandablagerung vor einem Fluß oder einer Hafeneinfahrt (Barrehafen).

barrel (engl.) 1. Faß, Tonne, auch Trommel des Gangspills. Im Ladungsdienst häufig gebrauchte Bezeichnung für Faß.
2. Hohlmaß. Gebräuchlich sind
1 barrel (USA) = 0,1156 m³
1 barrel Petrol (USA) = 0,1635 m³
1 barrel (Brit.) = 0,1637 m³

Barrel Oil Trade (engl.) Der Handel mit Petroleum in Fässern. Vorläufer der Tankschiffahrt zur Zeit der Segelschiffe („Petroleumklipper").

Barringsbalken Balken, auf denen die Bootsklampen angebracht sind, wenn ein Schiff kein eigentliches Bootsdeck hat.

Basis (grch.-lat.) Grundlinie, Ausgangspunkt, Grundfläche. In der Funknavigation Verbindungslinie zweier Sender, deren Signale nach Hyperbelverfahren ausgewertet werden.
Im Völkerrecht die Niedrigwasserlinie entlang der Küste (Basislinie).

Basisgrößenarten Größenarten zur Beschreibung physikalisch-technischer Vorgänge, die unter der Voraussetzung ausgewählt worden sind, daß sich keine von ihnen durch die übrigen ableiten läßt. Indessen lassen sich aus ihnen alle anderen Größenarten ableiten.

Basiseinheiten Diejenigen Einheiten, aus denen die abgeleiteten Einheiten eines Einheitensystems gebildet werden. Die gesetzlichen Basiseinheiten sind diejenigen des Internationalen Einheitensystems (SI):

Basisgrößenart	Basiseinheit	Kurzzeichen
Länge	Meter	m
Masse	Kilogramm	kg
Zeitintervall	Sekunde	s
elektr. Stromstärke	Ampere	A
thermodyn. Temp.	Kelvin	K
Lichtstärke	Candela	cd
Stoffmenge	Mol	mol

Basse, Drehbasse Kleines Schiffsgeschütz (seit 17. Jh.).

Bathymeter (grch.) *s.* Tiefseelot. *Bathyal* bezeichnet in der Meereskunde eigentlich den Bereich zwischen 200 m und 800 m Wassertiefe. Davon abgeleitet ist *Bathygraphie* (Tiefseeforschung), *Bathyscaphe* (Piccards Tiefseetauchkugel) u. a.

Bauch 1. Die Wölbung eines Segels, die im wesentlichen durch den Schnitt des Segels gegeben ist, durch die Kunst des Trimmens jedoch noch variiert werden kann.
2. Früher gebräuchliche Bezeichnung für den unteren Teil des Rumpfes vom Kiel bis zur Kimm. Daher „Bauchstück", „Bauchwegerung".

Bauchgording Siehe Gording.

Bauchstück Der trapezförmige Mittelteil eines → Schleppnetzes.

Baudock Mit dem enormen Anwachsen der Größe mancher Schiffstypen, insbesondere der Tanker, wird es mehr und mehr üblich, diese Schiffe in einem flutbaren Trockendock zu bauen. Langsames Aufschwimmen tritt an Stelle des → Stapellaufes, was aus Gründen des Platzbedarfs und der Festigkeitsprobleme von Vorteil ist. Die großen Baudocks sind heute von fahrbaren Portalkränen mit mehreren hundert Tonnen Tragkraft überbrückt.

Baum Längsschiffs verlaufende Spiere allgemein, im Gegensatz zu der querstehenden Rahe: Klüverbaum, Großbaum, Besanbaum.
Auf Yachten die Spiere, an der das Unterliek eines Segels fest ist.

Baumfock Stagfock, die an ihre Unterkante wie ein Großsegel einen Baum führt. Sie darf den Mast nicht überlappen. Ihre Schoten brauchen beim Kreuzen nicht bedient zu werden.

Baumkurre Besondere Form eines Schleppnetzes; das Hauptgerät der Garnelen (Krabben)-Fischerei in der Nordsee. Die Baumkurre besteht aus einem Netzsack, der durch einen Querbaum offengehalten wird. An den Enden des Baumes sind kufenförmige Gestelle angebracht, auf denen der Baum beim Fischen in einer Höhe von etwa einem halben Meter über Grund gezogen wird. Das Netz ist mit seinem Obersim an dem Baum befestigt und schleift über Grund.

Baumschere (Baumstütze) Scherenartig aufzustellendes oder senkrecht in eine Führung einschiebbares Gestell zur Lagerung des Baumes, wenn kein Segel gesetzt ist.

Baumwolle Der bedeutendste Naturfaser-Textilrohstoff. Haupterzeugungsländer sind USA und UdSSR (je ein Fünftel der Welternte), doch wird insbesondere die ägyptische Baumwollqualität geschätzt. Baumwolle war bis zum Beginn der fünfziger Jahre das Material für Yachtsegel schlechthin. Auch für Tauwerk wurde Baumwolle verwendet, insbesondere für Schoten, da Baumwolltauwerk besonders weich und griffig ist.
Durch den Siegeszug der Chemiefasern hat die Baumwolle für den Yachtsport innerhalb von zwei Jahrzehnten ihre einstige Bedeutung fast vollständig verloren. Siehe hierzu auch *Segel* und *Polyester*.

Bauspant Die Bezeichnung Bauspant betont, daß es sich um ein tatsächliches Spant als Bauteil handelt im Gegensatz zu der ideellen Schnittlinie eines Spantrisses. Siehe Linienriß.

Bauspantenriß Zeichnung, die sämtliche wirklich einzubauenden Spanten zeigt – nicht die ideellen Schnittlinien eines Konstruktionsspantenrisses, dessen Gliederung nach Gesichtspunkten der Berechnungsmethoden erfolgt.

Beachcomber (engl.) 1. Die Brandungswelle. 2. Der Strandläufer. Heruntergekommener Weißer, der auf einer Insel des Pazifik den Strand abkämmt nach Strandgut. Daraus: heruntergekommener Seemann allgemein.

Beach-la-mar (Bêche-de-mer) Dem Pidgin-Englisch ähnliche Verkehrssprache in West-Ozeanien.

Beaufort-Skala Eine von dem englischen Admiral Sir Francis Beaufort 1806 aufgestellte Skala, die den Wind in dreizehn Stärkegrade einteilt (von 0 bis 12) und die Stärkegrade durch Beschreibung ihrer jeweiligen Auswirkung erkennbar macht. Diese Skala ist bis heute beibehalten worden. Während man früher oberhalb Windstärke 12 keine Unterscheidungen mehr machte, gestattet die moderne Meßtechnik auch noch exakte Messungen von Windgeschwindigkeiten, die die eines „normalen" Orkans erheblich überschreiten (tropische Wirbelstürme). Die Skala wurde daher bei der Neufestsetzung der Umrechnungswerte durch das Internationale Meteorologische Komitee Paris 1949 bis Windstärke 17 erweitert. Siehe Anhang.

In der Praxis hat diese Erweiterung keine Bedeutung erlangt, sie ist jedoch wissenschaftlich von Interesse. Die höchste bisher in einem Tornado gemessene Windgeschwindigkeit betrug 450 km/h (gemessen am 2. 4. 1958 in Texas). Ein Drittel dieser Windgeschwindigkeit ist bereits Orkanstärke (ab 118 km/h). Noch höhere Windgeschwindigkeiten treten in → *Tromben* auf.

Befeuerung Die Gesamtheit der schwimmenden und festen → Leuchtfeuer eines Fahrwassers bzw. Seegebietes.

Befrachter Im → Seefrachtgeschäft diejenige Person, die mit einem Reeder einen Frachtvertrag abschließt.

Begegnungsperiode Die Dauer zwischen dem Auftreffen eines Wellenkammes an der Bordwand und dem darauffolgenden Auftreffen der nächsten Welle an derselben Stelle. Die die Rollschwingungen des Schiffes beeinflussende Begegnungsperiode ist abhängig von Schiffsgeschwindigkeit, Wellenlänge, Fortpflanzungsgeschwindigkeit der Wellen und Auftreffwinkel.

Beiboot Leichtes Boot, das Yachten von einer gewissen Größe ab mit sich führen, um unabhängiger zu sein. Man verlangt von ihm sehr konträre Eigenschaften: Geringsten Formwiderstand und geringes Gewicht bei großer Tragfähigkeit und Stabilität.

beidrehen, beiliegen Auf offener See einen Sturm abwettern. Segelschiffe mit einem Minimum an Segeln in eine erträgliche Lage zu Wind und Seegang bringen, d. h. das Schiff so legen, daß der Wind nur etwa 1 bis 2 Strich vorlicher als querab einkommt und das Schiff praktisch dwars vertreibt. Das auf diese Weise entstehende „Querkielwasser" verhindert das Brechen der Seen in unmittelbarer Nähe des Schiffes.

Beibrief Bauschein. Siehe *Bielbreef*.

beim Wind Dasselbe wie *am Wind*. Kurs und Wind stehen in einem spitzen Winkel zueinander.

Beisegel Alle Segel, die nicht zu den *Arbeitssegeln* gehören, wie z. B. große und kleine Genua, Spinnaker, Spinnakerstagsegel, Besanstagsegel, Sturmsegel usw. Auf Raumschotkursen kann die Fläche der Beisegel die der Arbeitssegel (normale Anwindbesegelung) erheblich übersteigen.

Beistopper Hilfsleine, mit der Schlepper ihr Heck ohne große Maschinenkraft an die Schleppleine holen können, insbesondere wenn sie in ihrer Schleppposition hinter dem geschleppten Schiff Fahrt über den Achtersteven machen.

bekalmen Von *Kalme, Windstille* abgeleitet ist bekalmt der Zustand, in dem sich ein Segelschiff in einem Windschatten befindet.

bekleeden, bekleiden Tauwerk mit Segeltuchstreifen (Schmarting) und mit Hüsing fest und dicht umwickeln, sowohl zum Schutz des Tauwerks als auch des Seemannes. Die Arbeitsgänge sind folgende: 1. Trensen, d. h. Keepen zwischen den Kardeelen mit Hüsing oder Schiemannsgarn ausfüllen. 2. Tau mit Talg fetten oder teeren. 3. Schmarten, d. h. Schmarting umwickeln und mit Marlleine festhalten. 4. Bekleeden, d. h. mit Hilfe der Kleedkeule Hüsing oder Schiemannsgarn dicht und fest um das Tau herumwickeln. Das Trensen und Schmarten wird mit der Schlagrichtung, das Bekleeden gegen dieselbe ausgeführt.

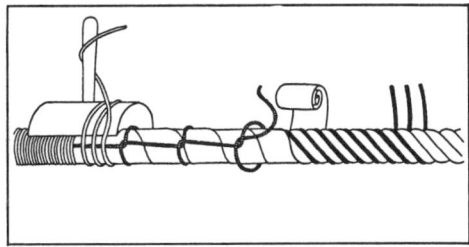

Bekleeden von stehendem Gut. Die dargestellten Arbeitsgänge heißen (von rechts nach links): Trensen, Schmarten, Marlen, Bekleeden.

bekneifen Eine Leine bekneift sich, wenn sie sich durch einen Rundtörn selbst festklemmt, solange Zug auf ihr steht.

belegen Eine Leine, auf der Zug steht, an einer Klampe, einem Poller u. dergl. festmachen, sobald ihre ausgebrachte Länge nicht mehr verändert werden soll.

Belegnagel, Coffeynagel Hölzerner oder eiserner Pflock zum Belegen von Tauwerk. Siehe Nagelbank.

benetzte Oberfläche Die gesamte im Wasser liegende Außenhautfläche eines Schiffes einschließlich aller → Anhänge. Da der Reibungswiderstand einen erheblichen Anteil des Gesamtwiderstandes eines Schiffes ausmacht, bemüht man sich, die benetzte Oberfläche möglichst klein zu halten, sofern das nicht auf Kosten anderer Qualitäten des Schiffes geht.

Beobachtung In der Navigation eine notwendige Voraussetzung für die Bestimmung des Schiffsortes: In der astronomischen Navigation die Messung der Höhe eines Gestirns, in der terrestrischen die Peilung eines Seezeichens, eine Winkelmessung o. ä.

Beplankung Die Außenhaut eines hölzernen Schiffes. Die Plankengänge führten bei den alten Segelschiffen verschiedene Namen, die ihre Lage kennzeichneten: Kielgang, Bodenplanken, Kimmgänge, Barkhölzer, Schanzkleid. Je nach Art der Beplankung unterscheidet man zwischen Kraweel- und Klinkerbauweise. Während bei einem kraweelgebauten Schiff die Planken stumpf aufeinanderstoßen und eine glatte Außenhaut bilden, liegen geklinkerte Planken dachziegelartig übereinander.

beplatten So nannte man früher das Anbringen der Außenhautplatten an den aufgestellten Spanten. Die moderne Sektionsbauweise hingegen verbindet schon in der Schiffbauhalle Platten und Spanten zu vorgefertigten Bauelementen.

Bergfahrt In der Flußschiffahrt die Fahrt stromauf. Gegenteil: Talfahrt.

Berghölzer Siehe Barkhölzer.

bergen In Sicherheit bringen. Das kann sich sowohl auf ein in Seenot befindliches Schiff als auch auf ein im Wasser treibendes Objekt beziehen, das man an Bord nimmt. Segel bergen bedeutet, dieselben herunternehmen und festmachen.

Bergung Eine Bergung besteht, wenn ein in Seenot befindliches Schiff bzw. dessen Ladung in Sicherheit gebracht wird, nachdem die Besatzung die Verfügung über ihr Schiff verloren oder es aufgegeben hat. Trifft beides nicht zu, liegt nur *Hilfeleistung* vor.

Bergelohn Vergütung für die Bergung bzw. für die geleistete Hilfe. Der Bergelohn wird nach Abzug der durch die Bergung entstandenen Mehrkosten (Schäden) zu zwei Drittel an den Reeder und je einem Sechstel an den Kapitän und die Besatzung verteilt. Der Bergelohn kann bis zu einem Drittel des Wertes von Schiff und Ladung betragen. Mißlingen die Bergungsbemühungen, besteht in der Regel kein Anspruch auf Bergelohn („no cure – no pay").

Beriberi (singhal.) *w.* Mangelerkrankung, die vor allem auf das Fehlen von Vitamin B1 zurückzuführen ist. Sie tritt endemisch auf, d. h. es liegen ihr lokale Besonderheiten zugrunde. So führt man z. B. ihr überwiegendes Auftreten in den ostasiatischen Küstengebieten auf die einseitige Ernährung mit geschältem Reis zurück. Auf mangelhafte Ernährung ist auch das Auftreten dieser Krankheit auf den alten Segelschiffen zurückzuführen, wenn die Reisen sehr lange dauerten. Die Symptome sind Mattigkeit, Lähmungserscheinungen, Gefühllosigkeit, Herzschwäche, Wassersucht. Sterblichkeit bis 50%.

Berichtigung Nach dem Betrag gleicher, jedoch mit umgekehrtem Vorzeichen behafteter Wert eines Fehlers zur Korrektur eines Meßwertes.

Bermuda Race Die erste moderne Hochseeregatta wurde 1906 auf der Strecke New York–Bermuda Islands ausgetragen. Daraus wurde das traditionelle Hochseerennen, das jetzt alle zwei Jahre von Newport, Rhode Island, nach den Bermudainseln veranstaltet wird. Die Distanz beträgt 647 Seemeilen. Diese Regatta ist neben einer anderen von Oyster Bay, Long Isl., nach Newport und zwei Dreiecksregatten Teil der Gesamtwertung für die Onion Patch Trophy.

Bermuda-Rigg *s.* Hochtakelung. Der Name rührt daher, daß diese Takelungsart erstmalig auf den Bermudas in Erscheinung trat (1. Hälfte 19. Jh.).

Besan *m.* Das Segel des Besanmastes. Besan-

mast: Auf Barken der achterste, der nicht vollgetakelte Mast; auf anderthalbmastigen Yachten der achtere Mast.
Weitere Wortverbindungen: Besanstenge, Besanwanten, Besanschot usw. Das Wort Besan ist arabischen Ursprungs und durch den Mittelmeerhandel nach dem Norden gelangt. Es bedeutet soviel wie „Treiber", was zu einer spezifischen Bezeichnung für den Besanmast einer als *Yawl* getakelten Yacht geworden ist.

„**Besanschot an!**" „Antreten zum Schnapsempfang"; Kommando aus der Segelschiffszeit. Seemännisch bedeutete das Dichtholen des Besans das Ende einer Halse. Daraus: Rumausgabe nach Beendigung eines Manövers oder einer Arbeit.

Beschickung 1. Kursberichtigung. Die Kursberichtigung erfolgt durch Berücksichtigung von Deviation, Mißweisung, Abdrift, Stromversetzung. Aufgrund der für diese Größen festgesetzten Vorzeichen (westlich negativ, östlich positiv) ist der rechtweisende Kurs die algebraische Summe aus Kompaßkurs + Deviation usw. (vergleiche auch *Fehler*).
2. Eine beobachtete Gestirnshöhe durch Anbringung verschiedener korrigierender Größen (Kimmtiefe, Parallaxe, Gestirnshalbmesser und Refraktion) auf die wahre Mittelpunkthöhe des Gestirns bringen.
3. Die Korrekturen der Funkpeilung; siehe Funkbeschickung.

Beschläge Sammelbezeichnung für Bauelemente aller Art, durch die die Takelage in sich und mit dem Schiffskörper verbunden ist.

Besichtiger (Surveyor) Experte einer Klassifikationsgesellschaft oder Versicherungsgesellschaft. Meistens ehemalige Nautiker oder Schiffsingenieure.

Besichtigung w. Durch Klassifikationsgesellschaften, See-Berufsgenossenschaft und Behörden vorgeschriebene, während des Baus und danach in regelmäßigen Zeitabständen durchzuführende Kontrolle des Zustandes von Schiffsrumpf, Maschine und Ausrüstung. Die Besichtigungsperiode variiert je nach Schiffsart (Fahrgastschiffe alle 12, Frachtschiffe alle 24 Monate). Schiffsunfälle und größere Reparaturen machen sofortige Besichtigungen nötig.

Besteck Der Standort des Schiffes auf See. Je nach Art der Ermittlung unterscheidet man:
a) das gegißte Besteck durch Koppelung von Kursrichtung und Distanz an den letzten bekannten Schiffsort;
b) das terrestrische Besteck aus Peilungen von Landmarken und Seezeichen;
c) das astronomische Besteck aus astronomischen Beobachtungen und Rechnung.
Die Differenz zwischen gegißtem und beobachtetem Besteck ist die Besteckversetzung. Auf den Ursprung des Wortes weist die Bedeutung hin, die es außerdem noch hatte, nämlich Entwurf, Bauplan, Zeichnung und damit zusammenhängend „abstecken".

Bestmann Vollmatrose mit mehrjähriger Seefahrtszeit, der auf kleineren Schiffen der Küstenfahrt den Schiffer vertritt, wenn kein Steuermann an Bord ist.

betakeln Siehe Takling aufsetzen.

Beting Massive Stützbalken mit einem starken Querholz am Fuß des Bugspriets, um die die Ketten oder Kabeltaue eines verankerten Schiffes gelegt wurden.
Auch auf Yachten kennt man die Beting in Gestalt eines vertikalen Holzpfahles. Der Vorteil beim Belegen von Ankertrossen an einer Beting liegt gegenüber Klampen und Pollern darin, daß auf das Deck lediglich horizontalgerichtete Kräfte wirken.

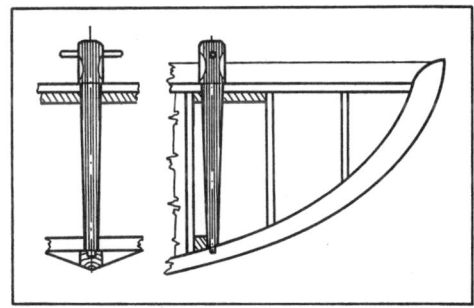

Beting einer Yacht.

Betonnung Sammelbezeichnung für alle der Sicherheit der Schiffahrt dienenden schwimmenden Seezeichen, mit denen Fahrwasser, Untiefen und Schiffahrtshindernisse markiert werden. Die Betonnung eines Fahrwassers erfolgt in deutschen Gewässern nach dem sog. *Lateralsystem,* die Betonnung von Untiefen und Hindernissen nach dem *Kardinalsystem.* Seit 1977 wird in NW-Europa das neue Betonnungssystem „A" eingeführt, ein kombiniertes kardinales und laterales System. Über die Durchführung der Betonnungsänderung in den einzelnen Ländern wird die Schiffahrt durch die → „Nachrichten für Seefahrer" unterrichtet.

Betonschiffe Erste Versuche, schwimmende Fahrzeuge aus armiertem Beton zu bauen, wurden um die Mitte des 19. Jh. in Frankreich gemacht, doch blieb es bei Versuchen ohne Auswirkung, bis die Stahlknappheit gegen Ende des Ersten Weltkrieges diese Idee wieder lebendig werden ließ. In Deutschland wurde eine ganze Reihe kleiner motorgetriebener Beton-Kümos gebaut. Schäden wurden nicht von Schiffbauern, sondern von Maurern repariert. Im Zweiten Weltkrieg wurde der Gedanke zunächst in Italien wieder aufgegriffen. Man verwendete erstmalig Maschendraht statt Rundeisen. Auf diesen Erfahrungen fußend begann man 1961 in Neuseeland, diese Herstellungsweise auch im Sportbootbau anzuwenden. Die Vorteile sind: Billiges Baumaterial, der Bau ist auch von Laien auszuführen, die Reparaturen sind unkompliziert, die Schiffe sind dauerhaft. Die günstigste Größe liegt bei 12 m Länge, 20 mm Außenhaut. Boote unter 8 m Länge sind relativ schwer, bei zu großen treten Festigkeitsprobleme auf. Nachteilig ist, daß die Herstellung zeitraubend ist; für Massenproduktion ungeeignet.
In tropischen Ländern werden neuerdings auch Fischkutter aus Beton gebaut. Man sieht den Hauptvorteil darin, daß das Material nicht von tierischen Schädlingen angegriffen wird.

Bewuchs Das Ansetzen von Pflanzen und Muscheln am Unterwasserschiff. Um den Bewuchs weitmöglichst zu verhindern, wurden früher die hölzernen Schiffe mit Kupferplatten beschlagen. Heute verwendet man gifthaltige, bewuchshemmende Farben. Siehe *Antifouling.*

Bezahlte Hände Fest angestellte Bootsleute auf Sportfahrzeugen.

Bezugsorte In der Gezeitenlehre diejenigen Orte, für die genaue Hoch- und Niedrigwasserzeiten angegeben sind. Siehe Gezeitentafeln und -kalender.

Bezugssystem Koordinatensystem, das der exakten Erfassung eines mathematisch-physikalischen Sachverhalts zugrunde gelegt ist. Siehe Koordinatensystem.

Bielbreef (nd.) *m.* Aus nl. Bijlbrief; dt. Beilbrief. In früherer Zeit die sinnbildhaft auf das Beil als wichtigstes Werkzeug des Schiffszimmermannes bezogene Urkunde über sachgemäße Ausführung, Größe, Heimat usw. eines Schiffes. Dem entspricht heute der *Bauschein* einer Werft.

Bildpunkt Als Bildpunkt eines Gestirns wird derjenige Punkt der Erdoberfläche bezeichnet, für den das Gestirn im Zenit steht.

Bilge (engl.) *w.* Kielraum, die tiefste Stelle im Schiffsrumpf. Auf Schiffen mit Doppelboden die Gräben längs der Randplatte in der Kimm.

Bilgewasser Das in der Bilge zusammengelaufene Leck-, Schwitz- und Schmutzwasser. Für dieses Wasser haben größere Schiffe Bilgepumpen und Bilgeleitungen.

Billige Flaggen (Flags of Convenience) Damit werden einige Staaten bezeichnet, in denen Reeder fremder Nationen aus steuerlichen Gründen Schiffe registrieren lassen, die nur formal dort beheimatet sind. Diese Entwicklung begann 1924 in Panama. Heute ist auf diese Weise Liberia theoretisch zur größten Schiffahrtsnation der Welt geworden.

Bill of Lading (B/L) (engl.) Das wichtigste Dokument des Seefrachtvertrages. Siehe Konnossement.

Bimetall (lat. *bi,* zwei, doppelt) Zwei aufeinandergelötete Metalle mit verschiedenen Ausdehnungskoeffizienten, für Konstruktionselemente, die sich bei Temperaturänderung verformen sollen. Man braucht sie u. a. für die Herstellung von Thermometern, zur Kompensierung der temperaturbedingten Ausdehnung von Chronometerunruhen und für elektrische Auslösevorrichtungen.

BIMCO *B*altic and *I*nternational *M*aritime

Conference, Kopenhagen. 1906 gegründete Vereinigung von Reedern und Maklern zur Wahrnehmung der Fracht- (Charter-)Interessen im Linien- und Trampverkehr, zur Regelung von Fragen betreffs Charterbedingungen, Lösch- und Ladeverhältnisse, Liegezeiten, Arbeitszeiten etc.

Bindereff Diejenige Art des Reffens, bei der ein Segel mittels einer Reffleine oder im Segel eingenähter Reffbändsel verkürzt wird. (Vergl. Reff und Patentreff).

binnen nd. Wort für *innen;* kommt große und kleine Räume betreffend in zahlreichen Wortverbindungen vor, von Binnenmeer bis binnenbords.

Binnenschiff Schiff, das speziell für den Güterverkehr auf Binnenwasserstraßen entworfen und gebaut ist. Es ist gekennzeichnet durch sehr große Völligkeit, da von ihm hohe Tragfähigkeit bei geringstmöglichem Tiefgang gefordert wird. Hinsichtlich der Festigkeit stellt das Binnenschiff einen niedrigen Kastenträger mit schwacher oberer Gurtung dar, da große Lukenöffnungen gefordert werden. Für den Stapellauf kommt nur Querablauf in Frage. Binnenschiffe werden im Schleppverband, im Schubverband und in zunehmendem Maße als Selbstfahrer eingesetzt.

Binnenschiffahrtstraßen-Ordnung Amtliche Bezeichnung für die den Verkehr auf den Bundeswasserstraßen regelnden Verordnungen. Es gibt drei Verordnungsbereiche: Seestraßenordnung, Seeschiffahrtstraßen-Ordnung und Binnenschiffahrtstraßen-Ordnung. Die letztere gilt für die Bundeswasserstraßen bis zu deren seewärtiger Begrenzung, von welcher ab die Seeschiffahrtstraßen-Ordnung gültig ist. Für den Rhein gelten Sonderbestimmungen, die in der „Rheinschiffahrtpolizeiverordnung" enthalten sind.

binokular (lat.-frz.) Bezeichnung für jedes optische Gerät, das für das Hineinschauen mit beiden Augen eingerichtet ist, wie z. B. das → Doppelglas.

Binsenboote Aus mehreren dicken Bündeln zusammengebundener Binsen gebaute Boote der Eingeborenen des südamerikanischen Hochlandes, insbesondere auf dem Titicacasee.

Bireme *w.* Aus lat. *biremis,* zweiruderig. Antiker Galeerentyp mit zwei Reihen Ruderern auf jeder Seite.

Bitumastik, Bitumen *s.* Asphaltartiger Innenanstrich für Tanks und Bilgen stählerner Schiffe.

Black Varnish (engl.) Asphaltlack, Teerfirnis.

Blatt 1. Der flache Teil am Riemen, Skull und Paddel, durch welchen bei der Bewegung durch das Wasser die Vortriebskraft zustande kommt. 2. Die eingetauchte Fläche des (Steuer-)Ruders.

Blauer Peter Signalflagge P des internationalen Flaggenalphabets mit der allgemein bekannten Bedeutung: „Schiff verläßt binnen 24 Stunden den Hafen". Bedeutung der Signalflagge P auf See von einem Fischereifahrzeug gesetzt: „Meine Netze sind an einem Hindernis festgekommen".

Blaues Band Das Blaue Band des Ozeans ist eine imaginäre Trophäe für das jeweils schnellste Fahrgastschiff auf der Nordatlantikroute. Seitdem 1838 die „Great Western" (1340 BRT) mit 8 Knoten Durchschnitt den Reigen eröffnete, werden bis heute vierzig Schiffe als zeitweilige Inhaber des Blauen Bandes genannt, englische, deutsche, französische, italienische, amerikanische. Seit 1952 hält den Rekord die „United States" (51 500 BRT) mit 35,6 Knoten.

Blaufeuer 1. Nachtsignal zum Anfordern eines Lotsen.
2. Notsignal.

bleiben „Geblieben" (auf See) ist eine analoge Ausdrucksform zu „gefallen" (im Krieg).

Bleikiel Bleiballast einer Kielyacht. Der Vorteil von Blei gegenüber Stahl liegt im geringeren Raumbedarf infolge größerer Dichte und darin, daß es den Kompaß nicht beeinflußt.

Blende Schutzklappe für Bullaugen (Fenster).

Blip (engl.) *m.* Leuchtfleck, Echozeichen. Der aufleuchtende Punkt des empfangenen Impulses auf dem Bildschirm des Radarempfangsgerätes (Braunsche Röhre).

Blinde Auf Schiffen des 16. und 17. Jh. wurden

auch am Bugspriet noch kleine Rahsegel gefahren. Das Segel unter dem Bugspriet hieß Blinde, weil es die Sicht nach vorn verdeckte, das Segel an der Bugsprietstenge Oberblinde.
Entsprechend den übrigen Rahsegeln die dazugehörigen Bezeichnungen für das laufende Gut: Blindenbrassen usw.

Blinder Passagier Einschleicher, der eine Überfahrt ohne Bezahlung machen will. Siehe *Überschmuggler*.

Blinder Schornstein Ein aus ästhetischen Gründen gebauter Schornstein ohne Funktion. Auch zur Irreführung des Gegners in Kriegszeiten, zur Erschwerung der Erkennung.

Blindschlagen des Propellers Bei hohem Seegang, bei kopflastigem Trimm, aber auch bei unzureichender Schaftlänge eines Außenbordmotors kommt es vor, daß der Propeller austaucht und „blindschlägt".

Blinkfeuer Eine der verschiedenen Arten, ein Leuchtfeuer kenntlich zu machen, siehe Kennung. Das Aufblinken muß mindestens zwei Sekunden dauern.

Blitzfeuer Leuchtfeuer, das sich durch die Kürze der aufblitzenden Lichtscheine deutlich vom → Blinkfeuer unterscheidet.

Blitzschutz Der Blitzableitung an Land entsprechend kommt es an Bord darauf an, einem Blitz den Weg ins Wasser so einfach und widerstandslos wie möglich zu machen. Hat z. B. eine Holz- oder Kunststoffyacht einen Aluminiummast, ist am Mastfuß eine gut leitende Verbindung zu mehreren Kielbolzen zu schaffen, da sonst der Blitz leicht den Boden der Yacht durchschlägt.
Es ist zu beachten, daß jeder Blitzschlag den Schiffsmagnetismus erheblich verändert und damit die Deviationstabelle unbrauchbar macht.

Blizzard (engl.) Orkanartiger Schneesturm aus nördlichen Richtungen an der nordamerikanischen Ostküste.

Block Rolle (Scheibe oder Scheiben) in einem Gehäuse aus Holz, Metall oder Kunststoff für Tauwerk aller Art, um eine Zugrichtung umzulenken oder die Zugkraft zu reduzieren (siehe

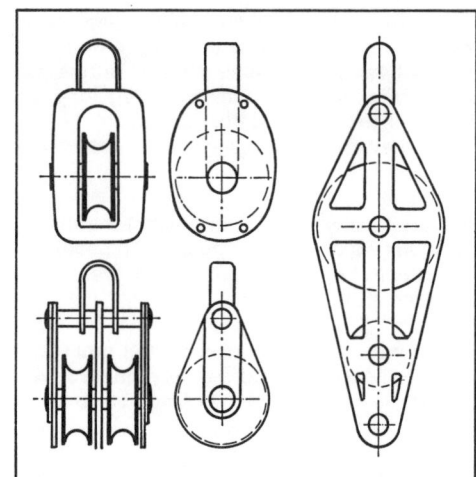

Einfacher Block mit Holzgehäuse, Doppelblock (Kunststoff) und Violinblock (Stahl).

Talje). Die Hauptbestandteile sind Gehäuse, Scheibe, Bolzen und Beschlag bzw. Stropp. Bei mehrscheibigen Blöcken werden die Scheiben durch sog. Dämme voneinander getrennt. Die Ausnehmung, in der die Scheibe läuft, heißt Scheibengat; der obere Zwischenraum zwischen Scheibe und Gehäuse heißt Tauraumende, der untere Herd.

Blockade Belagerungszustand durch Sperrung der Seewege.

blockieren Blockierte Häfen sind verstopfte Häfen, hervorgerufen durch Güterstauungen und Folgeerscheinungen, verlangsamte Abfertigung der Schiffe usw.

Blockkoeffizient Völligkeitsgrad der Verdrängung. Man versteht darunter das Verhältnis des Unterwasserschiffsvolumens zum umschriebenen Quader:

$$\delta = \frac{V}{L \cdot B \cdot T}$$

Dieser Völligkeitsgrad (immer kleiner als 1) stellt einen Hilfswert zur Charakterisierung der Schiffsform dar. Siehe Völligkeitsgrad.

Blüse w. 1. Feuerbake. In älteren Zeiten statt eines Leuchtturms oder auch zusätzlich zu diesem unterhaltenes offenes Feuer.

2. Flackerfeuer mit improvisierten Fackeln aus getränkten Lumpen. Früher gebräuchliche Art, sich bemerkbar zu machen (Fischer) oder einen Lotsen anzufordern.

Bö (Entlehnt aus nl. bui; ähnlichlautend in den skandinavischen Sprachen). Plötzlicher, kurzzeitiger Windstoß. Schwere Böen treten insbesondere beim Durchgang der Kaltfront eines Sturmtiefs auf. Vor der Front liegt dabei meist ein „Böenkragen". *Fallböen* treten an Steilküsten auf.

Boating (engl.) 1. Jede Art von Bootssport, Rudersport, Segelsport, Titel von Zeitschriften für den Wassersport.
2. Im Englischen darüber hinaus auch eine einfache Kahnfahrt, Beförderung auf Booten sowie eine Anzahl von Booten als Sammelbegriff.

Board of Trade Dem britischen Verkehrsministerium angeschlossene Behörde zur Überwachung nationaler und internationaler Sicherheitsbestimmungen und Verträge in der Schiffahrt.

Boberleine Auch Bowerleine. Stahlleine bzw. Kette, die zum Ankergeschirr von Binnenschiffen gehört. Sie wird am Armkreuz oder einem der Ankerarme befestigt und ist zum Lichten und Aufholen des Ankers erforderlich.

Bodden *m.* Name verschiedener Seebuchten der Ostsee, ähnlich den Haffs. „Boddengewässer" (in den Seewetterberichten) = Bezeichnung für die Gebiete südlich und westlich von Rügen.

Boden Die untere Fläche des Schiffskörpers. Damit zusammenhängende Kombinationen, deren Bedeutung evident ist: Bodenbretter, -spanten, -ventil, -anstrich und so fort.

Bodenwelle Der sich von einem Sender längs der Erdoberfläche ausbreitende Anteil elektromagnetischer Wellen. Infolge der Oberflächenkrümmung und -beschaffenheit ist die Reichweite der Bodenwellen beschränkt. Vergl. Raumwelle.

Bodenwrangen Querverbände des Schiffsbodens; bei Frachtschiffen durchbrochene Platten von der Höhe des Doppelbodens, sich über die ganze Schiffsbreite erstreckend, angeordnet im Spantabstand.

Bodmerei Darlehensgeschäft eines Schiffers in einem fremden Hafen unter Verpfändung von Schiff, Fracht und Ladung. Bei dem heutigen Stand des Nachrichtenverkehrs, der ständigen Verbindung mit der Reederei, spielt die Bodmerei kaum noch eine Rolle. Ursprünglich: *bodmen*: den Boden eines Schiffes (Schiff, Ladung) beleihen.

Boeijer (Boeier) *m.* Als → Slup getakeltes holländisches Segelfahrzeug, vorwiegend zwischen 8 und 12 m Länge. Bug und Heck sind sehr rund und in ihrer Form fast gleich. Flachbodig, mit breiten Seitenschwertern und gewöhnlich einem langen Klüverbaum, dienten diese Fahrzeuge früher als Frachtsegler. Heute als Yacht in den Niederlanden verbreitet und beliebt.

Bogenmaß Maß für die Größe eines ebenen Winkels, bei dem derselbe nicht in Grad angegeben wird, sondern als Verhältniswert von Kreisbodenlänge zu Radius. Ein Vollwinkel hat danach das Maß 2π.

Bogenminute Der 60. Teil eines Grades im Winkelmaß allgemein. Die Länge einer Bogenminute eines Meridians in Metern ist als → Seemeile definiert.

Bohrwurm (auch Schiffsbohrmuschel, Pfahlwurm, Teredo navalis) Wurmförmige Meermuschel, die mit ihren verkümmerten, kopfständigen Schalen in Holz unter Wasser Wohnröhren bohrt und dadurch Schiffen und Uferbänken sehr schadet, vor allem in tropischen Gewässern. Die *Bohrmuschel* (Pholas) ist eine Gattung von Seemuscheln, die sich durch Drehung ihrer gezahnten Schalen in Holz bohren und am Ende der Bohrgänge hausen.

Boje *w.* Verankerter Schwimmkörper als Seezeichen (Tonne), zum Festmachen von Booten, zur Markierung der Lage eines Ankers, zum Halten eines Netzes usw. *Rettungsboje* ist gleichbedeutend mit Rettungsring.

Bojenmanöver Ein speziell für Segler feststehender Begriff, der bedeutet, eine Yacht unter Segeln, im Wind liegend, in Reichweite des angesteuerten Schwimmkörpers zum Stehen zu bringen.

Bojereep

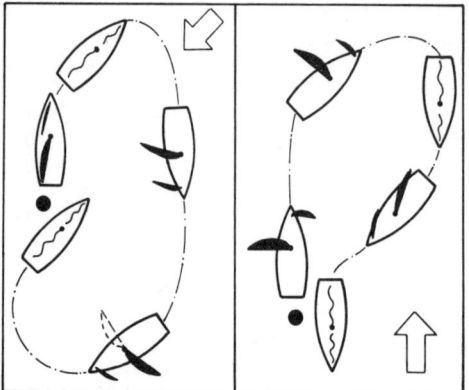

Zwei Beispiele von Bojenmanövern. Links aus dem Amwindkurs mit Halse, rechts Aufschießer aus dem Vormwindkurs.

Bojereep *s.* Das Tau, mit dem eine Boje am Anker festgemacht ist.

Bollwerk Aus starken Bohlen geschichtetes Werk, Schutzbau (seit 15. Jh.). Aus dem Deutschen entlehnt sind boulevard, bulwark etc. Spezielle Bedeutung: „befestigte Kaianlage" aus eingerammten Pfählen.

Bond, in bond (engl.) Unverzollt. Unter Zollaufsicht.

Bonnet Segeltuchstreifen, der auf Schiffen vom 15. bis 17. Jh. bei gutem Wetter an das Unterliek eines Rahsegels angereiht wurde und bei auffrischendem Wind leicht wieder abgelöst werden konnte.

Boot Kleines offenes Wasserfahrzeug, in der deutschen Sprache seit dem 13. Jh. belegt. Als Rettungs-, Lotsen- und Arbeitsfahrzeuge für die Schiffahrt von jeher unentbehrlich.
Heute ist *Boot* eine ganz allgemeine Bezeichnung für kleinere Wasserfahrzeuge. Eine exakte Grenzziehung hinsichtlich Größe und Typ zur Yacht existiert nicht.
Bei Kriegsfahrzeugen (Torpedoboot, U-Boot) hat sich die Bezeichnung Boot trotz erheblichen Anwachsens dieser Fahrzeuge erhalten, wie auch im Englischen (z. B. packet-boat) eine größenbedingte Abgrenzung weniger deutlich ist als im Deutschen.

Bootsdeck Das Deck über dem Oberdeck eines Schiffes, auf dem die Rettungsboote stehen.

Bootsmann Auf Handelsschiffen der für den Decksbereich verantwortliche seemännische Unteroffizier, sozusagen der „Meister an Deck". Er muß nicht nur alle seemännischen Arbeiten beherrschen und mit den technischen Einrichtungen seines Dienstbereiches vertraut sein, ihm obliegt es, die Männer des Decksdienstes sinnvoll einzusetzen. Zum Bootsmann können Matrosen mit längerer Fahrzeit befördert werden.
Bei der Marine Unteroffizier im Range eines Feldwebels (in gestaffelten Rängen). Im Sportbereich ein bezahlter Mann, dem die Pflege einer Yacht obliegt.

Bootsmannsstuhl Sitzbrett zum Aufheißen eines Mannes in die Takelage.

Bootsmanöver Die insbesondere auf Fahrgastschiffen in bestimmten Zeitabständen durchzuführenden Übungen mit Rettungsbooten.

Bora Kalter, heftiger Fallwind aus nordöstlichen Richtungen an der Ostküste der Adria; tritt vorwiegend im Winterhalbjahr auf.

Bord *m.* Variante für *Brett*, Schiffsrand; seemännische Bezeichnung für die Schiffsplanken – für das Schiff schlechthin. Man geht „an Bord", fällt „über Bord", meldet sich „von Bord".

Bordablenkung Siehe Funkbeschickung.

Bording In Danzig und im östlichen Ostseeraum gebräuchliche Bezeichnung für Leichter, die eine Ladung zu Schiffen brachten, die auf Reede lagen.

Bordbuch (Nicht zu verwechseln mit *Logbuch* bzw. *Journal!*) Ein in vielen Fällen von der Bauwerft dem Schiff mitgeliefertes Buch, in das alle wichtigen, das Schiff und dessen Maschinenanlage betreffenden Daten eingetragen sind.

Bordmittel „Mit Bordmitteln" ist eine gängige Redensart für „ohne fremde Hilfe".

Bore (anord.-engl.) *w.* Sprungwelle. Gezeitenerscheinung, die in einigen Flüssen auftritt. Die mächtigste Bore ist die im Tsien-tang Kiang, wo eine Flutwelle von 4 m Höhe mit bis zu 6 m/s Geschwindigkeit flußaufwärts läuft. Weitere bemerkenswerte Vorkommen: Severn und Solway Firth (Großbritannien), Hooghly (Indien), Peticodiac und Fundy-Bay (Kanada), Cook Inlet (Alaska).

Boreas In der griechischen Mythologie der Gott des Nordwindes, Sohn von Asträos und Eos. Boreas wurde von den Athenern verehrt für seine Hilfe gegen die Perser, deren Schiffe am Vorgebirge von Athos zerschellten.

Bört, Börtfahrt, Börtliste (nl. *beurt,* Reihe, Reihenfolge) Festgelegte Reihenfolge, in der ein Schiff, ein Lotse etc. zum Einsatz kommt. So unterhält z. B. in der Binnenschiffahrt der Börtfahrer im Gegensatz zur wilden Fahrt regelmäßige Dienste mit festen Abfahrtszeiten. Die Lotsenbrüderschaften haben nach den Bestimmungen der Börtordnung Börtlisten zu führen.

Bosun, Bos'n (engl.) Abkürzung von *Boatswain,* Bootsmann.

bound (engl.) In der Schiffahrt international gebräuchliches Wort für gebunden, bestimmt, verpflichtet. ,,Bound for Baltimore" – Schiff geht nach B. Homeward bound = heimwärts; outward bound = seewärts etc.

Botter (nl.) *m.* Flachbodiger, halb eingedeckter holländischer Bootstyp von 9 bis 15 m Länge. Charakteristisch ist das hohe, breite Vorschiff mit gekrümmtem, ausladendem Steven. Der Botter gilt als das beste Seeschiff unter den vergleichbaren Typen. Ursprünglich reines Fischereifahrzeug; heute als Yacht nachgebaut und sehr beliebt.

Boyle-Mariottesches Gesetz Nach den Physikern R. Boyle und E. Mariotte benannte, 1662 bzw. 1676 gefundene Gesetzmäßigkeit, nach welcher bei gleichbleibender Temperatur das Produkt aus Druck und Volumen eines idealen Gases konstant ist,

$$p \cdot V = const.$$

Brackwasser Gemisch von Süß- und Salzwasser in Flußmündungen (bis weit in die Flüsse hinein bei starkem Flutstrom). Dort durch charakteristische Sinkstoffe deutlich zu erkennen.

Brail *m.* In der Heringsfischerei verwendete Schwimmkörper, kleine Bojen, die das an den Brailtauen (und Zeisingen) aufgehängte Treibnetz tragen. Vergl. Fleet (4).

Bramsegel Auf Raheseglern das bzw. die Segel über den Marssegeln; zumeist war das Bramsegel, wie die Marssegel, in Unterbram- und Oberbramsegel geteilt. Zahlreiche Wortzusammensetzungen, die sich aus der Funktion der Takelage ergeben: Bramstenge, Bramrah, Brambrassen usw. Vergl. Bark.

Brander Mit Brennstoff beladene Boote, mit denen man früher feindliche Schiffe in Brand zu setzen versuchte, indem man sie auf eine vor Anker liegende Flotte zutreiben ließ.

Brandung Das Brechen der Wellen an den Küsten des Meeres. Brandung entsteht, wenn eine Wellenbewegung durch Flacherwerden des Wassers gehemmt wird; die nach vorn gerichtete Kraft weicht nach oben aus, die See wird steiler und bricht in sich zusammen. Die *Brandungsrückströmung* ist eine starke, schmale Strömung, die durch Brandung entsteht und vom Strand seewärts gerichtet ist.

Brandungsboot Starkes, speziell für den Verkehr zwischen Schiff und Strand gebautes Boot an Küsten, wo keine Häfen sind. Seit langem gebräuchlich, insbesondere an der Küste Westafrikas, sind das *Surfboot* (kleiner, für den Personenverkehr bestimmt) und das *Whaleboot* (größer, für den Transport von Ladung).

Brassen Taue an den Rahnocken zum horizontalen Schwenken der Rahen. Die Brassen tragen die Namen der zugehörigen Segel: Fockbrassen, Voruntermarsbrassen etc. Je nach Kurs und Wind unterscheidet man jeweils Luv- und Leebrassen. Mit den Brassen verbundene Tätigkeiten heißen: anbrassen (wenn das Schiff an den Wind geht), backbrassen (wenn der Wind von der falschen Seite in die Segel einfallen soll), rundbrassen (wenn das Schiff auf den anderen Bug geht), vierkantbrassen (genau querschiffs).

Bratspill Horizontales hölzernes Spill zum Hieven des Ankers auf Segelschiffen. Da auch ,,Bratspieß" genannt, besteht über den Ursprung dieser Benennung wegen der äußerlichen Ähnlichkeit dieser Geräte kaum ein Zweifel.

Braunsche Röhre Nach K. F. Braun benannte, in ihrer Grundform schon 1897 verwirklichte Elektronenstrahlröhre. Verwendung an Bord als Elektronenstrahl-Oszillographen (Funknavigation), Radarbildschirm, Bildröhre im Fernsehempfänger.

Brave Westwinde Die stetigen, oft stürmischen Westwinde zwischen 40° und 50° südlicher Breite.

brechen 1. Wenn bei Ketten und Tauwerk die Zerreißgrenze überschritten wird, *bricht* die Leine, die Kette. Ein Segel dagegen *reißt*. 2. Infolge hoher Windstärke oder Flachwassereinfluß sich überschlagende Wellen *brechen*. Eine hohe sich überschlagende See heißt *Brecher*.

Breite 1. Als geographische → Koordinate: Der Winkel am Erdmittelpunkt zwischen Äquator und dem betreffenden Ort. Anders ausgedrückt: Das Bogenstück des Ortsmeridians zwischen Äquator und Ort.
Die Breite wird vom Äquator aus gerechnet und nimmt bis zu den Polen jeweils von 0 bis 90° zu. Man unterscheidet zwischen nördlicher und südlicher Breite.
Alle Orte gleicher geographischer Breite liegen auf einem Breitenkreis oder Breitenparallel, dessen Größe mit dem Cosinus der Breite (cos φ) abnimmt.
Der Breitenunterschied zweier Orte ist deren reine Nord-Süd-Distanz im Winkelmaß. Der Längenunterschied auf einem Breitenparallel in Seemeilen wird als Abweitung bezeichnet.
2. Schiffsbreite. Eine der → Hauptabmessungen eines Schiffes.

Breitenkomplement Das Bogenstück eines Meridians vom Zenit bis zum oberen Pol. Das Breitenkomplement ergänzt die geographische Breite des Beobachtungsortes zu 90°.

Breitenträgheitsmoment Für die Stabilität eines Schiffes wichtige mathematische Größe. Das Breitenträgheitsmoment einer Wasserlinienfläche wird durch Integration der über die Länge aufgetragenen dritten Potenzen der halben Breiten berechnet. Nach der Formel

$$MF = \frac{J_B}{V}$$

läßt sich aus Breitenträgheitsmoment und Raumverdrängung die metazentrische Anfangshöhe berechnen.
Umgekehrt ist das Breitenträgheitsmoment freier Oberflächen im Schiff eine wichtige stabilitätsmindernde Größe. Für rechteckige Flächen ist

$$J_B = \frac{l \cdot b^3}{12} \ [m^4]$$

Breitfock Einfaches Rahsegel, das auf größeren Yachten bei raumen und achterlichen Winden gefahren wurde und gelegentlich noch wird.

Brigantine (Schonerbrigg) Zweimastiges Segelschiff, von dessen beiden Masten nur der vordere vollgetakelt ist.

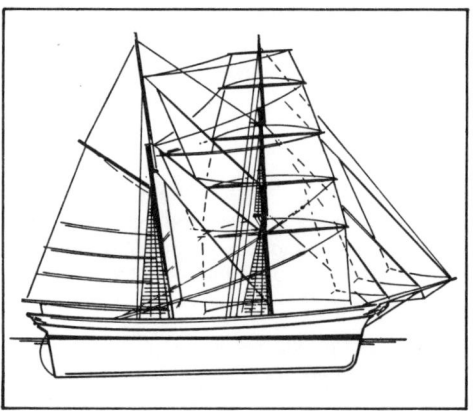

Um 1900 für europäische und atlantische Fahrt verwendete Brigantine (Schonerbrigg).

Brigg (ital.-engl.) *w.* Zweimastiges Segelschiff, dessen Masten beide vollgetakelt sind.

Brise *w.* In etlichen europäischen Sprachen ähnlich lautender Ausdruck ungeklärten Ursprungs für leichten Wind. Es brist auf = der Wind nimmt zu. Differenzierung im deutschen Sprachgebrauch: leichte Brise, frische Brise, steife Brise.

Broker (engl.) Schiffsmakler. Siehe dort.

Brook *w.* 1. Alles Tauwerk, das verhindert, daß ein beweglicher Gegenstand seinen Platz verän-

dert. Zurrbrooken sind starke Gurte zum Festzurren der Rettungsboote.
2. Tau- oder Drahtnetz zum Hieven von Lasten verschiedener Art.

Brücke Allgemein gebräuchliche Kurzform für Kommandobrücke; nautischer Leitstand des Schiffes. Die Bezeichnung Brücke stammt aus einer Zeit, in der es noch keine sich über die ganze Schiffsbreite erstreckenden Deckshäuser gab, sondern ein brückenartiger Gang quer über das Schiff lief. Die äußersten Enden der Brücke heißen „Brückennock", das Deck, auf dem sich die Kommandobrücke befindet, „Brückendeck".

Brüllende Vierziger Die Regionen der Westwinddrift zwischen 40° und 50° S, in denen anhaltende Stürme aus West vorherrschen, die den Segelschiffen (je nach Kurs) schwer zu schaffen machten oder schnelle Reisen bescherten (Brave Westwinde).

Brunnen Die tiefsten Stellen des Schiffes (der Bilge), in der die Saugkörbe der Pumpen liegen.

Brutto-Raumgehalt Der gesamte Schiffsraum unterhalb des Vermessungsdecks, der Raum zwischen Vermessungsdeck und Oberdeck sowie alle darüber befindlichen geschlossenen Räume. Die Angabe erfolgt in Registertonnen. 1 RT = 100 cu. ft. = 2,8317 m^3.

BRT Brutto-Raumgehalt in Registertonnen. (Übliche Kurzform „Bruttoregistertonnen".)

B-Schein Siehe Führerscheine.

Bucko (engl.) Insbesondere auf amerikanischen Segelschiffen gängig gewesene, in der Seefahrt jedoch überall verstandene Bezeichnung für einen Steuermann, der mit unnachsichtiger Härte für Ordnung und Disziplin an Bord sorgte. Gleichbedeutend mit engl. *bully*, Schinder, Tyrann.

Bucht 1. Küsteneinschnitt.
2. Törn einer aufgeschossenen Leine.
3. Wölbung des Decks.
In allen Fällen die gleiche Bedeutung, die sich vom selben Wortstamm wie *biegen* herleitet.

Buddel Niederdeutscher Ausdruck für Buttel

(Flasche), was auf frz. *bouteille* und zuletzt auf lat. *buticula* zurückgeht.

Buddelshipp (nd.) Vermutlich aus einer alten Volkskunst, der „Eingerichte", hervorgegangene, z. Z. der Großsegler von den Seeleuten auf den langen Reisen gern ausgeübte Bastelarbeit, die viel Geschicklichkeit erfordert. Kleine Schiffsmodelle werden voll aufgeriggt in eine leere Flasche scheinbar hineingezaubert. Die Kunst besteht darin, die gesamte Takelage derart zusammenklappbar zu machen, daß sie sich eben durch den Flaschenhals schieben und von außen mittels der Stagen wieder aufrichten läßt. Den Hintergrund zieren oft phantasiereiche Panoramen.

buddeln Diesen Ausdruck gebraucht man bei Segelyachten, die vor dem Wind die Tendenz zeigen, mit dem Bug zu tief einzutauchen, etwa bei zu scharfem Vorschiff.

Bug 1. Der vorderste Teil des Schiffes; weniger als abgegrenzter Bauteil, sondern als Teil des Ganzen zu verstehen, dessen besondere Form jeweils durch Bezeichnungen wie Klipperbug, Löffelbug, Wulstbug usw. charakterisiert wird.
2. „Auf Backbordbug" segelt eine Yacht, wenn der Wind von Steuerbord kommt, ihre Segel also an Backbord stehen (sinngemäß umgekehrt Steuerbordbug). „Auf den anderen Bug gehen" heißt wenden, über Stag gehen.

Bügelklüse Durch Höherlegung des Ankers hat man bei kleineren, schnellen Schiffen (Kriegsschiffen) versucht, die Seefähigkeit zu verbessern. Der Anker liegt dabei in einer Vertiefung an Deck und wird durch einen Bügel gesichert. Dadurch herabgesetzte Spritzwasserbildung.

Bügelrack Siehe Rack.

Bugkorb Der fest montierte Teil der Seereling am Bug einer Segelyacht. Er besteht aus Aluminium-, Nirosta- oder verzinktem Stahlrohr. Der Bugkorb muß mindestens 65 cm hoch sein und ist für Seeregatten Vorschrift.

bugsieren Schleppen, Verholen größerer Schiffe in Hafenbecken und anderen Gewässern, die für die eigene Manövrierfähigkeit eines Schiffes zu begrenzt sind. Den *Bug* eines Schif-

Bugspriet

fes durch Schlepperhilfe in die gewünschte Richtung bringen.

Bugspriet Eine kurze, starke, festeingebaute Spiere, die das Schiff über den Vorsteven hinaus verlängert. Der Bugspriet diente bei den großen Segelschiffen als Unterlage für den darüber hinausragenden Klüverbaum.

Bugstage Stehendes Gut zur Verstagung von Bugspriet und Klüverbaum

Bugruder Ein zur Erhöhung der Manövrierfähigkeit unter dem Vorschiff zusätzlich angebrachtes Ruder; fand früher im Kriegsschiffbau Verwendung, später bei Fährschiffen.

Bugstrahlruder In einem querschiffs angeordneten Tunnel im Vorschiff eingebauter E-Motor mit Propeller, der imstande ist, das Vorschiff seitwärts zu drücken. Diese Erfindung ist dem gewöhnlichen → Bugruder weit überlegen, denn sie funktioniert auch dann, wenn das Schiff keine Fahrt macht und normale dynamische „Ruderwirkung" wegfällt. Es handelt sich also nicht eigentlich um ein Ruder, sondern um eine technische Einrichtung, mit der man ruderähnliche Wirkungen erzielen kann.

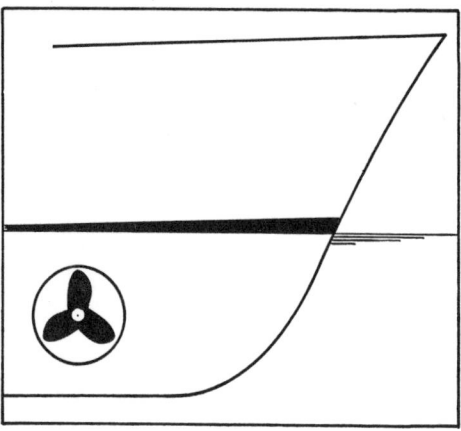

Prinzipskizze zur Erläuterung der Wirkungsweise eines Bugstrahlruders.

Bugwelle Das Wasser, das ein Fahrt voraus machendes Schiff vorn aufwirft. Je strömungsgünstiger die Form des Unterwasserschiffes, desto kleiner die Bugwelle, deren Größe stets ein sichtbares Maß für nutzlosen Energieverbrauch ist. Durch besondere Bugformen hat man versucht, die Bugwelle nach Möglichkeit zu reduzieren. Siehe Maierform und Wulstbug.

Buhnen 1. Dammartige Bauwerke aus eingerammten Pfählen, Steinen und Faschinen an Meeresstränden und an den Ufern von Flußläufen. Die Buhnen ragen vom Ufer aus frei ins Wasser hinein und dienen wasserbautechnischen Regulierungen.
2. In der Fischerei stehende Fanggeräte aus Reisig oder Rohr.

B-Uhr Beobachtungsuhr (große Taschenuhr) für den praktischen Gebrauch bei navigatorischen Beobachtungen (Zeitvergleich mit Chronometer ist erforderlich!).

Builder's Measurement (B. M.) Alte Vermessungsformel, die in England ab 1773 allgemein gültig war, bis sie 1855 durch Thames Measurement (T. M.) abgelöst wurde.

$$\text{Tonnage} = \frac{(L - \frac{3}{5} B) \cdot B \cdot \frac{1}{2} B}{94}$$

Zur Erläuterung der Formel:
Der Subtrahend bedeutet eine Korrektur der Vermessungslänge (vom Hintersteven bis zum Ansatz des Bugspriets), die dem schrägen Verlauf des Vorstevens Rechnung tragen sollte. Der Faktor B/2 steht für die Tiefe des Raumes, die bei Handelsschiffen schlecht zu messen, aber erfahrungsgemäß etwa gleich der halben Schiffsbrei-

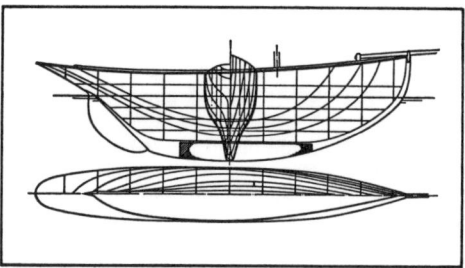

Builder's Measurement und die sehr ähnliche Thames Rule krankten an einer Überbewertung der Breite. Die Folge waren extrem schmale Yachten mit enormem Ballastkiel („englische Lineale"). Der obige Linienriß zeigt die Auswirkungen einer solchen Vermessung.

te war. Der Faktor 1/94 geht auf ein altes Gesetz v. 1694 zurück und steht im Zusammenhang mit der Tragfähigkeit alter Segelschiffe in der Kohlefahrt. Vergl. hierzu die Zusammenstellung der wichtigsten Rennwertformeln im Anhang.

Bukanier Seeräuber, die in der zweiten Hälfte des 17. Jh. in den westindischen Gewässern ihr Unwesen trieben. Der Name leitet sich von dem karibischen Wort *buccan* her, das einen Rost zum Trocknen des Fleisches bezeichnete. Wörtliche Bedeutung also für *Bukaniere*: Leute, die das Fleisch nach Art der Indianer an der Sonne dörren.

Bukgording Siehe Gording.

Bulbeisen Im Stahlschiffbau verwendeter Profilstahl für Spanten, Decksbalken usw., dessen im Raum stehende Kante zu einem Wulst (Bulb) verdickt ist.

Bulbform Siehe Wulstbug.

Bulien Leine, mit der auf Segelschiffen beim Wind das Luvseitenliek eines Rahsegels nach vorn geholt wurde, um es besser zu trimmen. Damit der Zug der Bulien sich nicht in einem Punkt konzentrierte, wurde die Zugkraft durch die *Buliensprut* (Hahnepoten) auf mehrere Angriffspunkte verteilt.

bulk (engl.) Umfang, Volumen, Masse. In bulk bedeutet lose, unverpackt. „Petroleum in bulk" war die Ladungsbezeichnung für die ersten wirklichen Tanker, d. h. Schiffe, die flüssige Ladung in Ladetanks, direkt im Schiffskörper und nicht mehr in Fässern verschifften.

Bulk Carrier (engl.) International gebräuchliche Bezeichnung für Massengutfrachter. Bulkladung ist Schüttgut aller Art: Getreide, Kohle, Erz usw. Siehe Massengut.

bulk head (engl.) Schott. Der Ausdruck *bulk head* ist aus der ursprünglichen Funktion des Schotts als einer Trennwand des Laderaumes vom Schiffsende zu verstehen.

Bullauge *s.* Kreisrundes Schiffsfenster. Entlehnt aus engl. bull's-eye, worunter man früher eine dicke Scheibe oder ein plankonvexes Stück Glas in der Seitenwand, der Kajüte oder im Deck eines Schiffes verstand, um Licht hereinzulassen (bezeugt seit 1825). Auch der Ausdruck Ochsenauge war gebräuchlich. Während im Engl. die zum Lüften zu öffnenden Seitenfenster, unabhängig von ihrer Form, *port-hole* genannt werden (wie früher auch die → Stückpforten), gilt im Deutschen die Bezeichnung Bullauge für runde Schiffsfenster allgemein.
Bullaugen, die bei Krängung des Schiffes möglicherweise unter Wasser kommen, dürfen nicht zu öffnen sein.

Bulle Im 18. und 19. Jh. geläufige Bezeichnung für ein schutenartiges, breites Fahrzeug, das einerseits als Fähre benutzt wurde, zum anderen als Arbeitsponton mit aufgesetztem Kranbock zum Einsetzen von Masten, zum Kielholen usw. Die bis heute lebendige Bezeichnung „Bullen" für den Anlegeponton im Hamburg-Blankenese hat ihren Ursprung in einem solchen Fahrzeug.

Bullenstander, Bullentalje Leine oder Talje, die auf Vormwindkursen den Baum eines Segels gegen Zurückschlagen sichert.

Bumboot (engl. bumboat) *s.* Schon im 17. Jh. Schiffsreinigungsfahrzeug auf der Themse, das Schmutz und Abfälle wegtransportierte, aber auch als Versorgungsboot gebraucht wurde. Später vor allem Boot für den Kleinverkauf von Obst, Gemüse und begehrten Waren an die Mannschaften der im Hafen oder auf Reede liegenden Schiffe.

Bunk (engl.) *w.* Koje; Schlafplatz an Bord.

Bunker, bunkern Unter *bunkern* versteht man die Brennstoffübernahme eines Schiffes. Die Vorratsräume für den Brennstoff hießen z. Z. der Kohlefeuerung *Bunker* und heißen bei der heute üblichen Ölfeuerung *Tanks*.

Bünn *w.* Raum eines Fischereifahrzeugs, der durch zahlreiche Öffnungen ständig geflutet ist. Er dient zum Aufbewahren lebender Fische.

Bunsch *s.* In gleichmäßigen Buchten aufgeschossenes Tauwerk.

Bureau Veritas Französische Klassifikationsgesellschaft, die älteste Klassifikationsgesellschaft überhaupt (1828 in Antwerpen gegründet, heutiger Sitz Paris).

Buscherump *m.*, **Buscheruntje** *s.* Blauer, mit dünnen weißen Streifen durchwirkter Arbeitskittel der Seeleute.

Büse (lat.-nl.) Lehnwort aus nl. buis. Das älteste Fahrzeug der neuzeitlichen Großen Heringsfischerei, ca. 22 m lang und 5 m breit. Die Büse (Heringsbüse) wurde in der 2. Hälfte des 19. Jh. vom → Logger verdrängt.

Bussole *w.* Alter Ausdruck für Kompaß, die in einer Kapsel (*bussola*) verwahrte Magnetnadel.

Buttopp *m.* Von engl. *boot topping*, Wasserpaß; die Zone der Außenhaut zwischen der Schwimmwasserlinie des Schiffes im beladenen und jener im unbeladenen Zustand. Für diesen Bereich werden spezielle Buttoppfarben verwendet.

Buys-Ballot, Gesetz von Die von allen Seiten in ein Tiefdruckgebiet einströmenden Winde erfahren durch die → Corioliskräfte, die infolge der Erddrehung auf die Luftmassen einwirken, Ablenkungen. So entstehen auf der nördlichen Halbkugel Luftzirkulationen gegen, auf der südlichen im Uhrzeigersinn. Bei Hochdruckgebieten verhält es sich umgekehrt. Auf der Südhalbkugel ist alles spiegelbildlich vertauscht. Daraus ist das barische Windgesetz abgeleitet, das eine Beziehung zwischen der Luftdruckverteilung und der jeweils herrschenden Windrichtung herstellt. Siehe Windgesetz.

Der niederländische Meteorologe Christoph Buys-Ballot (1817-1890) war der Begründer der synoptischen Meteorologie.

C

C An Stelle der früher gültigen Maschinistenpatente

C 6	Schiffsingenieur I
C 5	Schiffsingenieur II
C 4	Seemaschinist I
C 3	Seemaschinist II
C 2 F	Maschinist in Kleiner Hochseefischerei
C 2	Kleinmaschinist
C 1	Seemotorführer

sind 1970 die folgenden Patente für den technischen Schiffsoffizier getreten.

Schiffsingenieure:

C I Schiffsingenieur mit der Befugnis zur Leitung von Maschinenanlagen jeder Leistung in allen Fahrtgebieten.

C IW Schiffsingenieur W mit der Befugnis zum Ausüben der Tätigkeit eines selbständig Wache gehenden II. Schiffsoffiziers bei Maschinenanlagen jeder Leistung und in allen Fahrtgebieten.

Schiffsbetriebstechniker:

C T Schiffsbetriebstechniker mit der Befugnis zur Leitung von Maschinenanlagen bis zu einer Leistung von 5900 kW in allen Fahrtgebieten und zum Ausüben der Tätigkeit eines selbständig Wache gehenden II. Schiffsoffiziers bei Maschinenanlagen jeder Leistung in allen Fahrtgebieten.

C TW Schiffsbetriebstechniker W mit der Befugnis zum Ausüben der Tätigkeit eines selbständig Wache gehenden II. Schiffsoffiziers bei Maschinenanlagen bis zu einer Leistung von 5900 kW, darüber hinaus als III. Schiffsoffizier bei Maschinenanlagen jeder Leistung und in allen Fahrtgebieten.

Seemaschinisten:

C Ma Seemaschinist mit der Befugnis zur Leitung von Maschinenanlagen bis zu einer Leistung von 2200 kW auf Frachtschiffen in der Mittleren Fahrt und bis zu einer Leistung von 736 kW auf Fahrgastschiffen in der Kleinen Fahrt sowie als II. Schiffsoffizier bei Maschinenanlagen bis zu einer Leistung von 4400 kW und darüber hinaus als III. Schiffsoffizier bei Maschinenanlagen jeder Leistung in allen Fahrtgebieten.

Küstenmaschinisten:

C Kü(M) Küstenmaschinist auf Motor- bzw. Dampfschiffen mit der Befugnis zur Leitung von Motorenanlagen bzw.

C Kü(D) Dampfmaschinen bis zu einer Leistung von 440 kW auf Frachtschiffen in der Kleinen Fahrt oder zum Ausüben der Tätigkeit eines Wachmaschinisten auf Frachtschiffen mit Motorenanlagen bzw. Dampfmaschinenanlagen bis zu einer Leistung von 736 kW (als Dritter Maschinist bis 2200 kW) in der Kleinen Fahrt sowie bis zu einer Leistung von 736 kW auf Fahrgastschiffen in der Küstenfahrt.

Seemotorenführer:

C Mot Seemotorenführer mit der Befugnis zur Leitung von Motorenanlagen bis zu einer Leistung von 220 kW in der Kleinen Fahrt.

Cabotage w. (engl.-frz.) 1. Küstenschiffahrt. 2. Bezeichnung für Schiffstransporte unter ausländischer Flagge im inländischen Stromgebiet auf internationalisierten Schiffahrtsstraßen.

Canada's Cup Einer der begehrtesten Regatta-Pokale Nordamerikas, der auf den Großen Seen zwischen den USA und Kanada ausgesegelt wird. Man nennt ihn auch „America's Cup of the Great Lakes". Die Tradition dieser Wettfahrten geht auf eine Herausforderung aus dem Jahr 1895 zurück. Der Rennwert der teilnehmenden Yachten darf 37 Fuß nach der CCA-Formel nicht überschreiten.

Candela, cd (lat.) Photometrische Einheit der Lichtstärke für Leuchtfeuer, Seenotfeuerwerk und Positionslampen, Basiseinheit des Internationalen Einheitensystems. Vergleichswerte mit älteren Einheiten:

1 cd = 1,107 HK (Hefnerkerze)
     = 0,981 IK (Internationale Kerze)

Canvas (engl.) Segeltuch, Leinwand. Das Wort bedeutet darüber hinaus die Segel schlechthin, z. B. *under full canvas*, Vollzeug.

Capacity (engl.) Siehe *Deadweight Capacity*, Tragfähigkeit eines Schiffes.

capsize (engl.) Kentern, umschlagen. Insbesondere über den Steven überrollt werden.

Captain Siehe Kapitän.

Cargo (engl.) Schiffsladung; die Gesamtheit der von einem Schiff eingenommenen u. einzunehmenden Güter. Im Versicherungswesen allgemein *K*argo-, siehe dort.

Cargocaire-Anlagen (engl.) Lüftungsanlagen, die Schwitzwasserbildung in Laderäumen verhindern sollen. Jeder Raum hat ein individuelles System. Ventilation mit Außenluft erfolgt nur solange, wie diese trockener als die Raumluft ist; andernfalls wird die Raumluft umgewälzt und, wenn nötig, klimatisiert.

Carpenter (engl.) Zimmermann; Besatzungsmitglied eines Schiffes im Range eines seemännischen Unteroffiziers.

Catboot, Cattakelung Bezeichnungen für kleinere Segelyachten (Jollen und auch Fahrtenkreuzer) mit nur einem Segel, dem Großsegel. Sie haben keine Fock.

CCA-Formel Vermessungsformel für Hochseeyachten nach Regeln des *C*ruising *C*lub of *A*merica.
Die CCA-Formel war bestimmt für Seekreuzer-Regatten in amerikanischen Gewässern, während in Europa die Vermessung nach RORC vorherrschte. Zur Beseitigung unterschiedlicher Vermessungsmethoden wurde die → IOR-Formel geschaffen. Siehe auch Übersicht im Anhang.

Celsius Die nach dem schwedischen Astronomen Anders Celsius (1701-1744) benannte Temperaturskala teilt den Abstand zwischen Gefrierpunkt und Siedepunkt des Wassers in 100 gleiche Teile. Der Gefrierpunkt wird mit 0° C, der Siedepunkt mit 100° C bezeichnet. Vergl. dagegen *Fahrenheit*. Tafel mit Vergleichswerten beider Skalen siehe Anhang.

CGS-System Maßsystem der Physik, das auf den 3 Basiseinheiten Centimeter (für die Länge), Gramm (für die Masse) und Sekunde (für die Zeit) aufbaut. Vergl. Einheitensysteme.

Charter; chartern Das Mieten eines Schiffes laut Kontrakt zwischen Reederei (resp. Kapitän) und Befrachter. Modernes Lehnwort aus dem Engl. to *charter*, das seit Beginn d. 19. Jh. in diesem Sinne geläufig ist. Die drei üblichen Formen, ein Schiff zu chartern, sind in der Handelsschiffahrt: 1) *Bareboat-Charter*, 2) *Zeit-Charter*, 3) *Reise-Charter*. Bei der Bareboat-Charter gehen für Reeders Rechnung lediglich Abschreibung, Versicherung, Besichtigung; alles weitere ist Sache des Charterers. Bei Zeit-Charter wird der Kapitän vom Reeder bestellt. Dem Reeder obliegen über das oben erwähnte hinaus Heuern, Proviant, Unterhaltung, Reparaturen, Vorräte, Schmieröl, Wasser. Bei der Reise-Charter schließlich gehen alle Kosten, die den Betrieb des Schiffes betreffen, zu Lasten des Reeders.

Charter-party (engl., die frz. Form *Chartepartie* ist veraltet.) Urkunde über die Befrachtung eines Schiffes. Siehe Seefrachtvertrag.

Chief (engl.) Allgemein verbreitete Kurzform für *Chief Engineer*, den Leitenden Ingenieur auf Seeschiffen aller Art.

Christliche Seefahrt Dieser weltweit verbreitete Begriff hat seinen Ursprung in den fortgesetzten Kämpfen der abendländischen Schiffahrt (insbesondere der „Allerchristlichsten Apostolischen Majestät" Spaniens) mit den Barbareskenstaaten Nordafrikas, die unter osmanischer Herrschaft standen.

Chronometer (grch. „Zeitmesser") s. Die Präzisionsuhr an Bord für die astronomische Navigation. Die Chronometerzeit ist erforderlich zur Ermittlung der geographischen Länge. Von der unbedingten Zuverlässigkeit des Chronometers allein hing früher die Möglichkeit einer exakten Standortbestimmung ab. Heute ist man durch Radiozeitvergleich und Funknavigation weniger abhängig.
Ein Nachteil von Uhren gewöhnlicher Bauart liegt darin, daß deren Gang durch die temperaturbedingte Ausdehnung der Unruhe ungleichmäßig ist. Man hat das bei Chronometern durch Unruhen aus offenen Halbringen ausgeglichen, die aus zusammengelöteten Streifen verschiedener Metalle bestehen. Durch die verschiedenen Ausdehnungskoeffizienten der Metalle wird eine Veränderung des Trägheitsmomentes der Unruhe kompensiert.
Neben den Chronometern dieser bewährten klassischen Bauweise setzen sich Quarz-Chronometer immer mehr durch, die durch elektrisch erregte Schwingungen eines in einem bestimmten Winkel geschnittenen → Quarzkristalls gesteuert werden.

Chronometerkontrolle Vergleich der Chronometerzeit mit den über Funk ausgestrahlten Zeitzeichen der mittleren Greenwich-Zeit (MGZ).
Chronometerstand bedeutet: Die Differenz dieser beiden Zeitangaben in Minuten und Sekunden. Die Chronometerzeit wird von der gefunkten Zeit subtrahiert – also ist der Stand negativ, wenn das Chronometer vorgeht, und positiv, wenn es nachgeht.
Chronometergang bedeutet: Das tägliche Gewinnen bzw. Verlieren des Chronometers. Werden die Stände im Abstand mehrerer Tage miteinander verglichen, muß der Gangunterschied gemittelt, d. h die Summe der Stände durch die Zahl der Tage dividiert werden.

Chronometerlänge Eine heute kaum mehr angewandte Methode der Längenbestimmung durch Vergleich der mittleren Greenwich-Zeit (Chronometerzeit) mit der aus astronomischen Beobachtungen abgeleiteten Ortszeit des Schiffes. Eine Stunde Zeitunterschied entspricht 15 Grad; und zwar befindet sich das Schiff auf westlicher Länge, wenn es nach der errechneten Ortszeit früher ist als nach der MGZ, und östlich, wenn es später ist.

cif Begriff aus dem Seefrachtgeschäft: *cost, insurance, freight*, Kosten, Versicherung, Fracht. Der Ablader trägt alle diesbezüglichen Kosten bis zum Empfängerhafen;
ci umfaßt nur Kosten und Versicherung,
cf nur Kosten und Fracht.
cifci bzw. cific sind Erweiterungen der cif-Klausel, die *commission* und *interest*, Kommission und Zinsen, mit einschließen.

Circumnavigation (grch.-lat.-engl.) Umschiffung, Weltumsegelung.

circumpolar, zirkum- (grch.-lat.) Bezeichnung

für die Bahnen derjenigen Gestirne, die während ihres 24stündigen Umlaufs nicht untergehen. Die Voraussetzung dafür ist gegeben, wenn die Deklination des Gestirns größer ist als das Komplement der geographischen Breite des Beobachters (Zirkumpolarsterne).

Cirrus (lat.) Federwolken in Höhen über 6000 m; dünne, streifige Schleier aus Eiskristallen. Je nach ihrer charakteristischen Form unterscheidet man *Cirrostratus*, streifig bedeckter Himmel, und *Cirrocumulus*, Schäfchenwolken. Cirruswolken treten vorwiegend in Randgebieten atmosphärischer Störungen auf.

Claim (engl.) *s.* Rechtlich begründete Forderung, Anspruch, Reklamation.

Clearance (engl.) *s.* Dasselbe wie klarieren. Die gemäß den geltenden Vorschriften erforderlichen Schiffspapiere abfertigen lassen.

Coaster (engl.) *m.* Küstenfahrer (wird auf Schiffe und Personen bezogen). Im Yachtbau als Typbezeichnung für Kreuzer in der ortsnahen Küstenfahrt geläufig.

Cockpit (engl.) *s.* Auch Kockpit oder Plicht. Der offene Sitzraum hinter der Kajüte einer Yacht. Bei Flugzeugen die Pilotenkabine.

„Cod's head and a mackerel tail" (engl.) „Dorschkopp und Makrelenschwanz"; unter diesem Namen war ein früher Yachttyp bekannt, der sich in England aus der Mitte des 19. Jh. aus den Zollkuttern entwickelt hatte. Der Name kommt daher, daß bei diesen Yachten die größte Breite vor der Schiffsmitte lag und einem völligen Vorschiff ein scharfes Achterschiff folgte.

Coffeynagel, Koffeynagel (engl., dt.) Belegnagel. Siehe Nagelbank.

Colling and Pinkney Das „Patent Colling and Pinkney" war ein Patenttreff auf Segelschiffen in der zweiten Hälfte des 19. Jh. Es war in der Idee dem → „Patent Cunningham" ähnlich, jedoch mit dem Unterschied, daß nicht die Rah selbst, sondern eine ihr vorgelagerte drehbare Spiere das Segel aufwickelte.

Compound(dampf)maschine (engl.) Siehe Verbundmaschine.

Consolfunkfeuer Funkmeßverfahren zur Standortbestimmung auf See. Consolfunkfeuer arbeiten im Langwellenbereich (um 300 kHz) und können mit jedem Rundfunkempfänger abgehört werden, der keine automatische Schwundregelung hat. Consolfunkfeuer sind Drehfunkfeuer mit sehr großer Reichweite (am Tage über See bis etwa 1200 Seemeilen, nachts noch weiter). Sie sind jedoch nicht brauchbar bei Abständen unter 25 Seemeilen, für Landfall also ungeeignet. Drei in gerader Linie (in dreifachem Abstand der ausgestrahlten Wellenlänge) aufgestellte Antennenmasten, die mit gleicher Frequenz, aber wechselnder Phase Funksignale ausstrahlen, teilen den Raum um den Sender radial in Sektoren von 10 bis 15°, die der Empfänger identifizieren kann. Die Sektoren haben Punkt- und Strichkennung; sie werden im Verlauf eines Tastzyklus von 30 s Dauer durch Phasenverschiebung in den Außenantennen um die Breite je eines Sektors geschwenkt.

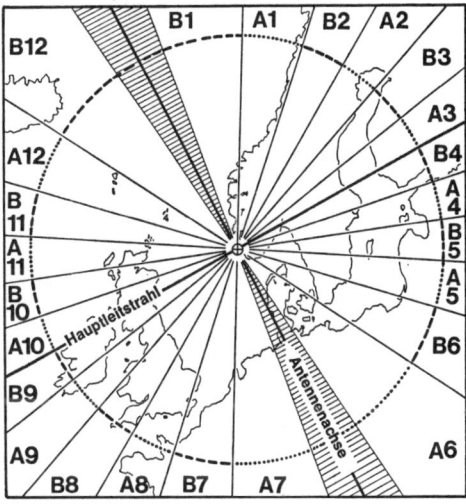

Consolfunkfeuer Stavanger.

Container (engl.) Großraumbehälter mit mindestens 7 Kubikmeter Fassungsvermögen. Die Abmessungen der Container sind genormt. Breite und Höhe betragen einheitlich 8 Fuß, die Länge variiert. Für die Seeschiffahrt kommen hauptsächlich Längen von 20, 35 und 40 Fuß in Betracht.

Containerschiff

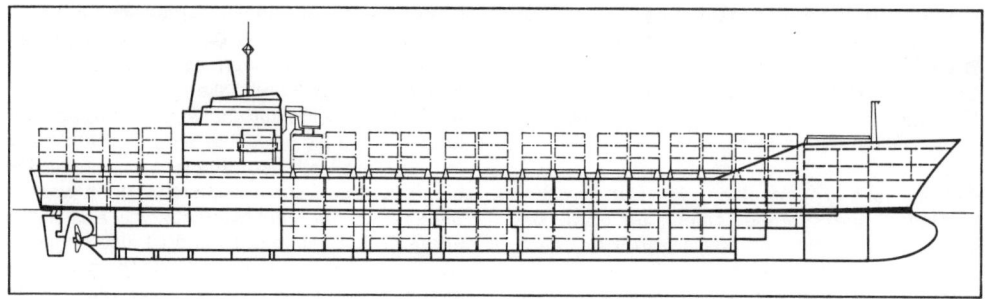

1971 gebautes Containerschiff für ca. 1200 Zwanzigfuß-Container; 21 000 BRT, Geschw. 22 kn.

Containerschiff Spezialschiffe zur Beförderung von Containern. Der Frachtverkehr mit Containerschiffen wurde ausgelöst durch das Bestreben, Hafenliegezeiten und Umschlagkosten zu reduzieren. Nach ersten Anfängen zwischen amerikanischen Häfen verkehren Containerschiffe seit 1966 in ständig zunehmendem Maße in weltweitem Liniendienst. Die Lösch- und Ladeanlagen für Container werden in den Häfen als Container-*Terminals* bezeichnet.

Contrapropeller Vor oder auch hinter dem Propeller angebrachte feste Leitflächen, die eine Entwirbelung des Schraubenwassers und damit eine Verbesserung der Propulsion bewirken sollen. Versuche dieser Art gehen bis auf die Jahrhundertwende zurück, und in den 20er und 30er Jahren sind auch etliche Schiffe mit Contrapropellern ausgerüstet worden. Sie haben sich nicht durchsetzen können; man sieht jedoch bei älteren Schiffen gelegentlich noch eine merkwürdig verwundene Ruderform, die aus dem gleichen Gedanken entstanden ist (Tragflügelruder, Star-Contra-Ruder).

Convoy, Konvoi (lat.-frz.-engl.) *m.* Geleitzug. Bewaffnete Convoyschiffe kennt man seit dem Ende des 16. Jahrhunderts. Sie waren einst erforderlich, um sich vor der ständig wachsenden Gefahr der Piraterie zu schützen.
Heute versteht man unter Convoy einen Verband mehrerer Handelsschiffe, der durch Kriegsschiffe und Flugzeuge gesichert ist.

Coracle *s.* In Wales und Irland gebräuchliches leichtes Anglerboot aus mit Häuten oder geteerter Leinwand überzogenem Weidengeflecht. Das Coracle ist flach, fast kreisrund und kann ohne Mühe von einem Mann getragen werden.

Corioliskräfte Nach ihrem Entdecker benannte Kräfte, die auf eine Masse wirken, welche sich relativ zu einem rotierenden (also beschleunigten) System bewegt. Alle freien Bewegungsvorgänge auf der Erde sind der Einwirkung von Corioliskräften unterworfen und erfahren durch sie Ablenkungen (Winde, Meeresströmungen, Geschosse, Pendel usw.). Von besonderer Bedeutung sind die Corioliskräfte für die Entstehung der Windzirkulationen in Hoch- und Tiefdruckgebieten. Siehe Gesetz von Buys-Ballot.

Cork Water Club Der erste Yachtclub der Welt. Er wurde 1720 in Irland gegründet.

Cowes Week Alljährlich im August veranstaltete Segelwoche mit einer Reihe von Wettfahrten im Solent. Die Cowes Week gehört zu den traditionsreichsten Veranstaltungen ihrer Art.

Coxswain (engl.) Bootsführer, z. B. von Rettungsbooten. Steuermann eines Ruderbootes.

Crash-Stop-Manöver (engl.-frz.) Das nur im äußersten Notfall durchgeführte Umsteuern einer Schiffsmaschine aus voller Fahrt.

Creek *m.* In Nordamerika Bezeichnung für einen kleinen Fluß (Nebenfluß), in Gr.-Brit. für eine schmale Bucht oder einen kleinen Hafen.

Crew *w.* 1. Aus dem Englischen übernommene Bezeichnung für *Schiffsbesatzung*.
2. Bei der Marine alle Angehörigen ein und desselben Jahrgangs.

Cross Trade (engl.) Regelmäßiger Dienst der Schiffe einer Reederei zwischen nicht nationalen Häfen.

Crude Oil Aus dem Englischen übernommene, in der Tankschiffahrt allgemein verbreitete Bezeichnung für Rohöl, Erdöl.

C-Schein Führerschein des Deutschen Segler-Verbandes; unbegrenzt gültig für Seefahrt auf Yachten.

Cumulus (lat.) Haufenwolke; auf der Unterseite ebene, nach oben quellende Form. Von 600 bis 800 m Höhe können sich Türme bis etwa 2500 m bilden. In kleinen Formen Schönwetterwolken, in großer Form oft Vorläufer von Schauern, Böen und Gewittern. Als Cumulonimbus reichen derartige Böen- und Gewitterwolken bis in weit größere Höhen.

Cunningham 1. Ein früher Vorläufer des heutigen Patentreffs, das ein Segel durch Aufwickeln auf eine Spiere verkleinert, war das „Patent Cunningham". Es entstand um die Mitte des 19. Jh., als die Segelschiffe noch ungeteilte Marssegel fuhren. Mittels eines Ketten-Drehreeps wurde die Marsrah gedreht und das Segel um diese aufgerollt. Diese Konstruktion ist trotz technischer Unzulänglichkeiten längere Zeit auf Segelschiffen und Dampfern mit Hilfsbesegelung in Gebrauch gewesen.
2. Im modernen Yachtsport tritt der Name C. in einem ganz anderen Zusammenhang abermals auf. Die „Cunningham-Kausch", je nach Größe des Schiffes 15 bis 30 cm über dem Hals in das Großsegel eingenäht, erlaubt mittels einer Leine den Trimm des Segels zu variieren, indem man die Kausch nach unten holt (die Spannung im Vorliek vergrößert), ohne daß dabei die Vermessungsmarken am Mast überschritten werden. Die am Baum entstehenden Falten sind aerodynamisch von geringer Bedeutung, da hier ohnehin eine Zone turbulenter Strömung ist.

Curragh s. Primitives Boot aus einem leichten Holzgerippe, das mit Leinwand überzogen und dann geteert wird. Diese 4,80 m bis 5,50 m langen und etwas weniger als 1 m breiten Boote sind typisch für die Buchten der westirischen Küste und dienen jeweils 4 Mann zum Angeln. Sie sind so leicht, daß sie von einem Mann getragen werden können. Ähnlich im Charakter der Bauweise ist das noch kleinere, für nur einen Mann bestimmte → Coracle.

Curry-Klemme Schotbeschlag; durch den Zug der Schot klemmt diese sich zwischen zwei gegeneinander bewegliche Backen fest. Man kann die Schot durch Herausreißen gegen die Zugrichtung leicht lösen.

Custom House (engl.) Zollamt.

Cyclon; Cyclone Siehe Zyklon (Wirbelsturm) und Zyklone (Tiefdruckgebiet).

D

Daak m. Norddeutsches Dialektwort für Nebel.

Dacron Siehe Polyester.

daddlduh, Daddeldu Dieser sonderbare, durch die Literatur bekanntgewordene Ausdruck hatte in der Segelschiffahrt eine klare Bedeutung. Er ist eine Verballhornung der alten englischen, international beliebten Formel „That'll do", womit die abgelöste Wache von Deck entlassen wurde: „Verfang Rooer'n Utkiek – daddlduh de Wach!"

Dalben m. Pfahlgruppe aus mindestens drei, meistens sieben, nicht selten aber bis zu dreizehn gegeneinander geneigten starken Pfählen. Sie dienen zum Festmachen von Schiffen für Umschlag im Strom sowie zum Schutz von Kai- und Brückenanlagen. Die Pfähle sind, soweit es sich um hölzerne Stämme handelt, durch Querhölzer und starke Bolzen miteinander verbunden. Durch das Anwachsen der Schiffsgrößen und die zunehmenden Wassertiefen in den Häfen werden die auf die Dalben wirkenden Kräfte

Dämmerung

immer größer, so daß in steigendem Maße Stahldalben gebaut werden.

Eine allgemein verbreitete Schreibweise ist „Duc d'Alben", woraus man sprachlich auf einen Zusammenhang mit dem Herzog von Alba schließt. Ein solcher Zusammenhang ist nicht eindeutig erwiesen, doch taucht der Name „duc Dalba" für Pfahlgruppe erstmalig in Amsterdam 1567 auf, kurz nachdem Alba niederländischen Boden betreten hatte. Andere vermuten eine sprachliche Verfälschung von „Dükdallen", was soviel wie „geneigte Pfähle" bedeuten würde (aus Düken und Dallen). Der Ursprung des Wortes ist bis heute nicht restlos geklärt.

Dämmerung Die sprachlichen Wurzeln dieses Wortes haben fast alle die Bedeutung finster, dunkel, schwarz. Aber auch „dunkelwerden"; und in diesem Sinne versteht man heute unter Dämmerung allgemein die Phase des Überganges vom Tag zur Nacht nach Sonnenuntergang und die entsprechende vor Sonnenaufgang. Je nach geographischer Breite und Wetterlage sind die Zeiten der Dämmerung indessen verschieden lang und unterschiedlich ausgeprägt. Man hat deshalb den Begriff Dämmerung präzise formuliert, unabhängig von subjektiven Sinneseindrücken. Man nimmt als Kriterium die negative Höhe des Sonnenmittelpunktes und unterscheidet eine *bürgerliche* Dämmerung, wenn die Sonne bis 6°, eine *nautische*, wenn sie bis 12°, und eine *astronomische*, wenn sie bis 18° unter dem Horizont steht.

Dämmerungseffekt Durch Überlagerung von Boden- und Raumwellen nachts und besonders in der Dämmerung entstehendes Pendeln eines Funkstrahls. Kann sich bei einer Funkpeilung als Fehler auswirken.

Dampfer Zunächst alle maschinengetriebenen Schiffe im Gegensatz zu Segelschiffen. Der noch ältere Ausdruck „Dampfschiff" taucht 1816 erstmalig auf und hat sich in zahlreichen Reedereinamen bis heute erhalten.

War das Wort „Dampfer" ursprünglich gleichbedeutend mit einem Schiff mit kohlegefeuerter Dampfmaschine, unterscheidet man heute zwischen Motorschiffen, Turbinenschiffen etc., die in der Seestraßenordnung als „Maschinenfahrzeuge" zusammengefaßt werden. Die Dampfmaschine als Schiffsantrieb ist so gut wie ausgestorben.

Dampferlicht Das weiße Topplicht eines Maschinenfahrzeugs in Fahrt in der Längsachse des Fahrzeugs. Das Licht muß unbehindert über einen Horizontalbogen von 225° scheinen, und zwar von recht voraus bis 22,5° achterlicher als querab nach jeder Seite. Schiffe über 50 m Länge müssen – kleinere dürfen – ein zweites Topplicht achterlicher und höher als das andere führen. Die Mindesttragweite des Topplichts auf Fahrzeugen von mehr als 50 m Länge muß 6 sm betragen, auf Fahrzeugen von weniger als 20 m Länge 3 sm und auf solchen von weniger als 12 m Länge 2 sm.

Dampfertracks Für die Schiffahrt im freien Seegebiet empfohlene Routen, die für Aus- und Heimreise die jeweils günstigsten sind. Sie richten sich nach den verschiedenen Fahrtgebieten unter Berücksichtigung von Schiffsgröße und Maschinenstärke, Beladungszustand, jahreszeitlich vorherrschendem Wetter, Eis usw. Yachten sollten einen Dampfertrack (insbesondere nachts) nach Möglichkeit meiden.

Dampfkasten Verschließbarer langer Kasten zum Dämpfen von Hölzern, die gebogen werden sollen, wie z. B. Planken.

Dampfkessel Geschlossenes Stahlgefäß, in welchem zum Betrieb einer Dampfkraftmaschine (Turbine, nur noch selten Kolbendampfmaschine) Wasserdampf mit höherem als atmosphärischem Druck erzeugt wird. An Bord dient der Dampf neben dem Antrieb der Hauptmaschine zum Betrieb zahlreicher Hilfsmaschinen sowie auch für „Schiffszwecke". Es wird zwischen Haupt- und Hilfskesseln unterschieden. Die letzteren arbeiten im Hafenbetrieb und erforderlichenfalls für einen Teillastbetrieb der Hauptmaschine.

An Schiffskessel werden Anforderungen gestellt, die über die normalerweise an ortsfeste Anlagen gestellten Ansprüche weit hinausgehen.

Man unterteilt sie nach Aufbau und Wirkungsweise. Die beiden Hauptgruppen sind der *Großwasserraumkessel* (Flammrohrkessel, Schottischer Kessel), und der *Wasserrohrkessel*. Bei den Wasserrohrkesseln wird nach dem konstruktiven Aufbau zwischen Schrägrohr-, Steilrohr- und Eckrohrkesseln unterschieden, nach dem Richtungswechsel der Rauchgasströmung zwischen Ein- und Mehrzugkessel, und schließlich nach dem Arbeitsprinzip zwischen Kesseln mit *natürlichem Wasserumlauf* (Wagnerkessel) und *Zwangslauf*, je nachdem ob der Wasserumlauf infolge der durch ungleichmäßige Temperaturverteilung hervorgerufene Dichteunterschiede selbsttätig erfolgt oder durch Pumpen erzwungen wird. Beim Zwangslauf wiederum wird zwischen Zwangsumlauf- und Zwangsdurchlaufkesseln unterschieden. Zu den ersteren gehören der La Mont- und der Veloxkessel, zu den letzteren der Bensonkessel. In einer modernen Schiffsdampfkraftanlage wird mit überhitztem Dampf bis über 610° C und Dampfdrücken bis über 100 at gearbeitet.

Danebrog *m.* Die dänische Flagge.

Danforth-Anker Neuartiger Ankertyp, der sich bei großer Haltekraft durch flache Bauweise und geringes Gewicht auszeichnet. Die Haltekraft ist um mehr als 30 Prozent größer als die eines gleich schweren Stockankers (vergl. Anker).

Datumsgrenze Die mathematisch bzw. nautisch exakte Grenze ist der 180. Längengrad; doch weicht der tatsächliche Verlauf – die geographische Lage einiger Inselgruppen berücksichtigend – an einigen Stellen von dem idealen Verlauf etwas ab.
Überschreitet man die Datumsgrenze von westlicher Länge auf die östliche, d. h. westwärts, so muß man einen Tag auslassen. Im umgekehrten Fall, ostwärts, muß der letzte Tag noch einmal gezählt werden.

Dauerproviant Dosen-, Trocken- und Salzkonserven, die Schiffe ohne Proviantkühlräume mitnehmen, weil Frischproviant nur für kurze Zeit reicht.

Davis-Quadrant Nach dem englischen Seefahrer und Polarforscher John Davis (1550-1605) benanntes Meßinstrument für Höhenwinkel, das praktisch eine Weiterentwicklung des Jakobstabes war. Vergl. Jakobstab und Quadrant.

Davit *m.* Benennung ungeklärten Ursprungs für kranartige Gebilde zum Aussetzen von Booten. Die einfachste und älteste Form ist das schwenkbare gebogene Rohr (bzw. massive Stange), jedoch werden heute allgemein Klapp- und Gleitdavits verschiedener Konstruktion angewandt, die auch dann noch leicht zu handhaben sind, wenn auf einem Schiff jede Energieversorgung ausfallen sollte. Man faßt sie unter dem Namen *Schwerkraftdavits* zusammen. Bezeichnungen wie Klappdavits, Pivotdavits, Rollbahndavits deuten die Wirkungsweise an. Es wird verlangt, daß die Davits noch bis 15° Schlagseite und 10° Trimm des Schiffes ein sicheres Aussetzen der Boote ermöglichen müssen.

Daycruiser (engl.) Tageskreuzer. Bezeichnung für Sportmotorboote mit beschränktem Wohnkomfort.

DD-Lacke Handelsbezeichnung für härtende Polyurethanlacke (*D*esmodur-*D*esmophen), die schnell trocknen und sehr hart werden. Besonders verbreitet als → Antifouling für Kunststoffboote.

Deadweight Capacity (engl.) Auch kurz *Deadweight*. Die Tragfähigkeit eines Schiffes. Man versteht darunter die Gesamtzuladung, und zwar die Ladung, Brennstoff, Wasser und Vorräte sowie Besatzung und Effekten. Daher auch „Deadweight all told". Die Deadweight Capacity wird in long tons (ton à 1016 kg) oder in metrischen Tonnen (t à 1000 kg) angegeben, häufig in beiden Maßsystemen.

Decca Methode der Funkortung für die Küstennavigation (bis etwa 250 Seemeilen Abstand von der Sendeanlage). Ihr liegt das mathematische Prinzip zugrunde, daß der geometrische Ort für alle Punkte, deren Entfernungen von zwei festen Punkten eine konstante Differenz haben, eine Hyperbel ist. Die beiden Bezugspunkte sind der Leitsender und jeweils ein Nebensender einer sog. Decca-Kette, die aus dem Leitsender und meistens drei Nebensendern besteht. Leit- und Nebensender arbeiten synchron gesteuert auf verschiedenen Frequenzen, die getrennt empfangen und im Empfänger auf eine Vergleichsfrequenz gebracht werden. Die Linien gleicher Phasendifferenzen sind Hyperbeln, die in verschiedenen Farben als Kurvenscharen in die sog. Decca-Karten eingedruckt sind. Mittels eines Anzeigegerätes mit „Decometern" für Grob- und Feinortung lassen sich von je zwei Sendern die jeweiligen Hyperbeln herausfinden, deren Schnittpunkt den Schiffsort angibt. Die Decca-Sender arbeiten im Langwellenbereich. Dieses Funkortungsverfahren wurde von der Decca-Navigator Co., Ltd. London, entwickelt.

Decca-Karten

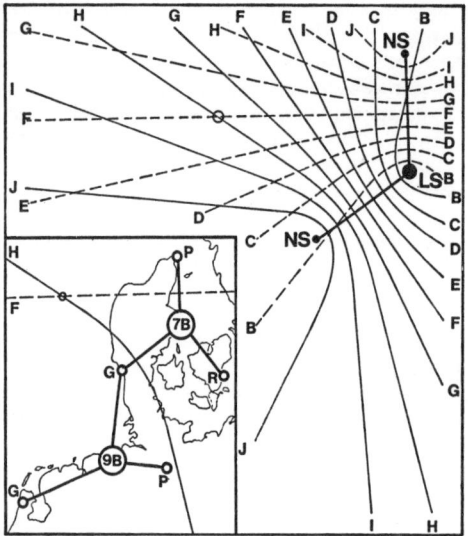

Schematische Darstellung einer Decca-Karte. LS = Leitsender, NS = Nebensender. In diesem Beispiel liegt der Schiffsort im Schnittpunkt der Hyperbeln H und F.

Decca-Karten Seekarten für Decca-Funknavigation. Den Nebensendern sind verschiedene Farben zugeordnet, so daß das Hyperbelnetz aus roten, grünen und violetten Kurvenscharen besteht. Decca-Karten werden nicht korrigiert und dürfen deshalb außer für die Funkortung nicht für die Navigation verwendet werden.

Dectra (Aus *De*cca und *tra*nsozeanisch). Abart des Decca-Verfahrens, das eine genaue Hyperbel-Navigation auf transozeanischen Hauptverkehrswegen gestattet. Das Prinzip beruht darauf, daß ein Senderpaar eine Schar *kursweisender* Hyperbeln erzeugt (mit dicht beieinanderliegenden Brennpunkten) und ein anderes Senderpaar *distanzanzeigende* Hyperbeln (mit weit auseinanderliegenden Brennpunkten). Die beiden Hyperbelscharen bilden günstige Schnittwinkel miteinander; die kursweisende liegt in der mittleren Richtung nordatlantischer Hauptverkehrswege (siehe Skizze unten).

Dechsel *m.* Queraxt des Schiffszimmermanns, bei der die Schneide rechtwinklig zur sonst üblichen Form steht.

Deck Die obere Abschlußfläche eines Schiffskörpers. Größere Fracht- und Fahrgastschiffe haben mehrere Decks, von denen die unter dem Hauptdeck gelegenen als Zwischendecks, die darüberliegenden als Aufbaudecks bezeichnet werden (Bootsdeck, Brückendeck, Peildeck etc.). Backdeck und Poopdeck heißen die nichtdurchlaufenden Decks im Vor- und Achterschiff. Hauptdeck, Oberdeck, Vermessungsdeck können identisch sein, müssen es aber nicht.
Von jeher stand die Typenbenennung im Zusammenhang mit den Decks eines Schiffes; so bereits in früheren Jahrhunderten: Zweidecker, Dreidecker, Vierdecker. Heute sind es Bezeichnungen, die auf die Schiffsvermessung hinweisen: → Volldecker, → Shelterdecker, → Freidecker. Sprachliche Verknüpfung von Tätigkeiten

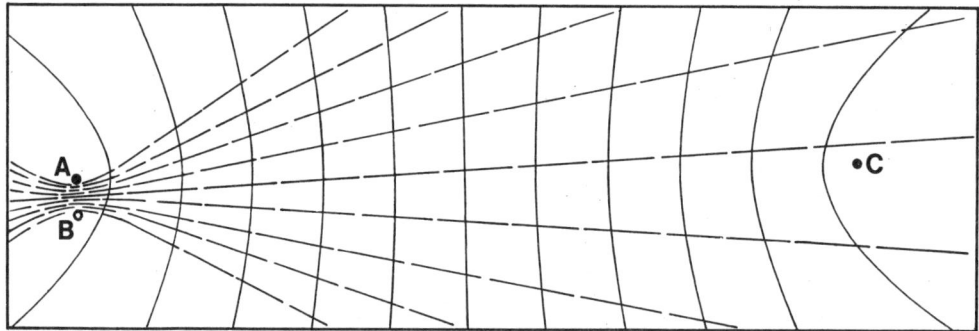

Prinzip des Dectra-Verfahrens. Das Senderpaar AB erzeugt die kursweisende, das Senderpaar AC die distanzanzeigende Hyperbelschar.

mit Deck sind: „an Deck gehen", „Deck waschen", „sich unter Deck aufhalten", „alle Mann an Deck" usw.

Deckladung Ladung, die – mit Zustimmung des Abladers – an Deck gestaut und verschifft wird. Manche Güter (z. B. feuergefährliche u. gasentwickelnde Chemikalien) dürfen nur an Deck verladen werden; bei anderen, sehr sperrigen, ist es anders nicht möglich. Manchmal wird wegen der niedrigeren Frachtberechnung Deckverladung ausdrücklich verlangt. Schließlich wird oft Ladung an Deck gestaut, wenn der unter Deck befindliche Laderaum für die abgeschlossene Ladungsmenge nicht ausreicht und die Tragfähigkeit des Schiffes noch nicht voll ausgenutzt ist. Zu dieser Ladungskategorie gehören insbesondere Holz und Kork. Bei Deckladung muß sehr auf die Stabilität des Schiffes geachtet werden.

Deckladungsklauseln Der Vermerk „On deck at shippers risk" bestätigt die Zustimmung der Ladungsbeteiligten zur Deckverladung; der Verfrachter ist jedoch haftbar bei Schäden infolge Verletzung der Sorgfaltspflicht.
„With liberty to carry goods on deck" ist eine Freizeichnung des Verfrachters von der Haftung für Schäden, die dem Schiff und damit der Raumladung zugefügt werden könnten.
Ist eine Deckladungsklausel in die Police aufgenommen, trägt die Versicherung die Gefahr des Überbordgehens. Für Beschädigungen haftet sie nicht, außer bei Strandung des Schiffes.

Deckpeilung Liegen zwei hintereinander befindliche Objekte für den Beobachter in einer Visierlinie, spricht man von Deckpeilung. Es gibt Deckpeilungsbaken bzw. Feuer in Linie, die auf diese Weise eine Fahrrinne oder einen Einfahrtskurs markieren. Um bei Kursabweichungen sofort zu erkennen, welche der beiden Marken auswandert, ist die vordere stets niedriger als die dahinterliegende. Die Deckpeilung zweier bekannter Objekte ist eine *terrestrische Standlinie*.

Decksbalken Die im Spantabstand angeordneten, querschiffs verlaufenden Aussteifungen eines Decks.

Decksbelag Der Belag, den ein Deck zur besseren Begehbarkeit usw. erhält. Je nach Größe des Schiffes und Lage des Decks werden für Decksbeläge verschiedene Materialien verwendet (Holz, Steinholz, Zement, Gummi u. a.). Yachten mit Holzdecks werden vorzugsweise mit Leinwand überzogen. Spezielle Deckanstriche machen ein solches Deck rutschfest.

Deckshäuser Separat auf den Decks gebaute Räume, die nicht von Bord zu Bord reichen.

Deckslicht Kleines Oberlicht für Yachten aus starkem, prismatisch angeschliffenem und bündig in das Deck eingelassenem Glas.

Decksmann (Deck-Hand) 1. Seemännisches Besatzungsmitglied über 18 Jahre ohne seemännische Ausbildung (von 15 bis 18 Jahren „Deckshelfer"). Befähigte Decksmänner ohne einen Berufsabschluß können nach fünf, solche mit einem Berufsabschluß nach drei Jahren die Matrosenprüfung ablegen.
2. Der zum Arbeitsgang der Stauerei gehörende Mann, der beim Laden und Löschen die Hieven von Deck aus in den Raum hinein bzw. aus ihm heraus dirigiert.

Decksnaht Der Zwischenraum zwischen den Decksplanken. Die Decksnähte werden kalfatert, mit Marineglue ausgegossen und dann geglättet. Der elastische Marineleim paßt sich dem Quellen des Holzes an und dementsprechend ist die Oberfläche der Decksnähte eben, leicht konvex oder konkav.

Deckspassagier Fahrgast, der keinen Anspruch auf einen Kajütsplatz hat. Auf kürzeren Reisen in südlichen Ländern noch üblich.

Decksplanken Planken aus Pitchpine oder Teakholz, die entweder direkt auf den Decksbalken oder auf einem Plattendeck verlegt werden. Die Decksplanken verlaufen entweder parallel zur Mittellinie oder parallel zum Deckstrak und enden jeweils in der außen bzw. mittschiffs liegenden *Fischung*. Auf Segelyachten gibt man der letzteren Form den Vorzug.

Decksprung Siehe Sprung.

Deckstützen Abstützungen der Decks in großen Räumen wie Laderäumen, Gesellschaftsräumen in Fahrgastschiffen etc. Zugunsten großer Weiträumigkeit sucht man durch starke Unterzüge die Zahl der Stützen so klein wie möglich zu halten oder ganz ohne sie auszukommen.

Deep V (engl.) Siehe „tiefe V-Spantform".

Deflektor (nlat.) Meßgerät zur Ermittlung der magnetischen Feldstärke, z. B. zum Messen des Richtmomentes eines Magnetkompasses.

Deich Erddamm an der Küste des Meeres und den Ufern von Flüssen und Seen, um flaches Land vor Überschwemmungen zu schützen oder um Neuland durch Ablagerung zu gewinnen. Der großen Bedeutung, die einem intakten Deich zukommt, entsprechen die hohen Aufwendungen und strengen Gesetze zu seiner Erhaltung.

dekadisch (grch.) Auf die Zahl 10 bezogen. Der dekadische → Logarithmus ist der Logarithmus zur Basis 10.

Deklination (lat.) w. 1. Die geographische Mißweisung, der horizontale Winkel, um den die Kompaßnadel infolge des Nichtübereinstimmens von geographischem und magnetischem Pol bzw. durch den Verlauf der Feldlinien des Erdmagnetfeldes vom Meridian abweicht. Die Deklination ist örtlich und zeitlich nicht konstant; ihr jeweiliger Betrag ist in jeder Seekarte eingetragen. Die Deklination gilt als positiv, wenn die Kompaßnadel nach Osten, als negativ, wenn sie nach Westen abweicht.
2. Abweichung. Im → Koordinatensystem des Himmelsäquators der Abstand vom Himmelsäquator bis zum Gestirn auf dessen Stundenkreis. In der Astronomie ist *Deklination*, in der Nautik *Abweichung* gebräuchlicher. Kurzbez. δ.

Deklinationsungleichheit Der Teilbetrag der Gezeitenungleichheit (in Fluthöhen und zeitlichem Rhythmus), der auf die Deklinationsänderung von Mond und Sonne zurückzuführen ist. Siehe Ungleichheit.

Delta s. Sich gabelnde Flußmündung. Diese Bezeichnung, die von der Form des gleichlautenden griechischen Buchstabens abgeleitet ist, wurde schon von Herodot auf das Nildelta bezogen.

Demijohn (engl., von arab. *damagan*) m. Große Korbflasche, Ballon, mit 5 bis 50 Liter Fassungsvermögen. Für ihre Verschiffung sind meistens besondere Raten festgelegt.

Dempgording Siehe Gording.

Demurrage (engl.) Überliegezeit eines gecharterten Schiffes gegenüber der im Chartervertrag vereinbarten Lade- und Löschzeit. Demurrage-Gelder sind Überliegegelder, die der Reeder für die überschrittene Frist berechnen darf.

Denier, den (lat.-frz.) Kennzahl für die Dicke des Garns bei Kunstfasern. Die Denier-Zahl kennzeichnet das Gewicht (in Gramm) eines Fadens von 9000 m Länge. Im Gegensatz zur üblichen Garnbezeichnung ist also die Denierzahl um so kleiner, je feiner der Faden ist. Umrechnung in SI-Einheit (für 1 den = 1 g/9 km):
1 den = $\frac{1}{9}$ tex
1 tex = 1 g/km = $\frac{1}{1000000}$ kg/m

Deplacement (frz.) Die *Wasserverdrängung*, d. h. das Gewicht des vom Schiff verdrängten Wassers (vergl. Archimedisches Prinzip). Das *Deplacement* eines Schiffes ist unabhängig von Süß- oder Seewasser; dagegen ist das *Volumen* des verdrängten Wassers seinem jeweiligen spezifischem Gewicht umgekehrt proportional. Das Deplacement eines Schiffes wird in Gewichtstonnen angegeben, in metrischen Tonnen (t à 1000 kg) oder in long tons (ton à 1016 kg). Für die Handelsschiffahrt ist das Deplacement als Größenangabe nicht geeignet. Für Frachtschiffe nicht, weil es mit dem Beladungszustand ständig variiert; für Fahrgastschiffe ebensowenig, weil es wenig über deren wirkliche Größe aussagt. Dagegen ist für alle Kriegsschiffe das Deplacement die übliche Tonnagebezeichnung. Auch bei Yachten versteht man unter *Tonnage* stets das Deplacement, das Schiffsgewicht – wenn nicht der → Rennwert gemeint ist. Siehe Tonnage.

Deplacementschwerpunkt Siehe Formschwerpunkt.

Deplacementskala Siehe Lastenmaßstab.

Depression (lat.) Dieser Ausdruck kommt auf zahlreichen Wissensgebieten vor. Die im Zusammenhang mit der Schiffahrt wichtigsten Bedeutungen sind:
1. In der Astronomie die negative Höhe eines Gestirns, die unter den Horizont fortgesetzte Verlängerung eines Höhenkreises (Vertikalkreises).
2. In der Nautik die *Kimmtiefe*, d. h. der Winkel

am Auge des Beobachters zwischen dem scheinbaren Horizont (ideelle horizontale Ebene in Augenhöhe), und dem tatsächlich sichtbaren Horizont (Kimm). Die Kimmtiefe ist die „Depression des Horizonts". Sie ist abhängig von der Augenhöhe und in geringem Maße auch von bestimmten Temperaturverhältnissen.

3. In der Meteorologie ist Depression gleichbedeutend mit *Tiefdruckgebiet*.

4. In der Geographie bezeichnet Depression ein Landgebiet, das unter dem Meeresspiegel liegt. So hat beispielsweise das Tote Meer eine Depression von 394 Meter.

Derivationswinkel (lat.) Ausscherwinkel. Der Winkel, um den ein drehendes Schiff infolge Ruderwirkung und Fliehkraft von der Tangente an den Drehkreis abweicht. Der Bug liegt innerhalb, das Heck außerhalb der Bahn, die der Schwerpunkt des Schiffes beschreibt.

Derrick (engl.) Ladebaum. Siehe dort.

Desertion (lat.-frz.) Vorsätzliches, unerlaubtes Verlassen eines Schiffes außerhalb des Geltungsbereiches des Grundgesetzes.

Deutsche Gesellschaft zur Rettung Schiffbrüchiger (DGzRS) 1865 durch private Initiative ins Leben gerufenes, lediglich durch freiwillige Beiträge unterhaltenes Seenotrettungswerk an den deutschen Küsten. Die Gesellschaft, deren Schirmherr der Bundespräsident ist, unterhält insgesamt 28 Rettungsstationen: 18 an der Nordseeküste, 10 im Ostseeraum. Den Stationen stehen eine Reihe hochtechnisierter Seenot-Rettungskreuzer, Seenot-Rettungsboote und Strandrettungsboote zur Verfügung. Die Zahl der Einsätze hat von Jahr zu Jahr zugenommen; 1977 waren es 1 794. Bis Ende 1977 haben die Männer der DGzRS fast 35 000 Menschen aus Seenot gerettet oder aus Gefahr befreit und zahlreichen Schiffen maßgebliche Hilfe geleistet. Sitz der Gesellschaft und Seenot-Leitung ist Bremen. Verteilung der einzelnen Stationen siehe Rettungsstationen.

Deutscher Hochseesportverband „Hansa" e. V. (DHH) Ein 1925 gegründeter gemeinnütziger Zusammenschluß, der dem Deutschen Segler-Verband angeschlossen ist. Ziel des DHH ist die Heranbildung des seglerischen Nachwuchses mit dem Schwerpunkt auf dem Hochseesegeln. Zu diesem Zweck unterhält der DHH sechs Yachtschulen, unter denen die Hanseatische Yachtschule Glücksburg eine der größten Europas ist.

Deutscher Motoryachtverband In München sitzender Dachverband der deutschen Motorbootvereine. Seine Aufgaben entsprechen denen des Deutschen Segler-Verbandes.

Deutscher Segler-Verband (DSV) Dachverband aller deutschen Yacht-Clubs. Er wurde 1888 von den damals bestehenden zwölf deutschen Seglervereinen gegründet.
Der DSV, der seinen Sitz in Hamburg hat, vertritt den deutschen Segelsport im In- und Ausland und ist zuständig für alle nationalen Wettsegel-, Klassen- und Vermessungsbestimmungen. 14 Fachausschüsse in sieben Arbeitskreisen sind mit der Wahrnehmung der verschiedensten Aufgabengebiete betraut.

Deutsches Hydrographisches Institut Bundesoberbehörde des Verkehrsministeriums, Hamburg. Das DHI ist zuständig für alle der Schiffahrt dienenden amtlichen Hilfsmittel: Nautische Veröffentlichungen und Nachrichten, Seekartenwerk, Gezeitentafeln usw. Das Institut betreibt meereskundliche Forschungsarbeit und Seevermessung, wozu ihm mehrere Schiffe zur Verfügung stehen.

Deviation (lat.-nlat.) w. 1. Die Ablenkung der Kompaßnadel aus der Richtung des magnetischen Meridians durch magnetische Einflüsse des Schiffes. Die Deviation ist bei Stahlschiffen am größten, ist aber auch bei Schiffen aus anderem Material infolge von Ballast, Motor und dergl. deutlich spürbar. Man sucht die Deviation durch Kompensierung weitgehend zu reduzieren; der verbleibende Rest – der von Kurs zu Kurs verschieden ist – wird in der Deviationstabelle (Ablenkungstafel) erfaßt und bei der Kursbeschickung berücksichtigt. Die Deviation (δ) wird mit positivem Vorzeichen eingesetzt, wenn sie östlich, mit negativem, wenn sie westlich ist. Auf Segelyachten muß berücksichtigt werden, daß auch die Krängung nicht ohne Einfluß auf die Deviation ist.

2. Im Seerecht bedeutet Deviation die Abweichung von einer festgelegten Reiseroute. Sie kann durch verschiedene Umstände begründet sein, wie z. B. Unwetter, in Seenot befindliche

Deviationsbaken

Schiffe oder andere unvorhergesehene äußere Umstände, wie etwa politische Komplikationen. Nur wenige, vom Gesetz ausdrücklich sanktionierte Fälle rechtfertigen im Linienverkehr eine Deviation.

Deviationsbaken Zwei (oder auch ein System mehrerer) Deckpeilungsbaken mit bekannten rechtweisenden Peilungen, die speziell zum Zweck der Kompaßkontrolle aufgestellt sind. Aus einer Reihe von Kompaßpeilungen läßt sich, unter Berücksichtigung der geographischen Mißweisung, durch Vergleich von Kompaßpeilungen und rechtweisenden Peilungen die Deviation des Magnetkompasses für jeden beliebigen Kurs ermitteln.

Deviationsdalben, Deviationstonnen Dalben oder Tonnen zum Festmachen von Schiffen zwecks Feststellung der Deviation. Sie werden an einem für die Deviationsbestimmung günstigen Platz eingerammt bzw. ausgelegt. Das Schiff wird daran festgemacht und gedreht, wobei ein bestimmtes Objekt auf den verschiedensten Kursen gepeilt wird.

Deviationsformel Siehe Koeffizient.

Deviationsklausel (Vergl. Deviation 2.). In der → Charter-party enthaltener besonderer Vermerk, wenn ein Schiff das Recht hat, im Verlauf der Reise auch andere Häfen anzulaufen als ursprünglich vorgesehen.

Deviationsmagnetometer Siehe Deflektor.

Deviationstabelle Siehe Deviation (1).

Dezimeterwellen Elektromagnetische Wellen von 0,1 bis 1,0 m Wellenlänge (3000 bis 300 MHz). Vergl. die Übersicht über die Frequenzbereiche bei Frequenz.

DGzRS Siehe Deutsche Gesellschaft zur Rettung Schiffbrüchiger.

Dhau (Dhaw) w. Arabisches Segelfahrzeug mit anderthalb Masten ohne Bugspriet. Die Masten tragen an je einer langen Rah eine Art Lateinersegel, das trapezförmig geschnitten ist. Der Bug ist niedrig und ausladend, das Achterschiff hat einen Aufbau. Dieser Typ hat sich in arabischen Seegebieten jahrhundertelang kaum verändert erhalten.

Diagonalbauweise Beplankungsart hochbeanspruchter Holzboote. Es werden im Winkel von 45 oder 90 Grad zwei Plankenschichten übereinandergelegt, wodurch die Boote fester und dichter werden. Bei der Diagonalkraweel-Bauweise verläuft die innere Plankenlage im Winkel von 45 Grad zum Kiel und die äußere Lage längsschiffs, beim Doppeldiagonalbau werden die Planken kreuzförmig übereinandergelegt.
Diese Bauweise wurde früher insbesondere bei Rettungsbooten praktiziert und hat heute bei → formverleimten Yachten eine ganz neue Bedeutung gewonnen.

Diagonalnaht Mittelnaht eines Vorsegels mit → Laschenschnitt.

Diagonalschienen Auf hölzernen Segelschiffen wurden im Inneren des Raumes oftmals Stahlbänder über Spanten und Decksbalken gezogen, die sich kreuzförmig über die ganze Schiffshöhe und -breite erstreckten. Diese Bänder dienten zur Erhöhung der Torsionsfestigkeit des Schiffsrumpfes.

Diamantbake Bake mit diamantförmigem Toppzeichen zur Bezeichnung eines beidseitig passierbaren Mittelgrundes (vor allem im britischen und französischen Seezeichensystem).

Diamantknoten Zierknoten für einen Tampenabschluß.

Diamantplatte Im Stahlschiffbau eine Platte, die verschiedene in einem Punkt zusammenlaufende Verbände vereinigt und verstärkt.

Diamantrigg Toppwanten, die auf hochgetakelten Yachten von der Mastspitze über eine Saling nicht an Deck, sondern zum Mast zurückgeführt werden, wo sie zumeist direkt über einer unteren Saling befestigt sind. Diese Takelungsart benötigt starke Unterwanten. Sie gibt hohen Masten die nötige Biegesteifigkeit in ihrem oberen Teil.

dicht Das Wort dicht wird in der Seemannssprache sowohl auf den Zustand des Schiffskörpers als auch auf die Stellung der Segel bezogen. Bei genieteten Schiffen war von Bedeutung, daß eine wasserdichte Nietverbindung nicht auch schon eine öldichte ist.

Segel werden „dichtgeholt", wenn ein Segelfahrzeug hoch am Wind segelt. Die Segel stehen dann flach und fast in Richtung der Schiffslängsachse.

Dichte Der Quotient aus Masse und Volumen, angegeben in g/cm^3 oder kg/dm^3. Siehe hierzu „spezifisches Gewicht".

dick Neblig.

Dienstgeschwindigkeit Aus mehreren Reisen gemittelte Geschwindigkeit eines Schiffes unter Normalbedingungen und Beladung bis zur Tiefgangsmarke.

dieselelektrischer Antrieb Antriebsart, bei der Dieselmotoren nicht die Propellerwelle, sondern Generatoren antreiben. Der erzeugte Strom speist Elektromotoren als eigentliche Antriebsmaschinen. Diese Antriebsart wurde und wird vorzugsweise bei Schiffen angewandt, bei denen eine sehr hohe Anforderung an die Manövrierfähigkeit die mit der Umwandlung zwangsläufig verbundenen Leistungsverluste rechtfertigen, wie z. B. bei Eisbrechern. Sonst werden, seitdem die Getriebetechnik und die Konstruktion der Verstellpropeller weit vorangeschritten sind, Schiffe mit dieselelektrischem Antrieb nur noch selten gebaut.

Dieselmotor Verbrennungskraftmaschine, die mit Schweröl betrieben wird. Das in den Kompressionsraum gespritzte Öl zündet durch die Kompressionshitze von selbst und bedarf keiner Fremdzündung. Dieselmotoren werden als Zweitakt- und Viertaktmaschinen gebaut; bei den Maschinen großer Leistungen herrschen die Zweitakter vor.
Der Dieselmotor als Schiffsantriebsmaschine hat die Kolbendampfmaschine vollständig verdrängt, so daß er im Großschiffbau neben der Turbine das Feld beherrscht. Zylinderleistungen bis ca. 4000 kW gestatten, selbst größte Schiffe mit Dieselmotoren auszurüsten.
Auf Yachten sind sowohl Benzinmotoren als auch Dieselmotoren üblich. Als Nachteil wird für den Dieselmotor gewertet, daß er teurer und schwerer ist als ein Benzinmotor gleicher Leistung. Die Vorteile des Dieselmotors dagegen sind, daß er sparsamer im Betrieb, ungefährlicher und weniger störanfällig ist. Zum geringeren Brennstoffverbrauch kommt ein niedrigerer Brennstoffpreis. Weitere Vorteile sind der Fortfall einer feuchtigkeitsempfindlichen Elektrozündung und schließlich weniger gesundheitsschädliche Abgase. Bei Sportmotorbooten, die auf hohe Geschwindigkeiten gebaut werden, verzichtet man auf diese Vorteile zugunsten des niedrigeren Leistungsgewichtes der Benzinmotoren.

diesig Dunstig, unsichtig.

Dihedral (engl.) Zweiflächig, von zwei Ebenen gebildet, V-Form. Dieses Wort hat sich allgemein durchgesetzt in der speziellen Bedeutung: V-förmiger Boden von seegehenden Motorrennbooten. Andere Bezeichnungen sind *Huntform* und *Deep V*. Der Winkel, um den die Flächen gegeneinander geneigt sind, beträgt mindestens 130°.

Dinette w. Modernes Kunstwort. Variante der Kojenanordnung auf Motorbooten und Kreuzeryachten: Zwei quergestellte Sitzbänke mit einem Tisch in der Mitte. Durch Absenken der Tischplatte ergibt sich die Liegefläche für eine Doppelkoje.

Dingi s. Auch Dinghy, Dingy, Dingey, das kleinste Schiffsbeiboot. Der aus Indien stammende Name hat sich gegen Ende des 19. Jh. in der englischen und in der deutschen Marine eingebürgert. Er dient heute als Klassenbezeichnung für verschiedene kleinere Bootstypen, wie z. B. *12-Fuß-Dingi* und *Finn-Dinghy*.

DIN-PS Die am Schwungrad einer Verbrennungskraftmaschine tatsächlich verfügbare Nutzleistung in PS. Die kraftverzehrenden Ausrüstungsteile wie Pumpen, Gebläse, Lichtmaschine usw. müssen vom Motor selbst betrieben werden. DIN ist das Kennzeichen für die Richtlinien des deutschen Normenausschusses. Seit 1. 1. 1978 erfolgt die Leistungsangabe nicht mehr in PS, sondern in kW (Kilowatt). 1 kW entspricht 1,3596 PS, umgekehrt ist 1 PS 0,7355 kW.

Diolen Siehe Polyester.

Diopter (grch.-lat.) m. Visiervorrichtung eines Peilkompasses bzw. einer Peilscheibe.

dippen (engl.) Flaggengruß der Schiffe unter-

direkter Antrieb

einander durch Niederholen und Wiedervorheißen der Nationalflagge. Es bestehen folgende Grußkonventionen. Bei sich überholenden Schiffen grüßt das überholende zuerst, bei sich im Revier begegnenden das auslaufende; liegt ein Schiff vor Anker, grüßt das fahrende Schiff zuerst, bei Begegnung auf See das nördlicher stehende.

direkter Antrieb Kennzeichnung des Antriebes von Motorschiffen, bei denen der Dieselmotor ohne Getriebe die Propellerwelle dreht. Die Drehzahlen von Maschine und Propeller sind identisch.

Dirk w. Stahlleine, die auf hochgetakelten Yachten von der Baumnock zum Masttopp läuft. Die Dirk dient zum Aufgeien des Segels und verhindert beim Segelbergen, daß der Baum an Deck fällt. Ferner kann die Dirk zum Krängen einer aufgelaufenen Yacht von Nutzen sein.

Dispache (ital.-frz.) w. Fachausdruck aus dem Seeversicherungsgeschäft. Man versteht darunter die urkundliche Feststellung und Aufteilung von Havarieschäden auf alle Beteiligten durch den Dispacheur. Vergl. Havarie-grosse.

Disputvermerk (lat.-frz., dt.) Vermerk über ungeklärte Zähldifferenzen nach der Ladungsübernahme eines Frachtschiffes.

Distanz (lat.) 1. In der Seefahrt soviel wie Entfernung, ausgedrückt in Seemeilen; darunter ist sowohl der zurückgelegte Weg eines Schiffes zu verstehen als auch der Abstand vom Schiffsort bis zu einem Seezeichen usw. Loxodromische Distanz heißt die Entfernung zwischen zwei Punkten auf einer Loxodrome, orthodromische Distanz die auf einem Großkreis.
2. In der Astronomie bezeichnet Distanz die Länge des Bogens zwischen zwei Punkten der Himmelskugel im Winkelmaß. So ist die Poldistanz der Abstand eines Gestirns vom Himmelspol, Zenitdistanz der Abstand vom Zenit.

Distanzfracht Ausdruck aus dem Seefrachtgeschäft, der in verschiedenen Auslegungen verstanden wird:
1. Fracht, die nur für den zurückgelegten Teil einer nicht bis zum Ziel durchgeführten Reise berechnet wird. Nach dem Binnenschiffahrtsgesetz besteht im Gegensatz zum bürgerlichen Recht und zum Seerecht Anspruch auf Distanzfracht auch dann, wenn durch Unfall Güter verloren gegangen sind.
2. In der Seeschiffahrt Erhöhung der Fracht, wenn (z. B. wegen Eisgefahr) ein Hafen zum Löschen angelaufen werden muß, der mehr als 100 Seemeilen vom Zielhafen entfernt liegt.

D-Korrektoren, D-Kugeln Weicheisen in Kugel- oder Zylinderform zur Kompensation von Magnetkompassen.

Dock (nl.) s. 1. Eine Anlage zum Trockensetzen von Schiffen. Ein Trockendock (engl. drydock) ist ein befestigtes, mit einem Tor verschließbares Bassin, in welchem durch Leerpumpen das eingeschwommene Schiff langsam abgesetzt wird. Ein Baudock ist im wesentlichen das gleiche, nur ist es mit Kränen und anderen für den Bau eines Schiffes erforderlichen Einrichtungen ausgerüstet.
Ein Schwimmdock (engl. *floating dock*) ist ein meist U-förmiger Hohlkörper, der durch Fluten abgesenkt wird. Nach dem Einschwimmen des Schiffes wird das Dock leergepumpt, wobei es das Schiff mit aus dem Wasser hebt.
2. In Häfen mit starkem Tidenhub (4 m und mehr) bezeichnen Docks die durch Tore und Schleusen abgetrennten Flutbecken (engl. *wet dock*), in denen der Wasserstand konstant gehalten wird. Beispiele solcher Dockhäfen: London, Southampton, Liverpool.
3. In den USA heißen Docks auch die offenen, durch die Piers gebildeten Hafenbecken, in denen die Schiffe beladen und gelöscht werden.

Doldrums (engl.) Zone der äquatorialen Windstillen und schwachen umlaufenden Winde zwischen dem Nordostpassat der nördlichen und dem Südostpassat der südlichen Halbkugel. Die Ausdehnung der Doldrums schwankt im Lauf des Jahres etwas. Im Mittel liegen sie im Sommer zwischen 1° und 12° N, im Winter zwischen 1° und 5° N. Andere Bezeichnungen für die Doldrums sind *Kalmen* und *Mallungen*.

Dollbord m. Der verstärkte obere Rand eines offenen Bootes, in dem sich die Dollen (Zepter oder Rundseln) für die Riemen befinden.

Dolle w. Altgermanische Bezeichnung für Ruderpflock sowie einen hölzernen Nagel allgemein. In unserer Zeit gabelförmiges Auflager aus

Metall oder Kunststoff für den Riemen bei Ruderbooten. Die Dollen sind im Dollbord oder, bei Rennruderbooten, an Auslegern befestigt.

Donkey (engl. „Esel") 1. Hilfskessel eines Seeschiffes für den Hafenbetrieb. 2. Auf den großen Segelschiffen stand ein Donkey (Dampfkessel) an Deck für den Betrieb von ein bis zwei Dampfwinden. Dazu *Donkeyman*, der für diesen Kessel verantwortliche Heizer.

Doodshooft, Dodshoft (nl.)   Siehe Jungfer.

Doppelblock   Zweischeibiger → Block einer Talje. Er ist nur zu verwenden, wenn sämtliche Parten parallel laufen.

Doppelboden   Auf Seeschiffen der Raum zwischen Außenhaut und Innenboden. Im Doppelboden befinden sich die Tanks für Brennstoff bzw. Ballastwasser sowie für Frischwasser und Schmieröl. Der Doppelboden dient der Sicherheit des Schiffes bei Grundberührung und spielt mit seiner jeweiligen Tankfüllung eine wichtige Rolle bei den für verschiedene Belastungszustände durchzuführenden Stabilitätsrechnungen. In der Regel haben alle Fracht- und Fahrgastschiffe Doppelböden. Eine Ausnahme bilden Tanker im Bereich ihrer Ladetanks.

Doppelender (engl. *double-bowed*). Boote, die um ihre Querachse symmetrisch sind und vorwärts wie rückwärts fahren können, ohne wenden zu müssen (Kanus, manche Auslegerboote, Pendelfähren usw.).

Doppelfock (Passatsegel)   Bewährte, unkomplizierte Vor-dem-Wind-Besegelung, bei der eine Yacht gut auf dem Ruder liegt und die deshalb auf langen Einhandfahrten sehr beliebt ist. Zwei gleich große Vorsegel werden symmetrisch nach beiden Seiten ausgebaumt. Auf das Setzen des Großsegels wird dabei verzichtet.

Doppelglas   Fernglas. Die Leistung wird durch 2 Zahlenwerte charakterisiert; der erste gibt die Vergrößerung, der zweite den Objektivdurchmesser an. Am besten hat sich für den praktischen Gebrauch an Bord die Optik 7 × 50 bewährt. Bei darüberliegenden Vergrößerungen macht sich die Handunruhe störend bemerkbar. Handauflagen und Stativ entfallen wegen der Eigenbewegung des Schiffs. Der Name Doppelglas geht darauf zurück, den Unterschied neuzeitlicher Ferngläser gegenüber den in früheren Zeiten an Bord gebräuchlichen monokularen Fernrohren hervorzuheben.

Doppelkieler   Segelyacht, die statt eines Mittelkiels auf jeder Schiffsseite etwa in der Kimm eine feste Kielflosse mit Ballast hat (vergl. Kimmkieler).

Doppelpeilung   Methode der Standortbestimmung in der Küstennavigation, wenn nur eine Landmarke zur Peilung zur Verfügung steht. Man peilt das Objekt in einem gewissen Zeitabstand zweimal und erhält aus den Peilungen und der zwischen beiden Peilungen zurückgelegten Distanz den Abstand vom Objekt und damit den Schiffsort. Ist ungewiß, ob bzw. wie starke Strömung herrscht, ist bei der Beurteilung des Peilergebnisses Vorsicht geboten.

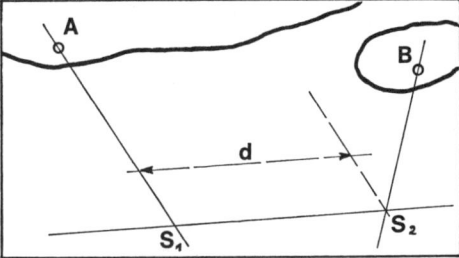

Abgestumpfte Doppelpeilung aus den Peilungen zweier Landmarken mit versegelter Distanz (d). S_1-S_2 ist der wahre Weg des Schiffes.

Doppelpoller   Doppelpoller und Doppelkreuzpoller sind spezielle Ausführungen von Pollern zum Belegen von Leinen. Siehe Poller.

Doppelrumpfboot   Siehe Katamaran.

Doppelschraubenschiff   Schiff, das durch zwei (gegenläufige) Propeller angetrieben wird.

Doppelstander   Flagge, die an der hinteren Kante winkelig ausgeschnitten ist, so daß Ober- und Unterkante spitz auslaufen.

doppelt wirkend   Kennzeichnung einer Kraftmaschine, bei der der Kolben auf seinem Hin- und Rückweg Arbeit leistet. Typisches Beispiel:

Doppelung

die Dampfmaschine. Es wurden aber auch doppeltwirkende Schiffsdieselmotoren gebaut.

Doppelung Man spricht von Doppelung, wenn man ein Segel oder ein Schiffsblech dadurch verstärkt, daß man an besonders beanspruchten Stellen das betreffende Material doppelt auslegt und miteinander vernäht, verklebt oder verschweißt.

Doppelvierer Bezeichnung für Sportruderboote mit vier Ruderern, wenn diese mit vier Paar *Skulls* und nicht mit vier einzelnen *Riemen* rudern. Vergl. Vierer. Entsprechendes gilt für den Doppelzweier.

Doppelwinkelmessung Methode zur Standortbestimmung in der terrestrischen Navigation, die dann angewandt werden kann, wenn drei Landmarken sichtbar sind. Man mißt die beiden Winkel zwischen den drei Marken und löst die Aufgabe entweder durch Verschieben eines transparenten Deckblattes mit den aufgezeichneten Schenkeln der gemessenen Winkel oder durch Konstruktion. Diese beruht auf dem Gesetz, daß in einem Kreis jeder Peripheriewinkel halb so groß ist wie der zugehörige Zentriwinkel. Die gemessenen Horizontalwinkel sind Peripheriewinkel zweier Kreise. Der Schiffsort ist der Schnittpunkt der beiden Kreise, die über den Entfernungen zwischen je zwei der Marken als Sehnen konstruiert werden. Die Methode der Doppelwinkelmessung ist die genaueste Schiffsortbestimmung, weil sie rein geometrisch zu lösen ist und Fehlweisungen gar nicht in Erscheinung treten.

Doppelzweier Sportruderboote, die mit zwei Paar Skulls gerudert werden. Vgl. Doppelvierer.

Doppler-Effekt Nach dem Mathematiker Ch. Doppler (1803-1853) benannte Erscheinung, die mit der Wellenbewegung verbunden ist und darauf beruht, daß aufgrund der Bewegung der ausstrahlenden Quelle, oder des Beobachters, oder beider, die wahrgenommene Schwingungszahl verändert wird. Beim Schall äußert sich das in einer Veränderung der Tonhöhe (erhöhter Ton bei gegenseitiger Annäherung, tieferer Ton bei Auseinanderstreben von Schallquelle und Beobachter). Beim Licht hat der Doppler-Effekt eine spezielle Bedeutung hinsichtlich der Relativbewegung der Sterne zur Erde. Man beobachtet bei sehr weit entfernten Sternen zunehmend eine „Rotverschiebung". Darunter versteht man, daß in den Mischspektren sehr weit entfernter Sterne die Spektrallinien nach dem roten Ende des Spektrums hin verschoben sind. Man schließt daraus auf eine Expansion des Universums.

Auch in der Navigation wird der Doppler-Effekt genutzt. Es lassen sich durch Sendung elektromagnetischer Wellen zum Meeresgrund und den Empfang der zurückgestreuten Echos Frequenzänderungen messen und damit schon äußerst langsame Bewegungen über Grund feststellen. Beispielsweise wird dadurch möglich, Bohrinseln in mehreren tausend Metern Tiefe freischwimmend zu „verankern".

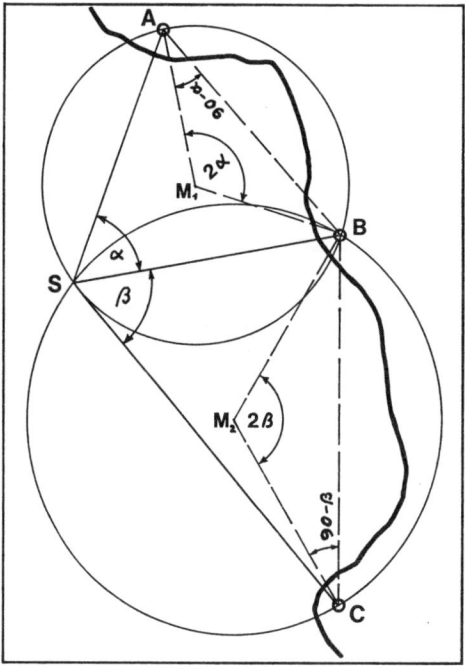

Doppelwinkelmessung. Aus den bei S gemessenen Umfangswinkeln α und β kennt man die Mittelpunktswinkel und die für die Konstruktion der Kreise erforderlichen Winkel bei A, B, C.

Dorade-Lüftung Drucklüftersystem für Yachten, bei welchem durch seitliche Versetzung des Lüfterkopfes vom Luftschacht das Eindringen von Wasser ins Schiffsinnere vermieden wird.

Dory s. Leichtes, flachbodiges offenes Ruderboot amerikanischen Ursprungs, das hauptsächlich von Fischern zum Angeln auf hoher See benutzt wird (Neufundlandbänke). Die typischen Dories sind knapp 6 m lang (über Boden 4,50 m), 1,50 m breit und haben ca. 0,70 m Seitenhöhe. Tiefgang mit 1 t Fang etwa 0,35 m. Die Dories sind so gebaut, daß sie übereinandergeschachtelt an Deck gestaut werden können. Manche Fischereifahrzeuge nehmen auf diese Weise bis zu 20 Dories mit. Früher waren in der Küstenfischerei auch Segeldories bis 12 m Länge üblich.

Douglas-Skala Siehe Dünung.

Down-Easter Down East ist ein allgemein verbreiteter Ausdruck für die Neuengland-Staaten, insbesondere Maine und die Seeprovinzen von Kanada. Leute aus diesen Regionen „go up" nach Boston und kehren „down home". Die Bezeichnung *Down-Easter* wurde demgemäß sowohl auf Personen als auch auf Schiffe angewandt, die aus den erwähnten Gegenden stammten. Ganz speziell wird unter diesem Terminus ein bestimmter Schiffstyp verstanden, und zwar die auf Werften jener Regionen gebauten, hochentwickelten Segelschiffe der 70er und 80er Jahre des 19. Jh. Es waren sogenannte *Medium-Clipper*, die den Klippern folgten. Schiffe, mit denen eine geglückte Kombination so verschiedenartiger Anforderungen wie Schnelligkeit, Tragfähigkeit, Handlichkeit, niedrige Unterhaltungskosten usw. gelang.

Downwash (engl.) m. Abwind. Der scharfe Rotorstrahl des Hubschraubers. Er wirkt bei Rettungsaktionen auf See nicht nur störend, sondern ist schon mehrfach im positiven Sinne mit in die Aktion einbezogen worden; Bewahrung kleinerer Fahrzeuge vor dem Stranden durch Wegblasen, Freikrängen aufgelaufener Yachten, Auseinandertreiben brennenden Öls usw.

Drachenboot 1. Verbreitete Benennung für das Wikingerschiff, das normannische Langschiff. Der Name leitet sich von den Tierkopfverzierungen am Vorsteven her.
2. Beliebte 3-Mann-Kielyacht; Länge 8,90/5,70 m, Breite 1,96 m, Tiefgang 1,20 m, Gewicht 1,7 t, Segelfläche 26,60 m². Der Drachen war mehrmals olympische Klasse, 1972 zum letztenmal.

Draggen Kleiner vierarmiger Bootsanker. Der Draggen wird auch auf größeren Fahrzeugen als drei- oder vierarmiger Suchanker gebraucht.

Drahtseil, Drahttauwerk Alles stehende und ein großer Teil des laufenden Gutes eines Schiffes besteht aus Stahldraht (stehendes Gut auch aus massiven Stangen). Der Draht für das stehende Gut wird sehr fest geschlagen und als hart bezeichnet. Das laufende Gut muß möglichst weich und lehnig sein; das wird dadurch erreicht, daß die einzelnen Litzen aus wesentlich mehr Einzeldrähten hergestellt werden als beim stehenden Gut. Die Art des Drahtseils wird durch zwei Zahlen gekennzeichnet, wobei die erste die Anzahl der Litzen, die zweite die Anzahl der Einzeldrähte pro Litze angibt: 7 × 7, 6 × 24 usw. Als Material wird im allgemeinen verzinkter Stahldraht von 140 oder 160 kg/mm² Zugfestigkeit, auf Yachten jedoch fast nur noch *Nirosta* verwendet.

Drahtseilhülse Mit einem Auge versehene Metallhülse, die am Tampen eines Drahtseils (Want, Stag) befestigt wird. Das Seil wird in die Hülse hineingesteckt, die Einzeldrähte umgebogen und mit Zinn vergossen.

Drahtseilklemme Auch Drahtseilschloß. U-förmige Klemmschraube mit Gewinde an jedem Ende zum provisorischen Reparieren gebrochener Stahlleinen, als schneller Ersatz für einen Augspleiß, usw.

Drahtspleiß m. Unter Drahtspleiß versteht man normalerweise einen Augspleiß, denn laufendes Gut darf laut Vorschrift nicht verspleißt sein, sondern muß aus einem ganzen Stück bestehen.

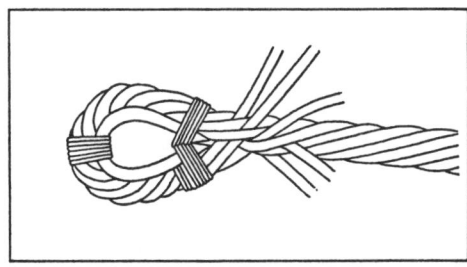

Mit einem Drahtseil ausgeführter Augspleiß. In der Skizze sind die Litzen einmal untergesteckt.

Man unterscheidet verschiedene Methoden des Spleißens. Die beiden Hauptarten sind „gegen" die Litzen (wie bei Faserseilen) und „mit", d. h. spiralförmig in Richtung der Litzen (Liverpoolstyle). Es gibt jedoch noch andere Ausführungen mit speziellen Benennungen wie Kranspleiß (australischer Spleiß), Marinespleiß, norwegischer Riggerspleiß u. a. Drahtspleiße sind durch mechanisches Aufpressen von Talurit-Muffen weitgehend verdrängt worden.

Drehbasse In früherer Zeit eine kleine, in einem Gestell an Deck drehbar aufgehängte Kanone.

Drehflügelruderanlage Elektrohydraulische Steuervorrichtung für Seeschiffe, bei welcher auf den Ruderschaft eine Nabe mit 3 oder 2 Flügeln aufgesetzt ist, die in ölgefüllten Kammern hydraulisch hin- und herbewegt werden.

Drehflügelschraube Siehe Verstellpropeller.

Drehfunkfeuer Funkfeuer mit einem gleichbleibenden Funksignal und einem überlagerten rotierenden Funkleitstrahl zur Standortbestimmung der Schiffe. Eine Weiterentwicklung der schon älteren Drehfunkfeuer ist das → Consolfunkfeuer.

Drehkreis Der Weg eines Schiffes bei hart gelegtem Ruder. Den Drehkreisdurchmesser eines Schiffes genau zu kennen ist sehr wichtig für die Ausführung jedes Wendemanövers. Die Größe des Drehkreises ist abhängig von der Ruderlage, der Fahrtstufe, von der Drehrichtung des Propellers, bei Mehrschraubenschiffen von der Anzahl der Propeller und deren seitlichem Abstand voneinander; bei Yachten von der Länge des Lateralplanes und der Ruderanordnung. Jollen drehen praktisch „auf dem Teller".

Drehstrom Durch Stern- oder Dreieckschaltung verkettete, um 120° phasenverschobene Wechselströme, die damit zum *Dreiphasenstrom* werden. Während früher an Bord nur Gleichstrom verwendet wurde, kommt heute auf Seeschiffen allgemein Drehstrom zur Anwendung, der sich durch Transformation auf jede gewünschte Spannung bringen läßt und Geräte zu verwenden gestattet, die auch an Land gebräuchlich sind. Auf deutschen Handelsschiffen sind für Kraftverbraucher 380 V Phasenspannung bei 50 Hz üblich, auf Kriegsschiffen 440 V bei 60 Hz. Für Beleuchtung und Heizung sind 220 V Wechselstrom die Regel.

Drehreep s. Stahldraht oder Kette, womit auf den alten Segelschiffen die fierbaren Rahen vorgeheißt wurden und manchmal auch um ihre Längsachse gedreht werden konnten (siehe Cunningham-Patentreff). Die Drehreeps zum Heißen der oberen Mars- und Bramrahen waren das am stärksten beanspruchte laufende Gut auf jenen Schiffen.

Dreidecker Die alten Segelschiffe mit drei Decks; insbesondere die Kriegsschiffe des 17. und 18. Jahrhunderts.

Dreieckskurs Im Segelsport die übliche Regattabahn. Sie wird durch eigens dazu ausgelegte Bojen abgesteckt und zwar so, daß sich mindestens ein Kreuzkurs ergibt.

Drei-Insel-Schiff Schiff der klassischen Dampferbauart mit Back, Mittschiffsbrückenhaus und erhöhter Poop. Bezeichnung aus dem militärischen Schiffserkennungsdienst; man erkennt die Aufbauten an der Kimm wie drei Inseln, bevor der Schiffskörper selbst in Sicht kommt.

Dreikanttoppsegel Kleineres Toppsegel gaffelgetakelter Segelfahrzeuge. Es wurde zwischen Stenge und Gaffel ohne Toppsegelspieren gefahren.

Dreimaster Dreimastige Segelschiffe waren Vollschiff, Bark, Schonerbark, Toppsegelschoner, Dreimastgaffelschoner und verschiedene andere Schiffstypen. Wenn von Bark oder Vollschiff die Rede ist, sind grundsätzlich Dreimaster gemeint. Bei mehr als drei Masten bedarf es eines entsprechenden Zusatzes, wie Viermastvollschiff, Fünfmastbark usw. Die korrekte Bezeichnung der drei Masten lautet von vorn nach achtern: Fockmast, Großmast, Besanmast. Auf Vollschiffen heißt der letztere Kreuzmast.

Dreimeilenzone Die klassische Hoheitsgrenze eines Landes liegt drei Seemeilen vor der Küste, gemessen bei Niedrigwasser. Diese Distanz wurde Anfang des 18. Jh. festgelegt, zu einer Zeit, als sie etwa der Reichweite einer Kanone entsprach. Solchen veralteten Maßstäben entsprechend wird das Beharren auf der Dreimeilengrenze von vielen als überholt erachtet, und man findet heute seitens der verschiedenen Nationen die unterschiedlichsten Ansprüche. Eine einheitliche gesetzliche Festlegung der Hoheitsgrenzen existiert z. Z. nicht.

Dreiviertelwind Dasselbe wie *raumer* Wind.

Drempel (nl.) *m.* Schwelle. 1. Die Hölzer, die auf alten hölzernen Schiffen die Geschützpforten umrahmten, so daß zwischen Außenhaut und Inhölzern kein Wasser eindringen konnte.
2. Die Hölzer, gegen die sich ein Dock- oder Schleusentor legt, um das Dock bzw. die Schleuse wasserdicht abzuschließen.

Drift, Trift *w.* 1. Meeresströmung durch konstante Windeinwirkung (Westwind-Drift).
2. Der Weg eines treibenden Fahrzeugs, einer Eisscholle. Die Wetterstationen in der Arktis z. B. „driften" auf einer Scholle.

Drifter (engl.) *m.* 1. Treibnetzfischer, Logger.
2. Im modernen Segelsport eine Flauten-Genua.

Dringlichkeitszeichen Im Funkverkehr dreimalige Wiederholung der Buchstabengruppe „XXX" auf Seenotfrequenz zur Ankündigung der Durchgabe einer dringenden Nachricht. Im Funksprechverkehr entspricht dem der Ausdruck „Pan".

Dromone *w.* Byzantinisches Kriegsfahrzeug um das 9. Jh. Übergangsform von der Triere zur Galeere. An Bord waren 200 bis 300 Mann, im Durchschnitt etwa gleichviel Ruderer und Soldaten.

Druck Flächenbezogene Kraft. Vergl. *Spannung* (1) und *Atmosphäre.*

Druckknopfsteuerung Siehe Zeitsteuerung.

Drucklager Das Lager, das den achsialen Schub der Propellerwelle auffängt und damit die Schubkraft auf das Schiff überträgt.

Drucklüfter Lüfter, bei dem durch Fahrtwind oder Gebläse Frischluft in das Schiff hineingedrückt wird, wohingegen der Sauglüfter Abluft aus den Räumen wegsaugt.

Druckmittelpunkt Derjenige Punkt einer angeströmten Fläche, in dem man sich die Summe aller angreifenden Kräfte konzentriert denken kann. Der Druckmittelpunkt weicht je nach Anstellwinkel, Wölbung der Fläche u. a. mehr oder weniger vom geometrischen Schwerpunkt der Fläche ab. Der Druckmittelpunkt des Unterwasserschiffes einer segelnden Yacht liegt um einiges vor dem geometrischen Schwerpunkt des Lateralplans, weil das Achterschiff infolge turbulenter Strömung eine stärkere Abdrift erleidet als das Vorschiff.

Drucksackverfahren Siehe formverleimter Sperrholzrumpf.

Dschunke (mal.-port.) *w.* Sammelbegriff der westlichen Welt für alle seegehenden chinesischen Lugger mit hoher Poop, flachem Boden und mit durchgehenden Latten ausgesteiften Segeln. Die Mastenzahl schwankt zwischen 2 und 5, doch überwiegen die Dreimaster. Die Masten sind unverstagte Pfahlmasten mit Fall nach vorn und nach achtern. Bei den großen Fünfmastdschunken Nordchinas stehen die Masten nur zum Teil auf der Mittellinie; z. T. sind sie seitlich versetzt.

Dualsystem (lat.) Zahlensystem, das auf der Zahl 2 als Basis aufgebaut ist. Es geht davon aus, daß sich jede beliebige natürliche Zahl durch eine Summierung der Zweierpotenzen ausdrücken läßt. So ist z. B.
$53 = 1 \cdot 2^5 + 1 \cdot 2^4 + 0 \cdot 2^3 + 1 \cdot 2^2 + 0 \cdot 2^1 + 1 \cdot 2^0$
$(32) + (16) + (0) + (4) + (0) + (1)$
Demgemäß schreibt man im Dualsystem 53 als 110101.
Der außerordentliche Vorzug dieses Systems ist der, daß sich jede beliebige natürliche Zahl durch eine einfache Aneinanderreihung von nur zwei Zeichen ausdrücken läßt: Vorhandensein (1) und Nichtvorhandensein (0). Durch die einfache technische Realisierbarkeit hat dieses System insbesondere für die Datenverarbeitungstechnik eine immense praktische Bedeutung erlangt.

Duc d'Alben Siehe Dalben.

Ducht *w.* 1. Ruderbank.
2. Ältere Bezeichnung für → Kardeel.

Düker Leitung, durch die ein Wasserlauf unter

dümpeln

einem Fluß, Kanal oder sonstigem Verkehrsweg hindurchgeführt wird.

dümpeln Das unregelmäßige Schaukeln eines Bootes.

dumpen (engl.) Wenn bei einem Stapellauf der Wasserstand verhältnismäßig niedrig ist, so daß die Ablaufbahn nicht so weit ins Wasser hineinreicht, daß das Schiff ganz aufschwimmen kann, bevor es frei von der Ablaufbahn ist, rutscht das Vorschiff von der Bahn ab und das Schiff führt eine kurze Stampfbewegung aus. Diese Bewegung heißt dumpen.

Dumper (engl.) 1. Kurze Leinen zu beiden Seiten eines Luggersegels zum Schiften der Rahnock beim Wenden. (Rahnock zur Leeseite.) 2. Auf Rahseglern war Dumper gleichbedeutend mit *Rahniederholer* für die abzufierenden Rahen. Die Dumper liefen als Klappläufer geschoren beidseitig über die Rahnocken der zu fierenden Rah nach den Nocken der darunter liegenden.

Düne w. Durch den Seewind längs den Küsten aufgehäufte Sandhügel, die zum Schutz gegen beständiges Landeinwärtswandern mit einer lebenden Deckung versehen werden, in erster Linie mit Strandhafer.

Dünung Meereswellen, die nicht durch unmittelbare Einwirkung des Windes erzeugt worden sind (Windsee), sondern auch dann noch nachwirken, wenn der Wind nachgelassen oder aufgehört hat. Dünung kann sich auch bis in Bereiche fortsetzen, in denen gar kein Wind geweht hat. Die Nähe eines Wirbelsturmes macht sich durch lange hohe Dünung bemerkbar. Ähnlich der Beaufort-Skala für Wind und Seegang benutzt man eine Skala zur Beschreibung der Dünung, die 1929 in Kopenhagen zum internat. Gebrauch angenommene Douglas-Skala:
0 keine Dünung
1 niedrige kurze Dünung
2 niedrige mittellange Dünung
3 mittelhohe kurze Dünung
4 mittelhohe mittellange Dünung
5 mittelhohe lange Dünung
6 hohe kurze Dünung
7 hohe mittellange Dünung
8 hohe lange Dünung
9 durcheinanderlaufende Dünung

Dunst Trübung der Atmosphäre durch Wasserdampf und Staubpartikelchen. In der Meteorologie unterscheidet man trockenen und feuchten Dunst, je nachdem die relative Luftfeuchtigkeit weniger oder mehr als 80 Prozent beträgt. Horizontale Sichtweite bis höchstens drei Seemeilen.

Durchhang Kurvenform einer gespannten Kette oder Leine infolge ihres Eigengewichtes. Der Durchhang einer Ankerkette, Schleppleine und dergl. ist von Bedeutung wegen der damit verbundenen elastischen Federung.

durchholen Von einer Leine, auf der kein Zug steht, die durchhängende Lose durch einen Block holen, bis die Leine eben zu tragen beginnt.

Durchkonnossement s. Kann ein Schiff den eigentlichen Bestimmungshafen nicht direkt erreichen, so daß eine oder auch mehrere Umladungen nötig sind, bedient man sich eines Durch(fracht)-Konnossements, wodurch die Einschaltung von Umschlagunternehmen überflüssig wird. Siehe Konnossement.

durchsetzen Eine Leine mit Kraft anholen und belegen. Gilt für stehendes Gut im Gegensatz zu Steifholen von laufendem Gut.

Düse w. Verengung in einem Strömungsverlauf. In der Verengung muß zwangsläufig die Strömungsgeschwindigkeit größer werden, wodurch ein Druckabfall entsteht.
Auf Segelyachten wird durch das Zusammenwirken von Großsegel und überlappendem Vorsegel ein Düseneffekt erzielt, der die aerodynamische Vortriebskraft der Segel erheblich steigert. Die Wirkung einer Düse mit der Folge hoher Windgeschwindigkeiten können Gebirge oder Inseln haben, zwischen denen eine Seestraße hindurchführt. Typisches Beispiel: die Straße von Gibraltar.

Düsenschanzkleid s. Eine Schanzkleidkonstruktion der Kommandobrücke, bei welcher durch zweckentsprechende Formgebung und ein vorgebautes Düsenblech eine Ablenkung des Fahrtwindes nach oben bewirkt wird. Die dadurch entstehende windgeschützte Zone unmittelbar über dem Schanzkleid ermöglicht bessere Sicht.

dwars (nl.-nd.) Querab, rechtwinklig zur Schiffslängsachse. Dwarslinie (Formation in Linie) im Gegensatz zur Kiellinie (Formation in Reihe). Dwarssee, Dwarswind bedeutet See bzw. Wind von der Seite.

Dweil *m.* An einem Besenstiel befestigtes Büschel von Baumwollfäden oder Lappen zum Deckwaschen.

Dynamik (grch.) Die Lehre von den bewegenden Kräften. Teilgebiet der Mechanik in der Physik. Die Dynamik der Flüssigkeiten heißt Hydrodynamik, die der inkompressiblen Gase Aerodynamik, die der kompressiblen Gase Gasdynamik. Von dem Wort Dynamik sind etliche Begriffe abgeleitet, von denen einige im Zusammenhang mit der Schiffahrt wichtige im nachfolgenden erläutert werden.

dyn Eine Einheit der Kraft.

$$1 \text{ dyn} = 1 \text{ g} \cdot \frac{cm}{s^2} = \frac{1}{981} \text{ pond}$$

Die Einheiten dyn und pond dürfen seit 1. 1. 1978 im amtlichen und geschäftlichen Verkehr nicht mehr verwendet werden. Die gesetzliche Krafteinheit mit unbegrenzter Gültigkeitsdauer ist das

Newton (1 N = $\frac{1 \text{ kg m}}{s^2}$) mit dessen dekadischen Vielfachen und Teilen.

dynamischer Auftrieb Auftrieb durch Kräfte, die durch die Bewegung erzeugt werden, im Gegensatz zum statischen Auftrieb (Auftrieb der Ruhe). Von jeher galten für alle schwimmenden Fahrzeuge die Gesetze des statischen Auftriebs; erst mit dem enormen Anstieg der Antriebsleistung im Verhältnis zum Gewicht des Fahrzeuges spielt in zunehmendem Maße auch der dynamische Auftrieb eine Rolle, wodurch ganz neue Dimensionen der Bootsgeschwindigkeiten erreicht werden (Rennboote, Tragflügelboote.) Bei Segelfahrzeugen ist das Zustandekommen des Gleitzustandes auf dynamischen Auftrieb zurückzuführen.

dynamische Stabilität Die mechanische Arbeit, die nötig ist, ein in aufrechter Lage schwimmendes Schiff bis zu einem bestimmten Winkel zu krängen. Sie wird in mt (Meter-Tonnen) gemessen. Für die Konstruktion von Yachten ist die Kenntnis der dynamischen Stabilität wichtig hinsichtlich der Festlegung der Größe der Segelfläche.

Dynamo Elektrische Maschine, die mechanische Energie in elektrische umwandelt. Gleichbedeutend mit Generator.

Dynamometer Meßgeräte verschiedener Konstruktion zur Ermittlung von Zugkräften, Drehmomenten, mechanischer Arbeit.

E

Ebbe Das Fallen des Wassers im Rhythmus des Gezeitenwechsels des Meeres; die Zeit zwischen Hochwasser und dem darauf folgenden Niedrigwasser. Gegenteil: Flut.
Man gebraucht auch das Tätigkeitswort *ebben* für das Ablaufen des Wassers und *Ebbdauer* für die Zeitspanne, während der das Wasser fällt. Siehe Gezeiten.

Echograph Echolot, das die Meßwerte fortlaufend mittels Schreibstift registriert.

Echogramm Das vom Echographen aufgezeichnete Bild des Meeresbodens. Es stellt sich bei hartem Grund als ein schmales, bei weichem, schlammigem Grund als ein breites Band dar.

Echolot Elektroakustische Anlage zur Messung der Wassertiefe. Gemessen wird die Dauer, die ein zum Meeresgrund gesendeter kurzer Schall- oder Ultraschallimpuls braucht, um als Echo zum Schiff zurückzukehren. Am Schiffsboden sind besondere Sende- und Empfangsgeräte eingebaut, bei modernen Anlagen oft als Einheit (Einschwingerbetrieb). Die allgemein gebräuchliche Frequenz ist 30 kHz, bei Tiefseelotungen 10 bis 15 kHz, bei Vermessungen 80 kHz. Für sehr geringe Tiefen – es lassen sich heute bereits Tiefen von nur 0,1 m messen – werden spezielle Präzisionslote mit sehr hohen Frequenzen verwandt (200 kHz und mehr). Die Vorteile hoher Frequenzen liegen in Unhörbarkeit und hoher Richtschärfe. Allerdings sind kleine Richtkegel nur bedingt von Wert wegen der Schiffbewegungen und schlechterer Erfassung begrenzter unterseeischer Erhebungen. Die Genauigkeit der Messungen ist abhängig von einer präzisen Berücksichtigung der → Schallgeschwindigkeit, die mit Temperatur und Dichte (Salzgehalt) des Wassers variiert. Bei handelsüblichen Navigations-Echoloten werden 1500 m/s zugrunde gelegt. Sie reichen bis in Tiefen von 1000 m. Für verschiedene Tiefenbereiche werden verschiedene Skalen eingeschaltet. Die Entwicklung platz- und stromsparender Geräte hat dazu geführt, daß auch Yachten in zunehmendem Maße mit Echoloten ausgerüstet werden. Ein sehr wichtiger Vorzug des Echolots ist die Unabhängigkeit von der Fahrt des Schiffes beim Loten.

Effekt (lat.) Wirkung, Erfolg; *effektiv*, wirklich, tatsächlich, wirkungsvoll. Die effektive Leistung einer Maschine ist die tatsächlich nutzbare Leistung im Gegensatz zur theoretisch möglichen.

Effekten Die persönliche Habe der Schiffsbesatzung, das Reisegepäck der Passagiere.

Eiche Das beste und früher am häufigsten gebrauchte einheimische Bootsbauholz. Es hat durch neue Werkstoffe und durch die Formverleimung leichterer und billigerer Hölzer seine einstige Bedeutung verloren. Eichenholz hat im lufttrockenen Zustand eine Dichte von 0,8 bis 1, im darrtrockenen Zustand 0,66 kg/dm^3.

Eichung der Binnenschiffe Der Vermessung der Seeschiffe entspricht bei den Binnenschiffen die Eichung. Geeicht wird der Schiffsraum zwischen der sogenannten Leerebene (Schwimmlage des leeren, aber vollständig ausgerüsteten Schiffs) und der oberen Eichebene (Ebene der tiefsten Eintauchung). Diese wird durch Markierung des kleinsten noch zulässigen Freibords festgelegt. Der Raum zwischen diesen beiden Ebenen heißt Eichraum. Dem Gewicht des von ihm verdrängten Wassers entspricht die Tragfähigkeit des Schiffes.
Der *Eichschein* enthält den Lastenmaßstab, an dem sich für jeden Tiefgang die jeweilige Beladung ablesen läßt. Maßgebend für die Abgabenberechnung in Häfen, Schleusen und Kanälen ist die Tragfähigkeit.

Eigengewicht Auf ein Schiff bezogen bedeutet Eigengewicht das Gewicht des fertig ausgerüsteten, leeren Schiffes. Eigengewicht + Zuladung bilden das Gesamtgewicht.

Eigner Der Eigentümer eines Schiffs. Im Deutschen vorwiegend in bezug auf Yachten gebräuchlich; im Englischen auch in der Schiffahrt (*Shipowner*, Reeder).

Eilgeld Prämienzahlung des Reeders an den Befrachter, wenn dieser die vereinbarte Lade- und Löschzeit nicht ausnutzt.
Der umgekehrte Fall ist das Überschreiten der vertraglich festgelegten Zeit. Siehe *Demurrage*.

Eimerbagger Siehe Bagger.

Einbaum Einfaches Boot, das durch Brennen und Aushauen aus einem einzigen Baumstamm herausgearbeitet wird. Diese Art Boote zu bauen war weltweit verbreitet, und man trifft sie gelegentlich auch heute noch an. In Deutschland werden derartige Fahrzeuge z. B. im Elbzolltarif von 1445, in der Chronik von Dithmarschen von 1598 u. a. erwähnt (boumkanen), sie kamen auf den bayrischen Seen vor und waren in Schleswig-Holstein sogar noch bis zur letzten Jahrhundertwende anzutreffen. Die indonesisch-ozeanischen Auslegerboote sind zumeist seetüchtige Einbäume, deren Freibord durch ein oder zwei aufgesetzte Plankengänge erhöht wird.

einbinden Ein Reff einbinden bezieht sich auf sogenannte Bindereffs, d. h. solche, bei denen das Segel mittels einer durch Reffgatchen geschorenen Leine oder durch eine Reihe im Segel eingenähter Reffbändsel verkürzt wird.

einbooten Das Anbordbringen von Personen in Booten, wenn ein Schiff nicht anlegt.

eindampfen Hilfe beim Ablegen eines maschinengetriebenen Schiffes. Man läßt die Maschine bei einer noch ausgebrachten Leine – im allg. der vorderen Spring – bei sinngemäßer Ruderlage langsam vorausgehen, um das Schiff derart von der Pier abzukanten, daß das Heck ins offene Wasser kommt.

Eindeckschiff Schiff mit nur einem durchlaufenden Deck, d. h. ohne Zwischendeck.

eindocken In ein Dock gehen (Schwimmdock oder Trockendock), um zur Inspektion, Überholung oder Reparatur das Schiff auf dem Trockenen zu haben.

Einer Sportruderboot mit oder ohne Steuermann. Auch Kajak für nur einen Paddler.

einfachwirkend Die normale Wirkungsweise der Motoren, bei der der Kolben nur einseitig beaufschlagt wird. Vergl. im Gegensatz dazu doppeltwirkend.

einfallen 1. Wirksame Methode, die holende Part einer Talje oder auch ein einfach geschorenes Fall durchzusetzen. Man fällt mit seiner ganzen Körperkraft quer zur Zugrichtung in das Fall ein, wobei dies mit einem halben Schlag an einer Klampe oder Nagelbank festgehalten wird. Nach jedesmaligem Einfallen wird das Fall ein Stückchen nachgeholt.
2. Der Verlauf von Schiffslinien (Spanten) heißt einfallend, wenn dieselben oberhalb der Schwimmwasserlinie nach innen verlaufen, sich verengen.
3. Man spricht auch vom plötzlichen Einfallen einer Bö, wenn sie unerwartet und oft auch aus nicht vorherzusehender Richtung kommt.

Einfuhrzölle Staatsabgaben für bestimmte Waren, die vom Zollausland in das Zollgebiet eingeführt werden.

eingebogene Spanten Im Gegensatz zu *gebauten* Spanten, die ihre feste Form in sich haben, werden die eingebogenen Spanten erst nachträglich in die auf Spantmallen gebaute Bootsschale eingebogen und mit den Planken vernietet. Es wird aus Festigkeitsgründen stets nur ein Teil der Spanten eingebogen. Lamellierte Spanten, d. h. solche, die aus mehreren Schichten zusammengeleimt sind, ersetzen heute weitgehend die im Dampfkasten gebogenen Eschenspanten aus einem Stück.

eingedeckt Bezeichnung für ein Boot, das im Gegensatz zu einem offenen mit Deck und Kajüte versehen ist.

eingefahren Trainiert, aufeinander abgestimmt, mit dem Schiff vertraut sein.

Einhand Das Wort „Einhand" bedeutet im seemännischen Sprachgebrauch nichts anderes als „ein Mann". Ein Einhandsegler segelt allein, ohne Besatzung, und man gebraucht diese Bezeichnung vornehmlich dann, wenn sich dies nicht von selbst versteht, z. B. bei Weltumseglern. Einhand-Weltumsegelungen und transozeanische Einhandregatten haben in der jüngsten Vergangenheit einen immensen Aufschwung erlebt. Einhandyachten sind speziell für die Bedienung durch nur einen Segler entworfen, Einhandregatten ausdrücklich für solche Boote ausgeschrieben. Internationale Einhandjollen sind z. B. die für die Olympischen Spiele 1936 entworfene O-Jolle sowie das Finn-Dinghy, das die O-Jolle als olympische Klasse abgelöst hat.

Einheiten, Einheitensysteme Exakt definierte Maßeinheiten sind Vergleichsgrößen zur quantitativen Messung physikalischer Größen bzw. Eigenschaften oder Vorgänge. Der Betrag solcher Einheiten ist prinzipiell – aber nur einmal – frei wählbar. Basiseinheiten sind solche, aus denen sich dann alle übrigen Einheiten durch mathematische Verknüpfungen ableiten lassen. Die Gesamtheit aller Einheiten eines Gebietes heißt Einheitensystem. Es gibt verschiedene Einheitensysteme und es ist grundsätzlich nicht von Belang, welche Größenarten als Basisgrößenarten gewählt werden und welche als abgeleitete. So ging man z. B. im Technischen Einheitensystem im Gegensatz zum Physikalischen nicht von der Masse als Basiseinheit aus, sondern von der Kraft. Die Umstellung auf das Internationale Einheitensystem (SI-System, d. h. *Système International d'Unités*) hat eine eindeutige internationale Verständigung zum Ziel.
Die SI-Einheiten, d. h. die Basiseinheiten dieses Systems und die von ihnen mit dem Zahlenfaktor 1 in den Einheitengleichungen abgeleiteten SI-Einheiten heißen *gesetzliche Einheiten*. Ihre Anwendung ist durch Rechtsverordnung vorgeschrieben oder zugelassen. Für die Einführung des Internationalen Einheitensystems bestand eine Übergangsfrist bis zum 1.1. 1978. Seit die-

Einheitsklassen

sem Zeitpunkt sind im amtlichen und geschäftlichen Verkehr andere Einheiten (wie z. B. kp und PS) nicht mehr zugelassen.
Im Internationalen Einheitensystem werden 7 Basiseinheiten verwendet:

m	=	Meter (Einheit der Länge)
kg	=	Kilogramm (Einheit der Masse)
s	=	Sekunde (Zeitintervalleinheit)
A	=	Ampere (Einheit der elektrischen Stromstärke)
K	=	Kelvin (Einheit der thermodynamischen Temperatur)
cd	=	Candela (Einheit der Lichtstärke)
mol	=	Mol (Einheit der Stoffmenge)

(Dezimale Teile oder Vielfache dieser Einheiten werden durch einen → Vorsatz gekennzeichnet, der die betreffende Zehnerpotenz angibt.)

Von diesen sieben Basiseinheiten werden in der Elektrodynamik üblicherweise vier verwendet. Dieses Teilsystem wird als MKSA-System oder Giorgi-System bezeichnet.

Einheitsklassen Klassen, in denen Segelyachten nach gleichen Rissen gebaut und getakelt sein müssen (Vergl. dagegen *Konstruktionsklassen*). Sinn und Zweck der Einheitsklassen ist, durch Ausschaltung von Entwurfskosten und durch Serienfertigung die Baukosten möglichst niedrig zu halten. Das Prinzip der Einheitsklassen ist durchaus nicht mehr auf kleine Boote beschränkt. Bei Einheitsklassen entfällt zwar der Reiz, auch gewisse Varianten im Bootsentwurf als Wettkampffaktor einzuschließen; dagegen steht jedoch der Vorteil, Wettfahrten auf der Basis absolut gleicher sportlicher Voraussetzungen austragen zu können.

Einheitstrimmoment Das Trimmoment, das eine Trimmänderung von einem Meter (oder Dezimeter) bewirkt, siehe Trimm.

einholen 1. Einem vorausfahrenden, langsameren Schiff näherkommen, bis es erreicht ist.
2. Eine Flagge einholen, Flaggenparade machen.
3. Eine Leine von außenbords nach binnenbords holen, wie z. B. Festmacheleinen, Schleppleinen, Ankertrossen usw.
4. Auf den bewaffneten Segelschiffen wurden früher die Geschütze eingeholt, damit die Stückpforten dichtgemacht werden konnten.

einklarieren Das Erledigen der erforderlichen Formalitäten nach dem Einlaufen in einen fremden Hafen; insbesondere die Angabe des an Bord befindlichen Zollgutes. Die Vorschriften, welche Papiere wem vorgelegt werden müssen, sind in den verschiedenen Staaten unterschiedlich und werden von Zeit zu Zeit geändert.

einkommen 1. Das Wort wird auf ein einlaufendes Schiff bezogen, und zwar aus der Sicht derer, die das Schiff erwarten.
2. Vom Schiff aus bezieht man das Wort *einkommen* auch auf den Wind (mit Angabe aus welcher Richtung).

einkürzen In der Binnenschiffahrt gebräuchlicher Ausdruck für das teilweise Einholen eines Schleppstranges.

einlaufen In einen Hafen einfahren. (Das Wort einlaufen für einfahren ist in der deutschen Sprache seit dem 16. Jh. nachweisbar.)

einlieken (anlieken) Das Annähen des Segels an das unter Vorspannung stehende Liektau ist eine – außer bei Segeln für kleine Boote – auch heute noch von Hand auszuführende Arbeit, die viel Können und Erfahrung verlangt. Vergl. Liek.

einmastige Yachten Zu den einmastigen Yachten des modernen Segelsports gehören:

Cat (Kat)	ohne Vorsegel
Slup	mit einem Vorsegel
Kutter	mit zwei oder drei Vorsegeln

Unter dem Gesichtspunkt des Vortriebswirkungsgrades ist keine mehrmastige Takelung der einmastigen überlegen. Die Verteilung der gesamten Segelfläche auf mehrere Masten erfolgt nur aus Gründen der praktischen Handhabung und der Stabilität. Es hat einmastige Yachten mit über 1000 m² Segelfläche gegeben, z. B. die America-Pokalyacht „Reliance" mit 1500 m² (1903).

einpicken Einhaken. „Eingepickt und bemust" ist ein alter Ausruf zur Bestätigung, daß eine Bootstalje eingehakt, gesichert und klar zum Heißen ist.

Einrichtung *Einrichtung* und *Ausrüstung* fassen die großen Arbeitsgruppen für ein Schiff nach dem Stapellauf, nach der Fertigstellung des schwimmfähigen Rumpfes zusammen. Während zur Ausrüstung vornehmlich alles gehört, was Deck und Maschine betrifft, umfaßt die Einrichtung alles, was für das Leben an Bord, den Wohnkomfort für Besatzung und Fahrgäste, für Dienst- und Aufenthaltsräume erforderlich ist, u. a. das gesamte Mobiliar.

einschäkeln Das Verbinden zweier Takelungselemente, eines Blockes mit einem Beschlag usw. mittels eines → Schäkels.

einscheren 1. Eine Leine durch Blöcke, Reffgatchen oder Kauschen stecken und durchziehen.
2. Ein Schiff in eine bestimmte Marschposition bringen, etwa in Kiellinie.

einschiffen Sich einschiffen heißt an Bord gehen, eine Reise antreten. Der Ausdruck wird auf Fahrgäste, auch auf Truppen bezogen, aber nicht auf die Besatzung, die *anmustert*.

einschiffig Man spricht von einem einschiffigen Kanal, wenn für Überholen und Gegenverkehr außer an extra hierfür vorgesehenen Weichen kein Platz ist.

Einschleicher Siehe Überschmuggler.

einschleusen In eine Schleuse einlaufen. Alle Schiffe, die schleusen wollen, z. B. um in den Nord-Ostsee-Kanal zu kommen, müssen das Einfahrtsignal abwarten und werden dann einzeln zum Einlaufen in die Schleuse aufgerufen.

einsteuern 1. Mit Hilfe von Landmarken und Seezeichen die richtigen Kurse in eine Flußmündung oder eine Hafeneinfahrt steuern.
2. Auf größeren Schiffen mit mehreren Kompassen ist im allgemeinen der Steuerkompaß nicht zugleich der Regelkompaß, welcher am magnetisch günstigsten Platz des Schiffes aufgestellt wird. Der Vergleich der Ablesungen an beiden Kompassen und die eventuell nötige Korrektur des Kompaßkurses heißt einsteuern.

einstreichen Das Einstreichen der Säume nennt der Segelmacher das Umschlagen und scharfe Falten des überschüssigen Tuches an den noch unfertigen Kanten, nachdem die Bahnen zusammengenäht sind. Damit sind die endgültigen Umrisse des Segels festgelegt.

Eintonner Yacht-Konstruktionsklasse mit einem Rennwert von maximal 22 Fuß nach RORC bzw. 27,5 Fuß nach IOR. Die Bezeichnung Eintonner hat nichts mit der Tonnage dieser Yachten zu tun, wie man es eigentlich erwarten dürfte. Sie ist vielmehr traditionsbedingt und rührt daher, daß 1898 ein Pokal gestiftet wurde für Yachten mit einer Tonne Kielgewicht. Der Name Eintonner wurde dann beibehalten, obgleich der Pokal danach im Lauf der Jahrzehnte in verschiedenen Klassen ausgesegelt worden ist, die inzwischen alle ausgestorben sind (6-Meter-, 6,5-Meter-, 5,5-Meter-Klasse).
Nachdem der Eintonnerpokal 1965 vom Cercle de Voile de Paris neu gestiftet wurde, ist er ein Wanderpreis, um den in einer kombinierten Hochsee-Küsten-Regatta über eine Distanz von ca. 400 Seemeilen gekämpft wird. Teilnahmeberechtigt sind bis zu drei Yachten pro Nation. Ausgetragen wird der Wettkampf jährlich jeweils in den Gewässern des Landes, dem der letzte Sieger angehört. Der Pokal ist eine der begehrtesten Trophäen des internationalen Yachtsports.

eintörnen Das Einschwingen eines Schiffes in Richtung auf die resultierende Kraft von Strom und Wind, wenn nach dem Ankern Zug auf die Kette kommt.

Ein-Typ-Klassen Bootsklassen, die aus → Werftklassen hervorgegangen und offiziell anerkannt worden sind.

Eis Eis ist der feste Aggregatzustand des Wassers bei Temperaturen unter 0° C. Die Tatsache, daß Wasser seine größte Dichte schon bei 4° C erreicht, bewirkt, daß bei weiterer Abkühlung das kältere Wasser an der Oberfläche bleibt und die Eisbildung stets an der Oberfläche beginnt. Je nach der Beschaffenheit des Eises unterscheidet man verschiedene Arten.
Die Bezeichnungen Oberflächeneis, Eisdecke, Eisbrei, Brucheis, Randeis verstehen sich von selbst. Grundeis ist eine eigentümliche Erscheinung, die nicht selten am Boden von Flüssen beobachtet und damit erklärt wird, daß starke Verwirbelung die Bildung einer kälteren Oberflächenschicht verhindert, der Kristallisationsprozeß am Gestein beginnt und von dort fortschreitet.
Von Eisstand spricht man, wenn Eis auf Flüssen von Ufer zu Ufer zum Stehen kommt, von Eisgang, wenn das Eis mit dem Strom abschwimmt.

Eisbrecher

Treibeis ist loses Eis, das auf dem Wasser herumschwimmt; die Treibeisgrenze in den nördlichen und südlichen Kältezonen unterliegt nicht nur jahreszeitlichen, sondern auch jährlichen Schwankungen. Der Gefrierpunkt von Seewasser liegt um so tiefer, je höher der Salzgehalt ist; bei 35‰ Salzgehalt liegt er bei $-1,9°$ C.

Packeis bildet sich aus übereinandergeschobenen Eisschollen, Schelfeis heißt eine mehr als 2 m hohe, ebene jährliche Ablagerung von Firnschnee. Eisberge sind kompakte Eismassen, die mindestens 5 m aus dem Wasser herausragen. Sie entstehen durch Abbrechen von ins Meer vorgeschobenen Gletscherfüßen (der Gletscher „kalbt") oder durch aufgetürmtes Packeis. Bedingt durch das spezifische Gewicht des Eises liegen 80-90% der Eismasse unter Wasser. Daher können auch Growler (von Eisbergen abgelöste Brocken) schon bei unscheinbarem Aussehen für die Schiffahrt gefährlich werden.

Eiskörner, Eiskristalle, Eisnadeln, Eisregen entstehen, wenn Regen aus wärmeren in stark unterkühlte Luftschichten fällt und die Tropfen noch in der Luft zu Eis werden.

Eisbrecher Je nach Einsatzgebiet sehr stark gebautes Schiff, das sich mit seinem ausfallenden Vorsteven auf das Eis schiebt und dieses kraft seiner Schwere bricht. Die Spantform ist trapezförmig-elliptisch bis kreisförmig, um bei Eispressung keine senkrechten Angriffsflächen zu bieten.

Viele Eisbrecher sind über die allgemein üblichen Propeller hinaus mit Bugschrauben ausgerüstet. Neben dem Ansaugen des Wassers unter dem Eis und der Erhöhung der Manövrierfähigkeit liegt der wichtigste Effekt der Bugschrauben in der intensiven Spülung der Bordwände und damit in der Herabsetzung der Reibung Eis – Bordwand, die bei hartem, trockenem Eis nicht geringer ist als die von Stahl gegen Stahl. Die Eisdicke setzt der Anwendung der Bugschrauben eine Grenze; Polareisbrecher müssen auf sie verzichten. Größe und Leistung der Eisbrecher sind im Laufe der Jahre stark gestiegen. Die Maschinenleistung des Atom-Eisbrechers „Lenin" liegt in einer Größenordnung von ca. 32 000 kW. Der stärkste Eisbrecher der US Coast Guard hat eine Leistung von 45 000 kW (1974).

Eisklauseln Im Chartervertrag gegebenenfalls enthaltene Klauseln, die den Reeder vor Extrakosten schützen, wenn ein Schiff wegen Eis Reiseroute und Fahrplan nicht einhalten kann, und in denen die Rechte und Pflichten eines Schiffes bei Eis oder einsetzendem Frost festgelegt sind.

Eis-Kode Vergleichbar der Beaufortskala für Wind und Seegang sowie der Douglasskala für Dünung gibt es einen Eis-Kode, der 1930 zunächst für den Ostseeraum und später allgemeine internationale Anerkennung fand:
0 Eisfrei
1 Eisbrei oder sich bildendes Eis
2 Eisdecke

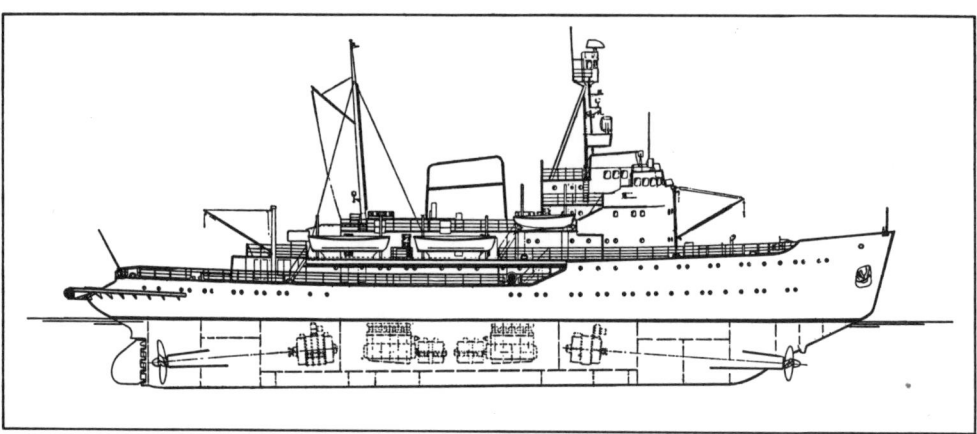

Eisbrecher der östlichen Ostsee mit Heck- und Bugschrauben. Leistung 5520 kW.

3 Treibeis
4 Packeis
5 Offener Wasserweg längs der Küste
6 Dicke Eisdecke
7 Schweres Treibeis
8 Eisberge
9 Eispressung

Eis-Patrouillendienst Ein nach dem „Titanic"-Untergang 1912 ins Leben gerufener, von Fahrzeugen der US Coast Guard durchgeführter internationaler Eiswarndienst im Nordatlantik. Die Fahrzeuge patrouillieren in den Monaten April, Mai, Juni nördlich der atlantischen Schiffahrtsrouten und melden südwärts treibendes Eis. Die Kosten werden gemeinsam von den Nationen aufgebracht, deren Schiffe auf dieser Route verkehren. (Neue gesetzliche Regelung 1956).

Eisverstärkung Schiffe, die in ihren Fahrtgebieten mit Eis zu rechnen haben, erhalten in dem Bereich ihres Rumpfes, der besonders starken Beanspruchungen ausgesetzt ist, dickere Außenhautplatten. Die verstärkte Zone reicht von mindestens 0,6 m unter der Ballastladelinie bis 0,6 m über die Tiefladelinie und vom Vorsteven bis zur breitesten Stelle der Winter-Tiefladelinie. Die Bauvorschriften des Germanischen Lloyd kennen 5 Abstufungen. Die Eisverstärkung wird hinter dem Klassen- und Fahrtzeichen angegeben: E, E1, ---- E4.

Eisen Fe, Element der VIII. Gruppe des Periodensystems (Ordnungszahl 26). Nur chemisch reines Eisen wird noch als *Eisen* bezeichnet. Heute gelten alle Eisen-Kohlenstoff-Legierungen als *Stahl*, während man früher nur kohlenstoffreiche Legierungen Stahl nannte und die kohlenstoffarmen Eisen (Gußeisen, Schmiedeeisen). Wegen der Unmöglichkeit einer eindeutigen Grenzziehung hat man die Unterscheidung ganz fallen gelassen und kennt neben dem chemisch reinen Eisen nur noch → Stahl. Festigkeitseigenschaften, Elastizität usw. werden durch Zusatzbezeichnungen angegeben, die auf die Zusammensetzung des Stahls hinweisen.

„Eiserner Gustav" Slangausdruck für eine → Selbststeueranlage.

Ekliptik (grch.) Die scheinbare jährliche Bahn der wahren Sonne. Die Erde bewegt sich – abgesehen von ihrer täglichen Umdrehung – mit einer Periode von 365,25 Tagen auf einer elliptischen, fast kreisförmigen Bahn um die Sonne und läßt die Sonne scheinbar im Laufe eines → Jahres sich gegen die Sterne allmählich ostwärts verschieben. Die Ebene dieser Bahn liegt nicht in der Äquatorebene der Erde, sondern ist gegen diese z. Z. um 23° 27′ 8,26″ geneigt (infolge der → Präzessionsbewegung der Erde ändert sich dieser Wert im Lauf der Zeit. Er schwankt in einer Zeitspanne von 40 000 Jahren zwischen 21° 55′ und 24° 18′).

Die Punkte, in denen sich Himmelsäquator und Ekliptik schneiden, werden Frühlings- und Herbstäquinoktialpunkte genannt (Nachtgleichenpunkte); die um 90° von ihnen entfernt liegenden Bahnpunkte heißen Solstitialpunkte (Sonnenwendepunkte). Der Name Ekliptik ist von grch. *ékleipsis* abgeleitet (Sonnen- und Mondfinsternis). Bereits im Altertum wußte man um den Zusammenhang der Verfinsterungen mit der Mondstellung in der Sonnenbahn. Aus dem Altertum stammt auch die bis heute gebräuchliche Einteilung der Ekliptik in 12 Teile zu je 30°, denen die bekannten Tierkreiszeichen zugeordnet wurden. Über den Zusammenhang dieser Teilung mit der Zeiteinteilung des Jahres siehe Tierkreis.

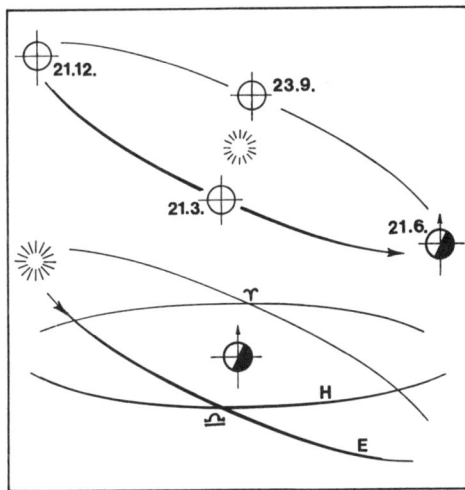

Ekliptik (E) und Himmelsäquator (H). Die Skizze zeigt oben die Bahn der Erde um die Sonne, unten die scheinbare Sonnenbahn um die Erde.
♈ = *Frühlingspunkt (Widderpunkt),*
♎ = *Herbstpunkt (Waagepunkt).*

Ekonomiser

Ekonomiser (grch.-engl.) *m.* Speisewasservorwärmer einer Dampfkesselanlage.

Elektrolyse (grch.-nlat.) *w.* Elektrochemische Zersetzung. Chemisch reines Wasser wäre, wie die meisten reinen Flüssigkeiten, ein außerordentlich schlechter Leiter. Doch wird Wasser leitend und damit zu einem Elektrolyten, wenn in ihm Salze, Basen oder Säuren gelöst sind.

elektrochemische Zelle Eine elektrochemische Zelle besteht aus einem Elektrolyten und zwei verschiedenartigen Metallen. Wenn die Metalle leitend miteinander verbunden sind, fließt Strom. Dabei löst sich das unedlere der beiden Metalle auf. Seewasser ist ein Elektrolyt, der mit Metallen ebenfalls galvanische Elemente bildet. Daher wird auch bei Schiffen von zwei Teilen, die aus verschiedenen Metallen bestehen, derjenige Teil zerstört, der sich gegen den anderen negativ auflädt, d. h. gegenüber diesem die *Anode* bildet. Man bringt deshalb auf der Außenhaut stählerner Schiffe Zinkanoden in der Nähe der Bronzepropeller an, um diese vor Anfressung zu schützen. Ohne den anodischen Schutz wären die als Kathoden wirkenden Propeller der Korrosionsgefahr ausgesetzt.
Es kann auch ein mit elektrischem Strom arbeitender → Kathodenschutz angewendet werden.

elektromagnetische Wellen Siehe Wellen.

Ellipse (grch.-lat.) Zu den Kegelschnitten gehörende ebene Kurve. Sie ist der geometrische Ort für alle Punkte, bei denen die Summe der Abstände von zwei festen Punkten (den Brennpunkten) konstant ist.
Die Bahn der Erde um die Sonne ist eine fast kreisförmige Ellipse, in deren einem Brennpunkt die Sonne steht.

Elmsfeuer Lichterscheinung an Mastspitzen und Rahnocken bei gewittriger Atmosphäre. Es handelt sich um eine elektrische Spitzenentladung von rötlich-violettem Licht und büschelförmiger Gestalt, die bei positiver und negativer Ladung etwas verschieden ist.
Diese von alters her bekannte Erscheinung fand, bevor man sich die wirklichen Zusammenhänge erklären konnte, bei den abergläubischen Seeleuten die unterschiedlichste Deutung. Sie reicht vom Feuerteufel über Vorzeichen für gutes oder schlechtes Wetter bis zur Vorankündigung des nahen Todes eines Besatzungsmitgliedes. Aber auch als positives Zeichen für überwundene Gefahr wurde es genommen. Die Erscheinung hat sehr verschiedene Namen; die deutsche Benennung geht zurück auf romanische Seemannsanschauungen des Mittelmeerraumes und leitet sich von einem Schutzheiligen der Schiffer her, für den Namen wie S. Helmuss, Sanct Thelmus, St. Elmus u. a. genannt werden.

Elongation (lat.) *w.* Ausweichung. Winkelabstand eines Planeten von der Sonne. Nur die oberen (äußeren) Planeten können alle Winkelwerte zwischen 0 und 360° annehmen; die unteren (inneren) Planeten erreichen nur eine bestimmte größte östliche und westliche Elongation. Bei der Venus beträgt sie 48°. (Vergl. Skizze Seite 78.) Der Winkelabstand des Mondes von der Sonne heißt Elongation des Mondes.

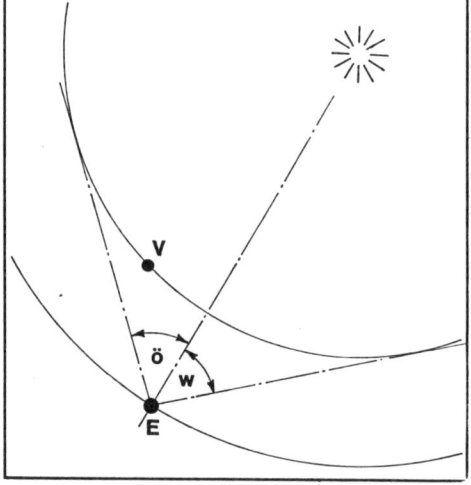

Die Venus (V) in östlicher Elongation, d. h. als Abendstern. Die mit ö und w bezeichneten Winkel sind die größtmögliche östliche und westliche Elongation. E = Erde. (Die Benennungen „östlich" und „westlich" sind auf die Blickrichtung zur Sonne am Mittag bezogen.)

Embargo (span.) *s.* 1. Beschlagnahme von Schiff und Ladung von seiten des Staates, z. B. Zurückhaltung eines Schiffes aus politischen Gründen.
2. Ausfuhrsperre, oder auch Ausschließung ei-

nes Hafens aus dem normalen Handelsverkehr. Embargo-Listen enthalten Waren, deren Export nach bestimmten Ländern aus politischen oder anderen Gründen von seiten einer staatlichen Macht verboten sind.

Ende Seemännischer Ausdruck für ein Tau allgemein. Ein Tau-Ende heißt Tampen.

Energie (grch.) Energie, Arbeit und Wärmemenge sind Größen gleicher Art und haben die gleiche SI-Einheit 1 Joule (1 J = 1 Nm = 1 Ws).

Man unterscheidet *potentielle* Energie (gespeicherte Arbeitsfähigkeit) und *kinetische* Energie (Energie der Bewegung, Wucht). Diese letztere ist proportional der Masse und proportional dem Quadrat der Geschwindigkeit des bewegten Körpers. Die SI-Einheit Nm folgt aus

$$kg \cdot \left(\frac{m}{s}\right)^2 = \frac{kg \cdot m}{s^2} \cdot m = Nm$$

Engler-Grad Nach dem Chemiker C. Engler benannte, in Deutschland gebräuchliche Maßeinheit der Viskosität (Zähigkeit), mit der z. B. die Zähflüssigkeit von Schmieröl angegeben wird. Die Zähigkeit einer Flüssigkeit bei einer beliebigen Temperatur ist definiert als das Verhältnis der Auslaufzeit von 200 ml der betreffenden Flüssigkeit aus einem genormten Gefäß zur Auslaufzeit der gleichen Menge destillierten Wassers aus demselben Gefäß bei 20° C.

englische Land-Meile (statute mile)
1 st. mi. = 1,6093 km
1 km = 0,6214 st. mi.

entern 1. Das gewaltsame Besteigen eines Schiffes, um die Besatzung desselben zu überwältigen; der Nahkampf früherer Seeschlachten. Im Zusammenhang damit Enterbeil, Entermesser, Enterhaken usw.
2. In Verbindung mit auf- und nieder-: In die Takelage klettern.

Entrattung Da Ratten Krankheitsüberträger sind (z. B. Pest durch Rattenflöhe), muß jedes Seeschiff beim Einklarieren einen Entrattungsnachweis vorlegen. Vergl. Rattenattest.

Entwurfsklassen Siehe Konstruktionsklassen.

entzündbare Stoffe Siehe gefährliche Güter.

Ephemeriden (grch.) *w.* (Mz.) Tagebücher, chronologische Aufzeichnungen. Insbesondere die periodisch erscheinenden Veröffentlichungen der vorausberechneten Positionen der Gestirne.

Ephemeridenzeit Aus dem Umlauf der Erde um die Sonne abgeleitete Zeitskala (Ephemeris Time, ET). Vergl. Zeit.

Epoxidharz Kunststoff, der im modernen Bootsbau Verwendung findet. Siehe GFK. Epoxid ist auch als Harzfüller für bestimmte Segelarten geeignet. Es haftet besser an der Polyesterfaser als andere Harze.

Epoxidprimer Metallgrundierung aus epoxidgebundenem Zinkstaub. Diese Art des Rostschutzes hat die klassische Mennige (jedenfalls auf Stahlyachten) völlig verdrängt.

Erde Nach Merkur und Venus der dritte → Planet, der die Sonne auf einer elliptischen, fast kreisförmigen Bahn umkreist. Der Umlauf erfolgt rechtläufig, d. h. vom Nordpol der Erdbahnebene aus gesehen entgegen dem Uhrzeigersinn. Die mittlere Entfernung Erde-Sonne beträgt 149,6 Mill. km (= 1 astron. Einheit). Den sonnennächsten Punkt ihrer Bahn (Perihel) durchläuft die Erde Anfang Januar; die Entfernung beträgt dann 147 Mill. km. Den sonnenfernsten Punkt (Aphel, 152 Mill. km) durchläuft sie Anfang Juli. Der Umdrehungssinn der Erde um ihre eigene Achse ist dem ihrer Bahnbewegung gleich.
Die Gestalt der Erde ist mit großer Annäherung die eines leicht abgeplatteten Rotationsellipsoides. Die wichtigsten Abmessungen sind gemäß der gegenwärtigen internationalen Festlegung:

Äquatorradius	6 378 388 m
Polradius	6 356 912 m
Äquatorquadrant	10 019 148 m
Meridianquadrant	10 002 288 m
Äquatorgrad	111 324 m
Meridiangrad	111 137 m
Oberfläche	510 100 934 km^2
Volumen	1 083 319 780 000 km^3

Vergl. hierzu Seemeile, Ekliptik, Jahr und Sonnentag.

Erdkoordinaten Siehe Koordinatensystem der Erde.

Erdmagnetismus Einem einfachen Stahlmagneten vergleichbar ist die Erde von einem Magnetfeld durchzogen und umgeben. Die magnetischen Pole liegen in der Nähe der geographischen, fallen jedoch nicht mit diesen zusammen. Der Unterschied, d. h. der jeweilige Winkel zwischen magnetischem und geographischem Meridian, ist die von Ort zu Ort verschiedene geographische Mißweisung oder Deklination.
Nach dem Gesetz, daß sich ungleichnamige Pole anziehen und der magnetische Nordpol der Kompaßnadel nach Norden zeigt, ist der im Norden gelegene magnetische Pol der Erde ein „magnetischer Südpol".
Die Lage der magnetischen Pole der Erde ist nicht konstant, sondern einer langsamen Veränderung unterworfen. Die Brauchbarkeit von Magnetkompassen nimmt mit höheren Breiten stark ab und ist in Polnähe gleich Null.

Erfassungsbereich Der von den Strahlen einer rotierenden Radarantenne erfaßte (überdeckte) Bereich. Daher auch „Überdeckung".

Erosion (lat.) Im weiteren Sinne die Abtragung der Erdoberfläche, speziell das Auswaschen, Anfressen des Grundes durch fließendes Wasser und mitgeschobenen Sand und Gestein sowie an den Meeresküsten durch Eis, Brandung und Wind.

Erster Ingenieur Siehe Leitender Ingenieur.

Erster Offizier Auch kurz „der Erste".
Nach dem Kapitän der höchste seemännische Offizier an Bord und damit dessen Vertreter. Entsprechendes gilt für die Marine, wo der Erste Offizier kurz mit „Eins O" bezeichnet wird.

Erster Vertikal Der zum Himmelsmeridian senkrecht stehende Vertikalkreis, der den wahren Horizont im Ost- und Westpunkt schneidet.

Erstes Viertel Zunehmender Mond bei einer Stellung von 90° zur Sonne.

Erzschiff Massengutfrachter für Erzladung. Da Erz eine sehr schwere Ladung ist, wäre die Tragfähigkeit des Schiffes bei homogener Beladung bald erreicht, obwohl die Laderäume nur zu einem geringen Teil gefüllt wären. Die Folge des viel zu tief gelegenen Gewichtsschwerpunktes der Ladung wäre ein schlechtes Seeverhalten des Schiffes; es wäre zu steif. Man teilt daher die Laderäume so auf, daß kurze und lange Räume einander abwechseln und nur die kurzen mit Erz beladen werden; die anderen bleiben frei. Bei anderer Bulkladung wie Getreide o. ä. werden alle Räume beladen. Im allgemeinen werden Erzschiffe heute als Mehrzweckschiffe gebaut, siehe OBO-Carrier. Auch diese Schiffe haben, ähnlich wie die Tanker, in der letzten Zeit erhebliche Dimensionen angenommen (Spitzenwerte 200 000 bis 300 000 tdw).

erzwungene Schwingungen Schwingungen, die durch Motoren oder andere rhythmische Erreger hervorgerufen werden. Fällt eine solche Schwingungszahl mit der Eigenfrequenz eines Schiffes oder eines anderen schwingungsgefährdeten Systems zusammen, spricht man von *Resonanzfrequenz*. Maschinendrehzahlen, die im Bereich der Resonanzfrequenz eines Schiffes liegen, heißen *kritische Tourenzahl*.

Esche Ein zähes, elastisches Holz, das im Holzbootsbau für Spanten, Dollbord, Steven usw. gebraucht wird sowie für Riemen, Klampen, Leitern, Grätings, Flaggenstöcke und Bootshaken. Nachteilig ist eine gewisse Fäulnisanfälligkeit, weshalb bei der Verwendung von Eschenholz für wichtige Verbandsteile Vorsicht geboten ist.

Eselshaupt Auf Segelschiffen das brillenförmige, starke Verbindungsstück, das den Topp des Untermastes mit der Marsstenge, den Topp der Marsstenge mit der Bramstenge, die Nock des Bugspriets mit dem Klüverbaum verbindet. Der Ursprung dieser Bezeichnung ist nicht geklärt.

Espink *m.* Auch Esping: alter Ausdruck für Beiboot.

ETA, E.T.A. (engl.) *Estimated time of arrival*, voraussichtliche Ankunftszeit. ETA-Meldungen werden bis 24 Stunden vorher durchgegeben, z. B. um pünktliche Lotsenübernahme zu gewährleisten.

ETD, E.T.D. (engl.) *Estimated time of departure*, voraussichtliches Inseegehen eines Schiffes.

Etesien (grch.) Jährlich *(etesios)* regelmäßig wiederkehrende, trockene Nord- bis Nordwestwinde im östlichen Mittelmeer, insbesondere in der Ägäis. Zeit: April bis Oktober.

Etmal s. Die etymologische Deutung dieses Wortes ist umstritten. Festzustehen scheint, daß das erste Wortglied auf die alte Bedeutung des regelmäßig Wiederkehrenden hinzielt. So verstand man unter Etmal in früheren Zeiten einen Zeitraum von 24 Stunden. Damit war aber nicht immer die Zeit von Mittag bis Mittag gemeint, sondern örtlich bedingt auch der Rhythmus von Ebbe und Flut.
Heute versteht man unter Etmal ausschließlich die innerhalb des Zeitraumes von einem Mittagsbesteck bis zum darauffolgenden (astronomischer Tag) zurückgelegte Distanz über Grund in Seemeilen. Dieser Zeitraum umfaßt in der Regel *nicht* genau 24 Stunden, da der Zeitpunkt des Mittagsbestecks von der geographischen Länge abhängt und damit die zwischen den Mittagsbestecks liegende Zeit auf östlichen Kursen kürzer, auf westlichen länger als 24 Stunden ist. Während in der heutigen Schiffahrt die Etmale lediglich Ergebnisse nüchterner Rentabilitätsrechnungen sind, waren sie in der Segelschiffszeit in hohem Maße Ausdruck seemännischer Leistung. Hohe Etmale hervorragender Segelschiffe waren z. B.

Cutty Sark	363 Seemeilen
Flying Cloud	371 Seemeilen
Potosi	378 Seemeilen
Sovereign of the Seas	410 Seemeilen

Als absolut höchstes Segelschiffsetmal überhaupt wird dasjenige angegeben, das der amerikanische Klipper „Champion of the Seas" während seiner Jungfernreise auf dem Wege von Liverpool nach Melbourne vor einem NW-Sturm am 11./12. Dezember 1854 herausgesegelt hat: 465 Seemeilen in 23 Stunden, 17 Minuten. Dieses Ergebnis ist jedoch anzuzweifeln. Glaubwürdiger: Klipper „Leightning" mit 430 Seemeilen am 18./19. März 1857.
Das bis heute beste Etmal einer klassischen Einrumpfsegelyacht erreichte 1905 der Dreimastschoner „Atlantic" mit 341 Seemeilen.

„Eule fangen" In der Segelschiffszeit bedeutete „eine Eule fangen" unfreiwilliges In-den-Wind-gehen durch Unachtsamkeit des Rudergängers oder Schralen des Windes. Einen im Charakter ähnlichen Begriff kennt man beim Rudern. Siehe „Krebs fangen".

Evaporator (lat.-engl.) *m.* Seewasserverdampfer. Anlage zur Gewinnung von Süßwasser aus Salzwasser.

evolutionieren (lat.) Entfalten, entwickeln. Das Fahren im Verband mit Veränderungen der Marschformation.

Ewer *m.* Altes Segelfahrzeug der Unterelbe. Die Bezeichnungen Fischerewer, Kartoffelewer, Fährewer, Bugsierewer, Drenschewer weisen auf vielfältige Verwendung dieses flachbodigen Fahrzeugtyps in früherer Zeit hin, der sowohl als Einmaster als auch als Anderthalbmaster getakelt sein konnte (Besanewer). Der Name Dreuchewer (Trockenewer) faßt alle nicht der Fischerei dienenden Ewertypen zusammen.

Ewerführer Eine spezifisch hamburgische Bezeichnung für Betriebe, die mit Schuten Ladung zu Seeschiffen bringen oder Ladung von diesen abholen. Der Beruf des Ewerführers, der sich von dem gleichnamigen alten Seglertyp herleitet, ist einer der ältesten Berufe im Hamburger Hafen. Seit 1960 offiziell anerkannter Lehrberuf mit dreijähriger Ausbildungszeit. Der Ewerführer muß mit allen Fragen der Beladung, der Zollbestimmungen und der Handhabung spezialisierter Umschlagseinrichtungen vertraut sein.

ex (lat.) Präposition *aus*.
1. Üblicher Hinweis auf frühere Namen einmal oder mehrfach umbenannter Schiffe, wie z. B. „Rossia" ex „Empire Welland" ex „Patria".
2. Im Seefrachtgeschäft in Verbindung mit einer der nachstehenden Angaben ein Hinweis darauf, von wo ab der Käufer einer Ware die Transportkosten zu übernehmen hat.
ex quay ab Kai
ex ship ab Schiff (also einschl. Löschkosten)
ex works ab Fabrik

Exhaustor (lat.) Sauglüfter; dient auf Schiffen vor allem dazu, die heiße und verbrauchte Luft aus den Maschinenräumen abzusaugen.

„exp." (lat.) *Experiment*. Vermerk im Klassenzertifikat eines Schiffes, das noch im Versuchsstadium ist, d. h., das nach einer noch nicht genügend erprobten Bauart hergestellt wurde. Das betrifft auch die Maschinenanlage oder einzelne wichtige Bauteile des Schiffes.

Expeller (lat.) Mechanisch ausgepreßte Hülsenfrüchte. Eine feuergefährliche Ladung, da stets ein Ölrest in den ausgepreßten Früchten verbleibt (bis etwa 6%), und Öl in Verbindung mit pflanzlichen Fasern und Feuchtigkeit zur Selbstentzündung neigt. Für das Verladen von Expellern gelten besondere Vorschriften.

Experte (lat.-frz.) Sachverständiger. Insbesondere der Begutachter einer Versicherungsgesellschaft zur Taxierung von Schäden.

explosive Stoffe Siehe gefährliche Güter.

Extreme Klipper (lat.-engl.) Die am konsequentesten auf Geschwindigkeit gebauten Klipper-Schiffe der Zeit vom Beginn der vierziger bis zum Ende der sechziger Jahre des 19. Jahrhunderts. Es hat nur wenige Schiffe dieser Kategorie gegeben. Vergl. Klipper.

Exzentrizität (grch.-lat.) 1. Exzentrisch heißen Kreise, deren Mittelpunkte nicht zusammenfallen. Man nutzt Exzenter im Maschinenbau für die Verwandlung von rotierender in transversale Bewegung. Andererseits gibt es eine ungewollte Exzentrizität, die selbst bei Präzisionsinstrumenten kaum gänzlich zu vermeiden ist und zu Fehlern führen kann (Exzentrizitätsfehler bei nautischen Instrumenten).
2. In der Geometrie ist Exzentrizität ein Charakteristikum der Ellipse, und zwar unterscheidet man zwischen *linearer* und *numerischer* Exzentrizität. Die lineare E. ist der Abstand zwischen dem Mittelpunkt der Ellipse und einem ihrer Brennpunkte. Zur Erklärung der numerischen E. sei daran erinnert, daß die Ellipse der geometrische Ort für alle Punkte ist, deren Entfernungen von zwei festen Punkten (den Brennpunkten) eine konstante Summe haben. Das Verhältnis von der Strecke zwischen den beiden Brennpunkten zu der Summe der Abstände von beiden Brennpunkten heißt numerische Exzentrizität. Sie ist stets kleiner als 1.

F

Fabrikschiff, Fischfabrikschiff Dieser Ausdruck wurde erstmals für Walfangmutterschiffe gebraucht, wird aber heute allgemein angewandt auf ein Schiff der Hochseefischerei, das die Netze der Fangboote durch die Heckaufschleppe übernimmt und den Fang für den Endverbraucher verarbeitet, abpackt und einfriert. Fischmehlverarbeitungseinrichtung und Trankocherei ermöglichen eine höchstmögliche Verwertung des Fanges.

Faceplatten (engl., dt.) Vertikale Abschlußplatten an den Seiten des Aufbaudecks. Sie tragen, abgesehen von ihrer Stützfunktion, nicht unerheblich zum Gesamtbild der Architektur eines Brückenaufbaus bei.

Fach Bezeichnung aus dem Holzschiffbau für den Raum zwischen zwei Spanten.

Fächerplatten Bauelemente des Stahlschiffbaus, Horizontalknie, die die Kimmstützplatten mit der Tankdecke und der Randplatte verbinden.

Fächersegel Siehe Strahlenschnitt.

Faden Das Wort ist gleichen sprachlichen Ursprungs wie *fassen* und hatte schon im 14. Jh. einen Meßwert. Man verstand unter Faden die Länge der ausgebreiteten Arme und auch die Menge, die man mit den Armen umfassen kann. Daraus hat man verschiedene Maßeinheiten hergeleitet.
1. Als *Längeneinheit* 6 Fuß. Man findet verschiedene Werte angegeben, die auf früher übliche, voneinander abweichende Fuß-Maße zurückzuführen sind. Der heute verbindliche Wert ist 1,8288 m = 6 engl. Fuß (die ungefähre Überein-

stimmung mit einer tausendstel Seemeile ist rein zufällig und keinesfalls für die Festlegung der Fadenlänge von Belang.) Praktische Anwendung findet die Einheit Faden (fathom) als Tiefenangabe auf englischen Seekarten und als Längenmaß für Tauwerk (Lotleine).
2. Als *Raummaß* (6 Fuß)^3 = 216 Kubikfuß. Dies ist insbesondere eine in der Holzfahrt für Papierholz und Grubenstützen gebräuchliche Maßeinheit (6,116 m^3).
3. Als Holzmaß kommt außerdem vor: ein Stapel von 36 Quadratfuß Querschnitt und unbestimmter Länge. Die Begriffe Faden und Klafter bezeichnen das gleiche.

fahrbares Viertel Siehe „schiffbarer Halbkreis".

Fähre, Fährschiff Eine Fähre ist in ihrer einfachsten Form ein Boot, das nach Bedarf oder nach Fahrplan im Pendelverkehr die Ufer eines Flusses oder Kanals miteinander verbindet.
Im Zuge der lawinenartigen Ausdehnung des Verkehrs und des damit nötig gewordenen Baus von Brücken und Tunneln, ist die Anzahl derartiger Fähren zurückgegangen, wohingegen sich ihre Größe den Anforderungen des modernen Verkehrs anpaßt.
Die Funktion eines neuzeitlichen Fährbetriebs ist auf größere Schiffe übergegangen, die auf weiteren Strecken verkehren. Zahlreich sind die Fährverbindungen z. B. im Nord- und Ostseebereich, die jährlich von Hunderttausenden von Fahrgästen in Anspruch genommen werden und die nicht nur Personenwagen, sondern auch Wohnanhänger, Lastkraftwagen, Container u. dergl. befördern. Auf manchen Strecken werden darüber hinaus Eisenbahnwaggons transportiert. Es gibt Fährschiffe von mehr als 9000 BRT, die auf über 500 sm langen Strecken verkehren.
Der Komfort moderner Fährschiffe verwischt die Grenzen zum Fahrgastschiff. Die wichtigsten konstruktiven Merkmale sind die aufklappbaren Bug- und Heckpforten, durch welche die zu befördernden Kraftfahrzeuge direkt auf das Fahrzeugdeck und die Auto-Hängedecks gelangen.

fahren 1. Zur See fahren. Auf einem Schiff Dienst tun.
2. Im Sinne von führen wird das Wort fahren auf laufendes Gut und andere geführte bewegliche Teile angewandt. Tauwerk fährt durch Blöcke, der Ruderschaft durch den Koker u. ä.

Fahrenheit Die nach dem deutschen Physiker Gabriel Daniel Fahrenheit (1686-1736) benannte Temperaturskala ist in vielen Ländern auch heute noch üblich (z. B. USA). Diese Skala teilt die Temperaturspanne zwischen Schmelz- und Siedepunkt des Wassers nicht wie die Celsiusskala in 100°, sondern in 180° ein. Als Nullpunkt wurde willkürlich die tiefste Temperatur gewählt, die im Winter 1709 in Danzig gemessen wurde. Er liegt bei $-17,8°$ C.
Der Nullpunkt der Celsiusskala liegt danach bei 32° F, der Siedepunkt des Wassers bei 212° F. Die Umrechnung von einer Einheit in die andere erfolgt nach den Formeln

$$x°F = (x-32)\frac{5}{9} °C$$
$$x°C = (32 + \frac{9}{5}x) °F$$

Vergleichstabelle Fahrenheit-Celsius s. Anhang.

Fahrensmann Veralteter Ausdruck für einen Berufsseemann.

Fahrgastschiff Als Fahrgastschiffe (früher übliche Bezeichnung *Passagierdampfer*) gelten solche Schiffe, die gemäß der Schiffssicherheitsverordnung für die Beförderung von mehr als 12 Fahrgästen zugelassen sind. Die Passagierschiffahrt alten Stils hat durch die Konkurrenz des modernen Flugverkehrs ihre einstige Bedeutung eingebüßt. Der Transatlantikverkehr auf luxuriösen Ozeanriesen gehört weitgehend der Vergangenheit an. Zugenommen hat dagegen die Zahl der Touristen, die einen ganzen Urlaub auf See verbringen wollen und während einer ganzen Rundreise an Bord bleiben (Kreuzfahrten). Auch mit Fluggesellschaften kombinierte Reiseprogramme sind üblich.

Fahrrinne Enges, durch Tonnen oder Stangen gekennzeichnetes Fahrwasser durch ein breites, aber nur flaches Gewässer.

Fahrt 1. Soviel wie Reise.
2. Die Geschwindigkeit eines Schiffes in Knoten (Seemeilen pro Stunde). Ein Schiff „macht gute Fahrt", läuft eine „Durchschnittsfahrt" von 17 Knoten usw. Als Fahrtstufenkommandos: „Volle Fahrt", „Halbe Fahrt", „Langsame Fahrt". Ein Schiff macht „Fahrt voraus", „Fahrt achteraus" usw.
3. In bezug auf den Gültigkeitsbereich eines seemännischen Patentes spricht man von Großer Fahrt, Mittlerer Fahrt, Kleiner Fahrt, Küsten-

Fahrt durchs Wasser, Fahrt über Grund

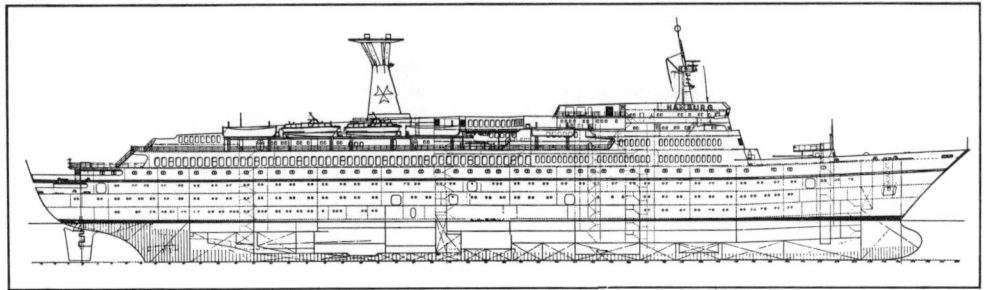

1969 gebautes Fahrgastschiff „Hamburg", speziell für Kreuzfahrten eingerichtet (23 500 BRT; 23 kn).

fahrt; im Reedereigeschäft auch vom Einsatzgebiet, dem Liniendienst, in dem ein Schiff fährt: Große Seen-Fahrt, Ostseefahrt usw. Vergl. Fahrtgebiete.

Fahrt durchs Wasser, Fahrt über Grund Die gemessene oder geschätzte Fahrt eines Schiffes ist die relativ zum Wasser gemachte Fahrt. Herrscht Strömung, so sind Stromrichtung und -geschwindigkeit vektorisch zu addieren, um die Fahrt des Schiffes über Grund zu ermitteln. Einfachste Methode ist die Konstruktion des Stromdreiecks, in dem Fahrt und Strom nach Betrag und Richtung im gleichen Maßstab aneinandergefügt werden. Siehe Stromdreieck.

Fahrtensegeln Sportschiffahrt ohne Wettkampfcharakter.

Fahrterlaubnisschein Von der See-Berufsgenossenschaft ausgestellte Bescheinigung über die Seetüchtigkeit eines Schiffes und den einwandfreien Zustand seiner Ausrüstung. Der Fahrterlaubnisschein ist unabhängig von der seitens der Klassifikationsgesellschaft einem Schiff erteilten Klasse und muß alle zwei Jahre neu ausgestellt werden. Sinn und Zweck des Fahrterlaubnisscheines ist der Nachweis der Betriebssicherheit von Schiff und Maschine sowie der Erfüllung der Bemannungs- und Unfallverhütungsvorschriften. Nach jedem Unfall erlischt die Gültigkeit; sie lebt aber nach der Reparatur und Bestätigung der Klasse durch den GL wieder auf. Diese Urkunde hat keine internationale Bedeutung.

Fahrtfehler Auch der von magnetischen Einflüssen unabhängige Kreiselkompaß ist nicht fehlerfrei in seiner Anzeige. Der sogenannte Fahrtfehler ist abhängig von der geographischen Breite, der Geschwindigkeit des Schiffes und dessen Kurs. Am Äquator ist der Fahrtfehler gleich Null, da die Kreiselachse – (zur vereinfachenden Erläuterung des Prinzips wird hier vom Einkreiselkompaß gesprochen) – lediglich eine Parallelverschiebung erfährt. In höheren Breiten jedoch, wo die → Präzessionsbewegung den Kreisel der Erdbewegung folgend ständig nachrichten muß, funktioniert der Kreiselkompaß nur auf Ost-West-Kurs einwandfrei. Auf allen anderen Kursen (maximal auf Nord-Süd-Kurs) kommt eine Kreiselachsenkippung rechtwinklig zu der durch die Erddrehung bewirkten hinzu und erzeugt eine Ablenkung.
Die Größenordnung des errechenbaren Fahrtfehlers beträgt bei den Schiffsgeschwindigkeiten nur wenige Grade. Bei Flugzeugen würde der Fehler jedoch so beträchtlich sein, daß Kreiselkompasse für Flugzeuge wertlos sind – insbesondere in Anbetracht der Bedeutung der Nord-Süd-Kurse in hohen Breiten für die Luftfahrt.

Fahrtgebiete In der Seeschiffahrt unterscheidet man:
1. *Küstenfahrt*. Fahrt längs den Küsten der Nordsee zwischen allen Plätzen des Festlandes von Cap Grisnez bis zum Tyborön-Kanal, mit Einschluß der vorgelagerten Inseln und der Insel Helgoland. In der Ostsee Fahrt längs den Küsten zwischen der Linie Skagen-Lysekil und der nördlichen Breite 57° 30' N, sowie die Fahrt entlang der schwedischen Küste bis Norrtälge.
2. *Kleine Fahrt*. Fahrt in der Ostsee, in der Nordsee und entlang der norwegischen Küste bis zur nördlichen Breite 64° N. Im übrigen bis zu 61° N und der Länge 7° W sowie nach den Häfen Groß-

britanniens, Irlands und der Atlantikküste Frankreichs.
3. *Mittlere Fahrt*. Die Fahrt zwischen europäischen Häfen, nichteuropäischen Häfen des Mittelmeeres und des Schwarzen Meeres sowie den Häfen der Atlantikküste Marokkos.
4. *Große Fahrt*. Genannte und alle übrigen Fahrtgebiete.
(Vergl. hierzu Schiffsführungspatente „AG" usw.).
In der Sportschiffahrt
1. *Binnenfahrt*. Alle Binnengewässer.
2. *Revierfahrt*. Alle Gewässer bis zur jeweiligen völkerrechtlichen 3-sm-Grenze, soweit sie von Seeschiffen befahren werden.
3. *Küstenfahrt*. Ostsee, Gewässer zwischen Nord- und Ostsee, Nordsee bis 61° N (Linie Sognefjord-Shetlandinseln) einschließlich engl. Ostküste und Kanal bis Linie Lizzard Point/Isle d'Oussant; außerhalb dieser Grenzen alle Küstengewässer innerhalb eines 12-sm-Bereichs.
4. *Seefahrt*. Unbegrenzt.
Vergl. hierzu „Führerscheine".

Fahrtmesser Auf größeren Schiffen erfolgt die Geschwindigkeitsmessung allgemein mit Staudruckmessern; Geräten, die den Unterschied zwischen statischem und dynamischem Druck messen. Solche Geräte kommen auf Yachten nur in geringem Umfang zur Anwendung. Segelyachten bedienen sich des Logscheits, des Patentlogs oder der Stoppuhr. Siehe Relingslog.

Fahrttabelle Tabellarische Gegenüberstellung von Propellerdrehzahl und korrespondierender Schiffsgeschwindigkeit in Knoten.

Fahrtwind Der durch die Fahrt eines Schiffes erzeugte Gegenwind. Windgeschwindigkeit des Fahrtwindes und Schiffsgeschwindigkeit sind gleich groß, aber einander entgegengerichtet. Fahrtwind und wahrer Wind sind die Komponenten, aus denen der *scheinbare* Wind resultiert.

Fahrwasserbefeuerung Ein Fahrwasser wird durch mehrere Befeuerungssysteme kenntlich gemacht: *Leitfeuer* haben Sektoren verschiedener Farbe und Kennung, an denen man schiffbare und gefährliche Sektoren erkennen kann; *Richtfeuer* geben unmittelbar einen zu steuernden Kurs an; *Seitenbezeichnungen* markieren die seitlichen Grenzen eines Fahrwassers. Siehe hierzu „Fahrwasserseite". Die 1936 in Genf ausgearbeiteten Grundsätze für eine international verbindliche, einheitliche Bezeichnung der Küstengewässer (Seitenbezeichnung für Fahrwasser und Richtungsbezeichnung für Untiefen und Wracke im freien Seeraum) sind weitgehend, aber noch nicht überall verwirklicht.

Fahrwasserseite Steuerbord- bzw. Backbordfahrwasserseite ist jeweils diejenige Seite, die ein von See *kommendes* Schiff an Stb. bzw. Bb. hat. Verbindet ein Fahrwasser zwei Meeresteile, liegt die Backbordfahrwasserseite an Backbord für alle aus *westlichen* Richtungen kommenden Schiffe. Grundsätzlich gelten als Bezeichnung der Steuerbordseite schwarze Seezeichen mit weißen großen Buchstaben, der Backbordseite rote Seezeichen mit weißen arabischen Ziffern. Die Zählung beginnt von See aus. Schwarz-rote Seezeichen kennzeichnen die Fahrwassermitte und sind beidseitig passierbar. Nach dem neuen, vereinheitlichten Betonnungssystem „A" gelten als Bezeichnung der Backbordseite eines Fahrwassers rote, an der Steuerbordseite grüne Seezeichen. Die Fahrwassermitte wird durch rot-weiße Zeichen gekennzeichnet. Mit der Umstellung auf diese neue Betonnung wurde in NW-Europa 1977 im Englischen Kanal begonnen, in der Nordsee 1978; Ostsee: 1980.

Fall *s.* 1. Leine (Talje oder Drahtseil) zum Aufheißen eines Segels oder auch einer Rah. Die Fallen tragen die Namen der zugehörigen Segel (Großfall, Fockfall, Spinnakerfall etc.) und sind aus Tauwerk mit nur geringer Elastizität oder Stahldraht. Sie werden mittels einer Winde durchgesetzt oder mit einem Tauwerkvorläufer aufgeheißt und eingehakt. Im letzteren Fall wird das Segel durch eine Talje oder eine andere Vorrichtung von unten, vom Hals aus gestreckt.
2. Die Neigung eines Mastes in der Schiffslängsrichtung. Es war früher üblich, den Masten reichlich Fall nach achtern zu geben. Bei mehrmastigen Schiffen nahm der Fall der einzelnen Masten von vorn nach achtern zu, so daß die Masten nach oben etwas gespreizt waren.
Auf modernen Segelyachten ist die Stellung des Mastes eine Frage des Trimms. Auf Hochseeyachten steht der Mast normalerweise senkrecht. Auf Rennjollen mit flexiblem Rigg pflegt man dem Mast auf Amwindkursen leichten Fall zu geben, während auf Vormwindkursen der Mast leicht nach vorn geneigt ist.

Fallreep

3. „Fall, Fall, Fall!"
Ausruf des Ausgucks im Mast der alten Walfänger, wenn Wale gesichtet wurden.
4. Die Neigung einer → Helling.

Fallreep s. Ursprünglich ein Tau (Reep) oder eine Strickleiter, die man an der Bordwand herabfallen ließ, um daran herunterzuklettern; dann das Tau, das als Handlauf für die Fallreepstreppe diente und zuletzt die Fallreepstreppe selbst: eine aufholbare, längs der Bordwand schräg aufwärts verlaufende Treppe, um von einem Boot an Bord eines größeren Schiffes zu gelangen und umgekehrt.

Fallschirmrakete Notsignal, das bis etwa 200 m hochgeschossen werden kann und bei welchem sich dann ein kleiner Fallschirm öffnet. Infolge der geringen Fallgeschwindigkeit kann das Signal länger gesehen werden. Es ist jedoch darauf zu achten, daß man bei tiefhängenden Wolken nicht in diese hineinschießt und die Rakete abgebrannt ist, bevor sie wieder zum Vorschein kommt.

Fallwind Wind, der aus Gebirgen oder von Hochplateaus infolge Abkühlung abwärtsströmt. Derartige Winde können sehr plötzlich auftreten und von gefährlicher Heftigkeit sein, wie z. B. *Bora* in der Adria, *Mistral* im Rhonetal. Sie sind nicht nach dem → Windgesetz bestimmbar.

„falscher Kurs" Der Kompaßkurs. Siehe Kursverwandlung.

Faltboot Zerlegbares Paddelboot für ein oder zwei Personen aus einem leichten, auseinandernehmbaren Gerüst und einer darüberzuspannenden Außenhaut.

Faltpropeller Yachtpropeller, dessen Konstruktion eine Segelstellung ermöglicht: eine Stellung geringstmöglichen Wasserwiderstandes, solange die Yacht segelt und des Propellers nicht bedarf. Die Flügel des Propellers klappen nach achtern und öffnen sich selbsttätig bei laufender Maschine durch Zentrifugalkraft und Schubwirkung. Diese Propellerkonstruktion ist geeignet für Leistungen zwischen 3,7 und 44 kW bei Umdrehungszahlen von 500 bis 1500 pro Minute.

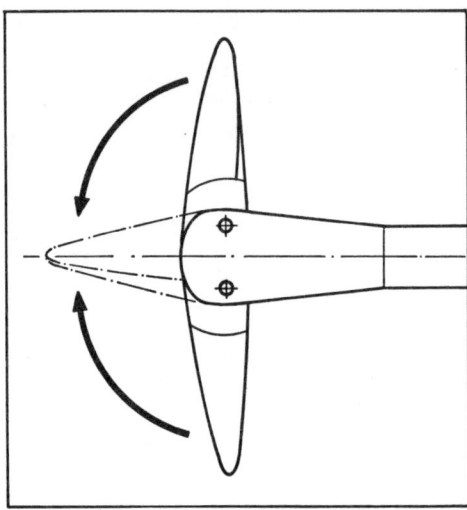

Beim Faltpropeller klappen die Flügel in Segelstellung nach hinten.

Fancyarbeiten (grch.-lat.-engl.-dt.) „Phantasie"-Arbeiten. Auf den alten Segelschiffen wurden, außerhalb der zum Dienst gehörenden seemännischen Handarbeiten, in der Freizeit viel Geschicklichkeit erfordernde Liebhabereien gepflegt, wie Zierknoten, Schnitzereien, Buddelschiffe, die man als Fancyarbeiten bezeichnete.

Fangleine 1. Eine am Vorsteven eines Beibootes angeschäkelte Leine, mit der das Boot am Schiff festgemacht oder geschleppt wird. Der Name bezieht sich auf die ursprüngliche Bedeutung von fangen im Sinne von festhalten, festmachen (im gleichen Sinne Fangtau, Fangstander u. ä.).
2. Bei doppelten Dirken unter dem Baum hindurchlaufende dünne Leinen zum Auffangen des losen Tuchs beim Bergen des Großsegels.

Farbengang Der oberste Plankengang eines hölzernen Schiffes; bei Stahlschiffen der → Schergang.

Farbenstrak Grenzlinie der an der Außenhaut eines Schiffes gegeneinander abgesetzten Farbflächen.

Farbewaschen An Bord gebräuchlicher Ausdruck für das Abwaschen und Nachspülen aller Flächen, die unter Farbe sind: Aufbauten,

Schotte, Schornstein, Deckshäuser und so fort.

Faschinen (lat.-ital.-frz.) Weidenreisigbündel zum Uferschutz und Dammbau.

Fastnet Race Seit 1925 regelmäßig ausgeschriebene Hochseeregatta von einem der englischen Kanalhäfen aus zur Südküste Irlands, wo der Fastnet-Felsen gerundet werden muß. Diese Wettfahrt stellt an Schiff und Mannschaft hohe Anforderungen. Sie ist eine der Bedingungen für den Kampf um den → Admiral's Cup.

Faßtonne Tonne (Boje, Seezeichen), die ihren Namen ihrer Form verdankt. Die Längsachse der zylindrischen Tonne liegt horizontal.

Fata Morgana w. Luftspiegelung.
Über die arabische Bezeichnung für *Koralle* (aus der griechischen für *Perle*) ist ein weiblicher Name geworden, der Name einer Fee, Morgana. Auf sie führt der Volksglaube zurück, der sich an die in der Straße von Messina besonders häufigen Luftspiegelungen knüpft. Die Luftspiegelungen sind danach Blendwerk der zauberkundigen Fee.
Die vielfältige Luftspiegelung gerade in der Straße von Messina ist auf die Besonderheit von Meerengen zurückzuführen, wo durch Überlagerungen von Land- und Seespiegelungen und ungewöhnlichen Strahlenbrechungen sonderbare Verzerrungen und vielfältige Wiederholungen der Spiegelungen erscheinen.
Zur Entstehung: Lichtwellen erfahren eine Brechung beim Übergang von einem Stoff in den anderen; aber auch dann, wenn Schichten gleichen Stoffes aneinandergrenzen, die z. B. infolge unterschiedlicher stofflicher Dichte auch eine unterschiedliche optische Dichte und damit verschiedenen Brechungsindex haben. Das kommt bei der Luft durch Temperatur- und Druckänderung mit der Höhe vor.

fauler Boden, fauler Grund Von engl. *foul bottom* übernommen, was nichts mit dem deutschen Wort „faul" zu tun hat. Foul bottom hat zwei Bedeutungen:
1. Stark bewachsener Schiffsboden.
2. Harter, felsiger, unebener Ankergrund, auf dem keine Gewähr für das Halten des Ankers gegeben ist. Auch zu weicher, schlammiger Grund.

Fautfracht (frz., dt.) Auch Reu- oder Fehlfracht. Damit wird ein Reuegeld (Abstandsumme) bezeichnet, das ein Befrachter einem Reeder zu zahlen hat, wenn angemeldetes Gut nicht rechtzeitig oder überhaupt nicht zur Verladung eintrifft und der bereitgehaltene Schiffsraum nicht ausgenutzt werden kann. Auch die Angabe eines falschen Staumaßes kann berechtigte Fehlfrachtforderung zur Folge haben.

Federwolke Siehe Cirrus.

Feeder (engl.) *m.* Das Wort *feed* bedeutet sowohl füttern als auch Material zuführen:
1. Schachtartiger Lukenaufsatz bei Schiffen mit loser Getreideladung in den Unterräumen. Dieser Schacht ist mit Getreide gefüllt und hat den Zweck, die während der Reise durch Nachsakken entstehenden Leerräume aufzufüllen und damit die Bildung → freier Oberflächen zu vermeiden.
2. Beschlag zur Einführung des Tauvorlieks eines Segels in eine Hohlkehle.

Fegsel *s.* Zusammengefegte Reste einer trokkenen, körnigen Ladung. Wie z. B. Kaffee, Zukker, Reis, Getreide.

Fehler Die Differenz zwischen einem gemessenen Wert und dem wahren Wert; exakt ausgedrückt: wahrer Wert = gemessener Wert minus Fehler. Die anzubringende Berichtigung hat den gleichen Betrag wie der Fehler, jedoch umgekehrtes Vorzeichen, also: wahrer Wert = gemessener Wert plus Berichtigung.
Man beachte, daß Deviation, Mißweisung usw. aufgrund der für sie festgelegten Vorzeichen in diesem Sinne keine *Fehler*, sondern *Berichtigungen* sind. Vergl. Beschickung.

Fehlerdreieck, Fehlerkreis Verläuft bei einer geometrischen Aufgabe, bei welcher sich drei Linien (z. B. astronomische oder terrestrische Standlinien) in einem Punkt schneiden sollen, eine derselben (oder mehrere) nicht genau, entsteht statt eines einzigen Schnittpunktes ein Dreieck, dessen Größe auf die Genauigkeit des zu ermittelnden Ortes schließen läßt. Der Kreis, innerhalb dessen ein gesuchter Schiffsort vermutet werden darf, heißt Fehlerkreis.

Fehlweisung 1. Beim Magnetkompaß die algebraische Summe von Mißweisung und Ablenkung (Deklination und Deviation).

Felucke

2. Beim Kreiselkompaß die algebraische Summe von einem möglichen konstanten Fehler (Kreisel − A) und dem → Fahrtfehler.
3. Beim Funkpeiler Ablenkung des Funkstrahls. Siehe Funkfehlweisung.

Felucke (frz. *felouque*, span. *falua*, ital. *feluca*). w. Zweimastiger Küstensegler des Mittelmeerraumes mit Lateinersegeln, teilweise eingedecktem Rumpf, geradem Vorsteven und Spiegelheck. Die Abmessungen einer typischen Felucke sind etwa 15 m Länge, 4 bis 4,5 m Breite und bis 2 m Seitenhöhe. Segelfläche ca. 100 m². Die seegehende spanische Felucke erreichte ca. 20 m Länge und diente bis ins 19. Jh. hinein lange Zeit sowohl dem Zoll als auch dem Schmuggel und dem Sklavenhandel. Die Felucke war der am weitesten nördlich vorkommende Schiffstyp mit Lateinersegeln.

Fender *m.* Elastisches Polster aus scheuerfestem, weichem Material wie Segeltuch, Werg und Tauwerk, oder Rollen bzw. Kugeln aus aufgepumptem Kunststoff. Auch Autoreifen kommen bei robusterem Betrieb zur Verwendung (Hafenfahrzeuge, Schlepper, Lotsenboote usw.). Fender haben die Aufgabe, ein Schiff von der Pier oder anderen Schiffen freizuhalten und Beschädigungen der Bordwand zu vermeiden.

Fernanzeige Einrichtung zur Übertragung von Meßwerten vom Ort der Messung an einen anderen Ort (Tochterkompasse, Fernthermometer, Drehzahlmesser etc.).

Fernglas Siehe Doppelglas.

Fernkompaß Kompaß, der mit einem oder mehreren Anzeigegeräten versehen ist, die von dem eigentlichen richtungsweisenden Gerät räumlich getrennt sind. Der Kreiselkompaß hat elektrisch gesteuerte *Tochterkompasse*. Aber auch für Magnetkompasse gibt es Tochterkompasse mit elektrisch übertragener Richtungsanzeige. Solche magnetischen Fernkompasse finden in der Luftfahrt Verwendung und sind auf Stahlyachten von großem Wert, auf denen der Kompaß an einem Platz, der für den Steuermann günstig wäre, nicht kompensierbar ist.

Fernnavigation Die Navigation in großen Entfernungen von den Küsten (mindestens 50 sm Abstand von der nächsten Gefahrenstelle) mit Hilfe von Langstrecken-Funkpeilungen. Von der engl. Bezeichnung *long range navigation* hat das → Loran-Verfahren seinen Namen.

Fernrohr Mit einer Optik versehenes Rohr am Sextanten, das durch seine Vergrößerung eine genauere Beobachtung, vor allem auch terrestrischer Objekte, ermöglicht.

Ferritstab Eine der drei möglichen Antennenausführungen eines Funkpeilers (die anderen sind eine Drehrahmenantenne und ein feststehender Kreuzrahmen mit drehbarer Suchspule, auch Goniometer genannt). Der Ferritstab ist um 360° drehbar, er steht in Minimumstellung, wenn seine Längsachse auf den Sender gerichtet ist.

„fest!" 1. In der Seemannssprache übliches Kommando für „halt!" oder „stop!" beim Holen einer Leine.
2. Die Bezeichnung dafür, wenn ein Schiff an einer Pier- oder Kaianlage mit Leinen festgemacht ist: Das Schiff ist „fest".

feste Part, stehende Part Beim Knoten die Hauptpart der Leine im Gegensatz zur *Bucht*, zum losen Ende. Bei einer Talje diejenige Part, die am festen Block bzw. beim einfachen Jolltau an der Last befestigt ist. Die andere Part wird als *holende* bezeichnet.

Festeis Decke aus zusammengefrorenen Eisarten in ungestörtem Gewässer.

feste Seezeichen Leuchttürme, Baken, Stangen, Pricken (im Gegensatz dazu die schwimmenden: Feuerschiffe, Tonnen). Siehe die Übersicht bei Seezeichen.

fester Magnetismus Beim Bau eines stählernen Schiffes läßt es sich nicht vermeiden, daß durch das erdmagnetische Feld im Schiffskörper Magnetismus induziert wird. Man versucht, denselben durch Lagewechsel des Schiffes während der Bauzeit nach Möglichkeit zu verringern, doch ganz ausschalten läßt er sich nicht. Dieser konstante Magnetismus ist unabhängig von dem auf längeren Kursen induzierten *flüchtigen* Magnetismus.

Festfeuer Leuchtfeuer (weiß oder farbig) von gleichbleibender Stärke und ohne Unterbrechung. Gegensatz: Taktfeuer.

festkommen Auf Grund geraten.

festmachen 1. Ein Schiff mit Trossen an ortsfesten Anlagen, Dalben, Festmachebojen oder auch Schiffen so festmachen, daß es sich trotz Strom und Wind nicht von seinem Platz bewegen kann.
2. Ein Segel bergen und beschlagen.
3. Allgemein: eine Leine belegen.

Festmacher 1. Starke, elastische Leinen zum Festmachen eines Schiffes, meist aus Nylon/Perlon oder Polypropylen. Für Seeschiffe auch Stahldraht. Festmacheleinen.
2. Im Auftrag des Schiffsmaklers im Hafen bei der Ankunft eines Schiffes bereitstehende Leute, die von einem Boot oder vom Pier aus die Leinen wahrnehmen und beim Festmachen des Schiffes behilflich sind.

Festmachetonne (-boje) In einem Hafenrevier sehr fest verankerte Tonne, an der Schiffe für kürzere Zeit festmachen können statt ankern zu müssen.

Festzeichen, Festziele In der Radartechnik im Gegensatz zu den beweglichen die unbewegten Ziele, wie Berge, Klippen, Türme oder andere Bauten. Von solchen Zielen reflektierte Echos heißen Festzeichenechos; die Verfahren, derartige Echos abzuschwächen, nennt man Festzeichenlöschung oder -unterdrückung.

Feuchtigkeit Siehe Luftfeuchtigkeit.

Feudel, Feuel (nd.) Dialektwort für ein Wischtuch aus sehr saugfähigem, lockerem, grobem Gewebe.

Feuer Aus alter Zeit, da es sich wirklich um offene Feuer handelte, erhalten gebliebene Bezeichnung für alle Lichter, die der Markierung von Schiffahrtswegen dienen. Das Wort kommt in zahlreichen Zusammensetzungen mit jeweils festumrissener Bedeutung vor (Leuchtfeuer, Feuerschiff, Richtfeuer, Torfeuer, Quermarkenfeuer, Blinkfeuer, Blitzfeuer, Funkelfeuer, Oberfeuer, Unterfeuer, Feuer in Linie usw.).

feuergefährlich Feuer an Bord ist immer noch eine der Hauptursachen von Schiffsverlusten. Von Explosionsgefahr (Tanker bei Leerfahrt z. B.) ganz abgesehen, unterscheidet man feuergefährliche Ladung einmal nach der Lage des → Flammpunktes und zum anderen nach ihrer Eigenschaft als Sauerstoffträger. Die Klassifizierung der Feuergefährlichkeit hinsichtlich der Höhe des Flammpunktes ist in den verschiedenen Ländern unterschiedlich, doch gelten Substanzen, deren Flammpunkt unter 24° C liegt, in jedem Fall als höchst gefährlich. Als Sauerstoffträger gelten alle Stoffe, die durch hohen Sauerstoffgehalt im Falle eines Brandes das Feuer unterhalten und aktivieren. Schärfste Sicherheitsbestimmungen gelten für Fahrgastschiffe, bei denen im Falle eines Brandes die Gefahr der Ausbreitung in besonderem Maße gegeben ist.

Feuerhöhe Die Höhe eines Leuchtfeuers über dem Meeresspiegel bei mittlerem Wasserstand (in Tidengewässern über mittlerem Hochwasser).

Feuer in der Kimm Der Moment, in dem ein Leuchtfeuer in der Kimm liegt, d. h. gerade über dem Horizont in Sicht kommt (oder hinter ihm verschwindet). Ist die Höhe des Leuchtfeuers über dem Meeresspiegel bekannt, läßt sich unter Berücksichtigung der Augeshöhe des Beobachters über dem Wasserspiegel aus einer Tabelle die Entfernung des Schiffes vom Feuer bestimmen. Siehe Tafel im Anhang.

Feuer in Linie Hintereinanderliegende Leuchtfeuer zur Markierung eines Einfahrtkurses. Die Feuer liegen verschieden hoch, damit man bei Kursabweichung erkennen kann, auf welcher Seite der Leitlinie man sich befindet. Das landeinwärts befindliche Feuer liegt höher und heißt Oberfeuer, das näher zum Wasser gelegene Unterfeuer.

Feuerplatte 1. Vor den alten kohlebeheizten Kesseln der Dampfer die Eisenplatte, auf die man die Schlacke herauszog.
2. Im Stahlschiffbau eine sehr stark gekrümmte, meist schalenförmig gewölbte Platte, die nicht im kalten, sondern nur im warmen Zustand verformt werden kann.

Feuerschiff An einem schiffahrtswichtigen Punkt vor Anker liegendes, seetüchtiges, auffallend gekennzeichnetes Schiff mit starkem Leuchtfeuer und Nebelsignalapparaten. Häufig sind Feuerschiffe auch mit Funkfeuer ausgerüstet und dienen zugleich als Lotsenstation. Mit den Fortschritten in der modernen Wasserbautechnik werden Feuerschiffe in zunehmendem Maße durch unbemannte, ferngeschaltete Leuchttürme ersetzt. Mit entscheidend für die Umstellung sind die Fortschritte, die auf dem Gebiet des Korrosionsschutzes (des Feuerverzinkens) erzielt worden sind und den neuen Stahlrohrtürmen eine genügende Lebensdauer garantieren.

Fiberglas (engl.) Bezeichnung für glasfaserverstärkte Kunststoffe; siehe GFK.

fieren Eine Leine oder Kette nachgeben, einen Gegenstand (Segel, Boot, Last) herunterlassen.

Fifty-Fifty (engl.) Verbreitete Bezeichnung für Motorsegler: halb Segel-, halb Motoryacht.

Fingerlinge Die Lagerzapfen an den alten Plattenrudern (oder am Rudersteven), womit das Ruder in die am Steven (bzw. am Ruder) befestigten Ösen eingehängt wurde. Durch neue → Ruderkonstruktionen überholt.

Finish s. 1. Das Finish bezeichnet den Endzustand einer gepflegten Verarbeitung, wie z. B. eine tadellos geschliffene und staubfrei lackierte Außenhaut. Das Wort ist aus dem Englischen übernommen und bezeichnet auch dort neben anderem eine Nach- bzw. Fertigbearbeitung (Politur, Appretur usw.).
2. Im Sport: Endkampf.

Finn-Dinghy Einmannjolle mit 10 m² Segelfläche; kein Vorsegel. Kleinste → olympische Klasse.

Firnis (grch.-frz.) Aus Leinöl hergestelltes Anstrichmittel ohne Farbpigmente. In der Regel werden Kunstharz und Trockenstoffe (Sikkative) zugesetzt.

Fisch, Fischung Die aus besonders starkem Holz angefertigte Mittelplanke eines Stabdecks, in deren sägeförmigen Ausschnitten die Enden der parallel zur Deckslinie verlaufenden Planken eingefügt sind.

fischen Einen gesprungenen hölzernen Mast, eine angebrochene Spiere durch Verschalungen und Bandagen notdürftig reparieren, bis sie ausgewechselt werden können.

Fischdampfer Im Sinne der deutschen Schiffssicherheitsvorschriften alle Dampfer und Motorschiffe, die Fischerei mit dem Grundschleppnetz betreiben, auch wenn sie außerdem mit Treibnetz ausgerüstet sind, sowie Walfangboote und Robbenschläger.

Fischerboote Offene oder nur teilweise gedeckte Fischereifahrzeuge in der Küstenfischerei. Fischerboote und Küstenkutter müssen einen Fahrterlaubnisschein führen, wenn sie die Seegrenze überschreiten. Vergl. Küstenfischerei.

Fischerei Siehe Hochseefischerei und Küstenfischerei.

Fischereifahrzeuge Siehe Ewer, Kutter, Logger, Trawler, Heckfänger, Seitenfänger, Fabrikschiff.

Fischereikarten Seekarten geeigneten Maßstabes mit besonderer Berücksichtigung der für die Hochseefischerei wichtigen Gegebenheiten. Neben der Angabe der Fischereigrenzen ist vor allem die für das Fischen mit Grundgeschirr bedeutsame Bodenbeschaffenheit angegeben.

Fischereischutzboote Vom Staat unterhaltene Fahrzeuge zum Schutz der Hochseefischerei sowie für Hilfeleistungen.

Fischermann Der Ausdruck Fischermann für Fischereifahrzeug, der im Niederdeutschen gebräuchlich war, ist aus dem Englischen übernommen, wo *fisherman* neben der auf den Menschen bezogenen Bedeutung auch einen Fischdampfer, insbesondere einen Walfänger, bezeichnet (sinngemäß: *man-of-war*, Kriegsschiff). Das Fischermann-Stagsegel hat dementsprechend seinen Ursprung auf den Fischerei-Schonern und wurde von den großen Yachten übernommen. Es ist ein großes, ballonartiges Vierkant-Stagsegel, das auf den Schonern zwischen den Masten gesetzt werden konnte. Das Fischermann-Stag, nach dem dieses Segel benannt ist, verlief vom Stengetopp des Großmastes zum Untermasttopp des Schonermastes.

Fisherman's Trophy Pokal, den der kanadische Senator W. H. Denis 1920 für die Neufundlandfischer stiftete.

Fischfanggeräte a) Angeln. Unter den verschiedenen Angelformen war und ist in der Küstenfischerei der Nordsee die → Langleine die wichtigste. Sonst spielen hier Angeln nur eine geringe Rolle.
b) Stehende Geräte. Darunter versteht man Fanggeräte, die fest auf dem Grund ruhen, an Pfählen befestigt oder verankert sind (Buhnen, Reusen, Körbe, Fischwehre, Fischzäune, Hamen, Stellnetze). Stehende Geräte können Wochen und sogar Monate lang stehen bleiben. Die beiden Grundformen sind dem jeweiligen Fangprinzip entsprechend *Trichter* und *Wand*.
c) Treibnetze. Sie bilden eine sperrende Wand, deren eines Ende mit dem Fahrzeug verbunden und die im übrigen durch Bojen gekennzeichnet ist. Fangprinzip wie beim Stellnetz: Die Fische bleiben mit den Kiemen in den Maschen hängen. Etliche aneinandergeknüpfte Treibnetze bilden eine → Fleet.
d) Bewegliche Geräte. Das wichtigste und am höchsten entwickelte Gerät ist das *Schleppnetz*. Es hat eine trichterförmige Grundform und eine filterartige Wirkung, indem es langsam durch das Wasser gezogen wird, und zwar auf dem Grund oder in tiefem Wasser auch über dem Grund. Hochseeschleppnetze werden durch Scherbretter offengehalten. Die *Tuckzeese* ist ein Schleppnetz, das von zwei Kuttern geschleppt wird und somit keiner Scherbretter bedarf. In der Küstenfischerei der Nordsee ist die *Baumkurre* üblich, bei welcher ein 8 bis 9 m langer Baum (Stahlrohr) das Netz fängig hält. Andere Formen beweglicher Geräte sind die verschiedenen *Waden* (Zugnetze), mit denen ein Gebiet umschlossen wird und mit denen man die darin befindlichen Fische durch Zusammenziehen des Netzes fängt. Und schließlich gehören eine Reihe verschiedenartiger Handgeräte zu den beweglichen Fanggeräten, wie Senknetz, Wurfnetz und andere.

Fischlupe Echolot, das in der Hochseefischerei zum Aufsuchen von Rundfisch- oder Heringsschwärmen verwendet wird. Schwärme von Fischen bilden sich auf dem Bildschirm als flimmernde Vielzahl feiner Striche ab.

Fitt *s*. Dieses aus dem Engl. übernommene Wort (*fid*), das sowohl Schloßholz als auch Marlspieker bedeutet, bezeichnet insbesondere ein Werkzeug zum Spleißen sowie zum Einarbeiten von Rundkauschen in Segel und Persenninge. Es ist ein dicker, spitz zulaufender Hartholzdorn mit einem größten Durchmesser bis zu 8 cm.

Fittings Aus dem Engl. entlehntes Wort, das auf Yachten die Gesamtheit aller Beschläge, Armaturen sowie Zubehörteile aller Art umfaßt.

Fixsterne Von lat. *fixa stella*, feststehender Stern. Damit sind im Gegensatz zu Sonne, Mond und den Planeten unseres Sonnensystems die Sterne gemeint, die ihre Position an der Himmelskugel gegenüber dem → Frühlingspunkt kaum merklich verändern. Die Fixsterne erscheinen uns in verschiedener Helligkeit, die sowohl von ihrer unterschiedlichen Leuchtkraft als auch von den sehr verschiedenen Entfernungen herrühren. Man mißt die Helligkeit der Sterne in einer logarithmischen Skala, ausgehend von einem mittleren Helligkeitswert, dem man die Größe *Null* zugeordnet hat. Hellere Sterne erhalten negative Werte, schwächere positive im Sinne abnehmender Helligkeit mit ansteigendem Zahlenwert. Helligkeitsstufe 6 bezeichnet einen mit bloßem Auge gerade noch erkennbaren Stern. Bis 3 geht die Helligkeit der für die Navigation erfaßten Sterne. Sie gehören alle zur Milchstraße, zum galaktischen System. Der hellste Fixstern ist der Sirius mit einem Helligkeitswert von $-1,6$.
Ihm folgen Canopus, α Centauri, Wega, Capella, Arktur, Rigel, Prokyon, Achernar, β Centauri, Altair, Beteigeuze; dieser mit $+0,9$. Alle übrigen Sterne sind kleiner, d. h. ihr Helligkeitswert liegt über $+1,0$.

Flabber *m*. Trichter. Bei einem → Schleppnetz in dessen hinteren Teil (Gat) eingenähte Kehle, die das Entweichen der gefangenen Fische aus dem Steert verhindert.

Flach (Substantiviert von *flach*) Untiefe, Barre oder Bank.

Flachkiel Der Name Flachkiel bezeichnet ganz allgemein die heute übliche flachbodige Form von Seeschiffen und stammt aus der Zeit, da die herausstehenden Balkenkiele noch gebaut wurden. Die Einführung des Flachkiels erfolgte erst mit der allgemeinen Verbreitung der Doppelböden. Man nannte Flachkiel im besonderen bei genieteten Schiffen den meist stärkeren, mittelsten Plattengang des Schiffsbodens. Seitdem sich Schweißtechnik und Sektionsbauweise durchgesetzt haben, gibt es auch den Flachkiel als Bauelement nicht mehr. Die eigentliche Funktion des Kiels hat der hohe, starke Mittelträger innerhalb des Doppelbodens.

Flachsee Meeresteile mit einer Wassertiefe bis zu 200 m, Küstenschelf.

Flachs Leinpflanze, die als Faserlein und Öllein angebaut wird. Für die Fasergewinnung ist Flachs eine der ältesten Kulturpflanzen; sie läßt sich bereits im 4. Jahrtausend v. Chr. nachweisen.
Die aus den Flachsstengeln gewonnenen Fasern waren früher der Rohstoff für die Segelherstellung schlechthin. Auch für Yachten wurde ausschließlich Flachs verwandt, bis 1851 der Schoner „America" mit Baumwollsegeln seinen sensationellen Erfolg errang. Flachs ist gröber und weniger formbeständig als Baumwolle, doch haben sich Flachssegel besonders in schwerem Wetter bewährt. Die Festigkeit des Materials erhöht sich im feuchten Zustand um etwa 20 Prozent.
Flachsfasern wurden früher auch vereinzelt zur Herstellung von Lot-, Log- und Flaggleinen verwandt.

Flackerfeuer Behelfsmäßiges Signalmittel. Man verwendet Fackeln aus ölgetränktem Twist oder ähnlichem Material, um auf sich aufmerksam zu machen.

Flagge Rechteckiges Stück Tuch mit charakteristischem Muster und verschiedenen Farben in genormten Abmessungen als Erkennungszeichen der Staatsangehörigkeit eines Schiffes (Nationalflagge), als Eigentumsbezeichnung (Reedereiflagge) oder als Verständigungsmittel (Signalflagge). Eine Flagge wird „gesetzt" und „nieder-" bzw. „eingeholt".
Die deutsche Bundesflagge wird von allen Schiffen geführt, deren Eigentümer Deutsche sind und ihren Wohnsitz in der Bundesrepublik haben. Vergl. hierzu die Regelungen in Sonderfällen unter *Flaggenschein* und *Flaggenzeugnis*.

Flaggendiskriminierung Der durch Regierungsverordnungen genommene Einfluß auf den Seetransport zugunsten der nationalen Flagge, wie z. B. Maßnahmen der Devisenbewirtschaftung, gesetzliche Bestimmungen zugunsten der eigenen Flagge, bevorzugte Behandlung von Schiffen der eigenen Flagge, Vorzugsbeförderungsklauseln u. dergl. mehr.

Flaggenführung Für die Art und Weise, wie, wo und wann welche Flaggen geführt werden, gibt es Konventionen, die international respektiert werden. Die Nationalflagge wird auf Seeschiffen am Flaggenstock oder an der Gaffel des achteren Mastes geführt, die Flagge des Bestimmungslandes am vorderen Mast bzw. bei Schiffen mit nur einem Mast, an der Saling desselben. Yachten führen die Nationalflagge am Flaggenstock, am Achterliek des Großsegels oder im Besantopp, im Ausland dazu die Flagge des besuchten Landes unter der Steuerbordsaling.

Flaggengala Über die Toppen flaggen. Schmuck des Schiffes bei festlichen Gelegenheiten, indem man die Signalflaggen aneinandergereiht längsschiffs über die Masttoppen setzt.

Flaggenknopf Der „Knopf" an der obersten Spitze eines Mastes bzw. einer Stenge, der früher bei den hölzernen Masten den Sinn hatte, das Hirnholz des Masttopps gegen das Eindringen von Feuchtigkeit zu schützen und in dem sich eine Scheibe für eine Flaggleine befand.

Flaggenparade Das Zeremoniell des Flaggesetzens morgens und -niederholens abends. Die für die Flaggenparade üblichen Zeiten sind: Vom 1. Mai bis 30. September morgens 8.00 Uhr, in der übrigen Zeit morgens 9.00 Uhr. Abends stets bei Sonnenuntergang.

Flaggenschein Befristete, von der Wasser- und Schiffahrtsdirektion ausgestellte Urkunde über das Recht zur Führung der Bundesflagge für ein Schiff, das in der Bundesrepublik Deutschland gebaut ist und ins Ausland überführt werden soll, sowie auch für ein Schiff eines ausländischen Eigentümers, das in Deutschland bereedert wird.

Flaggenzeugnis Dokument, das an Stelle des Schiffszertifikates tritt, wenn das Recht zur Führung der deutschen Bundesflagge im Ausland entsteht, z. B. wenn ein Schiff im Ausland gekauft wird. Das Flaggenzeugnis wird von einem deutschen Konsulat ausgestellt und erlischt im allgemeinen nach der Überführung, spätestens jedoch nach einem Jahr.

Flaggleine Dünne geflochtene Leine zum Setzen von Flaggen.

Flaggschiff Im militärischen Sinne das durch die Flagge des Geschwaderchefs (Admiralsflagge) gekennzeichnete Führungsschiff eines Flottenverbandes. In der Handelsmarine ist es auch üblich, das größte Schiff einer Reederei als deren Flaggschiff zu benennen.

Flags of Convenience (engl.) Auch „Billige Flaggen" oder „PANHOLIB-Schiffe" genannt. Damit sind Schiffe gemeint, die aus Gründen steuerlicher Vorteile unter den Flaggen von Panama, Honduras oder Liberia fahren und in Häfen eines dieser drei Länder registriert sind, ohne wirklich dort beheimatet zu sein.

Flammpunkt Maß für Feuergefährlichkeit eines Stoffes, z. B. von Mineralölen. Man versteht darunter diejenige Temperatur, bei der sich die sich bildenden Dämpfe bei Annäherung einer offenen Flamme entzünden. Wird die Zündflamme entfernt, brennt die Flüssigkeit nicht weiter. Nach den Schiffssicherheitsvorschriften unterscheidet man die Gefahrenklassen

A I Flammpunkt unter 21°C
A II Flammpunkt von 21 bis 55°C
A III Flammpunkt von 55 bis 100°C.

Flaschenpost Nachrichtenübermittlung in fest verschlossenen Flaschen, die über Bord geworfen wurden in der Hoffnung, daß man sie irgendwo findet. 1802 wurde erstmalig ein wissenschaftlicher Versuch gemacht, bei dem man Flaschenpost bei Forschungen über den Verlauf des Golfstromes benutzte. Bei diesem sowie etlichen späteren Versuchen hat man zahlreiche Flaschen wiedergefunden und wertvolle Aufschlüsse erhalten. Die längsten bekanntgewordenen Reisen haben drei Flaschen vom Kap Hoorn ostwärts bis Australien, also über rund 9000 Seemeilen gemacht. Flaschenpost hat auch in Seenotfällen und bei Expeditionen zu manchen Aufklärungen verholfen.

flau, Flaute Schwach, kraftlos; Windstille.

Fleet (engl.-nl.-nd.) 1. Ganz allgemein ein Entwässerungsgraben, ein zeitweilig trockener Wasserlauf (Grundbedeutung *fließen*).
2. Spezifisch hamburgische Bezeichnung für die den holländischen Grachten entsprechenden Kanäle, die früher die Altstadt durchzogen und für Schuten und Leichter eine direkte Zufahrt zu den Speichern bildeten (*das* Fleet).
3. In der Segelschiffszeit wurde die Bezeichnung Fleet (oder Fleth) auch für die Gesamttakelage eines Schiffes, einschließlich der Masten, gebraucht (*das* oder auch *die* Fleet).
4. In der Fischerei bezeichnete Fleet früher sowohl das gesamte Fischgerät der Heringsfänger als auch alles, was zum Fanggeschirr der Walfänger in der Grönlandfahrt gehörte. Spezielle Bedeutung heute: Eine Reihe miteinander verbundener Treibnetze (auch Stellnetze), und zwar je nach der Ausbringungstiefe *Sinkfleet* (deutsches Treibnetz) und *Treibfleet* (schottisches Treibnetz). Beide Arten bestehen aus Einzelnetzen von 14 m Höhe und 29 m Länge, die zum Fischen bis zu einer Gesamtlänge von 5000 m aneinandergeknüpft werden. Die Fleete werden durch Zeisinge, Fischreep und Brailtaue mit den *Brails* (Bojen) verbunden und von diesen getragen (*die* Fleet).

Fleischhaken Aus Drahttauwerk herausstechende Enden gebrochener Einzeldrähte, an denen man sich leicht die Hände verletzen kann.

flensen Das Ablösen der Speckschicht des toten Wales. Bei den alten Walfängern, wo der Wal noch nicht an Deck gezogen werden konnte, geschah das außenbords. Die Flenser arbeiteten – durch Schuhe mit langen Nägeln gegen Ausrutschen gesichert – mit dem Flensmesser auf dem Wal, während der abgelöste Speck mit Taljen an Deck gehievt wurde.

Flettner-Rotorschiff Versuch des Ingenieurs Anton Flettner, das als *Magnus-Effekt* bekannte physikalische Phänomen, nämlich die an einem angeströmten rotierenden Zylinder auftretenden quergerichteten Kräfte, als Schiffsantrieb zu nutzen. Zwei Schiffe sind in den zwanziger Jahren mit Rotoren ausgerüstet und erprobt worden („Buckau" mit zwei, „Barbara" mit drei Rotoren). Die Versuche ergaben, daß unter günstigen Wetterbedingungen die Sache im Prinzip funktionierte, aber für die Schiffahrt keine Verbesserung bedeutete. Eine Hilfsmaschine war auf alle Fälle vonnöten, denn man war vom Wind nicht weniger abhängig als ein normales Segelschiff und bedurfte darüber hinaus des ständigen Antriebes der Rotoren. Auch eine Yacht wurde 1926 versuchsweise mit einem Flettner-Rotor ausge-

Flettner-Ruder

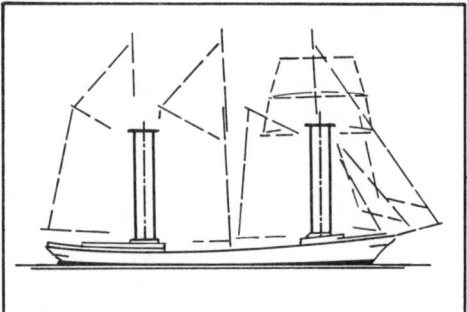

Flettners Rotorschiff. Die Rotoren sind unter physikalisch günstigen Bedingungen von etwa der gleichen Wirksamkeit wie die angedeutete Besegelung.

rüstet, der mit einem kleinen Hilfsmotor angetrieben wurde. Der Erfolg entsprach jedoch nicht dem Aufwand. Die Entwicklungsarbeiten an diesem Antriebssystem wurden eingestellt. Über das der Idee zugrunde liegende physikalische Prinzip siehe Magnus-Effekt.

Flettner-Ruder Basierend auf Versuchen mit Hilfssteuerflächen bei Flugzeugen erfand Flettner ein Schiffsruder mit Hilfssteuerfläche. Das Ziel dieser Erfindung war, die zum Zweck des Ruderlegens nötigen Kräfte zu reduzieren. Man betätigte lediglich die an der hinteren Kante des Ruders gelagerte Hilfssteuerklappe (was von Hand ohne Rudermaschine geschehen konnte), woraufhin sich das Hauptruder selbsttätig nach der entgegengesetzten Seite legte. Es wurden einige Schiffe mit diesen Rudern ausgerüstet, doch nahm man bald wieder Abstand davon, weil sich diese Ruderkonstruktion nur in freiem Wasser und bei ausreichender Fahrt des Schiffes als zuverlässig erwies, nicht aber dort, wo es auf Ruderwirkung ohne Verzögerung in ganz besonders hohem Maße ankommt, wie z. B. in Kanälen und bei Manövern. Man benötigte also zusätzlich eine normale Rudermaschine, und so brachte die Erfindung keinen Gewinn.

Fleute (nl.) *w.* Gegen Ausgang des 16. Jh. in den Niederlanden (Hoorn) entstandener Handelsschiffstyp, der im 17. Jh. auch in anderen Ländern nachgebaut wurde, aber vorwiegend ein holländischer blieb. Der Name Fleute (*fluit, fluitship*), bedeutete „Flöte" und entstand aufgrund der für damalige Verhältnisse sehr schlanken Form, die an ein derartiges Musikinstrument erinnert haben mochte. Das Längen-Breiten-Verhältnis von 4:1 war ungewöhnlich, und auch das sehr schmale Deck war neu. Die Fleuten wurden nach den damals geltenden Vorschriften sehr günstig vermessen, was sich bis 1669 besonders bezüglich der von den Dänen erhobenen Zölle beim Passieren des Sundes auswirkte. Fleuten verschiedener Größen wurden gebaut; sie fanden in der Nord- und Ostseefahrt Verwendung wie auch im Walfang und in der weltweiten Fahrt nach Indien, Mittelamerika und Brasilien.

flexibler Mast Auf modernen Rennyachten werden vorzugsweise elastische, gerade Masten gefahren, die je nach Kurs zum Wind verschieden getrimmt werden. Man gibt dem Mast die für das Segel optimale Biegung. Bauchige Segel können bei starkem Wind dank des flexiblen Mastes durch Regulierung der Mastverspannung beträchtlich abgeflacht werden.

flexibles Rigg Lose bzw. regulierbare Verstagung, die es ermöglicht, den Masttrimm je nach Kurs und Windstärke während der Fahrt zu verändern.

Flibustier Seeräuber. Insbesondere werden unter diesem Namen die Freibeuter Westindiens im 17. Jh. verstanden. Man stößt auf zahlreiche Versuche, eine plausible Erklärung für dieses seltsame Wort zu finden. Nach Kluge geht das Wort vermutlich auf Cervantes zurück. In dessen Novelle „La ilustre fregona" ist von dem verrufenen Zahara an der äußersten Südküste Spaniens die Rede, „donde es el finibusterre de la picoresca" (das finibus terrae der Gauner). Aus lat. *finibus terrae* wird dann span. *finibustero, filibustero,* für die Seeräuber als „Höllensöhne".

fliegend Der Ausdruck fliegend kann beim Segeln auf Leinen und auf Segel bezogen werden; auf Leinen etwa bei gänzlich losgelassenen Schoten. Auf ein Segel bezogen bedeutet fliegend gesetzt z. B. ein Vorsegel, das nicht mittels Stagreiter längs seines Vorlieks an einem festen Stag geführt wird. Typischster Fall für ein fliegend gesetztes Segel ist der → Spinnaker.

Fliegender Holländer Sagenhaftes Gespensterschiff, dessen Kapitän für sein gottloses Leben zum ewigen Kreuzen verdammt ist (Ahasver des Meeres). Der Ursprung dieser bis ins 17. Jh. zurückzuverfolgenden Sage ist nicht sicher. Zunächst auf das Seegebiet des Kaps der Guten Hoffnung lokalisiert, wurde sie später auf alle Meere ausgedehnt und unterschiedlich ausgeschmückt. Die poetische Schlußwendung der Erlösung des Kapitäns durch das Opfer eines liebenden Weibes geht auf Heinrich Heine und Richard Wagner zurück.

Flieger 1. Auf Kuttern mit mehr als zwei Vorsegeln (Fock und Klüver) das dritte, das über dem Klüver gesetzt wird. Auf den großen Segelschiffen auch zwischen den Masten gesetzte Stagsegel (Marsflieger, Bramflieger).
2. Im Binnenland gebräuchliche Bezeichnung für einen einfachen „Handkahn", einen „Nachen" aus Holz oder Blech.

Flindersstange Nach dem Engländer Matthew Flinders (1774–1814) benannte „Weicheisen"-Stange zur Kompensation der Vertikalinduktion auf stählernen Schiffen. Flindersstangen sind Voll- oder Hohlzylinder von etwa 8 cm Durchmesser und 30 bis 90 cm Länge. Flinders verwendete sie als erster zum Kompensieren um 1800 in Australien.

Flögel *m.* „Windbüdel", kleiner Windsack auf dem Masttopp, mit dessen Hilfe man die Windrichtung und bis zu einem gewissen Grade auch die Windstärke abschätzen kann.

Flopper-Stopper (engl.) Soviel wie „Schlinger-Bremse". Eine Erfindung der Fischer der US Westküste. Durch zwei über Spieren möglichst weit nach beiden Seiten ausgebrachte, durch das Wasser geschleppte Scherbretter wird eine wirksame Rolldämpfung erzielt. Auch auf Motoryachten auf Langfahrt mit gutem Ergebnis erprobt. Offizieller Name: *BM-Stabilizer*.

Floß Sprachlich hergeleitet von Flut, Fluß, fließen, bedeutet flößen nichts anderes als fließen machen, hinabschwemmen, und Floß eine zusammengekoppelte, stromabwärtstreibende Menge von Baumstämmen. Die Stämme werden flächenweise nebeneinandergelegt und durch Haken und sogenannte Tengel (Querstangen) miteinander verbunden.
Den Namen Floß führen auch primitive Wasserfahrzeuge der Naturvölker. Daß derartige Transportmittel sogar hochseefähig sein konnten, bewies u. a. Thor Heyerdahl mit seiner aufsehenerregenden „Kon-Tiki"-Expedition 1947 über den Stillen Ozean von Peru nach Polynesien.
Als Flöße, Rettungsflöße werden in der modernen Schiffahrt einfache, kastenartige Schwimmkörper bezeichnet, von denen über den vorgeschriebenen Bootsraum in den Rettungsbooten hinaus je nach Schiffstyp (vor allem auf Fahrgastschiffen) eine größere Anzahl mitgeführt wird.

Flossenkiel Der zur größtmöglichen Verminderung der Abdrift und zur Erhöhung der Stabilität mit festeingebautem Außenballast versehene, in etwa trapezförmige Kiel einer Segelyacht.

Flossenstabilisatoren Aktive Schlingerdämpfungsanlage. Zu beiden Seiten des Schiffes werden in der Kimm Flossen ausgefahren oder ausgeschwenkt, deren veränderlicher Anstellwinkel elektronisch derart gesteuert wird, daß die Flossen im Fahrtstrom ein der Schiffsbewegung jeweils entgegengerichtetes Moment erzeugen.

„Flötentörn" Verbindungsmann zwischen Brücke und Decksdienst. Der Name leitet sich daher ab, daß der Wachoffizier auf Schiffen ohne Rundsprechanlage den Verbindungsmann heranpfeift.

flott Schwimmend. Wieder flott werden = wieder aufschwimmen, nachdem ein Schiff auf Grund gesessen hat. Das Wort ist gleichen sprachlichen Ursprungs wie Floß, Flotte, Fluß, fließen. Ähnlich lautend und gleichbedeutend wie flott ist engl. *afloat*. Die international gebräuchliche Klausel „always afloat" („a. a.") z. B. besagt, daß ein Schiff während des Beladens nicht auf Grund kommen darf.

Flotte Eine Anzahl von Schiffen, die im allgemeinen durch eine zusätzliche Bezeichnung genauer abgegrenzt sind.
Die Welthandelsflotte umfaßt den gesamten Bestand an Handelsschiffen aller Nationen. Unter der Handels-, Kriegs-, Fischereiflotte eines Staates versteht man dessen gesamten diesbezüglichen Schiffsbestand. Als Flotte wird auch eine Anzahl Schiffe auf gemeinsamer Fahrt, im militärischen Bereich unter einem Kommando verstanden (Hochseeflotte, Flottenverband usw.).
Flottille ist ein Dimin. von Flotte und bezeichnet einen kleineren taktischen Verband schneller,

Flotten

bewaffneter Schiffe, etwa um einen Geleitzug zu schützen. (So schon 1720: „... *welche den aus Amerika zurückkommenden Silbergallionen entgegenging und sie nach Hause begleitete.*")

Flotten *s.*(Mz.) Kleine Schwimmkörper (Korkstücke oder Hohlkugeln) am Obersim eines Fischernetzes, die dasselbe im Zusammenwirken mit den Senkern am Untersim im Wasser auf und nieder halten.

flüchtiger Magnetismus Der durch längere Liegezeit oder abhängig von Kursrichtung und -dauer vom magnetischen Feld der Erde kurzzeitig im Schiff induzierte Magnetismus. Er überlagert den permanenten Magnetismus im verstärkenden oder auch abschwächenden Sinne.

Fluidkompaß Magnetkompaß, dessen Rose zur Dämpfung ihrer Bewegung in einer nicht gefrierenden Flüssigkeit schwimmt. Unter der Kompaßrose sind kleine Schwimmer angebracht, um die Pinne zu entlasten. An Bord sind, soweit es sich um Magnetkompasse handelt, ausschließlich Fluidkompasse in Gebrauch.

Flunke *w.* Ankerschaufel, Ankerhand. Der Teil des Ankers, der sich in den Boden eingräbt.

Flunki *m.* Von engl. *flunkey*, Spottname für den Steward an Bord.

Flurplatten Die zumeist aus Waffelblechen bestehenden, aufnehmbaren Fußbodenplatten im Maschinenraum eines Schiffes.

Flüssiggas-Tanker Spezialschiffe für den Transport von flüssigem Gas. Siehe Gastanker.

Flußstahl Der im flüssigen Zustand gewonnene → Stahl; der Werkstoff stählerner Schiffe. Der Stahl wird zu Blöcken, Brammen oder Formstücken vergossen und erhält daraus durch Walzen, Schmieden und Ziehen seine Form.

Flut Im Rhythmus des Gezeitenwechsels die Phase des steigenden Wassers zwischen Niedrigwasser und dem darauffolgenden Hochwasser. Siehe Gezeiten.

flutbare Länge Begriff aus der Theorie der Leckstabilität von Fahrgastschiffen. Die flutbare Länge ist der größte ideelle Teil der Schiffslänge, der geflutet werden kann, ohne daß das Schiff dabei weiter als bis zur Eintauchgrenze wegsackt, d. h. bis weiter als 76 mm unter Oberkante Schottendeck.

Flutbarkeit Auch Permeabilität, bezeichnet das Verhältnis von tatsächlich aufnehmbarer Wassermenge eines Raumes zu dessen rechnerischem Brutto-Rauminhalt. Dieses Verhältnis wird bestimmt durch Einbauten und Ladung.

Flutdauer Zeitspanne zwischen Niedrigwasser und dem darauffolgenden Hochwasser.

fluten 1. Das absichtliche Unterwassersetzen eines Raumes bei Feuer, das Füllen von Tanks zur Korrektur von Trimm und Stabilität, das Füllen der Tauchtanks bei U-Booten zum Zwecke des Tauchens.
2. In Tidengewässern spricht man von „fluten" nach Einsetzen des Flutstroms in Flußmündungen und an Küsten. Die Dauer, während der ein Flutstrom setzt, ist nicht identisch mit der → *Flutdauer*.
3. In der Binnenschiffahrt gebräuchlicher Ausdruck, der auf ein Schiff bezogen sagt, daß dieses für seinen Tiefgang ausreichenden Wasserstand zur Verfügung hat und seine Reise durchführen kann.

Flutstromgrenze Diejenige Grenze, bis zu welcher auf Flüssen, die in Tidengewässer münden, Ebbe und Flut zu spüren sind.

Flutstundenlinien In Gezeitenkarten Verbindungslinien der Orte, in denen gleichzeitig Hochwasser eintritt.

Flutwellen 1. Ein rein theoretischer Begriff: Die durch die Anziehungskräfte von Mond und Sonne und die Erddrehung hervorgerufenen, scheinbar die Erde umlaufenden beiden Wellenberge. Vergl. Gezeiten.
2. Plötzlich in freiem Seegebiet auftretende Wellen, die ihren Ursprung in Seebeben, unterseeischen Vulkanausbrüchen u. dergl. haben. Derartige Flutwellen können trotz geringer Wellenhöhe noch in weit entfernten Ausläufern infolge sehr großer Wellenlänge und damit außerordentlich hoher Fortpflanzungsgeschwindigkeit verheerende Wirkung ausüben. Siehe *Tsunami*.

Flying Dutchman Zweimannjolle mit 15 m² Segelfläche. Olympische Klasse, siehe dort.

Flying P-Liner Von englischen Seeleuten geprägte, ehrenvolle Bezeichnung für die schnellen Großsegler der Reederei F. Laeisz. Das P bezieht sich darauf, daß die Namen der Schiffe dieser Reederei mit P anfingen („Preußen", „Potosi", „Peking", „Padua", „Pamir", „Passat" usw. Das erste Schiff hieß „Pudel".).

fob (engl. *free on bord)*. Eine Lieferungsbedingung im Seefrachtgeschäft, die besagt, daß der Verkäufer die betreffende Ware zur verabredeten Zeit (innerhalb einer vereinbarten Frist) ohne Fracht- und sonstige Kosten an Bord des angegebenen Schiffes zu liefern hat.

Fock w. Im Gegensatz zum Treiber (Besan) achtern, ist die Fock ein „Zieher". Tatsächlich ist die wörtliche Bedeutung von *focken* ziehen, auch im Sinne von Segelhissen, aufziehen. Auf den Rahseglern war die Fock das große Untersegel des vordersten Mastes, des Fockmastes; also ein Rahsegel, kein Stagsegel. Auf allen übrigen Segelschiffen ist sie das dem Großmast (bei Schonern dem Schonermast) nächstgelegene Stagsegel. Die Bezeichnung *Stagfock* ist vielleicht auf solchen Schiffen noch sinnvoll, die außer dieser eine *Breitfock* setzen können, ein einfaches Rahsegel für raume bzw. achterliche Winde.
Der Name *Baumfock* sagt, daß das Fußliek der Fock an einem Baum befestigt ist, was ein Kreuzen ohne Bedienung der Fockschot ermöglicht.

Fockmast Auf allen Segelschiffen mit mehr als zwei Masten der vorderste Mast.
Bei den Anderthalbmastern Ketsch und Yawl ist der vordere der Großmast, bei Zweimastschonern der Schonermast.

Fockroller Vorrichtung auf einer Segelyacht, die das Vorsegel um das Vorstag aufrollt. Am oberen Ende des Stags befindet sich ein Wirbel, am unteren eine Rolle. Diese auf Binnenyachten schon weit verbreitete Vorrichtung kommt zunehmend auch auf Yachten in Küstengewässern zur Anwendung.

Focksel Von engl. *forecastle*, Abk. fo'c's'le; alter Seemannsausdruck für die Back, sowie früher für das Mannschaftslogis im Vorschiff.

Föhn Aus der Nordschweiz stammender Name für warme, trockene Fallwinde auf der Leeseite von Gebirgskämmen. So weht der Südföhn auf der Nordseite der Alpen oft mit großer Heftigkeit talabwärts. Umgekehrt überqueren beim Nordföhn mächtige Kaltluftmassen die Alpen. Bei der Abwärtsbewegung auf der Alpensüdseite tritt → adiabatische Erwärmung ein, die zusammen mit der jenseits des Gebirges freigewordenen Kondensationswärme den warmen, trockenen Charakter des Föhns bestimmen.

Folge Bei Leuchtfeuern die Dauer von einer Lichterscheinung bis zur nächsten, bei Gruppenkennung bis zur nächsten der gleichen Gruppe. Vergl. *Wiederkehr*.

Folgeschaden Damit ist in einem Schadensfall (z. B. einer Kollision) nicht diese selbst, sondern der aus ihr folgende Schaden gemeint, wie z. B. Zeitverlust durch die Reparatur o. ä.

Folkeboot Siehe Nordisches Folkeboot.

Förde Ableitung von dem gleichbedeutenden skandinavischen Wort *Fjord*. Langer, schmaler Meereseinschnitt mit vorwiegend flachen Küstenformationen zu beiden Seiten.

Formelklassen Siehe Konstruktionsklassen.

Formschwerpunkt Derjenige Punkt, in dem man sich die Resultierende aller Auftriebskräfte eines frei schwimmenden Schiffes vereinigt denken kann. Bedingt durch die Schiffsform wandert der Formschwerpunkt bei Krängung des Schiffes seitlich aus. Dieser seitliche Abstand der durch den Formschwerpunkt verlaufenden Gesamtauftriebskraft von der im Gewichtsschwerpunkt des Schiffes konzentrierten Schwerkraft ist die entscheidende Größe für alle Stabilitätsrechnungen.

formstabil Bei einem gekrängten (geneigten) Schiff wandert der Formschwerpunkt der Verdrängung nach der Seite aus. Dadurch entsteht ein wiederaufrichtendes Moment, das man sich aus der resultierenden Auftriebskraft im Formschwerpunkt, der resultierenden Gewichtskraft im Gewichtsschwerpunkt und dem zwischen beiden Kräften liegenden Abstand (Hebelarm der statischen Stabilität) denken kann. Als formstabil werden nun solche Schiffskörper bezeich-

formverleimter Sperrholzrumpf

net, bei denen, nach einer großen Anfangsstabilität, mit zunehmender Krängung das aufrichtende Moment kleiner und bei Erreichen eines kritischen Winkels (des Kenterwinkels) gleich Null wird.
Nach Überschreiten dieses Winkels wandert der Gewichtsschwerpunkt auf die andere Seite der resultierenden Auftriebskraft, und das Schiff kentert. Bleibt bei Schiffen mit sehr tiefliegendem Gewichtsschwerpunkt dieser selbst bei einer Krängung von 90° noch auf der aufrichtenden Seite, ist das Schiff unkenterbar. Dies ist praktisch nur bei Kielyachten mit tiefliegendem Außenballast der Fall. Man unterscheidet demgemäß formstabile Jollen und gewichtsstabile Kielyachten. Unkenterbar ist indessen nicht mit unsinkbar gleichzusetzen.

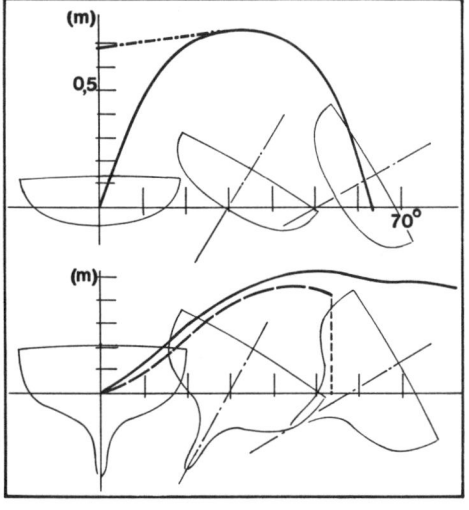

Zur Erläuterung der Begriffe formstabil (oben) und gewichtsstabil (unten). Über dem Krängungswinkel sind die Hebelarme der statischen Stabilität für eine leichte Jolle und für zwei Kielyachten aufgetragen. Charakteristischer Verlauf der Kurve bei der formstabilen Jolle: Steiler Anstieg (strichpunktiert mit nach Luv ausreitender Mannschaft), Kenterwinkel bei etwa 63°. Dagegen nehmen die Hebelarme gewichtsstabiler Kielyachten bei relativ geringer Anfangsstabilität mit dem Krängungswinkel zu. Ausgezogene Linie: seetüchtige Kreuzeryacht; gestrichelte Linie: offene Kielyacht, die bei ca. 53° vollläuft und sinkt.

formverleimter Sperrholzrumpf Eine moderne Bootsbauweise, bei der die Bootsschale aus einer Anzahl dünner Schichten (Furnieren) besteht, die über einer Form (einem Baukern) wasserfest miteinander verleimt werden. Im Gegensatz zur Verwendung schon fertig verleimter Sperrholzplatten gestattet die Formverleimung die Herstellung von Rümpfen jeder beliebigen Form. Die Anpressung der einzelnen Schichten an den Formkern kann auf verschiedene Weise erfolgen; entweder durch eine übergestülpte Negativschale mit Gummi oder Stahlbändern, oder mittels Luft- oder Wasserdruck beim sog. Drucksackverfahren.

Formwiderstand Auch dynamischer Widerstand genannt. Teil des Gesamtwiderstandes, der den Vortriebskräften bei einem fahrenden Schiff entgegenwirkt. Die sichtbare Wirkung des Formwiderstandes äußert sich in der Wellenbildung am Schiffskörper und in der Wirbelbildung im Kielwasser. Schon Newton fand die Abhängigkeit des Widerstandbetrages von der Dichte des Mediums, in dem sich der Körper bewegt, von Formfaktoren und dem Quadrat der Geschwindigkeit. Diese Formulierung ist grundsätzlich auch heute noch gültig; doch ist sie inzwischen in einer kaum noch überschaubaren Weise verfeinert. Vergl. Widerstand.

for order (engl.) Terminus aus dem Seefrachtgeschäft. Es kommt vor, daß verladene Güter weiterverkauft werden, solange das Schiff noch auf See ist, und daß das Schiff erst unterwegs telegraphisch oder in einem *for order* angelaufenen Hafen erfährt, in welchem endgültigen Hafen die Ladung gelöscht werden soll.

Fortpflanzungsgeschwindigkeit Darunter versteht man bei Wasserwellen die durch die kreisende Bewegung der Wasserteilchen sich fortbewegende geometrische Figur der Welle, nicht eine Fortbewegung des Wassers selbst. Fortpflanzungsgeschwindigkeit und Wellenlänge stehen physikalisch bedingt in einem einfachen mathematischen Verhältnis zueinander, was für alle Untersuchungen über Schiffsgeschwindigkeiten von Bedeutung ist. Bezeichnet v die Fortpflanzungsgeschwindigkeit, l die Wellenlänge und g die Fallbeschleunigung, ist

$$v = \sqrt{\frac{g \cdot l}{2\pi}}$$

Foster-King-System In den 20er Jahren aufgekommene Bauweise für Tanker. Hauptelemente der Querfestigkeit bildeten die Querschotte. Dazwischen verliefen von Schott zu Schott hohe Plattenträger ohne Unterbrechung als Längsverbände im Boden und an den Seiten. Die Querverbände waren normale Spanten im üblichen Spantabstand. Die Längsverbände waren nicht mit der Außenhaut, sondern mit den Spanten an deren Innenkante vernietet. Man vermied bei dieser Bauweise – es handelte sich noch um vollständig genietete Schiffe – weitmöglichst eine Verbindung der Längsversteifung mit der Außenhaut, da man in der Biegung der Außenhautplatten um die Längsverbände eine Ursache für die häufig aufgetretenen Leckagen sah. Das Foster-King-System bedeutete eine erhebliche Verbesserung der Tankerkonstruktion in jener Zeit. Eine endgültige Lösung der Probleme Festigkeit und Dichtigkeit brachte jedoch erst die Schweißtechnik.

Föttinger-Kupplung Von H. Föttinger erfundene hydraulische Kupplung, die geeignet ist, die ungleichmäßigen Drehmomente von Kolbenmaschinen auszugleichen und ohne Schwankungen zu übertragen. Derartige Kupplungen werden verwendet, wenn Dieselmotoren nicht direkt auf die Propellerwelle arbeiten (Vulcan-Getriebe).

Fracht Ein ursprünglich friesisches Wort, das sich seit dem 13. Jh. nach allen Seiten hin ausgebreitet hat. Aus der frühen Bedeutung Lohn, Verdienst wurde „der Preis für die Überfahrt" und schließlich die Ladung selbst. Heute versteht man unter Fracht:

1. Die Ladung eines Schiffes.
2. Die Bezahlung für die Verschiffung einer Ladung. Die Frachtberechnung erfolgt bei Stückgut aufgrund des Gewichtes oder des Raumbedarfs der Ladung; oder sie wird in anderer Weise vereinbart, wie z. B. als Pauschalfracht (*lumpsum*), Zeitfracht (bei Zeit-Charter) oder nach der Tragfähigkeit des gecharterten Schiffes (bei Reise-Charter).

Als Berechnungseinheit kann sowohl ein Gewichtsmaß als auch ein Raummaß zugrunde gelegt werden. Vergl. Frachttonne.

Frachtraten Die Preise für den Transport von Waren vom Lade- zum Löschhafen. Die Höhe der Frachtraten, die im einzelnen ausgehandelt oder nach Tarifen festgesetzt wird, hängt von zahlreichen Einflußgrößen ab, wie z. B. Menge, Beschaffenheit und Wert der Ladung, sodann von Bedingungen, die mit dem Reiseweg zusammenhängen wie Entfernung, Klima, Kanalgebühren, Hafenanlagen (*port facilities*) usw., ferner von der Güte des Schiffes (Geschwindigkeit, Betriebskosten, Tragfähigkeit, Ladegeschirr etc.) und schließlich von Konkurrenzangeboten.

Frachter, Frachtschiff Auch Stückgut- oder Trockenfrachter, Seeschiff mit einer Tragfähigkeit bis etwa 15 000 tdw und bis ca. 21 kn Geschwindigkeit zum Transport von Stückgut. Die Schiffe sind in der Regel der Länge nach in 5 Laderäume geteilt; die Maschine befindet sich hinter dem 3. oder 4. Raum. Über den Unterräumen liegen 1 oder 2 Zwischendecks. Charakteristisch ist ein umfangreiches bordeigenes Ladegeschirr mit 2 Baumpaaren oder Kränen von 5–10 t Tragkraft pro Luke, zusätzlich in den mei-

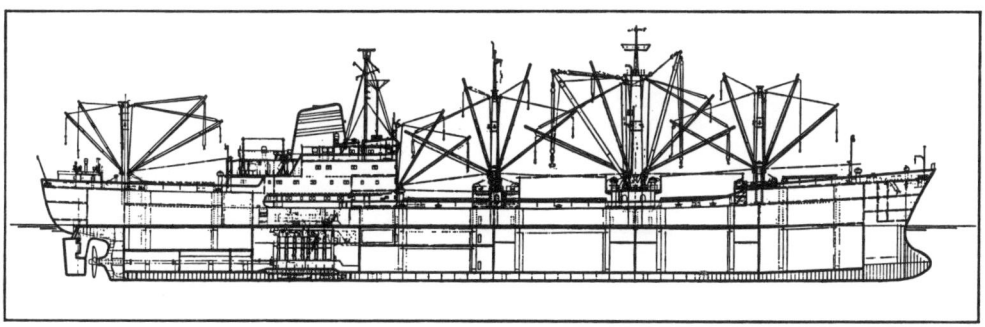

13 500 tdw Stückgut-Frachter für den Afrika-Dienst. Antrieb Dieselmotor. Geschwindigkeit 19 kn.

Frachttonne

sten Fällen 1 Schwergutbaum. Die Schiffe haben einen über die gesamte Länge des Laderaumbereiches sich erstreckenden Doppelboden, der in einzelne Zellen (Tanks) aufgeteilt ist und Brennstoff bzw. Wasserballast aufnimmt. In den scharfen Schiffsenden liegen die Piektanks. Von der früher üblichen Einrichtung für bis zu 12 Fahrgäste kommt man mehr und mehr ab. Nach Anzahl der Schiffe bilden die Frachter den überwiegenden Anteil der Welthandelsflotte; in bezug auf die Tonnage haben sie die Führung an die Tanker abgetreten.

Frachttonne Die der Frachtberechnung zugrundegelegte Gewichts- oder Volumenmaßeinheit. Als Gewichtseinheit gilt die metrische Tonne (t à 1000 kg) oder die long ton (ton à 1016 kg). Als Volumeneinheit kommt neben dem Kubikmeter die shipping ton (freight ton oder measurement ton) vor. Sie beträgt in Gr. Brit. 40 cu. ft. (1,133 m^3), in Amerika auch 42 cu. ft. (1,189 m^3). Vergl. hierzu *Tonne*.

Frachtvertrag Vertrag, durch den ein Verfrachter gegen Entgelt die Beförderung von Gütern übernimmt, die seiner Obhut anvertraut sind. Die Vertragsparteien sind im Seefrachtgeschäft: der Befrachter (Verlader) und der Verfrachter (Frachtführer). Absender und Befrachter (Verlader) kann auch ein Spediteur sein, der den Frachtvertrag für Rechnung eines anderen, im Seefrachtgeschäft des Abladers, Versenders, abschließt.

Franchise (frz.) w. Freiteil, Freigrenze.
Franchise-Klauseln dienen im Versicherungsgeschäft zur Vermeidung der Versicherungs-Inanspruchnahme bei Bagatellschäden. Schadenersatz wird nur geleistet, wenn der Schaden eine festgesetzte Summe (bzw. einen bestimmten Prozentsatz) überschreitet. Bei der sogenannten *Integralfranchise* ist, wenn die Freigrenze überschritten wird, der gesamte Schaden zu ersetzen, während bei der *Abzugsfranchise* nur der über die Freigrenze hinausgehende Schaden bei der Versicherungsleistung berechnet wird.

Fregatte Ein Wort romanischen Ursprungs, das zuerst im Mittelmeerraum für ein Schiffsbeiboot gebraucht wurde (16. Jh.). Später bezeichnet es ein kleineres schnelles Kriegsschiff mit drei vollgetakelten Masten und nur einer gedeckten Batterie, d. h. weniger als 50 Kanonen (Mitte des 17. Jh.). Danach erst wurden auch Handelsschiffe, die wie Fregatten gebaut und getakelt waren, als solche bezeichnet (18. und 19. Jh.).
Die als Kriegsschiffe operierenden Fregatten des 19. Jh. teilte man nach Größe und Aufgabenbereich in Kreuzerfregatten und Panzerfregatten, bis in Deutschland 1893 eine Neubenennung der Kriegsschiffklassen erfolgte.
Der Name *Fregatte* lebt weiter in den modernen Kriegsflotten als Bezeichnung für ein aus dem Zerstörer entwickeltes Geleitfahrzeug zum Schutz von Handelsschiffen, was der ursprünglichen Aufgabe des als Fregatte bezeichneten Schiffstyps entspricht.

frei 1. Im Frachtgeschäft gebräuchlicher Vermerk, der angibt, bis zu welchem Verbringungsort eine Ware für den Empfänger kostenfrei geliefert wird: frei an Bord, frei Kai, frei Bahnhof Verschiffungshafen, frei Haus usw.
2. „frei von . . ." in Versicherungsverträgen bedeutet eine Freizeichnungsklausel von Schäden unter besonders anzugebenden Umständen.

Freibeuter Von nl. *vrijbuiter*, Seeräuber. Personen, die Seeraub auf eigene Faust betreiben, ohne → Kaperbrief.

Freibord Der Freibord, eine für den über dem Wasser liegenden Teil des Schiffes charakteristische Größe, ist von größter Bedeutung hinsichtlich der Schwimmfähigkeit (Reserve-Deplacement) und Stabilität des Schiffes. Freibord nennt man auf Handelsschiffen den auf halber Schiffslänge gemessenen, vertikalen Abstand zwischen der im vollbeladenen Zustand zulässigen Schwimmwasserlinie und dem Freiborddeck, dem obersten wasserdichten Deck. Die Eintauchung ist in engen Grenzen variabel je nach Jahreszeit und Fahrtgebiet (vergl. Freibordmarke). Die Festlegung des Freibordes von Seeschiffen ist gemäß der hohen Bedeutung für die Schiffssicherheit aufgrund internationaler Übereinkommen gesetzlich geregelt („Internationales Übereinkommen über den Freibord der Kauffahrteischiffe" vom 5. Juli 1930, Bekanntmachung 12. 10. 33, und „Internationale Konferenz über den Freibord, 1966" (3. III.–5. IV. 1966 in London). Bei Segelyachten ist der Freibord eine Größe, die im Sinne der Schiffssicherheit positiv bewertet und darum in den Vermessungsformeln den Rennwert vermindernd eingesetzt wird.

freie Oberflächen

Freiborddeck Auf Handelsschiffen das oberste, feste, durchlaufende Deck mit „festen Verschlüssen". Von diesem Deck aus wird der nach internationalen Vorschriften festgelegte Freibord gemessen und durch Anbringung der Freibordmarke angezeigt.

Freibordmarke Der vorgeschriebene Mindestfreibord wird an der Außenhaut eines Handelsschiffes durch Anbringen eines Decksstriches und der Freibordmarke auf beiden Schiffsseiten auf halber Schiffslänge gekennzeichnet. Die im Abstand des Freibords unter dem Decksstrich angekörnte und aufgemalte Freibordmarke gibt an, wie weit das voll abgeladene Schiff eintauchen darf. Ein waagerechter Strich durch einen Kreis mit 30 cm Durchmesser bezeichnet die zulässige Eintauchung für „Sommer, Seewasser". Der Abstand von diesem Strich bis zum Decksstrich ist der sogenannte *Sommerfreibord*. Neben dieser, mit den Anfangsbuchstaben der Klassifikationsgesellschaft (unter deren Aufsicht das Schiff gebaut ist) versehenen Marke, sind übereinander weitere Striche angebracht, die die erlaubten Eintauchungen für Winter und Winter-Nordatlantik (unter der Sommermarke liegend), sowie für Tropen, Frischwasser und Frischwasser-Tropen (über der Sommermarke liegend) anzeigen.
Der Winter-Nordatlantik-Freibord braucht nur auf Reisen eingehalten zu werden, die nördlich des Breitenparallels 36° N verlaufen, d. h. nur, wenn sowohl Abfahrts- als auch Bestimmungshafen nördlich von 36 ° N liegen. Zur Festlegung der für S, W, T gültigen Zeiten siehe *jahreszeitliche Zonen*.
Für Schiffe mit Holz-Deckslast sind größere Tiefgänge zugelassen. Die dafür gültigen Lademarken sind durch ein H oder ein L (*lumber)* gekennzeichnet.

Freibordzertifikat Eine von der Klassifikationsgesellschaft (in Deutschland im Auftrag der See-Berufsgenossenschaft oder auch von dieser selbst) ausgestellte Urkunde zum Nachweis der vorschriftsmäßigen Anbringung der Freibordmarke.

Freidecker Handelsschiff mit besonderen Vermessungsbedingungen. Der Freidecker ist Ende der 60er Jahre aus dem Schutzdecker (Shelterdecker) hervorgegangen und hat, wie dieser, zwei Vermessungen mit zwei zugelassenen Tiefgängen, doch wird auf spezielle Schutzdeckereinrichtungen, wie Vermessungsöffnungen u. dergl. verzichtet.
Man unterscheidet reine Freidecker und „Schiff mit Vermessungsmarke" (*ship with tonnage mark),* auch „Volldecker-Freidecker" genannt. Damit wird zum Ausdruck gebracht, daß das Schiff jederzeit als Volldecker oder Freidecker fahren kann, je nachdem, wie weit das Schiff abgeladen ist.
Den reinen Freidecker gibt es deshalb, weil in manchen Häfen bei Wechselschiffen grundsätzlich die höhere Vermessung gilt und damit die Vorteile der Doppelvermessung entfallen. Eine Umstellung der reinen Freidecker darf nur alle zwei Jahre, und zwar im Heimathafen, erfolgen.

freie Oberflächen Man spricht von *freien Oberflächen,* wenn Tanks an Bord nicht ganz gefüllt sind, so daß die Flüssigkeit (Ballastwasser, Brennstoff oder Ladeöl) hin und her

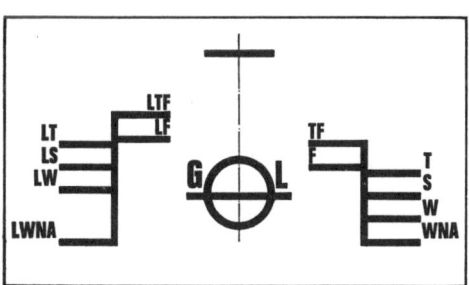

Freibordmarke eines normalen Seeschiffes (rechts) und zusätzliche Freibordmarke eines Schiffes mit Holz-Deckslast (links).

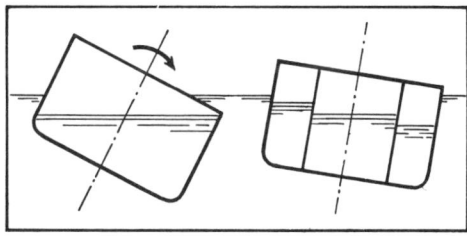

Die stabilitätsgefährdende Wirkung großer freier Oberflächen und im Vergleich dazu kleinere freiere Oberflächen bei längsschiffs unterteilten Räumen.

Freihafen

schwappen kann. Da freie Oberflächen die → Stabilität des Schiffes herabsetzen, sollten alle größeren Tanks nach Möglichkeit ganz voll oder leer sein. (Siehe Abb. S. 101)
Den Effekt freier Oberflächen kann auch eine lose Getreideladung haben, daher ist Getreide bis gut unter Deck zu verladen, oder es sind Abdeckungen, Getreideschotte oder Feeder anzuordnen. Siehe *gefährliche Ladungen.*

Freihafen Ein im Hafen durch eine Zollgrenze abgetrenntes Gebiet, das als Zollausland gilt. Ein solches Zollfreigebiet dient dem Umschlag und der Lagerung von Gütern für Zwecke des Außenhandels sowie dem Schiffbau. Zollpflicht besteht nur beim Einbringen von Ware in das Zollgebiet; im übrigen kann die Ware ohne Aufsicht der Zollbehörde im Freihafen lagern und wieder ausgeführt werden. Die Einrichtung von Freihäfen kennt man seit dem 16. Jh.
Der erste Freihafen war Livorno (1547). Danach folgten Genua, Neapel, Venedig und andere. In Deutschland hatten Altona, Hamburg und Bremen Zollfreiheit.
Anfangs verstand man unter Freihafen eine Hafenstadt, deren ganzes Gebiet außerhalb der Zollgrenze lag, doch kam man mit dem Anwachsen der Städte davon ab. Die Umstellung auf Freihäfen im engeren Sinne erfolgte im 19. Jh.
Der einzige wirkliche Freihafen der Bundesrepublik Deutschland ist Hamburg; doch gibt es ähnliche Einrichtungen in Bremen, Bremerhaven, Emden, Kiel, Lübeck und Flensburg. In diesen Städten heißen die abgegrenzten Gebiete *Freihafenbezirke.* Sie sind kein wirkliches Zollausland, werden jedoch in etlichen Punkten als solches behandelt.

Freiheit der Meere Das oberste Prinzip des internationalen Seerechts. Es besagt, daß das offene Meer nicht unter der nationalen Herrschaft einzelner Staaten ist, sondern allen Nationen für freien Verkehr, Fischerei und sonstige Nutzung offensteht. Besondere Bestimmungen galten von jeher für Seeraub, Seekrieg, Schmuggel usw.
Der Begriff „Freiheit der Meere" bezeichnet heute insbesondere eine marktwirtschaftliche Ordnung der Weltschiffahrt, die den Reedereien aller Länder die unbehinderte Teilnahme am Weltverkehr gestattet. In den Genfer Seerechtskonventionen von 1958 (Konventionen über die hohe See, die Territorialgewässer, Shelf, Fische-

rei) ist der Begriff „Freiheit der Meere" juristisch verankert.

freijackeln Eine aufgelaufene Yacht durch schnelles Seitenwechseln der Mannschaft in Bewegung versetzen, um das Abschleppen zu erleichtern.

freikreuzen Segelt eine Yacht bei auflandigem Wind vor einer Küste (auf Legerwall), muß sie sich (vom Land) freikreuzen, um offenen Seeraum zu gewinnen.

Freizeichnung Im Versicherungswesen eine Vertragsbedingung, durch welche in besonders anzugebenden Fällen eine Haftung ausgeschlossen wird.

Fremdpeilung Methode der Funkortung, bei der ein Schiff seinen Standort nicht selbst ermittelt, sondern bei welcher es von zwei oder mehreren Peilfunkstellen aus gepeilt wird. Das auf diese Weise ermittelte Ergebnis wird dem Schiff von der Peil-Leitstelle über Funk mitgeteilt. Vergl. Funkpeilung.

Frequenz (lat.) Schwingungszahl; Anzahl der Schwingungen pro Sekunde. Die Schwingungszahl ist der reziproke Wert der Schwingungsdauer, der Quotient aus Fortpflanzungsgeschwindigkeit und Wellenlänge.
Für elektromagnetische Schwingungen gilt:

$$\text{Frequenz} = \frac{\text{Lichtgeschwindigkeit}}{\text{Wellenlänge}}$$

In der Funktechnik wird die Frequenz in tausend oder Millionen Schwingungen pro Sekunde angegeben: in Kilohertz [kHz] oder Megahertz [MHz].
Dabei unterscheidet man: Sehr niedrige (bis 30 kHz), niedrige (bis 300 kHz), mittlere, hohe, sehr hohe, bis zu den extrem hohen Frequenzen von bis zu 300 000 MHz (Grenze der elektrischen Sendeschwingungen).

Frequenzband In der Nachrichtentechnik die Bezeichnung für einen schmalen Frequenzbereich zwischen zwei Frequenzwerten. Die Zuteilung erfolgt gemäß internationaler Vereinbarung.
Siehe hierzu die Übersicht auf der nächsten Seite.

Längstwellen	30 000 – 10 000 m	10 – 30 kHz	Überseetelegraphie,
Langwellen	10 000 – 1 000 m	30 – 300 kHz	Zeitsignale, Wetterdienst, Rundfunk
Mittelwellen	1 000 – 187 m	300 – 1600 kHz	Seefunk auf nähere Entfernungen, Funknavigation, Rundfunk
Grenzwellen	187 – 71,5 m	1,6 – 4,2 MHz	Küstenfunk
Kurzwellen	71,5 – 10 m	4,2 – 30 MHz	Seefunk auf große Entfernungen, Rundfunk, Flugfunk, Amateurfunk
UKW	10 – 1 m	30 – 300 MHz	Sprechfunk, Fernsehen, Flugfunk, Rundfunk
Dezimeterwellen	1 – 0,1 m	300 – 3000 MHz	Radar, Funknavigation,
Zentimeterwellen	10 – 1 cm	3 – 30 GHz	Fernsehen, Satellitenfunk

Fresnelsche Linse Nach dem franz. Physiker Fresnel (1788–1827) benanntes, prismatisch geschliffenes Glas, das die Strahlen einer Lichtquelle derart bricht, daß sie nicht radial auseinanderstreben, sondern in eine Ebene konzentriert werden. Durch diese Konzentration der Lichtenergie wird die Tragweite der Lichter wesentlich erhöht. Dies ist insbesondere bei farbigen Lichtern vonnöten, da die Durchlässigkeit farbigen Glases gering ist und dadurch die Leuchtkraft der Lichtquelle stark herabgesetzt wird. Sind für Leuchtfeuer Fresnellinsen unentbehrlich, wirkt sich bei Schiffspositionslampen nachteilig aus, daß außerhalb des Konzentrationsbereiches des Lichtes dieses um so schwächer ist und somit ein positiver Effekt nur erreicht wird, wenn das Schiff aufrecht schwimmt. Man versucht daher, für Schiffe, insbesondere für Yachten, andere Lösungen zu finden.

frische Brise Wind um Stärke 5. Auf Yachten beginnt man zu reffen und kleinere Vorsegel zu setzen.

Frischwasser In der Schiffahrt gebräuchlicher Ausdruck für Wasser mit dem spezifischen Gewicht 1 (im Gegensatz zum Seewasser, für welches ein mittlerer Wert von 1,025 gerechnet wird). Man bezeichnet mit Frischwasser sowohl das an Bord mitgeführte Trink- und Speisewasser als auch Flußwasser, in dem ein Schiff schwimmt. Vergl. Freibordmarke.

Front Die Zone, wo eine Frontalfläche auf der Erdoberfläche auftrifft. Unter Frontalfläche versteht man die geneigte schmale Grenzzone zwischen Luftmassen unterschiedlicher Temperatur. Je nach der beim Durchzug erfolgenden Temperaturänderung unterscheidet man: Warmfront, wenn warme gegen kalte Luft vordringt, und Kaltfront, wenn kalte Luft gegen warme anströmt. Siehe auch Okklusion.

Frontschott Vorderes Querschott, das einen Aufbau abschließt. Die Vorderwand der Kommandobrücke z. B. ist das Brückenfrontschott. Aber auch das vordere Schott einer Poop ist ein Frontschott. Die schwerste Beanspruchung, der ein Frontschott ausgesetzt wird, ist der Seeschlag. Für Materialstärke und Aussteifung sind also, neben den Abmessungen, die Höhe über der Wasserlinie und die Schiffsgeschwindigkeit von Bedeutung.

Froudesche Zahl Der nach dem englischen Physiker William Froude (1810–1879) benannte mathematische Ausdruck für den Begriff *relative Geschwindigkeit,* der die Schiffsgeschwindigkeit (v) mit der Wasserlinienlänge des Schiffes (L) in Beziehung bringt:

$$F = \frac{v}{\sqrt{g \cdot L}}$$

Durch die Fallbeschleunigung (g) wird der Ausdruck dimensionslos und damit unabhängig

Fruchtschiff

vom Maßsystem, in dem gerechnet wird. Vergl. *relative Geschwindigkeit* und *Ähnlichkeitsgesetz*.

Fruchtschiff Schnelles Frachtmotorschiff bis etwa 6000 BRT mit isolierten Ladekühlräumen. Meistens sind die Fruchtschiffe auch für die Verschiffung von Fleisch geeignet und haben Kühlmaschinen, die Raumtemperaturen von $-20°$ C garantieren, in einzelnen Fällen sogar noch tiefere. Siehe Kühlschiff.

Frühlingspunkt Auch Widderpunkt. Derjenige der beiden Schnittpunkte des Himmelsäquators mit der Ekliptik, in dem die Sonne am Frühlingsanfang (21. März) steht, bei ihrem Übergang von südlicher zu nördlicher → Abweichung. Dieser Punkt kann für überschaubare Zeitspannen als am Himmel festliegend angesehen werden und ist der Bezugspunkt für den Fixsternhimmel. Der Stundenkreis durch den Frühlingspunkt ist der Null-Stundenkreis im → Koordinatensystem des Frühlingspunktes. Über sehr lange Zeiträume hinweg ist die Lage des Frühlingspunktes wegen der Präzessionsbewegung der Erde nicht konstant; er wandert längs der Ekliptik im entgegengesetzten Sinne der scheinbaren Sonnenbewegung. Im Altertum stand der Frühlingspunkt im Sternbild Widder; heute steht er im Sternbild Fische am Rande zum Wassermann. Ein voller Umlauf des Frühlingspunktes heißt platonisches Jahr und dauert ca. 25 800 Jahre.

Frühstart Das zu frühe Passieren der Startlinie bei einer Wettfahrt. Zu früh gestartete Boote werden durch eine ihnen vor Beginn der Regatta zugeteilte Rückrufnummer zurückbeordert und müssen die Startlinie ein zweites Mal passieren. Zurückgerufene Fahrzeuge müssen den startenden aus dem Wege gehen, auch wenn sie normalerweise Wegerecht hätten.

Führerscheine (Sportschiffahrt) Vom Deutschen Segler-Verband und Deutschen Motoryachtverband werden Führerscheine erteilt, die im In- und Ausland als Befähigungsnachweis zur Führung von Segel- und Motoryachten dienen. Die nach den Vorschriften des DSV in der Fassung vom 26. 4. 1970 festgelegten Führerscheinarten heißen:
1. Führerschein Binnenschiffahrt (A).
Binnenfahrt umfaßt alle Binnengewässer außerhalb des Geltungsbereichs der Seestraßenordnung.
2. Führerschein Revierfahrt (BR).
Revierfahrt umfaßt alle Gewässer bis zur jeweiligen völkerrechtlichen 3-sm-Grenze, soweit sie von Seeschiffen befahren werden.
3. Führerschein Küstenfahrt (BK).
Küstenfahrt umfaßt alle Gewässer der Ostsee, die Gewässer zwischen Nord- und Ostsee, die Nordsee bis 61° nördliche Breite (Linie Sognefjord-Shetlandinseln) einschließlich der englischen Ostküste und des Kanals bis zur Linie Lizzard Point/Isle d'Oussant; außerhalb dieser Grenzen alle Küstengewässer innerhalb eines 12-sm-Bereichs.
4. Führerschein *Seefahrt* (C).
Seefahrt umfaßt alle Gewässer.

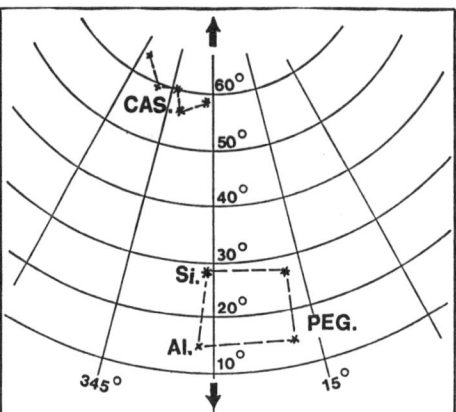

Denkt man sich eine Linie vom Nordstern rechts am Sternbild Cassiopeia vorbei über die beiden linken Sterne des Sternbild Pegasus (Sirrah und Algenib), dann liegt der Frühlingspunkt in Richtung des unteren Pfeils. (Der obere zeigt zum Nordstern.)

Fünfmastbark Schiff mit vier vollgetakelten Masten und einem Besanmast. Die in Deutschland übliche Bezeichnung der Masten ist (von vorn nach achtern):
Fockmast, Großmast, Mittelmast, Haupt- oder Laeiszmast, Besanmast.
Es hat 6 Fünfmastbarken gegeben:
„France" (1890–1901), „Maria Rickmers" (1891–1892), „Potosi" (1895–1925), „R. C. Rickmers" (1906–1917), „France" II (1911–1922), „Kjøbenhavn" (1921–1928).

Fünfmastvollschiff Segelschiff mit fünf vollgetakelten Masten. Benennung der Masten wie bei Fünfmastbark mit Ausnahme des letzten Mastes, der bei Vollschiffen Kreuzmast heißt. Es gab nur ein Fünfmastvollschiff auf der Welt, die „Preußen" der Reederei F. Laeisz, Hamburg. Um eine Vorstellung von der Größenordnung zu geben, die die Segelschiffe in der letzten Phase ihrer Entwicklung erreichten, seien hier die Hauptabmessungen der „Preußen" wiedergegeben.

Länge ü. a.	=	133,19 m
Länge p. p.	=	121,92 m
Breite	=	16,40 m
Seitenhöhe	=	9,90 m
Tiefgang	=	8,23 m
L : B	=	7,44
$\delta = \dfrac{V}{L \cdot B \cdot T}$	=	0,68
Leergewicht	=	3550 t
Tragfähigkeit	=	8000 t
Gesamtverdrängung	=	11550 t
Vermessung	=	5080 BRT
		4765 NRT
Segelfläche	=	5560 m²
Besatzung		50

Das Schiff wurde bei der J. C. Tecklenborg AG, Geestemünde, gebaut, lief 1902 vom Stapel und strandete 1910 nach einer Kollision bei Dover auf seiner 14. Reise.

Funkazimut Die rechtweisende Großkreispeilung eines Funkfeuers; der Winkel am Schiff zwischen rw. Nord und dem Funkfeuer.

Funkbeschickung Funkseitenpeilungen bedürfen infolge der durch die Bordablenkung des Funkstrahls entstehende Verfälschung des Peilwinkels einer Korrektur, der Funkbeschickung. Metallteile, insbesondere z. B. das stehende Gut einer Yacht, wirken bis zu einem gewissen Grade wie Antennen und verursachen Rückstrahlungen. Der Fehler ist von Kurs zu Kurs verschieden und wird – analog zur Aufstellung einer Deviationstabelle – durch Vergleich mit fehlerfreien optischen Peilungen tabellarisch erfaßt. Die Funkbeschickung muß, entsprechend ihrem Vorzeichen, der abgelesenen Funkseitenpeilung zugerechnet oder abgezogen werden. Es gibt aber mechanische oder elektrische Einrichtungen am Funkpeiler, die eine fehlerfreie Ablesung gestatten, sogenannte Funkbeschicker.

Funkelfeuer Leuchtfeuer mit sehr schnell aufeinanderfolgenden weißen oder farbigen Lichterscheinungen (60 oder 50 in der Minute). Man unterscheidet Funkelfeuer mit dauerndem Funkel, mit Gruppen von 3 und 9 Funkeln, mit Gruppen von 6 Funkeln und 1 Blink sowie mit Unterbrechungen. Darüber hinaus gibt es schnelles Funkelfeuer (120 oder 100 Blitze pro Minute).

Funkfehlweisung Die Ablenkung des Funkstrahls. Sie kann verschiedene Ursachen haben: Einflüsse am Sendeort, Wegablenkungen und Rückstrahlfelder am Empfangsort, am Schiff. Nur die letztgenannte Ablenkung ist erfaßbar und wird durch Funkbeschickung korrigiert.

Funkfeuer An den Küsten angelegte Funksender, die für die Schiffahrt ohne Unterbrechung ihre Zeichen aussenden.
Die Sender unterscheiden sich voneinander durch verschiedene Sendefrequenzen und Kennungen. Jedes Funkfeuer hat ein individuelles Signal aus zwei Morsebuchstaben, die in den dem Sender eigenen Abständen wiederholt oder auch ununterbrochen ausgestrahlt werden. Die Ausstrahlungen ermöglichen es einem Schiff, durch Peilungen die Richtung des Funkfeuers zum Schiff festzustellen; es ergibt sich eine *Funkstandlinie.* Der Schnittpunkt zweier Funkstandlinien ergibt den Funkstandort des Schiffes. Man unterscheidet Kreisfunkfeuer, Richtfunkfeuer, Drehfunkfeuer u. a.

Funknavigation Schiffsführung unter Zuhilfenahme von Funkhilfsmitteln zur Standortbestimmung auf See.

Funkoffizier Der für die drahtlose Verbindung zum Land und zu anderen Schiffen verantwortliche Offizier. Diese Stellung nahm in der Frühzeit der drahtlosen Telegraphie ein Postbeamter ein; seine Funkbude samt Einrichtung gehörte der Reichspost. Doch seit langem gehört die Funkstation zur Schiffsausrüstung, und der angehende Funkoffizier macht eine Ausbildung durch, die in bezug auf Seefahrtszeit und Anforderungen der Ausbildung anderer Schiffsoffizierslaufbahnen entspricht. Der Funkoffizier ist oft zugleich Verwaltungsoffizier an Bord. Vergl. Seefunkzeugnis.

Funkortungskarten

Funkortungskarten Seekarten in → gnomonischer Projektion, in welcher die Großkreise als gerade Linien erscheinen, so daß die Funkpeilungen ohne Loxodrombeschickung als gerade Linien eingetragen werden können.

Funkpeiler Funkempfänger, mit dem man mittels einer Richtantenne (Drehrahmen, Ferritstab oder Kreuzrahmen) ein Funkfeuer peilen kann. Man hat die gewünschte Funkseitenpeilung, wenn die Lautstärke der empfangenen Signale ihr Minimum erreicht hat. Es gibt jedoch auch Peilempfänger, mit denen sich die Peilrichtung nicht akustisch, sondern mit Anzeigeinstrument (Braunsche Röhre) feststellen läßt (Sichtpeiler).

Funkpeilung Entsprechend der optischen Peilung einer Landmarke oder eines Seezeichens mit Peilkompaß oder Peilscheibe wird ein Funkfeuer mit einem Funkpeiler gepeilt. Die Funkseitenpeilung (Peilung bezogen auf die Schiffslängsachse) bedarf einer Korrektur, da die Funkstrahlen Ablenkungen erfahren.
(Hinsichtlich der exakten Definition des Wortes „Funkpeilung" ist zu sagen, daß sowohl der Peilvorgang als solcher darunter verstanden wird, als auch lediglich das Peilergebnis.) Bei der Funkpeilung unterscheidet man Eigenpeilung und Fremdpeilung. Die Eigenpeilung geschieht von Bord aus; bei der Fremdpeilung werden die vom Bordsender ausgestrahlten Peilzeichen von Land aus gepeilt und dem Schiff das Ergebnis übermittelt.

Funkstandlinie Kurve auf der Erdoberfläche, auf welcher eine mit Hilfe eines Funkortungsverfahrens meßbare Größe (Winkel, Entfernungsunterschied) an Bord konstant bleibt.

Funkstandort Ein durch Funkortung bestimmter Standort.

Funkstille Zur Erleichterung des Empfangs von Seenotrufen müssen jede Stunde je zweimal für 3 Minuten Telegrafie- und Sprechfunkstellen auf Empfang stehen, und zwar: Telegrafiefunk auf 500 kHz von der 15. bis 18. sowie von der 45. bis 48. Minute, Sprechfunk auf 2182 kHz von der 0. bis 3. sowie von der 30. bis 33. Minute. Sendungen in der Nähe dieser Frequenzen müssen in diesen Zeiten unterbleiben, sofern es sich nicht um Not-, Dringlichkeits- oder Sicherheitssendungen handelt.

Funkstrahlablenkungen Es gibt verschiedene Arten der Ablenkung eines Funkstrahles außerhalb des Schiffes:
1. Wegablenkungen. Sie entstehen beim Übergang eines Funkstrahles von Land auf See und umgekehrt, ferner beim Übergang von einer Luftschicht in eine andere mit abweichender Temperatur und Dichte, sowie durch Hindernisse wie Berge, Städte, usw.
2. Dämmerungseffekt. Diese Benennung rührt daher, daß insbesondere in der Zeit von etwa 1 Stunde vor bis 1 Stunde nach Sonnenauf- bzw. -untergang eine Funkstrahlablenkung spürbar ist; doch auch in der Nacht ist eine solche bemerkbar (Nachteffekt). Die Ursache liegt in der Reflexion der Raumwellen an der unteren Schicht der Ionosphäre.
3. Ablenkung durch magnetische Stürme.

Fuß Alte Längenmaßeinheit, die von der Länge des menschlichen Fußes abgeleitet ist. Dieses Maß war in zahlreichen Ländern üblich, aber überall – und selbst innerhalb der einzelnen Länder – verschieden. Es differierte zwischen 250 und 435 mm. Das einzige Fußmaß, das heute noch (und besonders für die Schiffahrt) internationale Bedeutung hat, ist das englische:

1 Fuß (foot, ft. oder ′) = 304,8 mm
1 Fuß ist in 12 Zoll unterteilt
1 Zoll (inch oder ″) = 25,4 mm
1 Zoll ist in 12 Linien unterteilt
1 Linie (line oder ‴) = 1,12 mm

Es ist in Schiffbau und Schiffahrt jedoch üblich, nicht mit der Linie als kleinster Einheit zu rechnen, sondern mit achtel (oder auch mit $/_{16}$, $/_{32}$, $/_{64}$ Zoll). Bei Rechnungen, in denen Zoll- und Fußwerte multipliziert werden müssen, werden sie auch mit Dezimalstellen verwendet. Eine konsequente Umstellung auf das Dezimalsystem wird weltweit vorbereitet (Umrechnung s. Anhang).

Fuß- Das Wort *Fuß* in zusammengesetzten Wörtern bedeutet im allgemeinen soviel wie *Unter-* (Fußliek, Fußrah, usw.). Nur beim Fußpferd ist ein Haltetau zum Drauftreten gemeint. Siehe Pferd.

futtern Eine bei geplankten hölzernen Schiffen angewandte Methode, undichte Plankennähte durch Sägespäne von außen her zu verstopfen. Durch das eindringende Wasser werden die Späne mitgenommen und setzen sich in den Ritzen fest.

G

Gaffel Die Gaffeltakelung ist eine Erfindung der Holländer und breitete sich im 17. Jh. aus. Sie hat ihren Namen von der Gaffel (Gabel), der am unteren Ende gabelförmig gearbeiteten Spiere, an der das Oberliek des Gaffelsegels befestigt ist, welches die Gestalt eines unregelmäßigen Vierecks hat. Das gabelförmige untere Ende der Gaffel umfaßt den Mast und heißt *Klau* (früher auch Mick), das dort angeschlagene Fall Klaufall. Das obere Ende der Gaffel heißt *Piek*, das die Gaffel in ihrer schrägen Position haltende Fall Piekfall. Gaffeln, die mit Piek- und Klaufall vorgeheißt werden, heißen auch lose Gaffeln im Gegensatz zu denen auf großen Segelschiffen, die beim Segelbergen stehen blieben. Solche Gaffeln wurden durch den Gaffelstander und die Geeren in ihrer Ruhelage fixiert.

Das Gaffelsegel übertraf an Wirksamkeit bei weitem alle Segel früherer Zeiten: Gaffelschoner waren die verbreitetsten und leistungsfähigsten Küstensegler bis in unser Jahrhundert hinein. Doch während in Amerika Gaffelschoner mit 4, 5, 6 und gar 7 Masten gebaut wurden, hat man sich in Europa auf 2- und 3-Mastschoner beschränkt. Für Großsegler bevorzugte man die Rahtakelung, die eine bessere Unterteilung der Segelfläche gestattete.

Gaffelgetakelte Kutter und Schoner waren die klassischen Yachttakelungen, bis die Hochtakelung (Bermudatakelung) das Gaffelsegel ablöste. Wo man heute noch Gaffelsegel antrifft, beruht dies mehr auf Gründen der Wahrung alter Traditionen als auf nützlichen Erwägungen.

Gaffeltoppsegel Segel, das auf gaffelgetakelten Schiffen bei leichten bis mittleren Winden gesetzt wird und den Raum zwischen Gaffel und Masttopp bzw. Stenge ausfüllt. Dreikanttoppsegel ohne, Vierkanttoppsegel mit Spieren (Kopf- und Fußrah).

Gala Das Wort ist arabischen Ursprungs und bedeutet *Ehrengewand*, wie es die morgenländischen Herrscher ihren Günstlingen zu schenken pflegten. Von dort gelangte es über Spanien an den Wiener Hof und hat bis heute seine ursprüngliche Bedeutung im wesentlichen behalten. Eine Galauniform wird bei festlichen Anlässen getragen. Flaggengala ist der festliche Schmuck eines Schiffes („über die Toppen flaggen").

Galaxis (grch.) *w.* Milchstraße; Bezeichnung für das Milchstraßensystem, dem auch unser Sonnensystem angehört. *Galaktisch:* Was zum Milchstraßensystem gehört; *galaktisches System*: astronomisches Koordinatensystem, das sich auf einen mittleren Großkreis der Milchstraße als Grundlinie und auf deren Nord- und Südpol bezieht. Die Koordinaten heißen galaktische Länge und Breite.

Die Zahl der Sterne, die pro Hemisphäre photographisch mit langen Belichtungszeiten erfaßt werden können, liegt zwischen 2 und 3 Milliarden. Die meisten davon gehören zur Milchstraße, darunter alle, die zur astronomischen Navigation gebraucht werden, und zwar sind das nur diejenigen bis zur Helligkeitsstufe 6 (vergl. Fixsterne). Doch ist das Milchstraßensystem nur eines von einigen zehn Milliarden ähnlicher Sternsysteme, die als extragalaktische Systeme (Spiralnebel) bezeichnet werden (Galaxien, Sing. Galaxie).

Galeasse (grch.-lat.-ital.) *w.* Auch Galeaß, Galjaß. Das Wort ist von ital. *galeazzo* abgeleitet und wird mit der Bedeutung „größeres Kriegsschiff" des Mittelmeeres seit dem frühen 15. Jh. in deutschen Texten erwähnt. Es gelangte dann als spezielle Typbezeichnung erst um 1800 zu uns und bezeichnet seitdem einen kleinen Küstensegler mit anderthalb Masten, Länge wenig über 20 m. Kennzeichen des Rumpfes: starker Sprung, ausladender Vorsteven, Heck wie bei den damaligen Seeschiffen. Wenn diese Schiffe ein Spiegelheck hatten, hießen sie → Yachtgaleaß.

Galeere (grch.-lat.-ital.) Spezifischer Schiffstyp des Mittelmeerraumes (insbesondere Venedig und Genua), der sich aus den Ruderfahrzeugen der Antike entwickelte und bis ins 17. Jh. erhalten hat. Die Galeeren wurden gerudert (Galeerensklaven) und gegebenenfalls auch gesegelt. Der Name Galeere deutet an, daß Schnelligkeit als eine primäre Qualität dieser Schiffe angesehen gewesen sein muß. Das griechische Wort für Wiesel (galée), übertragen auf einen

Galeone

Seefisch (galia), wird über lat. galea zu ital. galera.
Die Galeeren hatten nur ein Deck, aber mehrere Reihen Ruderer. Nach der Anzahl der Ruderreihen wurden sie im Altertum als Moneren, Trieren, Penteren usw. bezeichnet.
Die Länge der Galeeren betrug um die Mitte des 15. Jh. etwa 50 m, die Breite 12 m. Insgesamt befanden sich an Ruderern und Soldaten über fünfhundert Mann an Bord. Auf das dem Namen Galeere zugrunde liegende lat. Grundwort *galea* gehen direkt oder indirekt auch die Bezeichnungen der anderen hier erwähnten Schiffstypen zurück, doch ist ein sachlicher Zusammenhang, etwa eine Ableitung der wortverwandten Typbezeichnungen des 19. Jh. (Galeasse, Galiot) von den Kriegsschiffen des Zeitalters der Renaissance, den Galeeren, nicht mehr erkennbar.

Galeone (grch.-lat.-span.) *w.* Im 16. Jh. entstandener Schiffstyp. Galeonen waren bewaffnete Segelschiffe, die vor allem zum Schutz der spanischen Silberflotten dienten. Sie bildeten den Hauptbestandteil der Armada Philipps II.

Galerie (ital.) Der auf Schiffen des 17. und 18. Jh. oft außerhalb des Hecks angebrachte Rundgang. Der bis zu 1,5 m breite, offene Gang war durch Geländer geschützt.

Galgen Unverbindliche Bezeichnung für Ausleger, Gerüste, Böcke der verschiedensten Art. So gab oder gibt es noch heute Bootsgalgen, Glockengalgen, Galgen zum Auflegen des Mastes, Galgen als Baumstütze, Fischgalgen für das Grundschleppnetz. Auch feststehende, über den Spiegel hinausragende Davits für das Beiboot auf Küstenseglern und Yachten werden als Galgen bezeichnet.

Galion (grch.-lat.-span.) *s.* Kunstvoll gestalteter Ausbau des Vorstevens unterhalb des Bugspriets der Schiffe des 17. und 18. Jh. Das Galion war kein geschlossener Raum, sondern offenes Gebälk; es wurde für Besatzung und Soldaten als Abtritt benutzt und diente auch als Arrestzelle.

Galionsfigur Eine das Galion, später das obere Ende des Vorstevens zierende kunstvoll geschnitzte und bemalte Holzfigur, die zumeist in einem Zusammenhang mit dem Namen des Schiffes stand. Dargestellt wurden vor allem

Galion eines Schiffes des 18. Jh.

Frauengestalten; aber auch allegorische Figuren, Heilige, Helden und Tiere waren beliebt. Dieser Brauch erlosch mit dem Aussterben der hölzernen Segelschiffe (Abb. oben rechts).

Galiot (grch.-lat.-span.) *w.* Rundgat-Küstensegler des 19. Jh., meistens als Anderthalbmaster getakelt. Größenordnung bis 200 t. Dieser Typ, wie auch die Galeaß, bildete den Übergang von den Schonern zu den Kuttern und kam da zur Anwendung, wo das Großsegel bei Einmastern zu unhandlich wurde. Die Schiffe waren gute Segler; die Lage des Segelschwerpunktes veränderte sich kaum, wenn der Besan und die Klüver geborgen werden mußten. Die Galiot wurde allmählich vom größeren Gaffelschoner verdrängt.

Gallone (frz.-engl.) *w.* Britisches und amerikanisches Raummaß.
Die in Großbritannien gebräuchliche Imperialgallon vom 19. 12. 1898 beträgt:
1 Imp. gallon = 4,5461 l
1 l = 0,220 Imp. gallon

Die in den USA gebräuchliche Winchestergallon vom 19. 12. 1898 beträgt:
1 gallon = 3,7854 l
1 l = 0,2642 gallon.

Gang 1. Chronometergang: Die Änderung des Chronometerstandes in 24 Stunden. Man bestimmt den Gang, indem man zwei zeitlich auseinanderliegende Stände durch die dazwischenliegende Dauer dividiert. Positiver Gang (+) bedeutet, daß das Chronometer verliert, negativer (−), daß es gewinnt.
2. Plattengang und Plankengang bezeichnen die zwischen zwei (horizontal verlaufenden) Nähten liegenden Platten oder Planken. Die (vertikalen) Verbindungen von Platten oder Planken innerhalb eines Ganges heißen Stöße.
3. „Eine Gäng" ist eine aus dem Englischen entlehnte, überall in gleicher Weise verstandene Bezeichnung für eine Gruppe, einen Trupp, aber auch für eine Bande. Im Seeverkehr versteht man unter Gang speziell die Anzahl der Arbeiter pro Luke, die in einer Schicht das Laden oder Löschen eines Schiffes besorgen.

Gangspill s. Um eine vertikale Achse sich drehendes *Spill* (sprachlich verwandt mit *Spindel*), das auf den Segelschiffen zum Ankerlichten, Warpen und Verholen des Schiffes gebraucht wurde. Sogenannte Spillspaken (Handspaken) wurden speichenartig in den Spillkopf gesteckt und dienten als Hebelarme für die beim Hieven im Kreis herumlaufende Mannschaft. Zu dieser langwierigen und anstrengenden Arbeit wurde auf den Segelschiffen gern gesungen. Vergl. Shanty.

Gangway (engl.) w. Laufsteg, Verbindungsbrücke zwischen Schiff und Kai. Kleinere Gangways sind Schiffszubehör; größere sind dem Kaibetrieb unterstellt und werden mit Verladekränen gehandhabt.

Gardinensegel Spottname für jene Rahsegel, die entgegen der üblichen Art nicht zur Rah hinaufgegeit, sondern, auf horizontalen Rutschen verlaufend, zum Mast hin zusammengezogen wurden. Zu Beginn dieses Jahrhunderts sind einige Schiffe mit dieser Segelanordnung ausgerüstet worden; es blieb beim Versuch.

Garn Aus Fasern gesponnener Faden. Für seemännische Arbeiten gibt es sehr verschieden feste und verschieden dicke Garne, die spezielle Namen haben. *Segelgarne* zum Nähen von Baumwollsegeln und zum Takeln, *Schiemannsgarn* zum Bekleiden von Stahldraht und als Bändselgut, *Kabelgarn* zur Herstellung von Tauwerk usw.
Zum Vernähen von Segeln aus Polyester- und Nylontuchen ist Garn aus Polyesterfasern am besten geeignet, und zwar sowohl für die Maschine als auch für das Vernähen von Hand. Derartige Garne gibt es in zahlreichen Abstufungen; für den praktischen Bordgebrauch sind im allgemeinen 2 verschiedene Stärken ausreichend.

garnen Aufbändseln eines Vorsegels mit Segelgarn. Das gegarnte Segel wird vorgeheißt und kann zum gegebenen Zeitpunkt durch „Ausreißen" schnell zum Stehen gebracht werden.

Garn spinnen Alter Ausdruck der Seemannssprache für „Geschichten erzählen", wobei der Phantasie keine engen Grenzen gesetzt waren. Als mögliche Herkunft dieser Redensart wird angeführt, daß sich die Matrosen wetteifernd ihre Erlebnisse erzählten, während sie aus aufgelöstem altem Tau und Takelwerk neues Garn spannen (Schiemannsgarn).

Garnier, Garnierung (germ.-frz.) Nicht fest mit dem Schiff verbundene Materialien zum Schutz bestimmter Ladungen gegen Verderb und Bruch. Als Garnier werden Hölzer, Bambus, Matten, Persenninge und ähnliches verwendet. Das Garnier schützt Ladungsgüter vor Schwitzwasser, schafft Zwischenräume für Luftzirkulation und dient zum Auffüllen von Hohlräumen. Es ist für jede Beladung des Schiffes neu auszulegen, im Gegensatz zur *Wegerung*.

Gast Ein in der Seemannssprache wie auch in der Sprache mancher anderer Berufe geläufiger Name für Genosse, Geselle. An Bord wurden einerseits die handwerklichen Gesellen mit Gasten bezeichnet, wie Zimmermannsgast, Malergast, Kochsgast usw., andererseits aber auch die Seeleute nach ihrer Wachstation bzw. ihrer für eine spezielle Dienstverrichtung erfolgten Ausbildung. Als Pluralbildung ist sowohl die Form Gasten als auch Gäste geläufig: Backsgäste, Bootsgasten, Signalgasten, Kuttergäste.

Gastanker Spezialfahrzeuge für den Transport verflüssigten Gases. Gase wie Propan und Butan

Gastlandflagge

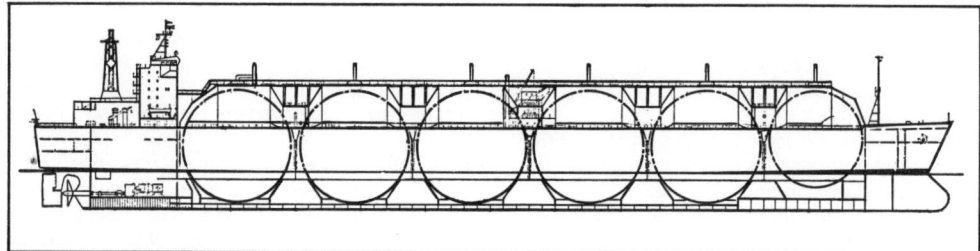

Gastanker (LNG-Carrier) für verflüssigtes Gas in isolierten, kugelförmigen Tanks.

wurden früher unter Hochdruck gelagert und transportiert; mit der Vervollkommnung der Kältetechnik ging man jedoch dazu über, sie bis unter ihren Dampfpunkt zu kühlen und zu verflüssigen. So werden z. B. Propan, Butan und Ammoniak bis $-50°$ C gekühlt, Äthan bis $-88°$ C, Äthylen bis $-104°$ C und Methan bis $-163°$ C. Flüssiggas wird in kugelförmigen oder auch andersgestaltigen, gut gegen den Schiffsrumpf isolierten Behältern aus Spezialstählen verladen.

Man bezeichnet Gastanker für Gase bis etwa $-50°$ C Kühltemperatur auch als LPG-Carrier *(liquefied petroleum gas)*, solche bis $-163°$ C als LNG-Carrier *(liquefied natural gas)*.

Gastlandflagge Die Flagge des Landes, in dessen Hoheitsgewässern sich ein Schiff befindet. Seeschiffe führen sie im Vortopp bzw. an der Brückenrahnock, Yachten an der Stb.-Saling.

Gasturbine Turbine, zu deren Betrieb statt überhitzten Dampfes Rauchgase (auch „Feuergase" genannt) verwendet werden, die einer Brennkammer entweichen, in der Heizöl unter Überdruck verbrannt wird. Vorteilen wie geringer Raumbedarf und Gewicht (keine Kessel und Kondensatoren), einfache Wartung und leichte Automatisierbarkeit stehen Nachteile gegenüber wie hoher Brennstoffverbrauch und beträchtliche Qualitätsansprüche an den Brennstoff. Gasturbinen sind genügend erprobt, um auch an Bord Betriebssicherheit zu gewährleisten. Ihre Verwendung ist eine Frage der Betriebskosten. Gasturbinen empfehlen sich für Anlagen hoher Leistung, wie etwa für Containerschiffe mit sehr hoher Geschwindigkeit und vor allem für Kriegsschiffe.

Die Gasturbine ist eine deutsche Erfindung, deren Anfänge bis auf das Jahr 1903 zurückgehen.

Gat, Gatchen, Gatjen *s.* Ein im seemännischen Bereich vielfältig gebrauchtes Wort für Loch. Verwandt mit engl. gate mit der Bedeutung Tür, Tor, Öffnung, hat das nd. Wort gat zugleich die Bedeutung Hinterteil, *podex*. So wird Gat in der Seemannssprache sowohl auf das hintere Ende des Schiffes bezogen, auf das Heck – wie z. B. „Das Schiff liegt im Gat" (hecklastig) oder die Form des Hecks bezeichnend wie in Rundgat, Spitzgat, Plattgat – als auch auf jede Art von Loch. Reffgatchen sind ins Segel eingenähte Kauschen oder Ösen, durch die die Reffleine hindurchgezogen wird. Ein Speigat ist ein Loch im Schanzkleid als Wasserablauf nach außenbords. Hellegat ist ein Loch von Raum für Takelwerk des Bootsmannes; in Kattegat hat das Wort die Bedeutung Meerenge.

Gay-Lussacsches Gesetz Von L. J. Gay-Lussac 1802 gefundenes Gesetz, nach welchem sich das Volumen eines idealen Gases bei konstantem Druck linear mit steigender Temperatur vergrößert.

gebaut „Gebaut" im Zusammenhang mit hölzernen Spanten oder Masten besagt, daß dieselben nicht aus einem Stück, sondern aus verschiedenen Teilen zusammengeleimt sind.

„Gebetbuch" Scheuersteine, die die Matrosen an Oberdeck auf den Knien vor sich hin und her schoben, um mit Sand und Seewasser die Decksplanken weiß zu scheuern. Einen adäquaten Ausdruck gab es in der britischen Flotte, *holy stones*.

gedeckt Im Gegensatz zu einem offenen Boot ein solches, das durch Deck und Kajütaufbau weitgehend geschlossen ist.

gefährliche Güter

Geeren, Geerden w. (Mz.) Paarweise angebrachte Enden oder Taljen zum Seitwärtshalten oder -schwenken von Spieren oder Davits. Insbesondere die Haltetaue der nicht abfierbaren Gaffel auf Segelschiffen hießen Geeren. In der Schiffahrt unserer Zeit hat sich der Ausdruck auf die entsprechenden Haltetaue der Ladebäume übertragen; sie werden jedoch allgemein als → Geien bezeichnet.

Gefahrengebiet Seegebiet, das behördlicherseits aus irgendwelchen Gründen zeitweilig oder für dauernd als für die Schiffahrt gefährlich erklärt wird. Bekanntgabe in den Nachrichten für Seefahrer.
Die Begrenzungen solcher Gebiete heißen Gefahr- bzw. Gefahrengrenze, -linie oder -kreis.

Gefahrenhalse, taktische Halse Eine → Halse, bei welcher eine Yacht vom Amwindkurs ausgehend durch schnelles Abfallen, Halsen und Wiederanluven einen Kreis kleinsten Durchmessers beschreibt und erforderlichenfalls schnellstmöglich zum Stehen kommt. Die Durchführung dieses Manövers, zu dem äußere Umstände wie „Mann über Bord", Hindernisse und Wettkampfsituationen zwingen können, ist von der Windstärke und dem Können der Besatzung abhängig.

Gefahrenmeldungen (Gefahrmeldungen) Meldungen über plötzlich aufgetretene Gefahren, die ein Schiff bemerkt und zu deren sofortiger Weitergabe es verpflichtet ist. Derartige Meldungen können Wetter, Eis, Wracks, verlöschte Leuchtfeuer u. dergl. betreffen. Neben genauen Positionsangaben sind – z. B. beim Aufkommen von tropischen Wirbelstürmen – meteorologische Daten zu melden.

Gefahrenpeilung Peilrichtung, die im Sinne einer Gefahrengrenze nicht über- oder unterschritten werden darf.

Gefahrenwinkel (Gefahrwinkel) Sind in der Nähe von Untiefen zwei Peilobjekte in Sicht, bedient man sich zur sicheren Umgehung der Untiefen des Gefahrenwinkels, d. h. eines Horizontalwinkels zwischen den beiden Peilrichtungen, der einen auf der Karte zu ermittelnden Betrag nicht überschreiten darf. Dieser Winkel ergibt sich, indem man einen Kreis zeichnet, auf welchem beide Peilobjekte liegen und der die Untie-

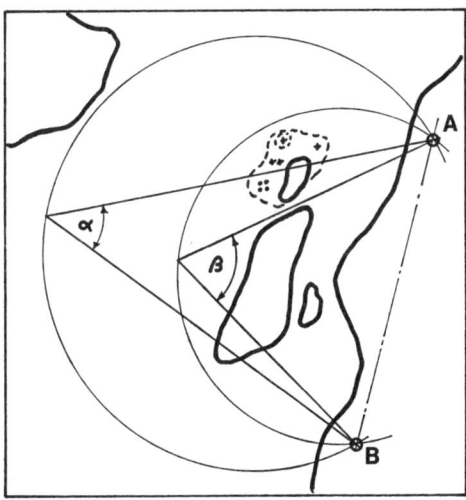

Gefahrwinkel. Der Horizontalwinkel, unter dem die Landmarken A und B gepeilt werden, darf nicht kleiner werden als α und nicht größer als β.

fen einschließt. Der Umfangswinkel über der Sehne, die die Verbindungslinie zwischen den Peilobjekten bildet, ist der gesuchte Gefahrenwinkel. Ist der Horizontalwinkel kleiner, befindet sich der Beobachter außerhalb des Kreises, ist er größer, befindet er sich darin. Liegt den Peilobjekten gegenüber auf der anderen Seite des Schiffes eine weitere Gefahrenzone, darf der Gefahrenwinkel auch ein gewisses Minimum nicht unterschreiten. Siehe Skizze.

gefährliche Güter Unter gefährlichen Gütern werden Stoffe verstanden, die so beschaffen sind, daß durch ihren Transport Nachteile, Risiko oder Gefahr für Ladung und Schiff entstehen können, und die deshalb nur unter gewissen Bedingungen zur Verschiffung zugelassen sind. Die Klasseneinteilung solcher Güter ist noch nicht verbindliches Allgemeingut der seefahrenden Nationen und unterliegt auch noch Korrekturen. Die im IMCO-Code festgelegte Klassifizierung, deren Gültigkeit für den internationalen Seeverkehr angestrebt wird, teilt die gefährlichen Güter in folgende Klassen:

1 Explosive Stoffe
2 Verdichtete, verflüssigte oder unter Druck gelöste Gase
3 Entzündbare Flüssigkeiten

gefährliche Ladungen

4.1 Entzündbare feste Stoffe
4.2 Feste Stoffe, die zur Selbstentzündung neigen
4.3 Entzündbare feste Stoffe, die beim Feuchtwerden entzündliche Gase entwickeln
5.1 Oxydierend wirkende Stoffe
5.2 Organische Peroxide
6.1 Giftige Stoffe
6.2 Infektiöse Stoffe
7 Radioaktive Stoffe
8 Ätzende Stoffe
9 Verschiedene gefährliche Stoffe

Manche Güter sind von der Beförderung mit Seeschiffen überhaupt ausgeschlossen. Für ihren Transport gelten Sondervorschriften.

gefährliche Ladungen Bergen die unter *gefährliche Güter* erwähnten Kategorien schon Gefahren in sich, werden unter *gefährlichen Ladungen* solche verstanden, die erst durch die mit der Verschiffung zusammenhängenden Gegebenheiten gefährlich werden können. Dazu gehört in erster Linie Getreide – worunter in diesem Zusammenhang jede Art von Körnern, Saat, Kern- und Hülsenfrüchten zu verstehen ist. Gefahr ist bei derartigen Ladungen dann gegeben, wenn sie – lose verladen – nicht gut bis unter Deck aufgeschüttet sind; denn in diesem Fall bilden sich → freie Oberflächen; die Ladung läuft mit der Bewegung des Schiffes im Seegang in den Räumen hin und her und gefährdet die Stabilität des Schiffes. Getreideschotte und Feeder verhindern Hohlraumbildung und Übergehen der Ladung und sind bei Getreideladungen Vorschrift. In der Kleinen Fahrt sind auch sichere Abdeckungen zulässig, wenn die Räume nicht voll werden.
Andere gefährliche Ladungen sind solche Schüttladungen, die breiartig werden können oder quellen. Kohlen, Ballast usw. können schlecht getrimmt ebenfalls zur Gefahr werden. Auch für Ölladungen kommt, über die unter gefährliche Güter aufgezählten Punkte hinaus, noch der Faktor der Stabilitätsgefährdung hinzu.

gefährliche Räume Als gefährlich werden an Bord alle diejenigen Räume angesehen, die längere Zeit luftdicht verschlossen bleiben. Dazu gehören z. B. die Piektanks und andere Tankräume, deren Füllungen giftige oder explosive Gase bilden können.

gefährliches Viertel Derjenige Sektor im Bereich der Zugbahn eines Orkans, in welchem ein Schiff Gefahr läuft, in diese hineinversetzt zu werden. Der gefährliche Sektor liegt auf der Nordhalbkugel rechts vor dem Zentrum, auf der Südhalbkugel links davon, wenn man sich auf die Zugrichtung des Orkans bezieht.

geflochtenes, gedrehtes, geschlagenes Tauwerk Siehe Tauwerk.

Gegenkommer Ein Schiff, das sich dem eigenen auf Gegenkurs oder auf nahezu entgegengerichtetem Kurs nähert.

Gegenkurs Ein zum eigenen Kurs um 180° verschiedener Kurs.

Gegenruder Die einer eingeleiteten Drehbewegung oder auch einer unfreiwilligen Kursabweichung entgegenwirkende Ruderlage.

Gegenspanten Verstärkungen der Spantprofile durch aufgenietete oder -geschweißte Winkeleisen; heute außer in Maschinenräumen nicht mehr üblich.

Gegenwind Wind, der dem eigenen Kurs entgegengerichtet ist. (Zu unterscheiden: der *scheinbare Gegenwind*, der durch die eigene Fahrt entsteht, der Fahrtwind.)

gegißter Ort Angenommener oder geschätzter Schiffsort. Der Ort, den man, von dem letzten durch Beobachtung ermittelten Schiffsort ausgehend, aufgrund einer → Koppelrechnung für wahrscheinlich hält.

Gei *w*., **Geitau** *s*. 1. Mittels der Geitaue und der Gordings wurden die Rahsegel zur Rah aufgeholt, um die Segel reffen oder festmachen zu können. Die Geitaue griffen an den Schothörnern (unteren Ecken) der Segel an und wurden über Blöcke an der Rah des betreffenden Segels aufgeholt. Das derart aufgegeite, noch nicht festgemachte Segel „hing in der Gei".
2. Enden oder Taljen, die eine Spiere (Gaffel, Ladebaum, Davit) nach der Seite hin in eine bestimmte Stellung bringen und dort festhalten. Beim Laden mit gekoppelten Baumpaaren gibt es eine Mittelgei zwischen den Nocken der Bäume und Außengeien, die die Bäume nach den Seiten hin festhalten.

geographische Breite und Länge

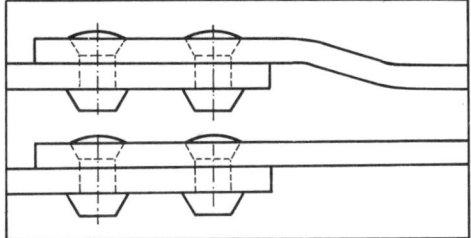

Gejoggelte Platte und „an- und abliegender Gang".

gejoggelte Platten Platten der Außenhaut eines genieteten Schiffes mit gekröpften Kanten. Eine gejoggelte Kante lag auf einer ebenen der benachbarten Platte; so konnten die Platten miteinander vernietet werden, ohne daß „an- und abliegende" Gänge entstanden. Nur die Nähte traten hervor (durch die Schweißtechnik überholte Bauweise).

Gelbfieber Tropische Viruskrankheit, von der schon die Mannschaften der Kolumbusschiffe befallen wurden und die den Seefahrern jahrhundertelang schwer zu schaffen gemacht hat. Die Krankheit hat ihren Namen von der Gelbfärbung der Haut der vom Fieber Befallenen. Übertragen wird die Krankheit vor allem durch die Gelbfiebermücke; energische Bekämpfung derselben und vorgeschriebene Schutzimpfung haben das Gelbfieber heute stark eingedämmt.

Gelcoat (engl.) Die eingefärbte Deckschicht der Außenseite von glasfaserverstärktem Kunststoff. Diese Schicht enthält keine Glasfasereinlage, sondern nur Farbe und Füllstoffe.

gelohte Segel Eine Maßnahme, Baumwollsegel gegen Verspaken zu schützen, ist bzw. war das Lohen (Gerben) der Segel mit Fischöl, Eichenrinde oder Chemikalien. Durch das Lohen, dem namentlich die Segel der Fischereifahrzeuge ihre typische Färbung verdankten, kann zwar die Lebensdauer solcher Segel verlängert werden, doch erleidet ihre Festigkeit geringfügige Einbuße. Für Segel aus Polyesterfasern ist das Lohen überflüssig geworden. Das Einfärben von Kunstfasersegeln hat keine praktische Bedeutung; es ist Geschmackssache.

gemäßigte Zonen (gemäßigte Breiten) Die Klimazonen der mittleren Breiten auf beiden Halbkugeln, also etwa zwischen Wendekreis (23° 27') und Polarkreis (66° 33') mit Niederschlägen und Westwinden zu allen Jahreszeiten.

gemischte Gezeiten Gezeitenerscheinung in verschiedenen Meeresgebieten, wo sich die Höhen zweier aufeinanderfolgender Hochwasser und zweier aufeinanderfolgender Niedrigwasser stark voneinander unterscheiden. Diese Erscheinung kann sich bis zur „eintägigen Gezeit" steigern.

general cargo (engl.) Stückgutladung; siehe dort.

Generalplan Gesamtdarstellung eines Schiffes im Maßstab 1 : 100 (bei sehr großen Schiffen kleiner), aus der die Raumaufteilung des Schiffes, die Raum- und Tankinhalte, die Einrichtung sowie die wichtigsten Angaben über Maschine, Ladegeschirr usw. hervorgehen. Der Generalplan enthält einen Längsschnitt und Grundrisse sämtlicher Decks. Er wird in mehreren Exemplaren jedem Schiffsneubau von der Bauwerft mitgegeben.

Generator (lat.) Maschine, in der durch Drehen einer Spule in einem Magnetfeld mechanische Energie in elektrische umgewandelt wird.

Genickstag Das Verbindungsstag zwischen den Toppen zweier Masten (auch „Knickstag").

Genua w. Großes, den Mast um ein beträchtliches Stück überlappendes Vorsegel, das seinen Namen von seinem erstmaligen Erscheinen bei internationalen Regatten herleitet, und zwar in Genua 1927. Die Bezeichnung *Genua* hat sich gegenüber der älteren, aber treffenden Bezeichnung *Kreuzballon* allgemein durchgesetzt. Der besondere Vorteil dieses Segels liegt in einer beträchtlichen, nicht angerechneten Vergrößerung des → Vorsegeldreiecks.

geographische Breite und Länge Das Koordinatensystem der Erdoberfläche, durch welches alle Orte präzise festgelegt sind. Nullkoordinate der Breite ist der Äquator. Von ihm aus werden die Breitenparallele nach den Polen hin von 0 bis 90° Nord und Süd gezählt. Die Breite ist also der Winkel am Erdmittelpunkt zwischen Äquator und dem jeweiligen Breitenparallel bzw. das Bo-

genstück eines Meridians vom Äquator bis zu dem jeweiligen Ort im Bogenmaß.
Die Koordinaten der Länge sind die Meridiane; Halbkreise, die von Pol zu Pol verlaufen. Die Nullkoordinate ist willkürlich festgesetzt: der Meridian, auf dem die Sternwarte von Greenwich liegt. Von diesem aus werden die 360 Meridiane von 0–180° Ost und West gezählt.

geographische Pole Die beiden Punkte der Erdoberfläche, durch welche die gedachte Erdachse verläuft. Es sind rein geometrische Punkte; sie sind nicht identisch mit den → Magnetpolen der Erde.

Geoid (grch.-nlat.) „Der Erde ähnlich".
Die theoretische Gestalt der → Erde (wenn man sich Höhen und Tiefen ausgeglichen denkt). Die Erde ist nicht genau eine Kugel, sondern ein abgeplattetes Sphäroid, an den Polen etwas abgeflacht, am Äquator symmetrisch aufgewölbt. Diese Deformation der Kugelgestalt ist darauf zurückzuführen, daß die tangentiale Komponente der Fliehkraft in den mittleren Breiten die Massen in Richtung Äquator zu treiben sucht. Der zähflüssige Kern der Erde gibt diesen Kräften etwas nach. Die Abplattung ist definiert als das Verhältnis

$$\frac{\text{Äquatorradius} - \text{Polradius}}{\text{Äquatorradius}}$$

und beträgt etwa $\frac{1}{297}$. Die Differenz zwischen dem Durchmesser des Äquators und der Erdachse von Pol zu Pol beträgt rund 43 Kilometer.

geozentrisch (grch.-nlat.) Auf die Erde als Mittelpunkt des Weltalls bezogen.
1. Als geozentrisches Weltbild wird die bis zum Anbruch der Neuzeit herrschende Meinung bezeichnet, die Erde sei der Mittelpunkt der Welt. Erst Kopernikus (1473–1543) erbrachte den wissenschaftlichen Beweis für die Richtigkeit der seit der Antike nur von einzelnen Gelehrten geäußerten Vermutung, daß die Erde und die anderen Planeten um die Sonne kreisen.
2. Die Koordinatensysteme der astronomischen Navigation sind geozentrisch. Alle Angaben nautisch-astronomischer Jahrbücher sind auf die Erde bezogen.

gerade Aufsteigung, Rektaszension Koordinate eines Gestirns im äquatorialen System. Die gerade Aufsteigung bezeichnet den Winkel am Erdmittelpunkt (bzw. den Bogen des Himmelsäquators im Bogenmaß) zwischen dem Stundenkreis des → Frühlingspunktes und dem des betreffenden Gestirns. Die gerade Aufsteigung wird vom Stundenkreis des Frühlingspunktes aus entgegen dem scheinbaren täglichen Umlauf von Westen über Süden nach Osten gemessen, und zwar entweder im Zeitmaß (0–24 Stunden) oder im Winkelmaß (0–360°). Der heute in der Navigation allgemein statt der g. A. gebräuchliche *Sternwinkel* wird im entgegengesetzten Sinne gerechnet, ergänzt also die gerade Aufsteigung zu 360°.

Geräuschpeilung 1. Die Ortung einer Unterwasser-Schallquelle mit gerichteten Empfängern (z. B. U-Boot-Horchgeräte).
2. Mit Richtschallsendern, die auch als Empfänger dienen, werden Schallwellen ausgesendet und deren Echo wieder empfangen (Echolot).

Germanischer Lloyd (GL) Deutsche Schiffsklassifikationsgesellschaft. Sie wurde 1867 in Hamburg gegründet, doch wurde ihr Sitz schon im darauffolgenden Jahr nach Rostock verlegt. 1889 erfolgte die Verlegung nach Berlin und 1946 nach Hamburg.
Der Germanische Lloyd ist keine Behörde, sondern eine Aktiengesellschaft mit gemeinnützigem Charakter; und doch ist er im weiteren Sinne ein staatliches Organ durch sein Verhältnis zur See-Berufsgenossenschaft. Die Besichtiger des GL sind zugleich technische Aufsichtsbeamte der SBG. Der Germanische Lloyd gibt die „Vorschriften für Klassifikation und Bau von stählernen Seeschiffen" und ein Schiffsregister heraus. Der Hauptzweck der Gesellschaft ist, Schiffe nach ihrem Bauwert und Unterhaltungszustand zu klassifizieren und ein entsprechendes Zertifikat auszustellen. Die → Klassifikation bezieht sich auf Baumaterial, Bauausführung und die Ausrüstung des Schiffes. Auch für Yachten ist die Klassifikation von wachsender Bedeutung; für die meisten Seerennen ist ein solches Zertifikat Vorschrift.

Geschirr Im seemännischen Sprachgebrauch die gesamte Ausrüstung, die für die Funktion einer für das Schiff wichtigen Einrichtung notwendig ist.
In diesem Sinne spricht man von Ankergeschirr, Rudergeschirr, Ladegeschirr, Fanggeschirr.

Gesamtverbesserung Die Summe aller Verbesserungen, die bei einer → Kursverwandlung berücksichtigt werden müssen:
1. Die örtliche geographische Mißweisung
2. Die vom Kurs abhängige Deviation
3. Die Abdrift durch seitlichen Wind
4. Die Stromversetzung.
Für die Verwandlung gilt:
Der rechtweisende Kurs ist die algebraische Summe von Kompaßkurs + Verbesserungen (mit den richtigen Vorzeichen).

geschlossene Räume Auf der Schiffsvermessungskonferenz London 1969 wurde für die Ermittlung der Brutto-Tonnage eines Schiffes der Begriff „geschlossene Räume" definiert. Man versteht darunter alle diejenigen Räume, die begrenzt werden durch den Schiffskörper, von festen oder transportablen Schotten, von Decks oder Abdeckungen, wobei lediglich feste oder bewegliche Sonnensegel ausgenommen sind. Weder eine Stufe im Deck noch irgendeine Öffnung im Schiffsrumpf, im Deck, in einer Raumabdeckung, in Trennwänden oder Schotten, lassen einen Raum als nicht geschlossen gelten.

geschlossene Schiffahrt Zeitspanne, während der eine sonst regelmäßige Schiffahrt eingestellt ist, wie z. B. während der Wintermonate die Fahrt nach den Häfen der nördlichen und östlichen Ostsee und die Große-Seen-Fahrt, wenn diese Seegebiete durch Eis blockiert sind.

Geschwader Aus lat. *ex quadrare,* viereckig aufstellen. Das Wort wurde ursprünglich auf Truppen bezogen; die Übertragung auf Schiffe erfolgte erst verhältnismäßig spät, nachdem es schon auf Scharen von Seevögeln angewandt worden war. Unsere Zeit versteht unter Geschwader eine Anzahl von Kriegsschiffen in gemeinsamer Operation. Doch dem eigentlichen Sinn des Wortes entspricht auch der Gebrauch des Wortes „Geschwaderfahrt" für eine nichtmilitärische gemeinschaftliche Unternehmung mehrerer Schiffe.

Geschwindigkeit Quotient aus der Länge eines zurückgelegten Weges und der dazu benötigten Bewegungsdauer. Häufig verwendete Einheiten sind:

$$1\,\frac{m}{s};\ 1\,\frac{km}{h};\ 1\,kn = 1\,\frac{Seemeile}{Stunde}$$

Eine Bemerkung zur Schiffsgeschwindigkeit: Der Widerstand eines Schiffes nimmt mit dem Quadrat, der Brennstoffverbrauch etwa mit der 3. Potenz der Geschwindigkeit zu. Für Yachten (Verdränger) ist die aus der natürlichen Fortpflanzungsgeschwindigkeit der Wellen sich ergebende Grenzgeschwindigkeit von Bedeutung; siehe hierzu „relative Geschwindigkeit". Yachten erreichen ihre größte Geschwindigkeit zwischen 6 und 10 Strich am Wind. Höher am Wind als 4 Strich fällt die Geschwindigkeit rapide ab, vor dem Wind beträgt sie bestenfalls 80 % der Höchstgeschwindigkeit. Eine größere Yacht benötigt gegenüber einer kleineren zum Erreichen der gleichen relativen Geschwindigkeit mehr Wind.

	$\frac{m}{s}$	$\frac{km}{h}$	kn
1 $\frac{m}{s}$	1	3,600	1,944
1 $\frac{km}{h}$	0,278	1	0,540
1 kn	0,514	1,852	1

Geschwindigkeitsgrad Siehe relative Geschwindigkeit.

gesegelte Zeit Damit ist die Zeit gemeint, die eine Yacht in einer Wettfahrt tatsächlich vom Startschuß bis zum Zieldurchgang benötigt hat. Sie enthält noch keine Zeitvergütung.

gesetzliche Einheiten Siehe Einheiten.

Gesichtsfeld Der größte Winkel, der von einem Fernglas erfaßt wird.

Gestellung Die Vorführung zollpflichtiger Waren zur zollamtlichen Abfertigung.

geteertes Tauwerk Vor der Verbreitung von Kunstfasertauwerk war es üblich, Tauwerk, das dauernd der Witterung ausgesetzt war, zu teeren. Je nach der Stärke des Tauwerks teerte man es im Garn, in den Kardeelen oder im ganzen. Das Tauwerk verlor durch die Erhitzung beim Teeren etwa 25 % seiner ursprünglichen Festig-

Getreide

keit, gewann durch den Teer aber beträchtlich an Unempfindlichkeit gegen Verrotten.

Getreide Lose verladenes körniges Schüttgut. Es gehört zu den → *gefährlichen Ladungen*.

Getreideheber Ortsfeste und schwimmende Anlagen zum Beladen und Löschen eines Schiffes mit losem Getreide. Leistungsfähige pneumatische Geräte, die stündlich mehrere hundert Tonnen Getreide durch gelenkige Rohre saugen, gehören heute zum Bestand moderner Hafenanlagen.

Getreideschotte Längsschotte, die nur dann aufgestellt werden, wenn ein Schiff loses Getreide laden soll (vergl. gefährliche Ladungen). Die Getreideschotte haben die Aufgabe, ein Übergehen der Ladung zu verhindern. Die Vorschriften, wann und in welcher Weise Getreideschotte aufzustellen sind, richten sich nach der Bauart sowie nach dem jeweiligen Beladungszustand des Schiffes.

Getriebeturbine Turbine, die mit einem nachgeschalteten Getriebe versehen ist, um die Drehzahl herabzusetzen. Jede Schiffsantriebsturbine ist eine Getriebeturbine, denn es sind über mehrere Stufen Drehzahlen der Größenordnung von 8000–12 000/min. auf die Propellerdrehzahl zu reduzieren, die auf Seeschiffen zwischen 80 und 140 pro Minute liegt. Vergl. Turbine.

gewachsen Begriff aus dem Holzschiffbau. Von einem „gewachsenen" Krummholz spricht man, wenn dieses aus der natürlichen Form des Stammes herausgearbeitet werden kann, ohne gebogen oder aus Teilen verleimt werden zu müssen. Gute gewachsene Bauteile für Spanten, Steven, Knie waren in den frühen Zeiten des Holzschiffbaus von einer Bedeutung, die der gegenwärtige Stand der Technik kaum noch ahnen läßt.

Gewicht 1. Die Kraft, mit der ein Ding (ein Körper) bestimmter Masse auf einer Unterlage oder an einer Aufhängevorrichtung lastet. Jede Kraft ist definiert als Produkt aus Masse und Beschleunigung; demgemäß ist Gewichtskraft das Produkt aus Masse und örtlicher Fallbeschleunigung, wobei Fallbeschleunigung die vektorielle Summe aus Gravitationsbeschleunigung (Gravitationsfeldstärke) und Zentrifugalbeschleuni-

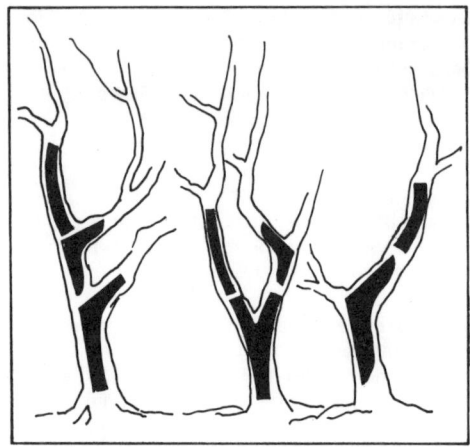

Gewachsenes Holz. Wichtige Elemente des Schiffsverbandes wurden in der hier angedeuteten Weise aus den Stämmen herausgearbeitet.

gung ist, die durch die Erdrotation entsteht. Da sich die Gravitationskraft mit dem Abstand vom Erdmittelpunkt und die Fliehkraft mit dem Abstand von der Drehachse der Erde ändert, hat ein und dasselbe Ding an verschiedenen Orten verschiedenes Gewicht (aber gleichbleibende Masse). Man hat aus diesem Grund sowohl im physikalischen als auch im Internationalen Einheitensystem die Masse als Basisgröße neben der Länge und der Zeit gewählt und nicht, wie bisher im technischen, die Kraft. Die Normfallbeschleunigung beträgt 9,80665 $\frac{m}{s^2}$, die Abweichung nach Pol und Äquator von diesem Mittelwert ca. ± 2,7 Promille. Folglich kann das Gewicht eines Dinges auf der Erde um ca. 5 ⁰/₀₀ schwanken.

2. Das Wort „Gewicht" wird auch als *Masse* verstanden. Waren werden nach Gewicht gekauft, Warenmengen in Masseneinheiten angegeben (g, kg, t). Und so werden auch Lasten und Tragfähigkeiten als Größen von der Art einer Masse behandelt. Eine international verbindliche, eindeutige Festlegung des Begriffes Gewicht ist immer noch nicht gelungen.

3. Wägestück, Gegengewicht, Ausgleichsgewicht und ähnliche „Gewichtsstücke" einer ganz bestimmten Masse.

gewichtete Tonnen Ein vom Verband der

westdeutschen Werftindustrie in Zusammenarbeit mit dem japanischen Werftenverband 1966/67 ausgearbeitetes System, die Schiffbauproduktion nicht nach den herkömmlichen Maßstäben in BRT oder tdw zu messen (vergl. Tonne), sondern mit Maßstäben, die dem Umstand Rechnung tragen, daß Schiffe verschiedener Größe und verschiedenen Typs sehr unterschiedliche Gestehungskosten pro Tonne erfordern.

Es wurden deshalb Koeffizienten für die Wertigkeit der BRT einzelner Schiffstypen erarbeitet, die aufgrund des Schiffswertes und der Arbeitsstunden festgelegt worden sind.

Für normale Frachter über 5000 tdw wird die Brutto-Tonnage ohne Korrektur eingesetzt. Für andere Schiffstypen ist dieselbe mit einem Koeffizienten zu multiplizieren. Beispiele: Frachter unter 5000 tdw, Fracht- und Fahrgastschiffe 1,6; Containerschiffe 1,9; Kühlschiffe 2,0; Gastanker 2,2; Fahrgastschiffe 3,0; Tanker unter 30 000 tdw 0,65; dann mit steigender Größe abnehmend bis 0,3. Dieser letztgenannte Wert gilt für sehr große Tanker und Massengutfrachter.

Gewichtsschwerpunkt Der Punkt, in dem man sich das Gesamtgewicht eines Körpers konzentriert denken kann. Bei einem Schiff ist die Lage des Gewichtsschwerpunktes von größter Bedeutung, da sie entscheidenden Einfluß auf die → Stabilität des Schiffes hat. Für jedes Schiff wird die Lage seines Schwerpunktes rechnerisch genau ermittelt; doch ist sie nicht stets die gleiche. Sie ändert sich mit dem jeweiligen Beladungszustand des Schiffes. Die durch den Gewichtsschwerpunkt verlaufende Gewichtskraft und der im Formschwerpunkt wirksame Auftrieb bilden das Kräftepaar für das aufrichtende Moment eines Schiffes.

gewichtsstabil Bezeichnung für das Stabilitätsverhalten eines Schiffes mit sehr tiefliegendem Gewichtsschwerpunkt (ausführlich unter dem gegensätzlichen Begriff → *formstabil*).

Gewitter Wettererscheinungen mit elektrischen Entladungen durch Blitze und heftigen Niederschlägen. Die Blitze, die explosionsartige Schallerscheinungen (Donner) auslösen, entstehen durch den Ausgleich der elektrischen Ladungen, die an die Wolkenteilchen einer Gewitterwolke gebunden sind. Dieser Ausgleich kann innerhalb der Wolken oder zwischen Wolke und Erde stattfinden. Die Größenordnung der auftretenden Spannungen liegt bei einigen 100 Mill. Volt. Aufkommendes Gewitter kündigt sich durch die Bildung typischer Gewitterwolken (Cumulonimbus) an, deren obere Grenzen bei uns Höhen von 5 bis 10 km erreichen, in den Tropen sogar das doppelte.

Gezeiten Das durch die Anziehungskraft von Mond und Sonne hervorgerufene rhythmische Steigen und Fallen des Wassers auf der Erdkugel. In erster Linie ist der Mond wirksam. Die Erde gibt dieser Anziehungskraft mit ihrer beweglichen Oberfläche ein wenig nach, so daß (theoretisch idealisiert) das Wasser auf der dem Mond zugewandten Seite zusammenläuft. Auf der dem Mond zugewandten Seite der Erde ist dessen Anziehungskraft größer als auf der gegenüberliegenden, denn die Entfernung Erde–Mond ist nicht so groß, daß der Erddurchmesser, gemessen an diesem Abstand, vernachlässigt werden dürfte. Gegenüber diesem primären Flutberg auf der Mondseite entsteht ein sekundärer auf der dem Mond abgewandten Seite der Erde, da in dem Gleichgewicht der Kräfte bei abnehmender Anziehungskraft des Mondes die Fliehkräfte der Erdrotation stärker wirksam werden. Die Auswirkungen sind annähernd gleich groß, so daß es theoretisch auf der Erde stets gleichzeitig zwei sich gegenüberliegende Flutberge gibt.

Doch nicht nur der Mond, auch die Sonne ist beteiligt. Trotz ihrer rund 27millionenfachen Masse übt sie weniger als die Hälfte der Mondwirkung aus, da die Entfernung der stärkere Faktor ist. Die Anziehungskraft eines Himmelskörpers auf die Erde ist seiner Masse linear proportional, nimmt jedoch mit der dritten Potenz der Entfernung ab. Da die Sonne rund 388 mal so weit von der Erde entfernt ist wie der Mond, ergibt sich überschlägig das Verhältnis der gezeitenerregenden Kräfte von Sonne zu Mond wie

$$\frac{\text{Sonnenmasse}}{\text{Mondmasse}} \cdot \frac{1}{388^3} = \frac{2{,}7 \cdot 10^7}{5{,}9 \cdot 10^7} = 0{,}46$$

Anders ausgedrückt: Die Wirkung der Sonne beträgt etwa 46 % der des Mondes. Wirken Mond und Sonne in der gleichen Richtung – also bei Voll- und Neumond – addieren sich die Kräfte und es treten besonders hohe Tiden ein (Springtiden). Wirken sie im rechten Winkel zueinanderstehend (also jeweils bei Halbmond) einander entgegen, gibt es niedrigere Tiden (Nipptiden).

Gezeitenkurve

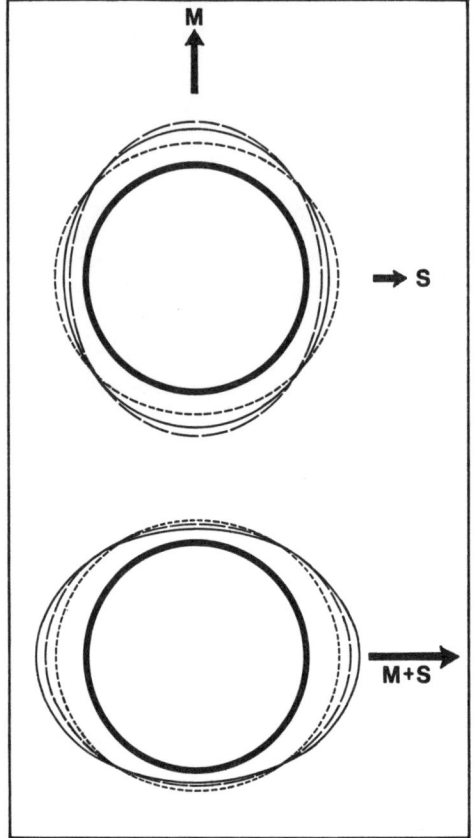

Schematische Darstellung des prinzipiellen Zustandekommens von Nipptide (oben) und Springtide (unten). Die Pfeile M und S symbolisieren die Anziehungskraft von Mond und Sonne, die gestrichelte Linie den lunaren, die punktierte Linie den solaren Gezeiteneffekt. Ausgezogene Linie: die resultierende Auswirkung.

Daß die tatsächlichen Verhältnisse auf der Erde wesentlich komplizierter sind als die rein theoretischen, hat zweierlei Ursachen. Erstens: Morgen- und Abendtide gleichen sich im allgemeinen nicht; weil Mond und Sonne normalerweise nicht in der Äquatorebene der rotierenden Erde stehen. Die Deklination von Mond und Sonne bewirkt, daß die Flutberge nicht um die Nord-Süd-Achse der Erde wandern, sondern um eine Achse, die sich dauernd ändert. Das hat zur Folge, daß sich die Morgenhochwasser zweier aufeinanderfolgender Tage mehr gleichen als Morgen- und Abendhochwasser desselben Tages. Man nennt das die „tägliche → Ungleichheit". Sie steigert sich an manchen Stellen bis zur „eintägigen Gezeit".
Zweitens: Was die tatsächlichen Gezeitenströme so unübersichtlich macht, sind vor allem die geographischen Unregelmäßigkeiten. Sie bewirken, daß sehr hohe und ganz unbedeutende Tidenhübe dicht beieinander liegen können. Sehr hohe Gezeiten entstehen vor allem in Buchten, in denen sich das Wasser staut – insbesondere, wenn sie so gelegen sind, daß die Eigenschwingung ihrer Wassermassen in eine Art Resonanzfrequenz mit dem Gezeitenrhythmus tritt.

Gezeitenkurve Graphische Darstellung der Schwankungen des Wasserstandes während mehrerer aufeinanderfolgender Tiden.

Gezeitenstromatlas Für das Gebiet der Nordsee, des Kanals und der britischen Gewässer gibt das Deutsche Hydrographische Institut einen Atlas der Gezeitenströme heraus, dessen Hauptteil aus einer Sammlung von Gezeitenstromkarten für 6 Stunden vor bis 6 Stunden nach dem Meridiandurchgang des Mondes in Greenwich besteht, denen man die Gezeitenströme unmittelbar entnehmen kann. Außerdem sind Tabellen für Anschlußorte darin enthalten, woraus Stromrichtung und -stärke für 6 Stunden vor bis 6 Stunden nach Hochwasser des jeweiligen Bezugsortes zu ersehen sind.

Gezeitentafeln, Tidenkalender Tabellen, die täglich für verschiedene Bezugsorte die vorausberechneten Hoch- und Niedrigwasserzeiten angeben. Für diese Bezugsorte lassen sich die Zeiten direkt entnehmen; für *Anschlußorte* sind Gezeitenunterschiede angegeben. Diese Zeitwerte sind mit positivem Vorzeichen versehen, wenn das Hoch- bzw. Niedrigwasser später eintritt als am Bezugsort (mit negativem, wenn früher). Die Gezeitentafeln werden vom Deutschen Hydrographischen Institut alljährlich neu herausgegeben. Für die Sportschiffahrt genügt der kleinere Tidenkalender.

Gezeitenzone Das Küstengebiet, das zwischen den Grenzen von Hoch- und Niedrigwasser liegt, z. B. das Watt an der deutschen Nordseeküste.

GFK *G*las*f*aserverstärkter *K*unststoff.
Dieses Baumaterial rangiert heute im modernen Yacht- und Bootsbau, bei fabrik- und serienmäßig hergestellten Fahrzeugen mit Abstand an erster Stelle. In überwiegendem Maße bildet Polyesterharz den Grundstoff, worin zur Verstärkung Glasfasern eingebettet sind, wie Stahl in Beton. Polyesterharze sind ungesättigte → Polyester aus geeigneten organischen Verbindungen, die unter verschiedenen Namen und Typenbezeichnungen auf den Markt kommen. Teurer und schwieriger zu verarbeiten, technologisch jedoch in mancher Hinsicht noch besser, ist Epoxidharz.

Die Zeitspanne, innerhalb derer sich das katalysierte Harz verarbeiten läßt, nennt man Topfzeit; der Aushärtungsprozeß ist eine Polymerisation. Die einzelnen in das Harz eingebundenen Glasseidenschichten heißen *Laminate*. Darin sind die Glasfasern als Glasseide zu Rovingsträngen (d. h. unverdrehten Strähnen), zu Matten mit regelloser, aber gleichmäßig gesteuerter Schichtung der Fasern, oder zu Geweben verarbeitet. Für die feine Deckschicht der Oberfläche hat man die englische Bezeichnung *Gelcoat* übernommen.

Die Vorzüge von glasfaserverstärktem Kunststoff als Baumaterial sind: große Festigkeit, Witterungs- und Seewasserbeständigkeit, geringes Gewicht. Das Material nimmt jede beliebige Form an und schafft Bootskörper aus einem Stück ohne Leckstellen. Boote aus GFK bedürfen geringerer Wartung als solche aus anderen Baustoffen.

Die Grenze der Herstellungsgröße wird von Jahr zu Jahr erweitert, die Verwendung ist nicht auf den Yachtbau beschränkt. Auch Marine- und Fischereifahrzeuge werden aus glasfaserverstärktem Kunststoff gebaut.

Giek *w.* Spiere, und zwar speziell die obere Spiere eines Lateiner- oder eines Gaffelsegels. *Gieksegel* ist eine alte Bezeichnung für Gaffelsegel aus der Zeit der Rahsegler; sie wurde auf das Großsegel eines Kutters angewandt wie auf Besansegel oder Briggsegel. Der *Giekbaum* ist der Baum eines solchen Segels, d. h. die Spiere, die das Schothorn nach achtern ausholt.

Gien (engl.-nl.-nd. aus afrz. *engin.*) *s.* Schwere Talje mit drei- oder mehrscheibigen Blöcken. Derartige Taljen wurden früher gebraucht, um besonders schwere Stücke an oder von Bord zu bringen. Auf Segeldampfern, die eine Vorrichtung zum Lichten der Schraube hatten, geschah dieses mit Hilfe der Schraubengien.

giepen Alter Ausdruck für das Zurückschlagen des Baumes infolge Kursänderung, Umschlagen des Windes, Rollbewegung des Schiffes, unfreiwilliges Halsen.

gieren 1. Das ungewollte periodische Abweichen eines Schiffes vom Kurs infolge des Seegangs.
2. Auch das Schwojen, das Hin- und Herpendeln eines im Strom vor Anker liegenden Schiffes, wird gieren genannt. Hiervon abgeleitet ist der Begriff *Gierfähre*. Den Strom eines Flusses ausnutzend läßt man ein Fahrzeug an einem langen Seil von einem Ufer zum anderen pendeln, oder man läßt es an einem gespannten Seil entlanggleiten. Die Vortriebskraft entsteht durch die Anströmung des schräggestellten Fahrzeugs.

Gig (engl.) *w.* 1. Das früher speziell für den Kapitän (auf Kriegsschiffen für den *Kommandanten*) reservierte Beiboot. Kein gewöhnliches Rettungsboot, sondern ein meist scharf gebautes, schnelles Boot, das in gleicher Weise zum Rudern und Segeln geeignet war.
Die Segelschiffskapitäne pflegten besonderen Wert auf den Zustand dieses Bootes zu legen, das sie als eine Art Visitenkarte betrachteten, wenn sie sich damit zu einem anderen Schiff oder an Land bringen ließen.
2. Im Rudersport gegenüber dem Skiff und den Rennzweiern (-vierern, -achtern) der derbere, für Wanderfahrten und Training bestimmte Bootstyp.

Giga, G (grch.) Vorsatz für das Milliardenfache einer physikalischen Einheit, 1 GHz = 10^9 Hz. (Vergl. Einheiten).

Gillung, Gilge *w.* Das Wort bedeutet ganz allgemein Verschmälerung bzw. Erweiterung. Dementsprechend trifft man auf verschiedene Anwendungen:
1. Bei einem Rahsegel heißt oder hieß Gillung der Unterschied zwischen der halben Kopf- und Fußbreite des Segels. Doch auch der Unterschied zwischen der äußeren und mittleren Tiefe

des Segels wird als Gillung oder Gilge bezeichnet.
2. Am Hinterschiff der Übergang vom scharfen Unterwasserschiff zum stark ausladenden Heck. Die stark gebogenen Spanten dieser Zone heißen Gillungsspanten.

„Gimcrack"-Werte Mit der „Gimcrack", einer Rennyacht, die etwa der 6-m-R-Klasse entsprach, wurden 1936 auf Anregung des Stevens Institute of Technology (USA) systematische Versuche gemacht. Man untersuchte in verschiedenen Meßreihen die Zusammenhänge zwischen Geschwindigkeit und Krängung, Geschwindigkeit und Widerstand, Geschwindigkeit und Weg nach Luv sowie andere meßbare Zusammenhänge. Die Ergebnisse dieser Meßfahrten sind als „Gimcrack"-Werte bekannt geworden und haben für spätere systematische Untersuchungen grundlegende Bedeutung erlangt. (Der Name „Gimcrack" ist Yankeeslang für ein *unnützes Ding*. Er hatte bereits Tradition. Einer der Schoner von George Steers, der den berühmten Schoner „America" entwarf, hieß „Gimcrack".)

Gischt *m.* Das von *gären* (schäumen, sprudeln, sieden) hergeleitete Wort Gischt bezeichnet die Schaumköpfe der See bei hartem Wind und Sprühwasser, das über Deck fegt.

gissen Schätzen; nach Berechnung auf unsicherer Grundlage für wahrscheinlich halten. Vergl. *gegißter Ort*.

Glas, glasen Die Zeitspanne ein Glas (eine halbe Stunde) ist ein traditionelles seemännisches Zeitmaß, das seinen Namen von der alten Sanduhr herleitet. Neben dem Kompaß stand so ein „Stundenglas", das alle halbe Stunde umgedreht werden mußte, weil dann der Sand von der einen Hälfte des Glases in die andere gelaufen war.
Der Ablauf jeder halben Stunde wurde durch die Schiffsglocke angezeigt (*glasen*), und zwar in einem vierstündigen Rhythmus, der dem normalen Wachwechsel entsprach. Die Glockenschläge bedeuteten:
0.30 Uhr 1 Glas (einfacher Glockenschlag), 1.00 Uhr 2 Glas (ein Doppelschlag), 1.30 Uhr 3 Glas (ein Doppelschlag und ein einfacher) und so fort bis 4.00 Uhr 8 Glas. Dann begann es von neuem mit 1 Glas um 4.30 Uhr.

Glasfasern Die eigentlichen Festigkeitsträger in glasfaserverstärktem Kunststoff, dem verbreitetsten Baustoff von Yachten und Booten. Siehe GFK.

Glattdecker 1. Schutzdecker ohne Back.
2. Segelyacht, die keinen Kajütsaufbau, sondern nur *Skylights* (Oberlichter) hat.

Gleichgewicht Ein Körper ist im Gleichgewicht, wenn die vektorielle Summe aller auf ihn wirkenden Kräfte und Momente gleich Null ist. Man unterscheidet dabei drei Gleichgewichtsarten:
a) *Stabiles* Gleichgewicht. Nach einer Ablenkung aus seiner Gleichgewichtslage tritt am Körper ein Moment auf, das ihn wieder in diese Lage zurückführt, da der Schwerpunkt des Körpers in der Gleichgewichtslage tiefer liegt als im Zustand der Ablenkung.
b) *Indifferentes* Gleichgewicht. Ablenkung aus dieser Lage erzeugt kein kippendes oder aufrichtendes Moment; der Körper ist in jeder ausgelenkten Lage wieder im Gleichgewicht.
c) *Labiles* Gleichgewicht. Nach einer Ablenkung aus dieser Gleichgewichtslage tritt ein Moment auf, das noch weiter im Sinne der Ablenkung wirkt. Der Körper kippt um, weil der Schwerpunkt des Körpers in jeder abgelenkten Lage tiefer liegt als in der des labilen Gleichgewichts.
Bei Schiffen spielt der Begriff Gleichgewicht vor allem hinsichtlich Trimm und Stabilität eine Rolle, bei Segelyachten auch hinsichtlich der Kursstetigkeit. So halten sich z. B. das krängende Moment (abhängig vom Wind, von der Segelfläche und der Höhe der Takelage) und das aufrichtende Moment (abhängig von Bootsgewicht und -form) das Gleichgewicht. Ferner sind bei einem guten Segeltrimm Windkraft im Segel und Reaktionskraft (Widerstand des Lateralplans gegen Abdrift) derart im Gleichgewicht, daß kein

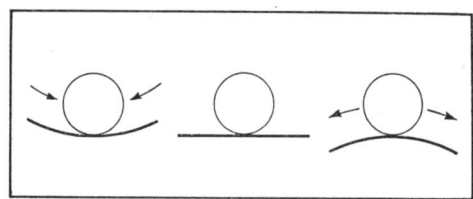

Stabiles, indifferentes und labiles Gleichgewicht, gezeigt an der Lage einer Kugel auf verschiedenem Untergrund.

Kräftepaar übrigbleibt, d. h. das Schiff weder luv- noch leegierig ist.

gleichlastig Ein (auf ebenem Kiel gebautes) Schiff schwimmt gleichlastig, wenn seine Tiefgänge vorn und achtern gleich sind.

gleichnamig Von gleichnamig spricht man bei im physikalischen Sinne gleichen Magnetpolen. Gleichnamige Pole stoßen einander ab, ungleichnamige ziehen sich an. In diesem Sinne ist der magnetische Nordpol der Erde eigentlich ein magnetischer „Südpol". Er zieht den nach Norden weisenden und somit als „Nordpol" oder „positiven Pol" definierten Pol der Kompaßnadel an. Aufgrund dieser nicht eindeutigen und nicht ganz befriedigenden Benennung ist die Bezeichnung der Pole eines Magneten auch nicht in allen Ländern die gleiche.

Der Begriff *gleichnamig* wird ferner auf Korrekturen mit gleichem Vorzeichen sowie auf geographische Breiten und astronomische Abweichungen bezogen, die die gleiche Breitenbezeichnung oder das gleiche Vorzeichen haben.

Gleichschlag, Parallelschlag Schlagart von Drahtseilen, bei denen die Drähte in den Litzen und die Litzen im Seil gleiche Drehrichtung haben. Vergl. dagegen Kreuzschlag (2).

Gleichsignal Der Dauerton, den man auf dem Leitstrahl eines → Consolfunkfeuers hört.

Gleichtaktfeuer Unterbrochene Leuchtfeuer, bei denen Schein und Unterbrechung gleich lang sind. Die Mindestdauer von Schein bzw. Unterbrechung eines Gleichtaktfeuers liegt in der Regel zwischen 1,5 und 4 Sekunden.

gleiten Dieses Wort bezeichnet einen Fahrtzustand, der sich vom normalen Strömungsverlauf bei einem fahrenden Schiff merklich unterscheidet: Bei Überschreiten einer gewissen Geschwindigkeitsgrenze beginnt das Boot über die Wasseroberfläche hinwegzurutschen, wobei die Fahrt sprunghaft ansteigt. Diesen Zustand herbeizuführen, ist ein wichtiges Moment im modernen Segelsport.

Der Gleitzustand ist darauf zurückzuführen, daß teilweise dynamischer Auftrieb entsteht, d. h. das Boot weniger Wasser verdrängt als seinem Gewicht entspricht. Dadurch werden Form- und Reibungswiderstand herabgesetzt. Doch vor allem: Im Gleitzustand läuft das Boot seinem natürlichen Wellensystem davon. Es reitet sozusagen auf seiner eigenen Bugwelle und läßt seine Heckwelle weit hinter sich, so daß das erzeugte Wellenbild dem eines Verdrängungsbootes erheblich größerer Abmessungen gleicht, nicht selten dem eines Schiffes von siebenfacher Länge. Als Gleitboot, Gleiter werden Boote bezeichnet, die speziell für das Erreichen des Gleitzustandes entworfen und gebaut sind.

1. Motorboote mit flachem Boden und im Verhältnis zum Bootsgewicht hoher Leistung (Gegensatz Verdränger).
2. Segeljollen mit niedrigem Baugewicht und flacher Bodenform. Über diese Bedingungen hinaus ist für das Erreichen des Gleitzustandes Voraussetzung, daß das Boot aufrecht gesegelt wird (Herstellung der Stabilität durch Vorschotmann im Trapez) und günstiger Kurs. Die höchste Geschwindigkeit wird auf Kursen zwischen 8 bis 12 Strich zur Windrichtung erreicht, wobei mit dichten Schoten am → scheinbaren Wind gesegelt wird. Die Grenze der erreichbaren Gleitgeschwindigkeit liegt etwa bei der Windgeschwindigkeit. (Bei Eisyachten kann die eigene Geschwindigkeit durch Segeln am scheinbaren Wind die wahre Windgeschwindigkeit erheblich übersteigen!)

Gleitpreise Kaufpreise für in Auftrag gegebene Schiffe mit dem Vorbehalt, daß bei einem Anstieg der allgemeinen Preisniveaus innerhalb der vereinbarten Lieferfrist ein dementsprechender höherer Preis gefordert werden darf.

Gleitschiene Metallprofilschiene an hölzernen Masten von Segelyachten. An oder in dieser Schiene laufen die Rutscher des Großsegels.

Gleitstringer Längsleisten unter dem Boden schneller Gleitboote (Motorboote), mit deren Hilfe versucht wird, den Fahrtwiderstand herabzusetzen.

Glockentonne Schwimmendes Seezeichen, das zur Aussendung von Schallsignalen mit einer Glocke ausgerüstet ist. Die Glocke ist in einem Gerüst fest montiert; die Töne werden durch mehrere lose Klöppel erzeugt, die durch die Bewegung der Tonne im Seegang in unregelmäßiger Folge gegen die Glocke schlagen.

Glühkopfmotor Ein robuster Zweitaktmotor,

der auch mit schlechten Kraftstoffqualitäten betriebssicher arbeitet und insbesondere auf Fischkuttern zum Einbau kommt. Der Glühkopfmotor ist ein Mitteldruckmotor, bei dem der Kraftstoff in eine vom Zylinder abgeschnürte, ungekühlte, kugelförmige Kammer gespritzt wird, an deren glühender Wandung er sich entzündet, daher Glühkopf. Vor dem Anlassen des Motors wird der Glühkopf von außen mit einer „Anwärmlampe" erhitzt.

GMT (MGZ) Greenwich Mean Time.
Greenwicher Zeit, mittlere (Sonnen-)Zeit von Greenwich. Ihr gegenüber ist es nach der mitteleuropäischen Zeit (MEZ) eine Stunde früher. Die mittlere Greenwicher Zeit ist die Normzeit für den Seefunkverkehr.

gnomonische Karte (grch.-lat.) Karte mit Zentralprojektion der Erdoberfläche von ihrem Mittelpunkt aus auf eine Tangentialebene. Dabei werden Großkreise als Geraden abgebildet (daher auch Großkreiskarte). Derartige Karten sind vor allem für hohe Breiten von Wert, wo die Mercatorkarten wegen zu großer Verzerrung unbrauchbar sind. Außerdem haben gnomonische Karten für die Nautik Bedeutung als Funkortungskarten und für das Segeln auf größtem Kreis.

Golf Meerbusen. (Aus grch. *kólphos* wurden ital. *golfo*, frz. *golfe*, engl. *gulf* etc.) Spricht man von dem Golf – ohne nähere Bezeichnung – ist der Golf von Mexiko gemeint (Golfstrom). Unter *Gulf-Ports* versteht man in der Schiffahrt die Häfen dieses Golfes.

Gondel Von ital. *gondola*, Bezeichnung für den charakteristischen, unsymmetrisch gebauten, einseitig geruderten Nachen der Venezianer. Der Normaltyp ist 10,15 m lang und mißt an der breitesten Stelle von der Mittellängsachse bis zur Steuerbord-Außenhaut 0,24 m weniger als bis zur Backbord-Außenhaut. Die unsymmetrische Form soll das Drehmoment ausgleichen, das durch den einseitigen Riemenantrieb entsteht.

Goniometer (grch.) Winkelmesser. Goniometer-Verfahren bezeichnet ein Funkpeilverfahren, bei dem zwei gekreuzte, fest montierte Antennenrahmen verwendet werden. Richtungsbestimmung mit drehbarer Suchspule.

Gording *w.* Das Wort ist sprachlich und sinnverwandt mit Gürtel, Gürtung und bezeichnete bei den Rahsegeln Leinen, mit denen man zusätzlich zu den Geitauen die Segel aufgeite, d. h. zur Rah hin aufholte und zusammenzog, damit man sie leichter reffen oder festmachen konnte. Man unterschied *Bauchgordings* (nd. Bukgordings), die das Unterliek des Segels aufholten und *Nockgordings*, die die Seitenlieks nach innen holten. Bei mehreren Bauchgordings unterschied man Mittel-, Innen- und Außengordings. Im Gegensatz zu den hinter den Segeln fahrenden Geitauen fuhren die Gordings vor den Segeln. *Dempgordings* hießen die Leinen, mit denen der Besan aufgegeit wurde.

Gösch (frz.-nl.) *w.* Kleine Bugflagge, die an besonderen Tagen gesetzt wird, zumeist die Nationalflagge in verkleinerter Form. Oft stimmt sie mit der oberen inneren Ecke der Kriegsflagge überein, weshalb auch diese Gösch genannt wird.

Grad (lat.) Allg. Schritt, Stufe, Abstufung, Rang. Speziell: 1. Winkelmaßeinheit, der 360ste Teil eines Kreises, der 90ste Teil eines rechten Winkels. Das Koordinatensystem der Erde ist in Grade eingeteilt. Breitengrade werden vom Äquator aus nach den Polen von 0 bis 90° Nord und Süd gezählt, die Längengrade vom Meridian von Greenwich aus von 0 bis 180° nach West und Ost. Die Grade sind in 60 Minuten, die Minuten in 60 Sekunden geteilt.
Kurzzeichen:
$1° = 1$ Grad, $1' = 1$ Minute, $1'' = 1$ Sekunde. Es gibt auch eine Teilung des Kreises in 400 Teile; die Einheit dieser Teilung heißt Gon. Bis 31. 12. 1977 war noch die Bezeichnung Neugrad zulässig. Für die Seefahrt ist diese Teilung nicht von Bedeutung; wichtig jedoch 1 Vollwinkel = 360° (1 Umdrehung).
2. Einheit der Temperatur. Früher unterschied man verschiedene Temperaturskalen (Celsiusskala, Fahrenheitskala, thermodynamische Temperaturskala) und dementsprechend verschiedene Zeichen: °C, °F, °K.
Heute soll nur noch die thermodynamische Temperaturskala verwendet werden mit dem Einheitenzeichen K (Kelvin; nicht „Grad" Kelvin). Es gilt

$$1\,K = \frac{\text{Temperatur des Tripelpunktes von Wasser}}{273{,}16}$$

Die Gefriertemperatur von Wasser hat den Wert 273,15 K, die Siedetemperatur 373,15 K. Gleichbedeutend mit dem Zeichen K ist noch das Zeichen °C zugelassen, auch für Temperaturdifferenzen.

Gradbogen Die kreisbogenförmige Skala eines Winkelmeßgerätes, insbesondere die Ableseskala des Sextanten, auch *Limbus* genannt. Der Gradbogen des Sextanten umfaßt etwa 60° (ein Sechstel des Kreises), womit sich nach dem Spiegelgesetz der doppelte Winkel messen läßt.

Gradient (lat.) *m.* Vektorielle Feldgröße, Gefälle; insbesondere in der Meteorologie verschiedenfach gebraucht.
1. Druckgradient. Damit ist das horizontale Druckgefälle senkrecht zu den Isobaren gemeint. Es wird positiv in Richtung abnehmenden Druckes gerechnet und auf eine Entfernung von 60 sm bezogen.
2. Temperaturgradient. Damit wird ein Temperaturgefälle bezeichnet, und zwar in horizontaler oder vertikaler Richtung. Insbesondere letzteres ist von Bedeutung (grd. pro 100 m Höhe).

grain (space) (engl.) Korn, Getreide. In der Schiffahrt Bezeichnung für den Schüttgutinhalt von Laderäumen. Siehe Kornraum.

Gramm, g Einheit der Masse im CGS-System der Physik, $1/1000$ der Masseneinheit kg im Internationalen Einheitensystem (SI-System). Die ursprüngliche Definition lautete: 1 g = Masse von 1 cm³ reinsten Wassers bei 4 °C; seit 1889 jedoch: $1/1000$ der Masse des in Paris aufbewahrten Urkilogramms aus Platin-Iridium.

Gräting (engl.-dt.) Gitterwerk aus Holzleisten als trockener Fußboden in selbstlenzenden Plichten, auf Kommandobrücken, in Barkassen usw. Auch Metallschutzgitter für Skylights (Oberlichter).

Graupeln Hagelähnliche Niederschlagsform. Es wird zwischen Reif- und Frostgraupeln unterschieden. Die um 0 °C meistens vor oder mit Schneefall zusammen auftretenden Reifgraupeln sind weiß, spröde und zerdrückbar. Frostgraupeln sind halbdurchsichtige, harte Körner von 2 bis 5 mm Durchmesser, von Eis umschlossene Reifgraupelkerne; diese Graupelform tritt oft mit Regen zusammen auf.

Gravitation (lat.-nlat.) Die zwischen jeglicher Materie wirkende Anziehungskraft. Newton (1643–1727) erkannte, daß die irdische Schwerkraft nur ein Sonderfall dieser allgemeinen Eigenschaft der Materie ist. Er fand das Gesetz, nach welchem sich zwei im Abstand r voneinander befindliche Massen m_1 und m_2 gegenseitig anziehen (z. B. Erde und Mond): Die Anziehungskraft ist direkt proportional jeder einzelnen Masse und umgekehrt proportional dem Quadrat ihres Abstandes voneinander, also

$$K = \gamma \, \frac{m_1 \cdot m_2}{r^2}$$

(Hierin ist $\gamma = 6,67 \cdot 10^{-11} \, \frac{m^3}{kg \cdot s^2}$; die Newtonsche Gravitationskonstante).

Greenwich Stadtteil Londons am Südufer der Themse, in dem die 1675 von Chr. Wren entworfene Sternwarte liegt, die 1880 zum maßgeblichen Bezugspunkt für die englische Zeit und 1884, auf einer internationalen Konferenz in Washington, zum Ausgangspunkt für die Zählung der Meridiane und für das Welt-Zonenzeitsystem wurde. Die Ausdehnung Londons hat es erforderlich gemacht, die einstmals günstige Lage der Sternwarte aufzugeben und umzuziehen. Heute befindet sich die Sternwarte in dem 40 Meilen südöstlich Londons, unweit der Kanalküste gelegenen alten Hurstmonceux Castle von 1440, das 1935 vollständig renoviert wurde. Nullpunkt für Länge und Zeit ist jedoch nach wie vor der Ort der alten Sternwarte.

Greenwicher Stundenwinkel Der Winkel am Pol zwischen dem oberen Meridian von Greenwich und dem Stundenkreis eines Gestirns. Man erhält ihn durch Addition des Sternwinkels zum Greenwicher Stundenwinkel des Frühlingspunktes. Der Greenwicher Stundenwinkel zählt nach Westen von 0–360°. Greenwicher Stundenwinkel (Gr. t) und Ortsstundenwinkel (t) unterscheiden sich um den Betrag der geographischen Länge des Beobachtungsortes.

Greenwicher wahrer Mittag Sonnendurchgang durch den oberen Meridian von Greenwich.
Der Ausdruck „wahrer" Mittag besagt, daß die tatsächlich beobachtete Sonne gemeint ist, nicht die mittlere, d. h. die für eine vollkommen gleichmäßige Zeiteinteilung angenommene.

Grenzschicht Die Schicht zwischen der Bordwand eines fahrenden Schiffes und dem ungestörten Wasser, in der das Schiff das Wasser mehr oder weniger mitschleppt. Die Dicke dieser Schicht nimmt vom Bug zum Heck erheblich zu. Als Grenzschichtdicke wird der Abstand von der Bordwand bis dorthin definiert, wo die Strömung 99 % der Außengeschwindigkeit erreicht. Die Grenzschicht ist zum Teil *laminar* (parallel), zum Teil *turbulent* (verwirbelt). Der Reibungswiderstand der letzteren überwiegt bei weitem.

Grenzwelle Elektromagnetische Wellen zwischen Mittel- und Kurzwelle. Dieser Wellenbereich dient zur Nachrichtenübermittlung für die Schiffahrt in Küstennähe: 1,6 bis 4,2 MHz (187 bis 71,5 m). Vergl. Gesamtübersicht unter *Frequenz*. Die Bezeichnung Grenzwelle besagt, daß Wellen dieses Frequenzbereiches gerade noch von der → Ionosphäre reflektiert werden.

„Greta Garbo" Nach der berühmten Schauspielerin benannter, doppeltgeschoteter großer Vierkantklüver, siehe J-Klasse.

Gridkompaß Von engl. *grid* Gitter, Gitternetz. Yacht-Steuerkompaß, an dem zur Erleichterung für den Rudergänger der zu steuernde Kompaßkurs durch einen Drehring eingestellt wird, so daß man nur auf Übereinstimmung von Pfeilrichtung der Rose und Ringmarkierung zu achten braucht.

griechisches Alphabet

A	α	Alpha	a	N	ν	Ny	n
B	β	Beta	b	Ξ	ξ	Xi	x
Γ	γ	Gamma	g	O	ο	Omikron	o
Δ	δ	Delta	d	Π	π	Pi	p
E	ε	Epsilon	e	P	ϱ	Rho	r
Z	ζ	Zeta	z	Σ	σ, ς	Sigma	s
H	η	Eta	e	T	τ	Tau	t
Θ	ϑ	Theta	th	Y	υ	Ypsilon	y
I	ι	Jota	i	Φ	φ	Phi	ph
K	ϰ	Kappa	k	X	χ	Chi	ch
Λ	λ	Lambda	l	Ψ	ψ	Psi	ps
M	μ	My	m	Ω	ω	Omega	o

Grieper, Griper *m.* Kleiner, als Suchanker verwendeter Draggen.

Grog Der Name des bekannten Heißgetränks aus Rum mit Wasser und Zucker geht auf den englischen Admiral Edward Vernon zurück (1684 bis 1757), der in der Navy einführte, den Rum nicht pur, sondern mit Wasser verdünnt an die Mannschaften auszugeben. „Old Grog" war der Spitzname des Admirals wegen seines Rocks aus Kamelhaar (engl. *grogram,* frz. *gros grain*).

Groß- In Wortzusammensetzungen der Bezug aller Teile der Takelage des *Großmastes* auf diesen: Auf den Segelschiffen z. B. die Segel (Großuntermars-, Großbramsegel usw.), desgl. die Rahen, Stengen, Wanten, Stagen, Pardunen, ebenso wie die Vorsilbe *Vor-* auf den vordersten, die Bezeichnung *Kreuz-* oder *Besan-* auf den achteren Mast hinweist.
Bei Yachten dementsprechend alles, was zum Großmast bzw. Großsegel gehört: Großbaum, Großschot, Großfall usw.

Großmast Auf mehrmastigen Schiffen trägt im allgemeinen der zweite Mast von vorn die Bezeichnung Großmast; nur bei den Anderthalbmastern ist es der vordere.

Großsegel Auf Rahseglern war das Großsegel das Untersegel des Großmastes. Die Großrah war nicht selten über 30 m lang, das Großsegel zuweilen bis 350 m^2 groß.
Auf allen Segelfahrzeugen mit Schratsegeltakelung ist das Großsegel das Hauptsegel des Großmastes. Hauptsegel – so heißt das Großsegel im Englischen (*main sail*). Ob diese Bezeichnung eine zutreffende ist, stand früher gewiß außer Frage; bei den alten Gaffeltakelungen mit der mehrfach unterteilten Vorsegelfläche war das eindeutig. Bei den modernen toppgetakelten Yachten übersteigt jedoch die Fläche des Vorsegels nicht selten die des Großsegels, und dementsprechend beurteilt man die Bedeutung der Segel hinsichtlich ihrer aerodynamischen Wirksamkeit.
Indessen ist das hochgetakelte Großsegel allein schon von solcher Wirksamkeit, daß es Yachten gibt, wo auf jedes Vorsegel verzichtet wird (→ Cat-Takelung). Das Seitenverhältnis (Vorliek zu Unterliek) eines modernen Großsegels liegt zwischen 2 und 3.

„Größe" eines Sterns Gemeint ist die von uns wahrgenommene Helligkeit eines Sterns, die von seiner wirklichen Leuchtkraft und von seiner Entfernung abhängt. Da die Entfernung der stärker wirkende Faktor ist, gehört der kleine, aber sehr nahe Planet Venus zu den „größten" Sternen. Über die Einteilung der Sterngrößen nach Helligkeitsgraden siehe Fixsterne.

große Haverei Siehe „Havarie-grosse".

Größenarten; Basisgrößenarten Zur Beschreibung physikalisch-technischer Vorgänge oder Zustände bedient man sich einzelner Größen, die in Gleichungen miteinander verknüpft werden können. Durch derartige Verknüpfungen können Größen aus anderen abgeleitet werden: $v = \frac{s}{t}$ („Geschwindigkeit gleich Weg durch Zeit"). Die Gesamtheit der miteinander verbundenen Größen heißt Größensystem. Die Größenarten, mit deren Hilfe die anderen als abgeleitete Größenarten dargestellt werden können, heißen Basisgrößenarten (früher auch Grundgrößenarten genannt).
Es ist willkürlich, welche Größenarten man als Basisgrößenarten betrachtet und welche als abgeleitete; daher gibt es verschiedene Größensysteme.
Da die Gleichungen

Kraft = Masse · Beschleunigung und
Masse = Kraft : Beschleunigung

gleichwertig sind, kann man neben der Länge und der Dauer die Masse als Basisgrößenart betrachten (physikalisches Größensystem) oder auch die Kraft (technisches Größensystem). Die Erkenntnis, daß allein die Masse eine von allen äußeren Einflüssen unabhängige Eigenschaft der Materie, die Gewichtskraft indessen örtlich verschieden ist, führte dazu, daß auch die Technik sich im Internationalen Einheitensystem auf die Masse als Basisgröße umstellt.
Für die Beschreibung mechanischer Vorgänge reicht im allgemeinen eine Verknüpfung der drei Basisgrößen Länge, Dauer und Masse aus. Für die Elektro-, Wärme- und Lichttechnik kommen nach dem Internationalen Einheitensystem noch drei weitere Basisgrößen hinzu, und zwar die Stromstärke, die thermodynamische Temperatur und die Lichtstärke. Als siebente Basisgröße gilt schließlich die Stoffmenge. Vergl. hierzu *Einheitensysteme*.

Große Fahrt Siehe Fahrtgebiete.

großer Spiegel, Indexspiegel Der mit dem Zeigerarm (*Alhidade*) drehbar angeordnete Spiegel eines Sextanten, der den Strahl vom beobachteten Gestirn über den kleinen Spiegel zum Auge des Beobachters lenkt.

Großkreis Schneidet eine Ebene eine Kugel derart, daß der Kugelmittelpunkt in der Schnittebene liegt, entsteht als Schnittlinie an der Oberfläche der Kugel ein Kreis größten Durchmessers, ein Großkreis. Unendlich viele Möglichkeiten von Großkreislagen sind denkbar; als Sonderfälle seien die *Meridiane* angeführt, die zugleich durch die geographischen Pole verlaufen, und der *Äquator*, dessen Ebene senkrecht zur Erdachse liegt. Das Bogenstück eines Großkreises ist die kürzeste Verbindung zweier Punkte auf der Erdoberfläche. Diese Strecke heißt Großkreisdistanz.

Großkreiskarten Siehe gnomonische Karten.

Großkreiskurs Im Gegensatz zur Loxodrome, die alle Meridiane unter dem gleichen Winkel schneidet und auf einer Mercatorkarte als Gerade erscheint, schneidet ein Großkreis die Meridiane unter verschiedenen Winkeln. Navigiert man zwischen zwei Standorten auf einem Großkreis, heißen die Kurse an diesen Orten Anfangskurs und Endkurs, die Navigationsroute selbst Großkreisweg. Auf gnomonischen Karten werden die Großkreise als Geraden abgebildet.

Gross Tonnage Englische Bezeichnung für → Brutto-Tonnage. GRT und gr.r.t. sind Abkürzungen für Gross Register Ton.

Growler (engl.) *m.* Eisbrocken (zwischen Scholle und Eisberg), der groß genug ist, um der Schiffahrt gefährlich werden zu können.

Grummet *m.* Ringförmiger Stropp aus Tauwerk. Man dreht ein Ende auf, nimmt ein Kardeel desselben von genügender Länge, um dasselbe dreifach wieder zusammenzudrehen. Auf diese Weise erhält man einen geschlossenen Tauring.

grün 1. Farbe des Lichtes der Seitenlaterne, das die Steuerbordseite eines Schiffes kennzeichnet.
2. Als „grüne See" wird massives überkommendes Wasser an Bord bezeichnet, im Gegensatz zum Spritzwasser.

Grund Der Boden eines schiffbaren Gewässers, besonders in Hinblick auf Fahrwassertiefe,

Grundbesegelung

Ankergrund, Fischfang. Auf den in dieser Weise verstandenen Grund beziehen sich etliche zusammengesetzte Begriffe: *Grundberührung,* vorübergehendes Festkommen eines Schiffes; *Grundgeschirr,* alles, was zum Ankern gehört; *Grundprobe,* Probe vom Meeresgrund, die man mit einem dafür präparierten Lot mit heraufholt; *Grundsee,* steile, brechende, den Grund aufrührende See, die dort entsteht, wo der normale Seegang durch Bänke (Untiefen) gestört wird.

Grundbesegelung Damit ist die normale Amwind-Segelfläche gemeint, Großsegel und Fock, gegebenenfalls auch Besan und Klüver. Von der Grundbesegelung unterscheiden sich Leicht- und Schwerwetterbesegelung, Sturmsegel sowie die Raumschots- und Vormwindbesegelung (Ballons und Spinnaker).

Grundel Holländischer Yachttyp, der heute in modernisierter Form auch viel exportiert wird. Die Boote sind 6–11 m lang, 2,40–3,50 m breit und haben nur ca. 0,30 m Tiefgang. Segelfläche etwa 20 m².

Grundriß Die senkrechte Projektion eines Körpers auf eine horizontale Ebene; bei Schiffen also im Generalplan die Decksansichten, im Linienriß die Wasserlinien.

Grußpflicht Schiffe grüßen einander durch → Dippen der Flagge.

Guajakholz, Guayacan Pockholz. Holzart aus Mittelamerika, wo es die Spanier schon auf ihren ersten Entdeckungsreisen kennenlernten. Der Name Guajak ist westindischen Ursprungs. Das Holz ist außerordentlich schwer, die Dichte beträgt selbst im lufttrockenen Zustand bis 1,4 kg/dm³. Das Holz wurde im Schiffbau verwendet, insbesondere für Stevenrohrlager.

Guntertakelung Siehe Huari-Takelung.

Gurtungsdeck Als Gurt, Gurtplatte, Gurtung bezeichnet man bei einem Träger, der auf Biegung beansprucht werden soll, die in Form eines Wulstes oder einer Platte gewalzte oder angeschweißte Verstärkung der Außenkanten. Vergleicht man ein Schiff mit einem auf Biegung beanspruchten Träger, dann entsprechen Boden und oberstes Hauptverbandsdeck der unteren und oberen Gurtung. Bei einem Volldecker üblicher Bauart ist das oberste durchlaufende Deck zugleich Hauptdeck, Gurtungsdeck, Freibord- und Schottendeck.
Bei sogenannten „offenen Schiffen", d. h. Schiffen mit sehr großen Luken (Massengutfrachter, Containerschiffe) ist die obere Gurtung das Hauptproblem der Festigkeit. Bei diesen Schiffen wird die obere Gurtung durch sehr starke Längsverbände, Deckstringer, die Schergänge und die darunter liegenden Plattengänge der Außenhaut gebildet.

Gußeisen Durch Gießen verarbeitete Eisensorten mit einem Kohlenstoffgehalt um oder über 2 %. Die Gußeisensorten werden nach der Art der Kohlenstoffabscheidung unterteilt, z. B. Stahlguß (GS), Grauguß (GG), Hartguß (GH), Temperguß (GT) usw.
Im Yachtbau ist Gußeisen lediglich als Ballastkiel von Bedeutung. Infolge geringerer Dichte nimmt es bei gleichem Gewicht mehr Raum ein als Blei und wirkt ablenkend auf den Kompaß, doch ist Gußeisen sehr viel billiger als Blei und kommt deshalb in überwiegendem Maße zur Anwendung.

Gut 1. In bezug auf die Ladung unterscheidet man *Schüttgut* und *Stückgut.* Von dem theoretischen Rauminhalt eines Laderaumes geht durch die Einbauten für die Ladung etwas verloren. Man rechnet für Schüttgut einen Abzug von etwa 2–3 % des theoretischen Gesamtraumes, für Stückgut etwa 8–10 %.
2. In bezug auf die Takelage unterscheidet man *stehendes* und *laufendes* Gut. Zum stehenden Gut gehört alles Tauwerk (z. T. auch massive Stahlstangen), womit die Masten verstagt werden: Stagen, Wanten, Pardunen.
Laufendes Gut ist alles durch Blöcke geschorene Tauwerk zur Bedienung der Segel: Fallen, Schoten, usw.

Gütegrad 1. Bei Wärmekraftmaschinen das Verhältnis vom wirklichen Arbeitsprozeß zum theoretisch vollkommenen.
2. Bei Hebezeugen das Verhältnis von der theoretisch gewonnenen Kraft zur wirklich aufgewendeten. Letztere ist wegen der unumgänglichen Widerstandsverluste immer größer als die gewonnene.

Gyrokompass (grch.-engl.) Kreiselkompaß. Siehe dort.

Haager Regeln Die 1921 von der Internat. Law Ass. im Entwurf vorgelegten, 1924 im Brüsseler Übereinkommen angenommenen und als „Haager Regeln" bekannt gewordenen 16 Artikel bilden die fachrechtliche Grundlage des Seetransportgeschäftes. Ihr wesentlicher Inhalt ist die Begrenzung von Verantwortlichkeit und Haftpflicht der Reeder gegenüber den Verladern. Die Haager Regeln sind in die Gesetzgebung der meisten europäischen Staaten eingegangen, sie sind seit dem 2. Juni 1931 in Kraft.

Hacke Das hintere untere Ende des Kiels; Lager des Ruderschaftes bzw. der unter der Schraube sitzende Ruderträger, der bei Grundberührung die Schraube eines Bootes schützt.

Hafen Natürlicher oder künstlicher Meereseinschnitt oder Wasserbecken an einem Flußlauf als geschützter Liegeort für Schiffe und Umschlagplatz für die zu verschiffenden Güter. Ein moderner Hafen ist ein außerordentlich vielseitiges und verzweigtes Wirtschaftsgebilde, das mit allen nur denkbaren Anlagen und Einrichtungen für die Versorgung und schnelle Abfertigung der Schiffe ausgerüstet ist. Die grundlegende Bedeutung des Wortes Hafen erhellt aus seiner sprachlichen Wurzel, die dieselbe ist wie die von haben, heben und „Behälter".
Man unterscheidet Seehäfen an der offenen See oder an Flußmündungen und Binnenhäfen an Flußläufen und Kanälen. Bei den Seehäfen hat man es mit *Tidehäfen* zu tun, wenn der Wasserstand mit dem natürlichen Gezeitenrhythmus steigt und fällt, und mit *Dockhäfen*, wenn der Wasserstand in den Hafenbecken durch Schleusen konstant gehalten wird.
Teilgebiete eines Hafens haben näher kennzeichnende Namen, wie Binnenhafen, Außenhafen, Fischereihafen, Yachthafen usw. Bezeichnungen wie Heimathafen, Nothafen, Bestimmungshafen charakterisieren die Beziehung eines Hafens zu einem Schiff. Andere Bezeichnungen wiederum, wie etwa Freihafen, kennzeichnen die Bedeutung eines Hafens für die Schiffahrt überhaupt.
Fluthäfen sind solche, die nur um die Hochwasserzeit anzulaufen sind, Tiefwasserhäfen hingegen können jederzeit auch von den größten Schiffen angelaufen werden.
So zahlreich die Wortzusammensetzungen, die sich auf den Hafen oder Teile desselben beziehen, so mannigfaltig die Benennungen, in denen das Wort Hafen die Beziehung einer Sache zu einem Hafen erläutert.

Hafenabgaben, Hafengeld 1. Gebühren, die ein Seeschiff für die Benutzung eines Hafens zu entrichten hat. Ihre Höhe richtet sich nach der (Netto-)Tonnage des Schiffes, und sie teilen sich im allgemeinen in Raumgebühren und Kaigebühren. Unabhängig davon sind die Umschlag- und Lagergebühren für das Ladungsgut. Die Gebühr für einen Hafenlotsen ist im Hafengeld mit eingeschlossen.
2. Es hat sich in zunehmendem Maße eingebürgert, daß Hafengeld auch von Sportbooten verlangt wird, insbesondere in kleinen Häfen, die auf solche Einnahmen für Ausbau und Unterhaltung ihrer Anlagen angewiesen sind. Die Gebühren werden meistens nach Schiffslänge und Liegezeit berechnet.

Hafenschlepper Schlepper, die in einem Hafen in Bereitschaft liegen, um ein- und auslaufende Schiffe zu bugsieren. Je nach Größe des zu verholenden Schiffes werden zwei bis sechs Schlepper benötigt, deren Leistung in der Größenordnung um 736 kW liegt und deren Bauart weitgehend aus den lokalen Gegebenheiten des betreffenden Hafens erwächst.

Hafenzeit Zeitintervall zwischen dem Durchgang des Mondes durch den Ortsmeridian eines Hafens und dem darauffolgenden Hochwasser. Aus der Kulminationszeit des Mondes und der Hafenzeit, die für jeden Hafen konstant ist, lassen sich dann die Hochwasserzeiten für den betreffenden Hafen vorausberechnen. Die Kenntnis der Hafenzeiten war für die Seefahrt von Bedeutung, als es noch keine Gezeitentabellen und -stromkarten für alle Seegebiete der Erde gab; sie ist heute nicht mehr von Belang.

Haff Flache Meeresbucht, die durch eine Nehrung (schmale Landzunge) oder Inselkette von der offenen See abgetrennt ist. Besteht keine Verbindung mehr mit dieser, wird das Haff zu einem Strandsee.

Haftpflichtversicherung

Haftpflichtversicherung Die Haftpflichtversicherung ist einer der wichtigsten Versicherungszweige; sie gewährt Rechtsschutz und Befreiungsanspruch gegen gesetzliche Haftpflichtansprüche privatrechtlichen Inhalts.
Es gibt eine spezielle Bootseigner-Haftpflichtversicherung. Ihr Versicherungsschutz erstreckt sich auf Ansprüche aus Schiffskollisionen, Beschädigungen von Brücken, Ufern und dergl., soweit diese Beschädigungen vom Versicherungsnehmer schuldhaft verursacht wurden. Außerdem deckt die Bootseigner-Haftpflichtversicherung Ansprüche aus schuldhaft verursachten Personenschäden, auch wenn es sich um die eigene Mannschaft handelt (bezahlte Mannschaft ist ausgeschlossen).

Hagel Zu Eis gefrorener atmosphärischer Niederschlag, der dadurch entsteht, daß Regentropfen durch wasserdampfhaltige, unter ihre Sättigungstemperatur unterkühlte Luftschichten fallen, insbesondere wenn Wasserteilchen in Gewitterwolken in große Höhen emporgerissen werden. Hagel ist im Gegensatz zu Graupeln eine mit Gewittern verbundene Erscheinung auf eng begrenztem Raum. Die Größe der Hagelkörner liegt zwischen Erbsen- und Hühnereivolumen, in seltenen Fällen noch darüber.

Hahnenkamm Zierknotenartige Bekleidung eines Ringes, eines Handlaufs, einer Ruderpinne etc. durch zahlreiche aneinandergereihte halbe Schläge.

Hahnepot 1. Verteilung der Zugkraft von einer Leine auf mehrere dünne Enden, die sich von einem Punkt aus auseinanderspreizen wie beim Piekfall des Gaffelsegels, beim Bootsmannsstuhl usw. Der Name rührt von der formalen Ähnlichkeit mit einem „Hahnenfuß" her und war schon auf den Segelschiffen des 18. Jh. geläufig.
2. Aus den einzelnen Kardeelen eines Tampens durch gegenseitiges Unterstecken hergestellter Beginn verschiedener Zier- und Gebrauchsknoten.

Haiboot Finnische, früher auch im deutschen Osten sehr beliebte Einheitskielbootklasse. Die Größenordnung des Haibootes entspricht der des Drachen.

Hakenlasche Laschungsart der Teile eines Holzbalkens, bei der die zu verbindenden Endstücke hakenartig ineinandergreifen, so daß bis zu einem gewissen Grade auch Zugbeanspruchungen aufgenommen werden können.

Hakenschlag Das Anschlagen eines Endes an einem Haken, derart, daß die auf Zug kommende Part die lose Part bekneift. Voraussetzung für das Halten ist, daß Taudurchmesser und Hakenöffnung im richtigen Verhältnis zueinander stehen. Siehe Knoten.

Halbdiesel
Schwerölmotor, der mit geringerer Kompression arbeitet als ein normaler Diesel und daher einer Hilfsvorrichtung bedarf, um die Zündung einzuleiten. Siehe Glühkopfmotor.

halber Wind Wind, der von querab einkommt.

halbe Schläge Soll eine Leine an einem Ring, einem Balken und dergl. befestigt werden, wird sie zumeist um diesen herumgelegt und dann das freie Ende an der stehenden Part der Leine mit „zwei halben Schlägen" festgemacht; es ist der wichtigste aller Knoten im seemännischen Gebrauch. Siehe Knoten.

halbe Wiederkehrperiode Begriff aus der Funknavigation: Die Verzögerung der Aussendung des Nebensenders gegenüber dem Leit- oder Hauptsender bei → Loran.
Unter *Wiederkehrperiode* versteht man die Zeitspanne zwischen zwei Impulsanfängen.

halbfester Magnetismus Magnetisierung des Schiffskörpers durch länger währende Induktionseinwirkung eines Magnetfeldes, die nicht, wie beim flüchtigen Magnetismus, unmittelbar abklingt, wenn das induzierende Feld sich ändert oder verschwindet, sondern erst nach Stunden oder Tagen.

Halbgleiter Motorboote, die mit relativ stark aufgekeimtem Boden (20°–25°) einen Kompromiß von Gleiter und Verdränger darstellen. Auch das Sea Skiff bzw. der Rundspantgleiter gehört zu den Halbgleitern, die ein verhältnismäßig gutes Seeverhalten, dafür aber auch einen hohen Leistungsbedarf haben.

Halbmesser Außer der elementaren Bedeutung als Kreisradius, der in Längeneinheiten gemessen wird, hat Halbmesser in der Navigation die Bedeutung des halben Winkels, unter dem die Sonnen- und die Mondscheibe dem Beobachter erscheinen. Dieses Maß ist von Bedeutung bei der Beschickung astronomisch-nautischer Beobachtungen. Die Halbmesser von Sonne und Mond betragen etwa 16 Bogenminuten. Die Halbmesser der größeren Planeten betragen nur wenige Bogensekunden. Sie werden vernachlässigt.

Halbmodell Nach dem Linienriß hergestelltes Blockmodell einer Schiffshälfte. Derartige Modelle waren früher auf den Werften allgemein üblich; sie erleichterten, namentlich bei genieteten Schiffen, die genaue Platteneinteilung der Außenhaut.

halbstocks, Halbmast Zum Zeichen der Trauer – das Schiff betreffend oder bei Landestrauer – wird die Nationalflagge nur in halber Höhe gesetzt.

halbtägige Gezeiten Die normale Form der → Gezeitenerscheinungen, bei der innerhalb eines Mondtages zweimal Hochwasser und zweimal Niedrigwasser eintritt (Vergl. Ungleichheit).

Halbtaucher Schwimmende Bohrinsel für größere Wassertiefen. Die Plattform wird getragen von säulenförmigen Auftriebskörpern, die, den Seitenkästen eines gefluteten Schwimmdocks vergleichbar, nur zu einem geringen Teil über die Wasseroberfläche hinausragen. Der Hauptteil des tragenden Systems liegt geflutet unter Wasser, wodurch die Insel auch bei Seegang weitestgehend ruhig liegen bleibt.

Halbtonner 1967 geschaffene Segelyacht-Konstruktionsklasse mit einem Rennwert von maximal 21,7 Fuß nach IOR. Die Bezeichnung Halbtonner hat mit der Tonnage der Schiffe nichts zu tun, sondern bezieht sich auf die → Eintonner.

Halluzinationen (lat.) Sinnestäuschungen, Trugwahrnehmungen. Schiffbrüchige haben von ihnen berichtet, und sie treten auch bei Kleinschiffern, Einhandseglern auf, meistens als Folge totaler Erschöpfung, die immer wieder als deren schlimmster Feind bezeichnet wird.

Halo (grch.-lat.) Der „Hof", der durch Brechung, Spiegelung und Beugung des Lichtes an Eiskristallen in der Atmosphäre um Sonne und Mond entsteht. Die Erscheinung bildet sich in hohen Wolken bei fallendem Luftdruck und deutet auf zu erwartenden Niederschlag hin.
Der Halo hat, durch Gesetze der Strahlenbrechung bedingt, bevorzugte Größen und Formen. Am häufigsten ist der kleine Ring mit einem Halbmesser von 22°, seltener der große mit 46°. Zuweilen treten aber auch flecken- und streifenähnliche Formen auf.

Hals 1. Bei Rahsegeln:
Tau, womit die untere Luvecke eines Untersegels nach vorn geholt wird, wenn das Schiff am Wind segelt. Daher rührt der Ausdruck „mit Backbord-Halsen" oder „Steuerbord-Halsen".
Da *Hals* und *Schot* bei Rahseglern auf der jeweils entgegengesetzten Schiffsseite liegen, bedeutet „mit Backbord-Halsen" das Gegenteil von „mit Backbord-Schoten" (welches gleichbedeutend ist mit „auf Backbordbug").
2. Bei allen Schratsegeln (sowohl Groß- und Besan- als auch Stagsegeln) ist der Hals die untere vordere Ecke.

halsen, eine Halse machen Ein Segelschiff vor dem Wind auf den anderen Bug bringen; sei-

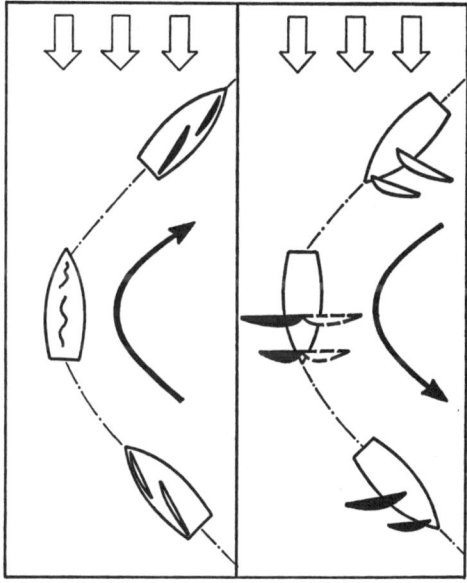

Wenden (links) und Halsen eines Segelfahrzeuges mit Schratsegeln.

nen Kurs dergestalt ändern, daß es mit dem Heck durch den Wind geht. Auf Rahseglern war die Halse das einfachere Manöver; es wurde auch beim Kreuzen gehalst, wenn die Fahrt zum Wenden nicht ausreichte.
Im Gegensatz dazu ist auf modernen Yachten, wo beim Halsen die Segel geschiftet werden müssen, die Wende das unkompliziertere Manöver, mit dem bei hartem Wetter auch vor dem Wind gern die Halse umgangen wird. Vergl. „Kuhwende".
Im Sinne der Wettsegelbestimmungen beginnt eine Yacht in dem Moment zu halsen, in dem das Unterliek ihres Großsegels bei achterlichem Wind die Mittschiffslinie kreuzt. Die Halse ist beendet, wenn das Großsegel auf dem neuen Bug vollsteht.

halten Das Wort wird in der Seemannssprache in verschiedenen Zusammenhängen gebraucht. Am verbreitetsten ist der Begriff „Kurs halten", womit ein präzises Einhalten des angegebenen Kompaßkurses gemeint ist.
Eine bestimmte „Höhe" zu halten oder zu halten versuchen bedeutet, dem Wind soviel Luv wie möglich abzugewinnen oder soviel, daß man ein auf Amwindkurs angesteuertes Ziel nach Möglichkeit erreicht.
In bezug auf den Anker spricht man von halten, sobald er fest im Grund liegt.

Halterung An Bord ganz allgemein eine Vorrichtung zum Festhalten, aber auch zum schnellen Bereithalten irgendwelcher Ausrüstungsgegenstände.

„Halt Wasser!" Kommando zum Fahrtstoppen eines geruderten Fahrzeugs. Die Riemen werden daraufhin querschiffs mit aufrechtem Blatt ins Wasser gehalten.

Hamburgische Schiffbauversuchsanstalt Eine 1913 von deutschen Werften und Reedereien gegründete wissenschaftlich-technische Anstalt zur Untersuchung von Schiffsformen und Antriebsorganen und zu Forschungen auf verwandten Gebieten. Grundlage für alle Untersuchungen bilden die in zwei Schleppkanälen und einem Manövrierteich durchgeführten Versuche, in denen an Modellen mit verschiedenen Formvarianten und unter verschiedenen Bedingungen Messungen durchgeführt werden.

Hamen *m.* Sackartiges Fangnetz. Man unterscheidet je nach Netzform und Fangmethode Pfahlhamen, Ankerhamen, Steerthamen, Schiebehamen usw. Pfahl- und Ankerhamen werden in strömenden Gewässern verwendet. Durch Pfähle oder Holzrahmen werden die Netze fängig gehalten.

Hand 1. (engl.) U. a. Matrose. In diesem Sinne wurde das Wort von der deutschen Seemannssprache übernommen, und zwar speziell für „Matrose bei einer bestimmten Arbeit an Deck". Daher „Deckhand"; „*All Hands!*": Kommando für ein Alle-Mann-Manöver.
2. „Hand über Hand" bezeichnet das zügige Holen eines Endes, indem abwechselnd eine Hand vor die andere greift.
3. Die Ankerhand ist der Teil des Ankers, der sich in den Grund krallt, die Flunke.

Handauflegeverfahren Die am häufigsten angewandte Methode beim Bau von Bootsschalen aus glasfaserverstärktem Kunststoff, nach welcher in eine Negativform (Matrize) abwechselnd Harzschichten und Glasseideneinlagen eingebettet werden.

Handfackel In der Hand zu haltende brennende Fackel; rot als Notsignal, blau als Warnfeuer oder zur Anforderung eines Lotsen.

handig Dem engl. *handy* entsprechender Ausdruck für handlich, bequem, leicht zu handhaben. Ein „handiges Schiff" hat gute Manövriereigenschaften; „handiges Wetter" ist angenehm und macht der Mannschaft nicht viel Arbeit.

Handikap *s.* Aus dem Engl. übernommener Ausdruck für die Zeitvergütung, die eine Yacht in einer Ausgleichsregatta einer anderen gewähren muß, wenn diese einen niedrigeren Rennwert hat. Das Wort Handikap kommt von *hand i'cap* (Hand in der Mütze) und weist auf die Art hin, wie man Lose zieht, womit zweifellos das Prinzip der Gerechtigkeit zum Ausdruck gebracht werden soll. Aus dem Namen eines alten Spiels, bei dem es um Tausch und Vergütung ging, wurde im Pferderennsport die Regel, daß man bei Rennen von Pferden verschiedenen Alters die Chancen durch unterschiedliches zu tragendes Gewicht oder verschiedene Weglängen ausglich.
Zum Handikap im modernen Yachtsport siehe *Rennwert* und *Yardstick*.

Handlog Einfaches Gerät zur Feststellung der Schiffsgeschwindigkeit. Seine Wirkungsweise beruht darauf, daß ein einseitig beschwertes, an einer langen Leine befestigtes Brett (Logscheit) über Bord geworfen wird, wonach es aufgrund seiner Befestigungsart senkrecht im Wasser stehen bleibt und die Leine abspulen läßt. Die Fahrtmessung erfolgt dann entweder durch Abzählen der gleichmäßig durchlaufenden Markierungen (*Knoten*) innerhalb einer bestimmten Zeiteinheit – üblich sind 14 Sekunden, die durch ein Sandglas angezeigt werden – oder man stoppt die Auslaufzeit einer für die Umrechnung geeigneten Leinenlänge. Vergl. Knoten (2).

Handlot Gewicht an einer markierten Leine zum Messen der Wassertiefe. Das 3 bis 5 kg schwere Gewicht ist an seinem unteren Ende etwas ausgehöhlt und wird mit der sogenannten *Lotspeise* (Talg) gefüllt, wenn Bodenproben mit heraufgebracht werden sollen zum Vergleich mit der in der Karte angegebenen Bodenbeschaffenheit. Diese Art Handlot mit Lotspeise war schon im Altertum bekannt (Herodot).
Die Leinenmarken sind alle 2 m oder in Fadenabständen angebracht und wechseln übersichtlich in Farbe und Material einander ab.

Handpeilkompaß Kleiner Fluid-Magnetkompaß mit Handgriff (zugleich Batteriebehälter für Beleuchtung) und Visiervorrichtung. Der Handpeilkompaß ist ein nützliches Navigationshilfsmittel auf Yachten; er hat die alte Peilscheibe weitgehend verdrängt.

Handspaken Die ca. eineinhalb Meter langen Hebelarme des Gangspills (auch Spillspaken genannt), die speichenförmig in den Spillkopf gesteckt werden und auch sonst für mancherlei Arbeit als Hebel benutzt wurden. Die Namen *Spake* und *Speiche* sind gleichen Ursprungs.

Hanf Stengelpflanze, aus deren Faserbündeln die Fasern für das Hanftauwerk gewonnen werden. Die für das Tauwerk verwendeten Langfasern sind 1 bis 3 m lang, die zu Werg verarbeiteten 0,3 m. Hanftauwerk hat eine hohe Zugfestigkeit und verhältnismäßig geringe Dehnbarkeit; es wird in ständig steigendem Maße durch Tauwerk aus → Polyester und ähnlichem Material ersetzt, das nicht verrottet.

Hängedeck Frachtschiffe, die speziell für die Verschiffung von Automobilen bestimmt sind, benötigen für eine gute Raumausnutzung zahlreiche Zwischendecks. Da normalerweise jedoch der Autotransport nur in einer Richtung erfolgt, in der entgegengesetzten Richtung andere Güter verladen werden, für die diese Decks nur hinderlich sind, werden die Autodecks als leicht demontierbare Hängedecks konstruiert.

Hängematte Die hängenden Schlafstellen der Matrosen auf Kriegsschiffen. Sie werden bei Nichtgebrauch abgenommen, gezurrt und verstaut.
Kolumbus brachte 1492 das karibische Wort *hamaca* von Haiti mit nach Hause, das die hängenden Betten der Eingeborenen bezeichnete. Eine geniale Verfälschung dieses Wortes führte zu *hang mat*, Hängematte, und schuf so in einem ganz anderen Sprachkreis ein Wort von sehr ähnlicher Lautform und gleicher Bedeutung.

Hanger *m.* 1. Drahtseil zum Auftoppen eines Ladebaumes. Die Hanger werden durch spezielle Hangerwinden (bzw. Baumwinden) betätigt.
2. Kurze Ketten, an denen auf Segelschiffen die Unterrahen hingen, um die → Racks zu entlasten.

Hanse Aus mhd. *hanse*, *hense*, Gefolge, Schar. Genossenschaft deutscher Kaufleute, die auswärtigen Handel trieben. Die Hanse bestand vom 12. bis 17. Jh. und umfaßte etwa 70 dauernde und 130 zeitweilige Mitgliedsstädte zwischen Flandern und Reval.

hänseln Verwandt mit *Hanse* im Sinne von Gefolgschaft ist das Wort hänseln. Es bedeutete im Mittelalter „jemanden in eine Körperschaft aufnehmen", wobei der Betreffende allerlei zu erdulden hatte und Mutproben ablegen mußte. In abgewandelter Form wurde der Brauch in das Seemannsleben übernommen, und auch der Begriff ging in die Seemannssprache ein. Das, was den jungen Seeleuten bei der Linientaufe widerfuhr, hieß in früheren Jahrhunderten hänseln, insbesondere die „Taufe", von der Rahnock aus nach außenbords.

Hardware (engl.) Hardware und Software sind spezifische Fachausdrücke, die mit dem Computer entstanden sind. Hardware bezeichnet eine Datenverarbeitungsanlage als solche, ihre materiell-konstruktive, unveränderliche Substanz; unter Software versteht man dagegen die in der Anlage gespeicherten Programme, die nicht-materielle Ware.

Harmattan (afrikan.) *m.* Trockener, staubhaltiger Wind aus nördlichen bis östlichen Richtungen an der westafrikanischen Küste (Guinea). Dieser nach der Regenzeit oft wochenlang wehende und nach der feuchtheißen Regenperiode trotz seiner unangenehmen Begleiterscheinungen als angenehm empfundene Wind gehört zum Windsystem des Passats.

Harpune (frz.-nl.) Wurfspieß für den Walfang. Die an einer langen Leine befestigte Harpune hat eine scharfe Spitze mit Widerhaken, worauf ihr Name zurückzuführen ist (frz. *harper*, ankrallen). Die Harpune wurde früher mit der Hand geworfen; im neuzeitlichen Walfang wird sie mit einer Harpunenkanone abgeschossen. Beim Einsatz elektrischer Harpunen führt die Leine Strom; 100 mA genügen, einen Wal zu töten.

hart 1. Harter Wind = starker Wind, Windstärke 6 und darüber.
2. Hart am Wind ist dasselbe wie hoch am Wind; Winkel zwischen Kurs und Windrichtung so spitz wie möglich.
3. Hart-Ruder! Ruderlegen bis zum Anschlag.

Hartbrot Schiffszwieback. Flache, ungesäuerte und sehr hart gebackene Zwiebacke, die früher auf den unberechenbar langen Reisen der Segelschiffe unentbehrlich waren wegen ihrer Haltbarkeit. Auch Bestandteil der „eisernen Ration" in Rettungsbooten.

Hartholz Hölzer, die durch enge Gefäße und sehr dichte Fasern eine besondere Härte, ein hohes spezifisches Gewicht und große Festigkeit haben. Deutsche Harthölzer sind z. B. Eiche, Esche, Buche; sie werden weit übertroffen von Buchsbaum, Pockholz, Ebenholz. Siehe hierzu die Zusammenstellung bei Holz.

Hartlot Legierungen aus Kupfer und Zink sowie Silberlegierungen zum Löten von Buntmetallen bei Schmelztemperaturen über 450° C.

häsig Von engl. *hazy* übernommenes, verdeutschtes Wort für feucht, neblig, dunstig, unsichtig.

Haufenwolke Siehe Cumulus.

Hauptabmessungen, technische Daten Die wichtigsten Zahlenwerte, durch welche Größe, Proportionen, Leistung eines Schiffes festgelegt werden. Dies sind z. B. Länge, Breite, Seitenhöhen, Tiefgang, Verdrängung, Tragfähigkeit, Vermessung, Maschinenleistung, Geschwindigkeit usw. Bei Dimensionen, die nicht eindeutig sind, müssen mehrere Werte angegeben werden, wie z. B. bei der Länge.

$L_{üa}$ Länge über alles.
L_{pp} Länge zwischen den Loten (Perpendikeln). Sie wird bei Seeschiffen in der Konstruktionswasserlinie zwischen Vorsteven und Hinterkante Rudersteven gemessen, oder, falls ein solcher nicht vorhanden ist, bis Mitte Ruderschaft. Bei Yachten gibt man die L_{CLW} an (Länge in der Konstruktionswasserlinie), oder eine Vermessungslänge, die in den einzelnen Vermessungsformeln jeweils genau definiert ist.
B Bei der Breite ist es auf Seeschiffen üblich, die Breite auf Spanten anzugeben; sonst auch die Breite über alles.
H Die Seitenhöhen der verschiedenen Decks sind die senkrechten Abstände von Oberkante Kiel bis Oberkante Decksbalken, gemessen an der Bordwand auf halber Schiffslänge.
T, Tg Der Tiefgang ist der Abstand des absolut tiefsten Punktes des Schiffes von der tatsächlichen Schwimmwasserlinie. Da auch dieses Maß kein eindeutiges ist, bedarf es einer Präzisierung durch Bezeichnungen wie Konstruktionstiefgang, Probefahrtstiefgang, Freibordtiefgang o. ä.
Die aus den Hauptabmessungen sich durch Rechnung ergebenden Verhältniswerte des Schiffskörpers werden als → Hilfswerte bezeichnet.

Hauptdeck Das oberste, sich über die ganze Schiffslänge erstreckende Deck, wenn es zugleich das Freiborddeck ist. Liegen über dem Freiborddeck noch durchlaufende Decks, ist das Hauptdeck das über dem Freiborddeck liegende.

Hauptfeuerabschnitte Die Abschnitte, in die ein Schiff durch vertikale isolierte Stahlschotte, sogenannte Feuerschotte, unterteilt sein muß, um im Falle eines Brandes diesen zu lokalisieren, eine Ausbreitung zu verhindern. Die zulässige Länge der Abschnitte sowie die Beschaffenheit der Trennschotte hinsichtlich ihrer feuerhemmenden isolierenden Wirkung sind abhängig von Bauart und Verwendungszweck des Schiffes und unterliegen strengen Vorschriften.

Hauptleitstrahl Derjenige Leitstrahl eines → Consolfunkfeuers, der die Mittelsenkrechte der Antennenbasis bildet.

Hauptmaschine Die Maschine für den Schiffsantrieb. Alle Maschinen, die nicht direkt dem Antrieb dienen, sind Hilfsmaschinen.

Hauptmast In der Segelschiffszeit auf den deutschen Viermastern der dritte Mast von vorn; auf den Fünfmastern der vierte, wenn er nicht Laeisz-Mast genannt wurde.

Hauptspant Querschnitt durch ein Schiff an seiner breitesten Stelle, normalerweise auf halber Schiffslänge. Die Hauptspantzeichnung ist einer der wichtigsten Pläne eines Schiffs; sie zeigt den grundlegenden konstruktiven Aufbau des Schiffskörpers und gibt die Materialstärken aller Mittschiffsverbände und der Außenhaut an. Die *Hauptspantfläche* umfaßt nur den unter der Konstruktionswasserlinie liegenden Flächeninhalt des Hauptspants. Das Verhältnis dieser Fläche zum umschließenden Rechteck ist eine charakteristische Größe für die Form des Schiffskörpers und heißt „Völligkeitsgrad des Hauptspants". Ihr mathematischer Ausdruck lautet

$$\beta = \frac{\text{Hauptspantfläche}}{\text{Breite} \cdot \text{Tiefe}}$$

Hausboot Früher lediglich Bezeichnung für ein reines Wohnschiff; heute eine neue Gattung Sportboote, bei welcher nicht das Seemännisch-Sportliche, sondern Geräumigkeit und Komfort im Vordergrund stehen. Moderne Hausboote sind mit einem starken Motor ausgerüstet und zuweilen in bescheidenen Grenzen seetüchtig.

Hausflagge Siehe Reedereiflagge.

Havarie *w.* Durch Kollision, Sturm, Grundberührung, Feuer usw. entstandener Schaden an Schiff und Ladung. Sowohl der Schaden selbst, der Vorgang der Beschädigung als auch die rechtliche Auseinandersetzung um die Folgen aus dem Schadensfall werden im üblichen Sprachgebrauch mit Havarie bezeichnet. Die im Deutschen heute noch unterschiedliche Schreibweise (man findet auch Havarei und Haverei) erklärt sich aus der Wortgeschichte. Unsicher scheint zu sein, ob arab. *awar* (Schaden) und *awarija* (beschädigte Güter) den Ausgangspunkt bilden oder ob diese wiederum Entlehnungen aus lat. *avaria* sind. Jedenfalls waren davon abgeleitet u. a. frz. *avarie,* engl. *average* und nl. *havereij* schon geläufig, als das Wort um 1600 in der deutschen Sprache auftrat.

Havarie-grosse (Havariegrosse) (Aus frz. *avarie grosse*). Die Havarie-grosse, auch große oder gemeinschaftliche Havarie (Haverei) genannt, bezeichnet eine nur der Schiffahrt eigene Rechtslage, die sich aus der besonderen Schicksalsgemeinschaft ergibt, zu der Mannschaft, Schiff und Ladung zusammengeschlossen sind. Man versteht unter Havarie-grosse die vorsätzliche Beschädigung des Schiffes oder Opferung der Ladung oder beides, um dem Totalverlust zu entgehen (Masten kappen auf Segelschiffen bei übergegangener Ladung, Überbordwerfen von Ladungsgut, um das Schiff zu leichtern, usw.). Die zur Errettung aus einer gemeinsamen Gefahr gebrachten Opfer müssen von Schiff, Ladung und Fracht im Verhältnis ihrer geretteten Werte getragen werden. Die entsprechenden Anteile an dem gemeinsamen Opfer heißen Beitrag oder Dispache.
Die Regeln über die große Haverei wurden erstmals durch die Int. Law Ass. im Jahre 1890 als sogenannte „York-Antwerp Rules" festgelegt.

Heaviside-Schicht (Nach dem engl. Physiker Oliver Heaviside, 1850–1925). Auch „Kenelly-Heaviside-Schicht". Ältere Bezeichnung für die untere Grenzschicht der → Ionosphäre, an der Funkwellen (ab etwa 2 MHz) reflektiert werden.

Hebelarme der statischen Stabilität Die mit der Krängung eines Schiffes veränderlichen horizontalen Abstände zwischen der in einem Punkt konzentriert gedachten Schwerkraft und der resultierenden Auftriebskraft. Diese Hebelarme, über den verschiedenen Krängungswinkeln aufgetragen, ergeben die sogenannte Hebelarmkurve, ein anschauliches Bild des → Stabilitätsumfanges eines Schiffes.
Bei Frachtschiffen werden für verschiedene angenommene Beladungszustände Hebelarmkurven der statischen Stabilität berechnet und dem

Heck

Kapitän als wichtige Unterlage ausgehändigt. Auch bei Yachten ist die Kenntnis des Stabilitätsumfanges von Bedeutung. Bei formstabilen Schiffen liegt der Kenterpunkt je nach der Form des Schiffes und der Lage des Gewichtsschwerpunktes zwischen 50° und 80°; nur „gewichtsstabile" Kielyachten haben keinen Kenterpunkt, doch sind sie der Gefahr des Vollaufens ausgesetzt. Vergl. formstabil.

Heck *s.* Der hinterste Teil eines Schiffs. Seine Form gibt dem Schiff, ähnlich wie der Bug, ein typisches Gepräge. Namen wie Kreuzerheck, Yachtheck, Spiegelheck, Spitzgat, Kanuheck u. a. kennzeichnen das Typische der Heckform.

Heckfänger, Hecktrawler Fischereifahrzeuge, die das Netz über eine Aufschleppe am Heck ausbringen und einholen. Es sind Fang- und teilweise zugleich Verarbeitungsschiffe, die hochbordiger und größer sind als die klassischen Seitentrawler. Die reinen Fangschiffe werden auch als Frischfisch-Heckfänger, die Verarbeitungsschiffe als Fabrikschiffe bezeichnet. Alle diese Schiffe werden auch Vollfroster genannt.
Heckfänger sind beweglicher beim Manövrieren und beim Fischen, das Netz kann auf jedem Kurs gefiert und gehievt werden, und zwar voll und ganz auf mechanischem Wege. Die Netze werden mehr geschont, die → Hols sind erheblich größer.

hecklastig Das Wort bezeichnet den Zustand eines Schiffes, das so getrimmt ist, daß sein Tiefgang achtern größer ist als vorn. „Hecklastig gebaut" ist ein Schiff, wenn sich die Haupteinbauteile (Maschine) hinten im Schiff befinden, so daß es im unbeladenen Zustand achtern tiefer eintaucht als vorn.

Heckleine Festmacheleine, die in Schiffslängsrichtung nach achtern ausgebracht ist (nicht zu verwechseln mit Achterleine).

Hecklicht Ein weißes Licht, das alle Schiffe so nahe wie möglich am Heck führen müssen. Das Hecklicht bescheint den Sektor zwischen den hinteren Begrenzungen der Seitenlichter, d. h. von achteraus bis je 6 Strich nach beiden Seiten, insgesamt einen Winkel von 12 Strich = 135°. Mindesttragweite 2 sm.

Heimathafen Der Hafen, in dem ein Schiff registriert ist und von welchem aus die Seefahrt betrieben wird. Schiffe mit Flaggenschein führen am Heck den Namen des vom Eigentümer bestimmten Heimathafens.

Heimreise Die Reise eines Schiffes zurück zum Heimathafen. *Homeward-bound* ist der international gebräuchliche englische Ausdruck für „auf der Heimreise begriffen".

heißen, hissen Hochziehen, Hochholen eines Segels, einer Flagge usw. (Kommando „Heiß auf!", „Heiß Flagge!"). Heißaugen sind sehr fest in den Hauptverbänden eines Bootes verankerte Augbolzen für die Kranhaken bzw. Davit- oder Bootstaljen zum Hochholen eines Bootes.

Hekto-, h Vorsatz zur Bezeichnung des Hundertfachen einer Maßeinheit. Vergl. Einheiten.

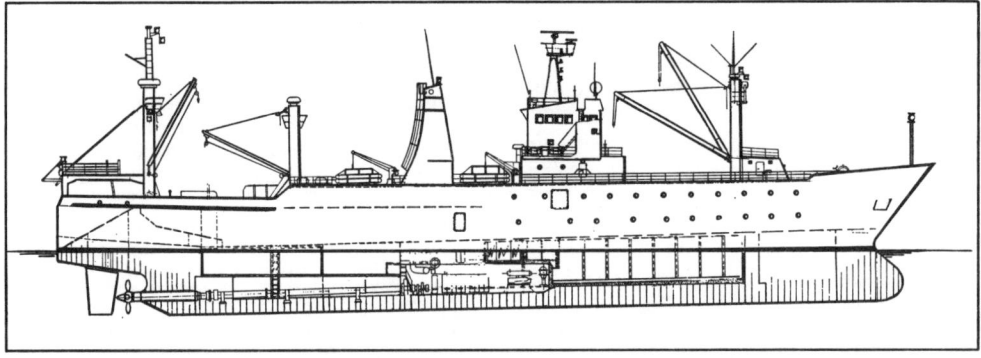

Heckfänger. 1972 gebautes Fangfabrikschiff von ca. 3600 BRT, Besatzung + Personal 74 Mann

Helikopter (grch.) Hubschrauber. Siehe dort.

heliozentrisch (grch.) 1. Auf die Sonne als Mittelpunkt bezogen. Dieser Begriff wurde zu Beginn des 16. Jh. geprägt, als Kopernikus die Ansicht verfocht, die Sonne stehe im Zentrum unseres Planetensystems und nicht die Erde.
2. Auf die Sonne bezogene Koordinaten astronomischer Jahrbücher. Alle nautischen Jahrbücher sind → geozentrisch. Im „Nautical Almanac" sind die Umrechnungsdaten für die beiden Koordinatensysteme enthalten.

Hellegat *s*. Wörtlich „Höllenloch"; alte Bezeichnung für einen kleinen, engen, ganz vorn im Schiff unterhalb des Oberdecks liegenden Raum zum Aufbewahren von Farben, Tauwerk und sonstigem Material. Diese Bezeichnung ist hauptsächlich bei der Marine gebräuchlich und ist nur auf großen Yachten anzutreffen.

Helling 1. Die Helling, der Helgen, beide Formen sind gebräuchlich; die ältere Nebenform „heldinge" führt zu „Halde" und damit zur eigentlichen Bedeutung des Wortes: schiefe Ebene, Schiffbauplatz, der zum Wasser hin geneigt ist. Der Neigungswinkel (Fall) muß so groß sein, daß das Schiff auf einer gut geschmierten Bahn von selbst ablaufen kann. Dabei darf die Ablaufgeschwindigkeit weder zu groß werden (max. 6 bis 8 m/s), noch zu klein; ein Sitzenbleiben muß mit Sicherheit vermieden werden. Üblich ist eine Hellingneigung von 1:20. Diese Neigung kann durch entsprechende Aufklotzung der Ablaufbahn noch variiert werden. Querhellinge haben eine stärkere Neigung (1:5 bis 1:8). Längs- oder Querablauf ist eine Frage der örtlichen Platzverhältnisse und der Art der zu bauenden Schiffe (vergl. Binnenschiff). Sehr große Schiffe werden in Baudocks gebaut. Siehe Stapellauf.
2. Bezeichnung für die Verbindung zweier Trossen, wenn deren Tampen außer der Verknotung zusätzlich durch Festbändseln gegen Lösen gesichert werden.

Herbstpunkt, Herbstäquinox, Waagepunkt Der dem Frühlingspunkt gegenüberliegende Schnittpunkt von Ekliptik und Himmelsäquator. Vergl. Himmelskugel.

Herkulestau Tauwerk, das zu etwa gleichen Teilen aus Hanf und Stahldraht besteht.

Hertz Einheit der Frequenz, benannt nach dem deutschen Physiker Heinrich Hertz (1857–1894).

$1 \text{ Hz} = \frac{1}{s}$; (eine Schwingung pro Sekunde).

In der Praxis am häufigsten gebrauchte Vielfache:

1 Kilo-Hertz (kHz) = 10^3 Hz
1 Mega-Hertz (MHz) = 10^6 Hz
1 Giga-Hertz (GHz) = 10^9 Hz

Heuer *w*. Arbeitslohn der Seeleute. Das im germanischen Sprachraum in leichten Abwandlungen weitverbreitete, im Hochdeutschen jedoch fehlende Wort hatte früher darüber hinaus die Bedeutung „Miete", „Anstellung", was sich sowohl auf die Seeleute als auch auf das Schiff selbst beziehen konnte. Heuern bedeutete also einerseits das Anwerben einer Mannschaft, andererseits das Chartern eines Schiffes. Die mit der Anstellung an Bord verbundene Bedeutung des Wortes heuern ist ganz auf den Begriff *mustern* übergegangen; indessen spricht man nach wie vor vom *Heuervertrag*.
Die Höhe der zu zahlenden Heuer ist heute arbeitsrechtlich geregelt und richtet sich nach Fahrtgebiet und Berufsjahren. Die Festheuer setzt sich zusammen aus der Grundheuer und einer garantierten Mehrarbeitsvergütung, die Gesamtheuer aus der Festheuer und dem Sonnabend-Ausgleich. Hinzu kommen Auslandszulage, Tankerzulage und Überstunden.

Heuerbaas Aus dem Nl. in die deutsche Seemannssprache gelangtes Wort für einen gewerbsmäßigen Stellenvermittler für Seeleute; oft auch deren Treuhänder während ihrer Abwesenheit (veraltet).

Heultonne, Heulboje Bakentonne, die mittels einer Pfeife (Heuler) Schallzeichen gibt. Die Energie für die Erzeugung der Töne wird durch die Vertikalbewegung der Boje im Seegang gewonnen.

hieven Das Heißen, Aufwinden einer schweren Last mittels einer Winde. Eine Hieve ist das gerade am Ladebaum hängende Ladungsgut.

Hilfe in Seenot Hilfe in Seenot liegt vor, wenn ein Schiff einem anderen zur Hilfe eilt, das sich in einer gefährlichen Lage befindet, aus der es von der eigenen Besatzung nicht befreit werden

Hilfsantenne

kann. Zu solcher Hilfeleistung ist jedes Schiff verpflichtet, soweit dies ohne ernste Gefahr für dessen Mannschaft, und ohne das helfende Schiff aufs Spiel zu setzen, möglich ist.

Hilfsantenne Kleine Hochantenne, die in erster Linie zur Aufhebung des Antenneneffekts einer Funkpeilanlage, zugleich aber auch zur Seitenbestimmung des gepeilten Senders dient.

Hilfsbesegelung Zur Unterstützung der Maschinenkraft und auch für den Fall, daß dieselbe ausfiel, war es im frühen Stadium maschinengetriebener Schiffe üblich, auch Dampfer mit Segeln auszurüsten. Küstenmotorschiffe hatten noch lange danach Hilfsbesegelung.
Bei den Motorseglern des modernen Yachtsports kann man eigentlich nicht von Hilfsbesegelung sprechen; sie sind zum Segeln wie für Fahrt mit Maschinenkraft in gleicher Weise ausgerüstet und sollen sowohl auf das eine als auch das andere verzichten können.

Hilfskessel Kleiner Kessel für die Energieversorgung eines Schiffes, vor allem während der Hafenliegezeit; z. B. für den Betrieb der Lenz- und Bilgepumpen, Ladeölpumpen, Tankheizung, Gangspill, Anker- und Ladewinden, Stromerzeugung usw.

Hilfsmaschinen Dazu gehören alle Maschinen, die nicht unmittelbar dem Antrieb der Propellerwelle dienen; sämtliche Pumpen für den Haupt- und Hilfsbetrieb des Schiffes, für Wasser und für Brennstoff, Kühlmaschinen, Lichtmaschinen, Seewasserverdampfer, Verdichter, Rudermaschine, Decksmaschinen wie z. B. Anker- und Ladewinden usw.

Hilfsmotor Antriebsmotor einer Segelyacht, der lediglich für Manöver, Kanalfahrten und bei Flaute gebraucht wird und deshalb nur geringe Leistung hat, d. h. eine solche, die dem Boot bei ruhigem Wasser eine Geschwindigkeit verleiht, die in etwa der Segelgeschwindigkeit bei mäßigem Wind entspricht. Auf kleineren Yachten sind aufholbare Außenbordmotoren am beliebtesten; auf Yachten mit fest eingebauten Motoren versucht man durch Verwendung von Falt- oder Verstellpropellern den Widerstand der nicht gebrauchten Schraube auf ein Minimum zu reduzieren. Die erwünschte Geschwindigkeit wird mit einer Motorleistung von ca. 3 kW je 10 m² Segelfläche erreicht.

Hilfsstander Siehe Tafel Signalflaggen im Anhang.

Hilfswerte Verhältniswerte aus den Hauptabmessungen eines Schiffskörpers, wie

$$\frac{L}{B}, \frac{H}{T}, \frac{T}{B}.$$

Aus ihnen lassen sich überschlägig Schlüsse auf erreichbare Geschwindigkeit, Stabilität und Festigkeitsprobleme eines Schiffes ziehen. Weitere Hilfswerte sind die → Völligkeitsgrade.

Himmelsäquator Der größte Kreis der Himmelskugel, dessen Ebene senkrecht zur Weltachse steht: der an die Himmelskugel projizierte Erdäquator (Abb. unten).

Himmelskugel Für die astronomisch-nautischen Berechnungen gebrauchte Modellvorstellung, nach welcher der Himmel scheinbar eine Kugelschale ist, die die Erde zum Mittelpunkt hat. Himmelsmeridiane und Himmelsäquator sind die auf die Himmelskugel übertragenen Entsprechungen der betreffenden Groß-

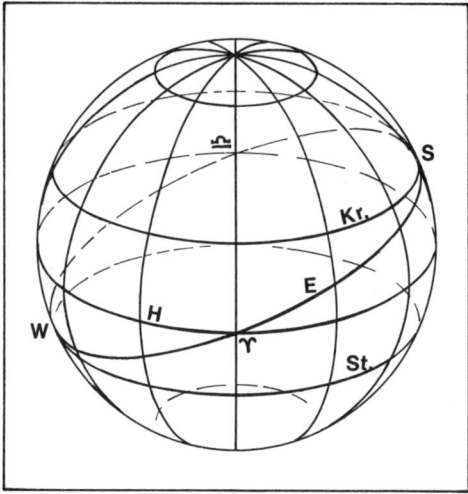

Himmelsäquator (H) und Ekliptik (E) schneiden sich im Frühlingspunkt (Widderpunkt) ♈ und im Herbstpunkt (Waagepunkt) ♎.
Die Ekliptik tangiert den Wendekreis des Krebses (Kr.) im Sommersolstitialpunkt (S) und den Wendekreis des Steinbocks (St.) im Wintersolstitialpunkt (W).

kreise auf der Erde. Alle Gestirne werden unabhängig von ihrer wahren Entfernung als auf die Himmelskugel projizierte Bilder gedacht, auch Sonne und Mond. Die Ekliptik erscheint als eine Bahnkurve, die den Himmelsäquator in zwei Punkten schneidet, im Frühlingspunkt und im Herbstpunkt.

Himmelsmeridian Der Himmelsmeridian eines Ortes ist derjenige Großkreis der → Himmelskugel, der durch Zenit, Nadir und die beiden Himmelspole geht. Er liegt in derselben Ebene wie der Erdmeridian des Ortes.
Der vom oberen Pol über den (bzw. das) Zenit zum unteren Pol verlaufende Halbkreis heißt oberer Meridian, der andere Halbkreis unterer Meridian. Die durch den Nordpunkt des wahren Horizontes vom Zenit zum Nadir verlaufende Hälfte wird Nordmeridian, die andere Hälfte Südmeridian genannt.

Himmelspole Die beiden Punkte, in denen die verlängerte Erdachse (Weltachse) die scheinbare Himmelskugel trifft. Diese Punkte werden analog den Erdpolen mit Nordpol und Südpol bezeichnet.

Himmelsrichtungen Die mit Nord, Süd, Ost und West bezeichneten Haupt- und zahlreichen aus diesen gebildeten Zwischenrichtungen, die nach dem irdischen Koordinatensystem orientiert sind. Der Verlauf eines Meridians ist die rechtweisende Nord-Süd-Richtung.

Hindernis 1. Die Schiffahrt behinderndes Objekt, soweit es sich nicht um eine natürliche Untiefe handelt. Vergl. Wracktonne.
2. Unter Hindernis wird in einer Wettfahrt jeder Gegenstand verstanden, der eine Yacht zu einer nennenswerten Kursänderung zwingt, um ihn passieren zu können.

hinteres Lot Die Senkrechte im Schnittpunkt der Konstruktionswasserlinie mit Hinterkante Rudersteven, oder, wenn ein solcher nicht vorhanden ist, mit Mitte Ruderschaft.

Hinterpiek, Achterpiek Tankraum im Heck hinter dem letzten Schott. Die Hinterpiek dient zur Aufnahme von Wasserballast und Frischwasser.

Hintersteven, Achtersteven Der hintere Abschluß des Schiffskörpers, der stärkste Teil des gesamten Schiffsverbandes. Er trägt das Lager für die austretende Propellerwelle und indirekt über Rudersteven bzw. Rudersporn das Ruder.

Hirnholz Siehe Holz, Schnittarten.

H-Jolle Schwertjolle von 6,20 m Länge und 15 m^2 Segelfläche, deren besonderes Merkmal ihr mit durchgehenden Latten versehenes Großsegel ist, das an einer Steilgaffel gefahren wird.

Hoch, Hochdruckgebiet, Antizyklone Gebiet höheren Luftdrucks als in der Umgebung. Luft sinkt aus höheren Schichten ab und fließt in niedrigeren Schichten divergierend in kreisender Bewegung aus dem Hoch heraus. Die Winde kreisen auf der Nordhalbkugel im Uhrzeigersinne, auf der Südhalbkugel entgegengesetzt. Erstreckt sich ein Streifen hohen Luftdrucks von einem Hoch zu einem anderen, spricht man von Hochdruckrücken, hat er keine Verbindung zu einem benachbarten Hoch, von einem Hochdruckkeil.

hoch am Wind In einem möglichst spitzen Winkel zur Windrichtung segeln.

Hochfrequenz Elektromagnetische Schwingungsvorgänge mit sehr hoher Schwingungszahl, d. h. sehr kurzer Wellenlänge. Frequenzen zwischen 3 kHz und 300 MHz werden als Hochfrequenz, zwischen 300 MHz und 300 GHz als Höchstfrequenz bezeichnet.

Hochseefischerei Man unterscheidet drei Gruppen, zwischen denen eine Grenzziehung nicht mehr so klar ist, wie sie einst war: Große Heringsfischerei, Kleine Hochseefischerei und Große Hochseefischerei. Die Große Heringsfischerei betrieb früher den Heringsfang grundsätzlich mit → Loggern, und zwar mit Treibnetzen von Mai bis Dezember. Die Entwicklung der Motorfischereifahrzeuge hat indessen die Grenze zur Schleppnetzfischerei verwischt.
Die Kleine Hochseefischerei wird mit Hochseemotorkuttern ausgeübt. Gefischt wird mit dem Schleppnetz, der Fang wird auf Eis gelegt. Hinsichtlich der Fanggebiete kommen Überschneidungen mit der Küstenfischerei und der Großen Hochseefischerei vor.
Die Große Hochseefischerei (Dampferfischerei) wird mit → Trawlern in meist entfernt liegenden Fanggebieten mit dem Schleppnetz ausgeübt.

Hochseekutter Fischereifahrzeuge von mehr als 200 m³ Raumgehalt und solche von geringerer Größe, soweit sie in der Hochseefischerei beschäftigt sind.

Hochseerennen Segelregatten über Distanzen von mehreren hundert Seemeilen. Nach der ersten rein sportlichen transatlantischen Wettfahrt 1866 folgten weitere zunächst in größeren Zeitabständen, dann in immer dichterer Folge und auf ganz verschiedenen Kursen. Berühmte Hochseerennen sind in unserer Zeit u. a. Bermuda Race (635 sm), Fastnet-Race (615 sm), Buenos Aires – Rio de Janeiro (1200 sm), Kalifornien – Honolulu (2225 sm), Sydney – Hobart (680 sm), Transatlantik (3500 sm). Die meisten Hochseerennen werden regelmäßig alle 2–3 Jahre ausgetragen, einige der kürzeren jährlich.

Hochtakelung Die heute weitaus verbreitetste Takelungsart von Segelyachten, bei welcher das dreieckige Großsegel mit seinem Vorliek an einem geraden Mast gefahren und das nur durch einen Baum am Unterliek ausgespannt wird. Diese Segelform war schon im 19. Jh. bei Kleinfahrzeugen auf den Bermudas verbreitet, weshalb auch der Name *Bermuda-Takelung* geläufig ist. Der in Europa zu Beginn des 20. Jh. verbreitete Name Marconi-Takelung (nach Marconis Sendemasten) hat sich nicht gehalten. Die Hochtakelung begann um 1875 im Yachtbau Eingang zu finden, hat jedoch erst 1920 (Olympische Spiele in Amsterdam) ihre Überlegenheit überzeugend bewiesen. Diese liegt sowohl in der höheren aerodynamischen Wirksamkeit (geringerer induzierter Widerstand), als auch in einer sehr viel leichteren Handhabung des Segels.

„hoch und trocken" In der Seemannssprache gebräuchlicher Ausdruck für ein Schiff, das außerhalb des Wassers liegt; sei es, daß das Schiff bei Flut gestrandet und das Wasser abgelaufen ist, sei es, daß man das Schiff für Arbeiten am Unterwasserschiff aufgeholt hat.

Hochwasser 1. In Tidengewässern der Moment des höchsten Wasserstandes, der Übergang vom Steigen zum Fallen. Der *Hochwasserstand* gibt den tatsächlichen Wasserstand bei Hochwasser an, wohingegen die *Hochwasserhöhe* auf Kartennull bezogen wird. Der Zeitpunkt, zu welchem das Hochwasser eintritt, heißt Hochwasserzeit. Es ist zu beachten, daß das Steigen des Wassers durchaus nicht immer gleichbedeutend mit Flutstrom und das Fallen mit Ebbstrom sein muß.
2. Durch anhaltende Winde oder Sturm hervorgerufener, ungewöhnlich hoher Wasserstand; bei Binnengewässern auch durch Schneeschmelze oder anhaltende heftige Niederschläge.

Hochwasserintervall Die Zeitspanne zwischen dem (oberen oder unteren) Durchgang des Mondes durch einen Ortsmeridian und dem darauf folgenden Hochwasser für diesen Ort. Der Mittelwert aus zahlreichen einzelnen wird als mittleres Hochwasserintervall bezeichnet.

Hogging (engl.) *s.* Nach oben krümmen. In der Schiffsfestigkeit der Fall „Schiff auf Wellenberg", im Gegensatz zu Sagging, „Schiff im Wellental".

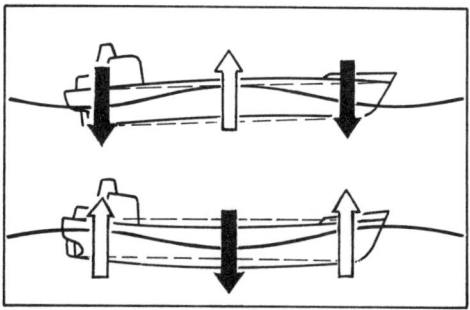

Hogging-Sagging. Schematische Darstellung der Biegebeanspruchungen eines Schiffes auf dem Wellenberg und im Wellental.

Höhe 1. In der astronomischen Navigation ist die Höhe eine der beiden Koordinaten im → Koordinatensystem des Horizontes: der Winkelabstand Horizont–Gestirn bzw. das Bogenstück des betreffenden Vertikalkreises zwischen Horizont und Gestirn. Man unterscheidet die beobachtete, die berechnete und die wahre Höhe. Die beobachtete Höhe ist der gemessene Kimmabstand plus Gesamtbeschickung, die berechnete der für einen angenommenen Ort rechnerisch abgeleitete Wert, die wahre Höhe der tatsächliche Winkelabstand des Gestirns vom wahren Horizont.
2. Die Höhe eines Berges, eines Gebäudes oder

Leuchtfeuers über dem Meeresspiegel; vergl. Feuerhöhe.

3. Man spricht von der „Höhe", die eine Yacht läuft, indem man das auf deren Fähigkeit bezieht, in möglichst spitzem Winkel zum Wind zu segeln.

Höhe der Gezeit Der auf das örtliche Seekartennull (Wasserspiegel bei mittlerem Springniedrigwasser) bezogene momentane Wasserstand. Die wirkliche Wassertiefe ist die angegebene Kartentiefe plus Höhe der Gezeit.

Höhe über NN Höhe über Normalnull. Damit ist die Höhe über dem mittleren Meeresspiegel gemeint.

hohe Wolken Wolken, deren untere Grenze oberhalb von 6000 m liegt.

Hoheitsgewässer Die Seewasserstraßen innerhalb der Landesgrenzen und die Küstengewässer, soweit sie zum Hoheitsgebiet des Staates gehören. Die klassische Hoheitsgrenze lag allgemein 3 Seemeilen vor der Küstenlinie, doch sind die Ansprüche gegenwärtig unterschiedlich, und es besteht z. Z. keine international verbindliche, von allen Staaten anerkannte Regelung.

Höhenazimut Errechnetes → Azimut eines Gestirns aus seiner Höhe, seiner Abweichung und der Breite des Beobachtungsortes.

Höhengleiche Nebenkreis auf der Erdoberfläche, der den geometrischen Ort für alle Punkte bildet, von denen aus ein und dasselbe Gestirn zur gleichen Zeit in der gleichen Höhe beobachtet wird. Der Mittelpunkt dieses Kreises ist der Bildpunkt des Gestirns, sein Radius ist gleich der beobachteten Zenitdistanz.

Höhenparallaxe Der Betrag, um den die wahre Höhe eines Gestirns größer ist als die scheinbare. Dieser Betrag ist nur für die nächstgelegenen Himmelskörper meßbar; er ist gleich dem Winkel, unter dem vom Gestirn aus der senkrechte Abstand des Beobachters vom Strahl Gestirn–Erdmittelpunkt erscheint. Die Höhenparallaxe ist am größten, wenn das Gestirn im scheinbaren Horizont steht, nämlich gleich dem Winkel, unter dem vom Gestirn aus der Erdradius erscheint. Dieser Grenzfall heißt Horizontalparallaxe. Die Parallaxe nimmt mit dem Cosinus der Höhe ab

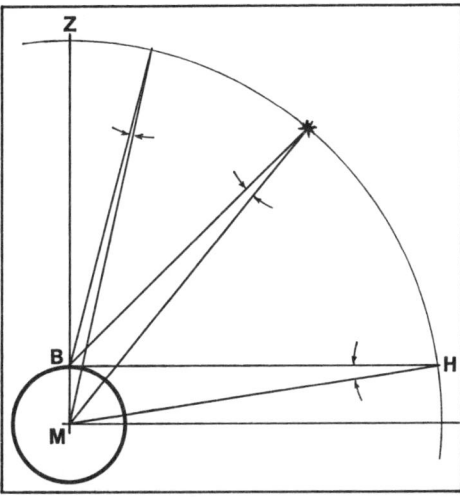

Die Höhenparallaxe ist am größten, wenn das Gestirn im scheinbaren Horizont steht (Horizontalparallaxe). Sie nimmt mit zunehmender Höhe ab. Die Darstellung ist schematisch übertrieben. (M = Erdmittelpunkt, B = Beobachter, H = scheinbarer Horizont, Z = Zenit).

und wird Null, wenn das Gestirn im Zenit steht (Abb. oben).

Höhenparallele Die parallel zum → wahren Horizont laufenden kleineren Kreise (Nebenkreise) der Himmelskugel. Alle Gestirne gleicher Höhe befinden sich auf demselben Höhenparallel.

Höhentafeln Um die Auswertung astronomischer Beobachtungen zur Schiffsortbestimmung zu erleichtern, sind umfangreiche Tafeln (Höhen- und Azimuttafeln) ausgearbeitet worden, aus denen die gesuchten Werte ohne lange Rechnung direkt entnommen werden können.

Höhenunterschied Die Differenz zwischen beobachteter und berechneter Höhe eines Gestirns. Sie wird mit △h bezeichnet.

Höhenverfahren Die in der nautischen Praxis am häufigsten angewendete Berechnungsmethode astronomischer Standlinien aus Höhenbeobachtungen von Gestirnen. Das Höhenverfahren hat gegenüber anderen (Längenverfahren, Breitenverfahren) den Vorteil, daß es unab-

Höhenwinkel

hängig vom jeweiligen Azimut des beobachteten Gestirns anwendbar ist, während das Längenverfahren nur für Gestirne in der Nähe des Ersten Vertikals (Azimut nahe Ost oder West), das Breitenverfahren nur für Gestirne in Meridiannähe brauchbare Ergebnisse liefert.

Höhenwinkel Der Winkel, unter dem einem Beobachter ein Objekt bekannter Höhe erscheint und der ihm zur Berechnung der Distanz dient. Mit großer Annäherung gilt:

$$\text{Distanz} = \frac{13}{7} \cdot \frac{\text{Höhe}}{\text{Winkel}},$$

wobei die Distanz in Seemeilen, die Höhe des Objektes in Metern und der Höhenwinkel in Bogenminuten gemessen wird.
(Der jeweilige Wasserstand kann ins Gewicht fallen und ist zu berücksichtigen. Die Feuerhöhen im Leuchtfeuerverzeichnis sind über mittlerem Hochwasser angegeben).

höhere Gewalt Außergewöhnliche und unvorhersehbare Ereignisse, die aus eigenen Kräften nicht zu verhüten sind. Das können sowohl Einwirkungen durch Naturgewalten sein, gegen die es keinen Schutz gibt, als auch im weiteren Sinne Ereignisse, die die Ordnung eines normalen geregelten Verkehrs zunichte machen, wie Kriegsausbruch oder Revolution.

höheres Hochwasser Damit ist das höhere der beiden Hochwasser ein und desselben Tages gemeint, wenn sie in ihrer Höhe voneinander abweichen. Siehe Ungleichheit.

Hohe See *w.* Als völkerrechtlicher Begriff das offene Meer außerhalb des Küstenmeeres, d. h. außerhalb der Souveränität einzelner Anliegerstaaten. Vgl. hierzu „Freiheit der Meere" und Hoheitsgewässer.

hohl In bezug auf Schiffslinien soviel wie konkav; der Verlauf der Wasserlinien im Vorschiff bei Yachten mit Klippersteven ist „hohl".

Hol *w.* Das Ausbringen und vollständige Wiedereinholen eines Netzes mit dem jeweiligen Fang wird in der Hochseefischerei als 1 Hol bezeichnet. Die Anzahl der Hols pro Frischfischreise ist von Trawlertyp und Netzgröße abhängig. Die Dauer des Hols schwankt je nach den Fangaussichten in der Regel zwischen 2 und 4 Stunden. Bei Massenfängen („schwarze Wände" im Echolot), kommen aber auch Hols von nur wenigen Minuten vor.

Holebug Beim Kreuzen liegt das Ziel meistens nicht genau in der Richtung, aus welcher der Wind weht. Dann ergeben sich lange Schläge, die das Schiff dem Ziel näher bringen und ungünstigere kurze, auf denen wieder Höhe gewonnen werden muß. Man bezeichnet diese letzteren als *Holebug*, die langen Schläge als *Streckbug*.

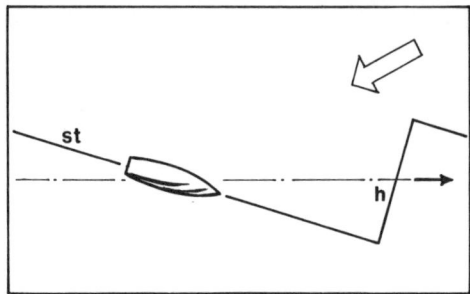

st = Streckbugschlag, h = Holebug oder Verlustschlag.

holen Im seemännischen Sprachgebrauch dasselbe wie „ziehen", insbesondere mit Kraft, in gemeinschaftlicher Aktion.

holende Part Die Part, d. h. das Ende einer Talje, eines Klappläufers, das nicht an der aufzuheißenden Last befestigt ist, sondern an dem „geholt" wird.

Holepunkt Derjenige Punkt an Deck einer Segelyacht, in dem die Zugrichtung der Vorsegelschot das Deck trifft. Bei einfachen Schoten ist im Holepunkt eine Leitöse oder ein Block befestigt; ist die Schot als Klappläufer geschoren, ist der Holepunkt der Schnittpunkt der resultierenden Zugrichtung mit dem Deck.
Wo der Holepunkt zu liegen hat, ist allein von der Form des Vorsegels abhängig. Bei einer normalen Fock liegt die günstigste Zugrichtung im allgemeinen zwischen Winkelhalbierender des Winkels am Schothorn und der Seitenhalbierenden des Vorlieks; bei größeren Vorsegeln wird die günstigste Zugrichtung meistens etwas flacher.

Holk *w.* Dreimastiges Hanseschiff des 15. Jahrhunderts.

Holz Holz war in vergangenen Zeiten der Baustoff für Schiffe schlechthin. In primitivster Form nutzte man lediglich sein geringes spezifisches Gewicht, durch welches Holz schon ohne Bearbeitung schwimmfähig ist (Floß). Durch sinnreiche Konstruktion und geschickte Bearbeitung gelang es im Lauf der Jahrhunderte, immer größere Schiffe aus Holz zu bauen. Das größte je aus Holz gebaute Schiff war das 1859 fertiggestellte Kriegsschiff „Victoria" mit über 6000 ts Deplacement.
Während man sich im Seeschiffbau schon im 19. Jh. auf Stahl umgestellt hatte, war im Kleinschiffbau und im Yachtbau Holz noch lange der verbreitetste und beliebteste Werkstoff. Nach der klassischen Bauweise aus Vollholz auf Spanten und Planken sind Schiffe mit hoher Lebensdauer entstanden.
Es sind mehr als 1000 verschiedene Holzsorten im Handel. Von den im Schiff- und Bootsbau vielfach verwendeten sei eine kleine Auswahl mit Angabe ihrer Rohdichte hier aufgeführt (Dichtewerte g/cm^3 in darrtrocknem Zustand nach DIN 4076):

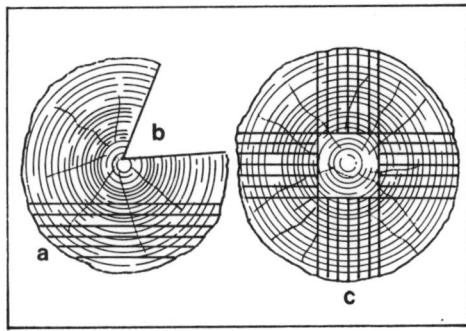

Querschnitte durch einen Stamm (Hirnholz). Die angedeuteten Langholzarten sind a) Sehnenschnitt, b) radialer Schnitt (Spiegelholz), c) Wagenschott.

Tanne	(0,43)	Kambala	(0,64)
Fichte	(0,43)	Okoume (Gabun)	(0,40)
Kiefer	(0,48)	Mahagoni	(0,50)
Lärche	(0,55)	Khaya-Mahagoni	(0,46)
Pitchpine	(0,63)	Kosipo-Mahagoni	(0,65)
Oregonpine	(0,52)	Sapelli-Mahagoni	(0,61)
Spruce	(0,43)	Sipo-Mahagoni	(0,58)
Balsa	(0,13)	Tiama-Mahagoni	(0,52)
Buche	(0,66)	Makoré	(0,62)
Eiche	(0,66)	Teak	(0,65)
Esche	(0,65)	Pockholz	(1,23)

Der zentrale Bereich eines Stammes wird als Kernholz bezeichnet, die jüngeren Schichten heißen Splintholz, als letzte folgen Kambium und Borke.
Die Arten, wie ein Stamm aufgeschnitten wird, haben verschiedene Bezeichnungen. Der Querschnitt durch einen Stamm heißt Hirnholz. Beim Langholz gibt es verschiedene Schnittarten: Sehnenschnitt (parallele Schnittflächen von außen nach innen), Spiegelholz (Stamm wird radial aufgeschnitten), Wagenschott (in Kreuzform, siehe Skizze. Beste Schnittform für Planken). Auch nach dem Siegeszug von glasfaserverstärktem Kunststoff in den letzten Jahrzehnten wird Holz für die Herstellung von Yacht- und Bootsrümpfen verwendet, wenngleich nur noch selten in der Bauweise auf Spanten in Vollholz. Neue Impulse gab die Entwicklung wasserfester Kleber, wodurch neue Möglichkeiten geschaffen wurden, selbst bei geringerem Baugewicht Festigkeit und Unempfindlichkeit zu steigern. Bei der Formverleimung werden dünne Schichten kreuzweise mehrfach übereinandergeleimt, wodurch die störendsten Nachteile der klassischen Bauweise aus Vollholz entfallen. Die Zuverlässigkeit formverleimter Yachten hat sich in verschiedenster Weise bewährt, von der harten Beanspruchung leichtester Rennjollen bis zu den extremen Anforderungen von Ozeanüberquerungen. Vergl. auch Sperrholz.

Holz-Deckslast Um die Tragfähigkeit eines Schiffes voll auszunutzen, wird der Teil einer Holzladung, der nicht mehr in den Laderäumen untergebracht werden kann, an Deck gestaut. Die Luken werden vorher ordnungsgemäß verschlossen, die Deckslast wird über Deck und Luken gleichmäßig verteilt und gut gelascht. Die Stabilität des Schiffes muß gewährleistet bleiben; jedoch sind für Schiffe mit Holzladung Extra-Freibordmarken vorgesehen, die dem Schiff eine tiefere Eintauchung erlauben als bei sonstiger Beladung. Vergl. Freibordmarke.

homogen (grch.) Durch und durch gleichartig in bezug auf Material und Struktur. Hinsichtlich einer Ladung ist Schüttladung von ein und derselben Art homogen. Gegensatz: heterogen.

Hoogaars Holländischer Schiffstyp aus der Provinz Zeeland. Aus einem Lastensegler hervorgegangen, wegen seiner Geräumigkeit und Seetüchtigkeit heute als Yacht sehr beliebt (Länge ca. 13 m, Breite ca. 4,20 m, Segelfläche ca. 80 m^2).

Hopperbagger Saugbagger, der das geförderte Baggergut im eigenen Schiffsraum aufnimmt und an geeigneten Stellen durch Öffnen von Bodenklappen versenkt.

Horizont Das Wort kommt aus dem Griechischen und hatte in seiner ursprünglichen Form die Bedeutung „begrenzen", woraus später „Gesichtskreis" wurde, im wörtlichen und übertragenen Sinne. Im seemännischen Sprachgebrauch ist der sichtbare Horizont, also die Grenzlinie zwischen Erde und Himmel, die *Kimm*. Sie liegt um die sogenannte Kimmtiefe unterhalb des *scheinbaren Horizontes*, worunter die Schnittlinie einer durch das Auge des Beobachters gehenden „horizontalen", d. h. rechtwinklig zum Lot gehenden Ebene mit der → Himmelskugel verstanden wird.
Der *wahre Horizont* ist der größte Kreis der Himmelskugel rechtwinklig zum Lot, in dessen Ebene der Erdmittelpunkt liegt. Im Koordinatensystem des wahren Horizontes ist der Ort eines Gestirns durch Höhe und Azimut festgelegt.
„Funkhorizont" und „Radarhorizont" bezeichnen die Grenze der jeweiligen direkten Reichweite.
„Künstliche Horizonte" sind ruhige Flüssigkeitsoberflächen oder mit Hilfe von Libellen horizontal ausgerichtete Glasplatten. Man kann sich ihrer für Höhenmessungen bei verdeckter Kimm bedienen.

Horizontalparallaxe *w*. Der größte Betrag der Verschiebung eines Gestirns von einem Beobachtungsort aus gegen die Verbindungslinie Gestirn–Erdmittelpunkt. Diese Verschiebung ist dann am größten, wenn das Gestirn im Horizont steht. Die Horizontalparallaxe wird im Nautischen Jahrbuch für Mond, Sonne, Venus und Mars angegeben; für entferntere Himmelskörper ist sie nicht mehr meßbar. Vergl. Höhenparallaxe.

Horizontalwinkel Winkel beim Beobachter zwischen zwei gleichzeitig sichtbaren Landmarken oder Seezeichen. In der terrestrischen Navigation arbeitet man mit Horizontalwinkeln z. B. bei der → Doppelwinkelmessung.

Horizontspiegel Siehe kleiner Spiegel.

Horn 1. Im traditionellen seemännischen Sprachgebrauch war „die Horn" die allgemein verbreitete Bezeichnung für Kap Horn (Kap Hoorn, 1616 nach der nl. Stadt benannt) so wie „das Kap" (ohne nähere Bezeichnung) sich als Kap der Guten Hoffnung verstand.
2. Das Schothorn eines Segels ist diejenige Ecke eines Segels, an der die Schot das Segel festhält; bei allen → Schratsegeln die untere hintere Ecke.

Hörwache Zur Gewährleistung einer ununterbrochenen Sicherheitsfunkwache auf Seeschiffen ist vorgeschrieben, daß auf Schiffen ab einer festgelegten Größe ununterbrochen Funkwache durch Funker wahrgenommen werden muß (Hörwache), falls kein selbsttätiges Alarmgerät (Auto-Alarm-Gerät) vorhanden ist. Für Schiffe, die mit einem solchen ausgerüstet sind, braucht keine ununterbrochene Hörwache wahrgenommen zu werden, doch ist je nach Schiffstyp eine Mindestdauer der Hörwache vorgeschrieben. Hörwachen von mehr als 4 Stunden täglich müssen von einem Berufsfunker ausgeübt werden.

Hosenboje Rettungsboje mit eingenähter Hose zur Rettung Schiffbrüchiger; Einsatzmöglichkeit insbesondere von Land aus bei gestrandeten Schiffen.

Hovercraft (engl.-Firmenbez.) *s*. Luftkissenboot; ein Amphibienfahrzeug, das durch ein Kissen komprimierter Luft getragen wird, die durch Gebläse unter den Boden des Fahrzeugs gepreßt wird. Das Fahrzeug hebt sich geringfügig über den Wasserspiegel bzw. den festen Grund, wobei dieser Hubhöhe durch die Natur eines solchen Luftkissens enge Grenzen gesetzt sind. Am geeignetsten sind Luftkissenfahrzeuge als Fähren sowie als Expeditions-Transportmittel in unwegsamem, jedoch ebenem Gelände (Sumpfgebiet u. dergl.).

Hovermarine *w*. Schwebeboot. Das Prinzip ist das gleiche wie beim Hovercraft, nur hat Hovermarine zur Führung im Wasser zwei feste seitliche Wände, die nicht austauchen. Dieses Fahrzeug kann nur auf dem Wasser eingesetzt werden.

HP (Auch H. P., h. p.) Abk. für *horsepower*. Früher englische Einheit der → Leistung.
1 HP = 1,01387 PS = 745,70 Watt

Huari-Takelung Im englischen Sprachraum bekannter unter dem Namen *Gunter Rig*. Frühe Variante eines Segels mit Steilgaffel, wobei die obere Spiere eigentlich keine Gaffel war, sondern eine Stenge, die durch zwei eiserne, mit Leder bekleidete Ringe an einem kurzen Mast vertikal verschiebbar geführt wurde. Daraus erklärt sich der Name Gunter Rig bzw. Sliding Gunter; denn dem im 17. Jh. lebenden Mathematiker Edmund Gunter wird die Erfindung des Rechenschiebers (Sliding Rule) zugeschrieben, mit dem die Schiebestenge eine äußerliche Ähnlichkeit hat. Der Name Huari (Houari) entstammt der amerikanisch-indianischen Seemannssprache und wurde von den Portugiesen nach Europa gebracht. Die Huari-Takelung ist älter als die Bermuda-Takelung und war vor allem auf Kleinfahrzeugen populär (Dingis, Segelkanus).

Hubschrauber Luftfahrzeuge schwerer als Luft, bei denen anstelle starrer Tragflächen, durch welche erst bei hohen Geschwindigkeiten genügend Auftrieb erzeugt wird, um das Flugzeug in der Luft zu halten, sich um eine vertikale Achse drehende Flügel (Rotoren) das Fluggewicht tragen. Dadurch sind Hubschrauber unabhängig vom Vortrieb und können mit erstaunlicher Präzision auf der Stelle operieren. Das hat zu ganz neuen Verwendungsmöglichkeiten geführt. So hat z. B. für die Seeschiffahrt der Einsatz von Hubschraubern bei Rettungsaktionen in Seenotfällen große Bedeutung erlangt.

Huk *w*. Aus nl. *hoek* abgeleitetes Wort für Haken im geographischen Sinne; Küstenvorsprung.

Huker *m*. Anderhalbmastiger Küstensegler des Nordseeraumes (18.–19.Jh.).

Hüllkugel Das äußere Gehäuse eines Kreisel-Kugelkompasses. Es wird der Kreiselkugel elektrisch-mechanisch nachgesteuert.

Hulk, Holk (von grch. *holkás*, Lastkahn, Schleppkahn; *hélkein*, ziehen) *w*.
1. Lastschiff der späten Hansezeit.
2. Abgetakeltes, ausrangiertes Schiff, das seiner eigentlichen Bestimmung nicht mehr genügt und für andere Zwecke gebraucht wird, z. B. als Lagerraum oder Werkstatt. Früher wurden Kohlenhulks als Bunkerstationen verlegt.

Hundekoje Den Raum neben dem Niedergang zur Kajüte ausnutzende Koje auf einer Segelyacht, in die man vom Kopfende aus hineinkriecht.

Hundewache Auf deutschen Schiffen wird unter Hundewache allgemein die Mittelwache von 0 bis 4.00 Uhr morgens verstanden. Die klassischen Erklärungen für das Zustandekommen dieses Ausdrucks reichen von „da möchte man keinen Hund rausjagen" bis „das ist die Zeit, wo an Land der Hund Haus und Hof bewacht". Übereinstimmend in Ausdrucksweise und Bedeutung ist nl. *hondenwacht;* doch versteht man auf englischen Schiffen unter *dog watches* etwas anderes, und zwar die beiden kurzen Wachen zu je 2 Stunden von 16.00–18.00 und von 18.00 bis 20.00 Uhr, die man in den üblichen Vierstundenrhythmus eingeschoben hat, um eine ständige Wiederholung der gleichen Wachtörns zu vermeiden. Auf diese Weise kommen die beiden → Wachen umschichtig mit der Mittelwache dran.

hundredweight In Großbritannien und USA gebräuchliche Massen- und Gewichtseinheit (cwt).
1 cwt = 112 pounds = 50,802 kg.
In den USA gibt es darüber hinaus das short hundredweight zu 100 pounds = 45, 359 kg.

Hundsfott Am unteren Ende eines Blockes befestigtes Auge aus Stahl, in das die stehende Part einer mehrfach geschorenen Talje eingespleißt ist.

Hundstage Die Zeit vom 24. Juli bis zum 23. August. Der Name leitet sich von der Stellung der Sonne zum Sirius im Sternbild „Großer Hund" her.

Hurrikan *m*. Tropischer Wirbelsturm des Karibischen Meeres und des Golfs von Mexiko. Diese Wirbelstürme haben einen Durchmesser von einigen 100 km. Sie treten im allgemeinen zwischen Juni und November auf, vor allem aber im September. Nur dreimal in diesem Jahrhundert gab es den ersten Hurrikan schon im Mai: 1933, 1953 und 1970. Das karibische Wort *huracan* wurzelt in mythologischen Bereichen und wurde im Zeitalter der Entdeckungen mitgebracht nach Europa, wo es ähnlich lautend in viele Sprachen eingedrungen ist. Orkan ist auch nichts anderes als eine sprachliche Ableitung von huracan; doch ist es von der Sache her verallgemeinert und bedeutet Sturm schlechthin, sobald er Windstärke 12 der Beaufortskala erreicht.

Die Benennungen Hurrikan, Zyklon, Taifun sind sachlich gleiche meteorologische Erscheinungen, nämlich gewaltige Wirbel um ein Zentrum sehr niedrigen Luftdrucks (oft unter 900 mb), doch weist der Name jeweils auf die Gegend des Auftretens hin. Die Richtungen der spiralförmig in das Tief einströmenden Winde sind, wie bei jedem Tief auf der Nordhalbkugel, gegen den Uhrzeiger gerichtet, auf der Südhalbkugel umgekehrt.

Um die Hurrikane eines Jahres in meteorologischen Berichten usw. genau zu unterscheiden, bekommen sie jeder einzelne einen Namen, einen Mädchennamen, beginnend mit A und alphabetisch fortlaufend, wie zum Beispiel *Alma*, *Becky*, *Celia*, *Dorothy*, *Ella*, *Felice*, *Greta*.

Hüsing Dreischäftiges, im allgemeinen geteertes Bändselgut von 1–5 mm Durchmesser. Es wurde früher vor allem zum Bekleeden von Tauwerk gebraucht.

Hütte Der Decksaufbau auf dem Achterschiff; in älterer Zeit die „Kajüte des Kapitäns", dann auch Räume für einen Teil der Besatzung. Auf modernen Schiffen sind die Wohnräume im allgemeinen nicht mehr voneinander getrennt und liegen mittschiffs, wenn sich nicht das ganze Brückenhaus achtern befindet. Verbreiteter ist die Bezeichnung *Poop* für Hütte.

hydro... (grch.) Wasser. Bestimmungswort für zahlreiche Wortzusammensetzungen in Wissenschaft und Technik von Begriffen sehr allgemeinen Charakters, wie etwa Hydrosphäre (Wasserhülle der Erde) und Hydrologie (Teilgebiet der Geologie, das sich mit den Wasservorräten der Erde befaßt) – bis zu höchst spezialisierten Benennungen innerhalb der Physik, Chemie, Biologie, Medizin und Technik. Aus der Fülle seien nachstehend einige Begriffe genannt, die im Zusammenhang mit Schiffstechnik und Seefahrt von Bedeutung sind.

Hydrodynamik Die Mechanik der Flüssigkeiten, das Teilgebiet der Strömungslehre, das sich mit der Strömung imkompressibler Medien befaßt. Die Gesetze der Hydrodynamik sind auch für die Aerodynamik gültig, da man sich in ihr auf Strömungsgeschwindigkeiten beschränkt, innerhalb derer auch die Luft als dichtebeständig angesehen werden darf. Vorgänge, bei denen diese Voraussetzung nicht mehr erfüllt ist, fallen in das Gebiet der Gasdynamik.

hydrodynamischer Druck Der unabhängig vom statischen, nur durch die Strömungsgeschwindigkeit erzeugte Druck (Staudruck). Über den hydrodynamischen Druck läßt sich die Fahrt eines Schiffes messen.

Hydrofoil Siehe Tragflächenboot.

Hydrographie Die Wissenschaft, die die Beobachtung und Auswertung aller physikalisch-geographischen Gegebenheiten der Meere und Küstengebiete zum Gegenstand hat und die Ergebnisse vor allem im Hinblick auf die Sicherheit der internationalen Seeschiffahrt verbreitet.

Hydrolyse Die chemische Umwandlung von Mineralien, die Spaltung chemischer Verbindungen durch das Wasser, wobei sich OH– an das eine, H+ an das andere Spaltstück anlagert.

hydrostatischer Druck Der nur von der Wassertiefe abhängige Druck im Gegensatz zum hy-

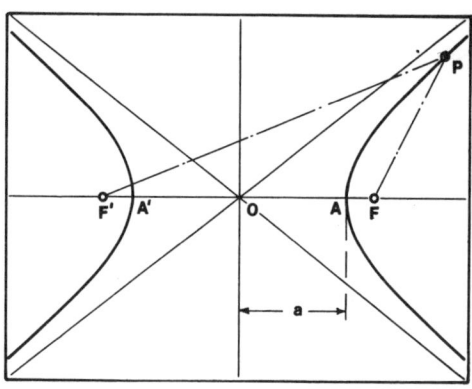

Für jeden beliebigen Punkt P der Hyperbel gilt: F'P – FP = 2a.

F' und F sind die Brennpunkte, A' und A die Scheitel der Hyperbel. Die Hyperbeläste treffen die Asymptoten im Unendlichen.

drodynamischen, zum Staudruck. Der hydrostatische Druck wächst linear mit der Wassertiefe.

Hyperbel (grch.-lat.) Zu den Kegelschnitten gehörende ebene Kurve mit zwei ins Unendliche laufenden, getrennten Zweigen. Diese liegen zwischen den sog. Asymptoten, die sich im Mittelpunkt der Hyperbel im Schnittpunkt ihrer beiden Symmetrieachsen schneiden.
Die Hyperbel ist der geometrische Ort für alle Punkte, bei denen die Differenz ihrer Abstände von zwei festen Punkten, den Brennpunkten, stets gleich ist, und zwar gleich der *reellen Achse* oder *Hauptachse* der Hyperbel.
In der Funknavigation werden auch entsprechende sphärische Kurven als Hyperbeln bezeichnet. Die Verfahren → Decca und → Loran sind so aufgebaut, daß sich sphärische Hyperbeln als Standlinien ergeben (Hyperbelverfahren).

Hygrometer (grch.) Instrument zur Messung der Luftfeuchtigkeit. Am verbreitetsten sind Haarhygrometer. Man nutzt bei ihnen die hygroskopische Eigenschaft des menschlichen Haares aus und überträgt die durch die Feuchtigkeitsaufnahme bewirkte Längenänderung auf einen Zeiger.
Ein Hygrograph ist wie ein Barograph mit einer sich langsam drehenden Trommel gekoppelt, auf die ein Schreibstift die Meßwerte selbsttätig aufzeichnet.

I

Identifizierung (lat.) Wiedererkennen; Feststellung der Identität eines Schiffes, eines Leuchtfeuers, eines Funksignals, usw.

Identitätsmaße Hauptmaße eines Schiffes, die nach den Vermessungsbestimmungen zur Feststellung der Identität eines Schiffes aufgenommen werden. Sie sind nicht mit den Hauptabmessungen identisch, sondern unter dem Gesichtspunkt einer einfacheren Meßbarkeit festgelegt.

IMCO „*I*ntergovernmental *M*aritime *C*onsultative *O*rganization" (Zwischenstaatliche beratende Schiffahrtsorganisation). Ein Organ der Vereinten Nationen; die erste weltweite Körperschaft, die sich ausschließlich mit Fragen der internationalen Schiffahrt befaßt. Das Ziel der Arbeit dieser seit 1959 bestehenden internationalen Institution, die ihren Hauptsitz in London hat, ist die Erhöhung der Schiffssicherheit. Die zu behandelnden Fragen betreffen Schiffbau, Ausrüstung der Schiffe, Navigation, Hilfeleistung für die Schiffahrt sowie alles, was direkt oder indirekt mit der Schiffssicherheit zusammenhängt, wie z. B. Probleme der ständig wachsenden Verkehrsdichte, Ausarbeitung von Regeln zur Verhütung der Verschmutzung der See, Vereinheitlichung des internationalen Signalwesens usw.

Impeller (lat.-engl.) Gebläserad, Propeller, Kreisel(pumpe), etc. Daher „Impellerlog", womit ein Fahrtmeßgerät bezeichnet wird, bei welchem ein am Unterwasserschiff angebrachter Propeller die Umdrehungen durch den Fahrtstrom auf elektrischem oder mechanischem Wege auf einen Anzeiger überträgt.
Impeller heißt auch die Schraubenradpumpe für den Strahlantrieb von Motorbooten.

Impuls (lat.) In der Mechanik die „Bewegungsgröße" eines Körpers, das Produkt aus Masse und Geschwindigkeit; ein Vektor, der die gleiche Richtung hat wie die Geschwindigkeit.
Darüber hinaus versteht man unter Impuls ganz allgemein einen einmaligen, stoßartigen Vorgang, die kurzzeitige Wirkung einer physikalischen Größe oder deren kurzzeitige Abweichung von einem Normalwert.
In diesem Sinne gibt es zahlreiche Wortverbindungen mit Impuls, insbesondere in der Funktechnik. Nachfolgend einige Beispiele.

Impulsdauer

Impulsdauer und -länge Grundbegriffe der Radartechnik. Die Dauer eines ausgesandten Impulses wird in Mikrosekunden gemessen und liegt zwischen 0,05 und 1 µs; die Impulslänge (gemessen in Meter) ergibt sich aus Impulsdauer mal Ausbreitungsgeschwindigkeit.

Impulsfolgefrequenz Die Anzahl der bei verschiedenen Funknavigationsverfahren (Loran, Tacan, Radar) pro Sekunde ausgesandten Impulse. Einheit wie bei allen Frequenzen Hz.

in bond, bond (engl.) Unverzollt, unter Zollverschluß.

inch Abk. in., Symbol ''.
Zoll, engl. und amerik. Längenmaß.
1'' = 25,4 mm
Vergl. Fuß.

in den Wind drehen Manöver von Segelfahrzeugen, wenn man zum Segelbergen, Ankern, Bojenmanöver oder einfach um zu stoppen alle Fahrt aus dem Schiff nehmen will. Das Fahrzeug liegt genau in Windrichtung, den Bug gegen den Wind gerichtet.

Index (lat.) Anzeiger, Kennzeichen, Register, Verzeichnis. U. a. wird Index verstanden:
1. als Kennzahl (oder Buchstabe) zur Unterscheidung bzw. Kennzeichnung gleichartiger mathematischer oder physikalischer Größen ($x_1 \ldots x_n$).
2. als Nullmarke der → Alhidade des Sextanten.

Indexfehler – Indexberichtigung (Ib) Weicht der Index eines Sextanten in der Anzeige Null – d. h., wenn beide Spiegel genau parallel stehen – von der Nullmarke der Gradeinteilung ab, dann muß jede Messung um diesen Betrag berichtigt werden. Indexfehler und Indexberichtigung sind gleich groß und einander entgegengerichtet. Liegt der wahre Nullpunkt rechts vom Nullpunkt der Teilung (auf dem Vorbogen, außerhalb der Gradeinteilung), dann wird jeder Winkel zu klein abgelesen und die Indexberichtigung muß mit (+) eingesetzt werden, im anderen Fall mit (−).

Indexkarte Übersichtskarte der Grenzen und Bezeichnungen von Navigationskarten und nautischen Büchern.

Indexspiegel Siehe großer Spiegel.

Indiaman, East Indiaman (engl.) Ausdruck, der in früheren Jahrhunderten ganz allgemein für Schiffe gebraucht wurde, die am Handel mit Indien beteiligt waren, streng genommen jedoch nur die Schiffe der East India Company bezeichnete.

indifferent (lat.) Unbestimmt. Siehe *Gleichgewicht*.

Indikator (lat.) Im Maschinenbau ein Kontrollgerät, das den Druckverlauf im Zylinder einer Kolbenmaschine in Abhängigkeit vom Kolbenweg aufzeichnet. Es entsteht ein geschlossener Linienzug, das sog. Indikatordiagramm. Die von diesem Diagramm eingeschlossene Fläche ist der Arbeit während eines Kolbenhubes proportional.

indizierte Leistung, Innenleistung (lat.) Die durch den Gasdruck an den Kolben abgegebene Leistung. Sie kann aus dem Indikatordiagramm im Zusammenhang mit dem Hubvolumen und der Drehzahl des Motors ermittelt werden.

Induktion (lat.) 1. Elektromagnetische Induktion. Die von Faraday 1831 entdeckte Erscheinung, daß die Bewegung eines Magneten relativ zu einem geschlossenen Leiterkreis in diesem einen Stromfluß erzeugt. Das gleiche gilt, wenn man statt des Magneten eine stromdurchflossene Spule nimmt oder auf andere Weise das magnetische Feld zeitlich verändert, in dessen Bereich der Leiterkreis liegt. Die Vielzahl der möglichen Induktionserscheinungen lassen sich durch das einfache Gesetz beschreiben, daß die durch Induktion in einem Leiter induzierte Spannung nur von der zeitlichen Änderung des magnetischen Kraftflusses abhängt.
2. Für die Nautik von besonderer Bedeutung ist die magnetische Induktion. Darunter versteht man die Erscheinung, daß jedes „weiche Eisen" (heute auch als Stahl bezeichnet) magnetisch wird, sobald es in ein magnetisches Feld kommt. Von der Dauer der Induktion und der Beschaffenheit des Stahls hängt die Magnetisierung ab (vergl. flüchtiger und halbfester Magnetismus sowie Kompensation).

induzierter Widerstand Durch die Anströmung eines Tragflügels, eines Segels o. ä. entsteht ein Widerstand, der aus mehreren Teilbeträgen resultiert. Ein solcher ist der ursächlich mit der

Auftriebserzeugung verbundene induzierte Widerstand. Der Druckunterschied zwischen Druck- und Saugseite bzw. Luv und Lee bewirkt ein Ausweichen der Strömung und erzeugt den widerstandverursachenden Randwirbel. Der induzierte Widerstand ist abhängig vom Auftrieb und vom Höhenverhältnis der Fläche; je länger und schmaler die Fläche, desto geringer ist der Anteil des induzierten Widerstandes.
Ähnlich liegen die Dinge bei Segelyachten auch am Unterwasserschiff, wo Kiel oder Schwert auf Amwindkursen unten eine Abrißkante und damit einen induzierten Widerstand erzeugen. Dieser steigt mit der Abdrift stark an und kann u. U. den Formwiderstand um 100 % erhöhen.

Inert-Gassystem (lat.) Inertgase sind reaktionsträge Gase, wie Edelgase, Stickstoff u. ä., die sich an chemischen Vorgängen gar nicht oder nur unter extremen Bedingungen beteiligen. Man nutzt derartige Gase heute in der Tankschiffahrt, um die Explosionsgefahr herabzusetzen. Auf Tankern, die mit einer entsprechenden Anlage ausgerüstet sind, werden reaktionsträge Gase (vor allem Stickstoff) schon während des Löschens in die Tanks gefüllt.

Inertialgeräte (lat.) Die Eigenschaft der Materie, in gleichförmiger Bewegung zu verharren, wenn keine äußeren Kräfte auf sie einwirken, heißt ihre Trägheit, lat. *inertia*. Davon abgeleitet heißen Inertialgeräte solche Geräte, deren Wirkungsweise in irgendeiner Weise auf der technischen Nutzung der Massenträgheit beruht. Man spricht von Inertialsteuerung beim Steuern von Flugzeugen, U-Booten, Raketen mit Hilfe eines Trägheitsnavigationssystems.
Intertialgeräte können in der Schiffahrt andere Navigationssysteme nicht ersetzen; doch als Koppelgerät in Verbindung mit periodischen Korrekturen durch Satellitennavigation wird es zweifellos weitreichende Bedeutung erlangen. Die Überlegenheit gegenüber der klassischen Koppelnavigation liegt darin, daß der Weg über Grund festgestellt wird und nicht der durch das Wasser, wodurch die schwerwiegendsten Fehlerquellen ausgeschaltet werden.

Inertialsystem Bezugssystem, in dem physikalische Vorgänge nach den gleichen Gesetzen ablaufen, wie in einem absolut ruhend gedachten Bezugssystem. Ein solches gibt es in Wirklichkeit nicht; aber jedes Inertialsystem kann wie ein absolut ruhendes Bezugssystem betrachtet werden.

infrarot (lat., dt.) Unterhalb der Rotgrenze des Spektrums. Elektromagnetische Schwingungen, deren Frequenz geringer, deren Wellenlänge größer ist als die des sichtbaren Lichts. Infrarotgeräte spielen als Leit- und Beobachtungsgeräte eine Rolle; sie eignen sich bis zu einem gewissen Grade zum Orten von Wärmequellen und Objekten, die mit einem Infrarotstrahler angestrahlt werden, unabhängig von Nebel und Dunkelheit.
Weitere Anwendungsgebiete sind Sicherheitseinrichtungen (Infrarot-Feuermelder) und die Photographie.

Infraschall Elastische Schwingungen unterhalb der Frequenz, die das menschliche Ohr noch als Schall wahrzunehmen vermag (16 Hz). Gegensatz: Ultraschall.

in full (engl.) Pauschal. Dasselbe wie → Lumpsumfracht.

Ingenieur (lat.-frz.) Siehe „technischer Schiffsoffizier" und C (Patente).

Inhölzer Alter Ausdruck aus der Zeit der hölzernen Segelschiffe für Spanten sowie für alle Stücke, aus denen ein Spant zusammengebaut wurde.

Inklination (lat.) Der Winkel, um den sich eine frei bewegliche, in ihrem Schwerpunkt aufgehängte Magnetnadel gegen die Horizontalebene neigt, wenn keine störenden Magnetfelder sie beeinflussen. Die Nadel zeigt dann den tatsächlichen Verlauf der Feldlinien des Erdmagnetfeldes an.

Innenballast Jeder → Ballast, der innerhalb des Schiffskörpers gestaut wird.
Die Bezeichnung Innenballast bezieht sich eigentlich nur auf Segelyachten, denn nur bei ihnen gibt es auch Außenballast.

Innenboden Der obere, auf den Bodenwrangen liegende Teil des Doppelbodens, die Tankdecke. Den seitlichen Abschluß des Innenbodens bilden die Randplatten.

Innengording Siehe Gording.

Innenkammer Kammer an Bord, die von der Bordwand durch einen anderen Raum getrennt ist und kein Bulleye oder Fenster nach außenbords hat.

Innenklüver Auf Segelschiffen mit drei und mehr Vor-Stagsegeln das zweite von achtern.

Integration (lat.) 1. Im allgemeinen Sprachgebrauch der Zusammenschluß einzelner Teile zu einem Ganzen.
2. In der Mathematik sowohl das Berechnen eines Integrals als auch die Bestimmung der Lösung einer Differentialgleichung.
3. Beim Entwerfen von Schiffen speziell das Ermitteln von Flächeninhalten (Spantflächen, WL-Flächen) mit Hilfe sogenannter Hilfsformeln (→ Simpsonsche Regel) oder besonderer Instrumente (→ Planimeter, Integrator).

Integrator Ein für Entwurf und Berechnung von Schiffen wichtiges Instrument, welches, indem man mit einem Fahrstift den Umriß einer beliebig gestalteten Fläche umfährt, auf mechanischem Wege den Inhalt, das statische Moment und das auf die Integratorachse bezogene Trägheitsmoment dieser Fläche bestimmt.

Interferenz (lat.-nlat.) Charakteristische Erscheinung bei Schwingungsvorgängen aller Art: die Überlagerung von 2 oder mehreren Wellenzügen, die eine feste Phasenbeziehung zueinander haben. Die Amplituden der resultierenden Welle sind gleich der Summe der Amplituden der Einzelwellen, was zur Verstärkung oder Schwächung, u. U. sogar zur vollständigen Auslöschung eines Schwingungsvorganges führen kann. Interferenzerscheinungen sind sowohl bei elektromagnetischen als auch bei elastischen Wellen und Oberflächenwellen zu beachten.

interkostal Konstruktionsmerkmal für einen Bauteil in einer Trägerrostkonstruktion im Stahlschiffbau, der nicht durchläuft, sondern zwischen die durchlaufenden Verbände gesetzt wird. Der Begriff interkostal spielt hinsichtlich auftretender Festigkeitsprobleme eine Rolle bei genieteten Konstruktionen; er hat durch die Schweißtechnik seine Bedeutung verloren.

International Catamaran Challenge Trophy Regattapokal für die Katamarane der C-Division. Er ist zu einer der am heißesten umkämpften Trophäen im internationalen Yachtsport geworden. In Anlehnung der Spielregeln an die für die Herausforderung des America-Pokals gültigen heißt der Preis auch „Der kleine America-Pokal".

internationale Klassen Yachtklassen, die von der IYRU (International Yacht Racing Union) anerkannt sind und die Basis bilden für Wettkämpfe, die auf internationaler Ebene ausgetragen werden. Die internationalen Klassen teilen sich, wie die nationalen, in Konstruktions- und Einheitsklassen. Die bekanntesten internationalen R-Klassen, die nach der Formel

$$R = \frac{L + 2d + \sqrt{S} - F}{2,37}$$

(International Rule) vermessen wurden bzw. noch werden, sind die 6-m-R-, die 8-m-R- und die 12-m-R-Klasse, von denen die letztgenannte als diejenige, in welcher seit dem Krieg die Rennen um den → America-Pokal ausgetragen werden, die größte Bedeutung erlangt hat. Die Zahlen 6 bzw. 8 oder 12 m sind die Rennwerte, die bei der Konstruktion nicht überschritten werden dürfen. Man hat dem Nenner der Formel einen

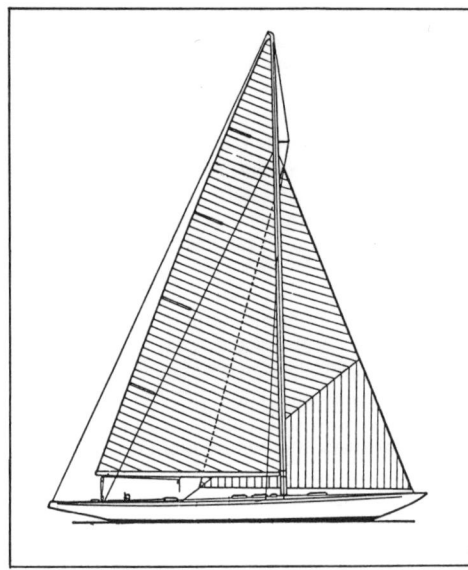

Zu den internationalen Klassen zählt auch die 12-m-R-Yacht, die für den Kampf um den America-Pokal die J-Klasse abgelöst hat.

Wert gegeben, durch welchen der → Rennwert jeweils in etwa die Größenordnung der Wasserlinienlänge des betreffenden Yachttyps bekommt. Der Wunsch nach kleineren R-Yachten ließ 1949 die inzwischen schon wieder veraltete 5,5-m-R-Jacht entstehen. Sie wurde nach einer anderen Formel vermessen, hatte aber noch den Charakter einer Konstruktionsklasse.
Dem gegenüber stehen zahlreiche internationale → Einheitsklassen, für die es verbindliche Bauvorschriften gibt. Zu den beliebtesten, auch in Deutschland verbreiteten internationalen Klassen gehören Soling, Flying Dutchman, Star, Tempest, 420er, 470er, 5-0-5er, Finn-Dinghy, Vaurien, Moth und der Katamaran Tornado. Siehe hierzu die Zusammenstellungen unter *Klasse* und *olympische Klassen*.

Internationales Einheitensystem Siehe Einheitensysteme.

Internationales Signalbuch Eine Sammlung von Flaggen-, Funk- und Blinksignalen, die ihre eigene Bedeutung haben und ganz unabhängig von irgendeiner Sprache sind. Die Signale sind in verschiedenen Kodegruppen systematisch geordnet und leicht zu entschlüsseln. Die Bedeutung, die die Nachrichtenübermittlung von Schiff zu Schiff durch Flaggensignale einst hatte, ist durch die Funktechnik heute überholt. Das 1969 grundlegend neu bearbeitete Signalbuch dient im wesentlichen als zusätzliche Sicherung in Notfällen.

Internationales Übereinkommen zur Verhütung der Verschmutzung der See durch Öl 1954 wurde in London ein Übereinkommen unterzeichnet, das am 29. 3. 1956 in Kraft getreten ist. Es verbietet Tankern und anderen Schiffen innerhalb bestimmter Seegebiete Ölreste, ölhaltige Gemische, Tankwaschwasser u. dergl. nach außenbords zu pumpen. In ständig zunehmendem Maße werden Schiffe mit Ölwasserseparatoren ausgerüstet und in den Häfen Einrichtungen geschaffen, wo die Schiffe die separierten Ölrückstände abgeben können.

Internationales Übereinkommen zur Verhütung der Meeresverschmutzung Das vom 30. 10. bis 13. 11. 1972 auf einer Konferenz in London erzielte Übereinkommen ist ein bedeutender Schritt vorwärts auf dem Wege, der fortschreitenden Verschmutzung der Meere Einhalt zu gebieten. Die wesentlichsten Ergebnisse sind:

I. Generelles Verbot des Einbringens folgender Abfälle nach der „schwarzen Liste":
 1. Chlorierte Kohlenwasserstoffe (sofern diese nicht schnell im Meerwasser unschädlich gemacht werden),
 2. Quecksilberverbindungen,
 3. Cadmiumverbindungen,
 4. beständige Kunststoffe, die die Fischerei und den Schiffsbetrieb gefährden,
 5. Rohöl und andere Öle,
 6. Hochaktive radioaktive Abfälle,
 7. Biologische und chemische Kampfstoffe.

II. Verpflichtung zur sorgfältigen Beurteilung von Einbringungsanträgen für verschiedene Substanzen, die in der „grauen Liste" zusammengestellt sind.

III. Festlegung von Kriterien, die bei der Beurteilung von Einbringungsanträgen anzuwenden sind.

Vier weitere Punkte betreffen die weltweite Einhaltung der erarbeiteten Richtlinien. An der Konferenz haben 80 Nationen teilgenommen, 12 weitere hatten Beobachter entsandt.

Internationaler Schiffssicherheitsvertrag („Internationales Übereinkommen zum Schutz des menschlichen Lebens auf See"). Nach einigen vorangegangenen Bemühungen (seit den 60er Jahren des 19. Jh.), zu internationalen Übereinkommen in Fragen der Schiffssicherheit zu kommen, wurde, ausgelöst durch die „Titanic"-Katastrophe 1912, erstmalig 1914 eine weltweite Schiffssicherheits-Konferenz in London veranstaltet.
Der 1. Weltkrieg machte die Bemühungen zunichte; doch man knüpfte an das Konzept von 1914 wieder an, als 1929 die zweite große internationale Konferenz stattfand. Das Ergebnis war jene „Convention for the safety of life at sea", die weltweiten Einfluß auf die Sicherheitsbestimmungen der folgenden Jahre hatte.
Durch die schnell fortschreitende technische Entwicklung waren nach dem 2. Weltkrieg die Ergebnisse des Übereinkommens von 1929 weitgehend überholt, und so wurde 1948 eine neue internationale Schiffssicherheitskonferenz einberufen. Die Bundesrepublik nahm noch nicht an ihr teil, trat dem Vertrag aber 1953 bei. Eine weitere Konferenz zum Schutz des menschlichen Lebens auf See wurde 1960 von der → IMCO abgehalten.

interne Wellen Meereswellen, die nicht mit Wasserstandsschwankungen verbunden sind, d. h. nicht an der Oberfläche in Erscheinung treten. Es sind Schwingungsformen innerhalb des Wassers, die nur dort auftreten, wo sich die Dichte mit der Tiefe des Wassers ändert, was indessen in fast allen Meeren der Fall ist. Die internen Wellen sind durch fortlaufende Registrierungen von Temperatur und Salzgehalt des Wassers in verschiedenen Tiefen nachweisbar.

Interpolation (lat.) Bei der Arbeit mit Zahlentafeln die überschlägige Bestimmung von Zwischenwerten, wo die exakte Berechnung den Grad der erforderlichen Genauigkeit überschreiten und einen zu hohen Rechenaufwand erfordern würde. In nautischen Büchern wird das Interpolieren (Einschalten) durch *Schalttafeln* erleichtert.

Inversion (lat.) Umkehrung. Auf zahlreichen Wissensgebieten vorkommender Begriff. In der Meteorologie: Temperaturumkehr an einer Sperrschicht; d. h. entgegen dem Normalverhalten nimmt die Temperatur an solch einer Schicht mit der Höhe nicht ab, sondern zu.

Ionosphäre (grch.) Schicht der Atmosphäre in über 80 km Höhe, die ihren Namen von der durch die ultraviolette Sonnenstrahlung hervorgerufenen Ionisierung der Luft hat. Darunter versteht man den Vorgang der Ionenbildung durch Abtrennung oder Anlagerung eines oder mehrerer Elektronen an ein neutrales Atom oder Molekül. Durch die Ionisierung (Ionisation) wird diese Schicht der Atmosphäre leitfähig, was für die Funktechnik von großer Bedeutung ist. Funkwellen ab etwa 2 MHz werden an der untersten Schicht der Ionosphäre (Heavisideschicht) reflektiert, woraus sich die große Reichweite kurzer Wellen erklärt. Durch diese Reflektion der sich geradlinig ausbreitenden Radiowellen ist transozeanischer Funkverkehr möglich.

IOR-Formel *I*nternational *O*ffshore *R*ule. Eine Ausgleichsformel für Segelyachten, die 1970 die bis dahin gebräuchlichen nationalen Formeln (KR, RORC, CCA) ersetzt hat. Zweck der IOR-Formel ist, für internationale Regatten eine allen Beteiligten in gleicher Weise gerecht werdende Bewertungsbasis zu schaffen. Die nach IOR vermessenen Yachten werden in 8 Klassen eingeteilt:

Klasse	Rennwertgrenzen	
I	33,0–70,2 ft	(bis 21,40 m)
II	29,0–32,9 ft	(bis 10,02 m)
III	25,5–28,9 ft	(bis 8,81 m)
IV	23,0–25,4 ft	(bis 7,74 m)
V	21,0–22,9 ft	(bis 6,98 m)
VI	19,0–20,9 ft	(bis 6,37 m)
VII	17,5–18,9 ft	(bis 5,76 m)
VIII	unter 17.5 ft	(bis 5,33 m)

Innerhalb dieser Klassen sind Konstruktionen mit gleichem Rennwert entstanden, die als „Tonner" bekannt sind. Ihre Rennwerte:

Zweitonner	32,0 ft oder 9,75 m
Eintonner	27,5 ft oder 8,38 m
Dreivierteltonner	24,5 ft oder 7,47 m
Halbtonner	21,7 ft oder 6,61 m
Vierteltonner	18,0 ft oder 5,50 m
Achtel- oder Minitonner	16,0 ft oder 4,88 m

Vergl. hierzu Klassen, Rennwert, Eintonner sowie die Übersicht über die wichtigsten Rennwertformeln im Anhang.

Irradiation (lat.) Die scheinbare Vergrößerung einer hellen Fläche oder hellglänzender Gegenstände vor einem dunklen Hintergrund über ihre wahren Grenzen hinaus (optische Täuschungen, Himmelskörper).

Isallobaren (grch.-nlat.) Linien gleicher Luftdruckänderungen in einer bestimmten Zeitspanne. Die Druckverlagerung gibt Hinweise auf Entwicklungstendenzen in der Atmosphäre und ist für die Wettervorhersage von Bedeutung.

Isallothermen (grch.-nlat.) Linien gleicher Temperaturänderungen innerhalb einer bestimmten Zeitspanne.

Isherwoodsystem Das von Isherwood 1907 entwickelte Längsspantensystem, das sich vor allem in der Konstruktion von Tankern und Erzschiffen durchgesetzt hat, nachdem Lloyd's 1925 neue Bauvorschriften für diese Baumethode herausgebracht hatte. Für die Quersteifigkeit sorgten die Querschotte und dazwischenliegende Rahmenspanten.
Der wichtigste Vorteil des Isherwoodsystems liegt in seiner Überlegenheit hinsichtlich der

Aufnahme der Druckbeanspruchungen in der oberen Gurtung (Deck) bei „Schiff im Wellental". Von untergeordneter Bedeutung ist der Spantverlauf an den Seitenwänden, weshalb man auch bald kombinierte Längs-Quer-Spantensysteme ausführte, wodurch man auf die oft störenden Rahmenspanten verzichten konnte.

Isländer Sweater aus dicker, ungewaschener und nicht entfetteter Schafwolle; hält warm, nimmt nicht so leicht Feuchtigkeit auf und ist deshalb bei allen Seeleuten beliebt.

ISO International Organization for Standardization. Institution für eine einheitliche Festlegung von Maßen und Gewichten.

Iso-Linien (grch. Iso = Bestimmungswort für „gleich") Linien, die in Auswertung eines möglichst dichten Netzes von Meßpunkten alle diejenigen Orte auf einer Karte miteinander verbinden, die die gleichen Werte einer bestimmten Eigenschaft haben. Solche Karten sind insbesondere für die Meteorologie, aber auch für Physik, Geographie und andere Bereiche von Bedeutung. Einige der wichtigsten Iso-Linien sind die folgenden:

Isoamplituden	Linien gleicher Temperaturschwankungen
Isobaren	Linien gleicher Luftdruckwerte
Isobathen	Linien gleicher Wassertiefe
Isodynamen	Linien gleicher erdmagnetischer Horizontalfeldstärke
Isogonen	Linien gleicher erdmagnetischer Mißweisung. Die Linie, auf der sie gleich Null ist, heißt Agone.
Isohalinen	Linien gleichen Salzgehalts.
Isohyeten	Linien gleicher Höhenlage.
Isohypsen	Linien gleicher Höhe einer Druckfläche, bezogen auf NN in Höhenwetterkarten.
Isoklinen	Linien gleicher erdmagnetischer Inklination. Die Null-Isokline ist der magnetische Äquator (Vergleiche Inklination).
Isotachen	Linien gleicher Windstärke in Höhenwetterkarten.
Isothermen	Linien gleicher Temperatur (auf geographischen Karten meistens mittlere Temperaturen für einen längeren Zeitraum).

Isoplethen sind Linien gleicher Zahlenwerte in graphischen Darstellungen, bei denen zwei verschiedene Beziehungen einer Erscheinung gleichzeitig erfaßt werden können, z. B. Darstellung der Änderung eines Elements mit der Höhe und der Zeit, oder über verschiedene Zeitdauer wie Tag und Jahr, o. ä.

IYRU *I*nternational *Y*acht *R*acing *U*nion. Dieser internationale Wettseglerverband ging 1906 aus der 1875 gegründeten Yacht Racing Association hervor und hatte zum Ziel, die Grundlagen für den internationalen Regattasport zu vereinheitlichen, um Wettkämpfe veranstalten zu können, an denen sich Yachten aller Länder beteiligen können, die einem der IYRU angeschlossenen Verband angehören. Heute nimmt die IYRU, die ihren Sitz in London hat, die Belange der anerkannten internationalen Klassen wahr, veranstaltet Welt- und Europameisterschaften, legt den Modus der Austragung olympischer Segelregatten fest, beschließt Vorschriftenänderungen u. dergl. mehr. Mitglieder sind die nationalen Dachverbände sowie seit 1970 auch Einzelpersonen (Associated Members).

J

Jacht Siehe Yacht.

„Jachtfunkdienst" Auszug aus „Sprechfunk für Küstenschiffahrt"; er wird vom DHI herausgegeben und ist für Sportfahrzeuge und andere nicht ausrüstungspflichtige Schiffe bestimmt.

Jack *m.* 1. (engl.) Bezeichnung für einen verwegenen Burschen, Kerl allgemein; insbesondere aber für einen Seemann. „Jack Tar" (Teerjakke) ist ein alter Spitzname für einen Matrosen.
2. Die Gösch, Bugflagge. „Union Jack" ist die allgemein verbreitete, wenngleich nicht ganz korrekte Bezeichnung für die britische Nationalflagge.
3. Auf den Großseglern die Oberbramsaling.
4. Handiges Hebegeschirr für schwere Lasten. Das kann eine Talje, ein Wagenheber oder ein hydraulisches Gerät sein.
5. Ein als Schoner getakelter Segler mit völligen Linien und wenig Überhang (ca. 10–25 tons), der in der Neufundlandfischerei Verwendung findet.

Jackstag (engl., nd.) *s.* 1. Auf einer Rah mittels Augbolzen befestigte Stange, woran das Segel angeschlagen wurde.
2. Gleitschiene für ein Gaffelsegel, z. B. an der Achterkante des Besanmastes (Jackstagprofil).
3. Auf Yachten auch ein Hilfsstag, an dem zuweilen bei einer Baumfock der untere Teil des Vorlieks gefahren wird, um ein solches Segel besser bergen zu können.
4. Verbindungsleine zwischen 2 Schiffen als Träger für einen Laufblock mit einem Lasthaken. Mit einem Jackstag-Geschirr können auf See Versorgungsgüter übernommen werden.

Jager Das Vor-Bramstagsegel, das auf den großen Segelschiffen als vorderstes Stagsegel über dem Außenklüver gesetzt wurde.

Jahr Mit einer Periode von einem Jahr – nahezu 365,25 Tagen – bewegt sich die Erde auf ihrer Bahn um die Sonne, was auf der Erde wie ein Umlauf der Sonne um die Erde erscheint. Diese scheinbare Sonnenbahn heißt → Ekliptik. – Nun ist die Umlaufzeit, das Jahr, keine eindeutige Größe, was einmal mit der jedem Kreisel und damit auch der Erde eigentümlichen → Präzessionsbewegung, zum anderen mit Bahnbeeinflussung durch andere Planeten zusammenhängt. Man unterscheidet daher verschiedene Jahresbegriffe, je nachdem, welcher Punkt als Bezugsort für den scheinbaren Sonnenumlauf gewählt wird.

Die wahre Umlaufzeit, das Zeitintervall zwischen zwei aufeinanderfolgenden Vorübergängen der Sonne relativ zu den Sternen, heißt *siderisches* Jahr.

Für das bürgerliche Jahr ist jedoch nicht der auf die Sterne bezogene Umlauf der Sonne maßgebend, sondern der auf den Frühlingspunkt bezogene. Rechnet man die Zeit von einem Durchgang der Sonne durch den Frühlingspunkt zum nächsten, ergibt sich, daß dieses Zeitintervall infolge der Präzessionsbewegung der Erde um ca. 20 Minuten kürzer ist als das siderische Jahr. Man nennt diese Zeitspanne das *tropische* Jahr.

Mißt man den Jahresablauf ausgehend von der Bahnellipse der Erde um die Sonne zwischen zwei aufeinanderfolgenden Durchgängen durch das Perihel (sonnennächster Punkt), ergibt sich wiederum eine etwas abweichende Dauer, weil sich das Perihel infolge Bahnstörung durch andere Planeten geringfügig verschiebt. Das so definierte Jahr heißt das *anomalistische* Jahr:

	Tage	Std.	Min.	Sek.
siderisches Jahr	365	6	9	9,5
tropisches Jahr	365	5	48	46
anomalist. Jahr	365	6	13	53

sidus (lat.) = Gestirn; *tropicós* (grch.) = Wendekreis; *anomal* (grch.-lat.) = unregelmäßig.

Jahreszeiten Die Folge der unterschiedlichen Neigung der Erdachse gegen die Sonne im Laufe ihrer Bahnbewegung. Die Bahnpunkte der größten und der kleinsten Abweichung der Sonne heißen Solstitialpunkte (Sonnenwendpunkte), die um 90° zu diesen versetzten werden Äquinoktialpunkte (Nachtgleichen) genannt. Beim Stand der Sonne nördlich des Himmelsäquators heißt die aufsteigende Phase Frühling, die absteigende Sommer; südlich die absteigende Herbst, die aufsteigende Winter. Die Daten des Beginns der vier Jahreszeiten sind auf der Nordhalbkugel: 21.

März, 21. Juni, 23. September, 21. oder 22. Dezember.

jahreszeitliche Zonen Für die Schiffahrt sind die Meere in jahreszeitliche Zonen aufgeteilt, deren Daten von denen des bürgerlichen Kalenders abweichen. Die Berücksichtigung derselben ist für die Einhaltung des jeweils zulässigen Freibords von Bedeutung. Die nördliche jahreszeitliche Winterzone: Für Ostsee, Nordsee und Randzonen des Atlantischen Ozeans:
Winter 1. November bis 31. März,
Sommer 1. April bis 31. Oktober.
Für Mittelmeer und Schwarzes Meer:
Winter 16. Dezember bis 15. März,
Sommer 16. März bis 15. Dezember.
Für den Atlantik zwischen 15° W und 50° W nördlich 45° N, sowie für den Pazifik nördlich 35° N:
Winter 16. Oktober bis 15. April,
Sommer 16. April bis 15. Oktober.
Die südliche jahreszeitliche Winterzone liegt mit einigen Abweichungen südlich 33° S. Für diese Zone gelten:
Winter 16. April bis 15. Oktober,
Sommer 16. Oktober bis 15. April.
Zwischen dieser Zonengrenze und 35° N liegen „dauernde Sommerzone", „dauernde Tropenzone" und „jahreszeitliche Tropenzonen".

jährliche Änderung Das erdmagnetische Feld ist nicht konstant, sondern langsamen Änderungen unterworfen. Diese sind als „jährliche Änderung" zusammen mit der örtlichen Mißweisung bei allen in die Seekarten eingezeichneten Kompaßrosen angegeben.

Jakobsleiter Seefallreep. Strickleiter, deren oberes Ende am Schanzkleid befestigt ist, während das untere frei herunterhängt. Sie dient hauptsächlich für die Übernahme und das Absetzen des Lotsen. Auch die Leiter zum Aufentern zum Topp der Bramstenge hieß Jakobsleiter. Die Herkunft des Wortes von der von Jakob im Traum erblickten Himmelsleiter (Genesis 28,12) ist unzweifelhaft.

Jakobstab 1. Auch Kreuzstab oder Kreuzstern genannt. Einfaches Instrument zur Messung von Gestirnshöhen. Durch Verschiebung eines Querholzes auf einem geeichten Gradstock ermittelte man die Höhe des Gestirns über der Kimm, siehe Skizze. Für verschiedene Meßbereiche wurden verschiedengroße Querhölzer be-

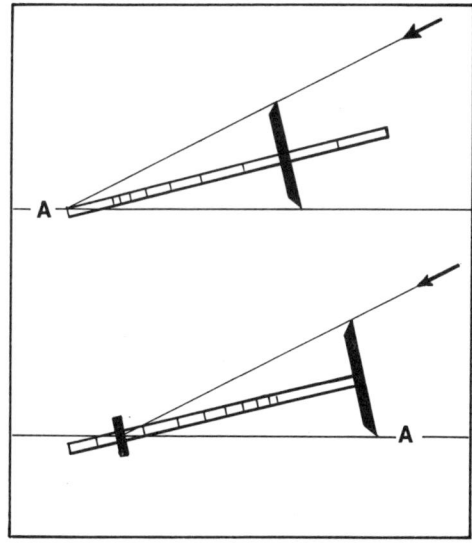

Zwei verschiedene Ausführungen des Jakobstabes. Bei der oberen wird die Oberkante des Querholzes mit dem Gestirn, die untere mit der Kimm zur Deckung gebracht (bei Sonnenbeobachtungen starkes Blenden). Unten steht der Beobachter mit dem Rücken zur Sonne und bringt den Schatten der Oberkante, den die Sonne auf das kleine Querholz wirft, mit der Kimm zur Deckung (A = Augpunkt).

nutzt, für die jeweils eine andere Teilung des Stabes gültig war. Der Vorteil gegenüber älteren Geräten war der, daß die Bezugsrichtung nicht das Lot (Pendelbewegungen), sondern erstmalig die Blickrichtung zur Kimm gewesen ist. Es gab Jakobstäbe von beträchtlichen Abmessungen; die für den Gebrauch auf See geeigneten waren im Mittel etwa 1 m lang. Sie waren von der Mitte des 15. Jh. bis ins 18. Jh. hinein in Gebrauch. Der Name des Instruments leitet sich von der Ähnlichkeit mit dem kreuzförmigen Pilgerstab der St. Jakobspilger her (Pilger zum Grab des hl. Jakobus, Santiago de Compostela).
2. Die drei Gürtelsterne des Orion δ, ε und ζ.

Jan Maat Eine dem engl. „Jack Tar" entsprechende Bezeichnung für den Seemann vor dem Mast, den Matrosen.

Jet-Antrieb Siehe Wasserstrahl-Antrieb.

Jiggermast

Jiggermast (engl.) 1. Seit dem Ende des 18. Jh. auch bei uns gebrauchte Bezeichnung für Besanmast, insbesondere für den hintersten Mast einer Vier- oder Fünfmastbark. In Amerika der vierte Mast eines Fünf- oder Sechsmastschoners. 2. Im Engl. ist bei einer Ketsch oder Yawl für *mizzen mast*, d. h. für Besan bzw. Treiber, auch die Bezeichnung *jigger mast* gebräuchlich.

J-Klasse Internationale Klasse sehr großer Rennyachten, die nach der „Universalformel" vermessen wurden:

$$R = \frac{0{,}18\,L \cdot \sqrt{S}}{\sqrt[3]{D}}$$

In dieser Klasse wurden 1930, 1934 und 1937 die Regatten um den America-Pokal ausgetragen. Die britischen Herausforderer waren „Shamrock V", „Endeavour", „Endeavour II"; die erfolgreichen amerikanischen Verteidiger „Enterprise", „Rainbow" und „Ranger". Die letztere gilt als die schnellste Rennyacht, die je gebaut worden ist; ihre Abmessungen mögen eine Vorstellung vermitteln von der Größe dieser Yachten, bei denen der Einsatz für eine jeweils nur eine einzige Woche dauernde Regattaveranstaltung auf die Spitze getrieben worden war:

Länge ü. a. 41,54 m   Tiefgang 4,57 m
Länge WL 26,51 m   Segelfläche 701 m^2
Breite 6,36 m   Vergl. hierzu *Linienriß*.

joggeln Von engl. *joggle*, verschränken, verbinden, kröpfen. Bei Schiffen mit genieteter Außenhaut das Knickverformen der Plattenkanten, so daß eine Platte über die andere griff. Siehe gejoggelte Platten.

Jolle Ursprünglich Bezeichnung für ein kleines offenes Boot allgemein, ein Arbeitsboot, das sowohl gerudert als auch gesegelt werden konnte. Heute werden als Jollen alle offenen Segelbootstypen verstanden, die keinen festen Ballast haben. Im Gegensatz zur gewichtsstabilen Kielyacht ist die Jolle → formstabil, d. h. sie verdankt ihre Stabilität ihrer breiten, flachen Form in Verbindung mit dem aufrichtenden Moment durch die in Luv placierte Mannschaft.

Jollenkreuzer In Deutschland entwickelter Jollentyp mit Kajüte und Einrichtung für das Segeln auf Binnengewässern. Für Jollenkreuzer gilt hinsichtlich der Stabilität dasselbe wie für die Jollen; sie sind formstabil und kenterbar. Ihr großer Vorteil liegt – bei hochgeholtem Schwert und Ruder – in einem außerordentlich geringen Tiefgang. Die verbreitetsten Jollenkreuzerklassen haben 15 m^2, 20 m^2, 25 m^2; seltener 30 m^2 und mehr Segelfläche.

Jollenführer Eine spezifisch hamburgische Bezeichnung für Hafenfährmann; einst Ruderboote zum Übersetzen von Werft- und Hafenarbeitern, zur Hilfeleistung beim Verholen von Schiffen usw. Der Name hat sich erhalten und bezeichnet heute die regelmäßig oder auf Bestellung verkehrenden Hafenbarkassen.

Jolltau Tau, das durch nur einen einscheibigen Block fährt und womit keine Krafterspanis erreicht wird. Der Block ist fest und dient lediglich als Umlenkrolle.

Journal (frz.) Traditionelle Bezeichnung für das Schiffstagebuch, in welches alle auf die Fahrt bezüglichen Beobachtungen und Vorkommnisse eingetragen werden. Auf modernen

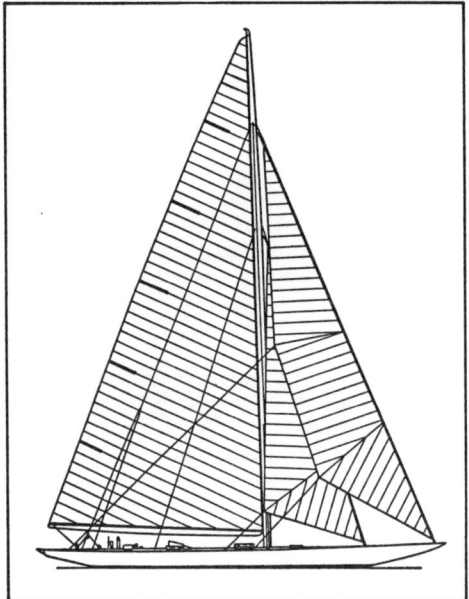

J-Klasse. „Rainbow", die erfolgreiche Verteidigerin des America-Pokals 1934. Der doppelt geschotete Klüver trug den Namen „Greta Garbo".

Seeschiffen werden heute eine ganze Reihe Journale geführt: das Schiffs-, Maschinen-, Unfall-, Funk- und Funkbeschickungstagebuch sowie ein Öl-, ein Kranken- und Betäubungsmittelbuch. Für den Yachtsegler gilt ein ordnungsgemäß geführtes Logbuch den Behörden gegenüber als Journal.

Jugendkutter Achteinhalb Meter lange, offene Boote zum Rudern für zehn Mann und mit zweimastiger Luggertakelung ausgerüstet. Ursprünglich für die Marine zum Pullen gebaut, sind sie heute im norddeutschen Raum als Jugend-Ausbildungsboote der Segelvereine zahlreich anzutreffen.

jumpen Von engl. *jump*, aber mit deutscher Aussprache; gängiger Seemannsausdruck für springen. Früher betraf das Wort auch die Behendigkeit eines Mannes in der Takelage.

Jumpstag An Vorkante Mast über eine Spreize (oder zwei schräg nach vorn gewinkelte Spreizen) verlaufendes Stag, das – analog Toppwant und Saling in der Querrichtung – die Durchbiegung des Mastes nach achtern verhindert.

Junge; Jungmann Soviel wie Lehrling im Schiffsdienst. Es war in vergangenen Zeiten üblich, Jungen schon sehr früh an Bord zu nehmen. Das Alter lag zwischen 7 und 9 Jahren. Offiziere und Unteroffiziere hatten Jungen, die ihnen dienten und deren Ausbildung ihnen oblag. So gab es Bootsmanns-, Decks-, Kajüts-, Kochs-, Maschinisten- und Steuermannsjungen.
Heute liegt das Eintrittsalter zwischen dem 16. und 18. Lebensjahr. Nach 9monatiger Seefahrtszeit Beförderung zum Jungmann, wobei bei guter Eignung 3 Monate Seemannsschule angerechnet werden.

Jungfer, Juffer Pockholzscheibe mit 3 Löchern, die die Aufgabe eines 3scheibigen Blokkes erfüllte. Zwei Jungfern mit einem dreifach geschorenen Reep bildeten auf den alten Segelschiffen Taljen zum Durchholen des stehenden Gutes, als es noch keine Spannschrauben gab. Seltsamerweise tragen diese Scheiben so gegensätzliche Namen wie „Jungfer" und „Doodshooft" (Totenhaupt); im Englischen heißen sie *deadeye*. Es gab auch die Ausführung mit nur einem Loch in der Scheibe, durch das das Reep mehrfach geschoren wurde. Die Jungfern hatten eine längs ihrem kreisförmigen Umfang eingeschnittene Keep und wurden von dem Augspleiß des Wants bzw. von einem eisernen Band umfaßt, mit dem sie am Rüsteisen befestigt waren.

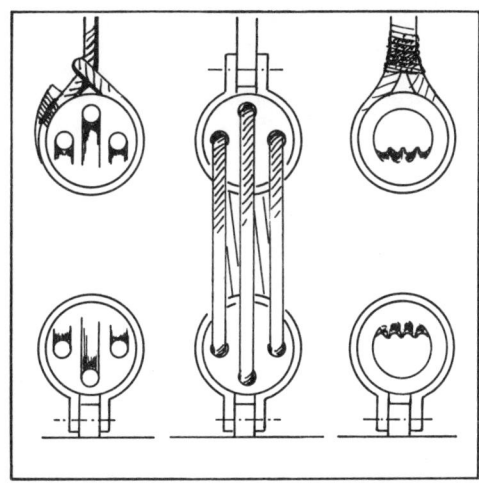

Verschiedene Ausführungen von Jungfern.

Jungfernfahrt Die erste Reise eines neuerbauten Schiffes, nachdem es von der Werft an die Reederei abgeliefert worden ist.

Jupiter Größter Planet unseres Sonnensystems und gutes Beobachtungsobjekt für die astronomische Navigation. Siehe Planeten.

Jury (lat.-frz.-engl.) 1. Ursprüngl. Bedeutung: Geschworenenkollegium; heute allg. verstanden als Preisgericht in Wettkämpfen und Wettbewerben aller Art.

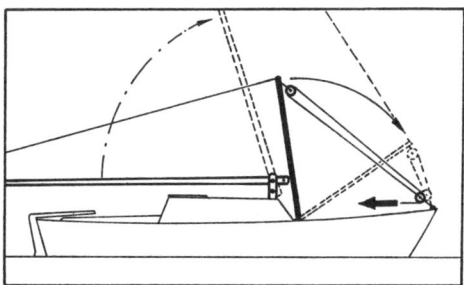

Jütt zum schnellen Legen eines Klappmastes.

Jütt

2. (engl.) Not-, Notbehelf, behelfsmäßig. In diesem Sinne wird das Wort für alle behelfsmäßigen Einrichtungen gebraucht, die im Notfall mit Bordmitteln auf einem Schiff installiert werden, um den nächsten Hafen zu erreichen: jury rig, jury mast, jury sail, jury rudder, etc.

Jütt Als Winkelhebel angesetzte Spiere (oder seitwärts gespreizter zweibeiniger Bock) zum Mastlegen; oder auch ein im gleichen Sinne wirkender horizontal angebrachter Hebel zum Achterholen eines ganz nach vorn gefahrenen Spinnakerbaumes.

K

kabbelig, Kabbelung Unregelmäßig durcheinanderlaufende kurze See infolge sich kreuzender Strömungsrichtungen, oder hervorgerufen durch Strömung, die über ein Unterwasserhindernis setzt. Stromkabbelung ist in Seekarten mit „Kbblg." gekennzeichnet.

Kabel 1. Alte Bezeichnung für Ankertrosse (Ursprung lat. *capulum* und arab. *habl*, Seil).
2. Auf dem Meeresgrund oder durch ein Strombett verlegte elektrische Leitungen (Fluß- und Seekabel) für die Übertragung von Nachrichten oder elektrischer Energie. Ihre Lage ist zur Verhütung von Beschädigungen durch ankernde Schiffe auf Warntafeln oder durch Warntonnen gekennzeichnet.
3. Die elektrischen Leitungen des Bordnetzes allgemein (Kabelleitungen).

Kabelar *s.* Mit eingespleißten kurzen Leinen versehenes endloses Tau, das zum Hieven des Ankers diente. Es lief an dem dicken Ankerkabel entlang und statt seiner um das Spill. Das Hieven erfolgte durch fortgesetztes Festzurren und Lösen der Leinen, die das Kabel auf diese Weise mitnahmen.

Kabelgarn Der Ausdruck ist wörtlich zu verstehen: Hanffaden zum Verfertigen von Kabeln; er hat sich in dieser Bedeutung als Element zur Herstellung von Tauwerk bis heute erhalten.
Darüber hinaus kennt die traditionelle Seemannssprache Spottbezeichnungen wie K. für die langen Fasern des konservierten Rindfleisches und „Jan Kabelgarn" als Spitzname für Matrosen.

Kabelgat Stauraum unter Deck ganz vorn und ganz achtern im Schiff für alles nicht im Gebrauch befindliche Tauwerk.

Kabellänge Traditionelles nautisches Längenmaß, das von der normalen Länge eines Schiffskabels (Ankertrosse) abgeleitet war, jedoch keinen Bezug auf die heutigen Kettenlängen hat. Die Kabellänge war und ist kein eindeutig festgelegtes Maß. Üblich waren früher 120 und 150 Faden. Heute ist sie in Deutschland und Großbritannien auf eine zehntel Seemeile festgelegt (185,2 m). In der US Navy beträgt sie 120 Faden (219 m), in Frankreich und Spanien seit der Einführung des metrischen Systems 200 m. Abweichende Werte in anderen Ländern.

Kabelleger Spezialschiff zur Verlegung transozeanischer elektrischer Kabel. Wegen der geringen Verlegegeschwindigkeit (max. 8 kn) werden besondere Anforderungen an die Kursstabilität solcher Schiffe gestellt (Bugstrahlruder). Die Kabel werden in großen zylindrischen Tanks gelagert und über eine den Kabelzug ständig kontrollierende Winde über das Heck ausgefahren. Die Bezeichnung Kabelleger charakterisiert diesen Schiffstyp nur unvollständig, denn von gleicher Bedeutung ist die Aufgabe dieser Schiffe, Kabel auch aufzuholen; korrekter ist die engl. Bezeichnung *cable ship*. Zum Aufholen dient die große Bugrolle, die diesem Schiffstyp das typische Aussehen verleiht.
Seekabel haben durch die Fortschritte in der Funktechnik ihre Bedeutung nicht verloren. Ein einziges Kabel kann mittels Trägerstromtechnik gleichzeitig und in beiden Richtungen über hun-

kalandrieren

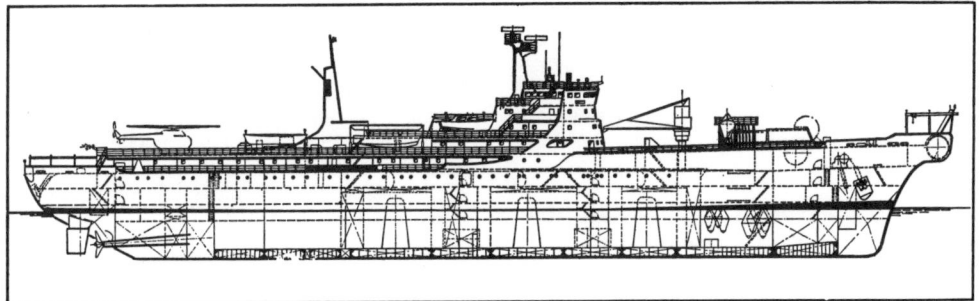

1963 gebauter Kabelleger zur Verlegung transozeanischer Kabel. Die Verlegung erfolgt bei großen Entfernungen in mehreren Etappen. 3800 sm Kabel kann dieses Schiff an Bord nehmen.

dert Nachrichten übertragen. Energieverluste werden durch zahlreiche in das Kabel eingebaute *Repeater* derart ausgeglichen, daß die Qualität eines transatlantischen Telefongesprächs sich von der eines Stadtgesprächs nicht mehr unterscheidet.

Kabelschlag Eine der beiden Arten, nach welcher geschlagenes (gedrehtes) Tauwerk hergestellt wird, normalerweise so:
Fasern in S-Drehung zu Garnen,
Garne in Z-Drehung zu Litzen,
3 Litzen in S-Drehung zum Kardeel,
3 Kardeele in Z-Drehung zum Seil.
Die andere Herstellungsart heißt *Trossenschlag*. Vergl. Tauwerk und Seil.

Kabeltonne Schwarze Kugeltonne mit weißer Kennzeichnung „K" oder „Kabel", um die Lage eines Unterwasserkabels zu kennzeichnen.

Kabine (lat.-frz.-engl.) Seit Beginn des 17. Jh. eingebürgertes Wort für die Wohnräume der Fahrgäste und der Offiziere an Bord eines Kauffahrteischiffes. Heute ersetzt durch die Bezeichnung *Kammer*.

„Kaffeemühle" Große Schotwinsch auf Rennyachten mit zwei Kurbeln und mehreren Gängen zum Einstellen verschiedener Zuggeschwindigkeiten bzw. Zugkräfte.

Kahn 1. Kein seemännisches Wort; kleines Flußfahrzeug für verschiedenartige Verwendung.
2. Spottname für jede Art von Schiff.

Kai Der Kai (nd. die Kaje) ist ein gemauertes Ufer am tiefen Wasser als Anlege-, Lade- und Löschplatz für Schiffe. Die Gebühren, die einem Schiff für die Benutzung eines Kaiplatzes berechnet werden, heißen Kaigeld; der Umschlag auf einer Kaianlage heißt Kaiumschlag. Unter „kaien" verstand man in der Segelschiffszeit das Längsschiffsbrassen und Auftoppen der Rahen, damit sie den Hafenverkehr nicht behinderten.

Kaiser-Wilhelm-Kanal Siehe Nord-Ostsee-Kanal.

Kajak (eskim.) Das Männerboot der Eskimos und verwandter Völker; in der Regel für einen Mann, in Südalaska und auf den Aleuten auch 2- und 3sitzig. Ein Spantgerippe aus Holz oder Tierrippen wird mit Häuten bezogen, Vortrieb durch Paddel. Das Kajak dient vor allem zum Fischen; das geräumigere Umiak (Weiberboot) als Transportfahrzeug.
Das Eskimo-Kajak war Vorbild für das in aller Welt beliebte Sportboot gleichen Namens. Olympische Klassen sind der Einer und Zweier; Weltmeisterschaften werden auch im Vierer ausgetragen.

Kajüte Wohnraum an Bord. Ursprünglich wohl nur Kammer des Kapitäns, dann Wohnräume für Fahrgäste und Offiziere (im Gegensatz zum Deck bzw. Logis).
Auf Yachten der überdachte Raum vor der Plicht. Segelyachten mit Kajüte heißen Kreuzer, Motorboote Kajütboote.

kalandrieren (frz.) Begriff aus der Textil-, Papier- und Folienbearbeitung, z. B. Ausrüstungsgang bei der Tuchherstellung, der u. a. von besonderer Bedeutung für die Qualität von Segeltuchen ist. Die Bahnen werden unter hohem Liniendruck durch mehrere beheizte Walzen geschickt. Der Vorgang wird auch als *satinieren* bezeichnet.

kalben Man spricht vom „Kalben" eines Gletschers, wenn von den ins Meer vorgeschobenen Gletscherfüßen größere Massen abbrechen, die dann als Eisberge im Meer treiben.

Kalender (lat.) Die Einteilung der Zeit in periodische Abschnitte aufgrund astronomischer Gegebenheiten. Solche sind die tägliche Umdrehung der Erde um ihre Achse, die Umlaufzeit des Mondes um die Erde und die Umlaufzeit der Erde um die Sonne.
Diese drei Bewegungen sind unabhängig voneinander; weder der Monat noch das Jahr sind ganze Vielfache des Grundelementes Tag. Es bedarf daher eines ausgeklügelten Einschaltsystems, will man die verschiedenen Rhythmen in Einklang miteinander bringen. Es hat verschiedene Zeiteinteilungen gegeben; für unsere Zeitrechnung gültig ist der 1582 eingeführte Gregorianische Kalender. Nach diesem findet der Ausgleich in der Weise statt, daß alle 4 Jahre (in jedem durch 4 teilbaren Jahr) ein Schalttag eingeschoben wird (29. Febr.). Da diese Korrektur etwas zu groß ist, bestimmt die Regel, daß alle 400 Jahre 3 Schaltjahre ausfallen müssen, und zwar alle runden Jahrhundertzahlen, die nicht durch 400 teilbar sind: 1700, 1800, 1900, 2100 usw. Der hiernach noch verbleibende Rest macht erst nach 3333 Jahren 1 Tag aus (Vergl. Jahr, Monat, Tag).

kalfatern (arab.-grch.-nl.) Das Abdichten der Plankennähte der Außenhaut und des Decks mit Werg und Teer. Das Werg wird mit Kalfateisen und -hammer in die Fugen eingeschlagen und diese danach mit Marine-Glue ausgegossen. Heute werden Kalfatkitte auf Polysulfidbasis (Elastoplaste) verwendet, die nicht eintrocknen und die Nähte gummiartig dichthalten. Das Kalfatern alten Stils ist überholt.

kalibrieren (grch.-arab.-frz.) Kaliber nennt man ein Meßgerät (Lehre) zur Kontrolle der Toleranzen von Bohrungen oder von Außendurchmessern. Im gleichen Sinne bezeichnet Kaliber in der Waffentechnik den Rohr- bzw. den Geschoßdurchmesser. Abweichend davon versteht man im Schiffbau unter Kalibrieren auch das Durchbohren einzelner Platten, um deren Dicke zu kontrollieren, d. h. den Grad der Korrosion festzustellen. Haben die Platten noch die vorgeschriebene Stärke, werden die Löcher wieder dichtgeschweißt; andernfalls müssen die Platten ausgewechselt werden.

kalibrierte Sektoren Bei Funkfeuern solche Sektoren, in denen keine Wegablenkungen zu erwarten sind (ausgenommen sind mögliche atmosphärische Störungen).

Kalmen Windstillen. Das Wort geht über frz. *calme* (ruhig) auf grch.-lat. Quellen zurück. Mit dem Kalmengürtel sind die Regionen der Stillen und der schwachen umlaufenden Winde in der Mitte des äquatorialen Tiefdruckgebietes gemeint, die reich an Bewölkung und Niederschlägen sind. Mallungen, Doldrums und Kalmen bezeichnen dieselbe Sache.

Kalo (grch.-lat.-ital.) *m.* Veralteter, im Seeverkehr jedoch noch gebräuchlicher Ausdruck für Schwund, für den natürlichen Gewichtsverlust einer Ladung durch Austrocknen und Verstauben.

Kalorie (lat.-nlat.) Einheit der Energie (Wärmemenge). Kurzzeichen cal, für das 1000fache kcal (Kilokalorie). Die Kalorie ist definiert als die Wärmemenge, die erforderlich ist, um 1 g Wasser bei einem Druck von 1 atm um 1 Grad zu erwärmen, und zwar von 14,5 °C auf 15,5 °C
(1 cal = 4,1855 J = 0,42680 kpm).
Daneben gibt es die *mittlere Kalorie*, worunter man den hundertsten Teil derjenigen Wärmemenge versteht, die für die Erwärmung von 1 g Wasser von 0 auf 100 °C erforderlich ist.
Seit 1. 1. 1978 ist das Joule als gesetzliche Einheit an die Stelle der Kalorie getreten. Die Wärmeenergie von einer Kalorie entspricht der elektrischen Energie von 4,1855 Ws (Watt pro Sekunde). Somit ist 1 cal = 4,18 J bzw. 1 J = 0,2388 cal.

Kältepole Die Punkte der Erde, an denen die niedrigsten Temperaturen gemessen wurden. Sie fallen weder mit den geographischen noch mit den magnetischen Polen zusammen. Der nördliche Kältepol liegt in Ostsibirien (63° N, 15° O), der südliche in der Antarktis (sowjet. Station

Wostok). Die tiefsten an diesen Punkten gemessenen Temperaturen betragen −78 °C am nördlichen, −88,3 °C am südlichen Kältepol.

Kaltfront Meteorologische Bezeichnung für die Grenze zweier Luftmassen mit verschiedenen Temperaturen an der Rückseite eines Tiefs. Man unterscheidet verschiedene Typen von Kaltfronten mit unterschiedlichen Auswirkungen; im allgemeinen sind sie mit plötzlichem → Ausschießen des Windes und Niederschlag verbunden, häufig mit Gewitter.

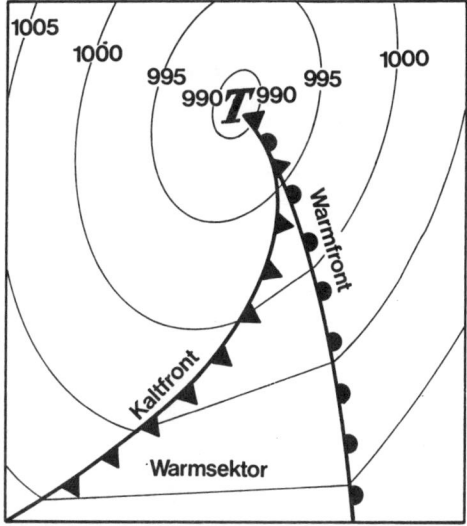

Kaltfront und Warmfront.

Kaltluftmasse Luftmasse polarer Herkunft, die in die gemäßigten Breiten vordringt.

Kaltverleimte Sperrholzschalen Neuartige Bootsbauweise, die durch die Entwicklung wasserbeständiger Leime möglich geworden ist. Mehrere Lagen in Streifen geschnittener Holzfurniere werden kreuzweise diagonal versetzt an einen Formblock geheftet, nachdem die jeweils vorher aufgebrachte Lage kräftig mit Leim bestrichen worden ist. Die letzte Lage wird aufgepreßt, bis der Leim abgebunden hat.

Kambala Auch Kambala-Teak oder Iroko. Ein dem Teakholz in vielem ähnliches Holz der tropischen Wälder Afrikas.

Kamele Hölzerne Luftkästen, die man früher hier und da verwendete, um tief beladene Schiffe etwas anzuheben, so daß sie Untiefen passieren konnten. Die Kästen wurden abgesenkt, außenbords befestigt und dann leergepumpt, nach dem Prinzip eines Schwimmdocks. Im Engl. werden heute mit *camel* Auftriebskörper (stählerne Luftkästen) für Bergungsarbeiten sowie floßartige, schwimmende Holzfender bezeichnet.

Kammern Die abgeschlossenen Wohnräume auf einer größeren Yacht oder Schiff für Fahrgäste, Offiziere und Mannschaften an Bord.

Kampanje (lat.-frz.-nl.) *w*. Veraltete Bezeichnung für den hinteren Aufbau eines Schiffes; gleichbedeutend Hütte oder Poop. Das Wort ist abgeleitet von spätlat. *capanna*, Hütte, womit auch Kabine sprachlich verwandt ist.

Kanadier Bezeichnung eines Bootstyps, dessen Form auf eine spezifisch nordamerikanische Kanuform zurückgeht. Kanadier haben einen starken Sprung, hohe Wasserlinien, stark gerundete Steven und werden mit kurzen Steckpaddeln in halbkniender Stellung einseitig gepaddelt.
Als modernes Sportgerät findet der Kanadier in verschiedener Größe Verwendung. Olympische Klassen sind der Einer und Zweier; die deutschen Meisterschaften werden auch im Achter mit Steuermann ausgetragen.

Kanal Von lat. *canna, canalis;* rohrförmig, Wasserrinne. 1. Künstlicher Wasserlauf für die Schiffahrt. Der Wasserstand wird durch Schleusen konstant gehalten; wenn Höhenunterschiede vorhanden sind, werden sie durch Schleusen oder Schiffshebewerke überbrückt.
2. Auch offene Wasserstraßen haben häufig die Bezeichnung Kanal, wenn ihre natürliche Form an einen künstlichen Durchstich erinnert.
3. „Der Kanal" (ohne nähere Bezeichnung) ist der Ärmelkanal zw. England und Frankreich.
4. In der Nachrichtentechnik Frequenzband bestimmter Bandbreite.

Kanalsteurer Besonders erfahrene und geschulte Leute, die Seeschiffe durch enge Kanäle steuern.

Kante Vielfach gebrauchtes Wort für Küste; Wasserkante.

Kanthaken Im Hafenbetrieb benutztes einfaches Gerät zum Handhaben unhandlicher Ladungsstücke, zum Kanten von Hölzern etc. Einfacher Stahlhaken mit einem starken Griff.

Kantje (nl.) *s.* In der Heringsfischerei die Seepackung des Fanges (1 Kantje = 1 Faß auf See gesalzener Heringe). Der Gesamtfang wird in Kantjes angegeben. Das Gewicht pro Kantje beträgt zunächst ca. 100 kg, wird jedoch durch die Salzeinwirkung während der Heimreise etwas geringer. An Land werden die Heringe umgepackt.

Kantspanten Bezeichnung aus dem Holzschiffbau für die radial zur Außenhaut angeordneten Spanten an stark gerundeten Schiffsenden.

Kanu Ursprünglich die Bezeichnung für ein einfaches Boot aus Baumrinde, Tierhäuten oder als Einbaum, wie es die Indianer benutzten. Dieses 1492 von Kolumbus mitgebrachte Wort ist das erste Wort überhaupt, das von einer amerikanischen in eine europäische Sprache entlehnt worden ist.
Im modernen Sport ist Kanu die Sammelbezeichnung für → Kajak und → Kanadier. Bei Segelyachten und Motorbooten kennt man die Bezeichnung „Kanuheck" für eine Art Spitzgatheck, bei welchem das Ruder nicht am Achtersteven, sondern unter dem Heck angeordnet ist.

Kap Abgeleitet von lat. *caput*, Haupt.
In die See vortretende Landzunge, Vorgebirge. „Das Kap" ist in der klassischen Seemannssprache nicht Kap Hoorn, sondern das Kap der Guten Hoffnung, vergl. *Horn*.

Kaper (lat.-nl.) *m.* Seit dem 17. Jh. Bezeichnung für ein Freibeuterschiff und auch den Führer eines solchen. Das waren Schiffer, die sich privat an kriegerischen Handlungen beteiligten, die keinem militärischen Kommando unterstanden. Sie mußten jedoch einen von ihrer Regierung ausgestellten Kaperbrief haben. Ohne diese Legitimation hatten sie keinen Anspruch auf Behandlung nach Kriegsrecht, sondern galten lediglich als Seeräuber. Den Kaper als speziellen Schiffstyp gab es bis in das 19. Jh. Der Kaperbrief wurde erst nach 1856 abgeschafft.

Kapitän (lat. *capitaneus*, Anführer, von *caput*, Haupt). Der verantwortliche Schiffsführer. Im militärischen Bereich ist der Schiffsführer der Kommandant (früher auch Kommandeur), während Kapitän in verschiedenen Abstufungen (Kapitänleutnant, Korvetten- und Fregattenkapitän, Kapitän z. See), Rangbezeichnungen ohne Hinweis auf die Dienststellung sind. Ähnlich in den romanischen Sprachen auch außerhalb der Marinen. Der Rang eines „Generalkapitäns" war früher in Spanien der eines Militärgouverneurs, in Venedig der eines nur für den Kriegsfall ernannten Oberbefehlshabers der Streitkräfte.
Einige andere europäische Sprachformen für Kapitän sind: engl. *captain*, frz. *capitaine*, span. *capitán*, ital. *capitano*, port. *capitão*, nl. *kapitein*, schwed. *kapten*.
Die Ausbildung zum Kapitän verlangt in Deutschland nach Abitur oder Fachhochschulreife 12 Monate Seefahrtzeit als Nautischer Assistent, 6 Monate als Praktikant auf einem Ausbildungsschiff, 6 Semester Fachhochschule Seefahrt (Patent AGW ausgehändigt), 24 Monate Seefahrtzeit als Nautischer Schiffsoffizier; danach Patent AG ausgehändigt (Vergl. „A").

Kaplaken *s.* Prämiengelder, die nach einem alten Brauch in der Segelschiffahrt über die Fracht hinaus vom Befrachter an den Schiffer bezahlt wurden, wenn die Ladung in gutem Zustand abgeliefert worden war. Die Höhe der Kaplakengelder lag zwischen 5 und 10 Prozent der Fracht. Der eigentümliche Name geht zurück auf nl. *kap* (Kappe) und *laken* (Tuch) und hatte die Bedeutung „zusätzlich, zu einer Kappe oder einem Mantel". Dementsprechend frz. *chapeau de maitre* und engl. *hatmoney*.

Kapok (mal.) *m.* Ceibawolle, das seidige Haar in der Frucht eines in tropischem Klima wachsenden Baumes. Dieses Material war aufgrund seiner Leichtigkeit und Unempfindlichkeit gegen Nässe vor der Erfindung synthetischer Schaumstoffe weit verbreitet als Füllstoff von Schwimmwesten, Rettungsringen, Fendern etc.

kappen Das Durchschlagen von Tauwerk mittels eines Kappbeils in Notfällen. Es kam auf den Segelschiffen vor, daß bei übergegangener Ladung (oder Ballast) das Schiff nur zu retten war, wenn man es gewaltsam von der dem Sturm ausgesetzten Angriffsfläche, der Takelage, befreite. Man kappte die Taljereeps der Pardunen, wonach meistens die gesamte Takelage oberhalb

der Untermasten von oben kam. Die Untermasten ließ man wenn irgend möglich stehen, um später ein Notrigg errichten zu können. Auch das Kappen von Ankertrossen war zuweilen erforderlich.
Siehe hierzu auch Havarie – grosse.

Karavelle Das Wort ist über span. *carabela*, portug. *caravela*, zu uns gelangt und führt über lat. und arab. Formen letzten Endes auf grch. *korabos* zurück. Was für eine Art Schiff dieses Wort ursprünglich bezeichnete, ist nicht mehr ersichtlich; wir kennen das Wort Karavelle nur im Zusammenhang mit den Schiffen der Zeit des Kolumbus und als Ausgangspunkt für die vom Mittelmeerraum ausgehende, von der Karavelle sprachlich abgeleitete Beplankungsart. Siehe kraweel.

Kardangelenk Winkelbewegliches Gelenk zur Verbindung von Wellen, die nicht fluchten bzw. winkelveränderlich sind. Sowohl diese Bezeichnung als auch die nächstfolgende gehen auf den Mathematiker Geronymo Cardano (1501-76) zurück, von dem die Idee stammt.

kardanische Aufhängung, Kardangehänge Aufhängevorrichtung mit allseitiger Bewegungsfreiheit. Der horizontal aufzuhängende Gegenstand (Kompaß, Chronometer, Kocher, Ofen, Lampe) ist mit zwei Zapfen in einem Schwingring gelagert, der seinerseits wieder in einem Zapfenpaar gelagert ist, das zu dem ersteren um 90° versetzt ist.

Kardeel (grch.-lat.-frz.-nl.) *s.* Kardeele sind die einzelnen Bestandteile des Fasertauwerks, und zwar die Erzeugnisse der zweiten Verseilerstufe der Seilgarne, die der ersten heißen Litzen. Im seemännischen Sprachgebrauch ist die sächliche Form *das* Kardeel üblich; seltener trifft man mit Bezug auf frz. *la cordelle*, nhd. *Kordel*, auch auf *die* Kardeel.

Kardinalsystem (lat.) *s.* Das System der Richtungsbezeichnung bei der Markierung von Untiefen und Wracks außerhalb eines Fahrwassers mit Tonnen, Baken oder Stangen. Diese sind durch verschiedene Farben, Beschriftung, Toppzeichen und auch Leuchtfeuer identifizierbar gemacht. Die Untiefentonnen sind im N- und W-Quadranten schwarz-weiß, im S- und O-Quadranten rot-weiß, die Wracktonnen einheitlich

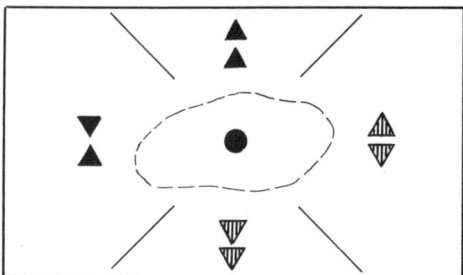

Kardinalsystem

grün. Die Formen der Toppzeichen (Abb.) sind bei Untiefen- und Wracktonnen gleich, bei Untiefentonnen ist die Farbe im N- und W-Quadranten Schwarz, im S- und O-Quadranten Rot. Die Feuer im N- und W-Quadranten sind weiß, im O- und S-Quadranten weiß oder rot, jene der Wrackleuchttonnen grün.
Achtung: Seit 1977 wird in NW-Europa das neue Betonnungssystem „A" eingeführt, das aus einer Kombination kardinaler und lateraler Zeichen besteht. An der Backbordseite von Schifffahrtswegen und Fahrwassern werden rote, an der Steuerbordseite grüne Zeichen zur Anwendung kommen. Wracks werden wie andere Gefahrenstellen künftig mit gelb-schwarzen Tonnen kenntlich gemacht. Die Toppzeichen sind einheitlich schwarz, die Farbe des Lichts ist, wenn vorhanden, Weiß. Mit der Umstellung der Betonnung in der Bundesrepublik Deutschland wurde 1978 in der Nordsee begonnen. Die entsprechende Bekanntgabe erfolgt durch das Deutsche Hydrographische Institut.

Kargo (lat.-span.) Die Ladung eines Seeschiffes. Die Kargoversicherung umfaßt lediglich die Ladung, nicht das Schiff; vergl. Kasko.

Karte Von lat. *charta*, Papier. Verkleinerte, möglichst wenig verzerrte, maßstabsgerechte Abbildung eines Teils der Erdoberfläche auf einer ebenen Fläche. Die Aufgabe, eine gewölbte Fläche in eine Ebene zu projizieren, ist exakt nicht zu lösen, und zwar um so weniger, je größer das abzubildende Gebiet ist. Der Verwendungszweck der Karte bestimmt Projektionsart und Maßstab. Unter Projektionsart versteht man das geometrische Gesetz, nach dem die Abbildung erfolgt.
Die für die Navigation geeigneten Abbildungsar-

Kartenberichtigung

ten sind die winkeltreue → Mercator-Projektion und die → gnomonische Projektion. Innerhalb dieser Ordnungen unterscheidet man verschiedene Gattungen je nach Maßstab. So sind z. B. die Mercator-Karten folgendermaßen eingeteilt:
Ozeankarten: 1 : 5 Mill. und kleiner
Übersichtskarten: 1 : 1,6 Mill. bis 1 : 5 Mill.
Segelkarten: 1 : 300 000 bis 1 : 1,6 Mill.
Küstenkarten: 1 : 30 000 bis 1 : 300 000
Pläne: 1 : 30 000 und größer.
Darüber hinaus gibt es Karten für spezielle Navigationsverfahren (Decca, Loran, Consol), Fischereikarten sowie eine ganze Reihe von Karten verschiedenen geophysikalischen und meteorologischen Inhalts.

Kartenberichtigung Alle Seekarten (sowie auch alle sonstigen Unterlagen für die Navigation) müssen laufend berichtigt werden. Zu diesem Zweck sind Kartenberichtigungsinstitute da; hat man jedoch keine Gelegenheit, seine Karten in dieser Weise auf dem laufenden zu halten, muß der Navigateur anhand der „Nachrichten für Seefahrer" die Korrekturen selbst in die Karten und Bücher eintragen.

Kartenhaus Raum auf der Kommandobrücke zur Aufbewahrung von Seekarten. Auf dem darin befindlichen Kartentisch werden die jeweils benötigten Karten ausgebreitet, um Kurse abzusetzen und die Navigation zu betreiben. Der Ausdruck „Kartenhaus" stammt aus einer Zeit, wo Rudergänger und Ausguck noch im Freien standen und lediglich für Karten und Bücher ein kleiner, gegen die Witterung schützender Raum an Deck errichtet wurde.

Kartenkurs Die auf den rechtweisenden Meridian bezogene Richtung der in die Seekarte eingezeichneten Kurslinie.

Kartennull (KN) Die Ebene, auf die die Tiefenangaben einer Seekarte bezogen sind. In gezeitenfreien Gewässern fällt sie mit *Normalnull* zusammen; in Tidengewässern liegt sie so tief, daß der Wasserstand nur selten unter dieses Niveau fällt – in der Deutschen Bucht z. B. in der Höhe des mittleren Springniedrigwassers. Diese Festlegung ist international nicht einheitlich, doch sind die Abweichungen praktisch kaum von Bedeutung.

karveel, karweel Siehe kraweel.

Kasko (lat.-span.) Der Schiffsrumpf. Das Beförderungsmittel Schiff mit allem Zubehör – im Gegensatz zum beförderten Gut, der Ladung (Kargo). Die Kaskoversicherung betrifft das Beförderungsmittel selbst.

Kastell (ital. von lat. *castrum*, Festung). Vorder- und Achterkastell bezeichnen die erhöhten Deckaufbauten der Schiffe um das 15. Jh. Diese Bezeichnung hat sich erhalten in dem engl. Wort für Back, *forecastle*.

Kat 1. Auch Catboot, Takelungsart ohne Stagsegel mit weit vorn stehendem Mast. Die meisten Einmannjollen sind so getakelt (z. B. O-Jolle, Finn-Dinghy), aber auch größere Fahrtenkreuzer. Örtlich kommen auch Katschoner und Katyawls vor.
2. Abkürzung von → Katamaran.

Katalysatoren (grch.-nlat.) Stoffe, die eine chemische Reaktion einleiten bzw. beschleunigen, ohne selbst in Mitleidenschaft gezogen zu werden.

Katamaran Das Wort ist tamulischen Ursprungs (Südindien) und bedeutet wörtlich „zusammengebundene Stämme", also ein Floß. Daraus wurde die spezielle Bezeichnung für ein seetüchtiges Doppelrumpfboot, wie es im südostasiatischen Raum und später auch anderswo (Brasilien) als Transportfahrzeug verwendet wurde.
Der moderne Sport hat das Wort übernommen und auf der Basis neuer Baustoffe und Konstruktionen einen ganz neuen Bootstyp geschaffen. Katamarane erfreuen sich als Tourenyachten mit Wohnkomfort wie auch als bloße Rennmaschinen steigender Beliebtheit. Man hat mit Katamaranen die Ozeane überquert und einen Katamaran (Tornado) zur olympischen Klasse erhoben (seit 1976). Die Katamarane des modernen Rennsegelsports sind nicht in Klassen, sondern in Divisionen unterteilt. Die A-Division umfaßt alle Einmann-Kats, die B-Division Zweimann-Kats mit 6,10 m Länge und 21,83 m^2 Segelfläche, die C-Division Zweimann-Kats mit 7,62 m Länge und 27,88 m^2 Segelfläche. Zur C-Division zählen alle Dreimann-Kats bis 46,43 m^2 Segelfläche.
Eine Abart des Katamarans ist die Bauart mit drei Rümpfen, bei denen, nach dem Vorbild der Auslegerboote, die Seitenschwimmer zumeist schwächer ausgebildet sind als der Mittelrumpf.

Man hat für diesen Bootstyp das Wort „Trimaran" erfunden.
Die speziellen Vorzüge von Mehrrumpfbooten liegen vor allem in einer gegenüber einem normalen Einrumpfboot völlig verschobenen Relation Stabilität zu Geschwindigkeit. Die Vorteile extrem schlanker Rümpfe (in bezug auf die Geschwindigkeit) werden verbunden mit denen extrem breiter Rümpfe (Stabilität!), ohne daß die Nachteile sehr breiter Schiffe (bezüglich der Geschwindigkeit) in Kauf genommen werden müssen.
Auch die Schiffahrt zieht Konsequenzen, und so entsteht durch moderne Technik in Großausführung, was als Idee Jahrtausende alt ist. Bis 1970 gab es bereits Katamarane für die Binnenschiffahrt bis zu 1000 tdw und 28 Knoten (UdSSR) und Fährschiffe bis zu 2700 BRT (Japan), bei welchen überdies die Platzverhältnisse bemerkenswert sind.

Kathodenschutz (grch., dt.) Das Anbringen von Zinn- und Magnesiumplatten in der Nähe von Bronzepropellern, in Ladetanks usw., um sie der elektrolytischen Zersetzung preiszugeben und damit gefährdete Teile des Schiffes zu schützen („Opferanoden"). Ferner Korrosionsschutz durch aktive kathodische Schutzspannung. Das zu schützende Metall (Ladetank, Hafenpier) wird mit dem negativen Pol einer Gleichstromquelle verbunden, während sich der positive Pol an Kohleelektroden im Elektrolyten befindet. Ein Schiff, das an einer durch Fremdstrom geschützten Pier liegt, muß durch Drähte leitend mit dieser verbunden sein. Siehe Elektrolyse.

Kattanker Der vordere der beiden Anker beim → Verkatten eines Schiffes, d. h. beim Ankern mit zwei hintereinanderliegenden Ankern an nur einer Kette.

katten Einen vor der Klüse hängenden Stockanker mittels der Kattgien unter den Kattdavit (Galgen, Kranbalken) bringen.

Katzenpfoten Die leichten, flüchtig dahinhuschenden Kräuselungen, die sich in einer Flaute auf dem Wasser zeigen, sobald eine Brise aufkommt.

Kauffahrteischiff Laut gesetzlicher Definition: „Unter K. sind die zum Erwerb durch Seefahrt dienenden Schiffe zu verstehen."

Im Sinne der Schiffssicherheitsvorschriften sind darüber hinaus auch die nicht Erwerbszwecken dienenden Schiffe eingeschlossen, soweit sie der See-Unfallversicherung unterliegen, mit Ausnahme der Fischereifahrzeuge.

Kausch Kreis- oder tropfenförmiger Ring mit rillenförmigem Querschnitt (Keep) zum Zweck einer reibungssicheren Verstärkung in einem Augspleiß. Als Material wird neben verzinktem Stahl, Nirosta und Messing auch Kunststoff verwendet.

Kavitation (lat.) Hohlsog. Hohlraumbildung infolge sehr hoher Strömungsgeschwindigkeiten, insbesondere an der Vorderseite von Propellern. Kavitation entsteht an denjenigen Stellen, an denen durch Strömungsbeschleunigung der statische Druck unter den Dampfdruck des Wassers sinkt. Die dadurch entstehenden Dampfblasen kondensieren schlagartig wieder, mit Druckstößen von zerstörender Wirkung.
Das Auftreten von Kavitation ist strömungstechnisch bedingt, die Anfälligkeit gegen Beschädigungen vom Werkstoff abhängig.

Keep (nd.) Kerbe, Einschnitt.
1. Rille zur Aufnahme eines um einen Stroppblock, um eine Jungfer u. dergl. herumgelegten Taues.
2. Die spiralförmigen Vertiefungen zwischen den Kardeelen bei geschlagenem Tauwerk.

Kegel Einfache Kegel (räumliche Dreieckszeichen) dienen der Schiffahrt in verschiedenen Anwendungsbereichen als Markierungs- und Warnzeichen. Der Kegel ist durch die Art seiner Aufhängung (Spitze nach oben oder unten) und besonders in Verbindung mit einem zweiten geeignet für die Übermittlung unterschiedlicher Informationen:
1. Richtungsangaben bei Untiefen- und Wracktonnen. Die Kegeltoppzeichen der Tonnen zeigen an, in welcher Richtung (Quadrant) von einer Untiefe oder Wrack außerhalb betonnter Fahrwasser die Tonne jeweils liegt. Siehe Kardinalsystem.
2. Angabe der Windrichtung bei → Sturmwarnungen.
3. Tagsignal für ein Segelfahrzeug, das zugleich unter Segel und mit Maschinenkraft fährt.

Kegelschnitte Man denke sich einen geraden

Kehlnaht

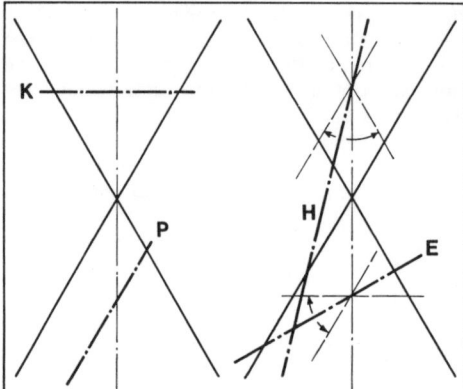

Kegelschnitte: Kreis (K), Parabel (P), Ellipse (E), Hyperbel (H).

Kreiskegel (Rotationskegel), der sich über seine Spitze hinaus spiegelbildlich fortsetzt. Wird ein solches Gebilde von einer Ebene geschnitten, erhält man je nach dem Neigungswinkel der Schnittebene Kurven, die als Kegelschnitte bezeichnet werden. Sonderfälle dieser Schnittfiguren entstehen
1. beim Schnitt senkrecht zur Kegelachse: *Kreis*, 2. beim Schnitt parallel zum Kegelmantel: *Parabel*. Die allgemeinen Fälle sind schräge Schnitte. Liegt der Schnittwinkel zwischen der kreiserzeugenden Senkrechten und der Mantellinie, dann entsteht 3. eine *Ellipse*; liegt er zwischen Mantellinie und Kegelachse, dann entsteht 4. eine *Hyperbel*.
Kegelschnitte spielen in allen Bereichen der Naturwissenschaft und Technik, nicht zuletzt in der Nautik, eine wichtige Rolle. Über ihre Definitionen als geometrische Orte vergl. Kreis, Parabel, Ellipse, Hyperbel.

Kehlnaht Schweißnaht, durch welche zwei rechtwinklig aufeinander stehende Platten – Balken oder Spantprofile und Platten – miteinander verbunden werden.

Keitelkahn Alte Bezeichnung für die typischen flachbodigen Fischerboote vom Kurischen Haff. Takelung: Pfahlmast mit Sprietsegel. Besonderheit: die kunstvoll geschnitzten, nach Ortschaften individuell gestalteten Kurenwimpel.

Kelvin, K Nach dem engl. Physiker William Thomson, später Lord Kelvin (1824-1907) benannte Basiseinheit der thermodynamischen Temperatur im Internationalen Einheitensystem (nicht „Grad" Kelvin). Ausgangspunkt der thermodynamischen Temperaturskala ist der absolute Nullpunkt ($-273,15°$ C), der Nullpunkt der Celsiusskala liegt also bei T = 273,15 K. Als Temperaturbereiche (-differenzen) sind beide Temperaturskalen gleich (1 K = 1 grd = 1° C).

Kennung Die für ein Leuchtfeuer charakteristische Lichterscheinung, durch die es identifiziert werden kann. Man unterscheidet Festfeuer und Taktfeuer. Diese gliedern sich in
a) Unterbrochenes Feuer (Ubr.): Die (längere) Lichterscheinung wird durch eine oder mehrere (kürzere) Verdunklungen unterbrochen.
b) Blinkfeuer (Blk.): Lichterscheinung 2 Sekunden und mehr.
c) Gleichtaktfeuer (Glt.): Schein und Pause sind gleich lang.
d) Funkelfeuer (Fkl.): 60 oder 50 Blitze pro Minute.
e) Schnelles Funkelfeuer (SFkl.): 120 oder 100 Blitze pro Minute.
f) Blitzfeuer (Blz.): Lichterscheinung weniger als 2 Sekunden.
g) Wechselfeuer (Wchs.): Lichterscheinung mit wechselnden Farben.
h) Mischfeuer (Mi.): kombinierte Kennungen.
i) Morsefeuer (Mo.): Morsebuchstaben oder Morsezahl.

Kennziffer Im Wetterschlüssel verwendete fünfziffrige Zahl, wobei die ersten beiden Ziffern das Land, die letzten drei Ziffern die Beobachtungsstation bezeichnen.

kentern Sprachlich abgeleitet von Kante, etwas über die Kante auf die Seite legen. Als Seemannswort taucht es zuerst in der 2. Hälfte des 17. Jh. auf, und zwar im Zusammenhang mit dem außenbords liegenden, abzuspeckenden Wal. Die heute verstandene Bedeutung, nämlich das Umkippen eines Schiffes, ist etwa hundert Jahre jünger. Heute versteht man unter kentern:
1. Das Umkippen eines → formstabilen Schiffes nach Überschreiten des Kenterpunktes, wonach es sich nicht wieder von selbst aufrichtet. Neuzeitliche kenterbare Segelfahrzeuge sind im allgemeinen durch Luftkästen u. dergl. unsinkbar, so daß das Kentern für diese keine besondere Gefahr darstellt.

Kernenergieantrieb

2. Richtungswechsel des Gezeitenstroms von einer Hauptrichtung in die entgegengesetzte.

Kenterpunkt Der Schnittpunkt der → Hebelarmkurve der statischen Stabilität mit der Abszissenachse, auf welcher der Krängungswinkel aufgetragen ist. Der Kenterpunkt gibt den theoretischen Kenterwinkel an. In der Praxis ist der Kenterwinkel meistens erheblich kleiner, da das aufrichtende Moment nach Überschreiten des Maximums der Kurve schnell abnimmt und durch übergehende Ladung oder Ausrüstung die Bedingungen für die Hebelarmkurve gar nicht mehr gelten.

Kenterschäkel Kettenverbindungsschäkel „System Kenter" (nach seinem Erfinder, Marinebaumeister Kenter). Der auseinandernehmbare Schäkel besteht aus 2 gleichen Teilen, die in Form von Bund und Zapfen ineinandergreifen. Ein dazwischen geschobener Steg verhindert unfreiwilliges Lösen. Der Steg seinerseits ist durch einen Querstift, die sog. Pinne, gesichert, deren Herausrutschen ein eingeschlagener Bleipfropen verhindert.

Keplersche Gesetze Johannes Kepler (1571 bis 1630) stellte 1619 die drei nach ihm benannten Gesetze auf, denen die Bahnbewegungen der Planeten gehorchen.
1. Gesetz: Die Planetenbahnen sind Ellipsen, in deren einem Brennpunkt die Sonne steht.
2. Gesetz: Der Fahrstrahl (Radiusvektor) Sonne–Planet bestreicht in gleichen Zeiten gleiche Flächen.
3. Gesetz: Die Quadrate der Umlaufzeiten der Planeten verhalten sich zueinander wie die dritten Potenzen der großen Halbachsen ihrer Bahnellipsen.

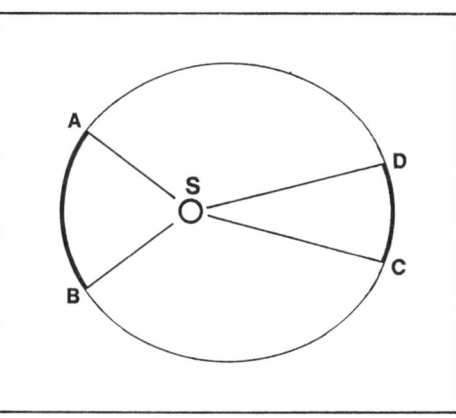

Zur Erläuterung des 2. Keplerschen Gesetzes. Die Sektoren SAB und SCD sind flächengleich.

Kernenergieantrieb Schiffsantriebsanlage, bei welcher der Dampf für die Turbinen nicht in ölbeheizten Dampfkesseln, sondern durch Kernreaktor mit Wärmetauscher erzeugt wird. Zur Anwendung kommen vorerst Druckwasserreaktoren, doch werden auch andere Anlagen projektiert.

Während im Kriegsschiffbau, wo Fragen der Wirtschaftlichkeit eine untergeordnete Rolle spielen, sich Kernenergieanlagen rasch eingeführt haben, geht die Einführung des „Atomtriebs" im Handelsschiffbau sehr zögernd voran. Die Ursache liegt neben Sicherheitsbedenken und unterschiedlicher Haltung in Fragen der Ri-

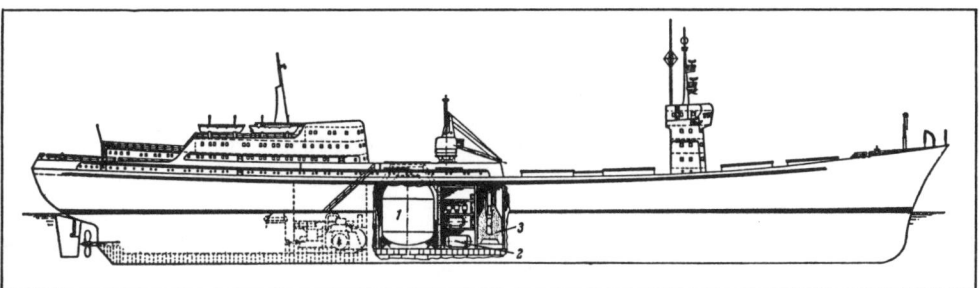

Kernenergieschiff „Otto Hahn".
1 Sicherheitsbehälter; 2 Nebenanlagen; 3 Brennelementbecken; 4 Antriebsturbine.

sikoversicherung vor allem in unterlegener Wirtschaftlichkeit bei Schiffen üblicher Größenordnungen. Wirtschaftliche Konkurrenzfähigkeit oder gar Überlegenheit zeichnet sich ab bei sehr hohen Leistungen (über 59 000 kW), das hieße etwa bei Tankern von über 600 000 tdw oder großen, sehr schnellen Containerschiffen.
Die ersten Kernenergieschiffe der internationalen Handelsschiffahrt waren:
Eisbrecher „Lenin" (UdSSR), 32 000 kW, 1960; Fracht- und Fahrgastschiff „Savannah" (USA), 14 700 kW, 1964; erstes europäisches Handelsschiff mit Kernenergieantrieb war „Otto Hahn", 15 000 tdw, 8000 kW, 1967. Die Herabsetzung der Wirtschaftlichkeitsschwelle ist nicht allein ein technologisches, sondern auch ein konstruktives Problem, an dem auch in mehreren anderen Ländern gearbeitet wird.

Kern-Mantelgeflecht Besondere Machart von Chemiefaser-Tauwerk, bei welcher der kraftaufnehmende Kern aus einem Bündel von unverseilten, verseilten oder auch geflochtenen Seilgarnen besteht, während der Mantel eine schlauchartige, geflochtene Umhüllung für den Kern ist, um die Formstabilität des Seils zu erhöhen.

Kerze Photometrische Einheit der Lichtstärke. In Deutschland galt ab 1896 die *Hefnerkerze* (HK); 1921 wurde die 1909 in GB, USA und Frankreich eingeführte *Internationale Kerze* (IK) bestätigt. 1942 wurde in Deutschland die *Neue Kerze* eingeführt, die seit 1948 *Candela international* (cd) heißt. Vergleichswerte:
1 cd = 1,107 HK = 0,981 IK.

Kessel Siehe Dampfkessel.

Ketsch *w.* Anderthalbmastige Segelyacht, deren Besanmast vor dem hintersten Punkt der Konstruktionswasserlinie und im allgemeinen vor dem Ruder steht. Die Bezeichnung leitet sich von engl. *ketch* her, einem älteren englischen Küstenseglertyp. Es wird vermutet, daß dieser Name auf *to catch* zurückzuführen ist.

Kette 1. Gesenkgeschmiedete oder aus Stahlguß hergestellte Ketten gibt es an Bord:
a) Ankerketten. Stegketten aus mehreren → Kettenlängen, die durch Schäkel miteinander verbunden sind.
b) Als Ladeketten werden kurzgliedrige Ketten verwandt, d. h. solche, deren Gliedlänge höchstens das 5fache der Kettenstahldicke beträgt.
c) Langgliedrige Ketten finden als Hangerketten Verwendung.
2. Eine Gruppe von gemeinsam gesteuerten Sendern.
3. Symbol für die Beschlagnahme eines Schiffes. Ein Schiff wird vom Gerichtsvollzieheramt „mit der Kette belegt", wenn Schulden gemacht und nicht bezahlt worden sind.
4. Die Gesamtheit der in einem Gewebe in Längsrichtung verlaufenden Fäden, bei Segeltuch also in Bahnrichtung. Die in Querrichtung verlaufenden Fäden heißen Schuß.

Kettenkasten Schachtartiger Raum unter der Ankerwinde zur Aufnahme der Ankerkette. Das letzte Kettenglied ist im Kettenkasten befestigt, damit die Kette nicht ausrauschen kann; die Kette muß jedoch notfalls gefahrlos geslipt werden können.

Kettenlänge Maßeinheit für die einzelnen „Längen", in denen Ankerketten geliefert werden. Sie beträgt in der Regel 15 Faden = 27,5 m (manchmal auch 25 m).
Die einzelnen Kettenlängen werden durch Schäkel miteinander verbunden. Die Gesamtlänge der an Bord befindlichen Ketten richtet sich nach Schiffsgröße und Ankerzahl. So ist z. B. die Gesamtlänge bei kleinen Schiffen mit zwei Ankern 7 Kettenlängen = 192,5 m, bei sehr großen mit drei Ankern 28 Kettenlängen = 770 m.

Kettenlinie Mathematische Bezeichnung für die Kurve, die eine in zwei Punkten aufgehängte Kette (bzw. ein schweres Seil) bildet. Sie ist einer Parabel ähnlich, aber nicht mit ihr identisch.

Kettennuß Das ausgekerbte Rad am Ankerspill, das beim Aufwinden Glied um Glied der Ankerkette greift und damit eine getriebeähnliche Wirkung hat.

Kettenschweißung Unterbrochene Kehlnahtschweißung in beiderseitig gleichen Abständen.

Kettenstopper 1. Vorrichtung zur Entlastung der Ankerwinde bei ausgebrachtem Anker. Ein oder mehrere Kettenglieder werden so festgehalten, daß der Kettenzug auf das Fundament des Stoppers übertragen wird. Man unterscheidet Spindelkettenstopper und Zungenstopper.

2. Kurzgliedrige Kette mit einem Ring an einem Ende und eingespleißtem Tau am anderen Ende zum Abstoppen von Festmachedrähten.

Kettenvorläufer Einige Meter Kette zwischen Anker und Ankerleine beim Ankergeschirr von Yachten. Der Kettenvorläufer soll durch sein Gewicht einen elastischen und horizontalen Zug bewirken.

Khaki Graugelber, sandfarbener Stoff für Uniformhemden, -jacken und -hosen, wie sie zunächst in den Tropen gebräuchlich waren und heute allgemein an Bord getragen werden. Wort und Sache sind indischen Ursprungs und gelangten um 1900 zu uns.

Khaya Afrikanisches Mahagoniholz. Man unterscheidet Khaya I und II. Khaya (auch Acajou, Grandbassam und African Mahagony) ist leichter und nicht von der gleichen Qualität wie echtes Mahagoni, hat jedoch gute Festigkeitseigenschaften und wird vielfach verarbeitet.
Khaya II ist echtem Mahagoni am ähnlichsten, ist jedoch selten im Handel erhältlich. Es wächst in trockenen Gebieten Westafrikas.

Kieker Alter Ausdruck für ein gewöhnliches Teleskop; heute an Bord übliche Bezeichnung für ein → Doppelglas.

Kiel-Kanal Siehe Nord-Ostsee-Kanal.

Kieler Woche Eines der bedeutendsten internationalen Segelregattaereignisse.
Die Kieler Woche findet nach einer bis auf die 90er Jahre des 19. Jh. zurückgehenden Tradition alljährlich im letzten Drittel des Juni statt.

Kiel Im Schiff- und Bootsbau der unterste Mittellängsverband des Rumpfes. Ursprünglich ein starker Balken, auf dem die Spanten aufgestellt wurden. Im Stahlschiffbau zunächst in der gleichen Form übernommen (Balkenkiel), jedoch später abgelöst durch den Flachkiel, einen verstärkten Plattengang des Schiffsbodens unterhalb des Mittelträgers.

Kielbolzen Starke Bolzen, mit denen der Eisen- oder Bleiballast einer Kielyacht unter dem Rumpf befestigt ist.

Kielgang Dasselbe wie Flachkiel, der Plattengang des Schiffsbodens unter dem Mittelträger.

kielholen 1. Soviel wie „den Kiel trocken holen"; in der früheren Zeit eine Methode, den Schiffsboden besichtigen, reinigen und reparieren zu können, ohne das Schiff aufzuschlippen. Am oberen Ende der Untermasten wurden starke Taljen angeschlagen und das Schiff soweit gekrängt, daß jeweils eine Hälfte des Unterwasserschiffs aus dem Wasser kam.
2. Disziplinarstrafe in der Seefahrt früherer Jahrhunderte (zuweilen auch als grausamer Scherz praktiziert bei der Linientaufe). Der Betroffene wurde an einer langen Leine – mit einem Gewicht beschwert – von der einen Nock der Großrah unter dem Schiff hindurch zur anderen geholt. Dieses Strafverfahren wird bereits um die Mitte des 16. Jh. in alten Schiffsordnungen erwähnt.

Kielklappe, Trimmklappe Wird bei Rennyachten das Ruder von der Kielflosse weg nach achtern verlegt und an Hinterkante Kielflosse dennoch eine bewegliche, ruderähnliche Fläche angeordnet, spricht man von Kielklappe. Ihr Anstellwinkel kann bis etwa 5° betragen und ihre Aufgabe ist, den Auftriebswert des Kiels zu erhöhen und damit die Abdrift der Yacht zu verringern. Darüber hinaus kann durch die Kielklappe bis zu einem gewissen Grade etwa vorhandene Luv- und Leegierigkeit korrigiert werden.
In den USA wird je nach Größe der Kielklappe unterschieden zwischen *keel flap* und *trim tab*. Bei der ersteren ist die Klappe größer (ca. 40 % der Kielflosse), bei der letzteren nur etwa 15 % derselben.

Kiellinie Bezeichnung für eine Geschwaderformation, bei der die Schiffe hintereinander fahren, eines im Kielwasser des anderen.

Kielschwein Innerhalb des Schiffskörpers, auf den Bodenwrangen liegender Träger zur Verstärkung eines Balkenkiels, Bauelement aus der Zeit hölzerner sowie genieteter Stahlschiffe. Wichtiges Element der Festigkeit bei Schiffen ohne Doppelboden, vor allem bei den großen Segelschiffen, die meist nur ein Querschott hatten und bei denen unter dem einseitigen Druck der Takelage erhebliche Belastungen der Querverbände auftraten. Bei der Kielverstärkung durch ein Kielschwein brauchen die Bodenwrangen nicht durchschnitten zu werden.

Kielschwertyacht Kompromiß von Kiel- und Schwertyacht, bei welchem man den Vorteil einer noch ausreichenden Gewichtsstabilität mit dem eines geringen Tiefgangs zu verbinden sucht. Das Schwert dient nur zur Vergrößerung des Lateralplans und damit zur Verringerung der Abdrift sowie zur Korrektur des Lateralplans (zuweilen 2 Schwerter), das Schwert dient keinesfalls zur „Erhöhung der Stabilität", wie verschiedentlich zu lesen ist.
Es hat sehr große Kielschwertyachten gegeben. Die amerikanische Pokalverteidigerin „Volunteer" z. B. hatte 861 m² Segelfläche (1887).

Kielwasser Die Spur schäumend verwirbelten Wassers, die ein fahrendes Schiff hinter sich läßt. Kielwassersog siehe Nachstromziffer.

Kielyacht Segelyacht, die die erforderliche Stabilität durch die Verwendung von tiefliegendem Ballast bezieht. Man spricht von *gewichtsstabilen* Yachten im Gegensatz zu → *formstabilen* Jollen. Vergl. Ballastkiel und Stabilität.

killen 1. Das Flattern der Segel, wenn sie gänzlich oder angenähert in der Windrichtung stehen, wenn das Schiff zu hoch am Wind liegt oder die Schoten nicht dicht genug geholt sind.
2. Das Flattern nur eines Teils des Segels (Achterliek) hoch am Wind bei schlechtem Segelschnitt oder unsachgemäßem Trimm.

Kilo-, k Vorsatz für das Tausendfache einer Einheit. Die gebräuchlichsten Kilo-Einheiten sind Kilogramm, Kilohertz, Kilometer, Kilowatt. Vergl. Einheiten.

Kilogramm, kg Die Einheit der Masse im Internationalen Einheitensystem. Zugrundegelegt für die Definition des Kilogramms ist die Masse des 1795 von der französischen Nationalversammlung als Gewichtseinheit festgelegten, in Sèvres aufbewahrten Kilogrammprototyps aus Platin-Iridium, das dem Gewicht eines tausendstel Kubikmeters Wasser im Zustand seiner größten Dichte, bei 4° C, entspricht. Vergl. hierzu Masse, Gewicht und Liter.

Kilopond, kp Früher Einheit der Kraft im Technischen Einheitensystem. Sie ist definiert als die Gewichtskraft einer Masse von 1 kg bei der Normfallbeschleunigung 9,80665 m/s².
Die Einheit kp ist seit 1. 1. 1978 im amtlichen und geschäftlichen Verkehr nicht mehr zugelassen. Einheit der Kraft ist 1 Newton
1 kp = 9,80665 N
1 N = 0,1019716 kp

Kilowatt, kW Das Tausendfache der Leistungseinheit Watt, die in der Technik die alte Einheit PS (Pferdestärke) abgelöst hat. Für die Umrechnung gilt: 1 kW = 1,35962 PS. 1 PS = 0,7355 kW. Vergl. Leistung.

Kimm *w.* 1. Auf freier See die Linie, in der Himmel und Meer sich zu berühren scheinen, der sichtbare → Horizont. Die Entfernung der Kimm vom Beobachter ist abhängig von dessen Augeshöhe und beträgt mit großer Annäherung

$$e = 2{,}075 \cdot \sqrt{h}$$

e = Entfernung in Seemeilen
h = Augeshöhe in Meter.
2. Beim Schiffskörper auf beiden Seiten der Übergang vom Boden zu den Seitengängen, die Zone der stärksten Spantkrümmung. Im Stahlschiffbau heißt der Plattengang dieses Bereiches Kimmgang.

Kimmabstand Die mit dem Sextanten gemessene Höhe eines Gestirns über der Kimm.

Kimmkiel Siehe Schlingerkiel.

Kimmkieler Segelyacht, die außer einem kurzen Ballastkiel mittschiffs noch zwei seitlich (in der Kimm) angebrachte Kielflossen hat, die dem Schiff ein Trockenfallen ermöglichen, ohne daß es umkippt.

Kimmstützplatten Bauelemente des Stahlschiffbaus. Sie liegen in der Kimm und verbinden Spant für Spant mit Randplatte und Innenboden. Sie haben in der unteren Ecke ein Loch zum Durchlassen des Bilgewassers.

Kimmtiefe, Depression Der Winkel, um den am Auge des Beobachters die Kimm unter dem scheinbaren Horizont liegt, der Winkel, den die Tangente an die Meeresoberfläche mit der Horizontalen bildet. Dieser Winkel ist abhängig von der Augeshöhe des Beobachters und atmosphärisch bedingter Strahlenbrechung. Diese letztere verringert die errechnete Kimmtiefe durchschnittlich um 7,5-8 Prozent. Man kann die Kimmtiefe nicht direkt messen; man ermittelt sie

Klappmast

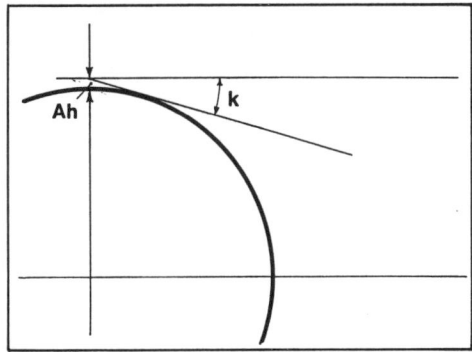

Schematisch übertriebene Darstellung der Kimmtiefe (k). Ah = Augeshöhe.

entweder dadurch, daß man den Kimmabstand eines Gestirns von mehr als 60° Höhe einmal direkt und einmal über den Zenit mißt und dann den über 180° hinausgehenden Betrag durch 2 teilt, oder mit Hilfe des Kimmtiefenmessers. Bei diesem lassen sich durch Winkelspiegel zwei um 180° gegenüberliegende Punkte, also die Kimm vor und hinter dem Beobachter, gleichzeitig beobachten und deren Abweichungen von einer Geraden durch den Augpunkt des Beobachters am Instrument ablesen.

kinetische Energie Die Bewegungsenergie eines Massenkörpers. Es gilt $E = m/2 \cdot v^2$ (m = Masse, , v = Geschwindigkeit), solange man es nicht mit extrem hohen Geschwindigkeiten zu tun hat.

Kink w. Törn in einer Leine, der sich, sobald Zug auf dieselbe kommt, zusammenzieht und die Leine unklar macht. Die Neigung zur Kinkenbildung ist naturgemäß bei geschlagenem (gedrehtem) Tauwerk erheblich größer als bei geflochtenem und bei Stahldraht sehr gefährlich. „Aus dem Kinken treten" ist ein wörtlich zu nehmender wie auch im übertragenen Sinne zu verstehender Begriff mit der Bedeutung „einer Gefahr aus dem Wege gehen".

Klabautermann Legendärer Schiffskobold, den man als einen guten Geist des Schiffes betrachtete. Vorstellungen solcher Art hat es verschiedene gegeben, und sie reichen weit zurück; der Name Klabautermann tritt jedoch erstmalig im 19. Jh. auf. Er leitet sich von kalfatern (Nebenform Klavaten) her. Im Zusammenhang damit die Vorstellung, daß der Klabautermann mit dem Kalfathammer außen an der Bordwand herumhämmert, um den Zimmermann an seine Pflicht zu mahnen.

Klafter m. Im allgemeinen gleichbedeutend mit Faden. Abweichend davon kommen in der Holzfahrt für Schichtnutzholz noch vor:
1 Klafter = $3 \cdot 3 \cdot 14$ ft. = 126 cu.ft. = 3,567 m^3
und $4 \cdot 4 \cdot 8$ ft. = 128 cu.ft. = 3,624 m^3

Klampe (nd. Wort für Haken, hölzerner Steg).
1. Aus Holz oder Stahl hergestellte Klötze, auf denen Rettungsboote abgesetzt und festgezurrt werden. Diese Bootsklampen sind der Spantform der Boote angepaßt und gepolstert. Das Wort taucht verschiedentlich auch für andere Stützklötze ähnlicher Art auf.
2. Eine fest montierte Vorrichtung zum Belegen von Leinen. Die typische Klampenform ist die eines zierlichen, langgestreckten Ambosses; die robustere Ausführung mit zwei senkrechten oder kreuzförmig angebrachten Rohrstücken heißt Poller.
Üblich, wenngleich nicht korrekt, ist die Bezeichnung „Lippklampe" für offene Leitklüsen. Siehe Lippe.

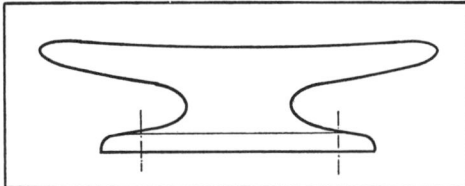

Klampe zum Belegen einer Leine.

Klappblock Einscheibiger Block mit einer aufklappbaren Backe, die das schnelle Einlegen einer Leine erlaubt.

Klappläufer Einfaches Takel mit nur einem Block, der jedoch, im Gegensatz zum Block eines Jolltaus, nicht fest, sondern an der zu holenden Leine angebracht ist, z. B. an einem Fall. Die Kraftersparnis ist 1:2.

Klappmast Mast, der nicht durch das Deck hindurchgeht und in einer Spur auf dem Kiel steht, sondern an Deck zwischen zwei Mastbacken mit

Klappschute

einem starken Bolzen gehalten wird. Allgemein übliche Konstruktion auf Yachten, die in ihrem Segelrevier zum häufigen Mastlegen gezwungen sind.

Klappschute Selbstentladende Baggerschute. Durch Bodenklappen, die sich von Hand öffnen lassen, wird das Baggergut versenkt. Den nötigen Auftrieb erhalten die Schuten durch Seitenlufttanks.

klar Auf Schiff und Takelage bezogen soviel wie: in ordnungsgemäßem Zustand, fertig, bereit. In diesem Sinne „seeklar", „Klar Schiff zum Gefecht", „klarkommen", usw.

klar achteraus – klar voraus Festumrissene Begriffe aus den Wettsegelbestimmungen.
„Klar achteraus" liegt eine Yacht von einer anderen, wenn sich ihr Rumpf und ihre in normaler Lage befindliche Ausrüstung achterlicher als dwars zum achterlichsten Punkt der anderen Yacht (einschließlich Ausrüstung in normaler Lage) befindet.
In diesem Fall liegt umgekehrt die letztgenannte Yacht der erstgenannten „klar voraus".

klarieren (lat.) 1. Die Güter eines Schiffes beim Zoll angeben (einklarieren).
2. Eine Leine austörnen, so daß sie jederzeit klarläuft.

Klarifikator (lat.-nlat.) Klärseparator zur Ausflockung von Schwerölen für motorische Verbrennung.

klarmachen Im seemännischen Sprachgebrauch soviel wie vorbereiten, fertigmachen.

Klarsichtscheibe Kreisförmige, mit hoher Tourenzahl rotierende Glasscheibe in einem Fenster auf der Brücke. Durch die Zentrifugalkraft werden Regen und Spritzwasser augenblicklich weggeschleudert.

„Klar zum Wenden" (bzw. Halsen) Kommando zum Vorbereiten des entsprechenden Manövers.

Klasse (lat.) Gruppe, Abteilung. Dem Wort liegt die Bedeutung einer Einteilung in Gruppen nach besonderen Merkmalen zugrunde. Die Einteilung in Schulklassen nach Alter und Leistung ist offenbar die älteste. Im 18. Jh. kam die Trennung der Stände der Gesellschaft hinzu, in unserer Zeit die Klasse als mathematischer Begriff (Mengenlehre), usw. Mit entsprechendem Sinngehalt tritt das Wort in einer ganz speziellen Bedeutung in der Schiffahrt und im Yachtsport auf:
1. Güteklasse einer Klassifikationsgesellschaft hinsichtlich Bauausführung und Erhaltungszustand von Schiffskörper und Ausrüstung. Die von Besichtigern konstatierte Beschaffenheit wird durch bestimmte Buchstaben und Ziffern ausgedrückt und in Register und Zertifikate eingetragen. Siehe Klassifizierung.
2. Yachtklassen. Die Einteilung in verschiedene Klassen dient zur Durchführung von Wettfahrten auf der Basis gleicher sportlicher Bedingungen. Die Klassifizierung erfolgt nach unterschiedlichen Gesichtspunkten.
a) Nach dem Gültigkeitsbereich:
Internationale Klassen, Olympiaklassen, ausländische Klassen, nationale Klassen, Revierklassen, Altersklassen usw.
b) Nach konstruktiven Prinzipien:
Einheitsklassen, Beschränkte Klassen, Konstruktionsklassen, Ein-Typ-Klassen (Werftklassen), Katamarandivisionen usw.
c) Ausgleichsklassen.
Näheres über diese verschiedenen Klassifikationssysteme siehe unter den jeweiligen Stichwörtern.

Klassifikations-Gesellschaften Um Bauausführung und Erhaltungszustand eines Schiffes beurteilen und den Versicherungsgesellschaften gegenüber einen Gütemaßstab garantieren zu können, werden Seeschiffe (oft auch größere Yachten) nach den Bauvorschriften und unter der Bauaufsicht einer anerkannten Klassifikations-Gesellschaft gebaut und später in regelmäßigen Zeitabständen zur Neuerteilung der „Klasse" besichtigt. Es besteht zwar kein Zwang, sich dem zu unterwerfen, doch gibt es in der Praxis, infolge unvertragbarer Versicherungsbedingungen im Falle einer Weigerung, kaum eine Ausnahme von dem weltweiten Brauch der Klassifizierung.
Klassifikations-Gesellschaften sind im allgemeinen private Organisationen (Ausnahmen bilden die USA, die UdSSR und Japan), die behördlich anerkannt sind und im allgemeinen international respektiert werden. Nicht selten haben große Schiffe die Klasse mehrerer Gesellschaften. Die größten Klassifikations-Gesellschaften sind:

Klassifikations-Gesellschaften

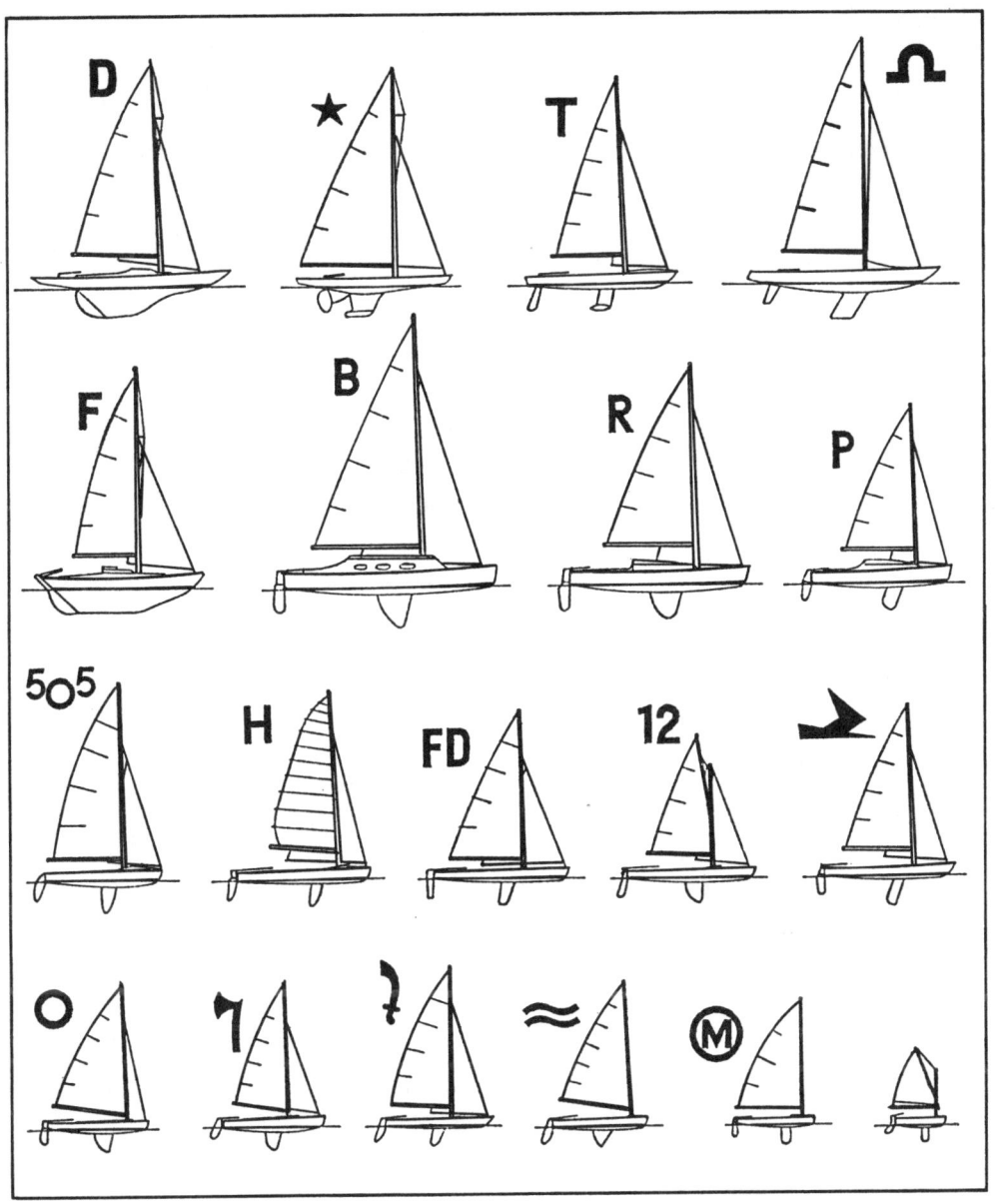

Einige Beispiele internationaler und anerkannter nationaler Klassen beliebter Yachten und Jollen: Drachen (D), Starboot, Tempest (T), Soling, nordisches Folkeboot (F), 30-m²-Jollenkreuzer (B), 20-m²-Jollenkreuzer (R), 15-m²-Jollenkreuzer (P), 505er, H-Jolle, Flying Dutchman (FD), 12-m²-Einheitsscharpie, Zugvogel, O-Jolle, Pirat, Korsar, Finn-Dinghy, Moth (M), Optimist.

Lloyd's Register of Shipping, London, (LR)
American Bureau of Shipping, New York, (ABS)
Bureau Veritas, Paris, (BV)
Germanischer Lloyd, Hamburg, (GL)
Nippon Kaiyi Kyokai, Tokio, (NK)
Det Norske Veritas, Oslo, (NV)
Registro Italiano Navale, Rom, (R.I.NA)
Die höchste vom GL erteilte Klasse wird durch den Vermerk 100 $^A_4$ angegeben (weniger hochwertige Schiffe erhalten 90 $^A_3$); die Zahl vor dem A ist die Klassennummer, die sich auf Unterhaltungszustand und Materialstärke bezieht, während die Ziffer unter dem A die Dauer der Nachbesichtigungsperiode anzeigt. Abweichend davon bedeutet bei LR in dem Klassenvermerk 100 A 1 die 1 hinter dem A „höchste Klasse".
Nach jeder Havarie erlischt die Klasse, sie muß nach jeder Reparatur neu erteilt werden.

Klau Die Gabel am Fuß einer Gaffel, die wie eine „Klaue" um den Mast greift.

Klaufall Dasjenige der beiden Fallen eines Gaffelsegels, das die Gaffel an der Klau aufheißt. Das andere Fall heißt *Piekfall*.

Kleedkeule Hammerförmiges Werkzeug zum → Bekleiden von Tauwerk.

Kleine Fahrt Siehe Fahrtgebiete.

Kleiner America-Pokal Siehe „International Catamaran Challenge Trophy".

kleiner Spiegel, Horizontspiegel Der mit dem → Sextanten festverbundene, nur zur Hälfte versilberte Spiegel, der ein direktes Anvisieren eines Zieles und gleichzeitig die Wahrnehmung eines zweiten, gespiegelten Zieles ermöglicht.

Kleintauwerk Hanfgarn, Schiemannsgarn, Leinen bis ca. 18 mm Durchmesser.

Klima Das Wort geht auf grch. *klínein* zurück, womit die Neigung der Erdoberfläche nach den Polen hin gemeint war und woraus sich die unterschiedlichen „klimatischen" Bedingungen in Abhängigkeit von der „Gegend der Erde" ableiteten. In diesem Sinne ist Klima der mittlere Zustand der für einen Ort oder einen größeren Bereich vorherrschenden meteorologischen Bedingungen (im Gegensatz dazu der momentane örtliche Zustand „Wetter").

Das Klima ist hauptsächlich, aber nicht ausschließlich von der geographischen Breite abhängig. Andere bestimmende Faktoren sind die Verteilung von Festland und Meer, Meeresströmungen, Bodenrelief, Vegetation und dergl.
Während die älteste Klimaklassifikation (5 Zonen) lediglich von der geographischen Breite ausging, basieren neuere auf den tatsächlichen klimatischen Gegebenheiten, die aus allen Einflußgrößen resultieren.

Klimaanlagen Anlagen, die dazu dienen, an Bord die Lufttemperatur und -feuchtigkeit zu regeln. Auf fast allen modernen Seeschiffen sind heute Klimaanlagen eingebaut, die nicht nur die Gemeinschaftsräume, sondern auch die Kammern klimatisieren. Man versteht darunter die Möglichkeit zur Veränderung der Außenlufttemperatur (Kühlung um mindestens 10° C) sowie Reinigung, Trocknung oder Befeuchtung der Luft.

Klinker-Bauweise (Zu nd. *Klinker*, Tonziegel, d. h. „nach Art der Dachschindel"). Die Art des Aufplankens hölzerner Boote aus Vollholz, wobei die Planken dachziegelartig übereinandergreifen. Diese Bauart ist germanischen Ursprungs (Wikingerschiffe!), während die glatte Außenhaut ihren Ursprung im Mittelmeerraum hat, siehe *kraweel*. Beide Beplankungsarten sind im Yacht- und Bootsbau noch üblich, soweit überhaupt noch Schiffe aus Vollholz gebaut werden. Die Klinkerbauweise eignet sich vorzugsweise für Serienbau.

Klinometer (grch.) Neigungsmesser. Gerät zur Messung des Winkels zwischen der Schiffsquerachse (oder auch der Längsachse) und der Horizontalen.

Klint Im Ostsee-Sprachraum für Fels, Klippe.

Klippen Einer felsigen Küste vorgelagerte Gesteinsmassen und -brocken.

Klipper Die auf bestimmten Werften Amerikas und Großbritanniens im Zeitraum vom Beginn der vierziger bis zum Ende der sechziger Jahre des 19. Jh. gebauten schnellen Segelschiffe. Man vermutet den Ursprung des Wortes Klipper in dem englischen Verb *to clip* mit der Bedeutung rennen, sausen. Daß das Wort Klipper nicht nur auf Schiffe, sondern auch auf Rennpferde

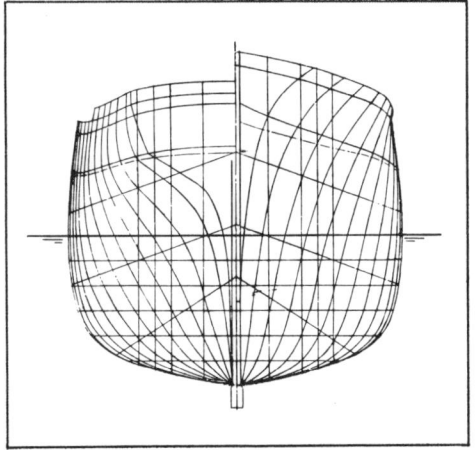

Spantriß des amerikanischen Klippers „Sovereign of the Seas" von Donald McKay (1852). Dieses nur 72,47 m lange, 12,50 m breite Schiff erreichte 1853 mit 22 Knoten die absolut höchste Segelschiffsgeschwindigkeit.

und darüber hinaus auf eine „tolle Sache", auf ein „Prachtexemplar" irgendeiner Gattung angewandt wird, widerspricht dieser Vermutung nicht.
Die Benennung Klipper taucht erstmalig bei den „Baltimore-Klippern" der ersten Hälfte des 19. Jh. auf, die jedoch nach dem später sich herauskristallisierenden Begriff *Klipper* noch keine solchen waren.
Die besonderen Merkmale der Klipper waren scharfe Schiffsformen (hohe Wasserlinien im Vor- und Achterschiff, große Aufkimmung, großes Längen-Breiten-Verhältnis) sowie eine im Verhältnis zum Schiffsgewicht sehr große Segelfläche. Je nach der Konsequenz, mit der diese Schiffe auf die dominierende Qualität Geschwindigkeit gezüchtet wurden, klassifiziert man sie in Extreme Klipper, Klipper und Medium-Klipper, ohne daß indessen eine eindeutige Abgrenzung möglich wäre.
Die Klipper waren auf hohe Geschwindigkeit entworfen und gebaut worden, bewußt auf Kosten anderer Qualitäten (Raum und Tragfähigkeit). Sie bewährten sich vor allem auf solchen Routen, auf denen Zeitgewinn schwerer wog als die transportierte Ladungsmenge. Das war z. B. nach der Entdeckung der Goldfelder Kaliforniens auf der Route US-Ostküste rund Kap Hoorn zur Westküste der Fall sowie vor allem im China- und Australienhandel. Bezeichnungen wie Tee-Klipper, Opium-Klipper usw. lassen eine eindeutige Zweckbestimmung erkennen. Der Name Komposit-Klipper sagt lediglich etwas über die Bau-Ausführung aus: eiserne Schiffsverbände, hölzerne Außenhaut. Die Klipper waren als Vollschiffe getakelt. Berühmte Klipper der fünfziger Jahre waren in den USA z. B. „Stag Hound", „Sea Witch", „Flying Cloud", „Sovereign of the Seas", „Lightning", „Champion of the Seas", „Donald McKay", „Andrew Jackson", „Flying Fish", „Sunny South" und andere, in den sechziger Jahren in Großbritannien „Fiery Cross", „Teaping", „Serica", „Ariel", „Sir Lancelot", „Thermopylae", „Cutty Sark", etc.

Klipperbug, Klippersteven Vorstevenform, die nach dem für die Klipper typischen Steven benannt ist. Der Steven ist oberhalb der Konstruktionswasserlinie konkav nach vorn ausladend.
Im Yachtbau waren Klippersteven während einer verhältnismäßig kurzen Zeitspanne um die Jahrhundertwende bei Schonern und Kuttern üblich. Anders als im klassischen Segelschiffbau war das vordere Totholz jedoch stark beschnitten, so daß die Bezeichnung „Klippersteven" eigentlich nur für den sichtbaren Teil des Stevens begründet ist.

Klotje s. Von fries. *Klot*, Kugel. Kleine Pockholzkugeln oder -zylinder, die durchbohrt sind und die Funktion eines einfachen Umlenkblocks haben. Anwendung insbesondere bei Klüverschoten.

Klüse lat. *clusa*, Engpaß, wird über nl. *kluis* zu Klüse für eine Öffnung in der Bordwand zur Führung von Ankerketten und Festmachetrossen. Klüsen sind mit einem stark gerundeten Stahlwulst ausgefüttert. Stocklose Anker werden in ein von der Bordwand schräg bis zum Deck reichendes Klüsenrohr ganz eingehievt.

Klüver (nl.) Auf kleineren Segelfahrzeugen das Stagsegel vor der Fock; auf den Großseglern die Stagsegel (bis zu 3) vor dem Vorstengestagsegel.

Klüverbaum Die über den Bug hinausragende Spiere bei einer als Kutter oder als Zweimaster getakelten Yacht, wenn mehrere Vorsegel gefahren werden. Die hohe, schmale Hochtakelung

Knarre

kennt den Klüverbaum kaum noch. Auf den Großseglern war der Klüverbaum die Verlängerung des Bugspriets.

Knarre *w.* Nordisches Handelsschiff des frühen Mittelalters.

Knarrpoller Schotwinsch für Jollen und kleinere Kajütkreuzer, über welche die Schot von Hand geholt wird. Der Knarrpoller läßt sich in einer Richtung leicht drehen und sperrt selbsttätig in der anderen Drehrichtung.

kneifen Extrem hoch an den Wind gehen; z. B. um eine Boje noch auf dem Bug zu runden, auf dem die Yacht gerade liegt.

Knickspant-Bauweise Vereinfachte Bauweise, bei welcher der Bootskörper aus größeren, nur in einer Richtung gekrümmten Platten besteht. Bordwand und Boden treffen sich in der Kimm in einer Kante, die Spanten haben in der Kimm einen Knick. Diese Bauform gestattet als einzige die Verwendung vorgefertigter Sperrholzplatten für einen Bootsrumpf, und darin liegt gegenwärtig ihre Bedeutung. An sich ist die Knickspantform viel älter als die Verwendung von Sperrholz im Bootsbau.

Knie 1. Verbindungselement von zwei im rechten Winkel aufeinandertreffenden Verbänden, z. B. „Balkenknie" zur Verbindung Spant/Decksbalken. Im Holzschiffbau wurden gewachsene Krummhölzer verwendet; im Stahlschiffbau verwendet man Kniebleche.
2. Bogenstück in einer Rohrleitung, in dem sich die Strömungsrichtung ändert.

Knoten 1. Jede wieder lösbare Verbindung zweier Enden (Leinen) bzw. eines Endes an einem Ring, Pfahl usw. Im seemännischen Sprachgebrauch steht für Knoten häufig *Stek*.
2. Einheit für die Schiffsgeschwindigkeit:
1 kn = 1 Seemeile/Stunde.
Die Bezeichnung „Knoten" ist abgeleitet vom Gebrauch des Handlogs zur Messung der Schiffsgeschwindigkeit. Man läßt bei einem solchen eine durch Knoten markierte Leine abspulen und erhält die Geschwindigkeit aus der ausgelaufenen Leinenlänge pro Zeiteinheit. Die in Deutschland übliche Längeneinheit von 6,84 m zwischen den Knoten für ein 14-Sekunden-Glas beruht auf der Umrechnung:

$$1 \frac{\text{Seemeile}}{\text{Stunde}} = \frac{1852}{60} = 30{,}867 \frac{\text{m}}{\text{min}}$$

D. h. bei 1 kn Fahrt laufen in 1 Minute 30,867 m Logleine aus. Um diese aber nicht zu lang werden zu lassen, hat man eine Viertelminute und ein Viertel dieser Länge zugrunde gelegt und da-

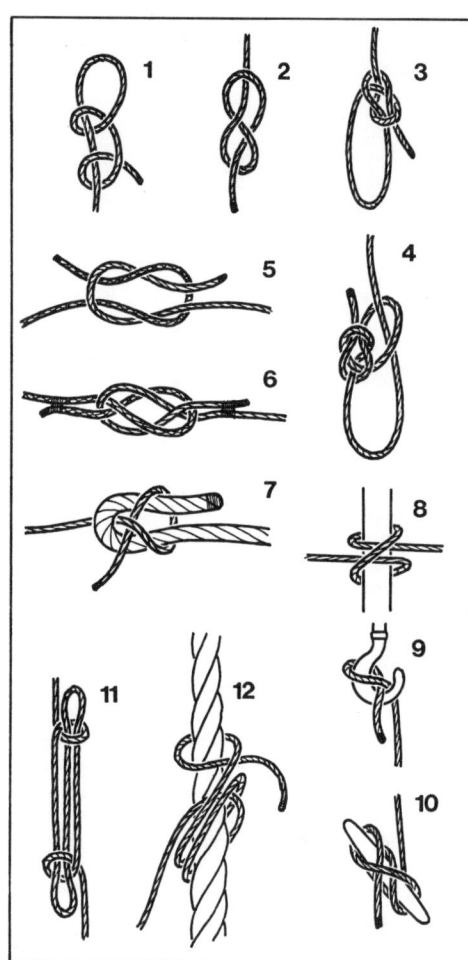

Einige der wichtigsten Knoten: 1 zwei halbe Schläge, 2 Achtknoten, 3 Pahlstek, 4 Laufender Pahlstek, 5 Kreuzknoten, 6 Trossenstek, 7 Schotstek, 8 Webeleinstek, 9 Hakenschlag, 10 Kopfschlag auf einer Klampe, 11 lange Trompete, 12 Stopperstek.

bei Korrekturen für Ableseverzögerung und Slip des Logscheits mit berücksichtigt.
3. Die Schnittpunkte der Mondbahn mit der Ekliptik. Die beiden Ebenen sind 5° gegeneinander geneigt; die Knoten wandern westwärts.

Kockpit (engl.) *s.* Auch Cockpit oder Plicht. Auf Yachten der offene Sitzraum hinter der Kajüte. Bei Flugzeugen die Pilotenkabine.

Koeffizient (lat.) Beizahl. Die konstanten Vorzahlen der veränderlichen Größen einer Funktion. Darüber hinaus jedoch auch eine kennzeichnende Größe in einem speziellen physikalischen oder technischen Zusammenhang, wie z. B. „Ausdehnungskoeffizient". In der Nautik versteht man unter Koeffizienten insbesondere die Beiwerte A, B, C, D und E der allgemeinen Deviationsformel:

$\delta = A + B \cdot \sin z + C \cdot \cos z + D \cdot \sin 2z + E \cdot \cos 2z$

Darin heißt A konstante Deviation,
$B \cdot \sin z + C \cdot \cos z$ halbkreisige Deviation,
$D \cdot \sin 2z + E \cdot \cos 2z$ viertelkreisige Deviation.
Anhand der für ein Schiff aufgestellten Deviationstabelle lassen sich die Koeffizienten berechnen.

Koffeynagel (Coffeynagel) (engl., dt.) Auch Koffei- oder Koviennagel. Belegnagel aus Hartholz oder Stahl von ca. 30 cm Länge an einer → Nagelbank zum Belegen von laufendem Gut.

Kofferdamm Leerer Trennraum. Bei Tankern z. B. der Leerraum zwischen zwei Schotten im Abstand eines Spantfeldes zwischen Tanks mit verschiedenen Füllungen, sowie zwischen Ladetank und Maschinenraum.
Das Wort bezeichnete ferner einen schützenden Leerraum zwischen Außenhaut und Panzerdeck bei Panzerschiffen sowie einen Caisson zur Ausführung von Unterwasserreparaturen am schwimmenden Schiff.

Kofferdeckschiff Auch Trunkdeckschiff. Eine dem in den 90er Jahren des 19. Jh. in England entwickelten Turmdeckschiff ähnliche Konstruktion, bei welcher die Lukensülle auf dem Oberdeck von der Poop bis zur Brücke und von der Brücke bis zur Back in voller Deckshöhe als durchlaufende Lukenschächte ausgebildet waren. Zweck dieser Bauform war das Selbsttrimmen von Schüttladung.

Kogge Wortverwandt mit *Kugel*; weitverbreitete mittelalterliche Bezeichnung für verschiedenartige Seeschiffe. Das Wort taucht zuerst um 1100 bei uns auf und bezeichnet in den ältesten Belegen Heringsfänger. Es wurde dann zu einer verallgemeinerten Typbenennung für die breiten und hochbordigen Schiffe der Hansezeit.

Kohlendioxid CO_2, Kohlensäure, wird in flüssiger Form in Stahlflaschen an Bord als Feuerlöschmittel mitgeführt. Der Raum, in dem ein Brand ausgebrochen ist, wird dichtgemacht und mit Kohlensäure geflutet. Das Feuer wird erstickt – zum mindesten niedergehalten.

Koje (lat.-nl.) *w.* Fest eingebautes Bett an Bord. Man trifft auch noch auf die Benennung Koje für einen kleinen, abgesonderten Raum (Segelkoje u. a.), was vom Wortursprung her durchaus begründet ist. Koje geht zurück auf lat. cavea, Verschlag, Käfig.

Koker *m.* Hülle, Köcher, Gehäuse. Rohrverbindung zwischen Deck und Kiel als wasserdichte Ruderschaftdurchführung.

Kokos Tauwerk aus der faserigen, umhüllenden Schicht der Kokosnüsse. Es ist leicht, elastisch, billig und unempfindlich gegen Verrotten durch Nässe. Kokosleinen werden deshalb oft als Ankertrossen und Festmacher verwendet.

Kolderstock Primitiver Steuerapparat auf Schiffen des 16. und 17. Jh.; ein vertikaler Hebel, der durch das sog. Kodergat führt und eine schwere Ruderpinne betätigt.

Kolk, Auskolkung Von der Strömung ausgewaschene Vertiefung in einem Flußbett und auch hinter auf dem Grund liegenden Wracks. Strudellöcher an Meeresküsten.

Kollision (lat.) Zusammenstoß zweier Schiffe oder eines Schiffes mit einem anderen Objekt. Kollidieren zwei Schiffe, sind die Beteiligten verpflichtet, sich gegenseitig Hilfe zu leisten und beieinander zu bleiben, bis einer des anderen Hilfe nicht mehr bedarf.

Kollisionskurs Auf Kollisionskurs befinden sich zwei Schiffe, wenn die Gefahr besteht, daß sie den Schnittpunkt ihrer Kurse im selben Zeitpunkt erreichen. Ob man sich mit einem den eigenen Kurs kreuzenden Schiff auf Kollisionskurs befindet oder nicht, läßt sich durch die sog. Kollisionspeilung kontrollieren. Kollisionsgefahr ist gegeben, wenn die Peilung „steht", d. h. sich nicht verändert.

Kollisionsschott Das vorderste Querschott eines Schiffes, die hintere Begrenzung der Vorpiek. Es hat die Aufgabe, bei Bugbeschädigung infolge einer Kollision den Wassereinbruch ins Schiff abzudämmen. Das Schott muß bis zum Oberdeck reichen und mehr als 5 % der Schiffslänge hinter dem vorderen Lot liegen. Schleppfahrzeuge erhalten auch achtern ein Kollisionsschott.

Kollo (ital.)   Plural *Kolli*.
1. Allgemeine Bezeichnung für ein Frachtstück (Kiste, Verschlag, Ballen, Faß).
2. Vorgefertigtes Bauteil eines Schiffsneubaus; siehe Sektionsbauweise.

Kombischiff   1. Abk. von „kombiniertes Fracht- und Fahrgastschiff". Damit waren u. a. die Hapag/Lloyd-Schiffe des Ostasiendienstes gemeint, die bis zu 85 Fahrgäste befördern konnten.
2. Als Kombifrachter (*combined carriers*) werden heute Fahrzeuge bezeichnet, die alternativ flüssige oder trockene Ladung befördern können.

Kombüse Ältere Formen auch Kambüse und Kabüse; Schiffsküche, eigentlich Bretterverschlag an Deck, in dem ein fester oder beweglicher Herd stand.

Komet (grch.-lat.) Himmelskörper, der wie die Planeten dem Gesetz der Massenanziehung gehorcht und eine dementsprechende Bahn beschreibt. Die typische Erscheinungsform eines Kometen ist ein heller Kopf und ein Schweif, dessen Länge von der Masse des Kerns und dem Abstand von der Sonne abhängt. Die Länge des Schweifes kann die Größenordnung 100 Millionen Kilometer erreichen.
Der Kopf bzw. Kern besteht aus einer Zusammenballung losen Gesteins und einer Gasumhüllung (Koma, zu grch. *kóme*, Haar). Die meisten Kometen gehören zu unserem Sonnensystem und beschreiben langgestreckte elliptische Bahnen um die Sonne. Der Schweif entsteht erst in der Nähe der Sonne und ist von ihr weggerichtet.

Kommandant (lat.-frz.) Dem Kapitän eines Handelsschiffes entsprechende Bezeichnung für den verantwortlichen Führer eines Kriegsschiffes sowie eines Luftfahrzeugs.

Kommandobrücke Der oberste Decksraum des Brückenaufbaus. Die K.-brücke umfaßt das Steuerhaus, Karten- und Funkraum sowie alle für die Schiffsführung notwendigen Einrichtungen. Das freie Deck über der Kommandobrücke heißt Peildeck.

Kommerzlast   Siehe Last.

Kompaß Zu ital. *compassare*, abschreiten, abmessen, gehört *compasso*, Zirkel. Daraus „Kompaß" als Bezeichnung für die kreisrunde Bussole, in der die Magnetnadel drehbar gelagert ist – drehbar um einen Punkt, wie ein Zirkel. Der Kompaß ist ein Instrument zur Anzeige von horizontalen Bezugsrichtungen, das älteste und wichtigste navigatorische Hilfsmittel überhaupt. Es gibt folgende voneinander unabhängige Prinzipien für die Anzeige der Nord-Süd-Richtung:
1. Der *Magnetkompaß* nützt die physikalische Eigenschaft der Erde, daß diese sich wie ein großer Magnet verhält und einen anderen Magneten, die Kompaßnadel, nach dem Gesetz beeinflußt, daß ungleichnamige Pole sich anziehen, gleichnamige sich abstoßen. Die natürlichen Magnetpole der Erde liegen in der Nähe der geographischen, sind jedoch nicht mit diesen identisch. Die unbeeinflußte Kompaßnadel stellt sich in Richtung des magnetischen Meridians. Der magnetische „Nordpol" der Erde ist im physikalischen Sinne ein „Südpol". Älteste Spuren, die auf eine Magnetnadel hinweisen, sind orientalische Überlieferungen, die bis ins 2. Jahrtausend v. Chr. zurückreichen, indessen nicht erwiesen sind. Die früheste Kompaßform, die mit der heutigen einige Ähnlichkeit hat, stammt aus dem 14. Jh., der Fluidkompaß aus dem 19. Jh.
Die Anzeige des Magnetkompasses ist zwei Fehlerquellen unterworfen: der schon Kolumbus aufgefallenen, ortsbedingten geographischen Mißweisung (Deklination) und der Ablenkung durch das eigene Schiff (Deviation), die mit Übergang zum Eisenschiffbau im 19. Jh. gegenüber früheren Zeiten um ein Vielfaches zugenommen hatte und die man seitdem in ständig verfeinerten Kompensierungsmethoden weitmöglichst auszugleichen sucht.
2. Der *Kreiselkompaß* nutzt die andere rich-

tungweisende Kraft der Erde, die Rotation um ihre Achse. Das Prinzip seiner Wirkungsweise beruht auf der Eigenschaft eines Kreisels, die Richtung seines Drehimpulses im Raum unverändert beizubehalten und auf Kippmomente durch → Präzessionsbewegung derart zu reagieren, daß aus der Kippbewegung eine Parallelverschiebung der Kreiselachse wird: Der Kreisel sucht sich parallel zur Erdachse zu stellen. Die technische Verwirklichung dieses physikalischen Prinzips in einem an Bord brauchbaren Kompaß gelang zuerst Anschütz 1908. Der → Kreiselkompaß ist zwar frei von jeglicher magnetischen Ablenkung, doch gänzlich fehlerfrei in seiner Anzeige ist er auch nicht. Durch zusätzliche Winkelgeschwindigkeit entsteht bei hoher Fahrt auf allen Kursen außer Ost-West-Kurs ein → Fahrtfehler. Außerdem wird der Kreiselkompaß, ebenso wie der Magnetkompaß, mit zunehmender geographischer Breite unzuverlässig und in Polnähe unbrauchbar.
3. Ein weiteres Prinzip für die Anzeige einer horizontalen Bezugsrichtung auf der Erdoberfläche beruht auf der Beobachtung von Gestirnen. Es ist vor allem in hohen Breiten von Bedeutung, wo die oben erläuterten Systeme ausfallen. Instrumente dieser Art sind der *Sonnenkompaß* und der *Astrokompaß*. Der *Sky-Kompaß*, eine amerikanische Erfindung (1944), bestimmt das Sonnenazimut durch polarisiertes Licht.

Kompaßkessel Aus nichtmagnetischem Material gefertigter Teil eines Kompasses, in dem sich die Kompaßrose befindet; bei Fluid- oder Schwimmkompassen mit Flüssigkeit gefüllt, gewöhnlich 50 % Wasser und 50 % Alkohol.

Kompaßkurs Winkel zwischen Schiffslängsachse und Kompaßnord.

Kompaßnord Die vom Kompaß angezeigte Nordrichtung. Sie weicht um die *Fehlweisung* von der rechtweisenden Nordrichtung ab. Vergl. Beschickung.

Kompaßpeilung Die auf Kompaßnord bezogene Peilung. Sie muß in eine rechtweisende Peilung verwandelt werden, bevor man sie als Standlinie für die Schiffsortbestimmung wertet.

Kompaßrose 1. In 360° (früher 32 Strich) eingeteilte horizontale Scheibe, die sich mittels der an ihrer Unterseite angebrachten Magnete durch die Richtkraft des erdmagnetischen Feldes in die Richtung des magnetischen Meridians einstellt. Unter der Kompaßrose ist zur Entlastung der Pinne, auf der sich die in einem Edelsteinlager gehaltene Rose dreht, ein Schwimmer angebracht (Fluidkompaß).
2. Kreise mit 360°-Teilung (wie oben), die auf rechtweisend Nord ausgerichtet in die Seekarten eingedruckt und in denen die örtliche geographische Mißweisung sowie deren jährliche Änderung angegeben sind.

Kompensierung, Kompensation (lat.) Ausgleich. Das Zurückführen der → Deviation eines Magnetkompasses auf das geringstmögliche Maß, indem man versucht, die durch die erdmagnetische Induktion im Schiffskörper verursachte Kompaßablenkung durch Magnete im Kompaßgehäuse oder durch elektrische Spulen nach Möglichkeit aufzuheben.

Kompensation der Funkbeschickung Elektrische oder mechanische Vorrichtungen am Funkpeiler zur Ausschaltung der Bordablenkung und damit zur Umwandlung der rohen Funkseitenpeilung in die wahre Seitenpeilung.

Komplementwinkel (lat., dt.) Ergänzungswinkel. Der Winkel, der einen anderen zu 90° ergänzt.

Komponenten (lat.) Teilkräfte. Bestandteile eines Ganzen. Die Teile, aus denen sich ein Ganzes zusammensetzt und in die es zerlegbar ist. Die Bezeichnung wird auf Stoffe, auf Kräfte, auf Vektoren u. dergl. bezogen. Beispiele:
Stoffe: Zweikomponenten-Lacke.
Kräfte: Die beiden Seitenkräfte im Parallelogramm der Kräfte.
Vektoren: Die zu addierenden Pfeile im Stromdreieck.

Kompositbauweise (lat., dt.) Bauweise, die verschiedene Herstellungsweisen kombiniert, z. B. im Schiffbau das Anbringen einer hölzernen Außenhaut auf einem Spantgerippe aus Stahl.
Kompositklipper hießen um 1870 jene Segelschiffe, die man – obwohl es damals schon „eiserne" Schiffe gab – mit einer hölzernen Außenhaut versah, um sie mit Kupfer beschlagen zu können. Es war die einzige wirkungsvolle Art, den Anwuchs am Unterwasserschiff zu bekämp-

fen. Auch der moderne Yachtbau kennt Kompositbauweisen, und zwar sowohl Stahl-Holz als auch Holz-Kunststoff.

Kompressor (lat.-nlat.) Verdichter. Hilfsmaschine zur Erzeugung von Druckluft, z. B. für die Anlaßluft der Motoren, für Kühlanlagen u. a. An Bord sind vorwiegend Kolbenkompressoren installiert.

Kondemnation (lat.) Verdammung, Verurteilung. In der Schiffahrt die Feststellung durch einen Experten, daß ein versichertes, durch Strandung, Grundberührung, Auflaufen, Kollision, Brand oder sonstwie beschädigtes Schiff nicht mehr repariert werden kann bzw. sich die Reparatur nicht mehr lohnt.

Kondensation (lat.) Der Übergang vom gasförmigen in den flüssigen Aggregatzustand, der Niederschlag von Wasser aus dem Wasserdampf durch Abkühlung unter die Kondensationstemperatur. Kondensation in der freien Atmosphäre führt zu Nebel, Wolken, Regen, Tau; im Inneren der Schiffe zu Schwitzwasserbildung. Die Aufnahmefähigkeit der Luft für Wasserdampf wächst mit steigender Temperatur.

Kondensator 1. Apparat zur Rückgewinnung des Kesselwassers aus dem Dampf. Die Einführung der Oberflächenkondensation war Voraussetzung für das Fahren mit sehr hohen Kesseldrücken. Im Kondensator herrscht gegenüber der normalen atmosphärischen Spannung starker Unterdruck ($p_a \approx 0{,}05$ at).
2. In der Elektrotechnik eine Vorrichtung zum kurzzeitigen Speichern elektrischer Ladungen.

Konferenzen (lat.) Zusammenschlüsse von Reedereien, die die gleiche Linie (Relation) befahren, zur Regelung des Wettbewerbs der Linien untereinander und zur Erhaltung ihrer Leistungsfähigkeit. In diesem Sinne gegenseitige Abstimmung der Fahrpläne und Ausarbeitung einheitlicher Bedingungen (*Raten*); die Konnossementstexte werden angeglichen und Maßnahmen zur Abwehr von Outsidern getroffen, d. h. von Außenseitern, die in dem jeweiligen Verkehrsgebiet auftreten, ohne einer Konferenz anzugehören. Derartige Konferenzen gibt es seit dem Jahre 1875.

konfokal (lat.-nlat.) Mit gleichen Brennpunkten. Auf konfokalen Scharen hyperbelähnlicher Kurven basiert die Hyperbelnavigation (→ Decca, → Loran). Die Sendeantennen sind die Brennpunkte.

Kongruenz (lat.) Deckungsgleichheit, Übereinstimmung. In der Geometrie sind Figuren kongruent, die gleiche Größe und Gestalt haben.

konisch, Konus (grch.) Kegelförmig, kegelstumpfartig. Konische Projektion: Kartenprojektion auf einem Kegelmantel.

Konjunktion (lat.) Verbindung. Eine Konstellation, bei welcher Sonne – Mond – Erde oder Sonne – Planet – Erde in einer Verbindungslinie stehen, und zwar so, daß die beiden Himmelskörper von der Erde aus gesehen zusammentreffen. Es gibt verschiedene Möglichkeiten:
1. a) Der Mond steht in *Konjunktion* mit der Sonne in der Phase Neumond. Der entgegengesetzte Aspekt, die Phase Vollmond, heißt *Opposition*.
b) Bei den unteren (inneren) Planeten Venus und Merkur unterscheidet man *untere* Konjunktion (wenn der betreffende Planet zwischen Erde und Sonne steht), und *obere* Konjunktion (wenn der Planet von der Erde aus gesehen hinter der Sonne steht). Opposition kann nicht eintreten.
c) Bei den oberen (äußeren) Planeten spricht man von *Konjunktion*, wenn der betreffende Planet in Blickrichtung zur Sonne hinter derselben steht, und von Opposition, wenn die Erde, analog zum Vollmond, zwischen der Sonne und dem Planeten steht.
2. Ganz allgemein nah benachbarte Stellung zweier Gestirne am Himmel.

Konnossement (lat.-it.) *s.* International gebräuchlich ist die engl. Bezeichnung *Bill of Lading*, B/L. Das wichtigste Dokument des Seefrachtvertrages. Bescheinigung des Kapitäns (oder des Verfrachters oder dessen Bevollmächtigten), die zur Beförderung übernommenen Güter in Empfang genommen zu haben und Verpflichtung, dieselben nach einem genannten Hafen zu befördern und auszuliefern. Das Konnossement ist ein handelsfähiges Wertpapier, das die Ware repräsentiert.

Konservierung (lat.) Erhaltung; haltbar machen. In bezug auf den Schiffskörper vor allem das Anbringen von Schutzschichten zur Verhütung von Rostbildung, Fäulnis u. dergl. durch Ölfarben, Ölkunstharzfarben, Nitro-Zellulosefarben, Zweikomponenten-Lacke usw.

Konstellation (lat.) *w.* Eine bestimmte Stellung von Gestirnen zueinander, insbesondere die verschiedenen Stellungen des Mondes und der Planeten zur Sonne. Vergl. Konjunktion, Opposition, Quadratur.

Konstruktionsklassen (lat.) Yachten solcher Klassen unterliegen – im Gegensatz zu denen der sog. Einheitsklassen – keinen strikten Bauvorschriften bezüglich der Abmessungen und aller Details; man hat die Freiheit, verschiedene Meßgrößen zu variieren, jedoch nur innerhalb der Grenzen eines festgelegten Rennwertes. Siehe hierzu die Ausführungen unter Klasse, Internationale Klassen und Rennwert.

Konstruktionsspanten Spantquerschnitte, die der Berechnung des Schiffskörpers dienen und nur unter dem Gesichtspunkt praktischer Berechnungsmethoden festgelegt sind. Üblich ist eine Teilung der Konstruktionswasserlinie in 20 gleiche Teile. Diese Gliederung ist von der tatsächlichen Lage der Bauspanten gänzlich unabhängig.

Konstruktionswasserlinie CWL oder KWL. Die für die Entwurfsrechnung eines Schiffes festgelegte Schwimmwasserlinie; sie entspricht der des normal beladenen Schiffes.

Konsulat (lat.) Vertretung des eigenen Landes in einem fremden Staat zum Schutz der Interessen des Landes und seiner Bürger, von Handel und Schiffahrt. Konsulate sind im Ausland zugleich Seemannsämter.

Konterbande Aus ital. *contrabando*, „gegen die Bekanntmachung". Zunächst Schmuggelware (seit 15. Jh.); später ein völkerrechtlicher Begriff, der Güter bezeichnet, die ein neutraler Staat im Krieg zum Nachteil einer der kriegführenden Parteien verschifft (seit 1800 verdeutscht „Bannware"). Die Auslegung, welche Güter über Waffen und Munition hinaus sonst noch unter diesen Begriff fallen, war von jeher überaus strittig.

Konvektion (lat.) In der Meteorologie unregelmäßig vertikale Luftbewegung, die zur Bildung von Haufenwolken führt.

Koordinatensystem (lat.) Ein geometrisches Bezugssystem, durch welches die Lage eines Punktes in der Ebene oder im Raum eindeutig bestimmt ist. Den allgemeinsten Fall stellt das *kartesische Koordinatensystem* dar, in welchem alle Punkte auf ein rechtwinkliges Achsenkreuz bezogen werden. Horizontale x-Achse, vertikale y-Achse. Der Abstand eines Punktes von der x-Achse heißt seine Ordinate, der von der y-Achse seine Abszisse.
Polarkoordinaten fixieren einen Punkt durch dessen Abstand von einem festen Bezugspunkt und den Winkel, den der Verbindungsstrahl zwischen beiden Punkten mit einer festgelegten Bezugsrichtung bildet. Räumliche Koordinaten bedürfen einer dritten Bezugsgröße.
Für die Nautik sind die folgenden, sphärischen Koordinatensysteme von besonderer Bedeutung:
a) *Koordinatensystem der Erdoberfläche*. Die Lage eines Ortes, die Position eines Schiffes sind exakt bestimmt durch Angabe der geographischen Breite und Länge. Während den Äquator als „x-Achse" eine naturgegebene Sonderstellung auszeichnet (einziger Großkreis senkrecht zur Erdachse), bedurfte es bei den geometrisch gleichen Meridianen der willkürlichen Festlegung eines Nullmeridians. Gemäß internationaler Übereinkunft wurde derjenige Meridian als „y-Achse" gewählt, auf dem die alte Sternwarte von Greenwich liegt. Von hier aus zählen die Meridiane ost- und westwärts bis je 180° östlicher bzw. westlicher Länge.
Die Breiten werden vom Äquator aus nach Norden und Süden von 0 bis 90° nördlicher bzw. südlicher Breite angegeben. $^1/_{60}$ Meridiangrad (eine Meridianminute) ist als 1 Seemeile definiert. Ihre Länge beträgt 1852 mm.
b) Für die astronomische Navigation ist es erforderlich, die Stellung von Gestirnen an der Himmelskugel präzise festzulegen. Dazu bedient man sich zweier verschiedener Koordinatensysteme: des Systems des wahren Horizontes und des Himmelsäquators. Die beiden Systeme sind durch vier Punkte der Himmelskugel festgelegt: Zenit, Nadir, Nordpol und Südpol. Zenit und Nadir sind Scheitelpunkt und Fußpunkt des Lotes, Nordpol und Südpol die den Erdpolen entsprechenden Punkte der Weltachse. Im *Koordinatensystem des wahren Horizontes* sind Zenit und

Kopf

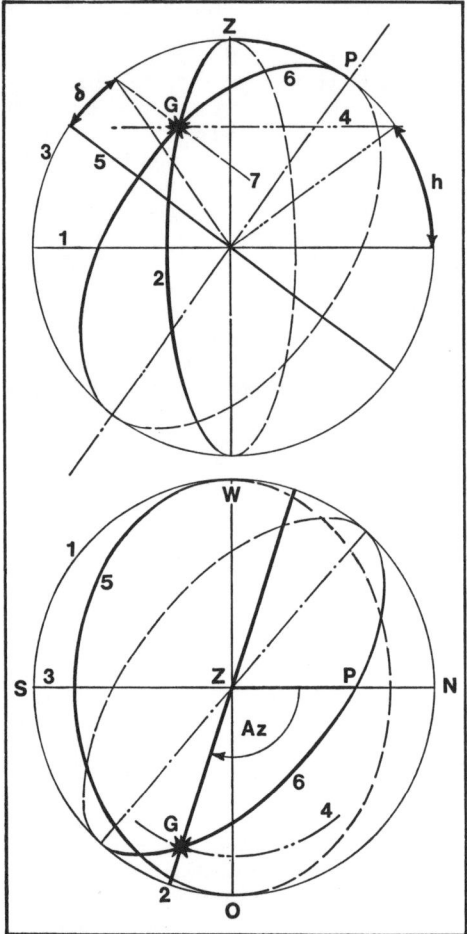

Die Koordinatensysteme des wahren Horizontes und des Himmelsäquators kombiniert, von der Seite und von oben. Das aus den Großkreisen Himmelsmeridian, Vertikalkreis und Stundenkreis gebildete sphärische Dreieck heißt nautisch-astronomisches Grunddreieck. Siehe ergänzend hierzu die Skizze zum Sternwinkel. In der Skizze bedeuten: 1 wahrer Horizont, 2 Vertikalkreis, 3 Himmelsmeridian, 4 Höhenparallel, 5 Himmelsäquator, 6 Stundenkreis, 7 Abweichungsparallel, Z Zenit, P Pol, G Gestirn, h Höhe, δ Abweichung, Az Azimut; N, O, S, W Nord, Ost, Süd, West.

Nadir die Festpunkte des Systems. Die Lage eines Gestirns wird durch seine wahre Höhe (h) und sein Azimut (Az) angegeben. Die wahre Höhe eines Gestirns ist dessen Winkelabstand vom wahren Horizont und wird von 0 bis 90° gezählt.

Das Azimut ist der sphärische Winkel am Zenit zwischen dem Himmelsmeridian und dem Vertikalkreis des Gestirns. Das Azimut wird vom Nordmeridian rechts herum über O, S, W von 0 bis 360° gezählt.

c) Im *Koordinatensystem des Himmelsäquators* sind die Himmelspole die Festpunkte des Systems. Der Ort eines Gestirns wird durch seine Abweichung (δ) und seinen Stundenwinkel (t) angegeben. Die Abweichung ist der Winkelabstand des Gestirns vom Himmelsäquator (nach N und S von 0 bis 90° gezählt); der Stundenwinkel ist der sphärische Winkel am Pol zwischen dem oberen Meridian und dem Stundenkreis des Gestirns (vom oberen Meridian nach W über N und O von 0 bis 360° gezählt).

Der auf den Beobachtungsort bezogene Stundenwinkel heißt „Ortsstundenwinkel" (t), der auf Greenwich bezogene „Greenwicher Stundenwinkel" (Gr.t oder $t_{Grw.}$); diese beiden Winkel unterscheiden sich voneinander um den Betrag der geographischen Länge des Beobachtungsortes.

d) Im Koordinatensystem des Himmelsäquators bleibt zwar die Abweichung eines Gestirns während des Tagesablaufs unverändert, aber der Stundenwinkel wächst mit der fortschreitenden Zeit. Um zu einer zeitunabhängigen Standortangabe für ein Gestirn zu kommen, bedarf es einer an der Himmelskugel fixierten Bezugskoordinate. Man hat dazu den Stundenkreis des → Frühlingspunktes gewählt.

Im *Koordinatensystem des Frühlingspunktes* wird die Abweichung gerechnet wie im Äquatorsystem, während an Stelle des Stundenwinkels der „Sternwinkel" tritt. Das ist der sphärische Winkel am Himmelspol zwischen dem Stundenkreis eines Gestirns und dem Stundenkreis des Frühlingspunktes. Von diesem aus wird der Sternwinkel nach Westen von 0 bis 360° gezählt.

Kopf Die obere Ecke eines Segels; diejenige Ecke, an der das Fall angeschlagen wird.

kopflastig Schiff, das vorn tiefer eintaucht als achtern. Sinngemäß engl. „(down) by the head".

Kopfleine Eine Festmacheleine, die in Schiffslängsrichtung nach vorn ausgebracht ist (nicht gleichbedeutend mit Vorleine).

Kopfschlag Halber Schlag beim Belegen einer Leine auf einer Klampe oder auf einem Koffeynagel. Der Kopfschlag wird nach einigen Achttörns so auf die Klampe gelegt, daß er das lose Ende bekneift; er ist nicht bei Fallen anzuwenden.

koppeln Das Ermitteln eines Schiffsortes aus dem letzten, durch Beobachtungen kontrollierten Standort, indem man Kurse und Distanzen vektorisch addiert, d. h. in die Seekarte einzeichnet oder mit einer Grad- oder Koppeltafel berechnet. Eine mögliche Stromversetzung bleibt dabei unberücksichtigt. Der auf diese Weise gewonnene neue Schiffsort heißt *Koppelort*.

Koppelkurs Der resultierende Kurs, der sich durch das Aufrechnen der Breitenunterschiede und → Abweitungen aus den verschiedenen gesteuerten Kursen und den dabei zurückgelegten Distanzen ergibt.
Man beurteilt die Zuverlässigkeit einer derartigen Koppelrechnung bei maschinengetriebenen Seeschiffen etwa folgendermaßen: Kursunsicherheit ± 3 Grad, Distanzfehler ± 5 Prozent. Bei Segelyachten sind beide erheblich größer.

Koppeltafel Gradtafel für die Lösung von Besteckrechnungen. In ihr sind a = Abweitung, b = Breitenunterschied, d = Distanz.

Korallen Perlenartig auf eine Reihleine o. ä. aufgezogene Hartholzkugeln; üblich bei Segeln, die am Mast angereiht sind, bei der Sicherungsleine an der Gaffelklau und wo sonst die Reibung Leine/Spiere vermieden werden soll.

Korb 1. In der Hochseefischerei gebräuchliches Fangmaß. 1 Korb faßt etwa 1 Zentner Frischfische.
2. Reusenartiges Fanggerät aus Holzstäben oder Geflecht (Aalreuse, Aalkorb). Einen trichterförmigen Fangkorb haben die *Granatkörbe*.

Kornraum (Im allg. engl. *grainspace* oder kurz *grain* genannt.). Der für Schüttladung nutzbare Laderauminhalt eines Frachtschiffes in Kubikmeter oder Kubikfuß. Er wird nicht, wie der Ballenraum, bis Innenkante Wegerung und Unterkante Decksbalken, sondern bis Außenkante Spanten und Oberkante Decksbalken gemessen; das Volumen der Einbauteile wird nach einem empirischen Prozentsatz abgezogen.

Kornschott Siehe Getreideschott.

Korrelation (lat.-nlat.) Wechselbeziehung. In der Meteorologie die mehr oder weniger stark ausgeprägte Beziehung zwischen Witterungselementen verschiedener Art, worauf zahlreiche Wetterregeln basieren.

Korrespondentreeder (lat.-dt.) Reeder (Schiffsdirektor, Schiffsdisponent), dem von einem Reedereibetrieb ein oder mehrere Schiffe zur Bewirtschaftung vertraglich übertragen werden. Er ist innerhalb festgelegter Grenzen befugt, alle Geschäfte und Rechtshandlungen vorzunehmen, die der Geschäftsbetrieb einer Reederei gewöhnlich mit sich bringt.

Korrespondierende Geschwindigkeiten Die Geschwindigkeiten ähnlicher, d. h. formgleicher Schiffe verschiedener Größe bei gleicher → Froudescher Zahl.

Korrosion (lat.) Durch chemische (elektrochemische) Einwirkungen hervorgerufene Veränderung fester Körper, insbesondere die Oberflächenzerstörung von Metallen. Vergl. Elektrolyse.

Korrosionsschutz 1. Das Aufbringen von schützenden Deckschichten auf Metalloberflächen zum Schutz gegen Rost (Mennige, Farben, Kunstharzfarben, Kunststoffbeschichtung).
2. Das Anbringen von Opferanoden an Stellen, wo die Gefahr elektrolytischer Zersetzung besteht, sowie das Anlegen einer kathodischen Schutzspannung (vergl. Elektrolyse und Kathodenschutz).

Korsar 1. Seeräuber (von ital. *corsaro*, Seeräuber des Mittelmeeres, was seinerseits zurückgeht auf die nordafrikanischen Piratenschiffe. Das Wort führt, wie auch *Kurs*, zurück auf lat. *cursus* in seiner Bedeutung „Ausfahrt zur See").
2. Weitverbreitete Jollenklasse. Siehe Klassen.

Kort-Düse Nach ihrem Erfinder benannte ringförmige Ummantelung der Schiffsschraube. Der fest angebaute Düsenring erhöht den Propellerwirkungsgrad, und zwar vor allem bei hochbela-

Korvette

steten Propellern, bei kleineren Schiffen mit völligen Linien (Schleppern) und auf Schiffen mit geringem Tiefgang (Binnenschiffen). Beim Kort-Düsen-Ruder ist der Düsenring schwenkbar; er übernimmt die Funktion des Ruderblattes.

Korvette (frz.) Ein der Fregatte ähnliches, jedoch kleineres dreimastiges Kriegsschiff (18. Jh.). Im 19. Jh. Bezeichnung für eine Art Kleiner Kreuzer (Dampfkorvette), die um 1900 amtlich abgeschafft wurde. Das Wort ist in dem militärischen Dienstgrad „Korvettenkapitän" lebendig geblieben und wird hier und da auch heute noch (bzw. wieder) als Typbezeichnung für Geleitschutzboote gebraucht.

Kraft Eine physikalische Größe, die festgehaltene Dinge verformt und nicht festgehaltene Dinge beschleunigt (oder bremst). Die Kraft wird heute in Wissenschaft und Technik als abgeleitete Größe behandelt.
Kraft = Masse · Beschleunigung.
Die Einheit der Kraft im Internationalen Einheitensystem ist 1 Newton, im alten technischen 1 Kilopond, im physikalischen 1 dyn.
1 N = 0,1019716 kp; 1 kp = 9,80665 N
Die Einheiten dyn und Kilopond dürfen seit 1. 1. 1978 im amtlichen und geschäftlichen Verkehr nicht mehr verwendet werden.

Kragträger Freiträger, der an einem Ende fest eingespannt ist und am anderen frei auslädt. Im Schiffbau vielfältig vorkommendes Konstruktionselement zur Abstützung von Unterzügen, Lukensüllen, überhängenden Deckplattformen und dergl. mehr.

Krähennest Geschützter Ausguckstand im Fockmast; war insbesondere beim Walfang, in der Grönlandfahrt von Bedeutung. Spezialschiffe für die Eisfahrt sind auch heute noch damit ausgerüstet; der Ausguckstand ist dann aber beheizbar und mit Telefon zur Brücke und einem Maschinentelegraphen ausgestattet.

Krängung Die durch Wind oder Seegang hervorgerufene kurzzeitige Neigung eines Schiffes um seine Längsachse. Eine infolge unsymmetrischer Beladung, Leck o. ä. entstandene konstante Neigung wird als *Schlagseite* bezeichnet.

Krängungsfehler Durch die Erdinduktion in der Vertikalkomponente des magnetischen Schiffsfeldes hervorgerufene Ablenkung des Magnetkompasses. Dieser Fehler wird im allgemeinen durch den sogenannten „K-Magneten" kompensiert, der unter dem Magnetkompaß angebracht wird; ganz ausschalten läßt sich der Krängungsfehler jedoch nicht, da er breitenabhängig ist.

Krängungsversuch Experimenteller Nachweis der Höhenlage des Gewichtsschwerpunktes eines Schiffes zur Ermittlung der statischen Stabilität. Durch Gewichtsverlagerung eines Krängungsgewichtes an Deck von mittschiffs nach Stb. und nach Bb. entsteht jeweils ein Krängungswinkel, den man über die Ausschläge möglichst langer Lote ermittelt. Es genügt ein Krängungswinkel von ca. 2°. Das Schiff krängt so weit, bis der Gleichgewichtszustand zwischen dem krängenden Moment und dem aufrichtenden, dem Stabilitätsmoment des Schiffes, eingetreten ist. Aus dem Krängungsgewicht, dem Verschiebeweg desselben, dem Schiffsgewicht und dem Krängungswinkel läßt sich die Höhenlage des gesuchten Schwerpunktes errechnen.

kraweel Auch krawel, kraveel, karwel, karveel. Diese verschiedenen Schreibweisen werden unsinnigerweise oft heftig gegeneinander verfochten; eindeutig ist keiner der Vorzug zu geben. Das Wort ist griechischen Ursprungs und gelangt über lat. *carabus* in die romanischen Sprachen; portug. *caravela*, ital. *caravella*, frz. *caravelle* usw. Gemeint ist mit dem Wort jeweils die Beplankungsart, wie sie bei den Karavellen üblich war, bei den Schiffen des Mittelmeerraumes überhaupt. Die Planken stoßen stumpf aufeinander und bilden damit eine glatte Außenhaut. Demgegenüber liegen bei der dem germanischen Bootsbau entstammenden Klinkerbauweise die Planken dachziegelartig übereinander. Der Ursprung der Benennung nach der stumpfkantigen, eine glatte Außenhaut bildenden Beplankungsart der *caravela* läßt „karvel" (entsprechend engl. *carvel built*) logisch erscheinen; doch sind Lautverschiebungen Phänomene jeder sprachlichen Entwicklung, und es besteht kein Zweifel darüber, daß *kraweel* in der deutschen Sprache überwiegt. „Das große Kravel" war schon im 14. Jh. eine charakterisierende Bezeichnung für das nach romanischer Art gebaute Schiff „Peter von Danzig".

Kreis Der geometrische Ort für alle Punkte, die

von einem festen Punkt (dem Mittelpunkt) die gleiche Entfernung haben (Radius oder Halbmesser). Der Kreis stellt den Sonderfall eines Kegelschnittes dar, wo die Schnittebene senkrecht zur Kegelachse liegt. Die Länge des Kreisumfanges ist in Radien ausgedrückt: $U = 2 \pi r$.
Der Inhalt der Kreisfläche: $F = \pi r^2$.
Für die Navigation wichtig ist die Kenntnis des Gesetzes, daß in einem Kreis jeder Umfangswinkel (Peripheriewinkel) halb so groß ist, wie der zugehörige Mittelpunktswinkel (Zentriwinkel).

Kreiselkompaß Kompaß, dessen Wirkungsweise auf dem physikalischen Prinzip beruht, daß ein rotierender Kreisel die Richtung seines Drehimpulses unverändert beizubehalten sucht und auf Achsenkippung mit → Präzessionsbewegung reagiert. Im Zusammenwirken von Kreiseldrehung, Erddrehung und Schwerkraft wird der Kreisel zum „nordsuchenden System" (vergl. Kompaß).
Die technische Verwirklichung dieses physikalischen Prinzips gelang Anschütz 1908. Er entwickelte ein System, bei welchem zur Ausschaltung von Schlingerfehlern 3 gelenkig gekoppelte Kreisel verwandt wurden. Seit 1925 verwendet man das Zweikreiselsystem. Die Kreisel sind in einer Kreiselkugel untergebracht, die durch Tragflüssigkeit und Blasmagnete in einer Hüllkugel getragen und zentriert wird. Die Hüllkugel wird den Bewegungen der Kreiselkugel gegen das Schiff auf elektrisch-mechanischem Wege nachgedreht. Die Kreisel rotieren mit einer Drehzahl von ca. 20 000/min.

Kreiselsextant Sextant für Beobachtungen bei unsichtiger Kimm. Ein Pendelkreisel, dessen Schwerpunkt unterhalb der Aufhängung liegt, erzeugt nach Einschwingen einen künstlichen Horizont.

Kreisfunkfeuer An den Küsten und auf Feuerschiffen aufgestellte rundstrahlende Funksender, die nach allen Richtungen mit der gleichen Feldstärke strahlen.

Kreuz- Bei Vollschiffen alle Takelungsteile, die sich auf den hintersten Mast beziehen, wie z. B. Kreuzmast, Kreuzmarssegel, Kreuzoberbramrah, Kreuzroyalgetau usw. – im Gegensatz zur Bark; dort „Besan-".

Kreuzballon Fällt nicht unter den obengenannten Sammelbegriff, sondern bezieht sich auf → kreuzen. Großes, flachgeschnittenes, den Mast beträchtlich überlappendes Segel für Anwindkurse; heute bekannter unter dem Namen „Genua".

kreuzen 1. Auf Zickzackkurs gegen die Windrichtung segeln. Die einzelnen Teilkurse hoch am Wind heißen *Kreuzschläge*, der Kurswechsel mit dem Bug durch den Wind heißt *Wende*.
2. Das Hin- und Herfahren von Kriegsschiffen in militärischer Mission.
3. Neuerdings auch auf Fahrgastschiffe bezogen, wenn kein eigentliches Reiseziel vorliegt, sondern die Fahrgäste während mehrwöchiger Erholungsreisen an Bord bleiben (Kreuzfahrten).

Kreuzer 1. Kriegsschiff für verschiedene Aufgabenbereiche (Aufklärung, Sicherung, kriegerische Einzelaktionen), heute durch die Luftwaffe in seiner einstigen Bedeutung abgelöst. Man unterschied je nach Größe und Bewaffnung kleine, große, leichte, schwere, Panzer- und Schlachtkreuzer.
2. Im Bereich der Sportschiffahrt wird der Begriff Kreuzer für Bootstypen gebraucht, die für längere Reisen geeignet sind, eine Kajüte haben und mit einer ausreichenden Anzahl von Schlafgelegenheiten, hinreichend Wohnraum, Kombuse, WC, Stauraum, Tankraum usw. ausgerüstet sind. In diesem Sinne „Kreuzeryacht", „Kielkreuzer" u. a.

Kreuzer-Abteilung Die Kreuzer-Abteilung des Deutschen Segler-Verbandes ging aus dem 1911 gegründeten Kreuzer-Yachtverband hervor. Sie wurde dem DSV noch vor dem Ersten Weltkrieg angeschlossen und hat laut Satzung die Aufgabe, „das Segeln auf den Seewasserstraßen, an der Küste und auf See mit allen Mitteln zu fördern" (heute auf die Binnengewässer ausgedehnt). Die Kreuzer-Abteilung des DSV nimmt sich der Belange der Fahrtensegler auf Binnen- und Seerevieren an, unterhält über 100 Stützpunkte und gibt die „Nautischen Nachrichten für Fahrtensegler" sowie Hafenhandbücher heraus.

Kreuzerheck Von der typischen Heckform der Kreuzer abgeleitete Bezeichnung für ein rundes Handelsschiffsheck.

Kreuzfahrt Siehe Fahrgastschiff.

Kreuzknoten Einfacher Knoten (Stek) zum Zusammenstecken zweier gleich starker und gleichartiger Enden. Die Bezeichnung Reffknoten für Kreuzknoten rührt daher, daß im Segel eingenähte Reffbändsel ebenfalls mit Kreuzknoten zusammengesteckt werden. Siehe Knoten auf Seite 174.

Kreuzmast Der hinterste Mast eines Vollschiffes. Der Grund für diese Benennung ist nicht sicher erwiesen; man findet in älteren Quellen als Erklärung den Hinweis auf den Brauch, daß die frühen Seefahrer der streng katholischen Völker auf dem Achterschiff am Mast ein Kruzifix anbrachten. Die Segel des Kreuzmastes hießen Kreuzmarssegel, Kreuzbramsegel usw.

Kreuzpeilung Standortbestimmung durch die Peilung zweier Landmarken. Die Peilungen müssen praktisch gleichzeitig ausgeführt werden und ergeben einen um so genaueren Schiffsort, je näher die beiden Peilrichtungen einen rechten Winkel bilden.

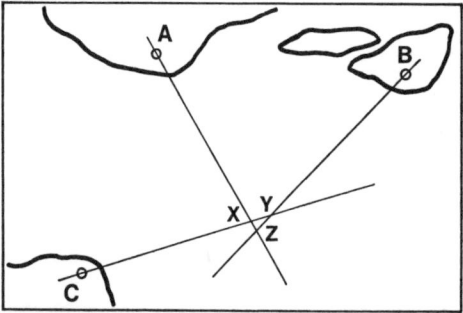

Kreuzpeilung bei 3 Landmarken. Die Größe des Fehlerdreiecks XYZ ist ein Maß für die Zuverlässigkeit des Schiffsortes.

Kreuzrahmen An Deck feststehender, kreuzförmiger Antennenrahmen des Goniometerpeilers. Die eigentliche Rahmenantenne befindet sich in Form einer kleinen drehbaren Spule im Empfänger selbst.

Kreuzschlag 1. Die geraden Teilstrecken des zickzackförmigen Kreuzkurses.
2. Schlagart von Drahtseilen, bei der die Drähte in den Litzen eine der Schlagrichtung der Litzen entgegengesetzte Drehrichtung haben. Diese Schlagart wird je nach Drehrichtung als rechtsgängiger Kreuzschlag (KZ) oder linksgängiger Kreuzschlag (KS) bezeichnet. Vergl. dagegen Gleichschlag.

Kreuzsee Seegang aus zwei sich kreuzenden Richtungen, wie z. B. die Überlagerung einer auslaufenden Dünung mit einer neu aufkommenden See nach Umspringen des Windes.

Kreuzstab, Kreuzstern Siehe Jakobstab.

KR-Formel Ausgleichsformel für Segelyachten verschiedener Art und Konstruktion, die bis 1970 in Deutschland gebräuchlich war. Sie ist durch die → IOR-Formel abgelöst worden. Vergl. die Übersicht im Anhang.

krimpen 1. Das Rückdrehen des Windes. Auf der nördlichen Halbkugel versteht man darunter das Linksdrehen, gegen den Uhrzeiger, auf der Südhalbkugel den entgegengesetzten Drehsinn. Die dem Krimpen entgegengerichtete Drehbewegung – namentlich wenn sie sprunghaft erfolgt – heißt *ausschießen*.
2. In der Fischerei die Verkürzung mancher Netzgarne durch Wasseraufnahme.

Kronenkompaß Ehemals auf Segelschiffen in der Kajüte des Kapitäns aufgehängter, über Kopf abzulesender, phantasievoll ausgeschmückter Kompaß. Die nach unten gewölbte Glashalbkugel trägt die Pinne, den oberen Teil des Kompasses ziert eine Messingkrone. In Gestalt eines Kronenkompasses wird heute, als Symbol für die rühmenswerteste seemännische Leistung im Hochsee-Segelsport, der → Ludwig-Schlimbach-Erinnerungspreis verliehen.

Krummholz Alte Benennung für Hölzer, die in krummer Form gewachsen sind und wegen des natürlichen Verlaufs ihrer Maserung sich besonders für Inhölzer, Balkenknie und ähnliche Bauteile eigneten. Siehe gewachsenes Holz.

„Kuchenbude" Cockpitspersenning einer Segelyacht in Form eines budenähnlichen Zeltes. Das Dach wird durch Latten ausgespreizt, die vom Großbaum getragen werden.

Kuff; Kufftjalk (nl.-dt.) Alte ostfriesisch-holländische Küstenfahrzeuge mit starkem Sprung, sehr runden Schiffsenden und senkrechtem

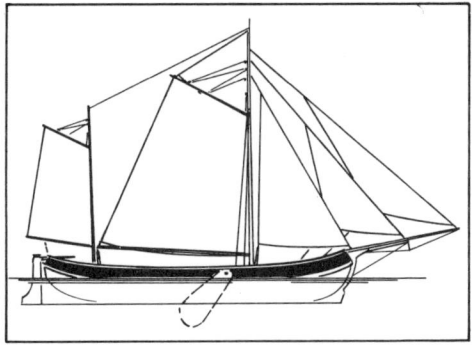

Kufftjalk.

Achtersteven. Am verbreitetsten war die Takelung mit zwei Pfahlmasten (als Anderthalbmaster), es gab im 19. Jh. jedoch auch die Kuffbark, Kuffbrigg und Schonerkuff. Die Kufftjalk war ein der Kuff ähnliches Fahrzeug mit Seitenschwertern und abweichender Heckform. Das Wort Kuff geht über Umwandlungen und Abkürzungen auf „kopfardie" zurück (Kauffahrteischiff).

Kugel Der geometrische Ort für alle Punkte des Raumes, die von einem festen Punkt die gleiche Entfernung haben, von ihrem Mittelpunkt. Alle Schnittebenen durch eine Kugel erzeugen an deren Oberfläche Kreise. Gehen die Schnittebenen durch den Mittelpunkt, dann entstehen Großkreise, wie z. B. bei der Erde der Äquator und die Meridiane. Alle übrigen Schnitte erzeugen Nebenkreise. Die Breitenparallele z. B. sind Nebenkreise. Die Kugel ist derjenige Körper, der bei gegebenem Volumen die kleinstmögliche Oberfläche, bei gegebener Oberfläche das größte Volumen hat.
Bei einem Radius r ist ihre Oberfläche $O = 4\pi r^2$, ihr Volumen $V = \frac{4}{3}\pi r^3$.

Kugelbake Bake mit kugelförmigem Toppzeichen; das Wahrzeichen Cuxhavens.

Kugelkompaß 1. Kreiselkompaß mit zwei Kreiseln in einer Kugel, die ihrerseits in einer Hüllkugel schwebt. Siehe Kreiselkompaß.
2. Magnetkompaß ohne kardanische Aufhängung. Die Rose hat weitestgehende Bewegungsfreiheit in einer kugelförmigen Glasglocke. Derartige Kompasse sind besonders geeignet für kleine Fahrzeuge, auf denen starke Beschleunigungen auftreten (Seenotrettungskreuzer), und für Yachten.

Kugeltonne Tonne, die über Wasser die Form einer Halbkugel hat.

Kühlschiff Frachtschiff, dessen gesamter Laderaumgehalt aus isolierten Kühlräumen besteht. Diese vorwiegend für Frucht- und Fleischtransport bestimmten Schiffe haben Kühlanlagen, die im allgemeinen Raumtemperaturen bis $-20°$ C garantieren.

„Kuhwende" Eigentlich Q-Wende, von der Form dieses Buchstabens hergeleitet. Sie bezeichnet bei hartem Wind die Umgehung einer Halse durch den Umweg: Anluven – wenden – wieder abfallen. Der dabei beschriebene Weg hat angenähert die Form eines Q. Vergl. im Gegensatz dazu Gefahrenhalse.

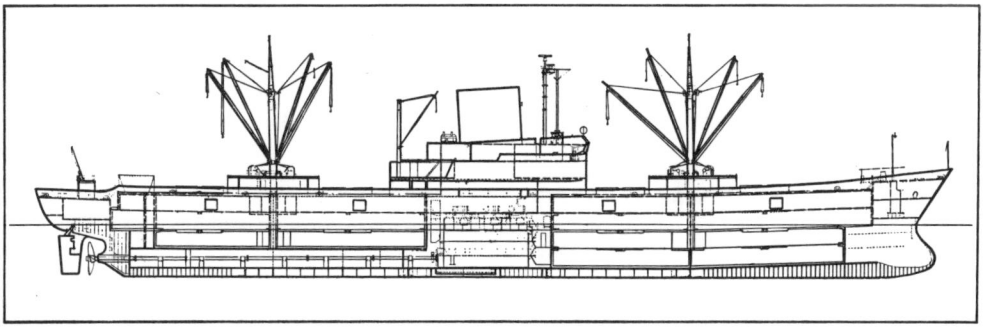

1968 gebautes 6500-BRT-Motorkühlschiff. Geschwindigkeit 22 kn. Raumtemperaturen bis $-22°$ C.

Kulmination Von lat. *culmen*, Gipfel. Die größte sowie auch die kleinste Höhe eines Gestirns auf seiner täglichen Bahn (obere und untere Kulmination). Kulmination und Meridiandurchgang sind nicht genau dasselbe; doch wird in der Praxis nicht streng zwischen beiden unterschieden.

Kümo An der Küste allgemein verbreitete Kurzform für Küstenmotorschiff. Üblich sind Motorfahrzeuge zwischen 250 und 950 BRT mit achtern liegender Maschine und relativ großen Luken. Hauptsächliche Fahrtgebiete sind Nord- und Ostsee, Englischer Kanal und Mittelmeer.

künstlicher Horizont Hilfsmittel zur Messung von Gestirnshöhen bei unsichtiger Kimm. Das Prinzip der Messung mit einem künstlichen Horizont beruht darauf, daß man das Gestirn mit seinem Spiegelbild zur Deckung bringt und damit die doppelte scheinbare Höhe erhält.
Der künstliche Horizont muß eine waagerechte ebene Fläche sein. Man verwendet spiegelnde Flüssigkeiten (Quecksilber, geschwärztes Öl, Sirup) oder kreiselstabilisierte Spiegel. Vergl. Kreiselsextant.

Kunststoff Künstlich hergestellter Werkstoff aus Makromolekülen organischen Ursprungs, der in der Natur nicht vorkommt. Die Methoden zur Erzeugung von Makromolekülen (aus einer Vielzahl durch Atombindung zusammengehaltener Einzelmoleküle) sind Polymerisation, Polykondensation und Polyaddition.
Nach Überwindung anfänglicher Vorurteile sind Kunststoffe für alle Bereiche industrieller Fertigung unentbehrlich geworden. In den Schiffbau fanden sie erstmals Ende der dreißiger Jahre Eingang (Rohstoffknappheit).
Im modernen Bootsbau nimmt glasfaserverstärkter Kunststoff (GFK) mit Abstand den ersten Rang ein; und dabei beträgt der Anteil von GFK an der gesamten Kunststoffproduktion weniger als 10 Prozent.
Die hauptsächlichen Vorzüge von Kunststoffen liegen in hoher Festigkeit bei geringem Gewicht, großer Dauerhaftigkeit bei geringstem Unterhaltungsaufwand, Beständigkeit gegen Chemikalien, erstklassiger Oberflächenbeschaffenheit, leichter Reparaturfähigkeit usw. Die Grenzen der Verwendung von Kunststoffen liegen dagegen in mangelnder Hitzebeständigkeit, Brennbarkeit und einem niedrigen Elastizitätsmodul.

Die Bezeichnung „Kunstharz" rührt daher, daß viele Kunststoffe in Aussehen und Verhalten den Harzen ähneln, worunter man einen technologischen Sammelbegriff für feste, harte bis weiche organische, nichtkristalline Stoffe versteht. Eine eindeutige, präzise Grenzziehung bei der Begriffsbestimmung für „Harz" liegt nicht vor.

Kunststoffboote Boote, die aus glasfaserverstärktem Polyesterharz hergestellt sind. Siehe GFK.

Kupfer Cu, metallisches Element der Gruppe Ib im Periodensystem der Elemente. Kupfer hat zwei Eigenschaften, die es für eine Verwendung im Schiff- und Bootsbau besonders geeignet machen:
1. Es rostet nicht. Beim Bau von Schiffen aus Vollholz werden daher die Planken durch Kupfernieten miteinander (bei der Klinkerbauweise) und mit den Spanten verbunden. Kupfernieten sind vierkantige Drahtstifte, die auf der Innenseite in der richtigen Länge abgekniffen und auf einer kegelförmigen Scheibe vernietet werden.
2. Kupfer wirkt schützend gegen Bewuchs und Wurmfraß. Hölzerne Schiffe wurden deshalb früher, nachdem sie sorgfältig kalfatert und geteert waren, unterhalb der Schwimmwasserlinie mit Kupferblech beschlagen („kupfern"). An das Kupfern erinnert noch die Verwendung von Kupferfarbe; vergl. Antifouling.
Den Ausdruck „kupferfest" findet man in der Literatur sowohl auf das unter Punkt 1. als auch auf das unter Punkt 2. Ausgeführte bezogen, d. h. auf Schiffe, zu deren Bau Kupfernieten und -bolzen verwendet wurden, und auf solche, deren Außenhaut mit Kupferblech beschlagen war. Von Bedeutung ist Kupfer an Bord ferner für elektrische Leitungen und als Legierungsbestandteil für die Herstellung von Propellern.

Kupplung Verbindung zwischen den Enden der einzelnen Teile einer Wellenleitung zur Übertragung eines Drehmomentes. Man unterscheidet nichtschaltbare und schaltbare Kupplungen. Die nichtschaltbaren teilt man wiederum in starre und elastische Kupplungen. Zwischen Getriebe und Propeller genügen starre (Flanschkupplungen), zwischen Antriebsmaschine und Getriebe ist eine elastische (Flüssigkeitskupplung) erforderlich. Schaltkupplungen sind mechanisch oder hydraulisch betätigte, form- und kraftschlüssige Verbindungen.

Kursverwandlung, Kursberichtigung

Kurbelwelle Welle, die mit einer der Zylinderzahl der Antriebsmaschine entsprechenden Anzahl von Kröpfungen versehen ist, über welche die Pleuelstangen die Hin- und Herbewegung der Kolben in eine Rotationsbewegung der Welle übertragen.

Kurre *w.* Sackartiges Grundschleppnetz.

Kurs (lat.) Richtung, Lauf. Die Richtung, die ein Schiff steuert. In der Praxis wird unter Kurs sowohl der Winkel gegen die Nordrichtung verstanden, als auch die Linie, auf der sich das Schiff bewegt; es ist korrekter, die letztere als *Kurslinie* zu bezeichnen. Der Kurs eines Schiffes ist ohne Zusatzbezeichnung keine eindeutige Größe. Man unterscheidet daher verschiedene Kursdefinitionen:
1. Kompaßkurs (Winkel zwischen Kompaß-Nord und Kielrichtung)
2. mw Kurs (Winkel zwischen mw Nord und Kielrichtung)
3. rw Kurs (Winkel zwischen rw Nord und Kielrichtung)
4. wahrer Kurs (Winkel zwischen rw Nord und Weg über Grund)
5. Kartenkurs (Winkel zwischen rw Nord und der in die Karte eingetragenen Kurslinie. Theoretisch identisch mit dem wahren Kurs).
(rw = rechtweisend; mw = mißweisend).
Die Winkeldifferenz zwischen 1 und 2 ist die Ablenkung (Deviation), zwischen 2 und 3 die Mißweisung (magnetische Deklination), zwischen 1 und 3 die Fehlweisung (Ablenkung + Mißweisung), zwischen 3 und 4 die Summe von Abdrift (durch den Wind) und Stromversetzung. Beim orthodromischen Kurs (Großkreiskurs) wird der Winkel gegen rw Nord jeweils nach einer gewissen Anzahl Seemeilen um 1° geändert. Da sind insbesondere Anfangs- und Endkurs von Bedeutung.

Kursberichtigung Siehe Kursverwandlung.

Kursdreieck 1. Transparentes, gleichschenkliges rechtwinkliges Dreieck mit eingedruckter Gradeinteilung zum Einzeichnen von Kursen und Peilungen in die Seekarte.
2. Dreieck aus Breitenunterschied, → Abweitung und Distanz für die Koppelrechnung. Die drei Längen werden in Seemeilen angegeben.

Kurs durch das Wasser, Kurs über den Grund Winkel zwischen rw Nord (Meridian) und Weg des Schiffes durch das Wasser bzw. über den Grund. Diese beiden unterscheiden sich um die Stromversetzung.

Kurssignal Signal mit der Dampf-Pfeife oder dem Typhon, mit dem ein Schiff, das seinen Kurs ändert, ein anderes Schiff auf diese Kursänderung aufmerksam macht. Es bedeuten:
Ein kurzer Ton: Ich ändere meinen Kurs nach Steuerbord.
Zwei kurze Töne: Ich ändere meinen Kurs nach Backbord.
Drei kurze Töne: Meine Maschine geht rückwärts.

Kursverwandlung, Kursberichtigung Die Umrechnung vom Kompaßkurs („falschen Kurs") in den wahren Kurs und umgekehrt durch das Berücksichtigen aller Einflußgrößen, infolge derer

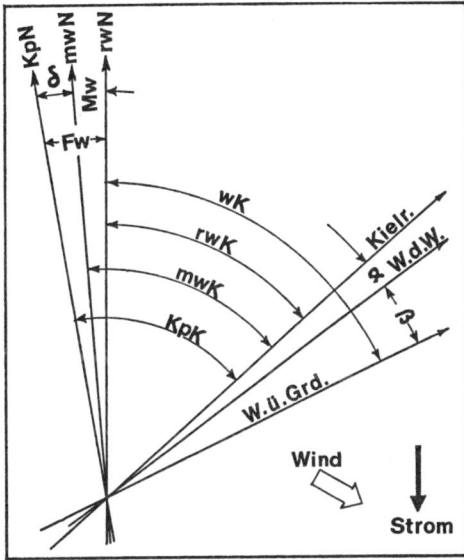

Die verschiedenen Kursarten beim Magnetkompaß. wK = wahrer Kurs, rwK = rechtweisender Kurs, mwK = mißweisender Kurs, KpK = Kompaßkurs; α = Abdrift, β = Stromversetzung, δ = Deviation.
(In der Zeichnung bedeuten ferner Kielr. Kielrichtung, W. d. W. Weg durchs Wasser, W. ü. Grd., Weg über Grund.)

Kurvenblatt

sich die Kurse voneinander unterscheiden: Ablenkung, Mißweisung, Abdrift, Stromversetzung. Der wahre Kurs ist die algebraische Summe von Kompaßkurs und sämtlichen Berichtigungen (mit den jeweils für sie gültigen Vorzeichen). Einfachste Regel für die Kursverwandlung:
Wahrer Kurs = Kompaßkurs + (Summe der Berichtigungen).
Kompaßkurs = Wahrer Kurs − (Summe der Berichtigungen).
Für den praktischen Bordgebrauch hat sich die Faustformel bewährt:
Vom ,,falschen" zum ,,wahren" Kurs: richtige Vorzeichen.
Vom ,,wahren" zum ,,falschen": entgegengesetzte Vorzeichen.
Unter ,,falschem" wird hier der Kompaßkurs verstanden. Vergl. Kurs.

Kurvenblatt Zusammenfassung aller wichtigen Ergebnisse der Berechnung eines Schiffskörpers. Die Berechnungsergebnisse werden in Kurven geographisch dargestellt; das gestattet das Ablesen jeder Rechnungsgröße für jeden beliebigen Tiefgang. Das Kurvenblatt enthält u. a.: die Wasserlinienflächenkurve, die Verbindungslinie der WL-Schwerpunkte, die Längen- und Breitenträgheitsmomente, Spantintegral- und Spantmomentenkurven, Verdrängungen auf Spanten und Außenhaut, Verdrängungsschwerpunkte, Metazentren, Völligkeitsgrade, Spantflächen für die CWL, Einheitstrimmomente.

Kurzspleiß Verbindungsspleiß zweier gleichartiger Enden. Die Kardeele beider Tampen werden in ausreichender Länge aufgedreht, um 3fach im gegenüberliegenden Ende gegen den Schlag verflochten zu werden, bei Tauwerk aus Chemiefasern öfter.

,,kurzstag!" Meldung vom Vorschiff, daß beim Ankerlichten die Kette so steil steht, daß der Anker bei weiterem Hieven aus dem Meeresboden ausbrechen wird.

Kurzwelle Elektromagnetische Wellen im Frequenzbereich zwischen
$f = 30$ MHz ($\lambda = 10$ m) und
$f = 4,2$ MHz ($\lambda = 71,5$ m).
Durch Raumwellen, die an der Ionosphäre reflektiert werden, können mit Kurzwellen sehr große Entfernungen überbrückt werden. Vergl. Frequenz.

Küste Die Grenzzone zwischen Land und Meer. Vom meereskundlichen Standpunkt aus wird die Küste in drei charakteristische Zonen geteilt: Strand, Gezeitenzone und → Schorre.
Unter nautischem Gesichtswinkel wird als Küstenlinie die Grenzlinie zwischen Meer und Land bei mittlerem Hochwasser bezeichnet. Sie ist auf Seekarten kenntlich gemacht.

Küstenfahrt Siehe Fahrtgebiete.

Küstenfischerei Fischerei in Sicht der Küste. Dazu gehört die Fischerei auf Watten, Haffen, Bodden, Förden und in Flußmündungen mit kleineren, offenen, halbgedeckten und gedeckten Fahrzeugen, in der die Fahrten normalerweise nicht länger als 24 Stunden dauern. Je nach geographischen Verhältnissen und Zivilisation bestehen jedoch Unterschiede. Im allgemeinen werden auch in der Küstenfischerei zunehmend hochseefähige Kutter mit Kühlräumen und modernen Navigationsgeräten verwendet.

Küstenjolle Ältere nationale Jollenklasse mit Luftkästen und festem Ballast.

Küstenkarten Seekarten für die Navigation in Küstennähe, wo mit Untiefen gerechnet werden muß. Der Maßstab der Küstenkarten des deutschen Seekartenwerkes ist 1:30 000 bis 1:300 000. Karten größeren Maßstabes heißen Pläne (1 : 30 000 und größer). Vergl. Karten.

Küstenstrom Strömung parallel zur Küste außerhalb der Brandungszone.

Kutter (von engl. cut, cutter, die Wellen durchschneidendes Schiff).
1. Einmastiges Segelfahrzeug. Der klassische Kutter hatte ein Gaffelsegel, ein Toppsegel und drei Vorsegel (Fock, Klüver, Flieger). Heute bezeichnet man als Kutter auch hochgetakelte Yachten, wenn sie mehr als ein Vorsegel fahren (Kuttertakelung).
2. Hochbordiges, seefähiges Kriegsschiffbeiboot, das zum Pullen (Rudern) für 10 oder 14 Mann und zum Segeln eingerichtet ist. Die typische Takelung dieser Kutter besteht aus 2 Pfahlmasten mit Luggersegeln und einem Vorsegel.
3. Der aus England stammende Fischkutter mit schärferen als bislang üblichen Linien wurde 1883 in der deutschen und nordeuropäischen See- und Küstenfischerei eingeführt. Länge über

alles: 10 m bis 30 m. Kennzeichnend waren der gerade Vorsteven und der durch das überhängende Heck hindurchführende Ruderschaft. Die Besegelung variierte mit der Größe; Motorkutter erst nach 1900. Aus zahlreichen sehr unterschiedlichen Kuttertypen kristallisierten sich im Lauf der Zeit einige genormte Grundformen heraus. Bewährt hat sich insbesondere der vor dem Krieg entwickelte Reichsfischkutter von ca. 24 m Länge.
Der klassische Baustoff ist Vollholz; neuerdings werden aber auch Kutter aus glasfaserverstärktem Kunststoff gebaut. Moderne Hochseekutter haben nicht mehr die früher übliche Bünn; die gleich nach dem Fang geschlachtete Ware wird auf Eis gelegt.

L

labil (lat.) Unstabil. Siehe Gleichgewicht.

labsalben Aus *Lappen* und *salben*. Das Wort stammt aus der Segelschiffszeit und bezeichnete das Konservieren von Drahttauwerk mit Teer und mit Fetten; insbesondere das Teeren des stehenden Gutes.

Labskaus Aus engl. *lobscouse;* traditionelles Seemannsgericht. Ein Brei, der vorwiegend aus Stockfisch, Kartoffeln und Salzfleisch besteht.

Lack Das Wort ist altindischen Ursprungs und gelangte über das Arabische in die europäischen Sprachen. Man versteht darunter Anstrichstoffe, die nach dem Auftragen und Trocknen einen geschlossenen, auf der grundierten Unterlage haftenden Film bilden. Die Lackschicht ist ein guter Oberflächenschutz und trägt erheblich zum äußeren Bild eines Schiffes bei.
Es ist üblich – bei einer hölzernen Außenhaut notwendig – eine Yacht jedes Jahr neu zu lackieren. Mehrere Anstriche sind erforderlich, die jeweils gut durchgetrocknet und wieder geschliffen werden müssen. Im Gegensatz zu den früheren Öllacken sind die neuzeitlichen Lacke auf Kunststoffbasis aufgebaut; Polyesterlacke, Epoxidlacke, Zweikomponenten-Polyurethanlacke (DD-Lacke) usw. Lack muß zäh, aber nicht spröde sein, seewasserbeständig und unempfindlich gegen ultraviolette Strahlen.
Lackfarben sind Lacke mit angeriebenen Pigmenten, durch welche die typischen Lackeigenschaften nicht beeinträchtigt werden.

Ladebaum Starke, auftoppbare und schwenkbare Spiere, die, durch einen Hanger an einem Mast oder Ladepfosten gehalten, als Kran zum Be- und Entladen eines Frachtschiffes dient. Für jede Luke sind 1 oder 2 Baumpaare bestimmt. Der Ladevorgang wird jeweils mit zwei gekoppelten Bäumen durchgeführt. Gewöhnliche Ladebäume haben eine Tragkraft von 5 t bei vierfacher Sicherheit. 3/5 t bedeutet: 3 t bei einfach geschorenem Läufer, 5 t mit Klappläufer. Normalerweise haben alle Frachter mindestens einen Baum für schwerere Lasten. Es gibt Schwergutbäume für Lasten von mehreren hundert Tonnen Gewicht. S. Skizze auf Seite 190.

Ladefähigkeit Das Gewicht der maximalen Nutzlast (auch Passagiere plus deren Effekten und Verpflegung). Vergl. im Gegensatz dazu Tragfähigkeit, *deadweight all told*.
Ist das Volumen der Nutzräume gemeint, spricht man von „Laderauminhalt". Dieser wird in Kubikmetern angegeben.

Ladegeschirr Sämtliche Vorrichtungen, die für das Beladen und Löschen eines Schiffes erforderlich sind: Masten, Pfosten und Bäume (bzw. Kräne), dazu die Hanger, Geien und Windenläufer mit allen zugehörigen Blöcken, Schäkeln und Ladehaken, ferner Hanger- und Ladewinden. Auf den Segelschiffen pflegte das Ladegeschirr im Prinzip aus zwei an den Bramsalingen benachbarter Masten angebrachten Hangern zu bestehen, an denen der Hangerleitblock für den Windenläufer angeschäkelt war. Dieser Leitblock ließ sich mittels eines Ausholers an der Nock der nächstgelegenen Unterrah nach außenbords holen.

Ladelinie

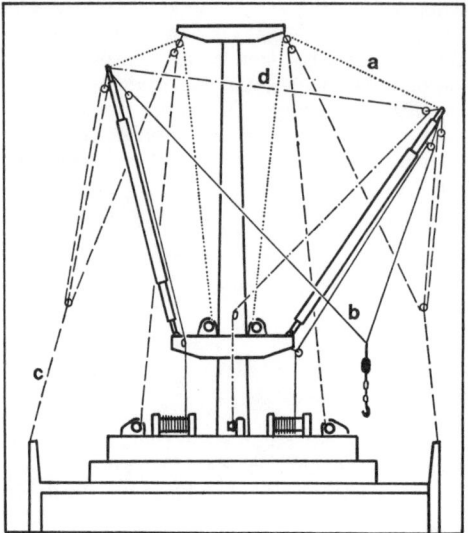

Ladegeschirr eines Stückgutfrachters. Schematische Darstellung der Arbeit mit 2 Bäumen. (a = Hanger, b = Windenläufer, c = Preventer, d = Mittelgei)

Ladelinie Die Wasserlinie, bis zu welcher ein beladenes Schiff eintauchen darf. Vergl. Freibord.

Lademarke Die Markierung für die Ladelinie in der Mitte des Schiffes an der Bordwand. Siehe Freibordmarke.

Ladepfosten Paarweise an Oberdeck aufgestellte starke Rohrpfosten, die zugleich als Lademasten und Lüfter dienen.

Ladeplan Vereinfachter Längsschnitt durch ein Frachtschiff mit Ansichten sämtlicher Decks, im allgemeinen M 1:200. In den Ladeplan sind sämtliche Raum- und Tankinhalte, die Hebekraft jedes einzelnen Ladebaumes sowie eine Tragfähigkeitsskala eingetragen (siehe Lastenmaßstab).

Ladungsoffizier Auf deutschen Schiffen der II. Offizier. Seine spezielle Aufgabe ist die Ausarbeitung des Stauplanes, die günstigste Raumausnutzung in Verbindung mit der Überwachung von Tiefgang, Stabilität und Rumpfbelastung, ferner die Planung der Ladezeit.

Im modernen Containerdienst werden die Staupläne an Land über Computer hergestellt und den jeweiligen Schiffen nach der Beladung fix und fertig mitgegeben.

Ladungspapiere Diejenigen Dokumente, die zur Abwicklung des Beladens und Löschens eines Schiffes benötigt werden: Shipping Order, Mate's Receipt, Konnossement, Revers, Manifest, Tallybook.

Ladungstüchtigkeit Begriff der Allgemeinen Deutschen Seeversicherungsbedingungen (ADS). Ladungstüchtigkeit besagt, daß das versicherte Schiff geeignet sein muß, von der konkreten Ladung andere Transportgefahren als die der See abzuwenden. Vergl. hierzu *Seetüchtigkeit* und *Reisetüchtigkeit*.

Laeiszmast Der vierte Mast von vorn auf den Fünfmastern der Reederei F. Laeisz, Hamburg, der ehemals größten deutschen Segelschiffsreederei. Vergl. Fünfmastbark bzw. -vollschiff.

Lage 1. Man trifft gelegentlich auf den Ausdruck „Lage" für Krängung; Lage bezeichnet jedoch einen *horizontalen* Winkel.
a) Winkel, den die Kiellinie eines passierenden Schiffes mit der Verbindungslinie vom eigenen Schiff zu jenem angepeilten bildet.
b) Eine mit Uhrzeit angegebene Seitenpeilung eines anderen Fahrzeugs, d. h. dessen Stellung zum eigenen Schiff.
2. Bei bewaffneten Schiffen früherer Zeiten sämtliche Kanonen einer Schiffsseite und das Abfeuern derselben (davon abgeleitet im übertragenen Sinne „eine Lage" Bier oder Schnaps).
3. Fachausdruck der Schweißtechnik. Eine Schweißnaht besteht aus mehreren Lagen, wenn die Elektrode mehrmals die Naht entlang fahren muß, um sie zu füllen.

Lagune Von ringförmigen Korallenriffen oder von Dünen (Nehrungen) an flachen Küsten eingeschlossener Brackwasserbereich; entsteht durch absinkenden Untergrund. Das Wort ist abgeleitet von lat. *lacus* (See), *laguna* (Lache) und wird im besonderen auf die Gewässer Venedigs bezogen.

Laken Der Ausdruck Laken für Segel stammt aus dem Niederl. „Vlak voor't laaken" für „platt vor dem Wind" war schon im 17. Jh. geläufig.

laminare Strömung (lat.) Strömung, bei der die Stromlinien parallel und ohne Störung verlaufen, im Gegensatz zur turbulenten, wirbeligen Strömung. Das Umschlagen von laminarer in turbulente Strömung erfolgt bei Überschreiten eines für die Strömung charakteristischen kritischen Wertes der Reynoldsschen Zahl.

Laminat In Polyesterharz (oder Epoxid) eingebundene Glasfaserschicht (Matte oder Gewebe). Die Außenhaut eines Kunststoffbootes besteht aus mehreren übereinandergelegten Laminaten. Siehe GFK.

La-Mont-Kessel Dampfkessel zur Erzeugung überhitzten Dampfes von sehr hohem Druck für Schiffsturbinenanlagen. Siehe Dampfkessel.

Landeffekt Die Funkstrahlablenkung, die beim Übergang der Funkwellen von Land auf See (bzw. umgekehrt) entsteht.

Landfall Das erste Insichtkommen von Land nach Überqueren eines großen Seegebietes und das Identifizieren des gesichteten Küstenbereiches.

landen In bezug auf das Schiff wird der Ausdruck lediglich unter militärischem Aspekt gebraucht; „Truppen landen", d. h. an Land setzen.

landfein Seemann klar zum Landurlaub.

Landferne Auf hoher See der Abstand von der nächsten Küste. Die Stellen größter Landferne liegen auf der Nordhalbkugel im Pazifischen Ozean zwischen Hawaii und den Galapagosinseln, im Atlantik zwischen den Bermudas und den Kapverdischen Inseln.

Landfeste Festmacher; Trossen zum Festmachen eines Schiffes.

Landgang 1. Laufsteg, um von Bord an Land, oder, bei nebeneinanderliegenden Schiffen, von einem Schiff zum anderen zu gelangen. Für Seeschiffe sind Stege von mindestens 56 cm Breite und 85 cm Geländerhöhe vorgeschrieben.
2. Im Sinne von Landurlaub, das Recht an Land zu gehen.

Landhai Schwarzer Heuerbaas, illegaler Stellenvermittler für Seeleute.

Landmarke Markanter Punkt einer Küstenlinie, der für die terrestrische Navigation (zur Standortbestimmung) von Wert sein kann. Natürliche Landmarken sind Hügel, Vorgebirge, Gehölze; künstliche: Kirchtürme, Mühlen, Sendemasten, Schornsteine usw.

Landradar Radar-Rundsichtgeräte einer oder mehrerer landfester Stellen zur Überwachung eines Fahrwassers, einer Küste, eines Hafengebietes. Die Auswertezentrale steht mit der Schiffsführung bzw. dem Lotsen in Funktelefonieverbindung.

Landratte Im 19. Jh. aufgekommene, sehr verbreitete Spottbezeichnung der Seeleute für alle, die nicht ihr ganzes Leben auf See zubringen. (Die entsprechende englische Bezeichnung ist *land-lubber;* dennoch ist auch Landratte englischen Ursprungs; vgl. Shakespeare, The Merchant of Venice 1,3: „*there be land-rats and water-rats . . .*".).

Land- und Seewind Thermische Windzirkulation, die durch starke Sonnenstrahlung entsteht: Tagsüber Seewind durch aufsteigende heiße Luft über dem Land, nachts Rückfluß, leichter Wind von Land nach See zu infolge der stärkeren Abkühlung des Landes. Diese Erscheinung ist insbesondere in den Tropen zu beobachten, sie ist in abgeschwächter Form jedoch selbst an größeren Binnenseen bemerkbar.

Länge 1. Physikalisch-technische Basisgrößenart (siehe *Größe*). Die in Wissenschaft und Technik international verwendeten Längeneinheiten sind das Meter und dessen dezimale Vielfache bzw. Teile. In manchen Ländern und für verschiedene Bereiche sind darüber hinaus auch andere Längeneinheiten von Bedeutung: in den angelsächsischen Ländern yard, foot, inch; in der Nautik Seemeile, Kabellänge, Faden; in der Astronomie Lichtjahr usw.
2. Die geographische Länge eines Ortes ist der in Grad gemessene Winkel zwischen dessen Meridianebene und der Ebene des Meridians von Greenwich bzw. der sphärische Winkel am Pol zwischen diesen beiden Meridianen. Die Länge wird vom Nullmeridian (Greenwich) aus ostwärts und westwärts bis 180° gemessen und heißt dementsprechend östliche bzw. westliche Länge.
3. Als schiffbautechnische Hauptabmessungen

Längenkreis

unterscheidet man Länge über alles, Länge in der Konstruktionswasserlinie, Länge zwischen den Loten (vergl. Hauptabmessungen); für Vermessung und Klassifikation sind auch noch andere Definitionen gebräuchlich.

Längenkreis Dasselbe wie Meridian: ein halber Großkreis vom Nord- zum Südpol der Erde.

Längenunterschied Die Differenz der geographischen Längen zweier Orte im Winkelmaß. Im Zeitmaß ausgedrückt heißt dieser Winkel Zeitunterschied (15° = 1 Stunde; 1° = 4 Minuten). Der Längenunterschied bezeichnet stets den kleineren, d. h. den weniger als 180° betragenden Winkel. Bei gleichnamigen Längen sind diese voneinander zu subtrahieren, bei ungleichnamigen zu addieren.

Längenverfahren Eine nur begrenzt anwendbare Berechnungsmethode astronomischer Standlinien. Vergl. hierzu *Höhenverfahren*.

Langleine Angelgerät, bei welchem an einer langen Leine in kürzeren Abständen dünnere Schnüre (Vorfächer) angebracht sind, an deren Enden die Angelhaken mit den Ködern sitzen.

Längsfestigkeit Festigkeit des Schiffskörpers in der Längsrichtung. Die Biegebeanspruchung des Schiffskörpers beim Stapellauf und im Seegang mit Wellenlängen von der Größenordnung der Schiffslänge stellen die hauptsächlichsten Probleme der Schiffsfestigkeit dar. Mit dem Anwachsen der Schiffsgrößen und den durch die beschränkten Wassertiefen der meisten Häfen notwendigen hohen L:H-Werten großer Schiffe, ferner durch die immer größer werdenden Luken (Containerschiffe), sind Schiffe in bezug auf die Längsfestigkeit zu empfindlichen Gebilden geworden, bei denen eine gleichmäßige Verteilung der Ladung bzw. des Ballasts von außerordentlicher Bedeutung ist.

Langspleiß Eine Methode, zwei Tampen so miteinander zu verspleißen, daß die Verbindungsstelle nicht dicker wird als die Leine selbst, und diese somit durch Blöcke geschoren werden kann. Die Kardeele werden nicht gegen den Schlag verflochten, sondern über eine größere Länge wechselseitig ausgetauscht, die Enden der Kardeele verjüngt, eingespleißt und versteckt.

Längsriß Diejenige Projektion, die einen Körper von der Seite zeigt. Dasselbe wie Aufriß. Vergl. Linienriß.

Längssaling Bauelement der Segelschiffsmasten. Die Längssalinge hielten den Fuß der Marsstenge. Vergl. Saling.

längsschiffs In der Längsrichtung des Schiffes, Gegensatz: querschiffs.

Längsschott Schott, das einen Schiffsraum der Länge nach teilt. Ein solches Schott kann mittschiffs liegen (Mittellängsschott), oder es können zwei seitlich angeordnete Schotte den Schiffsraum in Mittel- und Seitentanks bzw. Laderäume und Seitentanks aufteilen. Eine solche Raumteilung ist sowohl bei Tankern als auch bei Massengutfrachtern üblich.

längsseits In Schiffslängsrichtung außenbords. Der Länge nach Seite an Seite mit einem anderen Schiff liegen.

Längsspantensystem Bauweise, bei der die Spanten nicht wie Rippen senkrecht zur Schiffslängsachse verlaufen, sondern parallel zu ihr. Siehe „Isherwoodsystem". Es ist üblich, Längsspanten nur im Bereich der oberen und unteren Gurtung anzuordnen, während man die Bordwände seitlich mit Querspanten aussteift. Diese zuerst bei Tankern angewandte Bauweise ist heute nicht nur bei diesen und bei Massengutfrachtern üblich, sondern setzt sich mit zunehmender Schiffsgröße ganz allgemein immer mehr durch.

Längsstabilität Stabilität eines Schiffes in der Längsrichtung. Sie stellt im allgemeinen kein schiffbauliches Problem dar. Wenn von „Stabilität" die Rede ist, ist stets die Querstabilität gemeint. Es sei auch hier auf den fundamentalen Unterschied von → *Stabilität* und → *Festigkeit* hingewiesen.

Längsverbände Die für die Längsfestigkeit eines Schiffskörpers wesentlichen Konstruktionsteile. Zur oberen Gurtung gehören: Deckstringer und Plattendeck neben den Luken, Längsspanten sowie zu beiden Seiten der Schergang und der darunterliegende Plattengang der Außenhaut. Zu den Längsverbänden der unteren Gurtung gehören der Schiffsboden mit Kielträgern und Längsspanten, die Tankdecke des Doppelbodens und die untere Zone der Außenhaut.

Langwelle Elektromagnetische Wellen mit Wellenlängen zwischen 1 und 10 km (300–30 kHz). Verwendung Rundfunk, Seefunk, Navigationsfunk („Kilometerwellen"). Wellen mit Längen über 10 km (unter 30 kHz) heißen Längstwellen.

Lasche; laschen 1. Verbindungsstück zweier stumpf aneinanderstoßender Platten oder Planken.
2. Verbindungsstelle eines aus Teilen zusammengebauten Holzträgers, dessen Teile angeschärft sind und einander überlappen. Auch das Aneinanderzurren von Spieren mit Rundtörns oder Achttörns heißt laschen.
3. Das Seefestzurren beweglicher Gegenstände an Bord.

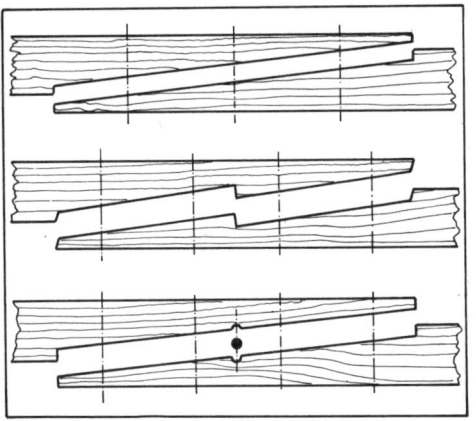

Holzlaschen

Laschenschnitt Typischer Vorsegelschnitt mit einer vom Schothorn ausgehenden Mittelnaht, „Lasching", von der aus die Bahnen senkrecht zum Unterliek und zum Achterliek verlaufen.

Laser 1. Kurzwort aus engl. *l*ight *a*mplification by *s*timulated *e*mission of *r*adiation. Verstärker von Licht mit zeitlich konstanter Phasenbeziehung der Wellenzüge (kohärentes Licht) und von Strahlung der angrenzenden Spektralbereiche. So gibt es neuerdings Laserstrahl-Leuchttürme, deren Ausstrahlung im Infrarotbereich liegt.

2. Internationale Einmann-Jollenklasse.

Lashschiff Bezeichnung für einen neuartigen Schiffstyp. Das Wort ist gebildet aus engl. *lighter abord ship*, übersetzbar mit „Leichterträger". Diese im Nordatlantikverkehr erstmals 1970 in Erscheinung getretene Schiffsart ist eine Weiterführung des Prinzips der Containerschiffe. Die Container sind größer und zu schwimmfähigen Einheiten, zu Leichtern, geworden. Auf den ersten Lashschiffen hatten diese eine Größe von rund 370 t, der Bordkran eine Tragkraft von ca. 500 t. Das Ziel ist eine Verkürzung der Umschlagzeit in bzw. auch vor den Seehäfen, und zwar überall dort, wo es möglich ist, die beladenen Leichter auf einem Binnenwasserstraßennetz gleich auf dem Wasserwege weiter zu befördern bzw. umgekehrt an den Liege- oder Ankerplatz des Schiffes zu bringen.

lasieren (pers.-arab.-lat.) Transparentes Einfärben des Holzes, im Gegensatz zum Auftrag von Deckfarbe.

Last 1. Vorratsraum, Aufbewahrungsraum an Bord (Proviantlast, Taulast, Kettenlast usw.)
2. Zur Erläuterung des Hebelgesetzes unterscheidet man zwischen Last und Kraft, Lastarm und Kraftarm. Diese Benennung ist anschaulich, sagt aber nichts über das Wesen von Last bzw. Kraft aus. Vergl. Masse, Kraft, Gewicht.
3. Alte Maßeinheit zur Angabe der Schiffsgröße in den nordeuropäischen Ländern. Man findet in der Literatur und auf alten Bildern häufig die Größenangabe eines Schiffes in Lasten, doch war die Last kein einheitlich festgelegtes Maß. Sie war nicht nur in den einzelnen Ländern sehr verschieden, sondern auch innerhalb der Länder, und zwar nicht nur nach dem Betrag, sondern selbst nach ihrer Definition.
In der Schiffahrt bezeichnete Last im allgemeinen die Tragfähigkeit. Man trifft auch auf die Bezeichnungen „Schiffslast" und „Kommerzlast" mit örtlich verschiedenen Festlegungen. An der Nord- und Ostsee waren üblich: Kommerzlasten bis 1871 in Bremen und Hamburg 3000 kg; in Schweden und Finnland 2548 kg; in Norwegen abhängig von der Schiffsgröße 2080 bis 2300 kg; in Dänemark abhängig von der Art der Ladung 2050 bis 2600 kg. Ältere Quellen geben Schiffslasten u. a. zu 40, zu 30, zu 50 und zu 60 „Centnern" an, dabei Centner zu 100 Pfund und Pfund örtlich verschieden.

Lastadie (germ.-nlat.) An manchen Hafenplätzen erhalten gebliebener alter Name für Ladeplatz; ehemals auch Schiffszimmerei, Werft.

Lastenmaßstab Auch Deplacementskala oder Tragfähigkeitsskala. In den Ladeplänen enthaltene oder auch für sich gezeichnete Skala, auf der zwischen dem Leertiefgang und dem Tiefgang des vollbeladenen Schiffes die korrespondierenden Werte von Tiefgang, Freibord, Verdrängung, Verdrängungszunahme, Tragfähigkeit und Trimmoment abzulesen sind, und zwar für die Tiefgänge des Schiffes in Süß- und in Seewasser (Salzwasser).

Lastigkeit Bezeichnung der Schwimmlage eines Schiffes bezügl. der Horizontalen in der Längsrichtung. In diesem Sinne: gleichlastig, kopflastig, heck- oder achterlastig.

Lateinersegel Auch Lateinsegel und Lateinisches Segel. Seit dem 1. Jh. in arabischen Ländern, seit etwa dem 8. Jh. im Mittelmeerraum allgemein verbreitete Segelform. Das dreieckige bis trapezförmige Segel wird an einer schräg gestellten Rah („Rute") von fast doppelter Mastlänge gefahren. Um die Mitte des 16. Jh. treten auch Lateinertoppsegel auf. Lateinersegel sind zu den → Schratsegeln zu rechnen.

Lateralplan (lat.) Die Fläche des Mittellängsschnittes durch das Unterwasserschiff.

Lateralschwerpunkt Der Flächenschwerpunkt des Lateralplans. Er ist leicht zu ermitteln, aber er ist nicht eigentlich von Bedeutung. Die Lage des für Luv- oder Leegierigkeit maßgeblichen Lateral*druck*punktes ist problematischer; sie ist bis zu einem gewissen Grade bedingt durch die Bauart des Schiffes, den Kurswinkel zum Wind und die Krängung.

Lateralsystem (lat.) „Seitensystem". Die Befeuerung der Fahrwasser durch Leitfeuer, Richtfeuer, Torfeuer, Quermarkenfeuer, Uferfeuer. Die Befeuerung von Untiefen außerhalb des Fahrwassers erfolgt nach dem → *Kardinalsystem*. Einzelheiten zum Lateralsystem siehe Fahrwasserseite.

Laternen Lichtquellen für diejenigen Lichter an Bord eines Schiffes, die für nautische Zwecke von Bedeutung und vorgeschrieben sind.

Laternenbretter Drei Fuß (0,91 m) lange Bretter als längsschiffs stehende Schirme an den Seitenlaternen. Sie sollen verhindern, daß die Seitenlichter über „recht voraus" hinaus nach der falschen Seite scheinen. Die Bretter haben die Farbe des jeweiligen Positionslichtes, grün bzw. rot.

Latten 1. Auch Segel- oder Spreizlatten. Dünne, elastische Brettchen aus Eschenholz (neuerdings auch Kunststoff) zum Ausspreizen des Achterlieks eines Segels.
2. Lange, dünne, sehr biegsame Leisten, die im Schiffbau als Kurvenlineale benutzt werden (Straklatten). Sie werden durch die Strakgewichte in dem gewünschten Kurvenverlauf festgehalten.

Lattentaschen Ins Segel eingenähte futteralartige Taschen zur Aufnahme der Segellatten. Sie müssen ein leichtes Auswechseln der Latten erlauben.

Laufbrücke Über dem Oberdeck verlaufender Verbindungssteg zwischen den Aufbauten bei Tankern mit mittschiffs liegendem Brückenhaus.

laufen Der Seemannssprache eigener Ausdruck für *fahren*.

laufendes Gut Alle durch Blöcke, Scheiben und Rollen geschorenen Leinen eines Riggs: Fallen, Schoten, Niederholer, Achterholer und jede Talje schlechthin.

Läufer Durch einen Block laufendes Ende (Leine, Tau). Beim Ladegeschirr das Seil, an dem die Last angeschlagen (eingehakt) wird.

Laufzeitunterschied Zeitunterschied der Ausbreitung von elektromagnetischen Wellen bei verschiedenen Weglängen. Vergl. Loran.

lavieren Alter Ausdruck für → kreuzen. Das Wort ist von nl. *laveeren,* frz. *louvoyer* abgeleitet, das sprachlich mit Luv verwandt ist.
Allgemein auch gebräuchlich beim Durchfahren enger oder schwieriger Fahrwasser (durchlavieren).

Lavsan Handelsname für in der UdSSR hergestellte Segeltuche. Siehe Polyester.

lb, lbs (engl.) Abk. für Pfund, aus lat. *libra pondo*. In Großbritannien und den USA verwendetes Gewichtsmaß. 1 lb = 0,453592 kg.

L-Dock Schwimmdock mit L-förmigem Querschnitt, d. h. mit nur einem Seitenkasten. Docks dieser Art haben keine Stabilität, solange sie nicht ausgetaucht sind und bedürfen daher einer Parallelführung durch Gelenkarme.

league (engl.) Meile; uneinheitliches Längenmaß (3,9 bis 7,4 km); als nautisches Maß 3 Seemeilen (5,56 km). Veraltet, meist nur mehr poetisch gebraucht; vergl. jedoch *legua*.

lebendes Werk Das Unterwasserschiff vom Kiel bis zur Tiefladelinie.

lebendig brassen Die Rahen eines Rahseglers mittels der Brassen so stellen, daß die Segel so hart am Wind stehen, daß sie eben zu killen beginnen.

Leck, Leckage 1. Undichtigkeit im Schiffsrumpf, durch welche Wasser in das Schiff eindringt.
2. Undichtigkeiten von Behältern, durch die Flüssigkeit aussickert.

Lecksegel Ein Stück starken Segeltuches, das im Falle einer Beschädigung der Außenhaut über die Leckstelle gezogen und festgezurrt wird. Es hat die Aufgabe, den Wasserstrom ins Schiffsinnere so weit einzudämmen, daß dennoch eindringende Wasser ausgepumpt werden kann. Je nach Größe des Schiffes und der Leckage sowie nach dem zur Verfügung stehenden Material werden aus Segeltuch, Matratzen, Holz, Tauwerk, Ketten und Stangen auch „Leckmatten", „Leckpflaster" und „Leckmäntel" (angepaßte Caissons) hergestellt.

Lee (Von altnord. *hle*, Schutz). Die dem Wind abgekehrte Seite des Schiffes. Das Gegenteil ist Luv.

leegierig Eine Yacht ist leegierig, wenn sie am Wind das Bestreben hat, abzufallen. Man kann dem entgegenwirken durch Verkleinerung der Vorsegel, Versetzen des Mastes nach achtern, Korrektur der Lage des Lateralschwerpunktes durch Veränderung der Schwertstellung und durch Veränderung des Trimms.

Leerkarten Auch Mercatorkarten-Leerdrucke, Gitterkarten oder plotting sheets. Leeres Papier mit Gitternetz zum zeichnerischen Koppeln auf See außerhalb des Bereiches der Küstenkarten.

Leertiefgang Der Tiefgang eines Schiffes ohne Zuladung.

Leesegel 1. An den sogenannten Leesegelspieren gefahrene Segel, mit denen früher bei günstigem Wind ein Rahsegel verbreitert wurde. Der Name ist irreführend, denn die „Leesegel" wurden auf beiden Seiten oder auch nur in *Luv* gesetzt. Die Erklärung liegt in einer Verfälschung der ursprünglichen niederl. Bezeichnung *lystzeil*, woraus auch Leichtsegel, Leitsegel und Leistsegel gemacht wurde. Ursprungsbedeutung nicht ganz klar. Auch im Engl. *(studding sail)* kein Zusammenhang mit „Lee".
2. Siehe Spinnaker-Stagsegel.

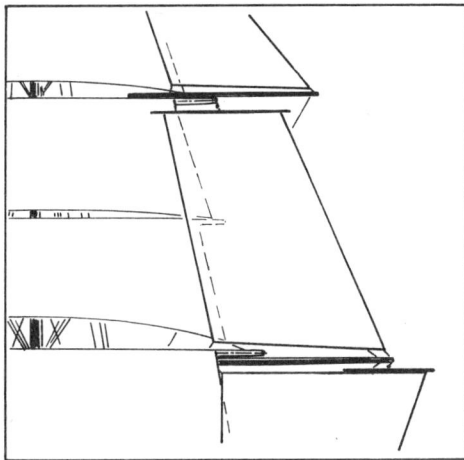

Leesegel und Leesegelspieren eines Rahseglers des 19. Jahrhunderts.

Leeweg Dasselbe wie Abdrift.

Legel *m.* 1. Außen an ein Segel angesetztes Auge für eine Hals- oder Reffkausch oder dergl. Man verwendet dazu ein Kardeel von einem auseinandergedrehten Tampen, das man derart wieder in sich verschlingt, daß das fertige Auge die Originalstärke hat. Danach wird eine Kausch eingeschlagen.

Legerwall

2. Ringe von zähem Holz oder „Eisen" am Vorliek eines Stagsegels; die Vorgänger der heutigen Stagreiter.
3. Hölzerne Mastringe am Vorliek eines Gaffelsegels.

Legerwall „Auf Legerwall" liegt ein Schiff bei auflandigem Wind vor einer Küste, wenn es nicht weit genug vom Land entfernt ist und Gefahr besteht, daß es sich nicht abarbeiten kann. Die Herkunft des Wortes ist nicht eindeutig geklärt. „Wall" ist hier jedenfalls als Küste zu verstehen, siehe Wall.

legua (span.) Meile. Das Wort geht, wie auch engl. *league,* auf keltischen Ursprung zurück und hat die gleiche Bedeutung wie das Wort Meile, das aus lat. *milia (pasuum),* d. h. 1000 Doppelschritte (zu je 5 Fuß) entstanden ist. Man trifft daher bei der Definition der legua auf Größen wie 4000 pasos, 3000 pasos u. a. (nach Ländern verschieden).
Das Maß hat lediglich historische Bedeutung, ist in diesem Sinne jedoch außerordentlich wichtig, denn Kolumbus gibt in seinem Logbuch die zurückgelegten Distanzen in leguas an, über die offensichtlich bis heute keine eindeutige Klarheit herrscht. Die Gleichsetzung der legua mit 3 Seemeilen (vergl. league) ist ganz sicher keine Definition, sondern beruht auf einer zufälligen, wenngleich sehr weitgehenden Übereinstimmung. Kolumbus setzte seine legua oftmals mit „4 Meilen" gleich, was verständlich wird, wenn man die legua regular antigua = 4000 pasos zugrunde legt. Damit also 4 Meilen zu 1000 Schritt, was der originalen Wortbedeutung „milia" entspräche. Die legua regular antigua zu 4000 pasos beträgt 5573 m; 3 Seemeilen = 5556 m.

lehnig Biegsam, geschmeidig; wird vor allem auf Stahldraht bezogen.

Leibholz Starkes Holz, das längs der Bordwand den seitlichen Abschluß eines Stabdecks bildet. Auch Wassergang genannt.

Leichtbauweise, Leichtdeplacement Bauweise, bei welcher durch möglichst leichtes Baumaterial und ausgeklügelte Konstruktion das Ziel verfolgt wird, bis an die Grenzen des Zulässigen an Gewicht zu sparen (Rennyachten).

leichte Brise Windstärke 3 der Beaufort-Skala.

Leichter Transportfahrzeug auf dem Wasser ohne eigenen Antrieb. Nach ihrem Verwendungszweck unterscheidet man Seeleichter (zum Leichtern größerer Schiffe und für Seetransporte im Schlepp) – und schutenartige, meist offene Fahrzeuge für den Hafenbetrieb. Gelegentlich haben Leichter einen Hilfsantrieb.

leichtern Den Tiefgang eines Schiffes vermindern, indem dieses einen Teil seiner Ladung von Bord gibt, z. B. wenn ein Schiff festgekommen ist oder wenn ein voll abgeladenes Schiff für einen bestimmten Hafen einen zu großen Tiefgang hat, um einlaufen zu können.

Leichtladelinie Die Schwimmwasserlinie des leeren Schiffes.

Leichtmatrose Ausbildungsgrad des seemännischen Personals. Leichtmatrose wird, wer 12 Monate als Jungmann zur See gefahren ist. Bei guter Eignung kann diese Zeit um 3 Monate verkürzt werden.

Leichtmetall Metalle mit einer geringeren Dichte als etwa 4,5 g/cm^3; vor allem Aluminium, Magnesium, Titan.

Leime Wasserlösliche Klebstoffe für Holz, Leder, Papier, Textilien usw., die je nach ihren Ausgangsprodukten als Glutinleime (Haut-, Knochen-, Lederleime), als Kaseinleime, Stärkeleime bezeichnet werden. Für den Bootsbau sind ausschließlich wasserunlösliche, kochfeste Leime von Interesse, die korrekter als Klebstoffe bezeichnet werden. Von Bedeutung sind insbesondere die synthetischen Zweikomponentenkleber, bei denen die Vernetzungsreaktion erst nach dem Mischen einsetzt. Ihre Verwendungsdauer ist nur kurz. Vergl. Topfzeit.

Lein Alter Ausdruck für Flachs, eine Faserpflanze, aus deren Bast haltbare Garne gesponnen und weniger geeignete zu Werg verarbeitet werden.

Leine Allgemeine Bezeichnung für an Bord gebrauchtes Tauwerk, unabhängig vom Umfang und Verwendungszweck (Vorleine, Achterleine, Schleppleine, Wurfleine, etc.). Die offizielle Benennung für Tauwerk jeder Herstellungsart und Stärke ist gemäß DIN-Normen auch für Schiffbau und Schiffahrt → Seil.

Leinöl Aus Leinsamen gewonnenes Öl, das an der Luft zu einer zähen, harzartigen Substanz polymerisiert. Es wird zur Herstellung von Ölfarben und Firnis gebraucht.

Leinpfad Der vormals allgemein übliche Treidelweg an einem Fluß- oder Kanalufer für die Leinenzieher; siehe treideln.

Leistung Arbeit pro Zeiteinheit. Die Einheiten, in denen die Leistung gemessen wird, sind Watt bzw. Kilowatt, Pferdestärke und Kilopondmeter pro Sekunde.
Die Umrechnungswerte sind:

	Watt (N m/s)	kW	kpm/s	PS	HP
1 Watt	1	0,001	0,10197	0,00136	0,001341
1 kW	1000	1	101,972	1,35962	1,34102
1 kpm/s	9,80665	0,00981	1	0,01333	0,01315
1 PS	735,499	0,7355	75	1,	0,98632
1 HP	745,700	0,7457	76,04	1,01387	1

Die Einheiten PS, HP und kpm/s sind seit 1. 1. 1978 im amtlichen und geschäftlichen Verkehr nicht mehr zugelassen.

Leistungsgewicht Charakteristische Größe für Verbrennungskraftmaschinen; Gesamtgewicht geteilt durch maximale Leistung (kg/W).

Leitblock Block zum Umleiten der Zugrichtung einer Leine, eines Seils.

Leitender Ingenieur Kapitän, 1. Offizier und Leitender Ingenieur bilden die Schiffsführung. Der Leitende Ingenieur ist verantwortlich für die Wartung und Erhaltung der maschinellen Anlagen, für den rechtzeitigen Ersatz der Treib- und Betriebsstoffe und die Ausführung anfallender Reparaturen. Bezüglich des Einsatzes der Maschinenanlage untersteht er dem Kapitän.
Folgende Ausbildung wird verlangt: Abitur oder Fachhochschulreife, 6 Monate Praktikantenzeit oder abgeschlossene einschlägige Berufsausbildung, 11 Monate Seefahrtzeit, 6 Semester Fachstudium, 24 Monate Seefahrt als Schiffsingenieur.

Leitfeuer Abk. in Seekarten Lt-F. Einzelfeuer mit Leit- und Warnsektoren, durch welche ein Fahrwasser, eine Hafeneinfahrt oder freier Seeraum zwischen Untiefen gekennzeichnet ist. Im allgemeinen führt der Leitsektor ein weißes Festfeuer, die angrenzenden Warnsektoren sind grün für die Steuerbordseite, rot für die Backbordseite des von See kommenden Schiffes. Auch Blitzfeuer mit 1, 3, 5 Blitzen für den Steuerbord- und 2 oder 4 Blitzen für den Backbord-Warnsektor werden verwendet. Vergl. Fahrwasserseite.

Leitflosse Kleine Flosse unter dem Boden sehr flachgebauter Gleitboote zur Erhöhung der Steuerfähigkeit.

Leitpunkt In der astronomischen Navigation der Schnittpunkt der Höhengleiche mit dem Azimutstrahl zum Bildpunkt des beobachteten Gestirns. Die Standlinie ist die Tangente an die Höhengleiche im Leitpunkt.

Leitstrahl In eine bestimmte Richtung ausgestrahlte Energie (Richtfunkfeuer). Auch die Grenzlinien zwischen den einzelnen Sektoren eines Drehfunkfeuers (Consol). Der Leitstrahl, der senkrecht auf der Antennenlinie eines Consol-Funkfeuers steht, ist der Hauptleitstrahl.

Leitwagen Auch Leuwagen, Stahlbügel oder Schiene, auf der der Schotblock einer Yacht beim Wenden von einer Seite zur anderen läuft. Der Leitwagen bewirkt, daß der Baum beim Fieren der Schot nach Lee ausweicht und gleichzeitig bis zu einem gewissen Grade niedergehalten wird. Man hat bei Leitwagen mit Verstellvorrichtung jedoch auch die Möglichkeit, den Schotblock gegebenenfalls nach Luv zu holen, wenn der gewünschte Segeltrimm dies erfordert.

Lemsteraak Holländischer Fracht- und Fischereifahrzeugtyp, der vor 1880 an der Lemmer entstanden ist. Ursprünglich aus Holz gebaut und ca. 12 m lang, sind die Nachfolger dieses Typs heute als geräumige Yachten von 9–15 m Länge sehr beliebt. Baumaterial vorwiegend Stahl.

lenzen 1. Ein Schiff leerpumpen (abgeleitet von dem ursprünglich binnenländischen Wort *lens,* leer, trocken).
2. Mit kleinster Besegelung oder ohne jedes Segel (vor Topp und Takel) vor dem Sturm herlaufen. Nicht zu verwechseln mit → beidrehen.

Lenzsack Nachgeschleppter Treibanker. Er soll beim Lenzen vor dem Sturm die Gefahr des Querschlagens verringern.

Lenzventil Ventilklappe am Heck einer Leichtbaujolle. Sie gibt dem Wasser den Weg von innen nach außen frei und bewirkt, daß eine vollgeschlagene Jolle bei ausreichender Fahrt von selbst wieder leerläuft. Voraussetzung ist ausreichender Auftrieb durch eingebaute Luftkästen oder Auftriebskörper.

Letztes Viertel Abnehmender Mond bei einer Stellung von 90° zur Sonne. Entsprechend bei zunehmendem Mond: Erstes Viertel.

Leuchtfeuer Hilfsmittel für das Navigieren bei Dunkelheit. Leuchtfeuer dienen der Bezeichnung einzelner Hauptansteuerungs- und Hauptortungspunkte (Leuchttürme, Feuerschiffe), der Befeuerung von Fahrwassern (durch Leit-, Richt-, Tor-, Quermarken-, Uferfeuer usw.) und der Bezeichnung natürlicher Gefahren und anderer Hindernisse wie zum Beispiel Wracks (nach dem neuen Betonnungssystem „A" siehe *Kardinalsystem*).
Von Bedeutung sind für die Leuchtfeuer ihre von der Lichtstärke und den jeweiligen Sichtverhältnissen abhängige Tragweite sowie die durch die Augeshöhe des Beobachters und die Feuerhöhe bedingte Sichtweite.
Um die verschiedenen Leuchtfeuer identifizieren zu können, haben sie unterschiedliche Kennungen. Man unterscheidet Festfeuer und Taktfeuer; diese gliedern sich in unterbrochene, Gleichtakt-, Blink-, Blitz-, Funkelfeuer usw., siehe Kennungen.
Träger von Leuchtfeuern sind an Land Leuchttürme oder Baken, auf See Feuerschiffe und Leuchttonnen.

Leuchtfeuerverzeichnis Im 1- bzw. 2-Jahres-Rhythmus neu herausgegebenes Werk in 14 Teilen, in welchem sämtliche Leuchtfeuer aller befahrenen Küsten aufgeführt sind mit der Angabe der Position, Trag- und Sichtweite bzw. Nenntragweite, Kennung und sonstiger wichtiger Merkmale. Wird durch Deckblätter oder Austauschseiten auf dem laufenden gehalten.

Leuwagen 1. Gleitschiene für einen Schotblock; siehe Leitwagen.
2. Auf Schiffen früherer Jahrhunderte ein Kreissegment unter dem 2. Deck als Auflager für die schwere Ruderpinne.
3. Bürste mit langem Stiel zum Schrubben des Decks und des Unterwasserschiffs.

Levante Von ital. *levare,* erheben, womit die aufgehende Sonne gemeint ist.
1. Die Länder des Nahen Ostens; im engeren Sinne die Küsten von Kleinasien, Syrien, Israel, Ägypten.
2. Ostwind im Mittelmeer.

Libellensextant (lat.) Sextant mit eingebauter Libelle (Röhren- oder Dosenlibelle) zur Anzeige der Lotrichtung.

Liberty-Schiffe (engl.) Die 10 000-t-Einheitsfrachter des Kriegsprogramms der USA im Zweiten Weltkrieg; Schiffe, die in großer Zahl fabrikmäßig hergestellt wurden.

Licht 1. Von unserem Auge wahrgenommene Strahlung. Es gibt zwei Theorien, die das Wesen des Lichts beschreiben, und jede ist ohne die andere unvollständig. Die Fragen der Entstehung des Lichts beantwortet nur die Quantentheorie, die der Ausbreitung die Wellentheorie. Licht kann als elektromagnetische Wellenbewegung erklärt werden, und zwar als der Teil des Spektrums, dessen Wellenlängen zwischen $0{,}78 \cdot 10^{-4}$ cm und $0{,}36 \cdot 10^{-4}$ cm liegen. Die Schwingungszahl bestimmt die Farbe des Lichts; die Ausbreitungsgeschwindigkeit beträgt ca. 300 000 km/s.
2. Nautische Benennung für jede Schiffslaterne mit dem Charakter eines Signals.

Lichterführung Die durch die Seestraßenordnung und Seeschiffahrtstraßen-Ordnung vorgeschriebenen Regeln, was für Lichter ein Schiff gemäß seiner Art und Größe zu führen hat, wie diese Lichter beschaffen sein müssen und welche Lichter zusätzlich unter besonderen Umständen zu zeigen sind. Die Lichter müssen von Sonnenuntergang bis Sonnenaufgang und am Tage bei unsichtigem Wetter geführt werden.

lichten Eine Last aufhieven, insbesondere den Anker (von nd. *licht,* leicht).

Lichtgeschwindigkeit Die Ausbreitungsgeschwindigkeit des Lichts bzw. elektromagnetischer Wellen allgemein:
$c_o = 2{,}997925 \cdot 10^8$ m/s $\approx$ 300 000 km/s

Lichtjahr Astronomische Längeneinheit. Die Entfernung, die das Licht in einem tropischen → Jahr zurücklegt: $9{,}4605 \cdot 10^{12}$ km.

Lichtmaschine An die Antriebsmaschine oder eine Hilfsmaschine angehängte Anlage (Generator) zur Erzeugung elektrischer Energie, um Verbraucher oder Batterien mit Strom zu versorgen.

Lichtstärke 1. Einheit Candela (cd), früher Hefnerkerze. Auf einen bestimmten Raumwinkel bezogene Lichtstromdichte.
Die Färbung des Lichtes durch vorgesetzte Gläser bedeutet eine erhebliche Schwächung der Lichtstärke (Verlust bei rot ~ 80%, bei grün ~ 90%).
2. Bei Photogeräten das Verhältnis vom Durchmesser des ganz aufgeblendeten Objektivs zur Brennweite.
3. Bei Teleskopen das Verhältnis der Fläche des Objektivs zu der des menschlichen Auges.

liegen Der Seemannssprache eigener Ausdruck für „nicht in Fahrt befindlich". Ein Schiff liegt im Hafen, vor Anker, an den Pfählen, im Dock usw. Liegetage sind die für das Laden und Löschen eines Schiffes vereinbarten Tage; die Überschreitung der Ladefrist heißt Überliegezeit.

Liek Kante eines Segels. Während beim Achterliek durch zweckmäßigen Bahnverlauf ein normaler Saum genügt, müssen bei einem Großsegel Vor- und Unterliek mit Liektau, Band oder Draht verstärkt werden, um den Reck zu begrenzen. Beim Annähen des Segels an das Liektau steht dieses unter Vorspannung. Die Liektaue von Vor- und Unterliek laufen auf kleineren Yachten in dafür vorgesehenen Hohlkehlen in Mast und Baum. Ihre für den Stand des Segels günstigste Spannung wird durch Ausholer und Strecker reguliert. Bei Vorsegeln wird in das Vorliek ein Stahldraht eingenäht.

Likedeeler Wörtlich „Gleichteiler". Späterer Name für die zuerst unter dem Namen „Vitalienbrüder" gegen die Dänen im Ostseeraum operierenden Freibeuter. Seit 1395 bloße Seeräuber, auch im Nordseeraum (Störtebeker, Godeke Michel).

Limba Leichtes, helles afrikanisches Nutzholz, das vorwiegend für Sperrholz und im Möbelbau verwendet wird.

Limbus (lat.) Saum, Streifen.
Der Gradbogen des Sextanten.

Lime juicer Von engl. *lime juice*, Zitronellensaft. Amerikanisches Slangwort, das ebenso bei den deutschen Seeleuten beliebt war; es bezeichnete die britischen Segelschiffe, auf welchen – sehr vernünftigerweise – zur Verhütung von Skorbut täglich eine Ration lime juice ausgegeben wurde. Das Wort wurde auch auf den britischen Seemann bezogen.

linear (lat.) Geradlinig, eindimensional; dementsprechend Funktionen ersten Grades, deren Abbildungen Geraden ergeben.

Liner terms (engl.) In den Konnossementen der Linienreedereien festgelegte Bedingungen, zu denen die Güter befördert werden: Lade- und Löschplatz bestimmt das Schiff, Lade- und Löschkosten trägt die Reederei, Anlieferung und Abnahme der Güter, so schnell das Schiff laden bzw. löschen kann, usw.

Linie Der Äquator; verkürzte Form für lat. *linea aequinoctialis*, d. h. die Linie, auf welcher Tag und Nacht allezeit gleich lang sind.

Linienriß Die Darstellung eines Schiffskörpers durch Projektionen in drei Ebenen.
Um die räumliche Form präzise festzulegen, schneidet man das Schiff durch eine Anzahl paralleler Horizontal-, Vertikal- und Querschnitte, die sich in den drei Projektionsebenen als Kurvenscharen abbilden. Die vertikalen Längsschnitte heißen *Schnitte*, die horizontalen *Wasserlinien*, die Querschnitte bilden den *Spantriß*. Bei rundspantigen Schiffen sind darüber hinaus noch *Senten* üblich (Längsschnitte, die etwa radial zur Kimm verlaufen).

Linienschiff 1. Kriegsschiff mit schwerer Bewaffnung für Seegefechte in Linienformation. Seit dem 1. Weltkrieg überholt.
2. In der Handelsschiffahrt Schiffe, die immer die gleiche Route befahren (Liniendienst, Linienschiffahrt).

Linienschiffahrt Schiffahrt nach einem festen Fahrplan auf festgelegten Routen, unabhängig vom Ladungsangebot (im Gegensatz dazu → Trampschiffahrt). Zur Regulierung des Wettbewerbs ist der größte Teil der Linien in → Konferenzen zusammengefaßt.

Linientaufe (Äquatortaufe) Älteste Bezeich-

linksdrehender Wind

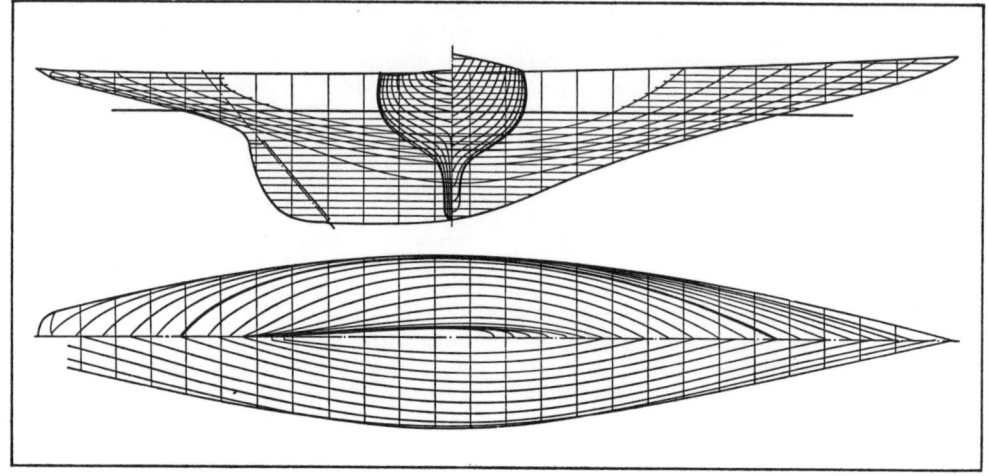

Linienriß der 1934 für die Herausforderung des America-Pokal gebauten Rennyacht „Endeavour" (vgl. J-Klasse). In dem Riß erscheinen oben die Schnitte, unten die Wasserlinien und Senten als Kurven. Der Spantriß wird entweder für sich gezeichnet oder, wie in diesem Fall, in die Mitte des Längsrisses gesetzt. Hauptabmessungen der hier dargestellten Yacht: $L_{üa}$ 39,60 m, L_{WL} 25,60, B_{WL} 6,42 m, T 4,58 m, Depl. 143 t, Segelfl. 692 m^2.

nung See- oder Meertaufe; wird seit dem 17. Jh. oft erwähnt. Sie wurde nicht nur am Äquator, sondern auch am Wendekreis des Krebses und in der Straße von Gibraltar zelebriert. Derber Schabernack, den Neulinge über sich ergehen lassen mußten, die zum ersten Mal die Linie passierten. Über den ursprünglichen Sinn vgl. „hänseln". Auch Passagiere mußten dran glauben; sie konnten sich aber auch freikaufen. Ein von jeher als „abgeschmackt" bezeichneter, gleichwohl weltweit verbreiteter Brauch, eine Mischung von Mutprobe, Aberglaube, Zeitvertreib und Grund zum Feiern.
(Taufen = Eintauchen; früher von der Rahnock aus, später in Wasserbehältern an Deck.)

linksdrehender Wind Gegen den Uhrzeiger drehender Wind; an der Küste auch als „rückdrehend" bezeichnet.

Lippe, Lippklampe Randverstärkter Einschnitt in der Relingsleiste oder aufgesetzter Beschlag, eine Art offener Klüse, die zur Führung einer Leine oder Kette nach außenbords dient.

Liter, l (grch.-lat.-frz.) Die Maßeinheit Liter wurde 1901 als Volumeneinheit für 1 kg Wasser bei größter Dichte (4° C) definiert. Entspricht demgemäß mit sehr hoher Annäherung 1 dm^3, ist aber nicht damit identisch. Seit 1950 gilt für sehr exakte Messungen 1 l = 1,000028 dm^3.

Litosilo Modernes Kunstwort für „Steinholz". Vielfach verwendeter Bodenbelag auf Schiffen. Dieser isolierende, feuersichere Belag wird auf Stahlplatten aufgetragen, die zuvor mit einer Bitumastikschicht versehen worden sind.

Litze Bestandteil von Drahtseilen und Fasertauwerk, und zwar das Erzeugnis der 1. Verseilerstufe der Seilgarne. In der 2. Stufe entstehen aus Litzen Kardeele. Vgl. Seil.

Ljungström-Rigg Yachttakelung mit zwei Großsegeln an einem unverstagten Mast. Am Wind klappen beide Segel aufeinander, vor dem Wind werden sie nach beiden Seiten ausgebreitet als „Schmetterling" gefahren. Segelkürzen und -bergen erfolgt durch Drehen des Mastes.

Lloyd Der Name Lloyd kommt heute in der Schiffahrt, im Versicherungswesen und in zahlreichen sonstigen Institutionen in aller Welt vor, ohne daß ein anderer Zusammenhang zwischen diesen bestünde als der Name Lloyd – etwa im Sinne eines anonym gewordenen Qualitätsbegriffs. Nur zwei Institutionen, die wiederum jede ihre eigene Geschichte haben und die nicht zu verwechseln sind, das große Versicherungsunternehmen Corporation of Lloyd's und die Klassifikationsgesellschaft Lloyd's Register of Shipping, leiten ihren Namen direkt von der ursprünglichen Quelle her: Lloyd's Coffee House, in welchem Edward Lloyd, über dessen Leben sonst keine Einzelheiten bekannt sind, begann, für die nach dem Brand der Royal Exchange (1666) sich bei ihm treffenden Schiffseigner und Versicherer Nachrichten aus der Schiffahrt zu sammeln und Auskünfte zu erteilen. Seit 1696 erschienen Lloyd's News, seit 1726 Lloyd's List.

Lloyd's, Corporation of Lloyd's Eine Börse für Versicherungen in London, eine Vereinigung von zahlreichen Einzelversicherern (Underwriters), von denen mehrere jeweils zu Syndikaten zusammengeschlossen sind. Die Corporation wird durch das Committee of Lloyd's geleitet und durch Lloyd's Agencies an allen wichtigen Plätzen der Welt vertreten.

Lloyd's Register of Shipping 1. Bedeutendste Schiffsklassifikationsgesellschaft der Welt; Sitz London. Eine Vereinigung von Reedern, Werften und Versicherern. Gründung 1834, nachdem jedoch schon 1760 vom Vorläufer dieser Gesellschaft das erste Schiffsregister herausgebracht worden war.
2. Das von der obengenannten Gesellschaft jährlich neu herausgegebene, alphabetisch nach Schiffsnamen geordnete Verzeichnis aller Schiffe über 100 BRT.

load (engl.) Auch *shipping ton* genannt; ein in der Schiffahrt gebräuchliches Holzmaß.
1 load beträgt für

Schnittholz 55 cu.ft. = 1,557 m³
Bauholz   50 cu.ft. = 1,416 m³
Rundholz 40 cu.ft. = 1,133 m³
3 loads = 1 Standard.

Lochfraßkorrosion w. Elektrolytische Korrosionserscheinung, bei welcher die Platten nicht wie beim Rosten gleichmäßig verteilte Spuren der Zersetzung der Oberfläche zeigen, sondern wo örtlich begrenzte scharfkantige Hohlräume neben gar nicht befallenen Stellen liegen. Lochfraßkorrosion tritt häufig in den Ladetanks der Tanker auf, wenn sie oft gereinigt werden müssen. Vergl. Elektrolyse.

Löffelbug Die den Gegensatz zu den konkaven Linien des Klipperstevens hervorhebende Bezeichnung für die nach außen gewölbte Yacht-Bugform. Siehe Linienriß auf der linken Seite.

Log, Logge (engl.) Fahrtmeßgerät, Instrument für die Messung der Schiffsgeschwindigkeit. Es gibt verschiedene Grundprinzipien, nach denen sich die Fahrt eines Schiffes messen läßt. Das Handlog besteht aus einem Logscheit und einer langen Leine; man ermittelt die Fahrt aus der Länge der ausgelaufenen Leine in einer festgelegten Zeiteinheit (Vergl. Knoten).
Beim Relingslog stoppt man die Zeit, die ein ins Wasser geworfener Gegenstand für das Durchlaufen einer für die Rechnung geeigneten Weglänge braucht (vergl. Meridiantertie). Ein Patentlog ist ein nachgeschleppter Schwimmkörper mit schraubenartigen Flossen, dessen Umdrehungsgeschwindigkeit über eine Meßuhr die Fahrt anzeigt.
Das Stevenlog mißt den Staudruck und bestimmt die Fahrt aus dem Unterschied zwischen hydrodynamischem und hydrostatischem Druck.
Die genaueste Methode ist das Durchlaufen abgesteckter Meilen. Zur Ausschaltung von Wind- und Stromeinflüssen ist es erforderlich, die Meßstrecke auch auf Gegenkurs zu durchlaufen.

Logarithmen (grch.-lat.) Für Aufgaben der astronomischen Navigation ist das Rechnen mit Logarithmen von Bedeutung. Mit Hilfe der Logarithmentafeln lassen sich umfangreiche Multiplikationen in einfache Additionen verwandeln, und zwar auf der mathematischen Grundlage

$$\lg (a \cdot b) = \lg a + \lg b$$

lg bedeutet Logarithmus, Exponent, Hochzahl. Die in der Nautik gebräuchlichen Logarithmen basieren auf der Grundzahl 10 (Dekadische oder Briggssche Logarithmen, nach Henry Briggs (1556–1630). Das sonst für die Wissenschaft wichtigere System der natürlichen Logarithmen mit der Grundzahl

$$e = 2{,}71828\ldots$$

findet in der Nautik keine Verwendung.

Logbuch

Viele Aufgaben lassen sich mit hinreichender Genauigkeit mit dem Rechenschieber lösen, dessen Grundprinzip das einer logarithmischen Skalenteilung ist.

Logbuch (engl.-dt.) Schiffstagebuch. Auf großen Schiffen werden für verschiedene Bereiche getrennte Tagebücher geführt; siehe Journal. Sportfahrzeuge (unter 400 m³ Bruttoraumgehalt) sind zwar davon befreit, doch ist das Führen eines Logbuches, in das alle nautischen Daten und besonderen Vorkommnisse eingetragen werden, zu empfehlen, und es ist auch allgemein üblich. Das Logbuch kann den Wert eines Beweismittels vor dem Seeamt haben.

Log Canoe Von engl. *log,* Baumstamm, Holzblock. Ein der Chesapeake-Bay, USA, eigentümliches Fahrzeug für Austernfang und Fischerei. Ein meist als Zweimaster getakelter Einbaum von 7,5 bis 11 m Länge und 1,6 bis 2,7 m Breite mit sehr origineller Besegelung.

loggen Mit einem Log die Schiffsgeschwindigkeit messen.

Logger (Lugger) (nl. *logger,* engl. *lugger,* frz. *lougre.*) *m.* Zunächst ein kleines schnell segelndes Küstenfahrzeug mit 2 oder 3 Masten, um 1800 noch als Aviso, Paketboot oder Kaper gebraucht. Ab 2. Hälfte 19. Jh. speziell in der Großen Heringsfischerei verwendetes Segel- und seit 1900 auch Dampffahrzeug (Dampflogger). Nachdem sich auch in der Fischerei der Motor durchzusetzen begann, entstand der nicht allein in der saisonbedingten Herings-Treibnetzfischerei, sondern auch in der Schleppnetzfischerei eingesetzte kombinierte Motorlogger von etwa 40 m Länge.

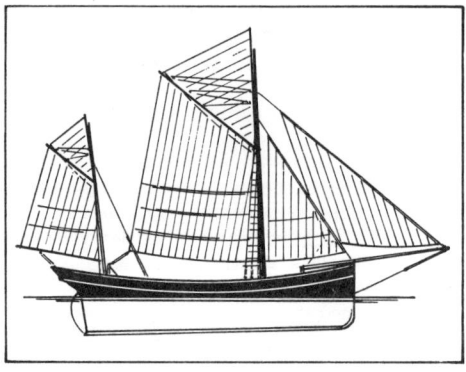

Heringslogger von 22 m Länge und 6 m Breite der Zeit um 1900.

Loggerechnung Dasselbe wie Koppelrechnung oder Besteckrechnung. Schiffsortbestimmung aus den Koordinaten des letzten, durch Beobachtungen ermittelten Ortes, durch Anbringung von Breiten- und Längenunterschied der seitdem versegelten Distanz.

Logglas, Logleine, Logscheit Bestandteile des → Handlogs.

Logis (germ.-frz.) *s.* Alte Bezeichnung für den Wohn- und Schlafraum der Seeleute an Bord; auch Volkslogis genannt (das Wort wurde buchstabengetreu ausgesprochen).

lohen Siehe gelohte Segel.

Lombarde Altes Schiffsgeschütz.

Lombardgeschäft (ital.-frz.-dt.) Bankkredit gegen Verpfändung von beweglichen Sachen. Beliehen werden z. B. Waren oder Wertpapiere, auch Konnossemente, Lagerscheine usw. Der Name leitet sich von lombardischen Geldwechslern her, die im Mittelalter erstmalig derartige Darlehensgeschäfte praktizierten.

Longitudinalwellen (lat., dt.) Schwingungen in Richtung der Ausbreitung einer Wellenbewegung. Beispiel: die Schallwellen.

long ton Englische Gewichtseinheit. Internationales Maß zur Angabe der Tragfähigkeit eines Schiffes oder auch der beförderten Ladung. 1 long ton (2240 lbs) = 1016,047 kg.

Loran Abkürzung von *Long Range Navigation,* einem während des Zweiten Weltkrieges in den USA entwickelten Funkortungssystems. Im Gegensatz zu dem nur für mittlere Entfernungen geeigneten → Decca-System ist Loran ein Verfahren für Langstreckennavigation. Die Reichweite der Sender beträgt am Tage 700 bis 900 sm, nachts 1000 bis 1400 sm. Wie beim Decca-System werden Hyperbeln als Standlinien verwendet, doch werden bei Loran nicht die Phasen, sondern die Laufzeiten der ausgesandten Impulse je zweier synchron arbei-

tender Sender miteinander verglichen. Zu einer Senderkette gehören ein Haupt- und mindestens zwei Nebensender, die 200 bis 600 sm voneinander entfernt stehen. Decca und Loran gemeinsam ist die Aufteilung des Seegebietes in ein Netz kreuzweise sich überlagernder Hyperbelscharen, die in Spezialkarten eingedruckt sind. Der Schiffsort ist der Schnittpunkt derjenigen Hyperbeln, die als Standlinien des Schiffes ermittelt wurden.
Man unterscheidet zwei Systeme: Loran A und Loran C. Da die Genauigkeit bei Loran C größer ist, konzentriert man sich im wesentlichen auf dieses System; Loran A wird im Laufe der Zeit ganz eingestellt. Beim Loran-C-Verfahren arbeiten die Sender auf der gleichen Trägerfrequenz von 100 kHz.

löschen Ein Schiff entladen. Das Wort geht auf nl. *lossen* zurück, abgeleitet von los (ledig). Es tritt schon im 14. Jh. auf (Brügge 1359) und wird im 18. Jh. zu „löschen".

Lose Der Durchhang einer Leine. Bei einer zu weit durchhängenden Leine wird „die Lose durchgeholt", einer zu steif gesetzten Leine wird „etwas Lose" gegeben usw.

loses Unterliek Unterliek eines Segels, das nicht an einem Baum angereiht oder an diesem in eine Keep eingezogen ist, sondern bei welchem lediglich das Schothorn am Baum befestigt wird.

Loskiel Hölzerne Planke unter dem Balkenkiel der alten Segelschiffe, wodurch der Kielverband bei eventuellem Festkommen gegen Beschädigungen geschützt werden sollte.

Losmachen der Segel Das Lösen der Zeisinge; Segel klarmachen zum Setzen.

Lot s. 1. Handlot: Bleigewicht mit gemarkter Leine zur Feststellung der Wassertiefe. Das Gewicht des Lotkörpers beträgt 3–5 kg. Die Markierung der Leine ist in folgender Weise üblich:

2 m = schwarz
4 m = weiß
6 m = rot
8 m = gelb
10 m = Lederstreifen mit 1 Loch
(und so fort in der gleichen Reihenfolge)
12 m = schwarz
14 m = weiß usw.

2. Echolot. Elektroakustisches Verfahren zur Bestimmung der Wassertiefe.
Eine solche Anlage arbeitet mit Ultraschall (bis 150 kHz) und besteht aus Sender und Empfänger. Gemessen wird die Zeit zwischen dem ausgesandten Impuls und der Rückkehr des Echos. In dieser Zeit hat der Schall die doppelte Wassertiefe durchlaufen. Mittlere Schallgeschwindigkeit im Wasser: 1500 m/s (der Wert ist variabel, siehe Schall).
Die Ableseskala ist in Meter geeicht; je nach Wassertiefe können verschiedene Meßbereiche gewählt werden.
3. Weitere Methoden zur Feststellung großer Wassertiefen beruhen auf der Messung der Sinkzeit eines Lotkörpers, der beim Auftreffen auf den Grund explodiert (Elektrolot), und auf der Messung des Wasserdrucks über dem Meeresgrund (Thomson-Lot).

Lot, vorderes und hinteres Vorderes und hinteres Lot sind die Begrenzungen der „Länge zwischen den Loten", der wichtigsten Längenangabe eines Schiffes. Die Lote sind die Senkrechten in den Schnittpunkten der CWL mit Mallkante Vorsteven und Hinterkante Rudersteven, bzw. Mitte Ruderschaft bei Schwebe- und Balanceruden.

Lot, Lotlinie Die durch einen bestimmten Beobachtungsort in Richtung der Schwerkraft gedachte Gerade, die die → Himmelskugel im Zenit (Scheitelpunkt) und Nadir (Fußpunkt) trifft.

loten Mit einem Lot die Wassertiefe feststellen. Die Schwierigkeit des Lotens mit einem Handlot nimmt mit Fahrt und Wassertiefe erheblich zu. Ein guter Lotgast soll bei 8 kn Fahrt noch Tiefen bis 25 m loten können; auf Yachten ist das nicht möglich, weil der Lotgast nicht hoch genug steht. In Tidengewässern ist die → Höhe der Gezeit zu berücksichtigen.

Lotse (engl.-nl.-nd.) Amtlich zugelassener nautischer Berater der Schiffsführung mit gründlichen Kenntnissen der zu befahrenden Wasserwege. Die vielfach obligatorischen Lotsendienste werden in Revieren, Kanälen und Häfen in Anspruch genommen. Erkennbar durch Lotsenflagge oder Lotsensignale.

Lotspeise Weiche, haftende Masse (z. B. Talg), die in eine Vertiefung des Lotkörpers geschmiert wird, damit sich beim Loten eine Bodenprobe darin festsetzt, deren Beschaffenheit dann mit den Angaben in der Seekarte verglichen werden kann.

Lotstandlinie Folge von Lotungen in gleichen Zeitabständen zum Zweck des Vergleichs mit den Tiefenangaben in der Seekarte als Kontrolle des gegißten Schiffsortes. Bei ungleichmäßigen Wassertiefen ist u. U. eine genaue Ortsbestimmung mit Hilfe von Lotstandlinien möglich.

Low (engl.) In angelsächsischen Ländern Bezeichnung in Wetterkarten für ein Tief, Abkürzung: L.

Loxodrome (grch. *loxos,* schief; *dromos,* Laufbahn). *w.* Kursgleiche; Linie, die alle Meridiane unter dem gleichen Winkel schneidet.
In Mercatorkarten erscheinen loxodromische Kurslinien als gerade Linien; auf der Kugeloberfläche nähern sie sich spiralförmig den Polen. In den gemäßigten Breiten ist die Loxodrome der bevorzugte Kurs.

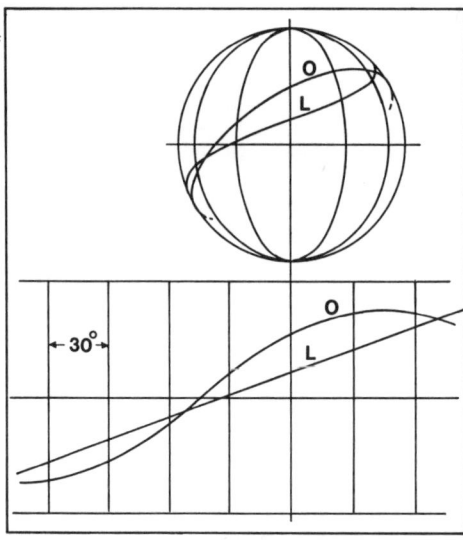

Loxodrome (L) und Orthodrome (O) auf der Erdkugel und in der Mercatorprojektion.

loxodromische Distanz Die Länge des Weges zwischen zwei Punkten auf einem loxodromischen Kurs; es ist nicht der kürzeste Weg. Vergleiche Großkreis.

loxodromische Peilung Jede Peilung ist im Grunde eine orthodromische; doch können bei Distanzen bis etwa 30 Seemeilen die Unterschiede zwischen orthodromischer und loxodromischer Peilung vernachlässigt werden, d. h. man kann die Peilung als Gerade in die Seekarte einzeichnen. Bei größeren Distanzen bedarf es einer Loxodrombeschickung, die aus der Mittelbreite und dem Längenunterschied errechenbar ist.

LNG-Carrier (engl. *l*iquefield *n*atural *g*as). Spezialschiff für den Transport von verflüssigtem Erdgas (Methan), gekühlt auf $-163°$ C. Vergl. Gastanker.

LPG-Carrier (engl. *l*iquefield *p*etroleum *g*as). Spezialschiff für den Transport von verflüssigtem Gas bis etwa $-50°$ C Kühltemperatur, z. B. Propan.

Ludwig-Schlimbach-Erinnerungspreis Im Gedächtnis an Kapitän Ludwig Schlimbach, der 1936 als erster den Atlantik einhand in Ost-West-Richtung überquerte, gestifteter Preis, der alljährlich durch eine achtköpfige Vergabekommission für die beste Leistung im Hochsee-Segelsport verliehen wird. Nicht die sensationellste, sondern die in der seemännischen Durchführung imponierendste Leistung wird mit dem Preis ausgezeichnet. Die begehrte Trophäe ist ein → Kronenkompaß, der seit 1953 vom Kieler Yacht-Club vergeben wird.

Luftdruck Der durch das Gewicht der Luft bedingte atmosphärische Druck. 1 m³ Luft der untersten Schichten wiegt etwa 1,3 kg; mit der Höhe nimmt der Luftdruck ab. Der Luftdruck wird mit Barometern oder Barographen gemessen und in Millibar, mbar, angegeben (früher in mm Quecksilbersäule, mm Hg). Der Zusammenhang zwischen beiden ist:
  1 mm Hg =   1,333 mbar
  1000 mbar = 750,06 mm Hg.
Der mittlere Luftdruck in Meereshöhe liegt etwa zwischen 1000 und 1030 mbar; doch kommen bei außergewöhnlicher Wetterlage erhebliche Abweichungen vor. Der höchste je registrierte

Lüftung

Luftdruck wurde 1968 in Sibirien, an einem windstillen, wolkenlosen Tag bei $-46°$ C gemessen:
1083,8 mbar = 813 mm Hg,
der niedrigste 1958 auf dem Pazifischen Ozean, ca. 1000 km NW von Guam:
877 mbar = 658 mm Hg.
Die Einheit 1 mm Hg ist seit 1. 1. 1978 im amtlichen und geschäftlichen Verkehr nicht mehr zugelassen.

Luftdrucktendenz Der Betrag der zeitlichen Luftdruckänderung in einer Zeitspanne von 3 Stunden vor der letzten Beobachtung.

Lüfter Vorrichtung zum Belüften und Entlüften der Räume an Bord. Auf großen Schiffen Ventilatoren mit verzweigtem Luftschachtsystem, auf Yachten natürliche Belüftung unter Ausnutzung des Windes. Einfachste Form eines Drucklüfters ist die Windhutze, während Venturidüse, Pilzkopf und geöffnetes Skylight verbrauchte Luft absaugen. Bei Maschinenräumen ist ein Lüfterpaar erforderlich (Schacht des Sauglüfters möglichst tief wegen schwerer Gase).

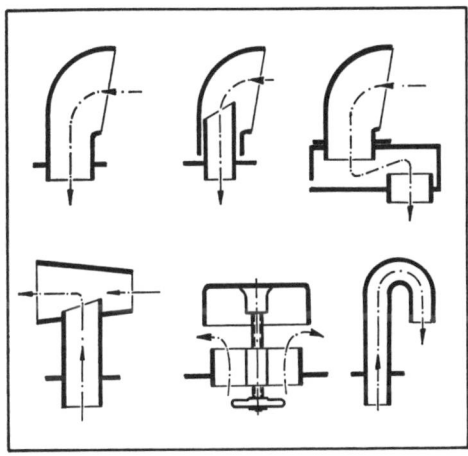

Lüfterköpfe verschiedener Bauart für Yachten.

Luftfeuchtigkeit, Luftfeuchte Wasserdampfgehalt der Luft.
Man unterscheidet absolute und relative Feuchte. Die absolute ist die in g (Gramm) gemessene Wassermenge, die sich in Dampfform in 1 m^3 Luft befindet.

Unter relativer Feuchte versteht man das Verhältnis der tatsächlichen momentanen Luftfeuchte zu der bei der herrschenden Temperatur höchst möglichen. Dieses Verhältnis wird in Prozenten ausgedrückt.
Die relative Luftfeuchtigkeit ist sowohl meteorologisch als auch klimatisch von Bedeutung. An Bord spielt sie eine Rolle hinsichtlich der Lebensbedingungen und der Behandlung der Ladung.

Luftkästen, Lufttanks Wasserdichte Leerräume an Bord von kenterbaren Sportfahrzeugen und Rettungsbooten. Ihr Auftrieb muß größer sein als das Gesamtsinkgewicht des voll ausgerüsteten Bootes.

Luftkissenboot Amphibienfahrzeug, das auf einem Kissen komprimierter Luft gleitet. Vergl. Hovercraft und Hovermarine.

Luftschraubenantrieb Der Antrieb von Wasserfahrzeugen durch Luftschrauben, ähnlich den Flugzeugpropellern, ist generell nicht von Bedeutung; er hat sich jedoch bewährt auf extrem flachen Seen und in Sumpfgebieten (z. B. in Florida). Normale Größe solcher Fahrzeuge: Länge ca. 5 m, Breite ca. 1,80 m.

Luftspiegelung Durch Totalreflexion von Lichtstrahlen verursachte Erscheinung in der Atmosphäre. Die Strahlenbrechung an Schichten verschiedener optischer Dichte erzeugt (u. U. auf dem Kopf stehende) Bilder, wodurch eine objektive Entfernungsbestimmung außerordentlich erschwert wird. Vergl. Fata Morgana.

Lufttemperatur Unter Ausschaltung von Strahlungseinflüssen gemessene Temperatur der Atmosphäre; sie unterliegt täglichen und jährlichen Schwankungen und ist im wesentlichen von der Jahres- und Tageszeit sowie von der geographischen Lage des Beobachtungsortes abhängig.
Die höchste bisher gemessene Lufttemperatur: 58° C (136,4° F), am 11. 8. 1933 (San Luis Potosi, Mexiko), die niedrigste: $-88,3°$ C ($-126,9°$ F) am 24. 8. 1960 (Wostok, Antarktis).

Lüftung Freie oder erzwungene Lufterneuerung in geschlossenen Räumen. Das Ausmaß der Lüftung ist in Schiffsräumen je nach deren Verwendungszweck verschieden. Abgesehen

Luftwiderstand

von der Bedeutung einer guten Belüftung für das Leben an Bord ist Lüftung der Laderäume wichtig zur Beseitigung giftiger, explosiver oder feuergefährlicher Gase, zur Reduzierung der Schwitzwasserbildung, zur Verhütung vorzeitigen Reifens und Faulens von Früchten u. dergl. mehr.

Luftwiderstand Der durch Gegenwind bzw. Fahrtwind bedingte Anteil des Gesamtwiderstandes, der der Fahrt eines Schiffes entgegenwirkt. Segelfahrzeuge haben Luftwiderstand zu überwinden, solange der scheinbare Wind vorlicher als dwars einkommt.

Lugger Siehe Logger.

Luggersegel Viereckiges Schratsegel, das an einer längsschiffs – einer Gaffel ähnlichen – ziemlich steil gestellten Rah gesetzt wird. Die Rah hat nicht (wie die Gaffel) 2 Fallen, sondern nur 1 Fall. Luggersegel sind unkompliziert und stehen gut; sie haben sich insbesondere auf jeder Art von Beibooten bewährt.

Luk Verschließbare Öffnung im Deck oder einem Decksaufbau an einem Niedergang zu den Räumen unter Deck, z. B. das Schiebeluk auf dem Kajütdach.

Luke, Ladeluke Abdeckbare Öffnung im Deck, durch welche die Ladung an Bord gebracht oder aus den Räumen herausgehievt wird.

Lukenbalken Querschiffs über die Luke verlaufende Träger als Halterung für hölzerne Lukendeckel. Sie können als Schiebebalken oder Scherstöcke ausgeführt werden. Erstere sind in Lukenlängsrichtung verschiebbar, letztere am Längssüll unverschiebbar gelagert.

Lukendeckel Wetter- und seeschlagfeste Abdeckung der Luken. Früher einzelne starke Holzplanken, die zwischen die Scheerstöcke gelegt und mit großen Persenningen abgedeckt wurden; heute für die freiliegenden Luken Stahldeckel, die über die ganze Lukenbreite gehen. Die Lukendeckel sind querschiffs mehrfach unterteilt und werden durch Windenzug oder hydraulisch geöffnet (Faltdeckel).

Lukensüll Die hochkantige Umrahmung der Luken, auf der die Lukendeckel ruhen, die zugleich als Träger dient und in mehrfacher Hinsicht als Schutz wirkt.

lumber (engl.) Holz, Bretter, Bauholz. Davon die Bezeichnung L vor den verschiedenen Tiefgangsangaben der Freibordmarke eines Schiffes für Holzladung:

LS = Holz, Sommerladelinie
LW = Holz, Winter
LWNA = Holz, Winter, Nordatlantik
LT = Holz, Tropenzone
LF = Holz, Frischwasser
LFT = Holz, Frischwasser, Tropenzone

Lümmel, Lümmellager Beschlag am Ende einer Spiere, der dieser gestattet, sich in zwei Ebenen beliebig zu bewegen. Ein Ladebaum ruht in einem Lümmellager, das ihn am unteren Ende festhält und dabei Schwenken und Auftoppen des freien Endes ermöglicht. Ebenso der Lümmelbeschlag des Großbaumes bei Segelfahrzeugen.

Lumpsumfracht w. (engl. *lump sum*, runde Summe, Pauschale). Bezeichnung für die Gesamtfracht bei einer Stückgutladung. Bei einem auf Lumpsum-Basis gecharterten Schiff ist der Frachtbetrag unabhängig von der tatsächlich verschifften Ladungsmenge.

lunar (lat.) Den Mond betreffend.

Luv Die dem Wind zugekehrte Seite, die Richtung, aus der der Wind kommt. „Zu luvard" stehen von einem anderen Fahrzeug u. dergl. heißt in Luv stehen.
Luv und Lee werden auch im übertragenen Sinne gebraucht, z. B. auf die Strömung bezogen oder bei Seegefechten (Feuerluv).

Luven (Luvkampf) Luven ist über den rein segeltechnischen Vorgang hinaus (vergl. anluven) ein terminus technicus des Regattasports und bezeichnet den Versuch eines in Lee liegenden Bootes, ein luvwärts liegendes anzugreifen oder diesem gegenüber seine Position zu verteidigen. Als Luven gilt jede Kursänderung höher an den Wind bis in den Wind. Die Leeyacht hat Wegerecht gegenüber der Luvyacht und darf luven, solange ihr Mast vorlich querab zum Steuermann der Luvyacht liegt.

Luv-Geschwindigkeit Der Teilbetrag der Geschwindigkeit einer kreuzenden Segelyacht, der die Yacht effektiv in Windrichtung vorwärts bringt. Dieser Betrag ist gleich der Geschwindigkeit auf dem gesegelten Kurs mal dem Cosinus des Anliegewinkels.

luvgierig Eigenschaft einer Yacht, wenn sie am Wind die Tendenz zeigt, in den Wind zu drehen. Luvgierigkeit ist von der Krängung des Bootes abhängig und bei hartem Wetter weder unerwünscht noch zu vermeiden. Ist eine Yacht unter Normalbedingungen zu luvgierig, läßt sich das durch Vergrößern der Vorsegel, Mast nach vorn trimmen, Belasten des Achterschiffes oder Veränderung der Schwertstellung korrigieren.

Luv-Weg Die auf einem Kreuzschlag gewonnene reine Gegenwindstrecke.

Lux, lx (lat.) Einheit der Beleuchtungsstärke einer Fläche. 1 Lux ist der senkrecht und gleichmäßig auf eine Fläche von 1 m^2 auffallende Lichtstrom bei einer Lichtstärke von 1 cd (Candela).

M

Maat Eigentliche Bedeutung Geselle, Kamerad, Tischgenosse, und in diesem Sinne Gehilfe, z. B. des Steuermanns, des Bootsmanns, des Kochs usw. Heute nur noch gebräuchlich als Bezeichnung für einen Unteroffizier der Marine. Ein spezieller Zusatz gibt die jeweilige Laufbahn an.

machen Im seemännischen Sprachgebrauch kommt das Wort im Sinne von sichten (von engl. *to make land*) und in Verbindung mit einem Leck vor: ein Schiff macht Wasser; ferner im Zusammenhang mit Fahrt: ein Schiff macht Fahrt durchs Wasser, über Grund usw.

Macker, Maker 1. Im Hafen und im Handwerk noch lebendige Bezeichnung für Gehilfe, Kamerad eines Gesellen. Früher auch auf Fahrzeuge bezogen, die sich untereinander Beistand leisteten (Mackerschaft mit einem anderen Schiff). 2. Schwerer Schmiedehammer.

Magellan-Straße Nach Fernão de Magalhães (1480–1521) benannte Durchfahrt zwischen dem südamerikanischen Festland und Feuerland. Die 1881 neutralisierte Wasserstraße ist 585 km lang und 4 bis 33 km breit. Sie war lediglich im 16. Jh. als einzig bekannter Seeweg zwischen den Ozeanen und dann später für die Dampfschiffahrt bis zur Eröffnung des Panamakanals von Bedeutung. Die Segelschiffahrt benötigte freien Seeraum und zog den Weg um Kap Hoorn vor. Erst in der jüngsten Zeit gewinnt die Magellan-Straße wieder an Interesse, nämlich für Schiffe, die zum Passieren des Panamakanals zu groß sind.

Magnet Ein Gegenstand, der um sich herum ein magnetisches Feld erzeugt. Die Kraftwirkung, die in diesem Magnetfeld auf andere Gegenstände ausgeübt wird, heißt Magnetismus; die Zustandsänderung, die ein Stoff in einem Magnetfeld erfährt, Magnetisierung.
Der Name geht zurück auf die kleinasiatische Stadt Magnesia, in deren Nähe schon im Altertum jenes Erz mit der auf Eisenteile anziehenden Kraftwirkung gefunden wurde (Magnetit, Fe_3O_4). Das Wesen eines Magneten ist es, daß seine Feldlinien von 2 begrenzten Bereichen ausgehen, den Polen. Es ist üblich, sie Nord- und Südpol zu nennen. Der magnetische Nordpol ist derjenige Pol der Kompaßnadel, der nach Norden zeigt. Da gleichnamige Pole sich abstoßen, ungleichnamige sich anziehen, ist der in der Arktis gelegene Pol der Erde im magnetischen Sinne ein „Südpol" (man spricht auch von „rotem" und „blauem" Magnetpol). Magnete, die ihre Anziehungskraft von Natur aus lange behalten, heißen Dauer- bzw. permanente Magnete.

Magnetfernkompaßanlage

Wesensgleich mit diesen sind die Elektromagnete. Alle magnetischen Erscheinungen sind untrennbar mit elektrischen Vorgängen gekoppelt. Magnetismus ist kein selbständiges Gebiet der Physik; die magnetischen Größen werden in elektrischen Einheiten gemessen.

Magnetfernkompaßanlage Kompaßanlage, bei welcher das für die Navigation benötigte Anzeigegerät vom eigentlichen, richtungweisenden Kompaß getrennt ist, weil an den für die Navigation wichtigen Stellen ungünstige magnetische Verhältnisse herrschen, oder um auch größeren Schiffen ohne Kreiselkompaß die Aufstellung mehrerer Tochterkompasse zu ermöglichen.

magnetische Breite Die auf den magnetischen Äquator bezogene geographische Breite eines Ortes.

magnetische Feldstärke Betrag und Richtung der anziehenden und abstoßenden Kraft im Bereich eines Magnetfeldes. Einheit der magnetischen Feldstärke war bisher 1 Oersted (Oe); heute 1 Ampere/Meter (A/m).

$$1\,\text{Oe} \triangleq \frac{10^3}{4\pi} \cdot \frac{A}{m} = 79{,}5775 \frac{A}{m}$$

magnetischer Äquator Linie, auf der eine freibewegliche Magnetnadel nach Einstellung in die Ebene des magnetischen Meridians keinen Winkel mit der Horizontalebene bildet (Isokline mit der Inklination Null).

magnetischer Meridian Vertikale Ebene, in welche sich eine von störenden magnetischen Einflüssen unbeeinflußte, frei drehbare Magnetnadel einstellt. Der Winkel, den diese Ebene mit der des geographischen Meridians desselben Ortes bildet, heißt Ortsmißweisung. Die magnetischen Meridiane haben, durch geologische Gegebenheiten bedingt, einen unregelmäßigen Verlauf, so daß die Kompaßnadel in der Regel nicht die Richtung zum Magnetpol der Erde anzeigt.

magnetisches Feld Der Wirkungsbereich eines Magneten oder bewegter elektrischer Ladungen; durch das Magnetfeld werden die Kraftwirkungen vermittelt, die von einem Magneten ausgehen.

magnetisch Nord Dasselbe wie mißweisend Nord, d. h. die von einem Magnetkompaß angezeigte Nordrichtung, sofern derselbe von örtlichen ablenkenden Einflüssen frei ist.

Magnetismus Die Eigenschaft, Eisen und Stahl sowie andere → Magnete anzuziehen und abzustoßen bzw. in einem magnetischen Feld Kraftwirkungen zu erfahren.
Über induzierten Magnetismus vergl. fester, halbfester und flüchtiger Magnetismus.

Magnetkompaß Kompaß, der die Richtkraft des erdmagnetischen Feldes ausnutzt (vergl. Kompaß). Auch auf modernen Seeschiffen ist der Magnetkompaß mehr als lediglich ein Reservegerät. Er ist wegen seiner Unabhängigkeit von jeder Energieversorgung nicht zu ersetzen und gehört zur Ausrüstungspflicht eines Schiffes.

Magnetostriktion Die Gestaltsänderung (Änderung der Abmessungen) eines Körpers durch Magnetisierung, z. B. im Rhythmus der Frequenz des Wechselstroms bei stromdurchflossenen Spulen. Man verwendet Magnetostriktionsschwinger u. a. zur Erzeugung von Schwingungen sehr hoher Frequenz für Ultraschall-Lote.

Magnetpole der Erde Kleine Gebiete der Erdkugel, die nicht örtlich fest begrenzt sind und ihre Lage mit der Zeit geringfügig verändern. Sie fallen nicht mit den geographischen Polen zusammen. Der arktische Pol lag 1965 auf 75° N, 100,5° W; der antarktische auf 66,5° S, 139,8° O. Vergl. Erdmagnetismus.

Magnetron Hochleistungssenderöhre zur Erzeugung von elektromagnetischen Schwingungen sehr hoher Frequenzen (Radarsenderöhre). Es werden Impulse mit Schwingungen von 3 cm, seltener 10 cm Wellenlänge gesendet.

Magnus-Effekt Nach H. G. Magnus benannter strömungstechnischer Effekt, der darin besteht, daß ein in einer strömenden Flüssigkeit oder im Luftstrom rotierender Zylinder, dessen Achse zur Strömungsrichtung senkrecht steht, eine zur Strömung sowie zur Rotationsachse senkrecht gerichtete Ablenkungskraft erfährt. Sie resultiert aus dem Druckunterschied zwischen den beiden Seiten des Zylinders. Auf der Seite der mit der Strömung laufenden Mantelfläche des Zylinders

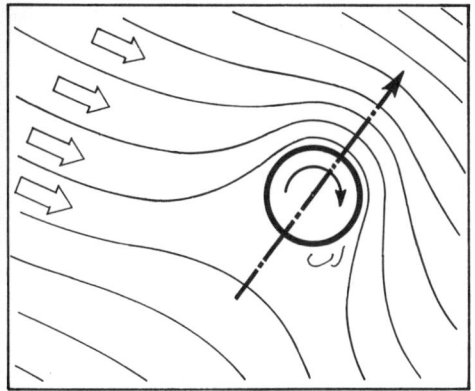

Prinzip des Magnus-Effekts

entsteht ein Unterdruck, auf der gegen die Strömung laufenden ein Überdruck.
Dieser Effekt wurde in den 20er Jahren versuchsweise als Schiffsantrieb ausgenutzt, indem man zwei Schiffe mit großen rotierenden Zylindern statt Segeln ausrüstete; es blieb jedoch bei dem Versuch (→ Flettner-Rotor). Eine Rolle spielt der Magnus-Effekt in der Ballistik, bei der Berechnung der Flugbahnen von Geschossen mit Drall.

Mahagoni Holzart Mittelamerikas, vor allem aus Jamaica, Mexiko, Honduras. Das Wort entstammt der Indianer-Sprache und gelangte im 17. Jh. ins Englische. Das wegen seiner Dauerhaftigkeit, Seewasserbeständigkeit und seines schönen Aussehens von jeher und im Yacht- und Bootsbau noch heute sehr geschätzte Holz ist selten geworden. Die einzige echte importierte Mahagoniart kommt aus Brasilien.
Die als afrikanisches „Mahagoni" verkauften Hölzer erreichen nicht die Qualität der originalen (vergl. Holz).

Mahlsand, Mahlstrom Von nl. *malen,* drehen. Strudel, Wirbelstrom. Berüchtigte Mahlsände liegen vor der Elbe- und Wesermündung. Dort festgekommene Schiffe werden in kurzer Zeit derart von Triebsand eingespült, daß sie oft nicht mehr zu bergen sind.

Maierform Nach ihrem Erfinder F. F. Maier (1844–1926) benannte Schiffsform mit V-förmigen Spanten und ausfallendem Steven. Sie ist besonders ausgeprägt im Vorschiff; im Hinterschiff ist sie prinzipiell ähnlich, kommt aber weniger zum Ausdruck. Die typische Vorschiffsform bewirkt einerseits durch die progressive Verdrängungszunahme beim Eintauchen eine Dämpfung der Stampfbewegungen, andererseits und hauptsächlich aber eine Verlagerung der Bugwelle, so daß ein günstigerer Strömungsverlauf am Schiff und damit eine Reduzierung des Formwiderstandes bewirkt wird.
Ein ähnlicher Effekt, nur mit einer Phasenverschiebung des Bugwellenverlaufes nach vorn, wird durch den Wulstbug erzielt, der die Maierform weitgehend verdrängt hat.

Makler Siehe Schiffsmakler.

Mako Feinste, leicht glänzende ägyptische Baumwolle. Vor der Erfindung synthetischer Garne das beste Segeltuch.

Makoré Feinmaseriges, dunkelrotbraunes Holz aus dem tropischen Westafrika (Ghana, Liberia etc.). Verbreitet, aber nicht korrekt sind Bezeichnungen wie „Afrikanisch Birnbaum" und „Afrikanisch Mahagoni". Makoré wird im Bootsbau nicht als Vollholz, jedoch für die Herstellung verleimter Platten verwendet.

Malamok Grauer Sturmvogel (vorwiegend Südatlantik). Der Name dieses Vogels ist bei den Seeleuten auch im übertragenen Sinne angewendet worden. So bezeichnete Malamok (auch Mallemucke) im Walfang bestimmte Leute beim Speckschneiden; ferner heute bei den Kap-Hoorniers diejenigen, die noch auf Segelschiffen Kap Hoorn umrundet haben, wenngleich nicht als Kapitän. Vergl. „Albatros".

Malaria (lat.-ital.) Fieberhafte tropische Infektionskrankheit, die im allgemeinen mit Schüttelfrost, Kopfschmerzen, starker Erschöpfung und Schmerzen in Milz- und Lebergegend verbunden ist. Sie wird durch Mücken übertragen. Je nach dem Rhythmus der auftretenden Fieberanfälle unterscheidet man das Dreitagefieber, das Viertagefieber und die tropische Malaria mit täglichen Fieberanfällen. Vor dem Anlaufen eines Malariahafens soll schon vorbeugend Resochin genommen werden, mit dem auch die Krankheit selbst bekämpft wird. Malaria gilt als Berufskrankheit des Seemannes.

Maling Slangwort für Anstrich.

Mallen (nl.) Hölzerne Schablonen. Spantmallen sind provisorische, nur an ihrer Außenkante exakt bearbeitete Spantmodelle für aufzuplankende Yachten; sie werden nach der Aufplankung gegen eingebogene Spanten ausgetauscht. Für Einheitsklassen werden zur Gewährleistung einer unveränderlichen Form auch stählerne Mallen verwendet.

Mallkante Die innere Seite eines Schiffsbleches (Außenhaut oder Deck), die an der Außenkante eines Profils (Spant oder Deckbalken) liegt. Diese Grenzlinie ist bei allen Querschnitten die Bezugslinie für Konstruktion und Vermessung.

Mallungen Gebiet schwacher, unregelmäßiger Winde mit starken Regenfällen in der Mitte der äquatorialen Tiefdruckzone (Kalmengürtel). Siehe Doldrums.

Mammuttanker Eine Bezeichnung für sehr große Tanker, die Anfang der 60er Jahre aufkam, als die Tanker die 100 000-t-Grenze überschritten. Der Ausdruck stellte eine Steigerung des bis dahin für große Tankschiffe gebräuchlichen Begriffes → ,,Supertanker" dar.

Manifest (lat.). Ein Verzeichnis aller verladenen Güter, das einem Schiff als Ausweis gegenüber den Zollbehörden und als Tallyunterlage beim Löschen dient.

Manila Nach dem philippinischen Haupthafen benanntes Fasertauwerk aus der Abakafaser (Faserbanane). Die Bezeichnung Manila,,hanf" ist unkorrekt. Tauwerk aus dieser Hartfaser ist leicht, fest, elastisch und widerstandsfähig gegen Verrotten im Seewasser. Erst Tauwerk aus Polyester- und Nylonfasern haben das Manilatauwerk übertroffen.

Mannloch Wasserdicht verschließbare Öffnung in einer Tankdecke zum Einsteigen für die Ausführung irgendwelcher Arbeiten. Vorgeschriebene Mindestgröße normalerweise nicht unter 300 × 400 mm.

Mannschaft Allgemein die Besatzung eines Schiffes; früher im engeren Sinne die ,,vor dem Mast" fahrenden Männer an Bord. Im militärischen Bereich sind Mannschaften alle Männer, die nicht Offiziere oder Unteroffiziere sind.

Mannschaftsliste Ein wichtiges Papier, das genaue Angaben über alle Besatzungsmitglieder eines Schiffes enthält; es muß in allen Häfen vorgelegt werden und vielfach konsularisch beglaubigt sein.

Manntau 1. Längs Deck gespanntes Tau zum Festhalten bei schwerem Wetter.
2. Zwischen den Davits herabhängende Sicherheitstaue zum Festhalten beim Aussetzen von Rettungsbooten. Sie müssen lang genug sein, daß sie auch bei 15° Schlagseite und bei geringstem Tiefgang des Schiffes bis zum Wasser reichen.

,,Mann über Bord!" Alarmruf zur Einleitung des Rettungsmanövers, wenn ein Mann über Bord gegangen ist. Das internationale Signal für ,,Mann über Bord" ist 3 lange Töne mit der Dampfpfeife.

Man of War (engl.) Kriegsschiff.

Manometer (grch.-frz.) s. Meßinstrument für Flüssigkeits- oder Gasdruck. Im Gegensatz zum Barometer messen Manometer nicht den absoluten, sondern einen Differenzdruck, meist den Über- oder Unterdruck gegenüber der normalen Atmosphäre.

Manöver Aus lat. *manus*, Hand, und *opera*, Arbeit, wird frz. *manoeuvre* mit der bekannten militärischen Bedeutung. Daraus die Übertragung auf das Schiff: jede Art Bewegung, die mit dem Schiff ausgeführt wird, sowie jede seemännische Tätigkeit an Bord, die einen speziellen eingeübten Arbeitsablauf erfordert (Segel-, Anker-, Bootsmanöver und so fort).

Manöver des letzten Augenblicks Damit wird bei einem drohenden Zusammenstoß das Ausweichmanöver eines nicht ausweichpflichtigen Schiffes gegenüber einem ausweichpflichtigen bezeichnet, wenn dieses infolge von unsichtigem Wetter, nachlässiger Wachsamkeit oder irgendeiner Zwangslage seiner Ausweichpflicht nicht nachkommt oder nicht nachkommen kann. Es sollte immer nach Stb. gefahren werden, da auch der Ausweichpflichtige noch im letzten Moment ein Ausweichmanöver einleiten könnte.

Manövriereigenschaften Das Verhalten eines Schiffes in bezug auf Steuerfähigkeit und Fahrtstufenregelung. Die Kenntnis von Drehkreis, Stoppstrecke u. dergl. bei verschiedenen Geschwindigkeiten ist hinsichtlich Rettungs-, Ausweich- und taktischer Manöver für jeden Schiffsführer von Bedeutung.

manövrierunfähiges Schiff Schiff, das wegen Maschinen- oder Ruderschaden u. dergl. nicht ausweichen kann, oder das festsitzt.
Ein manövrierunfähiges Fahrzeug muß zwei rote Rundumlichter sowie zwei Bälle oder ähnliche Signalkörper senkrecht übereinander dort führen, wo sie am besten gesehen werden können, bei Fahrt durchs Wasser zusätzlich Seitenlichter und Hecklicht.

Mantel 1. Teil einer Takelage: Starkes, als Jolltau über einen einfachen Block geschorenes Tau (bzw. Draht), dessen eines Ende an Deck oder am Mast als stehende Part befestigt ist, während sich am Ende der holenden Part ein Block befindet, durch den der Takelläufer geschoren wird (Takel und Mantel). In diesem Zusammenhang ist das Wort Mantel aus dem Span. entlehnt und wird in weibl. Form gebraucht.
2. Isolierende, schützende Umhüllung von Kabeln, Rohren, Schläuchen, Kesseln usw.

Manteltarif Derjenige Teil des Tarifvertrages, in dem das Arbeitsverhältnis eines Seemannes geregelt ist. Die Bezüge sind durch den Heuertarif festgelegt.

Marconimast, -takelung Von Marconis Sendemasten hergeleitete Bezeichnung für die frühen hochgetakelten Yachten. Siehe Hochtakelung.

Marina International verbreitete Bezeichnung für die in Amerika entstandene Form eines Yachthafens, der über die allgemein üblichen Versorgungsmöglichkeiten hinaus weitreichenden Service bietet, zuweilen bis zu Einkaufszentren, Wohnblocks, Flugplatz und dergl. mehr.

Marine 1. Das Wort geht über frz. *marine* auf lat. *mare*, Meer, zurück. Es bezeichnet im Deutschen ursprünglich alles, was zum Seewesen eines Staates gehört. Seit dem 19. Jh. unterscheidet man Kriegs- und Handelsmarine. Mit dem Wort Marine allein sind heute stets die der Landesverteidigung dienenden Seestreitkräfte gemeint.
2. Marine als kunstwissenschaftlicher Begriff umfaßt die Darstellung des Meeres, der Meeresküsten, einzelner Schiffe, Seeschlachten usw. Als selbständige Kunstgattung im 17. Jh. in den Niederlanden entstanden.

Marineleim, Marineglue Lösung von Gummi und Schellack in Naphta. Haftet gut an Holz und Werg, bleibt bei Kälte elastisch und wird bei Hitze nicht flüssig; wird zum Ausgießen der Decksnähte bei Stabdecks verwendet.

maritim Von lat. *maritimus;* sowohl das Meer als auch das Seewesen betreffend. Daher einerseits „maritime Luft", „maritimes Klima" usw., andererseits „maritime Weltgeschichte" u. ä.

Markab (arab.) 1. Name des Sterns α Pegasi.
2. Ägyptisches Flußfahrzeug mit 2 Masten und Lateinersegeln.

marlen; Marlschlag Ein Segel mit Marlschlägen am Baum anschlagen, d. h. mit Rundtörns, die so um den Baum gelegt werden, daß sie im Falle eines Bruchs der Leine das lose Ende bekneifen.

Marlspieker Runder, ca. 30 cm langer, nach einem Ende hin spitz zulaufender Dorn aus Stahl oder Hartholz für Arbeiten am Tauwerk (Spleißen).

Mars 1. (Benennung nach dem röm. Kriegsgott). Der der Erde nächstgelegene obere (äußere) Planet. Er ist gut sichtbar, durch sein rötliches Licht leicht auszumachen und ist für die Navigation von Bedeutung. Zeichen: ♂. Mittlere Entfernung von der Sonne: 227,9 · 10^6 km, siderische Umlaufzeit: 1,88 Jahre, sein Volumen 15% des Erdvolumens. Vergl. Planeten.
2. Aus nl. *mars, mers,* mit der Bedeutung Krämerstand, Korb, Ware (lat. *merce*). Auf den alten Segelschiffen die Gerüstplattform am Fuß der Marsstenge zum Ausspreizen der Stengewanten, früher auch als „Mastkorb" ausgeführt. Den Vorsatz Mars- (bzw. Obermars- und Untermars-) tragen alle Takelungsteile, die zur Handhabung der betreffenden Segel gehören.

Marssegel Die über der Unterrah gefahrenen Segel eines Rahseglers. Die Marssegel waren in der späten Periode der Segelschiffszeit in Unter- und Obermarssegel geteilt. Die Untermarssegel hatten bei voller Breite eine nur geringe Höhe und waren die bis zuletzt stehenbleibenden Sturmsegel.

Marssegelschoner Gaffelschoner des 19. Jh. mit 1 oder 2 Rahsegeln als Toppsegel. Auch Toppsegelschoner genannt.

Marsstenge Die erste Verlängerung eines vollgetakelten Mastes.

Marschfahrt Ökonomische Dauergeschwindigkeit eines maschinengetriebenen Schiffes.

Martingal (engl.) 1. Die Brassen der Blinde-Rah auf Schiffen des 18. Jh. (In Anlehnung an die gleichlautende Bezeichnung für das Sprungzaumzeug der Pferde, zu welchem sich durch die Anordnung eine gewisse Beziehung herstellen läßt.).
2. (engl. *martingale*). Der Stampfstock an der Nock des Bugspriets, siehe Wasserstag.

Maschinenfahrzeug Im Sinne der Seestraßenordnung gilt als Maschinenfahrzeug jedes Fahrzeug mit Maschinenkraft, d. h. auch ein Segelfahrzeug unter Segeln, wenn es zugleich mit Maschinenkraft fährt. Ein Maschinenfahrzeug mit ausgefallener Maschine unter Segeln (Hilfsbesegelung) gilt dagegen als Segelfahrzeug.

Maschinentelegraf *m.* Fernanzeigegerät zur Übertragung der Fahrtstufenkommandos von der Brücke zur Maschine. Das Prinzip des Maschinentelegrafen beruht auf der Übertragung eines am Geber von Hand eingestellten Drehwinkels auf ein oder mehrere Empfangsgeräte.

Masse Basisgrößenart der Physik und der Technik. Vergl. Größenarten.

Massengut Der Ausdruck bezieht sich nicht auf die Gütermenge, sondern die Beschaffenheit des zu verladenden Gutes. Man versteht darunter jede Ladung, die in loser Schüttung an Bord kommt, wie z. B. Getreide, Kohle, Erze, Bauxit, Rohpapier, Phosphate usw. Der Umschlag erfolgt mit Greifern oder Saugbaggern.

Massengutfrachter Allgemein üblich auch die engl. Form *Bulk Carrier*. Frachter für „in bulk", direkt in die Schiffsräume verladenes Schüttgut. Die Bauart dieser Schiffe ist der der Tanker ähnlich; achtern liegende Maschine und Brücke, Unterteilung des Schiffsrumpfes durch eine Reihe von Querschotten, kein Ladegeschirr, nur gelegentlich mit einem fahrbaren Portalkran ausgerüstet. Auch in seinen Abmessungen liegt der moderne Massengutfrachter dem Tanker näher als dem normalen Stückgutfrachter.

Mast *m.* Hauptbestandteil jeder Takelage.
In der Segelschiffszeit (schon seit dem 16. Jh.) löste man das Problem der ungenügenden Längen und Proportionen gewachsener Hölzer durch Aufsetzen einer oder mehrerer Stengen (bei den Klippern bis zu 4) auf einen Untermast. Diese zusammengebauten Masten wurden durch eine vielfältige und sinnvolle Verstagung abgestützt und erhielten dadurch ausreichende Festigkeit. Sie waren jedoch schwer und ein beträchtlicher Windfang. Über die bei uns üblichste Benennung der Masten auf mehrmastigen Seglern vergl. Vier- und Fünfmaster. Eine verbindliche Festlegung hat es nicht gegeben.
Auf den Seeschiffen der Gegenwart ist der Mast die Hauptstütze für das Ladegeschirr und Träger von Signaleinrichtungen.
Auf Segelyachten seit dem Siegeszug der Hochtakelung der anspruchsvollste Teil der Ausrüstung überhaupt. Man fordert vom Mast größte Festigkeit und Elastizität bei kleinstem Durchmesser und möglichst geringem Gewicht. Entscheidende Verbesserungen sind seinerzeit mit der Erfindung wasserfester Leime erzielt worden, die die Herstellung verleimter Hohlmasten erlaubten. Heute setzen sich in zunehmendem Maße Leichtmetallmasten durch, die bei vergleichbaren Abmessungen lichter sind und dennoch eine größere Festigkeit aufweisen.

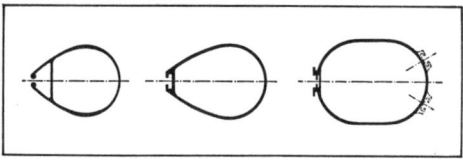

Querschnitte von Aluminiummasten moderner Rennyachten.

Mastbacken Die beiden Holme, durch die ein Klappmast gehalten wird. Das Verbindungselement ist der Mastbolzen.

Master Im Engl. neben etlichen dem deutschen Wort Meister sinnverw. Bedeutungen auch *Kapitän* (eines Handelsschiffes). Master's certificate = Kapitänspatent.

Mastfuß Der vierkantige Zapfen am unteren Ende eines Steckmastes.

Mastkragen Kragenähnlicher Segeltuchstreifen, der bei einem Steckmast verhindern soll, daß durch das Mastloch im Deck Wasser ins Schiff eindringt. Der Tuchstreifen wird an seinem oberen Rand um den Mast, an seinem unteren um einen ringförmigen Deckbeschlag festgezurrt.

„Mast querab!" Zuruf einer in einen Luvkampf verwickelten, in Luv liegenden Yacht an die Leeyacht, wenn deren Mast sich querab vom Steuermann der Luvyacht oder weiter achteraus befindet. Mit diesem Zuruf darf die Luvyacht den Luvkampf der Leeyacht beenden. Erfolgt der Zuruf ungerechtfertigterweise, bleibt der Leeyacht die Möglichkeit des Protestes.

Mastspur Längliche Vertiefung im Kielschwein oder ein Beschlag, der den Mastfuß hält und zugleich eine Versetzung des Mastes in der Schiffslängsrichtung gestattet.

Masttopp Der oberste Teil eines Mastes, der vom Flaggenknopf oder dem Beschlag für Vor- und Achterstag abgeschlossen wird.

Masttopp-Takelung Moderne Form der Hochtakelung von Segelyachten, bei welcher der Masttopp den oberen Festpunkt des Fockstags bildet. Der Kopf des Vorsegels befindet sich in gleicher Höhe mit dem des Großsegels.

Maßstab Das Verhältnis einer Abbildungsgröße zum abzubildenden Original. Das Verhältnis M = 1 : x gibt an, wie sich Strecken (lineare Größen) zueinander verhalten; Flächeninhalte stehen dabei im Verhältnis 1 : x^2, Rauminhalte 1 : x^3 (steht z. B. das Modell einer Segelyacht zum Original im M 1 : 10, dann ist die Länge des Originals die 10fache, die Segelfläche die 100-fache, die Verdrängung die 1000fache). Das Maßstabverhältnis ist entsprechend dem Wert eines Bruches um so kleiner, je größere Zahlen auftreten. Seekarten M 1 : 20 000 z. B. haben einen größeren Maßstab als solche M 1 : 100 000. Je kleiner der Maßstab einer Karte, desto weniger ist sie in allen Teilen gleichmaßstäblich. Vergl. hierzu Marcatorkarten.

Mate (engl.) Gleichbedeutend mit → Maat. Abweichend vom Deutschen jedoch im Englischen darüber hinaus Offiziersränge unter dem Kapitän (*first mate* = 1. Offizier etc.).

Mate's Receipt (engl.) Empfangsbescheinigung, auf welcher der Ladungsoffizier dem Ablader bestätigt, welche Güter er empfangen hat.

Matrize (lat.-frz.) Hohlform für den Bau von Booten aus glasfaserverstärktem Kunststoff.

Matrose Befahrener, ausgelernter Seemann. Der Ursprung des Wortes geht weit zurück auf die „Mahlgenossenschaften", in die eine Mannschaft schon im germanischen Altertum eingeteilt war. Die moderne Version ist: „Seemännischer Geselle, Facharbeiter an Bord". Ausbildungsgang: 3 Monate Seemannsschule, 9 Monate Fahrzeit als Decksjunge, 12 Monate Jungmann, 12 Monate Leichtmatrose, Matrose.

Matte 1. Aus grobem, strapazierfähigem Material hergestellte Geflechte zum Schutz der Ladung. Siehe Garnier.
2. An Bord der Segelschiffe früher beliebte, oft kunstvoll ausgeführte, nützliche seemännische Handarbeit. Aus Schiemannsgarn u. dergl. geflochtene Matten wurden in der Takelage zum Schutz gegen Schamfilen (Durchscheuern) an Spieren und Tauwerk angebracht.

Mauritius-Orkan Tropischer Orkan im südlichen Indischen Ozean; vergl. tropische Wirbelstürme.

„Mayday" Internationaler Sprechfunk-Notruf, gesendet von in Seenot geratenen Schiffen, die Hilfe anfordern. Das in dieser Bedeutung sehr seltsam anmutende Wort ist eine Entstellung des frz. *m'aidez!* (helft mir!).

Meeresleuchten Das Aufleuchten des nächtlichen Meeres in unzähligen kleinen Pünktchen bei jeder Bewegung, die das Wasser an oder unter der Oberfläche erfährt. Es handelt sich um Biolumineszenz kleinster Lebewesen. Meeresleuchten ist besonders eindrucksvoll in den Tropen, jedoch im Spätsommer auch in europäischen Gewässern zu beobachten.

Meeresspiegel Ideelle Niveaufläche, auf die alle geodätischen Höhenmessungen bezogen werden. Gleichbedeutend mit → Normalnull.

Meerwasser Von der rund 510 Millionen km² betragenden Erdoberfläche sind ca. 71% (rund 361 Mill. km²) vom Meer bedeckt. Die durchschnittliche Dichte des Meereswassers beträgt infolge seines Salzgehaltes 1,028 t/m³.

Meereswellen Siehe Wellen.

Mega-, M (grch.) Vorsatz für das 10^6fache einer physikalischen Einheit. 1 MHz = 10^6 Hz.

Megaphon Konisches Sprachrohr, Lautsprecher („Flüstertüte").

Mehrdeckschiff Schiff, das außer dem Hauptdeck noch ein oder mehrere Zwischendecks hat.

Mehrfachechos 1. Wiederholte Echos bei Radaranzeigen ein und desselben Ziels in doppelter und mehrfacher Zielentfernung durch mehrfaches Hin- und Herlaufen der Wellen. Das nächstgelegene, deutlichste Echo zeigt die wahre Entfernung an.
2. Ähnliche Erscheinung beim Echolot durch wiederholte Reflexion zwischen felsigem Grund und Wasseroberfläche.

Mehrstufenboot Siehe Stufenboot.

Meile Altes Längenmaß. Der Name weist auf die einst zugrundegelegte Größenordnung hin: *milia (passuum)*, 1000 römische Doppelschritte. Die in der Vergangenheit gültigen Meilen waren von Land zu Land und innerhalb der einzelnen Länder sehr verschieden (innerhalb des Deutschen Reiches zwischen 7,4 und 9,9 km). Der ältesten (römischen) Definition wesentlich näher liegt die heute noch gebräuchliche engl. statute mile zu 1760 yards = 5280 feet = 1,60934 km. Wird in der Nautik von „Meile" gesprochen, ist stets die → Seemeile gemeint. Auch die nachfolgenden Begriffe beziehen sich auf die Seemeile.

Meilenbaken Peilbaken (Ober- und Unterbaken), die eine genau abgemessene Strecke (Seemeile) begrenzen, die ein Schiff während einer Meßfahrt durchläuft.

Meilenfahrt Der Teil der Probefahrt eines Schiffes, in dem entlang einer bezeichneten Meßstrecke Fahrt, Leistung, Verhältnis Geschwindigkeit/Propellerdrehzahl u. dergl. gemessen werden.

Meilentonnen In genau ausgemessenen Abständen voneinander ausgelegte Tonnen für die Fahrtmessung von Schiffen. Sie sind waagerecht schwarz-weiß gestreift, mit einem oder mehreren liegenden schwarzen Kreuzen als Toppzeichen.

Meltemi Ägäischer Sommerwind aus nördlichen Richtungen.

Membranpumpe Pumpe, bei der anstelle eines Kolbens eine in einem Gehäuse eingespannte Membran betätigt wird. Ihre Unempfindlichkeit gegen Fremdkörper machen Membranpumpen insbesondere als Lenzpumpen geeignet.

Mennige, Bleimennige Pb_3O_4. Leuchtend orangerote, giftige Rostschutzfarbe als Grundanstrichmittel für Stahlkonstruktionen. Für das Unterwasserschiff ungeeignet.

Mercatorprojektion, -karten Auch Merkator geschrieben. Latinisierung des Namens des flandrisch-deutschen Geographen Gerhard Kremer (1512–94), der die nach ihm benannte Projektionsart „ad usum navigantium" erfunden hat. Die Erdoberfläche wird auf einen die Erdkugel am Äquator berührenden Zylinder projiziert. Dadurch entsteht ein rechtwinkliges Gradnetz; die nach den Polen zusammenlaufenden Meridiane bilden sich als parallele Geraden ab. Alle → Loxodromen werden zu Geraden, was diese Projektionsart speziell für Seekarten geeignet macht.
Als Nachteil ist mit dieser Projektionsart eine breitenabhängige Größenverzerrung verbunden, die sich um so stärker auswirkt, je kleiner der Kartenmaßstab ist. Auf den Seekarten befinden sich die für die jeweilige Breite gültigen Entfernungsskalen an den seitlichen Rändern. Für hohe Breiten werden Mercatorkarten unbrauchbar. Vergl. Karten sowie gnomonische Karten.

Meridian Aus lat. *meridianus*, mittägig. Halber Großkreis vom Nord- zum Südpol der Erde. Der Verlauf eines Meridians ist identisch mit der rechtweisenden Nord-Süd-Richtung für jeden seiner Punkte.

Als Nullmeridian bezeichnet man den Meridian von Greenwich; von ihm aus werden alle Ortsmeridiane von 0 bis 180° östlicher und westlicher Länge gezählt.
Himmelsmeridian nennt man den an die → Himmelskugel projiziert gedachten Ortsmeridian.
Der vom oberen (sichtbaren) Pol durch den Zenit zum unteren Pol verlaufende Bogen heißt oberer Meridian, der gegenüberliegend durch den Nadir verlaufende unterer Meridian.
Der vom Zenit durch den Nordpunkt des wahren Horizonts zum Nadir verlaufende Halbkreis wird Nordmeridian, der gegenüberliegende Südmeridian genannt.
Als magnetischer Meridian wird die Nord-Süd-Richtung bezeichnet, die ein ablenkungsfreier Magnetkompaß anzeigt.

Meridianbreite Die aus der Kulminationshöhe eines Gestirns errechnete geographische Breite.

Meridiandurchgang Durchgang eines Gestirns durch den oberen Meridian. Ist der untere Meridian gemeint, spricht man vom *unteren* Meridiandurchgang. Dieser ist nur für → zirkumpolare Gestirne sichtbar.

Meridianhöhe Die Höhe eines Gestirns beim Meridiandurchgang.
Bei der Sonne heißt die beobachtete Höhe beim oberen Meridiandurchgang Mittagshöhe; die Höhe beim unteren wird Mitternachtshöhe genannt.

Meridiantertie Die Strecke, die ein mit einer Fahrt von 1 Knoten (1 Seemeile pro Stunde) laufendes Schiff in einer Sekunde zurücklegt. Diese Strecke ergibt sich, indem man 1 Seemeile durch 3600 dividiert. Sie beträgt 0,514 Meter. Die Relation Meridiantertien pro Sekunde = Seemeilen pro Stunde ist ein wichtiges Hilfsmittel zur Ermittlung der Fahrtgeschwindigkeit. Siehe Relingslog.

Meßbrief 1. Ein für Seeschiffe vom Bundesamt für Schiffsvermessung ausgestelltes Papier mit den Aufmessungen des Schiffes und der Angabe von Brutto- und Nettoraumgehalt. Dieser Meßbrief hat internationale Gültigkeit; nach ihm werden die schiffsseitigen Abgaben berechnet. Für die Durchfahrt durch den Panamakanal und Suezkanal werden besondere Meßbriefe verlangt. Die Kanalbehörden erkennen die Aussonderung mancher Räume nicht an. Vergl. Tonnage.
2. Im Yachtsport ist der Meßbrief der Ausweis über die Rennwert-Vermessung. Nach der Vermessung dürfen an Schiff und Takelage keine Veränderungen mehr getroffen werden, die den Rennwert verändern. Nach jeder Änderung ist eine Neuvermessung erforderlich.

Messe Gemeinschaftsraum an Bord, im engeren Sinne der Eßraum (aus engl. *mess*, Gericht, Gang, Speise; lat. *missum,* das aus der Küche Geschickte).

Messerfurniere Furniere, die auf Furniermessermaschinen waagerecht vom Stamm geschnitten werden, so daß eine streifige Maserung des Holzes gewonnen wird. Der Vorgang ist dem Hobeln vergleichbar.

Meßformel Siehe Rennwert.

Messing Kupferreiche Kupfer-Zink-Legierung. In Normkurzbezeichnungen wird der Kupfergehalt angegeben; so enthält z. B. Ms 58 einen Kupferanteil von 58%. Sondermessing-Legierungen enthalten je nach der Art der an das Metall gestellten besonderen Anforderungen Zusätze von Aluminium, Nickel, Magnesium u. a.

Metazentrum (grch.-nlat.) Der Schnittpunkt der Wirkungslinie des Auftriebs eines um wenige Grade gekrängten Schiffes mit der in der betrachteten Gleichgewichtslage geneigten Mittelachse des Schiffes.

metazentrische Höhe Der Abstand des Metazentrums vom Gewichtsschwerpunkt eines Schiffes. Die metazentrische Höhe stellt ein wichtiges Kriterium für die Anfangsstabilität eines Schiffes dar. Sie bleibt für kleine Winkel (bis ca. 8°) praktisch unveränderlich.
Die Höhenlage des Metazentrums läßt sich aus dem Breiteträgheitsmoment der WL-Fläche und der Verdrängung errechnen; die Lage des Gewichtsschwerpunktes liefert die Auswertung des Krängungsversuches.
Die Schwimmlage des Schiffes ist stabil, solange das Metazentrum über dem Gewichtsschwerpunkt liegt. In der Praxis liegen die Werte für die metazentrische Höhe im allgemeinen zwischen 0,4 und 1,0 m, bei Schiffen in Ballast und mit schwerer, tiefliegender Ladung darüber. Es ist

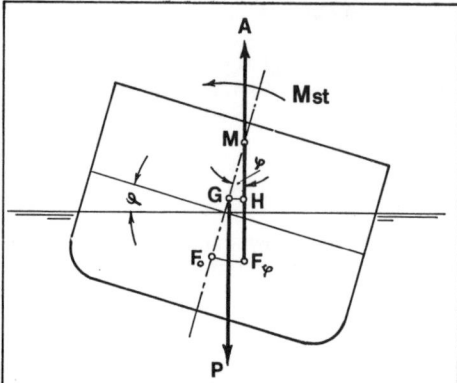

Die Strecke MG heißt metazentrische Höhe. Sie ist ein Kriterium für die Stabilität eines Schiffes. Das aufrichtende Moment:

$$Mst = P \cdot GH = P \cdot MG \cdot \sin \varphi$$

F_0 und $F\varphi$ sind die Formschwerpunkte der Verdrängung bei normaler Lage des Schiffes; P und A sind Gewichtskraft und Auftriebskraft.

nicht möglich, die Stabilität eines Schiffes durch die metazentrische Höhe allein zu erfassen; entscheidend ist der Stabilitätsumfang. Vergl. Stabilität.

Meteor (grch.) Himmels-, Lufterscheinung. Kleine Bruchstücke fester Materie, die in unserem Sonnensystem umherfliegen und beim Eindringen in die Erdatmosphäre aufglühen. Gelegentlich bis zum Erdboden durchschlagende Stücke heißen Meteoriten.

Meteorologie (grch.) Dasjenige Teilgebiet der Geophysik, das sich mit den physikalischen Erscheinungen in der Lufthülle befaßt, speziell mit der Lehre vom Wettergeschehen und der Wettervorhersage.

meteorologische Navigation Die Festlegung eines Reiseweges unter Berücksichtigung des in dem Fahrtgebiet zu erwartenden Wetters und darüber hinaus alle navigatorischen Maßnahmen, die aufgrund einer unvorhergesehenen schlechten Wetterlage getroffen werden, in die ein Schiff wider Erwarten hineingeraten ist.
Für Segelschiffe ist die Wahl von Routen in günstigen Windgebieten von größerer Bedeutung als der kürzeste Weg.

Meter, m (Von grch. *métron*, Maß). Längeneinheit, die 1795 von der französischen Nationalversammlung als der zehnmillionste Teil eines Meridianquadranten festgelegt worden ist. Die so errechnete Länge wurde in einem Urmaß aus Platin-Iridium realisiert, das in Sèvres aufbewahrt wird. Es stimmt infolge nachträglicher exakterer Erdvermessungen nicht mehr mit der ursprünglichen Definition überein. Auf der Suche nach einem Maßstab höchstmöglicher Unveränderlichkeit hat man das Meter 1960 neu definiert als das „1 650 763,73fache der Vakuumwellenlänge der orangefarbenen Spektrallinie des Kryptonisotops [86] Kr, die beim Übergang vom Zustand 5 d_5 zum Zustand 2 p_{10} ausgesandt wird".

Meterwellen Dasselbe wie UKW. Elektromagnetische Wellen von 10 bis 1 m, entsprechend 30 bis 300 MHz.

metrisches System Internationales Maßsystem, das auf dem Meter und dem ursprünglich über das Meter definierten Kilogramm aufgebaut ist. Vergl. Kilogramm. Im Gegensatz zum anglo-amerikanischen Maßsystem, das sich auf Fuß aufbaut.

Meuterei Das Wort geht über frz. *meute*, Aufruhr, auf lat. *motiva*, Bewegung, zurück. Unter dem etwa seit 1500 geläufigen Begriff Meuterei versteht man einen vorsätzlichen, verabredeten Widerstand oder tätlichen Angriff mehrerer Besatzungsangehöriger gegen die Schiffsführung.

Midship Man (engl.) Kadett.

Mikro... (grch.) Vorsatz für ein Millionstel (das 10^{-6}fache) einer physikalischen Einheit. Kurzzeichen μ.

Mikrometerschraube 1. Bügelmeßschraube für sehr präzise Messungen. Die Meßgenauigkeit reicht bis in die Größenordnung tausendstel Millimeter.
2. Feinmeßschraube am Gradbogen des Sextanten.

Milchstraßensystem Unser Sternsystem, dem die Sonne sowie alle sichtbaren Sterne angehören. Es umfaßt darüber hinaus auch Wolken interstellarer Materie. Das Milchstraßensystem ist ein abgeplattetes, linsenförmiges Gebilde mit Spiralstruktur, dessen Durchmesser mindestens 80 000 Lichtjahre beträgt. Vergl. Galaxis.

mile, statute mile In Großbritannien und den USA gebräuchliche Längeneinheit für Entfernungen auf dem Lande.
1 st. mi = 1760 yards = 1,60934 km

Milli- (lat.) Vorsatz vor physikalischen Maßeinheiten mit der Bedeutung $1/1000$. Kurzzeichen m.

Millibar (Abk. mbar).
Seit 1930 im internationalen Wetterdienst gebräuchliche Einheit zur Messung des Luftdrucks.
1 mbar = 10^{-3} bar.
1 mbar ist der Druck, den eine Kraft von 100 N auf eine Fläche von 1 m² ausübt. Auf älteren Barometern findet sich noch die Skalenteilung mm Quecksilbersäule. Die Vergleichswerte sind:
1000 mbar = 750,06 mm Hg.

Millimeterwellen Elektromagnetische Schwingungen mit Wellenlängen von 10 bis 1 mm, d. h. Frequenzen von 30 000 bis 300 000 MHz (EHF).

Mindestalter Die Mindestalter für den Erwerb nautischer und technischer Patente sind zur Zeit der Herausgabe dieses Buches:

Kapitän auf Großer Fahrt (AG)	24 Jahre
Nautischer Schiffsoffizier auf Großer Fahrt (A GW)	22 Jahre
Kapitän auf Mittlerer Fahrt (AM) Kapitän auf Kleiner Fahrt (AK) Seeschiffer (A Kü)	23 Jahre
Nautischer Schiffsoffizier auf Mittlerer Fahrt (A MW) Nautischer Schiffsoffizier auf Kleiner Fahrt (A KW)	20 Jahre
Schiffsingenieur (C I)	24 Jahre
Schiffsingenieur (C IW)	22 Jahre
Schiffsbetriebstechniker (C T)	22 Jahre
Schiffsbetriebstechniker (W 6C TW)	21 Jahre
Seemaschinist	21 Jahre
Küstenmaschinist auf Motor- bzw. Dampfschiffen (C KüM, C KüD)	20 Jahre
Seemaschinist W (C MaW)	20 Jahre
Seemotorenführer	18 Jahre

Minimumpeilung Peilung eines Funksenders durch Einstellen des Richtempfängers auf geringste Empfangs-Lautstärke.

Minute Die Bedeutung von Minute und Sekunde leitet sich aus lat. *minuere,* vermindern, her: *pars minuta prima* war der kleinste Teil erster Ordnung einer durch 60 teilbaren Größe, *pars minuta secunda* deren abermalige Unterteilung in 60 Teile. Die Teilung in Minuten und Sekunden betrifft zwei Meßgrößen:
1. Zeiteinteilung; der 60ste Teil einer Stunde. Abk. min, bei Angabe einer Uhrzeit hochgesetzt ^{min} oder ^{m}.
2. Winkelteilung. 1 Bogenminute (Formelzeichen ') = $1/60°$. Die Bogenminute eines Erdmeridians ist als 1 → Seemeile definiert. Durch den unlösbaren Zusammenhang Erddrehung/Zeitmaß lassen sich für nautische Berechnungen Winkel, die die Erddrehung betreffen, auch im Zeitmaß ausdrücken. 1° (Winkel) entspricht dann 4 min (Zeit), 15° entsprechen einer Stunde.

Mischfeuer Siehe Kennungen.

Mischsegeln Gemeint ist eine Mischung von Loxodrom- und Großkreiskursen. Wird z. B. dann angewandt, wenn ein Großkreis in so hohe Breiten führt, daß mit Eisgefährdung gerechnet werden muß. Man steuert den Großkreiskurs bis zu dem Breitenparallel, der nicht überschritten werden soll und steuert dann auf diesem entlang, bis er den betreffenden Großkreis wieder erreicht.

Mischpeilungen Funkpeilungen, die keine Fremd- und keine Eigenpeilungen sind. Durch den Empfang von Sendern, die in geographisch festgelegte Richtungen strahlen (z. B. Consol- oder auch einfache Richtfunkfeuer), ist eine Richtungsbestimmung selbst mit einem normalen Funkempfänger möglich.

Mißweisung, Deklination Durch das Magnetfeld der Erde bedingte Ablenkung der Kompaßnadel von der rechtweisenden Nordrichtung. Siehe Deklination.

mißweisende Peilung Richtungsbestimmung, bezogen auf die mißweisende Nordrichtung.

mißweisender Kurs Der nach dem mißweisenden Magnetkompaß gesteuerte → Kurs.

Mist *m.* Nebel; *mistig,* neblig, von nl. und engl. *mist.* Altes Schiffersprichwort: „Mist het de Oost in de Kist" (weil auf Nebel oft Ostwind folgt).

Mistral (lat.-frz.) *m.* Kalter, trockener Fallwind im westlichen Mittelmeer (Golfe du Lion), der

Mitstrom

insbesondere zwischen Alpen und Cevennen, wie durch eine Düse verstärkt, durch das Rhonetal nach Süden fegt. Der Mistral kann, namentlich im Winter, tagelang mit 8 und mehr Windstärken durchstehen; im Sommer hält er selten länger als 1 oder 2 Tage an.

Mitstrom Siehe Nachstrom.

Mittag Der Zeitpunkt der Tagesmitte, des Meridiandurchgangs der Sonne. Man unterscheidet den wahren Mittag (Durchgang der sichtbaren Sonne), den mittleren Mittag (Durchgang der Sonne bei einer gemittelten, d. h. über das ganze Jahr angenommenen gleichmäßigen Geschwindigkeit), und den Greenwicher wahren Mittag (Durchgang der wahren Sonne durch den Meridian von Greenwich). Worte wie Mittagsbesteck, -breite, -höhe beziehen sich auf Beobachtungen der Sonne am *wahren* Mittag.

Mittagsbreite Die Bestimmung der geographischen Breite aus der Beobachtung der oberen Sonnenkulmination am wahren Mittag.

Mittagshöhe Die Höhe der Sonne im Zeitpunkt ihrer oberen Kulmination.

Mittagslinie Veraltet für Meridian. Gemeint war die Identität der Nord-Süd-Richtung mit der Richtung, in der die Sonne mittags beim Meridiandurchgang beobachtet wurde.

Mittelbreite Das für Koppelrechnungen verwendete arithmetische Mittel aus zwei unterschiedlichen geographischen Breiten.

mitteleuropäische Zeit, MEZ Die mittlere Ortszeit für den Meridian 15° östl. Länge. Vergl. Zonenzeit.

Mittelgrund Untiefe in einem Fahrwasser, die an beiden Seiten passiert werden kann. Sie wird durch die sog. Mittelgrundtonne gekennzeichnet (die es im neuen Betonnungssystem „A" nicht mehr gibt – siehe Kardinalsystem).

mittelhohe Wolken Wolken mit einer Basishöhe zwischen 2000 und 6000 m.

Mittelmast Auf den deutschen Fünfmastern der dritte, der mittlere Mast. Vergl. Fünfmastbark, Fünfmastvollschiff.

Mittelplicht Während auf Yachten im allgemeinen die Plicht hinter der Kajüte liegt, trennt die Mittelplicht den Kajütraum in zwei voneinander unabhängige Räume vor und hinter derselben.

Mittelschwert Siehe Schwert. (Die Bezeichnung Mittelschwert ist nur da sinnvoll, wo eine Unterscheidung von Booten mit Seitenschwertern erforderlich ist.).

Mittelträger Starker, vertikaler Plattengang auf der Mittelkielplatte, der mit dieser zusammen den wichtigsten Längsverband eines Stahlschiffes bildet.

Mittelwasser In der Gezeitenlehre das Mittel aus der Hochwasserhöhe einer Tide und der Höhe des vorangegangenen oder darauf folgenden Niedrigwassers. Das Mittelwasser fällt in der Regel für Flut und Ebbe ein und derselben Tide verschieden aus und ist auch von Tide zu Tide nicht gleich. Es braucht nicht mit dem „mittleren Wasserstand" übereinzustimmen.

Mittelwelle Elektromagnetische Schwingungen mit Wellenlängen zwischen 1000 und 187 m entsprechend 300 und 1600 kHz. Vergl. Frequenz.

Mitternachtshöhe Siehe Meridianhöhe.

Mitternachtssonne Durch die Stellung der Erdachse zur Ekliptik bedingte Erscheinung in der Arktis und der Antarktis während des jeweiligen Sommers, wenn das Komplement der geographischen Breite des Beobachters kleiner ist als die Abweichung der Sonne. Die Sonne geht dann nicht unter.

Mitte Schiff, mittschiffs 1. Die Mittschiffsebene in der Längsrichtung. In diesem Sinne „Ruder mittschiffs".
2. In der Mitte des Schiffes zwischen Vorschiff und Hinterschiff. In diesem Sinne Mittschiffs-Brückenhaus usw.

Mittlere Fahrt Siehe Fahrtgebiete.

mittlere Greenwich-Zeit Für den Meridian von Greenwich geltende Ortszeit. Bestimmend ist der Meridiandurchgang der mittleren Sonne (12 Uhr MGZ).

mittlere Ortszeit Die für einen Ort sich aus dem

Meridiandurchgang der mittleren Sonne ergebende Zeit. Sie weicht um die im Zeitmaß ausgedrückte geographische Länge von der mittleren Greenwich-Zeit ab.

mittlere Sonne Im Gegensatz zur wahren (beobachteten) Sonne eine gedachte, die sich aus einer über das ganze Jahr angenommenen, völlig gleichmäßigen Bahnbewegung ergibt. Vergl. wahre Sonne.

mittlere Zeit Der Zeitwinkel der mittleren Sonne, d. h. der sphärische Winkel am Pol zwischen dem unteren Meridian und dem Stundenkreis der mittleren Sonne. Siehe hierzu *Zeitgleichung*.

mittlerer... Wasserstand, Tidenhub, Wind, usw. ist die Bezeichnung für das arithmetische Mittel aus einer hinreichenden Menge von Meßwerten über eine längere Zeitspanne.

Mittzeit Begriff aus der Gezeitenlehre. Eine Zeitspanne von drei Tagen, die jeweils zwischen Springzeit und Nippzeit liegt, für welche man je rund vier Tage rechnet.

mizen, mizzen (mast) (engl.) Besan, wie auch *jigger* und *spanker*. Eine verbindliche Festlegung scheint ebenso zu fehlen, wie es eine verbindliche Mastbezeichnung bei Schiffen mit mehr als 3 Masten auch im Deutschen nicht gegeben hat. Unter mizen (mizzen) wird verstanden:
1. Der Besan einer Bark oder Barkentine sowie einer Ketsch oder Yawl.
2. Bei Schiffen mit mehr als 3 Masten der dritte von vorn. In diesem Fall gibt die Benennung mizen einen Hinweis auf die Wortverwandtschaft mit *middle, medius*, Mitte. So stößt man auch auf die Bezeichnung mizen für ein Vorstagsegel, d. h. „in der Mitte" zwischen Großsegel und Klüver.

MKS-System Das auf den Basisgrößenarten Länge, Masse, Zeit mit den Einheiten Meter, Kilogramm, Sekunde aufgebaute Einheitensystem der Mechanik. In der Elektrodynamik kommt als vierte Einheit das Ampere hinzu (MKSA-System). Im Internationalen Einheitensystem werden insgesamt sieben → Einheiten verwendet.

Modell (lat. *modulus*, Maß, Form, Vorbild) Maßstäblich verkleinerte, räumliche Nachbildung eines Schiffes oder eines anderen technischen Objektes zum Zwecke der Veranschaulichung oder zur Durchführung wissenschaftlich-technischer Versuche.

Modellfamilie Versuchsmodelle prinzipiell gleichartiger Form mit abgewandelten Parametern.

Modellschleppversuche Widerstandsmessungen an geschleppten Modellen zur Vorausberechnung des Leistungsbedarfs eines Schiffes. Die Versuche werden in Schiffbautechnischen Versuchsanstalten in eigens dafür eingerichteten Schleppkanälen durchgeführt. Mit verhältnismäßig geringem Kostenaufwand lassen sich durch Modellversuche Meßdaten gewinnen, aus denen sich Rückschlüsse auf die Großausführung ziehen lassen. Die Grundlagen für eine solche Auswertung bilden die Ähnlichkeitsgesetze. Trotz der prinzipiellen Unvereinbarkeit der sich aus dem Gesetz für den Wellenwiderstand (Froude) und dem für den Reibungswiderstand (Reynolds) ergebenden Forderungen ist es gelungen, aufgrund von Modellversuchen sehr genaue Vorausberechnungen für den späteren Leistungsbedarf des großen Schiffes anzustellen.

Modellyacht Segelfähige, unbemannte Yacht in kleinem Maßstab. Modellyachten haben sich zu einer eigenen Gattung entwickelt und sind nicht als verkleinerte Nachbildungen großer Yachten anzusehen. Man unterscheidet deshalb „Modellyachten" und „Yachtmodelle".
Die nicht im Maßstab der äußeren Abmessungen vergleichbaren Stabilitäts- und Festigkeitsbedingungen fordern für Modellyachten im Vergleich zu einer großen Yacht abweichende Proportionen, z. B. relativ größeren Tiefgang. Die an Modellyachten gestellten Ansprüche sind nicht die einer naturgetreuen Nachbildung, sondern optimaler Segeleigenschaften.

Modulation (lat.) Begriff aus der Nachrichtentechnik. Veränderung eines oder mehrerer Merkmale einer Trägerschwingung. Die Veränderung ist keine einfache Überlagerung (Addition), sondern eine Multiplikation von Schwingungen. Moduliert werden können die Amplitude, die Frequenz oder die Phase der Trägerschwingung.

Molch *m.* Strakgewicht; Gewicht zum Festhalten der gebogenen Straklatten beim Zeichnen von Schiffslinien.

Mole (lat.-ital.) *w.* Steindamm zum Schutz eines Hafens oder einer Hafeneinfahrt gegen Brandung, Strömung und Versandung. Das freie Ende der Mole heißt Molenkopf. Er trägt im allgemeinen ein Leuchtfeuer.

Moment (lat.-frz.) *s.* 1. Das Produkt aus Kraft und Hebelarm (Kraftmoment, Drehmoment, Biegemoment, magnetisches Moment u. a.).
2. Das Produkt aus einer Berechnungsgröße und deren Abstand von einer Bezugsachse (statisches Moment).
3. Für die Stabilität des Schiffes ist der Begriff → Breitenträgheitsmoment, für die Festigkeitslehre → Widerstandsmoment von Bedeutung.

Monat Die Wortbildung ist mit dem Mond verbunden, dessen Umlaufzeit für dieses Zeitmaß zugrunde liegt. Man unterscheidet verschiedene Perioden:
1. In der Astronomie a) die Zeitspanne von Neumond bis Neumond (synodischer Monat), b) die Zeitspanne von einer auf die Fixsterne bezogenen Stellung bis zu der darauf folgenden gleichen Stellung (siderischer Monat), c) die Dauer eines Mondumlaufs von einem Durchgang des Mondes durch den Himmelsäquator bis zum darauf folgenden in der gleichen Richtung (tropischer Monat), d) die Dauer eines Mondumlaufs in seiner Bahnellipse (anomalistischer Monat):

	Tage	Std.	Min.	Sek.	Sonnentage
synodischer Monat:	29	12	44	2,7	29,531
siderischer Monat:	27	7	43	11,5	27,322
tropischer Monat:	27	7	43	4,6	27,32
anomalist. Monat:	27	13	18	37	27,55

2. Der Kalendermonat zu 30, 31 u. 28 (29) Tagen.

Mond Trabant (natürlicher Satellit) der Erde. Seine mittlere Entfernung von der Erde beträgt 384 405 km, sein Durchmesser 0,272 des Erddurchmessers, seine Dichte 0,6 der Erddichte. Umlaufzeiten siehe Monat. Der Mond ist ein für die astronomische Navigation wichtiges Beobachtungsobjekt. Er führt drei Bewegungen aus:
1. eine annähernd kreisförmige Bahn um die Erde (mittlere Exzentrizität = 0,055);
2. er folgt der Erde auf ihrer Bahn um die Sonne;

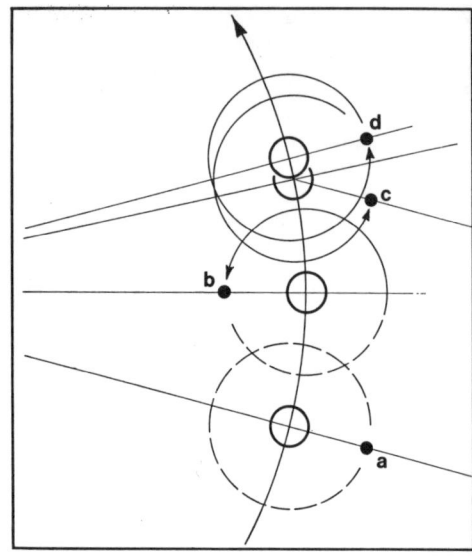

a = Vollmond, b = darauf folgender Neumond. In c steht der Mond nach Ablauf eines siderischen Monats (gleiche Stellung zu den Fixsternen wie in a), in d steht er 2 Tage 5 Stunden später beim nächsten Vollmond.

3. er dreht sich während eines Umlaufs um die Erde einmal um sich selbst.
Die Bahn des Mondes weicht um 5° 8′ 40″ von der Ekliptik ab; siehe hierzu Mondfinsternis.

Monddistanzen Mit dem Sextanten meßbare Winkelabstände des beleuchteten Mondrandes von hellen Sternen und auch vom Sonnenrand. Tafeln mit Monddistanzen brachte erstmalig der Nautical Almanac heraus. Sie dienten zur Bestimmung der astronomisch richtigen Zeit zur Chronometerkontrolle, bevor es drahtlos gefunkte Zeitzeichen gab. Seit 1925 sind Monddistanzen in den Jahrbüchern nicht mehr enthalten.

Mondfinsternis Der Durchgang des Mondes durch den Schattenkegel der Erde. Infolge der Neigung der Mondbahn gegen die Ekliptik geht dieser Schattenkegel im allgemeinen ins Leere. Mondfinsternis kann nur dann auftreten, wenn der Mond in der Nähe eines Knotens seiner Bahn steht und gleichzeitig Sonne – Erde – Mond in einer Geraden stehen, also bei Vollmond (Abb. rechte Seite).

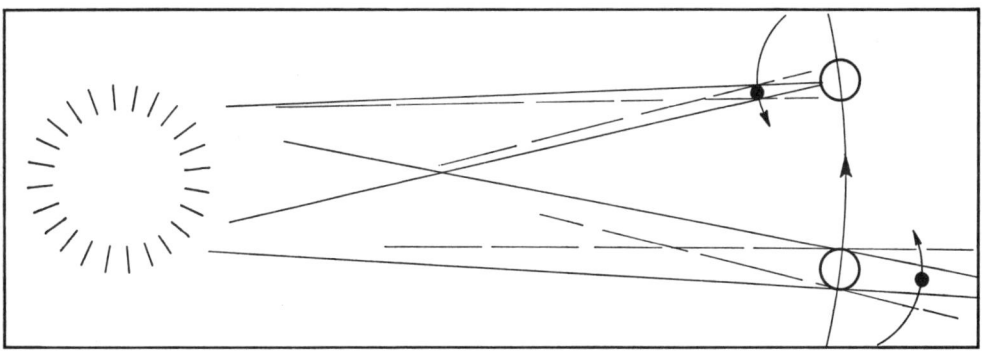

Mondfinsternis (unten) und Sonnenfinsternis (oben). (Die Größenverhältnisse sind unmaßstäblich.)

Die Mondfinsternisse sind von allen Punkten der Erde aus – für die der Mond zu dem Zeitpunkt über dem Horizont steht – gleichzeitig zu beobachten. Anders steht es mit der → Sonnenfinsternis.

Mondphasen Die auf der Erde wahrgenommenen Erscheinungsformen des Mondes im Laufe eines synodischen Monats, die sich aus der Stellung des Mondes zur Verbindungslinie Sonne – Erde ergeben. Man unterscheidet vier Phasen:
1. *Neumond* (Mondwechsel), wenn der Mond zwischen Erde und Sonne steht;
2. *Erstes Viertel,* wenn der zunehmende Mond eine um 90° von der Sonne verschiedene Stellung hat;
3. *Vollmond,* wenn Sonne – Erde – Mond in einer Richtung stehen, der Mond auf der sonnenfernen Seite;
4. *Letztes Viertel,* wenn der abnehmende Mond eine um 90° verschiedene Stellung zur Sonne hat.

Mondsegel Rahsegel, das in seltenen Fällen (auf einigen amerikanischen Klippern des 19. Jh.) noch über dem Skysegel als alleroberstes gefahren wurde. Es trug verschiedene Namen: Mondsegel, Mondkieker, moon raker, moon sail, skyscraper. Dieses Segel wurde auch als dreieckiges Segel zwischen Flaggenknopf und den Nocken der obersten Rah gesetzt (Raffee).

Mondtag Die Dauer von einem Meridiandurchgang des Mondes bis zum darauf folgenden. Diese Zeitspanne beträgt im Mittel 24 Stunden 50 Minuten; sie hat auf die Gezeitenerscheinungen besonderen Einfluß.

Mondtiden Die von der Mondbewegung beeinflußten Teiltiden der → Gezeitenerscheinungen.

Monitor (lat.-engl.) *m.* 1. Ein in der 2. Hälfte des 19. Jh. entwickeltes „Turmschiff" für die Küstenverteidigung. Vom Schiffskörper selbst war kaum etwas zu sehen; nur ein mittschiffs stehender Geschützturm ragte hervor.
2. Fernsehkontrollgerät für das Übersprechen von Aufnahmen.

Monsun (von arab. *mausim,* Jahreszeiten) *m.* Eines der großen Windsysteme der Erde. Der Monsun wird durch den halbjährlichen Wechsel des Temperaturunterschieds zwischen Kontinenten und Ozeanen hervorgerufen und wechselt damit in halbjährlichen Perioden seine Richtung, ähnlich wie das beim Land-Seewind-Effekt im täglichen Rhythmus in Erscheinung tritt. Im Sommer weht der Monsun vom Meer in Richtung Land, im Winter vom Land in Richtung Meer.
Am ausgeprägtesten ist diese Erscheinung im Indischen Ozean und Chinesischen Meer (April bis September SW-Monsun, Oktober bis März NO-Monsun). Auf anderen Ozeanen ist dieser Wechsel weniger ausgeprägt, doch auch bemerkbar (halbjährlich wechselnd als Monsun und als verstärkter Passat).

Moonraker (engl.) Siehe Mondsegel.

Mooring (engl.) Vorrichtung, um ein Schiff auf

Mooringbojen

Reede oder im Strom sicher festzumachen, ohne daß das Schiff selbst ankern muß. Früher auch Hafenanker genannt. (Schreibweise auch Muring.).

Mooringbojen Eine in der gebräuchlichsten Form mit einem starken Ring versehene, fest verankerte Boje. An dem Ring werden je nach Gegebenheit die Ankerkette des Schiffes oder starke Leinen befestigt. Das Schiff kann auch zwischen zwei Mooringbojen festgelegt werden.

Mooringwinden Verholwinden mit automatischer Einstellung des Trossenzuges. Vor allem für große Tanker und Bulk Carrier von Bedeutung, bei denen infolge schnellen Ladens und Löschens in kurzer Zeit große Tiefgangsänderungen eintreten, sowie in Tidehäfen.

Moorsom Im Zusammenhang mit der Schiffsvermessung noch oft genannter Name. Der britische Surveyor George Moorsom führte 1854 das nach ihm benannte und in seinen Grundzügen noch heute gültige Vermessungsverfahren ein, nach welchem der Gesamt-Raumgehalt eines Schiffes in Tonnen zu 100 Kubikfuß vermessen wird (Registertonne). Der damals festgelegte Abzug von 32% von der Brutto-Tonnage für Maschinen- und Kesselräume und Bunker ist für heutige Schiffe zu hoch. Das Prinzip der Innenraumvermessung setzte sich durch, weil weder Tiefgang noch Freibord amtliche Festlegungen bestanden und weder Tragfähigkeit noch Verdrängung korrekt erfaßt werden konnten.

Morgenstern Die Venus in westlicher → Elongation dicht über dem Osthorizont unmittelbar vor Sonnenaufgang. Vergl. Abendstern.

Morgenwache Die → Wache von 4 bis 8 Uhr morgens.

Morsealphabet Nach seinem Erfinder Samuel Morse (1791–1872) benanntes Alphabet für elektro-akustische oder optische Nachrichtenübermittlung. Die Buchstaben, Zahlen und sonstigen Zeichen bestehen aus verschiedenen Kombinationen von nur zwei verschiedenen Signalwerten, Punkt und Strich. Der Strich hat die dreifache Dauer eines Punktes; der Abstand zweier Buchstaben voneinander entspricht drei, der zwischen zwei Wörtern sieben Punkten. Siehe Tafel im Anhang.

Moses Der Name Moses kam in der Sprache der Seeleute in verschiedenen Verwendungen vor. Übriggeblieben ist die Bedeutung dieses Namens für ein kleines Beiboot und für den (jüngsten) Schiffsjungen. Die Herleitung von dem biblischen Text – Aussetzung des kleinen Mose in dem Körbchen – ist unzweifelhaft.

Moth Verbreitete internationale Jollenklasse. Das Boot ist sehr klein, hat aber nur bedingt den Charakter eines ausgesprochenen Jugendbootes. Die einzigen Konstruktionsbeschränkungen sind die Gesamtlänge von 3,35 m, die Breite von 2,25 m und die Segelfläche von 8,00 m².

Motorschiff Frachtschiff mit Dieselmotor-Antrieb. Die Frage, ob der Motor oder die Turbine die wirtschaftlichere Antriebsmaschine sei, läßt sich auch nach dem sprunghaften Anwachsen der Schiffsgrößen nicht eindeutig beantworten. Es gibt bereits Motorschiffe von mehr als 280 000 tdw mit Maschinenleistungen von ca. 25 700 kW.

Motorleistung für Segelyachten Um die erforderliche Leistung für einen Hilfsmotor zu bestimmen, kann man sich angenähert folgender Relation zur Segelfläche bedienen:

1 kW pro 2,5 m² Segelfläche   gleiche Fahrt wie unter Segeln

1 kW pro   5 m² Segelfläche   ³/₄ Fahrt wie unter Segeln

1 kW pro 10 m² Segelfläche   ½ Fahrt wie unter Segeln

Motorsegler Kompromiß von Motor- und Segelyacht, eine Yacht, die sowohl als Segler wie als Motorfahrzeug unabhängig von dem jeweils anderen Antrieb manövrieren kann. (Wird auch als „Fifty-Fifty" bezeichnet. In der Praxis überwiegen bei diesen meistens die Qualitäten als maschinengetriebene Schiffe. Die Leistungen als reine Segler bei leichten Winden auf Kreuzkursen sind beschränkt. Man trifft sie deshalb nur noch selten; stark zugenommen haben indessen Segelyachten mit kleinen, eingebauten Maschinen hoher Leistung.)

Motoryacht Größeres Motorsportboot mit mehr als einem Deck – oft auch nur mit einem zusätzlichen Halbdeck (Orlopdeck) oder einem Hausdeck (Sonnendeck).

Muck, Mug (nl. *mok,* engl. *mug*) w. Trinkbecher, einfache becherförmige Kaffeetasse.

Mudd (engl. *mud*) m. Schlammartige Ablagerungen in Flüssen und Küstengewässern. Schlick.

Mundvorrat Proviant zum Verbrauch an Bord. Mundvorrat wird Zollproviant erst dann, wenn er vom Zollbeamten freigegeben worden ist.

musen, mausen Einen offenen Haken oder eine Teufelsklau nach Einhaken in ein Auge mit einem Bändsel gegen unabsichtliches Aushaken sichern.

Musikdampfer Spottbezeichnung für Fahrgastschiffe, die Kreuzfahrten u. dergl. unternehmen.

Musterung 1. Verhandlung vor dem Seemannsamt über die in die Musterrolle einzutragenden Angaben. Es kann sich dabei um eine Anmusterung wie auch eine Um- oder Abmusterung handeln. Das Heuerverhältnis wird durch den Heuervertrag festgelegt.

2. Auf Fahrgastschiffen – außer auf den in der beschränkten Auslandsfahrt eingesetzten – muß innerhalb von 24 Stunden nach dem Auslaufen auf den dafür vorgesehenen Plätzen eine Musterung der Fahrgäste mit angelegten Schwimmwesten stattfinden.

Musterrolle Vom Seemannsamt ausgestellte Urkunde, in welcher die Mannschaft eines Schiffes verzeichnet ist. Sie wird vom Kapitän und jedem Vertragspartner, d. h. jedem einzelnen Besatzungsmitglied unterschrieben. Sie ist an Bord mitzuführen.

Mutterkompaß Der Hauptteil einer Fernkompaßanlage, der das richtungsuchende Element enthält; beim Kreiselkompaß die Kreiselkugel mit den Kreiseln. Von hier aus werden die Anzeigen elektrisch auf die Tochterkompasse übertragen. (Auch bei Magnetkompassen gebräuchlich, siehe Fernkompaß.).

Mutterschiff Versorgungsschiff. Im Walfang zugleich → Fabrikschiff, das die Fänge verarbeitet.

N

Nachen mhd. Wort für Boot mit der Grundbedeutung *Einbaum*. Heute nur noch regional begrenzte, binnenländische Benennung für einen einfachen, flachbodigen Kahn.

„Nachrichten für Seefahrer" (N. f. S.) Vom Deutschen Hydrographischen Institut wöchentlich herausgegebenes Mitteilungsblatt, das alle die Seeschiffahrt betreffenden Veränderungen enthält, wie z. B. Änderungen an Seezeichen, neu aufgetretene oder erst entdeckte Gefahren, sowie jede notwendige Korrektur der Angaben in Seekarten und Seehandbüchern.

nach Sicht steuern Ein Schiff nicht nach dem Kompaß steuern, sondern indem man einen festen Punkt anvisiert (Landmarke oder Seezeichen) bzw. sich nach der Fahrwasserbezeichnung richtet.

Nachstrom Die Differenz zwischen der Schiffsgeschwindigkeit gegenüber dem ungestörten Wasser und dem durch Potential- und Reibungsstrom gestörten Wasser an der Außenhaut. Der Nachstrom ist im Propellerbereich positiv; das bedeutet einen Vortriebsgewinn.

Nachstromziffer Das prozentuale Verhältnis von Nachstrom zur Schiffsgeschwindigkeit gegenüber dem ungestörten Wasser.

Nacht Die Zeitspanne zwischen Untergang

und Aufgang der Sonne. Sie ist abhängig von der geographischen Breite des Beobachtungsortes und der Jahreszeit. Für alle Orte des Äquators sind Tag und Nacht zu jeder Zeit gleich lang; für alle anderen Orte der Erde trifft dies nur für die Äquinoktien zu, für Frühlings- und Herbstanfang. Im nördlichen Sommer sind für die Nordhalbkugel die Nächte kürzer, und zwar mit zunehmender Breite bis zu dem Extrem, daß am Nordpol die Sonne ein halbes Jahr lang überhaupt nicht untergeht. Sinngemäß gilt dieses für das andere Halbjahr auf der Südhalbkugel.

Nachtbogen Der zwischen Untergang und Aufgang liegende Teil der täglichen Umlaufbahn eines Gestirns. Tag- und Nachtbogen sind abhängig von der geographischen Breite des Beobachtungsortes und der Abweichung des Gestirns. Ist diese gleichnamig und größer als der Komplementwinkel der geographischen Breite, geht für den Beobachter das Gestirn nicht unter.

Nachteffekt Auch Dämmerungseffekt. Durch Reflexion von Raumwellen in der → Ionosphäre hervorgerufene Störungen von Funkpeilungen. Sie wirken sich durch Wandern des Funkstrahls und verbreitertes Peilminimum aus. Der Nachteffekt tritt am deutlichsten in Erscheinung zur Zeit des Sonnenauf- und -untergangs ± 1 Stunde.

Nachtglas Ältere Bezeichnung für ein lichtstarkes Doppelglas (Fernglas). Die Dämmerungssehschärfe ist jedoch nicht allein von der Lichtstärke abhängig, sondern auch von der Vergrößerung. Dieser sind für den Bordgebrauch jedoch Grenzen gesetzt (Handunruhe, Schiffsbewegung). Der optimale Doppelglastyp hat die Optik 7 × 50.

Nachtgleiche Siehe Äquinoktialpunkte.

Nachthaus Kompaßhaus. Schutzkasten für den Magnetkompaß mit Schutzhaube und Leuchte für die Rose.

Nachtrettungsboje Rettungsring mit Nachtlicht, das beim Überbordwerfen des Ringes selbsttätig aufleuchtet und damit das Rettungsmanöver erleichtert. Die Nachtlichter sollen mindestens 45 Minuten Brenndauer haben.

Nadir (arab.) *m.* Gegenüberliegend, Fußpunkt.

Der Punkt, in dem eine in Richtung der Schwerkraft gedachte Gerade senkrecht unter einem Beobachtungsort die → Himmelskugel trifft. Der Gegenpunkt heißt Zenit (Scheitelpunkt).

Nadirdistanz Die Höhe eines Gestirns zur Zeit seiner oberen Kulmination + 90°.

Nagelbank Starke Holzbank oder Stahlstange mit Löchern, in welche die Belegnägel (Coffeynägel) zum Belegen von Fallen und anderem Tauwerk hineingesteckt werden. Nagelbänke werden auf vertikale Zugrichtung beansprucht und müssen dementsprechend im Deck oder am Schanzkleid fest verankert sein. Auf Großseglern sind Nagelbänke unentbehrlich, weil nur sie eine übersichtliche Anordnung der Fülle von belegten Enden gestatten.

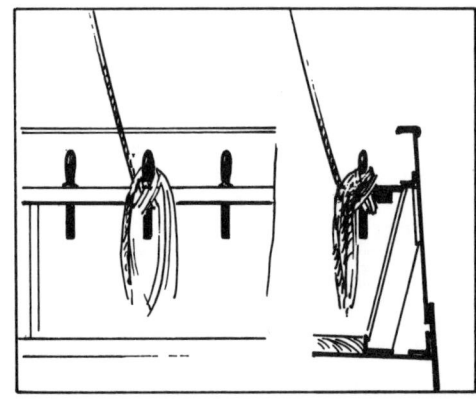

Nagelbank am Schanzkleid eines Vollschiffes.

Nahbereich Begriff der Navigation unter Verwendung von Radar. Der Nahbereich ist nicht eindeutig begrenzt; er beginnt in derjenigen Entfernung zu einem mit Radar georteten Schiff, von welcher ab man sich gefährdet fühlt, und hängt von verschiedenen Faktoren ab: Genauigkeit der Ortung, Störungen auf dem Radarbildschirm, Verkehrsdichte, Lage der Kurse zueinander, Geschwindigkeit und nicht zuletzt von psychologischen Momenten. Das Wissen um den Begriff Nahbereich ist sehr wichtig, doch gibt es dafür keine verbindliche Definition.

Naht 1. Die übereinanderliegenden, in Schiffslängsrichtung verlaufenden Fugen zwischen

zwei Planken oder Platten (die hintereinander liegenden, vertikalen Verbindungsstellen heißen Stöße). Decksnähte heißen die kalfaterten und ausgegossenen Fugen eines Stabdecks.
2. Der Verbindungsstreifen zweier zusammengenähter Segelbahnen.

Nahtspanten Bauelemente bei einer speziellen Bauweise kraweel-geplankter Boote. Die Plankennähte werden von innen mit durchlaufenden Latten überdeckt, was eine erhöhte Längsfestigkeit und Dichtigkeit bewirkt.

Nano- (grch.-lat.) Kurzzeichen n. Vorsatz zur Bezeichnung des milliardsten Teils einer physikalischen Einheit, z. B. Nanosekunde, 1 ns = 10^{-9} s.

Nao (span.) w. Dialektische Form für *nave*, Schiff. Nao bezeichnet im besonderen einen größeren Schiffstyp des Mittelmeerraumes im 15. Jh.

Naphtha (pers.-grch.) s. Ältere Bezeichnung für Erdöl.

Naßdampf Gemisch aus Wasser und Wasserdampf bei Sättigungstemperatur. Gleichbleibenden Druck vorausgesetzt, bleibt die Temperatur von Naßdampf bei Wärmezufuhr konstant, bis alle Flüssigkeit verdampft ist, bei Wärmeentzug so lange, bis aller Wasserdampf kondensiert ist. Vergl. überhitzter Dampf.

nationale Klassen Yachtklassen innerhalb eines Landes, für die es keine internationalen Wettfahrt-Ausschreibungen gibt. Bekannte und beliebte nationale Kreuzerklassen waren z. B. die schon vor dem Ersten Weltkrieg konstruierten nationalen 35er und 45er (für Binnenfahrt) und der 75er (Seekreuzer). Sie sind heute als nationale Altersklassen für Neubau nicht mehr offen.

Nationalflagge Siehe Flaggenführung.

Naturfasern Der aus tierischen und pflanzlichen Produkten oder aus dem Mineralreich gewonnene Rohstoff für Tauwerk und Gewebe. Gegensatz Kunst- oder Chemiefasern, synthetische Fasern.

Nautical Almanac m. Das anglo-amerikanische „Nautische Jahrbuch". Der 1767 in England ins Leben gerufene Nautical Almanac brachte erstmalig die sog. → Monddistanzen. Er diente lange Wissenschaft und Seefahrt gemeinsam. 1914 erfolgte jedoch, wie in Deutschland schon 1850, die Trennung zwischen den wissenschaftlichen und den für die nautische Praxis bestimmten Ephemeriden.

nautical mile (engl.) Seemeile. Hinsichtlich der exakten Festlegung der Länge einer Seemeile gibt es geringfügige Abweichungen. So beträgt die für Großbritannien und die Länder des Vereinigten Königreiches gültige nautical mile 1853,181 m, während die US nautical mile bis 1954 eine Länge von 1853,248 m hatte. Der internationale, seit 1954 auch für die USA gültige Wert beträgt 1852 m. Vergl. Seemeile.

Nautik (grch.-lat.) w. Die Schiffahrtskunde, Seefahrtskunde allgemein. Sie umfaßt das gesamte Schiffswesen, Seemannschaft, Navigation sowie alle damit zusammenhängenden Randgebiete, deren Beherrschung zur Führung eines Schiffes erforderlich sind. Nautiker ist ein durch staatliche Befähigungsnachweise legitimierter Seefahrer. Der Begriff Nautik ist heute auch auf die Gebiete Luft- und Raumfahrt ausgedehnt worden (Aeronautik, Astronaut usw.).

Nautiquitäten Modernes Wortgebilde für nautische Antiquitäten, wie etwa nautische Instrumente und sonstige Gerätschaften, die in früheren Zeiten an Bord gebräuchlich waren oder von Seeleuten in ihrer Freiwache angefertigt wurden. Vergl. Buddelschipp.

nautisch-astronomisches Grunddreieck Sphärisches Dreieck, das dadurch entsteht, daß man die → Koordinatensysteme des wahren Horizontes und des Himmelsäquators im Ausschnitt zu einer Figur vereinigt. Die Eckpunkte dieses Dreiecks sind Zenit, Himmelspol und Gestirn; die Seiten heißen Zenitdistanz, Poldistanz und Polzenitdistanz (Abb. Seite 226 oben).

nautische Bücher Für die Schiffsführung unerläßliche Veröffentlichungen, die, wie die Seekarten, stets auf dem neuesten Stand sein müssen: Leuchtfeuerverzeichnisse, See- und Hafenhandbücher, Gezeitentabellen, Nautischer Funkdienst und andere.

nautische Dämmerung

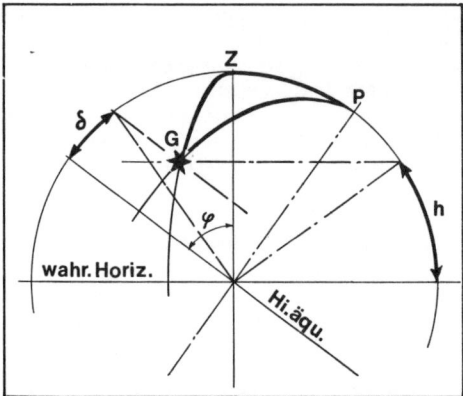

Das nautisch-astronomische Grunddreieck.
Die Punkte: Z = Zenit, P = Pol, G = Gestirn
Die Strecken: PZ = Polzenitdistanz $(90° - \varphi)$
ZG = Zenitdistanz $(90° - h)$
PG = Poldistanz $(90° - \delta)$
Die Winkel bei: Z = Azimut
P = Stundenwinkel
G = parallaktischer Winkel

nautische Dämmerung Die Zeit der nicht vollständigen Dunkelheit, in der man noch Kimmabstände messen kann. In der Nautik gilt die → Dämmerung bis zu einem Sonnenstand von 12° unter dem Horizont.

„Nautischer Funkdienst", (N. F.) Dreibändiges Werk über das Funkwesen mit allen für die Funknavigation, den Funkverkehr und den Wetterfunk wichtigen Angaben.

Nautischer Schiffsoffizier Offizielle Bezeichnung für die berufliche Laufbahn des seemännischen Schiffsoffiziers (im Gegensatz zum technischen). Der übliche Gang der Ausbildung ist: Abitur oder Fachhochschulreife nach Versetzung in die Oberprima, 12 Monate Seefahrtzeit als Nautischer Assistent, 6 Monate Praktikant auf einem Ausbildungsschiff, 2 Wochen Sicherheitslehrgang, 6 Semester Fachhochschule Seefahrt (Patent AGW ausgehändigt), 24 Monate Seefahrtzeit als nautischer Schiffsoffizier, danach Kapitän auf Großer Fahrt (Patent AG ausgehändigt).

Nautischer Warndienst Vom Deutschen Hydrographischen Institut herausgebrachte, über Funk ausgestrahlte Nachrichten, die plötzlich aufgetretene Gefahren für die Schiffahrt zum Inhalt haben (Eis, Wracks, Wirbelstürme, Vertreiben von Seezeichen, Verlöschen von Feuern usw.).

„Nautisches Jahrbuch oder Ephemeriden und Tafeln" Zusammenstellung der Ortsangaben der für die astronomische Navigation wichtigen Gestirne. Das Jahrbuch enthält Greenwicher Stundenwinkel und Abweichung für Sonne, Mond, die vier Planeten Venus, Mars, Jupiter, Saturn, ferner Greenwicher Stundenwinkel des Frühlingspunktes sowie Sternwinkel und Abweichung für täglich jeweils 50 von insgesamt 80 Fixsternen erster und zweiter Größe.
Das Nautische Jahrbuch wird seit 1850 vom Deutschen Hydrographischen Institut jedes Jahr neu herausgegeben.

Navicert (engl.) *s.* Im Krieg Geleitschein für neutrale Handelsschiffe.

Navigation (lat.) *w.* Die Kunst, ein Schiff über See zu führen; insbesondere die Lehre von den Verfahren zur Standortbestimmung des Schiffes. In der terrestrischen Navigation bestimmt man den Schiffsort nach erdfesten Orientierungssystemen wie Peilungen von Landmarken und Seezeichen, Koppeln der Kurse unter Berücksichtigung von Stromversetzung und Abdrift, Lotungen usw.
In der astronomischen Navigation errechnet man den Schiffsort aus Beobachtungen der Gestirne im Zusammenhang mit der genauen Uhrzeit der Beobachtung; in der Funknavigation (Funkortung) ergeben sich die Koordinaten des Schiffsortes durch verschiedenartige Sende- und Empfangssysteme elektromagnetischer Wellen (siehe Decca, Loran, Consol), das Wort → Trägheitsnavigation wiederum weist auf das physikalische Prinzip hin, nach dem bei diesem neuartigen Verfahren navigiert wird. Je nach der Weite der Reisen unterscheidet man Kurzstrecken-, Küsten- und Fernnavigation. Der Begriff Navigation wurde auch vom Flugwesen übernommen.

Navigationsakte Kein nautischer, sondern ein historischer Begriff: Die 1651 in England zur Förderung der nationalen Schiffahrt erlassenen Gesetze, nach denen Importe aus Übersee nur auf englischen, Importe aus Europa nur auf englischen oder auf Schiffen des Ursprungslandes verschifft werden durften. Frühester Fall von → Flaggenprotektionismus. Die Gesetze wurden bis 1673 mehrfach erneuert bzw. ergänzt und 1849 aufgehoben.

Nebel 1. Kondensierter Wasserdampf in bodennahen Luftschichten. Kleine Wassertröpfchen in der Größenordnung hundertstel Millimeter, die nur sehr langsam fallen, behindern die Sicht. Man spricht von Nebel bei Sichtweiten unter 1 km. Nebel entsteht, wenn wärmere Luftmassen in kältere Gebiete vordringen und unter ihren Taupunkt abkühlen, wobei ausreichende Mengen Kondensationskerne vorhanden sein müssen.
2. Im astronomischen Bereich versteht man unter Nebel einerseits schwachleuchtende diffuse Objekte innerhalb der Milchstraße, andererseits extragalaktische Sternsysteme (Spiralnebel).

Nebelsignale Schallsignale, die nach der Seestraßenordnung und Seeschiffahrtstraßen-Ordnung bei Nebel und sonstwie die Sicht behinderndem Wetter (Schneefall) von Schiffen und Signalstellen gegeben werden müssen. Nebelsignale werden an Bord mit der Glocke geschlagen und mit Pfeife, Typhon oder der Sirene geblasen.
Stationäre akustische Signalanlagen haben, wie Leuchtfeuer, eine individuelle Kennung, die im Leuchtfeuerverzeichnis angegeben ist (Nebelhorn). Eine Übersicht über die von Schiffen verschiedener Art und in verschiedenen Situationen zu gebenden Signale enthalten die Seeschiffahrtstraßen-Ordnung Anlage II und die Seestraßenordnung Regel 19.

Nebenfahrwasser Schiffbare Rinne neben einem Hauptfahrwasser.

Nebenkreise Diejenigen Kreise auf einer Kugeloberfläche, welche durch Schnittebenen erzeugt werden, die nicht durch den Kugelmittelpunkt gehen. Solche Nebenkreise sind z. B. die Breitenparallele, die Abweichungsparallele an der Himmelskugel und die Höhengleiche.

Nebenmeridianbreite Beobachtung eines Gestirns kurze Zeit (nicht mehr als 20 Minuten) vor oder nach dem Meridiandurchgang, wenn im Augenblick der Kulmination wegen verdeckter Sicht keine Beobachtung möglich ist. Der Winkel, um den das Gestirn dann noch steigt bzw. schon gefallen ist, läßt sich berechnen und wird in der Auswertung berücksichtigt. Steht das Gestirn bei der Beobachtung in der Nähe des oberen Meridians, spricht man von Nebenmittagsbreite, in der Nähe des unteren von Nebenmitternachtsbreite.

Nebensender (engl.: *slave station*) Sendestation, deren Aussendungen von einem Haupt- oder Leitsender gesteuert werden.

Nebenwinkel Winkel, der einen gegebenen Winkel zu 180° ergänzt (der zu 90° ergänzende heißt Komplementwinkel).

Neerstrom (nd. *neer*, nieder) Gegenströmung, die in strömenden Gewässern in Buchten entsteht oder zwischen Uferhindernissen (Buhnen, Stacks). Bei ausreichender Wassertiefe läßt sich der Neerstrom von stromaufwärts fahrenden kleinen Schiffen ausnutzen, um schneller voran zu kommen.

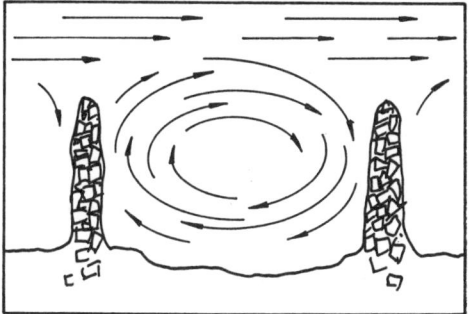

Neerstrom

Nef w. Nordwesteuropäischer Handelsschiffstyp des 13.–15. Jh. Nach Abbildungen auf alten Siegeln bauchige Schiffe mit gerundetem, in die Steven einlaufendem Kiel. Die Quellen zeigen Seitenruder und einmastige Takelung.

Nehrung Schmaler Landstreifen mit Dünen, der ein Haff (Strandsee, Lagune) vom Meer trennt.

Nennleistung Diejenige Leistung, für die eine Maschine konstruiert worden ist. Bei Einhaltung

Nennweite

der Ausgangsbedingungen entspricht sie normalerweise der Dauerleistung der Maschine.

Nennweite Normbezeichnung, die den Durchmesser von Rohren und die für diese passenden Verschraubungen, Flanschen und Armaturen kennzeichnet.

Neptun 1. In der römischen Mythologie der Gott des gesamten feuchten Elements. Gleichsetzung des grch. Poseidon.
2. Der 1846 entdeckte, von der Sonne aus gerechnet achte Planet unseres Sonnensystems. Wichtigste astronomische Werte siehe *Planeten*; für die astronomische Navigation nicht von Bedeutung.

Netto-Raumgehalt Der Teil des Gesamt-Raumgehaltes eines Schiffes, der übrigbleibt, wenn die Betriebsräume abgezogen sind; der „verdienende Teil" des Schiffsraumes. Vergl. Tonnage.

Neumond Mondwechsel bei der → Konjunktion Mond – Sonne, der Moment zwischen abnehmendem und zunehmendem Mond. Der Mond ist in dieser Phase nicht sichtbar; vergl. hierzu jedoch Sonnenfinsternis.

neutrale Faser Die Mittelzone eines auf Biegung beanspruchten Trägers, in welcher weder Druck- noch Zugspannungen auftreten. Diese Zone kann entsprechend leicht gebaut werden. Siehe im Gegensatz dazu Gurtungen.

Newton (Kurzzeichen N) Nach Isaac Newton (1643–1727) benannte Einheit der Kraft im Internationalen Einheitensystem. 1 Newton ist die Kraft, die der Masse 1 kg die Beschleunigung $1\ m/s^2$ erteilt.
$1\ N = 1\ kg\ m/s^2$

Newtonsche Axiome Die von Newton formulierten Grundgesetze der Mechanik:
1. Das Trägheitsgesetz: Jeder Körper verharrt im Zustand der Ruhe oder der gleichförmigen Bewegung, solange keine Kräfte auf ihn einwirken.
2. Das dynamische Grundgesetz: Jede Beschleunigung eines Körpers ist der einwirkenden Kraft proportional und ihr gleichgerichtet.
3. Das Wechselwirkungsgesetz: Jede Krafteinwirkung ist gleich groß – aber entgegengerichtet einer Gegenkraft (actio = reactio).

Niedergang Seemännische Bezeichnung für eine Treppe an Bord.

Niederhalter Auch Niederholer, Baumniederholer. Talje zum Niederhalten des Großbaumes bei achterlichen Winden. Sie ist ungefähr im Abstand einer viertel Baumlänge (vom Mast aus) am Großbaum befestigt und soll verhindern, daß der Baum steigt und das Segel unfreiwillig überschlägt.

Niederholer 1. Der Niederholer (engl. *downhaul*) ist eine Leine, mittels derer ein Stagsegel heruntergeholt wird, wenn es beim Losmachen des Falls nicht durch sein Eigengewicht von selbst kommt. Namentlich Segel an sehr flach verlaufenden Stagen (Außenklüver etc.) benötigen einen Niederholer, der am Kopf des Segels angreift und an diesem Punkt durch einen Stagreiter geführt sein muß.
2. Auf den Rahseglern gab es auch Rahniederholer für die abzufierenden Rahen. Siehe Dumper.

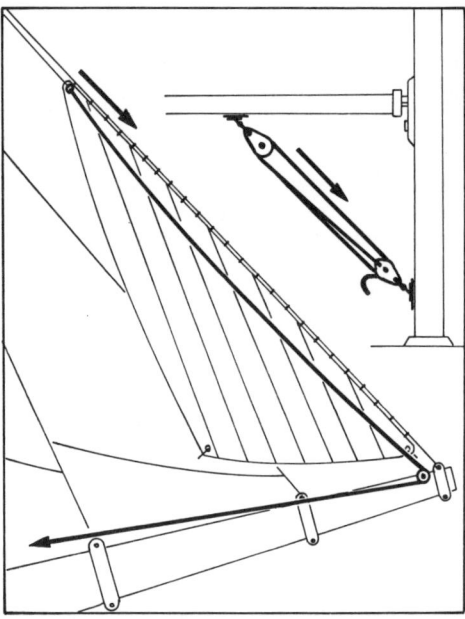

Der alte Vorsegelniederholer und der moderne Niederhalter (Niederholer) eines Großbaumes (rechts oben).

3. Im modernen Yachtsport lebt die Bezeichnung N. im eingebürgerten Sprachgebrauch fort für eine Vorrichtung, deren Funktion korrekter durch die Benennung → Niederhalter charakterisiert wird.

Niederschlag In festem oder flüssigem Zustand aus der Atmosphäre ausgeschiedenes Wasser. Dazu gehören, neben den fallenden Niederschlägen Regen, Nieseln, Schnee, Graupeln, Hagel, auch die abgesetzten, wie z. B. nässender Nebel, Tau, Rauhreif usw. Art und Dauer fallender Niederschläge sind in das Logbuch einzutragen.

niedrigeres Hoch- bzw. Niedrigwasser Dieser Ausdruck bezeichnet das niedrigere Hoch- bzw. Niedrigwasser ein und desselben Tages, wenn infolge der täglichen Ungleichheit Morgen- und Abendhochwasser (bzw. -niedrigwasser) unterschiedlich sind. Siehe Ungleichheit und Gezeiten.

Niedrigwasser 1. In Tidengewässern der Endzustand der Ebbe, der Moment des niedrigsten Wasserstandes.
2. Durch anhaltende ablandige Winde hervorgerufener ungewöhnlich niedriger Wasserstand.

Nietung Die klassische, heute nur noch in sehr beschränktem Maße angewendete Art der Verbindung von Platten und Profilen im Stahlschiffbau. Das Verbindungselement Niet ist ein mit einem Kopf (Setzkopf) versehener Bolzen aus weichem Stahl, der im rotglühenden Zustand durch die Löcher der zu verbindenden Teile gesteckt wird und durch Anschlagen eines zweiten Kopfes (Schließkopf) die Bauteile fest miteinander verbindet. Festigkeit und Undurchlässigkeit – für Wasser und Öl verschieden – hängen von der Festigkeit des Materials, Nietstärke, Lochleibungsdruck, Nietabstand und Anzahl der Nietreihen ab.

Nimbostratus (lat.) Dunkelgraue, undurchsichtige Wolkenschicht, aus der stets anhaltender Niederschlag fällt, Regen oder Schnee. Ausgesprochene Schlechtwetterwolken. (Die Bezeichnung „Nimbus" ist veraltet. Das Wort bedeutete im Altertum Platzregen sowie jede den Himmel verdunkelnde Erscheinung. Daraus wurde einerseits die Nebelhülle, in der die Dichter die Götter zur Erde niedersteigen ließen, und daraus die mittelalterliche Bedeutung Strahlenkranz, Heiligenschein, was dann zu „weltlichem großen Ansehen" verflachte, zum anderen die naturwissenschaftliche Bezeichnung für Regenwolke.).

Nipptide Bestimmungswort ist engl. *neap*, niedrig. Die niedrige Tide zur Zeit des Halbmondes. Der genaue Zeitpunkt liegt 1 bis 3 Tage nach dem Ersten und Letzten Viertel des Mondes (Nippverspätung).

Nirosta Verbreitete, nicht wissenschaftliche Bezeichnung für *ni*cht*r*ostenden *Sta*hl, wie er heute für Bootsbeschläge und hochwertiges stehendes Gut verwendet wird. Es handelt sich ganz allgemein um Stähle der sog. 18/8-Qualität, d. h. Legierungen auf der Basis 18% Chrom, 8% Nickel. Zusätze kleiner Anteile von Molybdän und/oder Mangan beeinflussen Festigkeit, Säurebeständigkeit etc. 18/8-Stähle von Krupp tragen die Bezeichnung V 2 A- und V 4 A-Stähle.

Nitzel *s.* Kurzes, getakeltes Bändsel für verschiedene Zwecke im praktischen Gebrauch an Bord.

Nock (nl) *w.* Das Ende einer Spiere, z. B. einer Rah (Luv- und Leenock), einer Gaffel, eines Baumes. Für Masten und Stengen wird der Ausdruck nicht gebraucht.
Brückennock heißt das seitlich herausragende Ende des Brückenhauses (Steuerbord- und Backbordnock).

Nockband, Nockring Ringbeschlag aus Stahl am Ende einer Spiere, mit Augen zur Befestigung von Takelungsteilen; am Klüverbaum: Wasserstag, Klüverstag etc.; am Baum: Dirk, Schot und so fort.

Nockbändsel Bändsel, mit dem ein Segel zur Nock eines Baumes, einer Rah, einer Gaffel ausgeholt und befestigt wird.

Nockenwelle Welle mit aus Kreisbogen und Geraden zusammengesetzten Erhebungen zur Erteilung von Bewegungsimpulsen an andere Maschinenteile (Ventilsteuerung der Motoren).

Nockgording Siehe Gording.

„no cure – no pay" (engl.) Kein Erfolg – keine

Bezahlung. Allgemein gültige Klausel im Bergungsgeschäft, Lloyd's Salvage Agreement. Anspruch auf Bergelohn besteht nur dann, wenn die Bemühungen nicht vergeblich waren. Vergl. hierzu Bergelohn.

Nomogramm (lat.) s. Schaubild, Funktionsskala oder ähnliches Hilfsmittel zur schnellen graphischen Lösung von mathematischen Aufgaben desselben Typs.

Nonius Kleiner Hilfsmaßstab, der sich an einem Maßstab verschieben läßt und das Ablesen von Zwischenwerten gestattet. Das Prinzip beruht auf einer unterschiedlichen Teilung der beiden Skalen; üblich ist z. B., daß 10 Intervalle des Nonius auf 9 des Hauptmaßstabes fallen. Der Nonius wurde 1631 von dem französischen Mathematiker Pierre Vernier erfunden; doch geht die Bezeichnung Nonius auf den latinisierten Namen des portugiesischen Mathematikers Pedro Nuñez (1492–1577) zurück, der zum ersten Mal eine – wenn auch anders geartete – Vorrichtung zum Ablesen von Zwischenwerten beschrieben hat.

Noniussextant Auch Lupensextant. Die Ablesung erfolgt mittels Nonius mit Hilfe einer am Sextanten angebrachten Lupe.

Nord Die Hauptbezugsrichtung auf der Erde ist die rechtweisende Nordrichtung (rw Nord), die Richtung nach dem geographischen Nordpol. Von dieser weicht eine frei bewegliche, von örtlichen ablenkenden Einflüssen nicht beeinflußte Magnetnadel um den Betrag der Ortsmißweisung ab. Der geographische Nordpol ist der Punkt, durch welchen im Norden die gedachte Erdachse verläuft. Die mißweisende Nordrichtung (mw Nord) ergibt sich aus dem jeweiligen Verlauf der erdmagnetischen Feldlinien.

Norder In den USA Norther, in Mexiko Norte. Plötzlich auftretende, sehr heftige kalte Nordwinde im Golf von Mexiko und in Mittelamerika (Oktober bis Mitte April). Charakteristisch ist der mit diesen Winden einhergehende Temperatursturz.

Nordisches Folkeboot (Volksboot) Kielkreuzer mit 24 m² Segelfläche und 2 t Depl. Länge ü. a. 7,64 m, Länge in der CWL 6,00 m, Breite 2,20 m, Tiefgang 1,20 m. Bauweise Vollholz geklinkert, Rennbesatzung 3 Mann.

Nordlicht Siehe Polarlicht.

Nordmeridian Der vom Zenit (Scheitelpunkt) durch den Nordpunkt des wahren Horizontes zum Nadir (Fußpunkt) verlaufende Himmelsmeridian.

Nordostpassage Der zuerst von Nordenskiöld 1878/79 mit der „Vega" befahrene Seeweg durch das nördliche Eismeer längs der russischen Küste vom Atlantischen zum Stillen Ozean.

Nordost-Passat Siehe Passat.

Nord-Ostsee-Kanal Auch Kiel-Kanal (früher Kaiser-Wilhelm-Kanal). Dieser wichtigste europäische Kanal wurde 1895 eröffnet und seitdem mehrfach erweitert. Er verbindet über eine Länge von 100 km die Elbmündung bei Brunsbüttel mit Holtenau an der Kieler Förde. Der Kanal ist Tag und Nacht befahrbar. Maximale Abmessungen durchfahrender Schiffe: 315 m Länge, 40 m Breite, 9,5 m Tiefgang. Die Hochbrücken haben eine Durchfahrthöhe von 40 m.

Nordpol Siehe Pol.

Nordpunkt Der nördliche Schnittpunkt des Himmelsmeridians mit dem wahren Horizont.

Nordsee-Woche Traditionelle Regattaveranstaltung der deutschen Seesegler, die alljährlich zu Pfingsten stattfindet.

Nordstern, Polarstern Fixstern α im Sternbild Ursae minoris (Kleiner Bär). Der Nordstern liegt ca. 1,5° neben dem nördlichen Himmelspol und hat die Größe 2. Vergl. Fixsterne.

Nordsternazimut Die Azimutbeobachtungen des Nordsterns werden mit Hilfe einer besonderen Tafel ausgewertet.

Nordsternbreite Bestimmung der geographischen Breite aus der Beobachtung der Höhe des Nordsterns. Der Auswertung liegt die einfache Beziehung zugrunde, daß Polhöhe und geographische Breite einander gleich sind. Da Nordstern und Himmelspol jedoch nicht identisch sind, sondern um ca. 1,5° auseinanderliegen, bedarf es der im Nautischen Jahrbuch enthaltenen Korrekturen (Nordsternberichtigung).

Nordwestpassage Der etwa drei Jahrhunderte lang vermutete und gesuchte Seeweg nördlich von Kanada vom Pazifischen zum Atlantischen Ozean. Der Weg wurde 1853 tatsächlich gefunden, 1906 von Amundsen zuerst durchfahren, doch als praktisch wertlos erkannt. Erst in letzter Zeit ist das Interesse im Zusammenhang mit dem Abtransport des in Alaska gefundenen Öls neu erwacht. Erster Durchbruch eines modernen Großschiffes: ,,Manhattan" 1969.

Normalbedingungen Druck- und Temperaturwerte eines mittleren, ,,normalen" Zustandes. In der Physik 0° C und 1013,25 mbar, in der Technik 20° C und 0,981 bar.

Normalnull, NN Ideelle mittlere Meereshöhe, Bezugswert für alle von den Landesvermessungsbehörden bekanntgegebenen Höhenzahlen. Als Normalnull gilt für Deutschland der Nullpunkt des Amsterdamer Pegels.

Nothafen Hafen, den ein Schiff vor Erreichen seines Bestimmungshafens anläuft, um Schutz vor einer drohenden Gefahr zu suchen, oder weil es infolge Havarie oder Notfall nicht imstande ist, die Reise fortzusetzen. Bei beladenen Handelsschiffen werden die Kosten für den Aufenthalt in einem Nothafen nach den Grundsätzen der Havarie-grosse aufgeteilt.

Notruder Behelfsmäßige Steuervorrichtung im Falle des Bruchs von Ruderblatt oder Ruderschaft.

Notfrequenz, Notmeldung, Notsignale etc. Siehe Seenot.

NRT Nettoraumgehalt in Registertonnen (Netto-Registertonnen). Siehe Tonnage.

Nuclear Ship, NS (engl.) Atomschiff. Siehe Kernenergieantrieb.

Nullmeridian Der Meridian von Greenwich, der Meridian mit der Länge 0°.

Nutation (lat.) Nickbewegung, von welcher die regelmäßige → Präzessionsbewegung eines Kreisels infolge irgendwelcher Störungen überlagert wird. Auch die Erdachse führt Nutationsbewegungen aus. Sie sind vor allem auf die Gravitationswirkung des Mondes zurückzuführen.

Nylon Handelsbezeichnung für eine Polyamidfaser, die aus einem aus Kohle abgeleiteten Kunstharz hergestellt wird.
Für die Herstellung von Segeln wurde Nylon erstmalig nach dem Zweiten Weltkrieg verwandt. Man bevorzugt es wegen seiner Elastizität und hoher Festigkeit bei geringem Gewicht insbesondere für Spinnaker und Ballons.

Oberbramsegel Bei vollgetakelten Masten mit geteilten Mars- und Bramsegeln das fünfte Rahsegel von unten.

Oberdeck Das oberste durchlaufende Deck eines Schiffes. Es ist das für die Schiffsfestigkeit wichtigste Deck.

obere Gurtung Im Stahlschiffbau: Oberdeck und alle durchlaufenden Längsverbände bis mindestens 0,1 H unter Seite Deck.

obere Konjunktion Derjenige Aspekt, bei welchem ein unterer Planet jenseits der Sonne steht, d. h. den größten Abstand von der Erde hat. Vergl. Konjunktion.

obere Kulmination Das Erreichen der größten Höhe eines Gestirns auf seiner täglichen Bahn zur Zeit des Meridiandurchgangs. Meridiandurchgang und Kulmination sind theoretisch nicht dasselbe, doch wird in der Praxis zwischen beiden kein Unterschied gemacht.

obere Planeten Die außerhalb der Erdbahn kreisenden → Planeten Mars, Jupiter, Saturn, Uranus, Neptun, Pluto.

oberer Himmelspol Schnittpunkt der verlängerten Erdachse mit der scheinbaren Himmelskugel über derjenigen Halbkugel der Erde, auf der man sich befindet.

oberer Meridian Der vom oberen Pol über den (oder das) Zenit zum unteren Pol verlaufende Himmelsmeridian. Der gegenüberliegende heißt unterer Meridian.

Oberfeuer Das hintere, höher gelegene von zwei Feuern einer Richtfeuerleitlinie. Siehe Richtfeuer.

Oberfläche In bezug auf das Schiff sind insbesondere zwei Begriffe von Bedeutung:
1. → benetzte Oberfläche,
2. → freie Oberflächen.

Oberflächenströmungen Meeresströmungen, die unter dem Einfluß der großen Luftströmungssysteme entstehen und sich nur auf die obersten Wasserschichten erstrecken. Die unmittelbaren Folgeerscheinungen der Winde heißen Driften (Triften), die nachfließenden Strömungen Kompensations- oder Ergänzungsströme. An Küsten bilden sich Stau- und Abflußströme.

Oberflächenwellen Die aus der Wechselwirkung Wind/Schwerkraft erzeugten periodischen Wellen an der Meeresoberfläche, von welchen der Begriff → Wellen überhaupt hergeleitet ist.

Oberkante Kiel Die für die Konstruktion eines Schiffes maßgebliche Basislinie, die Wasserlinie null.

Oberlicht Ebenso gebräuchlich ist der engl. Ausdruck *Skylight*. Horizontal bzw. mit nur geringer Neigung angeordnetes Fenster an Deck oder auf dem Kajütdach.

Obermarssegel Auf Rahseglern das dritte Segel von unten an einem vollgetakelten Mast. Es ist in der Fläche etwas größer als das Untermarssegel, welches ein ausgesprochenes Sturmsegel ist.

Oberrandhöhe (eines Gestirns) (Betrifft in der Praxis nur Sonne und Mond.) Kimmabstand des Gestirnoberrandes, der durch Subtraktion des Halbmessers auf die Mittelpunktshöhe und durch weitere Korrekturen auf die wahre Höhe des Gestirns berichtigt werden muß. Der Halbmesser der Sonne beträgt wie der des Mondes ca. 16'.

Oberwant Das über die Saling zum Topp geführte Want einer Segelyacht.

Oberwasser 1. Das von oberhalb der Tidegrenze abfließende Wasser eines Stromes.
2. Bei Wasserkraftanlagen das gestaute Wasser oberhalb der Turbinen.

Objektiv (lat.-nlat.) Die dem beobachteten Objekt zugewandte Linse eines optischen Gerätes.

OBO-Carrier (engl.) Allgemein verbreitete Typbezeichnung für ein modernes, großes Mehrzweckschiff, einen *Oil-Bulk-Ore* Carrier. Diese Schiffe können wahlweise als Tanker, Massengutfrachter oder Erzschiffe eingesetzt werden.

OECD *O*rganization for *E*conomic *C*ooperation and *D*evelopment.

Oertz-Ruder Nach seinem Erfinder, dem deutschen Schiffbauingenieur und Yachtkonstrukteur Max Oertz (1871–1929) benannter Ruderblattkörper mit stromlinienförmigem Querschnitt; ein nicht balanciertes Verdrängungsruder, das den Rudersteven als feststehende Leitfläche in die Ruderform einschließt.

offene Charter Charter-party, in welcher keine Angaben enthalten sind, die Ladungsart und Bestimmungshäfen betreffen.

offene Rate Frachtrate, die von Fall zu Fall neu vereinbart werden muß.

offener Schutzdecker Älterer Typ eines Stückgutfrachters, bei welchem bei Anordnung sog. Vermessungsöffnungen das obere Zwischendeck von der Vermessung ausgeschlossen wurde. Dieser Typ ist Ende der 60er Jahre durch den → Freidecker ersetzt worden.

offenes Schiff Bezeichnung für ein Schiff, das infolge übermäßig großer Luken kein eigentliches Verbandsdeck hat und bei welchem infolgedessen besondere Probleme hinsichtlich der Biege- und Torsionsbeanspruchungen des Schiffskörpers auftreten. Zu den offenen Schiffen gehören Stückgutfrachter mit übergroßen Luken und vor allem Containerschiffe.

Offizier (lat.-frz.) 1. In der Handelsmarine hat Offiziersrang, wer zur Ausübung seines Berufes eines staatlichen Befähigungsnachweises bedarf. Man unterscheidet seemännische und technische Offiziere. Auch Schiffsärzte und Zahlmeister haben Offiziersrang.
2. Im militärischen Bereich jeder Rang vom Leutnant an aufwärts.

Öffnungsverhältnis Das Verhältnis von Objektivdurchmesser zur Brennweite eines optischen Gerätes. Das Öffnungsverhältnis ist eine charakteristische Größe für die optische Leistungsfähigkeit des Gerätes.

Offshore (engl.) In Küstennähe; Küstenschifffahrt. Im Motorbootsport sind Offshore-Races seit 1956 zu einem festen Begriff geworden für Rennen, die eine größere Strecke über offene See führen (z. B. Miami-Nassau 165 sm, Cowes–Torquay–Cowes 212 sm u. a.). Vom Beginn der Motorbootrennen überhaupt (1903) bis 1956 hatten dieselben ausschließlich auf glattem Wasser stattgefunden.
Der Ausdruck Offshore wird heute auch gebraucht bei der Ölsuche vor der Küste (Offshore-Bohrungen).

Ohm, Ω Nach dem deutschen Physiker G. S. Ohm (1787–1854) benannte Einheit des elektrischen Widerstandes. 1 Ohm ist der elektr. Widerstand zwischen 2 Punkten eines homogenen und gleichmäßig temperierten Leiters, durch den bei 1 Volt Spannung ein zeitlich unveränderter Strom von 1 Ampere fließt.
$$1 \Omega = 1 \text{ V/A}$$

Ohmsches Gesetz Der von Ohm 1826 gefundene Zusammenhang zwischen el. Spannung (U), Stromstärke (I) und Widerstand (R):
$$U = R \cdot I$$

O-Jolle Siehe Olympia-Jolle.

Okklusion (lat.) Einschließung. In der Meteorologie das Einschließen einer Luftmasse zwischen Kalt- und Warmfront. Die schnellere Kaltfront holt die Warmfront ein und hebt die zwischen den Fronten befindliche Warmluft vom Boden. Derartige Einschließungen können sehr verschiedenartig aufgebaut sein und bringen oft kräftige Niederschläge.

ökonomische Geschwindigkeit Dauergeschwindigkeit bei einem möglichst günstigen Verhältnis von Geschwindigkeit zu Brennstoffverbrauch und Aktionsradius. Sie liegt stets um einiges unter der Höchstgeschwindigkeit, da Brennstoffverbrauch und Geschwindigkeit nicht in einem linearen Verhältnis zueinander stehen, sondern der Verbrauch unverhältnismäßig stark zunimmt, während die Geschwindigkeit sich einem erreichbaren Grenzwert nähert.

Oktant (lat.) „Achtelkreis". Zweispiegel-Winkelmeßgerät für astronomische Beobachtungen. Der eigentliche Erfinder eines Winkelmeßinstrumentes nach dem Prinzip der doppelten Reflexion war Newton (1700), doch wurde dies erst bekannt, nachdem um 1730 Godfrey und

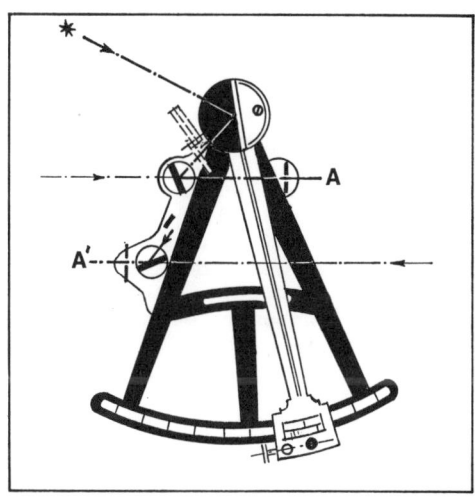

Hadleyscher Oktant aus Ebenholz und Messing, Mitte 18. Jh. Das Meßprinzip war bereits das gleiche wie beim modernen Sextanten. Augpunkt normalerweise bei A. Der zusätzliche untere Horizontspiegel bei A' ermöglichte Beobachtungen auch dann, wenn man die Kimm unterhalb des Gestirns nicht ausmachen konnte, die auf der gegenüberliegenden Seite jedoch klar zu erkennen war.

Hadley unabhängig voneinander ähnliche Geräte verwirklicht hatten. Hadleys Oktant hatte einen Gradbogen von 45° (Meßbereich 90°). Dieses Instrument ist der eigentliche Vorläufer des Sextanten. Die Kunst der Höhenwinkelmessung auf See hatte mit ihm einen im Prinzip nicht mehr übertroffenen Stand erreicht. Weitere Verbesserungen betrafen lediglich die Ausführung und damit die Meßgenauigkeit der Instrumente.

Okular (lat.) Die dem Auge zugewandte Linse eines optischen Gerätes. Vergl. Objektiv.

Okume, Okoumé Gabun; fälschlich auch ,,Gabun-Mahagoni" genannt. Westafrikanisches, helles, rötliches Holz, ca. 0,4 g/cm^3. Wird vorwiegend zur Herstellung von Sperrholz verwendet.

öldicht Im Stahlschiffbau besonderer Vermerk hinsichtlich der Nietvorschrift bei genieteten Öltanks. Der Begriff ist durch die Schweißtechnik weitgehend gegenstandslos geworden.

Ölpest Ausdruck, der sich für eine starke Ölverschmutzung der See durchgesetzt hat, wie sie insbesondere bei lokalen Katastrophen (wie etwa der Strandung des Supertankers ,,Torrey Canyon" 1967), oder aber auch ganz allgemein durch unbekümmertes Ablassen von Ölrückständen auf See entsteht von Jahr zu Jahr ernstere Ausmaße annimmt. Nach dem ,,Internationalen Übereinkommen zur Verhütung der Verschmutzung der See durch Öl" von 1954 ist das Ablassen von Öl und Ölgemischen in bestimmten Seegebieten verboten. Generelles Verbot besteht für den gesamten Ost- und Nordseeraum, große Teile des Nordatlantik und sämtliche Küstengebiete innerhalb 50 Seemeilen.

Ölwanne Der untere Gehäuseteil einer Kolbenmaschine, der zum Auffangen des Schmieröls dient.

Olympia-Jolle Für die Olympischen Spiele 1936 entworfene Einhandjolle von 5 m Länge mit einer Segelfläche von 10 m^2. Als olympische Klasse abgelöst, sonst aber immer noch weit verbreitet.

olympische Klassen (Segelyachten) Die olympischen Segelwettkämpfe werden, analog den anderen sportlichen Disziplinen, in verschiedenen Klassen ausgetragen. Bei den Olympischen Spielen 1976 in Montreal (Kanada) waren es sechs: Finn-Dinghy (Einhandjolle), Flying Dutchman (Jolle, 2 Mann), 470er (Jolle, 2 Mann), Tempest (Kielboot, 2 Mann), Soling (Kielboot, 3 Mann) und der Katamaran Tornado.
Hier in großen Zügen eine Übersicht: Das Finn-Dinghy startete erstmals in Finnland (1952); Vorläufer waren Firefly (1948, England), Olympia-Jolle (1936, Deutschland), Snowbird (1932, USA) und 12-Fuß-Dinghy (1928, 1924, 1920). Der Fly-

Die olympischen Klassen 1980: Soling, Starboot, Flying Dutchman, 470er, Finn, Tornado.

ing Dutchman löste 1960 (Italien) das 12-m²-Scharpie ab.
Der 470er startete 1976 zum erstenmal in olympischen Regatten.
Die Tempest war 1976 gegen den Star ausgetauscht worden, die traditionellste Olympiaklasse von 1932 ununterbrochen bis 1972 und wieder ab 1980.
Der Drachen (Kielboot, 3 Mann), von 1948 bis 1972 Olympiaklasse, und die Soling (seit 1972), Nachfolger des 5,5ers (1952 bis 1968), haben die größeren 6- und 8-m-R-Yachten der Vorkriegsära abgelöst.
1972 startete zum erstenmal ein Katamaran in olympischen Regatten: das Zweimannboot Tornado. Gemäß Beschluß des Weltseglerverbandes IYRU (International Yacht Racing Union) wird für die Olympischen Spiele 1980 die Tempest wieder gegen den Star ausgetauscht.

Ölzeug Die Bezeichnung „Ölzeug" für die Regen- und Wetter-Jacken und -Hosen hat sich aus früheren Zeiten erhalten, als es üblich war, lange, ölimprägnierte Hemden bzw. Mäntel zu tragen, die immer klebten und rochen und nie dicht waren. Auch auf diesem Sektor hat die Kunststoffindustrie wesentliche Verbesserungen gebracht. Modernes Ölzeug ist aus plastikbeschichtetem Gewebe.

Öl zur Glättung der See Ein altbewährtes Mittel, im Sturm die See soweit zu beruhigen, daß nach Möglichkeit keine brechenden Wellenkämme entstehen, ist das Austräufeln von Öl. Es verbreitet sich auf der Wasseroberfläche schnell zu einer dünnen Schicht, deren Dicke wesentlich geringer ist, als gemeinhin angenommen wird. Die untere Grenze liegt in der Größenordnung des Ölmoleküls, d. h. bei 10^{-6} cm. Die schillernden Farben entstehen durch Brechung des Lichts, dessen Wellenlänge ebenfalls in der Größenordnung der Ölschichtdicke liegt. Die Wirkung des Öls beruht darauf, daß infolge molekularer Kräfte die natürliche Oberflächenspannung des Wassers verändert wird. Die schnelle Ausbreitung und geringe Dicke der Schicht erklärt, weshalb man schon mit kleinen Ölmengen Erfolg haben kann. Für Schiffe in Großer Fahrt ist der Vorrat von 50 kg pflanzlichen oder tierischen Wellenölen Vorschrift, für Schiffe in Mittlerer Fahrt 10 kg. Yachten verwenden Ölbeutel von ca. 2 l Inhalt. Die gute Wirkung des Öls ist unbestritten; ein erhebliches praktisches Problem ist für kleine Schiffe jedoch, daß sie nicht aus dem Ölfleck heraustreiben.

Omega-Verfahren Neues, weltweites Funkortungsverfahren, das zu den Hyperbelverfahren gehört und damit im Grundprinzip → Decca und → Loran ähnlich ist. Wie beim Decca-Verfahren wird die Phasendifferenz der von zwei Sendern ausgestrahlten elektromagnetischen Wellen gemessen, doch arbeitet das Omega-Verfahren im Gegensatz zu Decca und Loran im Längstwellenbereich (VLF, very low frequency) mit Frequenzen von 10 bis 14 kHz. Acht Stationen genügen für eine weltweite Bedeckung. Zur Navigation mit dem Omega-Verfahren gehören ein Omega-Empfänger, Omega-Karten mit den eingedruckten Hyperbeln, Omega Skywave Correction Tables und Omega Lattic Tables. Mit Hilfe dieser Tabellen lassen sich die Hyperbeln in Plotting sheets einzeichnen, wodurch man genauere Navigationsmöglichkeiten erhält. Es wird eine Systemgenauigkeit von 2 sm bei Tag und 4 sm bei Nacht gewährleistet. Die Standorte der acht Stationen sind bereits vorhanden, aber noch nicht alle in Betrieb.

OMGUS-Schiffe Von Office of the Military Government United States. Damit wurden in der ersten Nachkriegszeit (vor 1952) jene Schiffe bezeichnet, die im Rahmen der Reparation den USA zugesprochen, jedoch in Deutschland belassen und an die Bundesregierung verchartert worden waren.

Omni-Schiffe (lat., dt.) Mehrzweck-Frachter; Schiffe, die nicht auf eine bestimmte Ladungsart festgelegt sind, sondern wahlweise Stückgut, Schüttgut und Container befördern können.

Opferanoden Anodisch wirkende Metallstücke (Platten aus Zink oder Magnesium), die in der Nähe des Propellers an der Außenhaut eines Schiffes angebracht werden und einen → kathodischen Korrosionsschutz darstellen. Sie werden bewußt der elektrochemischen Zersetzung preisgegeben, um den Propeller zu schützen. Siehe Elektrolyse.

Opposition (lat.) Gegenschein. Die Stellung des Mondes oder eines oberen Planeten in der → Elongation 180°, d. h. wenn Sonne – Erde – Gestirn in einer Geraden stehen, und zwar die Erde zwischen der Sonne und dem Gestirn (Vollmond). Die unteren Planeten können nicht in Opposition gelangen. Siehe hierzu Konjunktion.

Orbitalbewegung Von lat. *orbita*, der Kreislauf, die Bahn. Die angenähert kreisförmige Bahn, die die Wasserteilchen der Oberfläche im Seegang beschreiben. Die Teilchen laufen auf dem Kamm mit der Welle, im Tal ihr entgegen. Das Zentrum dieser Bahnbewegung mit dem Durchmesser der Wellenhöhe bleibt in Ruhe. Die Bewegung ist der eines wogenden Kornfeldes vergleichbar: die Wellen laufen fort, die Halme bleiben an Ort und Stelle.

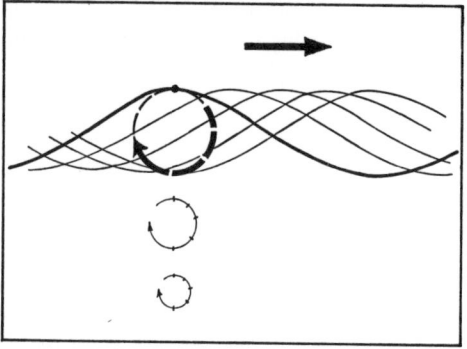

Orbitalbewegung. Der Durchmesser der kreisenden Bewegung der Wasserteilchen nimmt mit der Tiefe ab.

Oregonpine Eine von der nordamerikanischen Westküste stammende Fichte (0,47 g/cm^3), deren Holz wegen ihres geraden, weitgehend astfreien Wuchses vorzüglich für Masten, Spieren und Decksbelag geeignet ist.

Orkan *m*. Über nl. *orkaan* sprachlich abgeleitet von dem westindischen Wort *huracan*. Während das ebenfalls davon hergeleitete Wort Hurrikan speziell die im westindischen Raum auftretenden Wirbelstürme bezeichnet, ist Orkan zu einem Ausdruck für schweren Sturm allgemein geworden, sobald er Windstärke 12 erreicht (vergl. Tafel der Windgeschwindigkeiten im Anhang).

Orlopdeck Halbdeck unter dem unteren Zwischendeck oder das unterste Deck bei Schiffen mit vier und mehr Decks. Bei Motoryachten ebenfalls ein Halbdeck innerhalb des Rumpfes. Die seltsame Bezeichnung führt auf *oberlof*, *overloop* u. ä. Ausdrücke zurück, die seit dem 14. Jh. in nd. Quellen vorkommen. Die Deutungen reichen von Hauptdeck bis zu schmalen, nur aus 2 bis 3 Planken bestehenden Gängen.

Ort aus zwei Höhen ohne Versegelung Bestimmung des Schiffsortes mittels zweier Standlinien, die aus den gleichzeitigen Beobachtungen zweier Gestirne gewonnen wurden. Der Ort wird um so genauer, je näher der Schnittwinkel der beiden Standlinien einem rechten Winkel kommt.

Orthodrome (grch.) *w*. Kürzester Weg zwischen zwei Punkten auf der Oberfläche einer Kugel. Ein solcher Weg ist stets das Stück eines Großkreises, d. h. der Schnittkurve von Ebene und Kugel an deren Oberfläche, wenn die Schnittebene durch den Kugelmittelpunkt geht. Großkreise des Erdkoordinatensystems sind die Meridiane und der Äquator. Jede winklig dazu verlaufende Orthodrome schneidet die konvergierenden Meridiane unter einem ständig sich verändernden Winkel, im Gegensatz zur → Loxodrome. Längs des Äquators und der Meridiane fallen Orthodrome und Loxodrome zusammen; in allen anderen denkbaren Fällen bildet sich eine Orthodrome auf einer Mercatorkarte als eine polwärts konvex gekrümmte Linie ab.

orthodromische Karten Großkreiskarten; siehe gnomonische Karten.

orthogonal (grch.) Rechtwinklig zueinander, aufeinander senkrecht stehend.

Ortsbestimmung auf See Die Ermittlung des Schiffsortes nach einem jeweils geeigneten Navigationsverfahren (siehe Navigation). In der astronomischen Navigation ist nach Möglichkeit nur das → Höhenverfahren anzuwenden. Aus jeder astronomischen Beobachtung wird eine Standlinie gewonnen. Mindestens zwei Standlinien sind für die Ortsbestimmung erforderlich.

Ortsmeridian Der durch einen bestimmten Ort der Erdoberfläche verlaufende Halbkreis von Pol zu Pol. Die Bezeichnung dieses Meridians gibt seinen Längenunterschied gegen Greenwich an.

Ortsmißweisung Die an einem bestimmten Ort der Erdoberfläche herrschende geographische Mißweisung, der Winkel zwischen magnetischem und geographischem Meridian (zwischen erdmagnetischer Feldlinie und Ortsmeridian).

Ortsstundenwinkel eines Gestirns Der sphärische Winkel am Himmelspol zwischen oberem Ortshimmelsmeridian und Stundenkreis des Gestirns. Man erhält den Ortsstundenwinkel durch Anbringen des Schiffsortes an den Greenwicher Stundenwinkel. Ostlänge wird addiert, Westlänge subtrahiert. Siehe hierzu die Skizze unter *Sternwinkel*.

Ortszeit Siehe mittlere Ortszeit.

Ösfaß *s.* Kleine hölzerne Schaufel zum Ausschöpfen flachbodiger Boote.

Oslo-Konvention Internationales Übereinkommen vom 10. 6. 1947, dem die Bundesrepublik am 8. 10. 1957 durch Gesetz beitrat. Die Oslo-Konvention hatte weitreichende Bedeutung für die Schiffsvermessung. Vermessungstechnisch wurde bei Frachtschiffen unterschieden zwischen → Volldecker und → Schutzdecker. Es gab auch das → Wechselschiff mit doppelter Vermessung, doch durften die Schiffe jeweils nur einen Meßbrief an Bord haben mit dem Meßergebnis, das für die Verwendung des Schiffs gerade zutraf.
Seit der Umwandlung des Schutzdeckertyps in den sog. → Freidecker sind jedoch bei Wechselschiffen beide Meßergebnisse in einem Meßbrief enthalten.

Ost Diejenige der vier Himmelsrichtungen, die im Uhrzeigersinne 90° zur Hauptbezugsrichtung Nord liegt.

osteuropäische Zeit, OEZ Die Ortszeit für den Meridian 30° Ost. Siehe Zonenzeit.

Ostpunkt Der östliche Schnittpunkt des Ersten Vertikals mit dem wahren Horizont.

Oszillator (lat.) Schwinger. Physikalisches System zur Erzeugung von Schwingungen verschiedener Art. Für nautische Geräte sind in erster Linie Oszillatoren zur Erzeugung von elektromagnetischen Schwingungen und Ultraschall von Bedeutung.

Ottomotor Nach dem Erfinder des Viertaktverfahrens N. A. Otto (1832–91) benannter Verbrennungsmotor mit elektrischer Zündung (Zündkerze).

Outsider (engl.) Auch *non conference liner* Außenseiter. Reederei, die in einem Verkehrsgebiet tätig ist, das im allgemeinen von Konferenzlinien befahren wird, selbst aber keiner Konferenz angehört.

overtonnaged (engl.) Übersetzt. Das bezieht sich auf ein Gebiet der Linien-Schiffahrt, in welchem das Angebot an Tonnage den tatsächlichen Bedarf übersteigt.

Oxidation, Oxydation (grch.) Die klassische Definition lautete: Chemischer Prozeß, der in der Vereinigung eines Stoffes mit Sauerstoff besteht. Später wurde jede Verbrennung als Oxidation bezeichnet, z. B. auch eine Verbrennung in Chlor (und nicht in Sauerstoff). Schnelle Verbrennungen erfolgten unter Wärme- und Lichtentwicklung; im weiteren Sinne werden jedoch auch langsame Oxidationsvorgänge bei normalen Temperaturen als Verbrennungen bezeichnet, z. B. das Rosten, oder auch das „Verbrennen" der Nahrungsmittel im Körper.
Heute versteht man unter Oxidation jeden Vorgang, bei dem der Ladungszustand oder die Wertigkeitsstufe eines Elementes oder einer Verbindung durch vollständige oder teilweise Elektronenabgabe positiv erhöht wird. Die Oxidation eines Stoffes bedingt stets die → Reduktion eines anderen.

Ozean (grch. *okeanós*) Ursprüngliche Bedeutung bei Homer und Hesiod: der die Erdscheibe umfließende Weltstrom.
Drei der Weltmeere tragen die Bezeichnung Ozean: der Atlantische, der Pazifische (auch der Große oder Stille genannt) und der Indische Ozean.
Von den ca. 510 Mill. km² der Erdoberfläche sind fast 71%, etwa 361 Mill. km² von Wasser bedeckt. Davon entfallen rund 321 Mill. km² auf die Ozeane. Die Gesamtwassermenge aller Meere wird auf 1368 Mill. km³ geschätzt; die größte bisher gemessene Tiefe (1962) beträgt in der Nähe der Philippinen 11 516 m.

Ozeanhandbücher Darstellung der naturgegebenen Verhältnisse auf den Ozeanen zur Erleichterung der Wahl der jahreszeitlich günstigsten Reisewege.

Ozeankarten Seekarten im Maßstab 1:5 Mill. und kleiner. Vergl. Karten.

Ozeanographie Die Wissenschaft vom Meer; dazu gehören die Erforschung und Darstellung aller geophysikalischen, physikalischen, chemischen und biologischen Erscheinungen und Vorgänge in den Weltmeeren, auf dem Meeresboden und in der Atmosphäre über dem Meer. Wichtigste Hilfsmittel für die Ozeanographie sind die Forschungsschiffe, die in allen Teilen der Welt ständig Messungen ausführen.

P

Päckchen 1. Im „Päckchen" liegen nennt man das Festmachen mehrerer Schiffe längsseits nebeneinander.
2. Seemännische Bezeichnung für Kleidungsstücke (z. B. „Arbeitspäckchen").

Packeis Durch Wind, Seegang und Strom zu einer kompakten Masse zusammen- und übereinandergeschobenes Treibeis und zerbrochenes Festeis.

Packet Boat (engl.) Seit Anfang des 17. Jh. Bezeichnung für ein Schiff, das Post befördert, insbesondere die Passagierdampfer des 19. Jh. Daraus entlehnt frz. *paquebot* und deutsch *Paketboot*, „Hamburg-Amerikanische Packetfahrt Actiengesellschaft" (HAPAG). Die Postschiffe zeichneten sich durch Regelmäßigkeit und relative Schnelligkeit aus. Der Name Packet geht auf die gebündelte Post zurück.

Paddel 1. Das an beiden Enden mit einem Blatt versehene Fortbewegungsmittel der Kajaks. (Das Wort Paddel ist aus dem Engl. entlehnt und verw. mit *spade* Spaten, Schaufel.)
2. Im Engl. bedeutet *paddle* Schaufelrad, *paddle-steamer* Raddampfer.

Pagaie (mal.) Kurzes Stechpaddel, wie es die Malaien, die Indianer und darüber hinaus zahlreiche Völker in aller Welt in Gebrauch hatten und noch haben. Im modernen Sport insbesondere das Fortbewegungsmittel der Kanadier. Das Wort wird auch bei uns gebraucht für die kurzen Hilfspaddel mit einem Blatt, die auf Jollen und Yachten für Hafenmanöver etc. in Gebrauch sind.

Pahlstek Auch Palstek. Ältere Schreibweisen Paalsteek und Pfahlstich. Einer der wichtigsten seemännischen Knoten, mit welchem ein Auge gebildet wird, das sich nicht zusammenzieht, wenn Zug auf die Leine kommt. Siehe Knoten.

Palette (lat.-frz.) Transportplattform. Sie dient zum Zusammenfassen mehrerer Packstücke zu Ladeeinheiten, die einen rationelleren Umschlag ermöglichen (Einsatz von Gabelstaplern etc.). Die Grundmaße der Hamburger Hafenpalette sind 1,00 m × 1,60 m.

Pall *s.* Sperrklinke, die durch Einrasten in den Pallkranz eines Spills dessen Rücklauf sperrt.

Pallen 1. Die Stapelhölzer, auf denen ein Schiff auf der Helling oder im Dock liegt. Auch die Stützen, mit denen eine Yacht auf dem Trokkenen gegen Umkippen gesichert wird.
2. Holzkeile, Stützen und Streben, mit denen größere Ladungsstücke, Maschinen, Fahrzeuge etc. festgekeilt werden, damit sie im Seegang nicht in Bewegung geraten.

Pampero *m.* (Von *Pampas,* den ausgedehnten baumlosen Ebenen Argentiniens.) Kalter Wirbelsturm an der südamerikanischen Ostküste (La-Plata-Mündung), der durch große Temperaturunterschiede entsteht. Durch den Vorstoß kalter Luftmassen schieben sich diese unter die warme Luft und erzeugen auf diese Weise heftige, horizontal-walzenartige Wirbel.

Panamakanal Verbindungsweg zwischen dem Atlantischen Ozean (Colón) und dem Pazifischen Ozean (Balboa). Der 1914 eröffnete Kanal gehört zu den wichtigsten Wasserstraßen des Weltverkehrs. Er ist 82 km lang, hat 6 Schleusen und wird auf 12,80 m Wassertiefe gehalten. Eine normale Durchfahrt dauert 8 Stunden. Für Seeschiffe, die den Panamakanal passieren wollen, ist ein besonderer Meßbrief erforderlich.

Panikwinkel (grch.-frz., dt.) Krängungswinkel kleinerer Fahrgastschiffe, der – von den Fahrgästen durch Zusammenströmen auf eine Schiffsseite selbst verursacht – beginnt, unter den Fahrgästen Unruhe auszulösen. Der Vorgang des plötzlichen Zusammendrängens Schaulustiger auf vollbesetzten Schiffen ist in gewisser Weise übergegangener Ladung vergleichbar und muß bei Stabilitätsrechnungen in Betracht gezogen werden. Der Panikwinkel liegt bei etwa 12° Schlagseite.

Panne (frz.) Die uns heute geläufige Bedeutung „Störung", „Steckenbleiben" hat ihren Ursprung in der Segelschiffszeit. In der frz. Sprache bedeuteten *être en panne, rester en panne*, aufbrassen, in der Flaute liegen bleiben. Daraus wurde dann „Panne" für das Steckenbleiben eines Schauspielers, noch bevor das Wort um die Jahrhundertwende auf den Motor übertragen wurde. *Panne*, Segel, geht auf lat. *pinna*, Feder, Flügel, zurück.

Pantokarenen (grch.-lat.) *w. panto*, ganz, gesamt, völlig; *carine*, Kiel, Schiff. Querkurven der Formstabilität. Über der Verdrängung wird für verschiedene Neigungen des Schiffes die jeweilige Lage des Formschwerpunktes aufgetragen (bezogen auf Oberkante Kiel), woraus sich nach Kenntnis der Lage des Gewichtsschwerpunktes durch einfache Rechnung die → Hebelarme der statischen Stabilität für jede Verdrängung, d. h. jeden beliebigen Beladungszustand gewinnen lassen.

Pantry (engl.) Anrichte an Bord.

Papageienstock Siehe Ausleger (2).

Parabel (grch.-lat.) In der Mathematik Sonderfall eines Kegelschnitts, in welchem der Kegel parallel zur Mantellinie geschnitten wird. Die Parabel ist der geometrische Ort für alle Punkte, die von einem festen Punkt (Brennpunkt) und einer Geraden (der senkrecht zur Achse verlaufenden Leitlinie) den gleichen Abstand haben. Die Parabel hat die besondere Eigenschaft, von ihrem Brennpunkt ausgehende Strahlen als parallel gerichtetes Strahlenbündel zurückzuspiegeln. Darauf beruht die Wirkung aller parabolischen Spiegel und Antennen.

parabolischer Reflektor Antenne in parabolischer Form für gerichtete Sendungen.

parallaktische (monatliche) Ungleichheit Siehe Ungleichheit.

parallaktischer Winkel Der sphärische Winkel am Gestirn zwischen dem Vertikalkreis und dem Stundenkreis dieses Gestirns. Abkürzung q.

Parallaxe (grch.) *w.* Vertauschung, Abweichung, Verschub, Winkelunterschied der Richtungen, in welchen ein und derselbe Gegenstand von zwei verschiedenen Standorten aus anvisiert wird:
1. Bei der Beobachtung von Gestirnen heißt Parallaxe die Verschiebung, die das Gestirn auf der Erdoberfläche gegenüber dem Verbindungsstrahl Gestirn – Erdmittelpunkt erfährt, d. h. der Winkel am Gestirn zwischen den Strahlen zum Auge und zum Erdmittelpunkt. Diese sog. Höhenparallaxe erreicht ihren größten Wert, wenn das Gestirn im Horizont steht (Horizontalparallaxe). Eine Parallaxe ist nur bei den nächstgelegenen Himmelskörpern zu beobachten.
2. In der Astronomie versteht man unter Parallaxe eines Gestirns denjenigen Winkel, unter welchem an diesem Gestirn der Erdbahnhalbmesser erscheint (Vergl. hierzu *parsec*).
3. Beim Photographieren heißt Parallaxe der Unterschied der Bildausschnitte im Sucher und auf dem Film. Hier ist die Parallaxe ebenfalls nur bei vergleichsweise kleinen Entfernungen von Belang (Parallaxe entfällt bei einäugigen Spiegelreflexkameras).
4. Fehlablesung am Steuerkompaß oder bei Peilungen infolge seitlicher Blickrichtung auf die Rose.

Parallel-Lineal Zwei gelenkig gekoppelte, parallel geführte Lineale zum seitlichen Versetzen von Kurslinien. Auf deutschen Schiffen wird im allgemeinen die Methode der Parallelverschiebung zweier Kursdreiecke bevorzugt.

Parallelschlag Siehe Gleichschlag.

Pardunen (nl.) w. Auf Segelschiffen die hinter den Wanten befindlichen, die Stengen schräg achterlich nach der Seite verspannenden Seile des stehenden Gutes.

parsec, pc Abk. von *Parallaxensekunde*, astronomische Längeneinheit (Sternweite). 1 parsec ist diejenige Entfernung, aus welcher der Erdbahnhalbmesser unter dem Winkel von 1″ (1 Bogensekunde) erscheint. Das ist eine Entfernung von $3,087 \cdot 10^{13}$ km (ca. 3,26 Lichtjahre).

Part (lat.-frz.) w. Teil, Anteil.
1. Die einzelnen Enden einer Talje, eines Takels, eines Jolltaus. Man unterscheidet die feste (stehende) und die holende Part. Die zwischen diesen befindlichen heißen bei mehrfach geschorenen Taljen laufende Parten.
2. Anteil am Reedereivermögen, an einem Schiff.

Partenreederei Besondere Gesellschaftsform des Seehandelsrechts: Eine oder mehrere Personen, die feste Anteile an Schiffen haben und im Gegensatz zu Aktionären selbst Unternehmer sind. Entsprechend der Höhe der Parten verteilen sich Kosten, Gewinne und Verluste.

Partialschaden Auch Partikularschaden. Teilschaden (im Gegensatz zum Totalschaden).

Partikulier, Partikulierschiffer (lat.-frz.) Privatschiffer, im Ggs. zur Reederei. Der Ausdruck betrifft speziell die Rheinschiffahrt.

Passage (lat.-frz.) 1. Enge Durchfahrt oder schwieriges Fahrwasser allgemein; (→ Nordwestpassage, → Nordostpassage).
2. Eine Schiffsreise.
3. In der Astronomie der Meridiandurchgang eines Gestirns.

Passat (nl.) m. Regelmäßig das ganze Jahr hindurch wehende, beständige Winde zwischen 30° Nord und 30° Süd. Auf der nördlichen Halbkugel weht der Passat aus NO, auf der südlichen aus SO. In der Äquatorzone stauen sich die Luftströmungen, es entsteht ein Gürtel schwacher, umlaufender Winde oder völliger Windstille (Kalmen). Die Richtung der Passatwinde ergibt sich aus dem Zusammenwirken der thermischen Luftzirkulation mit der Erddrehung (vergl. Corioliskräfte). Das Wort Passat gehört zum gleichen Stamm wie Passage, Passagier; die engl. Bezeichnung *trade winds* geht auf die alte Bedeutung des Wortes trade für Pfad, Weg, Richtung zurück.

Passatsegel 1. Auf großen Rahseglern die ältere Garnitur Segel. Diese Segel wurden geschiftet, sobald das Schiff die Schönwetterzone des Passatringes verließ.
2. Für lange Vor-dem-Wind-Strecken haben sich auf Segelyachten Doppelfocks gut bewährt, da sie leicht zu handhaben sind und durch ihre Zugwirkung das Steuern erleichtern. Diese Segel werden auch Passatsegel genannt.

Passierabstand Der kürzeste Abstand zwischen zwei Fahrzeugen, die sich relativ zueinander fortbewegen.

Patentanker Stockloser Klappanker, der klar zum Fallen in der Klüse gefahren wird. Das breite, schwere Kopfstück ist drehbar mit dem Schaft verbunden, beide Arme graben sich in den Grund, sobald Zug auf die Ankerkette kommt.

Patentfarbe Allgemein schnelltrocknende Farbe, im besonderen auch bewuchshemmende Farbe für Anstriche des Unterwasserschiffs.

Patentlog Gerät zur Messung der Fahrt durchs Wasser. Die Umdrehungen eines an einer Leine nachgeschleppten Schraubenkörpers geben auf einer Meßuhr die abgelaufene Distanz oder, wie bei einem Tachometer, gleich die Fahrt an. Ein solches Log verlangt für brauchbare Meßwerte eine Mindestgeschwindigkeit von 4-5 Knoten.

Patentreff Reffvorrichtung, bei welcher das Segel durch Aufwickeln auf den Baum verkürzt wird (Kurbel durch den Mast über Kardangelenk, Schneckentrieb oder Zahnrad mit Sperrklinke). Gegensatz Bindereff.

Patentschäkel Schäkel, dessen Bolzen nicht durch Gewinde, sondern Bajonettverschluß gehalten wird und dadurch ein schnelleres Ein- und Ausschäkeln ermöglicht.

Patrize Eigentlich Stempel, Prägeform, das Gegenstück zur Matrize in der Schriftgießerei.

Im modernen Bootsbau der Baukern bei dem seltener angewandten Verfahren, ein Boot aus glasfaserverstärktem Kunststoff nicht in einer Negativschale, sondern über einer positiven Form zu bauen. Vergl. Matrize.

Pegel *m.* Aus lat. *pagina,* Seite, *pagella,* Spalte wurde die Bezeichnung Pegel für Maßstab.
1. Meßlatte oder Schreibgerät zum Messen des Wasserstandes (Lattenpegel, Schreibpegel). Man unterscheidet Betriebspegel für Schleusen-, Bagger- u. Hafenbetrieb, und die Schiffahrtspegel. Nur die letzteren sind auf Kartennull bezogen; für die anderen wird jeweils ein zweckentsprechender Bezugspunkt festgelegt.
2. Das Wort Pegel wurde in verschiedene physikalisch-technische Bereiche übernommen. In der modernen Nachrichtentechnik z. B. dient es zur Darstellung der Spannungs-, Strom- und Leistungsverhältnisse längs eines Übertragungssystems.

Peilaufsatz Visiereinrichtung auf einem Peilkompaß oder einer Peilscheibe.

Peildeck Das offene Deck über dem Steuerhaus auf der Kommandobrücke. Auf dem Peildeck befinden sich Reservekompaß, Peilrahmen, Antennen usw.

peilen 1. Die Richtung zu einem anvisierten Objekt bestimmen. Siehe Peilung.
2. Den Inhalt eines Tanks feststellen, indem man mit einem Peilstock oder Stahl-Bandmaß den Stand der darin befindlichen Flüssigkeit mißt und anhand dessen den Inhalt in der Peiltabelle abliest. Der Ausdruck peilen für *loten* ist veraltet. (Peilen und Pegel sind sprachverwandt.)

Peilkompaß Mit Peilaufsatz ausgerüsteter Tochterkompaß eines Kreiselkompasses oder magnetisch günstig aufgestellter Magnetkompaß mit freier Sicht.
Für den Gebrauch auf Yachten haben sich kleine Handpeilkompasse gut bewährt.

Peilrahmen Drehbare, meist ringförmige Antenne für gerichteten Empfang bei Funkpeilgeräten.

Peilrohr Vom Tankboden bis zur Tankdecke oder bis zu jenem Deck führendes Rohr, von welchem aus der Inhalt des betreffenden Tanks gepeilt werden muß. Auch Laderäume und alle verschlossenen Räume unter der Tiefladelinie sind mit Peilrohren versehen.

Peilscheibe Nach der Schiffslängsachse ausgerichtete Scheibe mit Gradeinteilung für Seitenpeilungen. Peilungen mit der Peilscheibe erfordern für eine brauchbare Ermittlung der rechtweisenden Peilung, daß im Moment der Peilung der Sollkurs genau anliegt bzw. der zur Zeit der Peilung anliegende Kurs abgelesen und in Rechnung gestellt wird. Diese Komplikation entfällt beim Gebrauch eines Peilkompasses.

Peilstandlinie Jede aufgrund einer terrestrischen Peilung gewonnene Standlinie. Mindestens zwei sich kreuzende Standlinien sind zur Bestimmung des Schiffsortes erforderlich.

Peilung Die relativ zu einer horizontalen Bezugsgröße festgestellte Richtung zu einem außerhalb des eigenen Schiffes befindlichen Objekt. Die Bezugsgröße kann Kompaßnord sein (Kompaßpeilung), mißweisend Nord (mißweisende Peilung) oder rechtweisend Nord (rechtweisende Peilung). Eine auf die Schiffslängsachse bezogene Peilung heißt Seitenpeilung. Diese wird in rechtweisende Peilung umgerechnet durch algebraische Addition zum rechtweisenden Kurs.
Über die Peilverfahren der terrestrischen Navigation (Kreuzpeilung, Doppelpeilung, Vierstrichpeilung) siehe unter den jeweiligen Stichwörtern.
Zwischen Fremd- und Eigenpeilung wird unterschieden, je nachdem ob man selbst peilt oder gepeilt wird (bei Funkpeilungen).

„Peilung steht" Befinden sich zwei Schiffe auf Kollisionskurs, dann bleibt der Winkel, unter dem sie sich gegenseitig peilen, unverändert; die „Peilung steht" (siehe Abb. auf Seite 242).

Peitschenantenne Senkrecht stehende elastische Antenne einer Schiffs-Funkstation.

Peitschenmast Mast einer hochgetakelten Yacht in gebogener Ausführung, wie sie insbesondere auf den nationalen Kreuzern und den Schärenkreuzern in den 30er Jahren üblich waren.

pelagisch

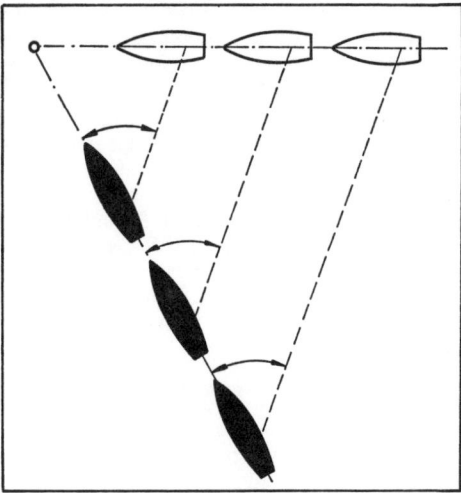

Die Peilung „steht", die Schiffe befinden sich auf Kollisionskurs.

pelagisch (grch. *pelagos*, das hohe Meer).
1. Biologisch: im freien Meer lebend (auf Tiere und Pflanzen bezogen).
2. Geologisch: dem tiefen Meer angehörend (Tiefen unterhalb 800 m).
3. Ein pelagisches → Schleppnetz ist ein Schwimmschleppnetz, das durch tiefes Wasser geschleppt wird. Gegensatz: Grundschleppnetz.

Pendelsextant Sextant, bei welchem ein Pendel die Lotrechte anzeigt.

Perigäum (grch.-nlat.) *s.* Die geringste Entfernung zwischen Erde und Mond auf dessen elliptischer Bahn um die Erde.
Der Ausdruck wird im gleichen Sinne auch auf künstliche Satelliten angewandt: größte Erdnähe künstlicher Satelliten.

Perihel (grch.-nlat.) *s.* Die geringste Entfernung zwischen Sonne und Erde auf deren elliptischer Bahn um die Sonne.

Perlon Deutscher Handelsname für Polyamidfasern auf Caprolactambasis.

Permeabilität (lat.) *w.* 1. Flutbarkeit. Das Verhältnis der maximalen Wassermenge, die in einen Schiffsraum eindringen kann, zum theoretischen Gesamtrauminhalt ohne Einbauten.
2. Das Verhältnis des Betrages der magnetischen Flußdichte zum Betrag der magnetischen Feldstärke in demselben Feldpunkt.

Perpendikel (lat.) *s.* Lot. Üblich ist im Schiffbau die Bezeichnung L_{pp} (Länge zwischen den Perpendikeln), gleichbedeutend mit → „Länge zwischen den Loten".

Persenning *w.* Nach älterer Schreibweise auch Presenning. Ursprünglich geteertes Segeltuch zum Schutz gegen Nässe, zur Abdeckung von Luken, Decksaufbauten, Beiboot etc.
Auf Yachten werden Persenninge zur Abdeckung des ganzen Bootes, zur Überdachung der offenen Plicht, zum Schutz einzelner Luken und des aufgetuchten Großsegels verwendet. Als Material ist noch das altbewährte Baumwollgewebe im Gebrauch, im zunehmenden Maße aber auch Polyestergewebe unterschiedlicher Imprägnierung und Luftdurchlässigkeit.

Pfahlewer Früher Fischerewer der Niederelbe mit Seitenschwertern und einem herausnehmbaren Pfahlmast. Das relativ hohe Großsegel wurde an einer kurzen Rah gefahren.

Pfahlmast Mast aus einem Stück. Die Bezeichnung diente auf älteren Segelfahrzeugen zur Unterscheidung von Masten, die durch eine oder auch mehrere Stengen verlängert wurden.

Pfahlprobe Bestimmung einer Schleppleistung durch Zugmessung an einer an Land („am Pfahl") festgemachten Trosse mittels eines Dynamometers. Der Wert solcher Messungen ist umstritten, da die Bedingungen, unter denen der Propeller im Stand und bei einer Schleppfahrt arbeitet, verschieden sind.

„Pfeifen und Lunten aus!" Bei der Marine noch lebendiger Befehl, mit dem auf den Schiffen früherer Zeiten wegen der Brandgefahr bei Beendigung der Freiwache jedes offene Licht usw. zu löschen war.

Pferd Auch Peerd oder Paarden.
Unter den Rahen befindliche Drähte, auf denen die Seeleute mit den Füßen Halt fanden, wenn sie, mit dem Bauch gegen die Rah gelehnt, mit dem Losmachen, Reffen oder Festmachen der Segel beschäftigt waren.

Pferdestärke Siehe PS.

Pflugscharanker Stockloser Anker mit nur einer, pflugscharähnlichen Hand. Die an sich große Haltekraft dieser Anker setzt guten Ankergrund voraus. Siehe Anker.

Pforte Wasserdicht verschließbare Öffnung in der Außenhaut des Überwasserschiffs, die nicht als Fenster dient (Ladeporten der Kühlschiffe, die Geschützpforten der Kriegsschiffe früherer Jahrhunderte u. a.).

Phase (grch.-frz.) 1. Ganz allgemein ein Abschnitt oder ein Zustand in einer Entwicklung bzw. im Verlauf eines Vorgangs. In diesem Sinne etwa die Phasen eines Stapellaufs:
a) Vorlauf bis zum Beginn des Eintauchens;
b) Ablauf bis zum Moment, wo das Schiff aufzudrehen beginnt;
c) Aufdrehen bis Freischwimmen;
d) Auslauf.
2. Als Phasen eines Stoffes bezeichnet man die drei Formen, in denen er entsprechend den drei Aggregatzuständen auftreten kann, z. B. Eis, Wasser, Wasserdampf: feste, flüssige und gasförmige Phase.
3. Als Lichtphase wird die veränderliche Lichtgestalt des Mondes und auch die der unteren Planeten (Venus und Merkur) bezeichnet.
4. Bei harmonischen Schwingungen Größe, die einen beliebigen Schwingungszustand zeitlich und räumlich festlegt. Dieser Zustand wiederholt sich im allgemeinen in konstanten Perioden (u. a. Phasen der Tide).
Die Verschiebung einer Phase heißt Phasenverschiebung bzw. Phasenverzögerung, der Unterschied gegenüber einer beliebigen anderen Phase wird als Phasendifferenz bezeichnet (vergl. Decca).
5. In der Elektrotechnik die unter Spannung stehenden Zuleitungen des elektrischen Netzes.

Piek Von engl. *peak* entlehnt; soviel wie Ecke, Spitze. 1. Als Vor- und Hinterpiek (Achterpiek) werden die untersten engen Räume an den Schiffsenden bezeichnet. Sie dienen zumeist als Frisch- bzw. Ballastwassertanks.
2. Die obere hintere Ecke eines Gaffelsegels. Piekfall heißt das Fall, mit dem das freie Ende der Gaffel vorgeheißt wird. Zur Vermeidung zu großer Beanspruchungen in einem Punkt wird die Zugkraft über Hahnepoten auf mehrere Angriffspunkte verteilt.

Pier (lat.-engl.) Hafendamm, feste Anlegebrücke. Das Wort wird in männl. und weibl. Form gebraucht.

Piezoelektrizität (grch.-nlat.) Längenänderung eines Kristalls in einem elektromagnetischen Feld und ebenso der umgekehrte Vorgang, das Auftreten elektrischer Ladungen an der Oberfläche von Kristallen bei Deformation derselben. In der nautischen Technik wird der Effekt der Verformung beim Anlegen eines elektrischen Feldes in verschiedener Weise genutzt. Siehe Magnetostriktion und Quarzuhr.

Pilot Neben der bekannten Bedeutung Flugzeugführer hat das Wort in der Seemannssprache international die Bedeutung Lotse; in romanischen Sprachen darüber hinaus Steuermann, was der Grundbedeutung des grch. Wortes entspricht, von dem das Wort Pilot abgeleitet ist.

Pilzanker Pilz- oder besser schirmförmiger Anker für Dauerverankerungen (Feuerschiffe, Bojen). Pilzanker werden meistens eingespült und haben sehr große Haltekraft. Von besonderem Vorteil für ihren Verwendungszweck ist, daß da keine herausragende Flunke ist, um die sich beim Schwojen die Kette vertörnen könnte.

Pilzkopflüfter Deckslüfter für Yachten. Der das Lüfterrohr bedeckende Schirm wird zum Öffnen hochgeschraubt.

Pinasse Ursprung des Wortes ist lat. *pinus*, Fichte; *pinacea*, Boot aus Fichtenholz. Gemäß solcher sehr allgemein gehaltenen Benennung ist die tatsächliche Typbezeichnung vieldeutig:
1. Segelschiff des 17. Jh., das im Gegensatz zur Fleute Spiegelheck und Galion hatte. Erstes Schiff mit Rahtoppsegel im achteren Mast. Bis zu 24 Kanonen.
2. Frachtsegler unbestimmter Größe; gemäß Quelle von 1598 „Pinasse auff 39 Last, 160 Last" usw. Später „kleines Fahrzeug mit Schonertakelage, das auch zum Rudern eingerichtet ist".
3. Beiboot. Bei der Marine speziell das achtriemige Ruderboot; darüber hinaus aber schon um die Jahrhundertwende „Dampfpinasse".

Pink, Pinke w. Nicht eindeutige Typbezeichnung für verschiedenartige Fahrzeuge seit dem 16. Jh. Die Erklärungen reichen vom „kleinen scharfgebauten Fischerboot" bis zum „dreimastigen Lastschiff".

Pinne 1. Ruderpinne; einarmiger Hebel zum Legen des Ruders. Pinne und Ruderblatt bewegen sich jeweils in Gegenrichtung; das Kommando „hart Bb." (bzw. Stb.) bezieht sich stets auf das Ruderblatt, nicht auf die Lage der Pinne. 2. Beim Kompaß die in eine Spitze auslaufende Achse, auf der die Rose drehbar gelagert ist. (Die Pinne kann auch an der Rose befestigt und nach unten gerichtet auf dem Stein gelagert sein.) 3. Im Sinne einer aufrecht stehenden Achse wurde unter Pinne früher auch die Achse des Gangspills verstanden. 4. Der Sicherungsstift eines → Kenter-Schäkels.

Planet	Zeichen	mittlere Helligkeit	mittlere Entfernung von der Sonne in Millionen km	Siderische Umlaufzeit in Jahren	Exzentrizität	Planeten-Durchmesser in Erddurchmessern
Merkur	☿	0,0	57,9	0,24	0,21	0,38
Venus	♀	− 3,7	108,2	0,62	0,01	0,96
Erde	⊕	−	149,6	1	0,02	1
Mars	♂	− 0,5	227,9	1,88	0,09	0,53
Jupiter	♃	− 2,0	778,3	11,86	0,05	11,04
Saturn	♄	+ 0,3	1428	29,46	0,06	9,17
Uranus	♅	+ 6,0	2872	84,02	0,05	3,70
Neptun	♆	+ 7,7	4498	164,79	0,01	3,50
Pluto	P	+14,7	5910	248,4	0,25	

Pirat (grch.-lat.) 1. Seeräuber. 2. Weitverbreitete Knickspantjolle von 5 m Länge, 1,61 m Breite und 10 m² Segelfläche.

Pitchpine (engl.) Holz der nordamerikanischen Pechkiefer, das wegen seines schlanken, astfreien Wuchses gern im Holzschiffbau verwendet wurde und für Stabdecks, hölzerne Spieren u. dergl. noch wird.

Pitot-Rohr Nach seinem Erfinder benanntes, in Achsenrichtung angeströmtes, vorn offenes Rohr zur Messung des Staudrucks.

Planeten (grch.-lat.) Wandelsterne. Himmelskörper, die nicht aus sich heraus leuchten, sondern das Sonnenlicht reflektieren. Unser Sonnensystem hat 9 Planeten, von denen 4, und zwar die Planeten Venus, Mars, Jupiter und Saturn für nautisch-astronomische Beobachtungen geeignet sind. Für sie sind im Nautischen Jahrbuch von Stunde zu Stunde Greenwicher Stundenwinkel und Abweichung angegeben.
Man unterscheidet untere und obere Planeten. Die Bahnen der unteren Planeten liegen innerhalb der Erdbahn (Venus und Merkur), die der oberen außerhalb derselben.
Merkur ist trotz seiner Nähe für astronomische Beobachtungen nicht brauchbar, da er stets in Sonnennähe steht und nur selten zu sehen ist. Oben rechts einige Daten.

Planimeter (lat.-grch.) Für den Entwurf von Schiffen unentbehrliches Meßgerät zum Messen ebener Flächen beliebiger Gestalt. Bei der gebräuchlichsten Form, dem Polarplanimeter, wird mit einem am sog. Fahrarm befestigten Fahrstift der Flächenumriß umfahren, während der gelenkig mit dem Fahrarm verbundene Polarm in einem Festpunkt drehbar ruht. Die Messung erfolgt über Reibrolle und Umdrehungszähler.

Planke Dieses Wort grch.-lat. Ursprungs kommt in fast allen europäischen Sprachen vor, und zwar zunächst als Bohle, Umplankung im Befestigungswesen, später im Schiffbau als Brett, das einen Bestandteil der Außenhaut bildet, als Decksplanke oder als einzelnes Brett schlechthin (Laufplanke). Vergl. Beplankung.

Plankengang, Plattengang Bei aus Vollholz aufgeplankten Schiffen der Verlauf einer Plankenbreite über die ganze Schiffslänge. Bei genieteten Stahlschiffen die hintereinanderliegenden, durch Stöße miteinander verbundenen Platten zwischen zwei durchlaufenden Nähten. Man unterscheidet je nach der Lage Kiel-, Boden-, Seiten-, Kimm- und Schergänge; die modernen Bauausführungen haben diese Begriffe jedoch weitgehend gegenstandslos gemacht.

Plate Wort der Nordseeküste für Sandbank, Untiefe.

platonisches Jahr Die Dauer der → Präzessionsbewegung der Erdachse und damit ein voller Umlauf des Frühlingspunktes an der Himmelskugel. Diese Zeitspanne beträgt rund 25 800 Jahre.

Plattenruder Veraltete Ruderform stählerner Schiffe. Die einfache Stahlplatte als Ruderblatt ist durch stromlinienförmige Ruderblattkörper abgelöst worden.

Plattfuß In der Segelschiffszeit die Wache von

16.00 bis 20.00 Uhr; und zwar 1. Plattfuß von 16.00 bis 18.00 Uhr, 2. Plattfuß von 18.00 bis 20.00 Uhr. Diese beiden Kurzwachen (engl. *dog watches*) wurden beim vierstündigen Wachrhythmus eingeschaltet, um zu vermeiden, daß dieselben Seeleute stets die gleichen Wachzeiten hatten. Siehe Wache.

Plattgat Breites, ebenes Heck (Spiegelheck).

Platting Beliebte seemännische Handarbeit, die auf den Segelschiffen gepflegt wurde. Flechtwerk aus 5, 7 oder 9 Kabelgarnen in verschiedenen kunstvollen Formen.

platt vor dem Wind, platt vor dem Laken Wind genau von achtern.

Plicht *w.* Der offene, kastenförmig vertiefte, mit einem Waschbord zum Deck abgegrenzte Sitzraum hinter der Kajüte einer Yacht. Auf Rennyachten ist für den Rudergänger manchmal eine Extraplicht angeordnet; auf größeren Tourenyachten trennt zuweilen eine Mittelplicht den überdeckten Wohnraum in eine Vorder- und eine Achterkajüte. Auf kleinen Yachten ist die Plicht oft nur durch die losen Bodenbretter von der Bilge getrennt, wodurch überkommendes Wasser in das Schiff läuft; bei Yachten mit „selbstlenzender Plicht" hingegen liegt deren Boden über der Wasserlinie, und ein Rohrsystem sorgt für ständigen Ablauf.

Plimsoll-Marke Die Bezeichnung Plimsoll-Marke für → Freibordmarke geht auf den britischen Parlamentsabgeordneten Samuel Plimsoll zurück, der die in den Gesetzen von 1874–76 verankerte Lösung der Freibord-Frage, d. h. der Höchstbeladung von Handelsschiffen durchgesetzt hat. Die Freibordmarke wurde 1890 in England, 1908 in Deutschland gesetzlich eingeführt.

plotten Von engl. *plot.* Darunter wird einerseits die Position eines Schiffes bzw. der Standort eines anderen Objektes verstanden, zum anderen die Anfertigung einer Zeichnung, eines Diagramms. In der Bordsprache heißt plotten soviel wie das zeichnerische Auswerten von Radarbeobachtungen. Die auf das eigene (fahrende) Schiff bezogene Auswertung nennt man Relativplott.

Plotter (engl.) *m.* Planzeichner. Zeichengerät zur Darstellung der auf dem Radarschirm erscheinenden Relativbewegung eines Ziels sowie die Aufzeichnung der Eigenbewegung aus Kurs- und Fahrtwerten des Schiffes.

Pluto Der 1930 entdeckte, sonnenfernste → Planet unseres Sonnensystems.

P. O. (engl.) Abk. für *Petty Officer,* Unteroffizier.

Pockholz Siehe Guajakholz.

Pol (grch.-lat.) Drehpunkt, Mittelpunkt, Ruhepunkt.
1. Die Pole einer rotierenden Kugel sind die Punkte auf ihrer Oberfläche, um die sich die Kugel dreht, in welchen die Drehachse die Oberfläche trifft. In diesem Sinne verstehen sich die geographische Nord- und Südpol der Erde. Die Himmelspole sind die Punkte, in denen die verlängert gedachte Erdachse die → Himmelskugel trifft.
2. Magnetische und elektrische Pole sind die Aus- und Eintrittspunkte der magnetischen Feldlinien bzw. die Anschlußklemmen einer Stromquelle.
3. In der Mathematik heißt Pol ein durch seine Lage und Funktion ausgezeichneter Punkt, wie z. B. der Bezugspunkt des Polarkoordinatensystems.

Polacker *m.* Dreimastiges, rahgetakeltes Segelschiff des östlichen Mittelmeerraums. Charakteristisch sind die nicht durch Stengen verlängerten Pfahlmasten.

Polare, Polardiagramm Eine den Zusammenhang zwischen Widerstand und Auftrieb eines Tragflügels oder eines Segels zeigende graphische Darstellung. Die Kurve gibt in einem rechtwinkligen Koordinatensystem für verschiedene Anstellwinkel (sowie Profilformen bzw. Wölbungen des Segels) die entsprechenden Widerstands- und Auftriebsbeiwerte an.

Polarfront Grenzlinie um die Erde herum zwischen Kaltluft- und Warmluftmassen. Es können mehrere Luftmassengrenzen auftreten; ist das der Fall, nennt man die nördlichere *Arktikfront.* Liegt südlich der Polarfront noch eine Grenze, so heißt diese *subtropische Front,* die die subtropische Luft gegen eine gemäßigte Warmluft abgrenzt.

Polarisation (von Wellen) Das Herstellen von festen Schwingungsrichtungen aus regellosen Transversalschwingungen. Bei der linearen Polarisation spielt sich der Schwingungsvorgang nur noch in einer Ebene ab (Schwingungsebene). Die Polarisation spielt u. a. in der Optik eine wichtige Rolle; die Polarisierbarkeit des Lichts ist der Beweis dafür, daß die Wellenbewegung des Lichts ein transversaler Schwingungsvorgang ist.

Polarkoordinaten Koordinatensystem, in welchem der Ort eines Punktes – in einer Ebene – durch seinen Abstand von einem Bezugspunkt (Pol) und durch die Richtung des Verbindungsstrahls zwischen beiden festgelegt ist. Im Raum ist zur eindeutigen Beschreibung des Verbindungsstrahls ein zweiter Winkel erforderlich.

Polarkreise Diejenigen Breitenparallele, in denen die Sonne die Erdkugel zur Zeit der Sonnenwenden tangential trifft: 66,5° Nord und Süd. Diese Breiten ergeben sich durch die unverändert schiefe Lage der Erdachse zur Ekliptik (23,5°). Vergl. Polarnacht.
Die Polarkreise trennen die Polarzonen von den gemäßigten Zonen der Erde.

Polarlicht (Auch Nordlicht und Südlicht). Die insbesondere zu Zeiten erhöhter Sonnenfleckentätigkeit auf der Sonne ausgeschleuderten Elektronen regen im Bereich des erdmagnetischen Feldes beim Einfall in die oberen Schichten der Atmosphäre die Luft zum Leuchten an. Der Verlauf der Feldlinien bewirkt, daß die Lichterscheinungen nur in hohen Breiten auftreten. Gleichzeitig mit den Polarlichtern werden magnetische Störungen beobachtet. Polarlichter treten zwischen 80 und 1000 km Höhe auf. Erhöhte Sonnenfleckentätigkeit und Polarlichterscheinungen kehren in einem periodischen Rhythmus von elf Jahren wieder.

Polarnacht Die Zeit, in welcher die Sonne in mehr als 24 Stunden nicht aufgeht. Polarnacht kann nur in Breiten oberhalb der Polarkreise auftreten, also zwischen 66,5° Nord bzw. Süd und den Polen. Die Dauer der Polarnacht nimmt mit der geographischen Breite zu und beträgt am Pol zur jeweiligen Wintersonnenwende ein halbes Jahr.

Polarstern Die in der Navigation gebräuchlichere Bezeichnung ist → Nordstern. Der Name Polarstern rührt von der Stellung dieses Sterns in der Nähe des nördlichen Himmelspols her. Diese Stellung ist jedoch zeitbedingt, da die Erdachse infolge ihrer → Präzessionsbewegung die Richtung ändert. Sie beschreibt in 25 800 Jahren einen Kegel mit einem Öffnungswinkel von 47° (doppelte Schiefe der Ekliptik).

Polartag Die Zeit, in der die Sonne in mehr als 24 Stunden nicht untergeht. Als Voraussetzung dafür gilt das bei → Polarnacht Gesagte – sinngemäß für die jeweils gegenüberliegende Halbkugel.

Poldistanz Der Abstand eines Gestirns vom Himmelspol im Winkelmaß bzw. der Stundenkreisbogen Pol – Gestirn. Die Poldistanz ist gleich dem Komplement der Abweichung (δ) des Gestirns.

Polhöhe Die Höhe des oberen Himmelspols über dem wahren Horizont (identisch mit der geographischen Breite des Beobachtungsortes).

Police (frz.) w. Die vom Versicherer über einen Versicherungsvertrag ausgestellte und unterzeichnete Beweisurkunde.

Poller m. Kurzer Pfahl bzw. kurze dicke Stahlrohre als Festmachevorrichtung für Trossen, auf die große Kraft kommt. Je nach Bauart unterscheidet man Einfach-, Kreuz-, Doppel- und Doppelkreuzpoller.

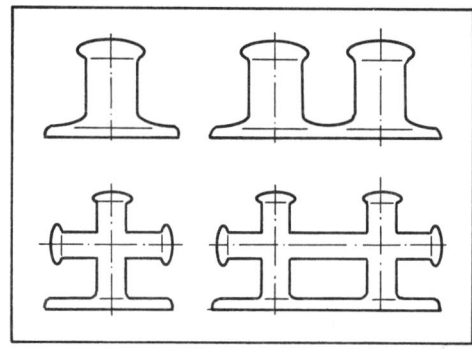

Einfacher Poller und Doppelpoller, einfacher und doppelter Kreuzpoller.

poly... (grch.) In den verschiedensten Wortzusammensetzungen Bestimmungswort mit der Bedeutung „viel" bzw. „mehr". Nachstehend einige für die moderne Seemannschaft wichtige Beispiele:

Polyamide Synthetische Stoffe, deren lange kettenförmige Moleküle aus der regelmäßig wiederkehrenden Amid-Gruppe –NH–CO– bestehen. Größte Bedeutung haben die Polyamide durch ihre Verspinnbarkeit erlangt (Nylon, Perlon). Tauwerk aus Polyamidfasern besitzt höchste Bruchfestigkeit und sehr große Elastizität. Es ist besonders geeignet für Ankertrossen, Festmacher und Schleppleinen. Ein besonderer Vorteil aller Kunststoffleinen ist ihre Beständigkeit gegen Verrotten; ein ernstzunehmender Nachteil dagegen ist die Eigenschaft aller Thermoplaste, bei Erwärmung zu erweichen, was eine unberechenbare Herabsetzung der Bruchfestigkeit in den Tropen und bei Heißlaufen bedeutet.

Polyester Aus mehrwertigen Säuren und mehrwertigen Alkoholen gebildete Kunststoffe mit hohem Molekulargewicht. Sie bilden den wichtigsten Rohstoff im modernen Yacht- und Bootsbau, und zwar sowohl für die Herstellung von Bootskörpern, siehe GFK (Glasfaserverstärkter Kunststoff) als auch für die Herstellung von Kunstfasern, für Tauwerk und Segel. Polyester entsteht durch Polymerisation des erstmals 1941 in England synthetisch hergestellten Kunststoffes Polyäthylen-Terephthalat. Daraus leitet sich der Name Terylene her, woraus 1944 das erste Polyestergarn gesponnen wurde. Aus patentrechtlichen Gründen erscheint dieses Fabrikat in den verschiedenen Ländern unter verschiedenen Namen. In Deutschland heißt es Trevira oder Diolen, in den USA Dacron, in Frankreich Tergal, in Italien Terital, in Japan Tetoron, in der UdSSR Lavsan. Die Schutzrechte begannen 1967 zu erlöschen, womit die Beschränkungen fortfielen. Die unter den erwähnten Namen bekannten Fabrikate haben alle die gleiche chemische Basis, unterscheiden sich jedoch mehr oder weniger in herstellungstechnischer Hinsicht, wie z. B. in der Garnstärke.

Polymerisation Chemischer Prozeß, bei dem sich eine Anzahl gleichartiger niedermolekularer und reaktionsfähiger Verbindungen ohne Bildung weiterer Stoffe miteinander verbinden, und zwar in der Form, daß das Endprodukt ein Vielfaches der eingesetzten Grundmoleküle wird (Polymerisat).
Die Polymerisation wird durch Katalysatoren herbeigeführt; sie spielt eine außerordentlich wichtige Rolle bei der Herstellung von Kunststoffen und Chemiefasern. Siehe GFK.

Polyurethane Eine Gruppe von Kunststoffen, die durch Polyaddition von Isocyanaten und Polyalkoholen aufgebaut werden. Im modernen Yachtbau finden sie vielfache Verwendung, insbesondere für Zweikomponentenleime und -lacke. Letztere, die auch DD-Lacke genannt werden (Desmophen und Desmodur), zeichnen sich ebenso durch Härte und Witterungsbeständigkeit aus wie durch Haftfestigkeit und Elastizität.

Pol-Zenit-Distanz Der Abstand vom Zenit zum Himmelspol im Winkelmaß. Dieser Abstand ist gleich dem Komplement der geographischen Breite des Beobachtungsortes.

Pond, p Frühere Maßeinheit der Kraft im technischen Einheitensystem.
1 p = $^1/_{1000}$ kp.
Die Einheiten Pond und → Kilopond sind seit 1. 1. 1978 im amtlichen und geschäftlichen Verkehr nicht mehr zulässig. Siehe Kraft.

Ponton (lat.-frz.) *m.* Kastenartiger schwimmender Hohlkörper als Anleger für Fährschiffe, Lotsenboote u. dergl. in Tidengewässern. Die an Stahlpfählen senkrecht geführten Pontons sind durch Laufbrücken mit der Kaimauer oder einer festen Brücke verbunden.

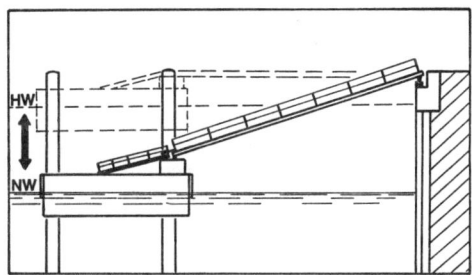

Ponton zum Anlegen von Hafenfahrzeugen in Tidehäfen.

Poop (engl. – von lat. *puppis*) *w.* Das überbaute Achterschiff eines Handelsschiffes, die Hütte.

port (engl.) 1. Backbord. 2. Hafen.

port of ... Im internationalen Seeverkehr sind folgende Begriffe gebräuchlich:

port of arrival	Ankunfthafen
port of call	Anlaufhafen
port of clearance	Abgangshafen, Ausklarierungshafen
port of destination	Bestimmungshafen
port of entry	Eingangs-, Verzollungshafen
port of shipment	Verladehafen

Portolane, Portulane (lat.-ital.) *w.* Küstenkarten mit den eingedruckten Strahlen der Windrose (auch „Kompaßkarten" genannt), sowie Seehandbücher des Mittelalters. Die zuerst von den Italienern, bis ins 16./17. Jh. hinein vor allem in Venedig, Genua, Lissabon fast fabrikmäßig hergestellten Portolankarten enthielten noch bedeutende Längenfehler und infolge der damaligen Unkenntnis der Mißweisung oft ziemlich falsch orientierte Umrisse. Die frühen Seehandbücher waren Küstenbeschreibungen in fortlaufender Folge. Sie hießen *Periplus* (grch.), Umschiffung und waren den heutigen Seehandbüchern im Prinzip bereits ähnlich.

Position (lat.) 1. Der Schiffsort. Er wird in geographischer Breite und Länge angegeben. 2. Zusammengehörige Ladungsteile werden als Position bezeichnet.

Positionslaternen, Positionslichter Die laut Seestraßen- und Seeschiffahrtstraßen-Ordnung vorgeschriebenen Lichter eines Schiffes. Die Positionslichter haben die Aufgabe, bei Dunkelheit die Lage eines Schiffs erkennen zu lassen. Dazu verhelfen Anordnung, Farbe und Lichtscheinsektor. Die → Tragweite der Laternen ist gesetzlich vorgeschrieben. Zu den Positionslaternen gehören: das *Topplicht* – ein weißes Licht über der Längsachse des Fahrzeugs; die *Seitenlichter* – ein grünes Licht an Stb. und ein rotes Licht an Bb. (auf einem Fahrzeug von weniger als 20 m Länge dürfen die Seitenlichter in einer Zweifarbenlaterne über der Längsachse geführt werden); das *Hecklicht* – ein weißes Licht so nahe wie möglich am Heck; das *Schlepplicht* – ein gelbes Licht mit den Eigenschaften des Hecklichts; das *Rundumlicht* und das *Funkellicht*.

Prahm (tschechisch) *m.* Plattbodiges, kastenförmiges Arbeits- und Transportfahrzeug.

Präzession (lat.) *w.* Die Bewegung der Figurenachse eines rotierenden, symmetrischen Kreisels um seine raumfeste Drehimpulsachse. Jeder kräftefreie Kreisel behält die Richtung seiner Rotationsachse unverändert bei. Wird auf den Kreisel jedoch eine kippende Kraft ausgeübt, dann reagiert er darauf mit einer Präzessionsbewegung, d. h. der Kreisel sucht in der Weise auszuweichen, daß aus der Kippbewegung eine Parallelverschiebung wird. Beim Kreiselkompaß wird das technisch ausgenutzt. Dadurch, daß die Kreiselachse sich parallel zur Erdachse zu stellen strebt, wird der Kreisel zu einem richtungsuchenden Instrument.
Auch die Erde ist kein kräftefreier Kreisel, da die Ebene ihres Äquatorwulstes um 23,5° gegen die → Ekliptik geneigt ist. Die Erde reagiert als rotierender Kreisel auf die von der Sonne ausgehende aufrichtende Kraft nicht mit Ausrichtung ihrer Achse, sondern mit einer Präzessionsbewegung. Das hat zur Folge, daß die Himmelspole ihre Lage nicht unverändert beibehalten, sondern Kreise um die Pole der Ekliptik beschreiben. Ein Umlauf dauert rund 25 800 Jahre. In derselben Zeitspanne beschreibt der → Frühlingspunkt einen Weg von 360° am Fixsternhimmel. Im klassischen Altertum lag der Frühlingspunkt im Sternbild Widder (daher Widderpunkt), heute liegt er im Sternbild Fische. Seine rückläufige Bewegung, d. h. die Verschiebung der Sternkoordinaten, beträgt ca. 50,3 Bogensekunden pro Jahr.

Prepreg *s.* Stark eingedicktes Polyesterharz mit hohem Glasgehalt in Häckselform. Das im Bootsbau verwendete Material wird bei einem Druck von mindestens 400 N/cm^2 bei 160° C verpreßt. Preßdauer bei einem 4 m langen Boot ca. 2,5 Minuten.

pressen 1. Mehr Segel führen, als es für das Schiff bei der gerade herrschenden Windstärke eigentlich angemessen wäre – wenn besondere Umstände dies erfordern.
2. In früheren Zeiten geübte Praxis, mit Gewalt Matrosen zum Dienst auf Kriegsschiffen zu nehmen. Berüchtigt waren die *press gangs* der britischen Navy.

Preventer *m.* 1. Backstage, die den Mast einer

Segelyacht schräg achterlich nach der Seite verspannen und die schnell lösbar und schnell wieder durchzusetzen sein müssen.
2. Bestandteil des → Ladegeschirrs. Über ferngesteuerte Preventerwinden werden die Ladebäume mittels der Preventer nach außen geholt.

Pricken w. Junge Bäume (mit Ästen) zur Markierung von Nebenfahrwassern, Prielen u. dergl. Die Pricken werden in den Grund gesteckt und bezeichnen die Backbordfahrwasserseite. Auch Stacks, die bei Hochwasser überflutet sind, werden durch Pricken kenntlich gemacht.

Pricker m. Stahldorn. Werkzeug zum Spleißen von Stahldraht.

Priel m. Schmaler Wasserlauf im Watt. Schiffbare Priele sind durch Pricken markiert.

Prise (lat.-frz.) w. „Genommenes", aufgebrachtes Schiff. Das kann ein Schiff einer feindlichen Macht oder auch ein Banngut führendes neutrales Schiff sein.

Proa w. 1. (span.) Bug, Vorschiff.
2. (mal. *Prau* gesprochen). Malaiisches Auslegerboot.

Probefahrt Obligatorische Fahrt vor der Ablieferung eines neuerbauten Schiffes, während der die Maschine, Ruder, Ankereinrichtungen und dergl. sowie das Verhalten des Schiffes bei verschiedenen Manövern eingehend erprobt werden. Unter „Jungfernreise" versteht man die erste Reise des abgelieferten Schiffes.

Profil (lat.-ital.) 1. Profilstahl; gewalzte Stähle mit genormten Querschnittsformen, wie sie im Schiffbau für Spanten, Decksbalken und sonstige Versteifungen verwendet werden.
2. In der Strömungslehre werden als Profile die Querschnittsformen eines angeströmten Auftriebskörpers (Tragfläche, Ruder) bezeichnet. Segel haben kein Profil, sondern nur eine Wölbung, einen „Bauch".

Profilwanten Wanten (und auch Stagen) aus massiven Stahlstangen, aus Rundstahl oder strömungsgünstigen Flachprofilen. Stehendes Gut aus Vollmaterial hat vor allem weniger Reck als solches aus geschlagenem Drahttauwerk. Die üblichen Spannschrauben entfallen, da die mit Gewinde versehenen Wanten und Stagen aus Vollmaterial direkt an ihren Halterungen festgeschraubt werden können.

prompt (lat.-frz.) Schnell, pünktlich. Im Seeverkehr, im Chartergeschäft gebräuchlicher Fachausdruck für ein sofort verfügbares, d. h. in wenigen Tagen ladebereites Schiff.

Propeller (engl. zu lat. *pellere*, treiben). Schiffsschraube. Derjenige Teil der Antriebsanlage eines Schiffes, der die Drehbewegung der Maschine in Schubkraft verwandelt.
Propellerdrehzahl und -größe sind von Art und Größe des Schiffes, von Leistung und Geschwindigkeit abhängig. Die Größenordnungen der Drehzahlen liegen zwischen 100/min bei großen Seeschiffen und 10 000/min bei hochgezüchteten Rennbooten. Propeller sehr großer Tanker haben Durchmesser bis zu 9,4 m und ein Gewicht bis zu 72 t. Während der klassische Seeschiffspropeller 3 oder 4 Flügel hatte, überwiegen bei modernen Großschiffen 5 oder 6 Flügel. Die Wahl der Flügelzahl ist nicht allein eine Frage des günstigsten Wirkungsgrades, sondern auch der Belastbarkeit und der Eigenfrequenz des Schiffskörpers (Vibrationen). Als Material wird normalerweise Bronze verwendet; bei Reservepropellern, im Binnenschiffbau bei Kleinschiffen auch Stahlguß, bei Rennbooten höchstwertiger Schmiedestahl. Vergl. hierzu auch Verstellpropeller und Voith-Schneider-Propeller.

Propellersteigung Wichtiges Merkmal eines Propellers: Das theoretische Vorwärtsschrauben bei einer vollen Umdrehung. Der tatsächliche Weg des belasteten Propellers ist im Wasser um einiges kürzer; diese Wegdifferenz heißt Schlupf oder Slip.

Propellerwirkungsgrad Das Verhältnis von der an den Propeller abgegebenen Wellenleistung zum tatsächlich ausgeübten Schub. Dieses Verhältnis liegt in etwa zwischen 43 und 70 Prozent. Der Wert ist weitgehend abhängig von der Drehzahl. Die höheren Werte liegen bei den niedrigen Drehzahlen.

Proprider (engl.) Im internationalen Motorboot-Rennsport eingebürgerte Bezeichnung für einen Renngleiter, der sich in voller Fahrt so weit aus dem Wasser hebt, daß er nur noch auf dem halbgetauchten Propeller reitet. Andere volks-

Propulsion

tümliche Bezeichnungen dafür sind „Zweipunktboote" oder „Dreikantfeilen".

Propulsion (lat.-nlat.) Der Vortrieb allgemein. Unter dem Gesamtgütegrad der Propulsion versteht man das Verhältnis von → Schleppleistung zu Wellenleistung eines Schiffes.

Protest (lat.-ital.) Einspruch.
1. In einer Wettfahrt darf eine Yacht Protest erheben, wenn nach ihrer Meinung eine andere Yacht die Wettfahrtregeln oder Segelanweisungen verletzt hat. Die protestierende Yacht setzt die Flagge B des Internationalen Signalbuches (oder eine andere zugelassene) in ihrem Rigg, und zwar bei der ersten zumutbaren Gelegenheit. Bei Einhandbooten genügt es, dem betroffenen Gegner baldmöglichst, der Wettfahrtleitung beim Zieldurchgang die Protestflagge zu zeigen.
2. Siehe Seeprotest.

PS Pferdestärke (korrekter wäre „Pferdeleistung"). Früher Einheit der → Leistung in der Technik.
Der zuerst von James Watt (1736-1819) definierten Einheit lag die Leistung eines kräftigen Pferdes zugrunde. Messungen ergaben 33 000 Fußpfund/min; auf das metrische System umgerechnet 76,04 kgm/s. In Ländern, in denen nach dem metrischen System gerechnet wurde, wählte man abgerundet 75 kgm/s. So erklärt sich der 1,4prozentige Unterschied zwischen Pferdestärke und Horsepower. Die Umrechnungsfaktoren sind

$$1\ PS = 0{,}986\ HP$$
$$1\ HP = 1{,}014\ PS$$

Die Pferdestärke, im neueren technischen Einheitensystem 75 kpm/s, ist eine Einheit, die sich nicht organisch in das übrige metrische Maßsystem einfügt. Sie wurde daher am 1. 1. 1978 durch die Einheit Kilowatt ersetzt, die für Elektromaschinen schon seit langem gebräuchliche Leistungseinheit. Die Umrechnungsfaktoren:

$$1\ PS = 0{,}73550\ kW$$
$$1\ kW = 1{,}35962\ PS$$

pullen Von engl. *pull,* ziehen. Rudern mit mindestens einem Paar Riemen. Das Wort wird beim Rudern von Kuttern, Beibooten u. dergl. angewandt, nicht bei Sportruderbooten.

Pulvertonne Gelbe Faßtonne zur Kennzeichnung einer Reede für Schiffe mit explosiver Ladung.

Pumpe Hilfsmaschine oder von Hand betätigtes Gerät zur Förderung von Flüssigkeiten in Rohrleitungen. Man unterscheidet an Bord je nach Verwendungszweck Lenzpumpen, Bilge-, Ballast-, Feuerlösch- und Deckwaschpumpen, Brennstoff-, Ladeölpumpen und dergl., sowie je nach der Art des Funktionsprinzips Kolben-, Kreisel-, Membranpumpen usw.

pumpen 1. Das Betätigen einer Pumpe.
2. Unter „pumpen" versteht man im Segelsport ruckartige Bewegungen des Bootes durch Körperschwung der Besatzung, durch Schaukeln, um in einer Flaute Reaktionskräfte in den Segeln zu erzeugen. Dieses Pumpen ist in Wettfahrten verboten. Dazu gehört auch ein dauerndes schnelles Trimmen der Segel ohne direkten Zusammenhang mit den tatsächlichen Windverhältnissen. Bei ausreichend Wind mit Bewegungen oder Handhabungen, die dem Pumpen ähnlich sind, einen Gleitzustand einzuleiten, ist erlaubt.

Pumpenraum Speziell für die Ladeölpumpen bestimmter Raum auf einem Tanker. Die Pumpenräume befinden sich im allgemeinen vor dem vordersten und hinter dem hintersten Ladetank.

Pumpensod, -sumpf Tiefste Stelle eines Raumes, wo sich der Saugkorb einer Lenzleitung befindet.

Pumpspill Altbewährte Spillkonstruktion aus der Zeit des Holzschiffbaus. Zwei lange auf und ab bewegte Hebel (Pumpenschwengel) sind dicht am Drehpunkt mit Gestängen versehen, die in die Spillkränze greifen und bei jeder Bewegung das Spill ein Stück weiterdrehen. Zwischen den Spillkränzen angebrachte Pallen sperren das Spill gegen Rückdrehen.

purren Wecken, treiben, mahnen; die zur Ablösung der Wache bestimmten Seeleute aus ihren Kojen holen.

Püttings Beschläge, die den Wantenzug auf den Schiffskörper übertragen.

Pütz Kleiner Wassereimer für den Bordgebrauch. Schlagpütz: Wassereimer mit einer am Bügel angespleißten Leine, um Wasser von außenbords zu holen.

Q

Quadrant (lat.) Viertelkreis; ein Viertel eines Kreisumfangs und auch einer Kreisfläche. In der Geometrie die vier Felder, in die eine Ebene durch die x- und y-Achse des kartesischen Koordinatensystems aufgeteilt wird. In der terrestrischen Navigation sind Nord-, Süd-, West- und Ostquadrant feste Begriffe für die Betonnung von Untiefen (siehe Kardinalsystem); in der Nautik war ein Quadrant früher ein einfaches Gerät zur direkten Höhenmessung von Gestirnen (ohne Spiegel); im Schiffbau versteht man darunter viertelkreisförmige Bauelemente verschiedener Art (Ruderquadrant, Quadrantdavit).

quadrantal Die Zählweise eines Winkels von einer Bezugsgröße, ausgehend nach beiden Seiten – z. B. das Azimut vom Himmelsmeridian aus nach Ost und West von 0 bis 90° – im Gegensatz zur Vollkreiszählung von 0 bis 360°.

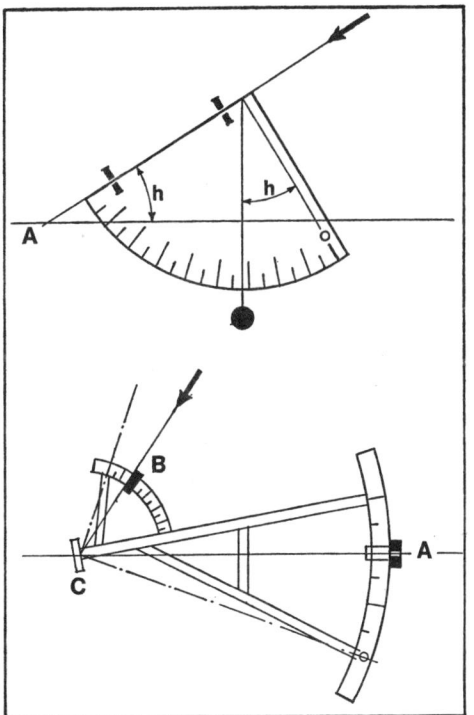

Quadratur Astronomischer Begriff. Die halbwegs zwischen Opposition und Konjunktion (Vollmond und Neumond) liegenden Aspekte des Mondes heißen Quadraturen, ihre Phasen werden als Erstes und Letztes Viertel bezeichnet.

Quarantäne (ital. quarantina = 40 Tage). w. Der Begriff geht bis 1374 zurück, als in Venedig zum erstenmal in der Geschichte einem pestverdächtigen Schiff die Einfahrt verwehrt wurde. Seit dem 17. Jh. wird frz. *quarantaine* zu dem allgemein verbreiteten Fachwort für die Seuchenabwehr (Einreisesperre für seuchenverdächtige Ankömmlinge). Zu derartigen Seuchen gehören Pest, Cholera, Gelbfieber, Pocken, Fleckfieber und verdächtige Erkrankungen unbestimmter Art. Heute werden funktelegraphische Quarantänemeldungen durchgegeben, wofür im Internationalen Signalbuch Schlüsselgruppen vorgesehen sind. Als Flaggensignale gelten:

Flagge Q: An Bord ist alles wohl, bitte um freie Verkehrserlaubnis.

Flagge Q über dem 1. Hilfsstander: Ich benötige Quarantäneklarierung.

Quarterdecker Schiff mit erhöhtem Quarterdeck (Achterdeck). Ein besonders gegen Ende

◁ *Quadranten für Höhenwinkelmessungen. Oben: Quadrant, wie ihn Kolumbus und die portugiesischen Seefahrer im Zeitalter der Entdeckungen verwendet haben. Prinzip wie beim Astrolabium; man beschränkte sich jedoch auf einen Viertelkreis. Ablesung am Lotfaden.*
Unten: Davisquadrant nach Harris (18. Jh.). Die beiden Kreisbögen haben denselben Mittelpunkt. Der Schatten, den der je nach der Sonnenhöhe fixierte Schieber B auf das Querholz C wirft, wird mit der Kimm zur Deckung gebracht. A = Augpunkt. Der Meßbereich beträgt 90°. Der gemessene Winkel setzt sich aus den in der Skizze erkennbaren Sektoren beider Kreisbögen zusammen.

des 19. Jh. beliebter Schiffstyp. Man erhöhte das Quarterdeck um 0,6 bis 1,4 m, um die Laderaumgrößen vorn und achtern einander anzugleichen, denn infolge der Laderaumbeschränkung durch Wellentunnel und Unterkünfte lagen die kleinen und mittelgroßen Glattdeckschiffe jener Zeit bei homogener Ladung meistens kopflastig.

Quartiermeister, Quartermaster Wie der Begriff „Quartier" in der Seefahrt früher mehrdeutig war, so auch „Quartiermeister". Quartier bedeutete sowohl ein Viertel der Besatzung, als auch die vierstündige Wache und schließlich die Gesamtheit aller Rahen und Segel eines Mastes. Dementsprechend war ein Quartiermeister ein Unteroffizier mit diesbezüglichen Aufgaben. Die Bezeichnung Quartermaster für Rudergänger (im Engl. auch Steuermannsmaat) bezieht sich auf das Quarterdeck, Achterdeck, wo gesteuert wurde.

Quarzuhr Chronometer neuer Bauart, das nicht mehr duch eine mechanische Unruhe als Frequenznormale gesteuert wird, sondern durch einen piezoelektrisch erregten Schwingquarz. Beim Anlegen einer Wechselspannung an einem Quarzstab geeigneter Form wird dieser zu Schwingungen angeregt. Bei Übereinstimmung dieser Frequenz mit der Eigenfrequenz des Quarzes bzw. einer seiner Oberschwingungen tritt Resonanz ein, und der Quarz steuert durch Rückkopplung sich selber mit energiereichen elastischen Schwingungen sehr hoher Konstanz. Diese Schwingungszahl wird stufenweise auf eine Frequenz herabgesetzt, mit der sich ein mit dem Uhrzeiger verbundener Synchronmotor steuern läßt bzw. ein Elektro-Magnet-System, das den Sekundenzeiger mit 2 Impulsen pro Sekunde fortschaltet.

Quatze *w.* Früher für die westliche Ostsee typisches Fahrzeug, das dem Fischhandel, nicht dem Fischfang diente. Breite, geklinkerte, mit einer Bünn versehene Fahrzeuge, die vorzügliche Segler waren und zum Verfahren lebender Fische gebraucht wurden.

Quecksilbersäule Es war früher üblich, den Luftdruck in mm Quecksilbersäule (mm Hg) anzugeben. Man benutzte Schiffsbarometer, die im wesentlichen aus einer oben geschlossenen, mit Quecksilber gefüllten Glasröhre bestanden, in deren oberen Ende sich ein Vakuum bildete. Die Quecksilbersäule hielt dem auf das untere, umgebogene offene Ende der Röhre wirkenden Luftdruck das Gleichgewicht.

Auf 0° C, Meereshöhe und Normalschwere reduziert, entspricht der mittlere Luftdruck dem auf die Flächeneinheit bezogenen Gewicht einer 760 mm hohen Quecksilbersäule. Die Einheit mm Hg heißt auch Torr, nach E. Torricelli (1608–47), der als erster Versuche zum Messen des Luftdrucks gemacht hat.

Seit 1930 wird der Luftdruck in → Millibar angegeben. Als Faustformel für die Umrechnung gilt mit ausreichender Genauigkeit:

$$[m\ b] \cdot \tfrac{3}{4} = [mm\ Hg]$$
$$[mm\ Hg] \cdot \tfrac{4}{3} = [m\ b]$$

Die Einheiten Torr und mm Hg sind im amtlichen und geschäftlichen Verkehr nicht mehr zugelassen.

querab Seitlich im rechten Winkel zur Schiffslängsachse, dwars.

Querkraft 1. Die quer zur Schiffslängsachse wirkende Komponente der auf ein Segel wirkenden Windkraft. Die in Schiffslängsrichtung wirkende Komponente wird als Vortrieb bezeichnet. 2. Begriff aus der Festigkeitslehre. Die in biegebeanspruchten Querschnitten senkrecht zur Stabachse hervorgerufene Schubkraft.

Querablauf Stapellauf in Querrichtung. Diese Art des Stapellaufs wird angewendet, wo für einen normalen Stapellauf in Schiffslängsrichtung nicht genügend freies Wasser zum Auslauf zur Verfügung steht, oder wenn infolge eines ungünstigen Höhenverhältnisses des Schiffskör-

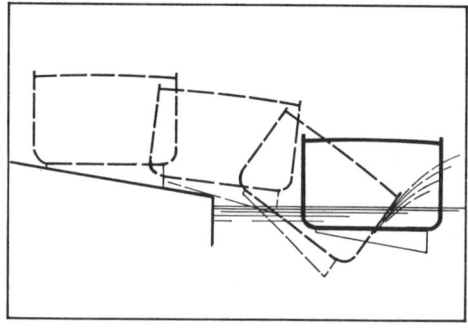

Vier Phasen eines Querablaufs.

pers Probleme der Längsfestigkeit auftreten würden (Binnenschiffe).

Die Neigung einer Querhelling ist erheblich größer als die einer Längshelling; sie beträgt 1 : 5 bis 1 : 8.

Quermarkenfeuer Leuchtfeuer mit Sektoren unterschiedlicher Kennung, die jedoch, anders als die Richt- und Leitfeuer, nicht in Kursrichtung liegen, sondern quer zu derselben. Die Übergänge von einem Sektor in einen anderen geben Kursänderungsweisungen, wie z. B. Einsteuerung in ein anderes Befeuerungssystem.

querschlagen Das „Aus dem Ruder laufen"

bei achterlichem Wind und Seegang, so daß Gefahr des Kenterns oder Vollschlagens besteht.

Querspantensystem Diejenige Bauweise eines Schiffes, bei welcher die Spantebenen senkrecht zur Schiffslängsachse stehen.

Querstabilität Das von der Form (Breite) des Schiffskörpers und der Höhenlage des Gewichtsschwerpunktes abhängige Wiederaufrichtungsvermögen eines durch seitliche Krafteinwirkungen gekrängten oder durch Seegang in Rollbewegungen versetzten Schiffes. Wird lediglich von → Stabilität gesprochen, meint man stets die Querstabilität.

R

R (Geschwindigkeitsgrad) Siehe relative Geschwindigkeit.

Rack Der wichtigste Beschlag einer Rah. Das Rack hält die Rah in ihrem Schwerpunkt fest und gibt ihr zugleich die Möglichkeit, sich in 2

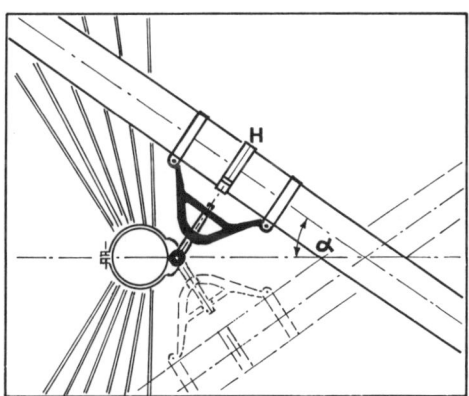

Rack einer Unterrah. Der Winkel beträgt bei hart gebraßten Rahen auf Amwindkursen etwa 34°. Spitzere Winkel sind wegen der Wanten nicht möglich. An dem mit H bezeichneten Beschlag, dem Hangerband, ist die Hangerkette befestigt.

Ebenen frei zu bewegen (brassen und auftoppen).

Die an ihrem Platz bleibenden Rahen (Unterrahen, Untermars- und Unterbramrahen) werden zur Entlastung des Racks an einer Hangerkette aufgehängt oder mittels einer Stütze gehalten. Die fierbaren Rahen haben ein sog. *Tonnenrack,* dessen Halterung den Mast umschließt, oder ein Rack mit Gleitschiene.

Kleine hölzerne Rahen, die nicht aufgetoppt zu werden brauchen, haben ein *Bügelrack,* eine lange Klampe aus Eichenholz, die an der Hinterkante der Rah festgebolzt und mit einem Ausschnitt für die Stenge versehen ist. Ein halbkreisförmiger Bügel umschließt die Stenge.

Racon Kurzwort aus engl. *Ra*dar (responder) bea*con,* Radarbake; in Seekarten Ra-Bk. Abfrage-Antwort-Funkfeuer. Werden von einer Racon-Anlage Radarimpulse empfangen, wird automatisch ein Antwortsender gesteuert. Die Antwortimpulse haben in der Regel eine spezielle Kennung, die eindeutige Identifizierung ermöglicht.

Radar Kurzwort aus engl. *R*adio *D*etecting and *R*anging. Verfahren zur Entdeckung, Richtungs- und Entfernungsmessung mittels gebün-

Radarerfassung

delter elektromagnetischer Wellen. Ultrahochfrequente Impulse werden über eine Richtantenne ausgestrahlt, von dem zu ortenden Objekt reflektiert, von der Antenne wieder aufgenommen (Echoprinzip) und dem Empfänger zugeführt. Der empfangene Impuls erscheint als Leuchtfleck (Echozeichen) auf der Bildröhre des Radarempfangsgerätes. Die Laufzeit des Impulses ist dem Abstand zum georteten Objekt proportional.
Bordradar arbeitet vorwiegend mit Frequenzen von 3 und 10 GHz, d. h. 10 und 3 cm Wellenlänge. Die Antenne macht 15 bis 25 Umdrehungen pro Minute.

Radarerfassung Einwandfreies Erkennen eines Zieles als Echo auf dem Radarbildschirm.

Radarhorizont Grenze der Radarstrahlen-Reichweite infolge der Erdkrümmung. Die Entfernung bis zum Radarhorizont beträgt unter atmosphärischen Normalbedingungen etwa $2,2 \times \sqrt{h}$ Seemeilen, wenn man für h die Höhe der Radarantenne über dem Wasser in Meter einsetzt.

Radarkarte Karte in besonderer Ausführung zur Erleichterung der Deutung von Radarschirmbildern. Radarkarten enthalten gegenüber normalen Seekarten zusätzliche, für die Radarnavigation wichtige Eintragungen, wie z. B. radarauffällige, gut reflektierende Objekte, Höhenlinien zur Verdeutlichung des Küstenreliefs u. ä.

Radarkette Eine Kette von Landradarstationen zur Sicherung der Schiffahrt auf Revieren und in Hafeneinfahrten. Die einzelnen Stationen überlappen sich in ihren Erfassungsbereichen, so daß die Schiffe weitergereicht werden können. Die Schiffe, die eine Beratung wünschen, melden sich bei der Radarstation ihres Standortes mit Angabe ihres Namens, Nationalität, BRT, Tiefgang und möglichst genauem derzeitigen Schiffsort an. Sie erhalten auf Anforderung über Sprechwege im UKW-Sprech-Seefunkdienst Beratungen und Informationen.

Radarreflektor Tripelspiegel aus rechtwinklig aneinandergesetzten Metallflächen, welcher die Radarstrahlen in der Einfallsrichtung zurückspiegelt. Radarreflektoren dienen dazu, ein Objekt radarauffälliger zu machen, insbesondere Fahrzeuge aus Holz und Kunststoff. Mit Radarreflektoren ausgerüstete Tonnen sind gegenüber solchen ohne Reflektoren auf die dreifache Entfernung auf dem Radarbildschirm auszumachen.

Radarstandort Der mit Hilfe eines Radargerätes bestimmte Standort des Schiffes.

Raddampfer Schiff mit Schaufelradantrieb. Zumeist waren die Räder an den Seiten angebracht, was den Schiffen eine gute Manövrierfähigkeit verlieh, sie aber sehr breit machte; in Nordamerika herrschte das Heckrad vor. Schaufelräder waren der früheste mechanische Antrieb von Fluß- und Seeschiffen. Wegen seiner Wirksamkeit selbst in sehr flachen Gewässern hat sich der Radantrieb bei Binnenschiffen hier und da bis in die Gegenwart erhalten. Vergl. Schaufelrad.

Radeffekt Nebenwirkung des Propellers bei Motorbooten in Form einer seitlichen Versetzung des Hecks. Das Heck wird infolge des Druckunterschiedes über- und unterhalb der Propellerwelle stets in der Weise versetzt, als liefe der Propeller wie ein Rad über Grund. Infolge der stabilisierenden Wirkung des Ruders ist dieser Effekt bei Vorwärtsfahrt geringer als bei Rückwärtsfahrt. Bei Doppelschraubern mit gegenläufigen Propellern heben sich die Radeffekte auf.

Radialschnitt 1. Auch Strahlenschnitt genannt. Schnittform eines Segels, bei welcher die Bahnen vom Schothorn aus strahlenförmig zum Vorliek verlaufen.
2. Die Art, einen Baumstamm so aufzuschneiden, daß die Jahresringe senkrecht zur Schnittfläche stehen, wobei man das beste Bootsbauholz erhält.

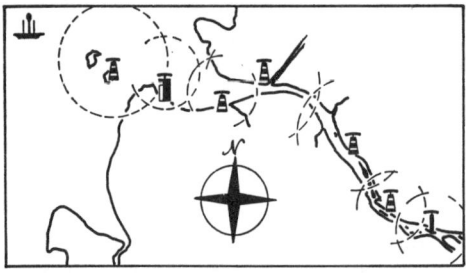

Radarkette des Unterelbegebietes.

Radsteuerung (für Yachten) Steuermechanismus, bei dem die Drehbewegung des Steuerrades über einen Schneckentrieb mittels Gestänge oder Seilzug auf das Ruderblatt übertragen wird, wobei dreiviertel bis anderthalb Umdrehungen für eine Hartruderlage erforderlich sind. Im allgemeinen tritt Radsteuerung an Stelle der Ruderpinne, wo die Ruderkräfte für eine bequeme Handhabung der Pinne zu groß sind. Das ist jedoch bis zu einem gewissen Grade Gefühlssache; eine eindeutige Abgrenzung, wo Radsteuerung und wo Pinne angebracht ist, gibt es nicht.

Raffee, Raffie (engl.) *s.* Dreieckiges Segel, das über der obersten Rah gefahren wurde, und zwar zwischen Rahnocken und Masttopp. Auch auf älteren Hochseeyachten war das Raffee über der Breitfock ein häufig geführtes Beisegel.

Rah(e) (Veraltet unter nl. Einfluß auch *Raa,* mit Plur. *Raas) w.* Rundholz – bzw. stählerne Spiere – das in seiner Mitte durch das → Rack in der Weise vor dem Mast befestigt wird, daß es in zwei Ebenen schwenkbar ist, zum Brassen und Auftoppen. An der Rah wird das Oberliek eines Rahsegels angeschlagen. Die Rah trägt den Namen des betreffenden Segels und des Mastes, an dem es gefahren wird, z. B. Kreuzobermarsrah usw. Rahtakelung heißt, daß ein Schiff eine Takelungsart hat, in der Rahsegel verwendet werden: Brigg, Bark, Vollschiff.
Bei Booten mit Luggersegel heißt die Spiere am Oberliek ebenfalls Rah, nicht Gaffel.

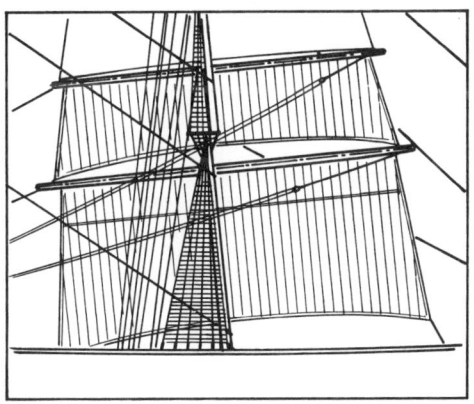

Großsegel und Untermarssegel eines rahgetakelten Schiffes.

Rahmenantenne Funkpeilantenne. Sie besteht im wesentlichen aus einer um die vertikale Achse drehbaren Spule. Die Empfangslautstärke hängt von der Stellung des Rahmens zur Richtung des Sendestrahls ab. Das Empfangsminimum tritt ein, wenn der Rahmen parallel zu den magnetischen Feldlinien steht, d. h. rechtwinklig zur Richtung des einfallenden Funkstrahls. (Ein Ferritstab steht in Minimumstellung, wenn seine Längsachse auf den Sender gerichtet ist.)

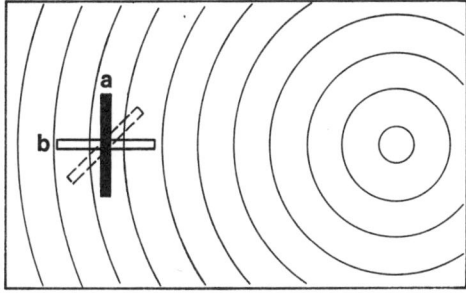

Rahmenantenne. Der Empfang hängt von der Stellung des Rahmens zur Funkstrahlrichtung ab; a = Minimum, b = Maximum.

Rahmenspant Im Stahlschiffbau ein aus Stegplatten und Gurt zusammengeschweißter, fester Querrahmen des Schiffskörpers.

Raketenapparat Leinenwurfgerät, das bei in Landnähe gestrandeten Schiffen eingesetzt wird, um eine Verbindung zum Schiff herzustellen. Mit kleinen Feststoffraketen werden Leinen hinübergeschossen, an denen die Rettungsleinen zur Bergung der Schiffbrüchigen nachgezogen werden.

Randplatte Im Stahlschiffbau der seitliche Abschluß des Doppelbodens. Die Randplatte verbindet die Außenhaut mit dem Innenboden (Tankdecke).

Randtief Kleineres Tiefdruckgebiet, das sich um ein größeres bewegt, hauptsächlich auf dessen Süd- und Ostseite (auch Sekundärdepression genannt). Das Randtief kann durch Druckausgleich wieder verschwinden, wird häufig jedoch durch weiteren Druckabfall zu einem neuen selbständigen Tief.

rank Schon im 17. Jh. geläufige Bezeichnung

für ein Schiff, das infolge eines rel. hoch liegenden Gewichtsschwerpunktes stabilitätsgefährdet ist oder scheint. Schmale Schiffe mit geringer Anfangsstabilität können dennoch einen ausreichenden Stabilitätsumfang haben. Ein in mäßigen Grenzen rankes Schiff hat eine längere Rollperiode und ist dadurch in seinem Seeverhalten für die an Bord befindlichen Personen angenehmer, in bezug auf die Beanspruchungen des Rumpfes günstiger als ein zu steifes Schiff.

Rasmus Euphemistische Benennung für harte, überkommende See. Kurzform für Erasmus, womit ein Schutzpatron der Seeleute gemeint sein mag. In verschiedenen Redensarten geläufige Bezeichnung, wie ,,Rasmus wäscht Deck" o. ä.

Ratan Kurzwort aus engl. *Ra*dar and *t*elevision *a*id to *n*avigation. Fernsehübertragung der Bildschirmanzeige einer Landradaranlage auf Schiffe in deren Erfassungsbereich.

Rating (engl.) *s.* Schätzung, Bewertung, Rang. Im Zusammenhang mit Yachten: Rennwert. Rating Rule heißt Rennwertformel, Rating Class Konstruktionsklasse. Das Meßergebnis der Rennwertformeln hieß bis um die Jahrhundertwende ganz richtig *Tonnage,* seit Einführung der Formeln mit einem linearen Meßergebnis *Rating.*

Rattenabweiser Blechteller oder -kegel, die, wo erforderlich, auf die Festmacheleinen gesetzt werden, um Ratten diesen Weg an Bord zu versperren.

Rattenattest Vom Hafenarzt ausgestelltes Attest, wenn ein Schiff zur Rattenbekämpfung begast und desinfiziert werden mußte. Es ist in ausländischen Häfen vorgekommen, daß die Abfertigung von Schiffen verweigert wurde, weil kein Rattenattest vorlag.

Raum Ohne weiteren Zusatz soviel wie Laderaum; sonst Maschinen-, Kessel-, Proviantraum.

,,Raum!" In einer Wettfahrt darf die Yacht, die an einer Bahnmarke Wegerecht hat, durch Zuruf von den sie bedrängenden Yachten Raum verlangen. Wegerecht hat sie dann, wenn sie an der Bahnmarke innen liegt, die gegnerische Yacht → überlappt und auf gleichem Bug liegt. Liegen die Yachten auf nicht gleichem Bug, hat die Regel Vorrang, daß der auf Backbordbug liegenden Yacht auszuweichen ist.
Der Zuruf ,,Raum!" ist außerdem in allen Fällen berechtigt, in denen eine sonst ausweichpflichtige Yacht ihren Kurs nicht ohne Gefahr beibehalten kann (Küste, Hindernis usw.).

Raumballon Großes, bauchig geschnittenes Vorsegel für Raumschotskurse. Aufgrund geringerer Beanspruchung als auf Amwindkursen ist der Raumballon normalerweise um eine Tuchstärke leichter als eine Amwind-Genua für gleiche Windstärke. Wegen seiner beschränkteren Verwendungsmöglichkeit selteneres Segel als die Genua.

raumen Ein auf die eigene Kursrichtung bezogenes Drehen des Windes, und zwar in dem Sinne, daß der Wind mehr von achtern einkommt als bisher. Das gegenteilige, für die momentane Kursrichtung ungünstigere Drehen des Windes heißt *schralen.*
Segeln zwei Fahrzeuge auf verschiedenem Bug (auf Kreuzkurs), dann bedeutet das Raumen für das eine Fahrzeug gleichzeitig ein Schralen für das andere.

raumer Wind Der zum Segeln günstigste Wind: schräg von achtern. Auch Backstagsbrise oder Dreiviertelwind genannt.

Raumgehalt Unter Brutto- und Netto-Raumgehalt versteht man den vermessenen, in → Registertonnen angegebenen Schiffsraum. Vom Raumgehalt zu unterscheiden ist die Verdrängung, das Deplacement, das nicht in Registertonnen, sondern in metrischen Tonnen oder long tons angegeben wird. Der Brutto-Raumgehalt setzt sich zusammen aus dem Gesamtraum unter dem Vermessungsdeck, dem Raum zwischen Vermessungsdeck und Oberdeck, den Aufbauten und dem Lukenüberschuß.
Beim Netto-Raumgehalt, nach dem sich im allgemeinen die Abgaben des Schiffes richten, werden folgende Räume vom Brutto-Raumgehalt abgezogen: Wohnräume für Kapitän und Besatzung, Navigationsräume, Proviant- und Vorratsräume, Werkstätten und Pumpenräume (bei flüssiger Ladung), Wasserballasträume und schließlich die Treibkrafträume, worunter man die Räume für Haupt- und Hilfsmaschinenanlagen, Kessel, Wellentunnel u. dergl. versteht.

Rauminhalt Der Rauminhalt sämtlicher Laderäume eines Schiffes wird in Kubikmetern, Kubikfuß oder t à 40 Kubikfuß angegeben. Man unterscheidet den Rauminhalt für Stückgut und Schüttgut. Ersterer wird zwischen den Wegerungen und bis Unterkante Decksbalken gerechnet, letzterer bis zur Außenhaut und Unterkante Deck, auf dem Boden bis zum Stahldeck bzw. bis zur festen Wegerung. Von diesem Bruttowert wird 1–5 % für das Volumen von festen Bauteilen (Spanten, Decksbalken, Knieblechen) abgezogen. Der Unterschied zwischen den Rauminhalten für Stück- und Schüttgut beträgt auf normalen Frachtschiffen etwa 4–5 % für die Unterräume, 7–8 % für die Zwischendecks.

raumschots Mit raumem Wind segeln.

Räumte (Staukoeffizient) Das Verhältnis vom gesamten Laderauminhalt (Ballenraum) zum zulässigen Ladungsgewicht (Schwergutladefähigkeit) eines Frachtschiffes.

Raumtiefe Bei Frachtschiffen der auf halber Schiffslänge und auf der Mittellinie gemessene Abstand vom Doppelboden bis zur Oberkante des Decksbalkens. (Die Decksbalkenbucht ist mit eingeschlossen.)

Raumwellen Elektromagnetische Wellen, die im Gegensatz zu den Bodenwellen nicht auf kürzestem Wege vom Sender zum Empfänger gelangen, sondern über Reflexion an der → Ionosphäre. Kurzwellen haben nur schwache Bodenwellen, bei hohen Frequenzen jedoch sehr ausgeprägte Raumwellen.

rauschen 1. Das schnelle Durchlaufen einer Leine durch einen Block, einer Kette durch eine Klüse; läuft sie vollständig durch, ist sie „ausgerauscht".
2. Unter Rauschen versteht man in der Funktechnik atmosphärische oder andere Störungen, die den Empfang von Signalen beeinträchtigen. Die Stärke des Rauschens in einem Empfänger wird als Rauschpegel bezeichnet.

Reacher (engl.) *m.* Eigentlich *reaching foresail.* Eine Genua mit hochgezogenem Schothorn, so daß das Segel annähernd die Form eines gleichseitigen Dreiecks hat. Der Reacher ist voll geschnitten und aus verhältnismäßig kräftigem Tuch, um gegebenenfalls bei hartem Wetter und achterlichen Winden den Spinnaker zu ersetzen. Nach älterer deutscher Terminologie eine Art Ballonklüver.

„Ready about!" Die engl. Form von „Klar zum Wenden!" Dem deutschen Ausführungskommando Ree oder Rhe entspricht engl. „Lee-o".

recht... Im seemännischen Sprachgebrauch gleichbedeutend mit *genau.* In diesem Sinne z. B. „recht voraus", „recht achteraus". „Recht so" bestätigt dem Rudergänger den in diesem Moment anliegenden Kurs.

rechtläufig Im Gegensatz zu den Fixsternen, die bei der täglichen Bewegung der Himmelskugel ihre Lage zueinander unverändert beibehalten, wandern Sonne, Mond und Planeten gegenüber den Sternen. Die Bewegung in einem dem täglichen Umlauf entgegengerichteten Sinne, bei der die → gerade Aufsteigung wächst (der Sternwinkel abnimmt), heißt rechtläufig, die entgegengesetzte rückläufig. Die Bewegung des Mondes und die der Sonne ist stets rechtläufig, die Bewegung der Planeten ist zeitweilig auch rückläufig (siehe Abb. Seite 258).

Rechtsdrehen des Windes Änderung der Windrichtung im Uhrzeigersinn.

rechtweisend Nord (rw Nord) Richtung nach dem geographischen Nordpol.

rechtweisende Peilung Die auf rechtweisend Nord bezogene Richtung zu einem angepeilten Objekt; bei Landmarken und Seezeichen jeweils eine Standlinie des peilenden Schiffes.

rechtweisender Kurs Winkel zwischen rechtweisend Nord und Kielrichtung des Schiffes.

Reck Die Ausdehnung stark belasteten Tauwerks oder Segeltuchs. Bei den neuen Chemiefasern ist der Reck weitgehend elastischer Natur.

Reduktion (lat.) Zurückführung. Früher in der Chemie der Entzug von Sauerstoff aus sauerstoffhaltigen Verbindungen („Rückführung eines Metalls aus dem oxidierten in den metallischen Zustand") oder die Aufnahme von Wasserstoff. Heute: chemischer Prozeß mit (vollständiger oder teilweiser) Übertragung von Elektro-

„Ree!"

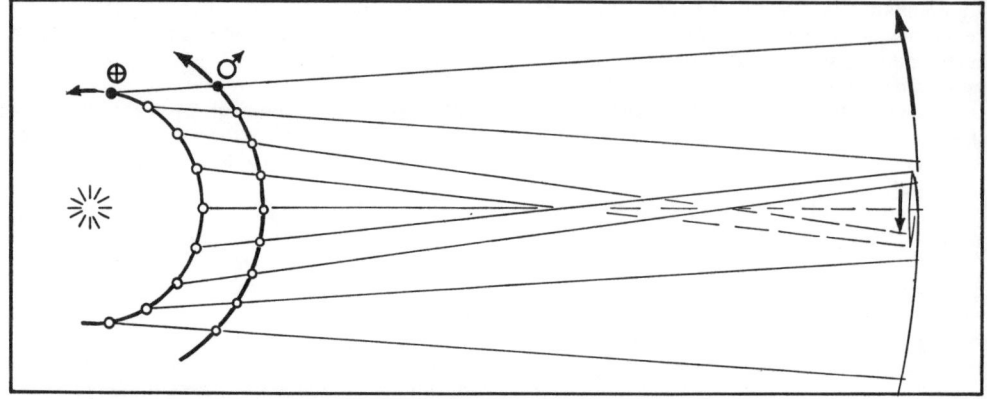

Die Bahnbewegung aller Planeten ist generell rechtläufig. Die Skizze zeigt indessen das Zustandekommen der zeitweilig rückläufigen Bewegung eines oberen Planeten an 9 korrespondierenden Stellungen von Erde und Mars.

nen von einem als Reduktionsmittel bezeichneten Stoff auf einen anderen. Im reduzierten Stoff erleidet ein Element eine Verminderung seiner positiven bzw. Erhöhung seiner negativen Ladungsstufe. Reduktion und Oxidation sind unlösbar miteinander gekoppelt (Redoxreaktion).

„Ree!" Auch Rhe und früher Rä und Reh. Ausführungskommando für ein Wendemanöver, der Befehl zum Ruderlegen, um durch den Wind zu gehen.

Reede (ältere Form Rhede) w. Offener, weitgehend gegen Strom und Wetter geschützter Ankerplatz außerhalb eines Hafens.

Reeder, Reederei Reeder ist der Eigentümer eines Schiffes, das ihm „zum Erwerb durch die Seefahrt" dient. Eine Reederei ist eine Schiffahrtsunternehmung des Einzelreeders oder eine Handelsgesellschaft, wie AG, OHG, KG oder GmbH. Die Abwicklung der Frachtgeschäfte erfolgt oft nicht unmittelbar durch den Reeder, sondern über einen Reedereiagenten oder → Schiffsmakler.

Reedereiflagge Die im Großtopp gehißte Hausflagge einer Reederei. Sie kann in Farbe und Signum mit der Schornsteinmarke übereinstimmen, tut das aber durchaus nicht immer.

Reep (nd.) s. Dialektwort für Tau, insbesondere in Worten, die den Verwendungszweck kennzeichnen: Drehreep, Fallreep, Bojereep, Taljereep usw. Reep deckt sich mit nl. *reep*, engl. *rope;* Reepschläger hieß früher der Seiler, der Tauwerk herstellte.

Reeperbahn Langgestreckter Platz, auf dem die Reepschläger (Seilmacher) arbeiteten. In Hamburg und Bremen erinnern noch Straßennamen an das alte Handwerk der Reepschläger: Reeperbahn, Reepschlägerstraße.

Reff s. Seltener Reef. Grundbedeutung: zusammenbinden. Der Teil eines Segels, der zum Reffen eingerichtet ist. Das Wort hatte ursprünglich die entgegengesetzte Bedeutung wie heute, nicht verkleinern, sondern vergrößern eines Segels. Noch im 18. Jh. ist bezeugt: Reff = kleines Segel, das bei schwachem Wind an ein großes angesetzt wird (siehe Bonnet).
Heute versteht man unter einem, zwei oder drei Reffs, daß das Segel um die Fläche bis zur ersten, zweiten oder dritten Reihe Reffkauschen oder -bändsel verkürzt worden ist.

reffen Verkleinern („verkürzen") der Segelfläche. Je nach der für das Reffen vorgesehenen Einrichtung unterscheidet man zwischen dem Dreh-, Roll- und Patentreff (sofern das Segel durch Drehen des Großbaumes auf diesen aufgerollt wird), und dem Binde- oder Bändselreff, bei dem sich im Segel eine oder mehrere Reihen

Kauschen zum Durchziehen einer Reffleine oder kurze, eingenähte Reffbändsel befinden, mit denen der gereffte Teil des Segels zusammengebunden wird.

Reffgatchen Ins Segel eingearbeitete Metallösen zum Durchziehen der Reffleine.

Reffkausch Rundkausch im Vor- und Achterliek eines Segels zum Einscheren der Reffstander bei Bindereffs.

Reffstander Auch Schmeerreep genannt. Leine oder Drahtstropp, womit Vor- und Achterliek eines Segels mit Binderef bis zu der jeweiligen ins Segel eingearbeiteten Reihe Reffkauschen oder -bändsel heruntergeholt wird. Die Reffstander haben die auf das Segel wirkende Kraft aufzunehmen; Reffbändsel bzw. Reffleine dienen lediglich zum Festhalten des losen Segeltuches.

Reflexfolien Stark reflektierende Stoffe, die im Seenotfall das Auffinden im Wasser schwimmender Personen erleichtern sollen (Verarbeitung zu Kappen und Schwimmwesten).

Reflexion (lat.-frz.) Spiegelung, Richtungsänderung von Strahlung bzw. Wellen bei Auftreffen auf die Oberfläche eines Mediums, in das sie nicht eindringen. Reflexionswinkel heißt der Winkel zwischen dem Einfallslot und dem reflektierten Strahl. Der Reflexionswinkel ist gleich dem Einfallswinkel, dem Winkel zwischen einfallendem Strahl und Einfallslot.

Refraktion (lat.-nlat.) 1. Die Brechung von Lichtstrahlen in der Erdatmosphäre. Sie ist gleich Null, wenn der Lichtstrahl senkrecht auf die Erdoberfläche trifft (wenn das Gestirn im Zenit steht), und nimmt bis etwa 36,5 Bogenminuten gegen den Horizont hin zu. Zwischen diesen Grenzwerten ist die Refraktion von der Höhe des Gestirns und von atmosphärischen Bedingungen wie Luftdruck und -temperatur abhängig (Abb. oben rechts).
2. Analog den Gesetzen optischer Strahlenbrechung spricht man von Refraktion auch bei vergleichbaren Erscheinungen, so z. B. bei dem rechtwinkeligen Auflaufen der Brandung auf den Strand, obgleich Wind und Seegang in einem anderen Winkel auf die Küste treffen.

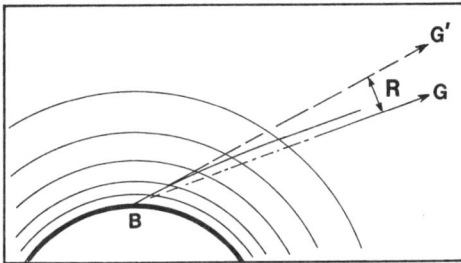

Schematische Darstellung der Refraktion (R). B ist der Ort des Beobachters, G' der scheinbare, G der wahre Ort des Gestirns. (Der Winkel ist übertrieben groß gezeichnet.)

Refraktor Fernrohr mit Sammellinsensystem vom Typ des Keplerschen Fernrohrs. Gegensatz: Spiegelteleskop.

Regatta (ital.) Sportliche Wettkämpfe von Wasserfahrzeugen. Das Wort taucht erstmalig in Venedig auf und bezieht sich auf die seit dem 14. Jahrhundert dort stattfindenden Wettfahrten der Gondeln. Es leitet sich von *riga,* Reihe, her, womit die nacheinander startenden Gondelreihen gemeint sind. Dieser Hinweis mag den heutigen Gebrauch des Wortes Regatta erhellen, von dem sich der Begriff Wettfahrt dadurch unterscheidet, daß bei diesem nur die Zeit vom Vorbereitungsschuß bis zum Zieldurchgang einer einzelnen Klasse gemeint ist, während die Regatta im allgemeinen eine Serie von Wettfahrten verschiedener Klassen umfaßt, die sich über einen oder auch mehrere Tage hinziehen.
Bei Segelregatten erfolgt die Klassifizierung nach der Vermessung der Yachten (vergl. Klasse), bei Ruder- und Kanuregatten nach der Mannschaftszahl (siehe Abb. S. 260).

Regelkompaß An einer günstigen Stelle aufgestellter, sorgfältig kompensierter Magnetkompaß. Der Regelkompaß (Hauptkompaß) ist meistens zugleich als Peilkompaß geeignet, aber nicht als Steuerkompaß.

Regen Niederschlag in Form von Wassertropfen, deren Durchmesser von 0,5 mm (Nieselregen) bis etwa 8 mm reicht (Platzregen). Die Niederschlagsmenge wird in Millimeter pro Flächeneinheit angegeben. Die Messung erfolgt in sog. Regenmessern, in gegen Verdunstung

Registertonne

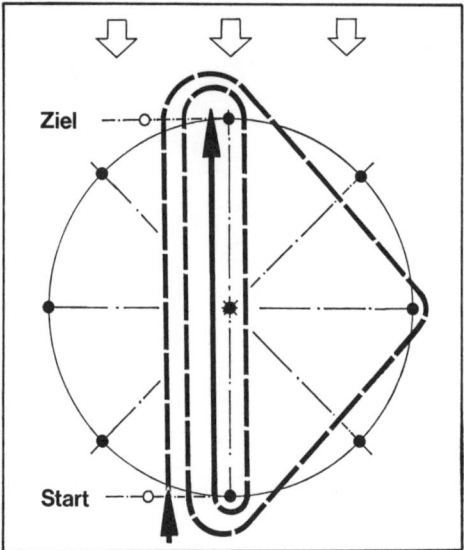

Moderne Regattabahn. Der Bojenkreis erlaubt verschiedene Auslegungen der Bahn, so daß auf jeden Fall auch reine Kreuz- und Vormwindstrecken entstehen. Die olympischen Segelwettkämpfe und die Rennen um den America-Pokal werden auf Bahnen nach diesem Prinzip ausgetragen.

schützenden Gefäßen zum Sammeln von Regenwasser. Die Niederschlagsmenge pro Zeiteinheit heißt Regenintensität.

Registertonne Maßeinheit für die Vermessung des Schiffsraumes.
1 RT = 100 cu. ft. = 2,8317 m³.
BRT und NRT (Brutto- und Nettoregistertonnen) beziehen sich auf die Abgrenzung des zu vermessenden Schiffsraumes und sind nicht etwa unterschiedliche Meßgrößen. Vergl. Tonnage.

Registrierung Die Eintragung eines Schiffes in das Seeschiffsregister, das vom Amtsgericht des betreffenden Heimathafens geführt wird. Zur Registrierung müssen Meßbrief und Eigentumsnachweis vorgelegt werden. Yachten brauchen im allgemeinen nicht registriert zu werden, doch ist dies bei Reisen ins Ausland ratsam. In England ist die Registrierung von Yachten mit mehr als 15 RT Vorschrift.
Mit der Registrierung erhält ein Schiff das Schiffszertifikat und ein Unterscheidungssignal.

Registro Italiano Navale (R.I.N.A.) Italienische Klassifikationsgesellschaft für Seeschiffe; Sitz Rom.

Regression (lat.) Rückkehr, Zurückschreiten.
1. In der Geographie: langsamer Rückzug des Meeres.
2. In der Astronomie versteht man unter Regression der Mondbahnknoten das langsame Westwärtswandern der Schnittpunkte der Mondbahn mit der Ekliptikebene, denn die beiden Ebenen sind um ca. 5° gegeneinander geneigt, und – der Präzession der Erdachse vergleichbar – beschreibt die Mittelsenkrechte der Mondbahn einen Kegelmantel, in 18,6 Jahren. Diese Zeitspanne ist im Zusammenhang mit der → Sarosperiode von Bedeutung.

Regulierleine Dünne Leine im Hohlsaum des Achterlieks eines Yachtsegels. Durch leichtes Anziehen der Regulierleine kann u. U. das häufig zu beobachtende Killen des Achterlieks vermindert oder gar beseitigt werden. Es ist jedoch größte Vorsicht geboten, denn ein durch zu starken Zug nach Luv gekipptes Achterliek ist schädlicher als ein vibrierendes.

Reibholz Holzfender zum Schutz der Bordwand beim Liegen an Kaimauern.

Reibungswiderstand Der Anteil des Gesamtwiderstandes eines fahrenden Schiffes, der durch Reibung (und damit Wirbelbildung) des am Schiff entlangströmenden Wassers entsteht. Der Reibungswiderstand ist abhängig von der Schiffsgeschwindigkeit sowie von der Größe der benetzten Oberfläche und vor allem deren Rauhigkeit. Bewuchs des Unterwasserschiffes kann den Reibungswiderstand in weniger als einem Jahr um mehr als die Hälfte seines normalen Wertes vergrößern.

Reichweite 1. Die Strecke, die ein maschinengetriebenes Fahrzeug zurücklegen kann, ohne zwischendurch auftanken zu müssen. Als Aktionsradius versteht sich nur die halbe Reichweite, weil darin die Rückkehr zum Ausgangspunkt mit eingeschlossen ist.
2. Die Entfernung von einem Sender oder dem Zentrum eines Sendesystems, in welcher Funkortung noch ausführbar ist; beim Radar z. B. die Distanz, in der ein Echo noch aufgefaßt wird.

Reif In Form leichter Eiskristalle abgesetzter Niederschlag, wenn die Temperatur der unter den Taupunkt abgekühlten reifbildenden Oberfläche unter 0 °C liegt.

Reihenlotung Eine Folge von Lotungen in regelmäßigen Abständen, die zur Standortkontrolle mit den Tiefenangaben der Seekarte verglichen werden.

Reihleine Dünne Leine zum Anreihen eines Segels an eine Spiere, wenn das Segelliek nicht in einer Keep oder mit Rutschern an einer Schiene läuft.

Reinschiff Das gründliche Reinigen des Schiffes.

„Reise Reise!" Nach engl. *rise rise*, aufstehen, sich erheben. Weckruf für die neue Wache an Bord. Die übernommene Lautform ist im Grunde auch sinnverwandt (Reise = Aufbruch).

Reise-Charter Charterform, bei welcher der Kapitän vom Reeder bestellt wird und sämtliche den Betrieb des Schiffes betreffenden Kosten für Rechnung des Reeders gehen. Im Gegensatz zur Bareboat-Charter und Zeit-Charter bleibt der Reeder Frachtführer. Er stellt sein Schiff einem Charterer für den Seetransport einer vollen oder einer Teilladung zur Verfügung. Vergl. Charter.

Reisetüchtigkeit Begriff der Allgemeinen Deutschen Seeversicherungsbedingungen (ADS § 58), der besagt, daß das versicherte Schiff gehörig eingerichtet, ausgerüstet, bemannt und mit genügend Vorräten versehen sein muß. Vergl. hierzu *Seetüchtigkeit* und *Ladungstüchtigkeit*.

Reißgarn Segelgarn, mit dem ein zusammengelegter Spinnaker abgebunden wird, wenn er in diesem Zustand vorgeheißt und durch Ausreißen zum Entfalten und zum Stehen gebracht werden soll.

Reißlänge Eine die Bruchfestigkeit eines Fadens kennzeichnende Größe. Sie gibt an, wieviel Meter ein Faden von seiner eigenen Länge tragen kann, bis er reißt. Beispiel: Ägyptische Baumwolle 20 km, Nylon 50 km.

Reitbalken Bei Jollen eine Querleiste von Bord zu Bord, unter der ein Segler bei starker Krängung mit dem Fuß Halt sucht. Oft ersetzt durch Ausreitgurte.

reiten „Vor Anker reiten", „einen Sturm abreiten" und ähnliche Ausdrücke sind von den Stampfbewegungen des Schiffes hergeleitet.

Rektaszension (lat.) Gerade Aufsteigung, der sphärische Winkel am Pol zwischen dem Stundenkreis des Frühlingspunktes und dem Stundenkreis des Gestirns. Die gerade Aufsteigung wird entgegen der scheinbaren täglichen Drehung der Himmelskugel von West nach Ost von $0-24^h$ gezählt und rechtläufig genannt. Im Winkelmaß ausgedrückt ergänzt die Rektaszension den heute in der astronomischen Navigation gebräuchlichen *Sternwinkel* zu 360°.

Relation (lat.) Beziehung, Verhältnis. In der Schiffahrt ein bestimmtes Fahrtgebiet, in dem eine Reederei tätig ist.

Relativbewegung Die auf ein bewegtes System bezogene Fortbewegung eines anderen Objektes, z. B. die Fahrt eines anderen Schiffes zu der des eigenen, oder die Annäherung des im Strom scheinbar stilliegenden Schiffes an eine scheinbar in Fahrt befindliche Boje usw. Die Relativbewegung ist entscheidend für die Beurteilung einer Kollisionsgefahr.

relative Feuchte (relative Luftfeuchtigkeit) Das in Prozenten ausgedrückte Verhältnis der momentanen Luftfeuchtigkeit zu der bei der herrschenden Temperatur höchstmöglichen.

relative Geschwindigkeit Die aus der Wasserlinienlänge eines Verdrängungsbootes und der natürlichen Fortpflanzungsgeschwindigkeit der Wellen sich ergebende Beziehung, welche die für ein Boot erreichbare Geschwindigkeit zu errechnen gestattet. Da ein mit relativ hoher Fahrt laufendes Boot mit ausgeprägter Bug- und Heckwelle gerade eine Welle von etwa der Länge der Wasserlinie des Bootes erzeugt, kann dessen Geschwindigkeit kaum größer werden als die natürliche Wellengeschwindigkeit, also

$$v = 1{,}25 \cdot \sqrt{L} \quad (v \text{ in } \frac{m}{s}, L \text{ in m}), \text{ bzw.}$$

$$v = 4{,}5 \cdot \sqrt{L} \quad (v \text{ in } \frac{km}{h}, L \text{ in m}).$$

Dieser Wert kann (auch durch Einflüsse wie mit-

Reeling

laufender See) kaum überschritten werden. Das Streben des Konstrukteurs nach einer möglichst großen effektiven Wasserlinienlänge liegt auf der Hand. Das sich aus der jeweiligen Geschwindigkeit ergebende Verhältnis

$$R = \frac{v}{\sqrt{L}}$$

wird als Geschwindigkeitsgrad bezeichnet.

Reeling *w.* Offenes Geländer längs der Kante eines Decks. Es besteht aus den Relingsstützen, dem Handlauf und den Durchzügen. Die geschlossene Form eines aus festen Platten bestehenden Schutzes heißt Schanzkleid.

Relingslog *s.* Aus der Beziehung Seemeilen pro Stunde gleich Meridiantertien pro Sekunde ergibt sich eine bequeme und recht zuverlässige Fahrtmeßmethode. Bei Geschwindigkeiten unter 5 Knoten ist sie genauer als das Handlog. Eine Meridiantertie (1/3600 sm) beträgt 0,514 m. Man mißt an Bord eine für die Umrechnung geeignete Strecke ab (10 oder 20 Mer. tert.) und stoppt die Zeit, die ein über Bord geworfener schwimmender Gegenstand zum Durchlaufen dieser auf dem Handlauf der Reling markierten Strecke braucht. Die Fahrt des Schiffes in Knoten ist gleich der Anzahl der abgemessenen Meridiantertien geteilt durch die gestoppten Sekunden. Vor Anker liegende große Schiffe können auf diese Weise sehr genau die Stromstärke messen.

Rennflagge Viereckige kleine Flagge, die statt des Clubstanders im Masttopp gesetzt wird, solange sich die Yacht in einer Wettfahrt befindet. Die Gestaltung der Rennflagge ist jedem freigestellt.

Rennklassen Diejenigen Klassen, innerhalb welcher Yachten ohne gegenseitige Vergütung starten. Vergl. Klassen.

Rennwert, Rennwertformel Ausgleichsformel, Rennwertformel, Vermessungsformel sind Namen eines Begriffes. Die Bezeichnung Rennwertformel sagt am klarsten, worum es geht: Man versucht, den Rennwert einer Yacht mathematisch zu erfassen, so daß Yachten mit gleichem Rennwert in Konstruktionsklassen zusammengefaßt und solche mit verschiedenem Rennwert, auf der Basis auszurechnender Zeitvergütung, miteinander wettbewerbsfähig gemacht werden können. Die Übersicht im Anhang mit den wichtigsten Formeln eines Jahrhunderts gibt Auskunft darüber, welche Parameter man jeweils als ausschlaggebend für die Erfassung der Qualitäten eines Yachtentwurfs angesehen hat.

Solange es Formeln gibt, mit denen man sich bemüht, den Rennwert einer Yacht objektiv zu erfassen, suchte man nach Lücken im Bewertungssystem. Dies wiederum führte zur Korrektur der Formel – und so fort.

Unter den Vermessungsformeln der letzten Jahrzehnte spielen vor allem die des RORC (Royal Ocean Racing Club) und des CCA (Cruising Club of America) international eine wichtige Rolle. So gut jede Formel für sich sein mag, beweisen Wettfahrtergebnisse doch, daß man Schiffe in eine Formel „hineinbauen" kann und daß es schwierig ist, Yachten verschiedener Vermessungsherkunft in gleicher Weise Gerechtigkeit widerfahren zu lassen. Die Schaffung der → IOR-Formel (International Offshore Rule) ist ein bedeutender Schritt auf dem Wege zu einer allgemeinverbindlichen, international anerkannten, bis ins letzte verfeinerten Vermessungsmethode.

Die Dimension des Meßergebnisses war zunächst ein Raummaß und hieß *Tonnage*. Seit Einführung der Formeln mit linearem Meßergebnis nennt man dieses *Rating*. Die Größenordnung des Meßergebnisses entspricht in etwa der Wasserlinienlänge der Yacht und hat damit einen Bezug zur erreichbaren Geschwindigkeit (vergl. relative Geschwindigkeit).

Repeater (engl. „Wiederholer") *m.*
1. Tochterkompaß, Kreiseltochter.
2. Wiederholungssignal.
3. Verstärker; insbesondere die in regelmäßigen Abständen in transozeanische Kabel eingebauten Leitungsverstärker.

Reserveauftrieb Auch Restauftrieb. Der Auftrieb des wasserdichten Volumens des Schiffskörpers oberhalb der Schwimmwasserlinie. Die Größe des Reserveauftriebs ist von Bedeutung für das Verhalten eines Schiffes im Seegang und für die → Stabilität (Wiederaufrichtvermögen).

Reservehöhe Beim Amwind-Anliegekurs in Richtung auf ein gegebenes Ziel hält man nach Möglichkeit um einiges höher, um bei einem Schralen des Windes das Ziel dennoch ohne Kreuzschlag zu erreichen.

Resonanz (lat.) Mitschwingen. Das Entstehen von Schwingungen, ausgelöst durch die Schwingungen bzw. Oberschwingungen eines anderen schwingenden Systems. Diejenige Frequenz, bei der durch eine solche Übertragung die stärksten Schwingungen erzeugt werden, heißt Resonanzfrequenz.

Rettungsbake Als Zuflucht dienende und dementsprechend eingerichtete Baken an verschiedenen Stellen des Wattengebietes der deutschen Nordseeküste.

Rettungsboote Durch Schwimmkästen unsinkbar gemachte Boote zum Rudern, Segeln, mit Motor oder handgetriebenem Propellerantriebsmechanismus. Es sind Bootsplätze für alle an Bord befindlichen Personen und zusätzliche Rettungsgeräte für 25 Prozent dieser Anzahl vorgeschrieben. Frachtschiffe in Großer Fahrt müssen so viel Bootsraum unter Davits haben, daß dessen Fassungsvermögen auf jeder Schiffsseite für alle Personen an Bord ausreicht.

Rettungsfloß Kastenartiger Schwimmkörper mit mindestens 0,37 m² Decksfläche und 85 dm³ Luftkasteninhalt pro zugelassener Person.

Rettungsinsel Sich selbsttätig aufblasendes, eingedecktes Schlauchboot. Die zeltartige Überdachung bietet Schutz gegen Kälte, Sonnenstrahlung und überkommendes Wasser und erhöht dadurch die Überlebenschancen Schiffbrüchiger. Nachteilig ist eine erhöhte Seekrankheitsanfälligkeit der Insassen.

Rettungskörper, -boje Auf Yachten statt der Rettungsringe bevorzugte hufeisenförmige Schwimmkörper aus Schaumstoff mit Gurten und Greifleine.

Rettungsmittel Einrichtungen, die im Seenotfall dem Überleben auf See dienen. Dazu gehören Schwimmwesten, Rettungskörper, Rettungsboote und -inseln, Rettungsflöße usw. Rettungsnetz, -schlinge, -anker sind Hilfsgeräte zur Bergung Schiffbrüchiger vom Hubschrauber aus.

Rettungsring Ringförmiger Schwimmkörper aus massivem Kork oder gleichwertigem zugelassenem Werkstoff mit einer Tragfähigkeit von mindestens 14,5 kg. Jedes Schiff hat eine angemessene Zahl gut verteilter und ohne weiteres zugänglicher Rettungsringe mitzuführen, von denen die Hälfte mit selbstentzündenden Lichtern versehen sein soll.

Rettungsstationen Küstenstationen der → Deutschen Gesellschaft zur Rettung Schiffbrüchiger mit Seenot-Rettungskreuzern usw., die ständig einsatzbereit sind für den Fall, daß ein Schiff in Seenot gerät oder sich ein anderer Unglücksfall ereignet. Zentrale Seenot-Leitung in Bremen. Von See aus werden die Stationen unmittelbar oder über die Küstenfunkstellen Norddeich-Radio, Elbe-Weser-Radio und Kiel-Radio erreicht. Verteilung der Rettungsstationen im Nordseeraum: Borkum, Norderney, Langeoog, Neuharlingersiel, Horumersiel, Wilhelmshaven, Fedderwardersiel, Bremerhaven, Helgoland, Cuxhaven, Büsum, Nordstrand, Amrum, List/Sylt; im Ostseeraum: Maasholm, Laboe, Seeposition vor Fehmarn, Grömitz, Heiligenhafen, Travemünde (Abb. S. 264).
Einige weitere Stationen im Nord- und Ostseebereich verfügen über kleine Strandrettungsboote.

Reuel Siehe Royal.

Reufracht Siehe Fautfracht.

Reuse (germ.) w. Stehendes, trichterförmiges

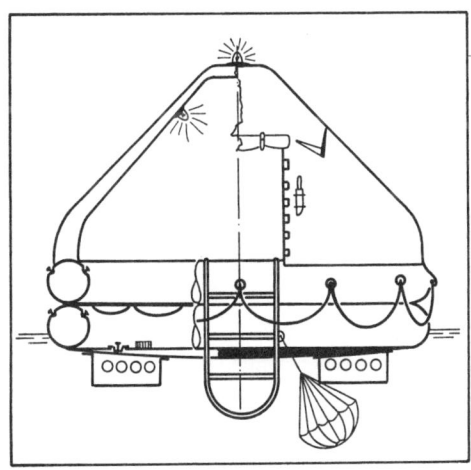

Aufblasbare Rettungsinsel

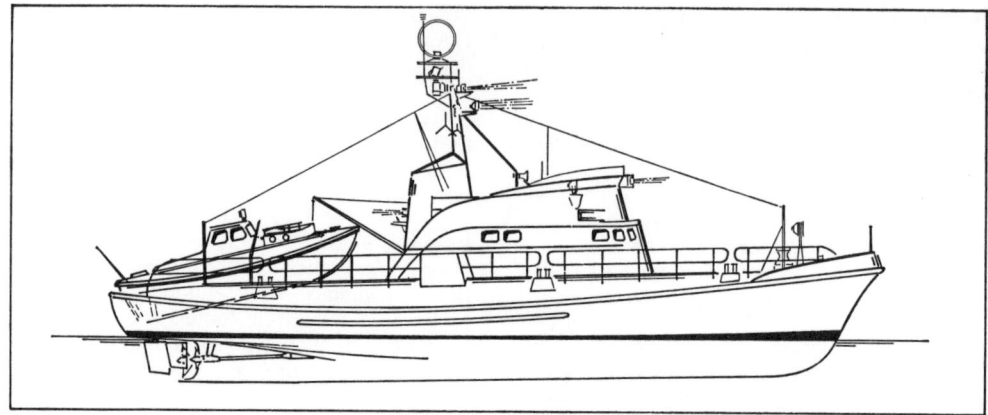

Moderner Seenot-Rettungskreuzer der Deutschen Gesellschaft zur Rettung Schiffbrüchiger mit Tochterboot.

Fanggerät. Reusen haben sehr unterschiedliche Abmessungen. Das Fangprinzip ist, die Fische durch ein Leitwerk in die Fangkammer zu leiten, aus der sie infolge trichterförmiger Verengungen (Kehlen) nicht mehr entweichen können.

Revers (lat.-frz.) *m.* Garantiebrief, Verpflichtungsschein des Abladers an den Kapitän, den Verfrachter schadlos zu halten, wenn Güter aufgrund ihrer äußeren Beschaffenheit Anlaß zu Beanstandungen geben, diese Beanstandungen jedoch nicht im → Konnossement vermerkt worden sind.

Revier *s.* Fahrtgebiet, in welchem zur Sicherheit der Schiffahrt Lotsendienst vorgeschrieben oder ratsam ist, insbesondere befahrbares Flußgebiet (Revier ist wortverwandt mit frz. *revière*, engl. *river*). Revier ist ferner ein abgrenzender Begriff in den Führerscheinvorschriften des DSV. Siehe Führerschein.

„**Rhe!**" Ausführungskommando zum Überstaggehen. Die Schreibweise differiert; siehe Ree.

Rho-Theta-Verfahren Funknavigationsverfahren, bei welchem Entfernung und Richtung eines Schiffes in bezug auf einen Sender durch Polarkoordination angegeben werden: Distanz = Rho (ϱ); Winkel am Sender zwischen rechtweisend Nord und Strahl Sender-Schiff = Theta (ϑ).

Richtantenne Antenne oder Antennensystem für besonders wirksame Ausstrahlung (bzw. Empfang) von Funkwellen in bestimmten Richtungen.

Richtbaken Siehe Deckpeilung.

Richtfeuer Zwei in gewissem Abstand voneinander und in verschiedenen Höhen gelegene Leuchtfeuer (Ober- und Unterfeuer), die, in Deckung gebracht, einen Fahrwasserkurs oder einen freien Seeraum zwischen Untiefen bezeichnen. Zur Ausschaltung möglicher Irrtümer (Spiegelung) haben Ober- und Unterfeuer in der Regel verschiedene Kennungen (Oberfeuer weißes Festfeuer, Unterfeuer Einzelunterbrechungen, Blitze oder Gleichtakt). Abkürzung in Seekarten: Rcht-F.

Richtfunkfeuer Wie optische Richtfeuer dienen Richtfunkfeuer zur Bezeichnung eines Fahrwassers oder einer Hafeneinfahrt. Von zwei Richtsendern aus werden Funksignale gesendet, deren Rhythmen so aufeinander abgestimmt sind, daß die Sendezeichen des einen die Sendepausen des anderen ausfüllen. Auf der zu steuernden Kurslinie fließen die Signale zusammen und man hört einen Dauerton.

„**richtiger Kurs**" 1. Häufig gebrauchte Bezeichnung für *wahrer Kurs* in der Faustformel für die → Kursverwandlung.
2. „Richtiger Kurs" ist ein häufig umstrittener

Punkt bei Wettfahrt-Protesten, und deshalb gab es Veranlassung, diesen niemals eindeutig festzulegenden Begriff wenigstens einigermaßen zu umreißen: Der richtige Kurs muß nicht unbedingt der kürzeste sein, und es kann auch mehr als einen geben. Das Kriterium für einen richtigen Kurs im Sinne der Wettsegelbestimmungen ist, daß die Yacht einen triftigen Grund haben sollte, diesen Kurs zu segeln und daß sie ihn auch einigermaßen konsequent verfolgt. Vor dem Startsignal und nach dem Zieldurchgang gibt es in diesem Sinne keinen richtigen Kurs.

Riemen (Auch Remen, aus lat. *remus,* Ruder.) Seemännischer Ausdruck für Bootsruder; man pullt (rudert) und wriggt mit Riemen. „Ruder" versteht sich als Steuerruder.

Rigg Takelung, Takelage. Im 19. Jh. von engl. *rig* übernommen; dazu aufriggen, auftakeln.

24/25 – Rigg Takelungsart einer hochgetakelten Yacht, bei der das Vorsegel höher am Mast angreift als das Großsegel.

Rinnstein Wassergang an Seite Deck zwischen Schanzkleid und Außenkante Decksbelag.

Riß Das in eine Ebene projizierte Bild eines Körpers. Zu einem vollständigen Riß gehören die Projektionen in drei Ebenen: Beim Schiff unterscheidet man den Längsriß (Aufriß, Schiff von der Seite gesehen), den Wasserlinienriß (Grundriß, Schiff von oben gesehen) und den Spantriß (Seitenriß, Schiff von vorn und von hinten gesehen). Vergl. Linienriß.

„Roaring Forties" (engl.) Die „brüllenden Vierziger", die Region zwischen 40° und 50° südlicher Breite mit ihren anhaltenden stürmischen Westwinden.

Rod Rigging (engl.) Vollstahlstagen, Stabwanten. Stangen aus massivem Rund- bzw. Profilstahl werden bei hochwertigen Rennyachten für stehendes Gut verwandt, weil sie weniger Reck haben als geschlagene Drahtseile.

Rohr nd. Lautform für Ruder; nl. *roer.*

Rolle Der Plan für die Verteilung der Besatzung auf die verschiedenen Manöverstationen und zu den regelmäßigen Dienstverrichtungen an Bord.

rollen Im weiteren Sinne die durch den Seegang hervorgerufenen periodisch wiederkehrenden Bewegungen des Schiffes, die sich aus Schlinger- und Stampfbewegungen zusammensetzen. In der Wissenschaft werden jedoch ausschließlich die Bewegungen um die Schiffslängsachse unter „rollen" verstanden. Vergl. Schiffsbewegung.

Rollfock Fock, die über eine Zugleine und eine Seiltrommel um ihr eigenes Vorliek aufgerollt wird beim Segelbergen. Zum Reffen ist diese Vorrichtung wegen ungleichmäßigem Auswehens weniger geeignet. Gegebenenfalls werden auch Rollklüver gefahren.

Roll-on-Roll-off-Verkehr („Ro-Ro"-Verkehr) Verkehrssystem, bei welchem die Ladung über Rampen an Bord gerollt wird und somit auf Kaikrane verzichtet werden kann. Dieses Prinzip wurde zuerst 1963 als militärischer Nachschubverkehr realisiert, fand dann aber auch auf Spezialschiffen im Nordatlantikverkehr und im Fährverkehr Anwendung. „Ro-Ro"-Schiffe sind unter dem besonderen Gesichtspunkt einer zügigen Beladung konstruiert; die Ladedecks sind über Rampen mit Gabelstaplern, Kraftwagen sowie Trailern mit Containern befahrbar. Den verhältnismäßig kurzen Lade- und Löschzeiten steht eine weniger günstige Raumausnutzung gegenüber.

Rollperiode Die Dauer einer Schwingung (Rollbewegung) eines Schiffes zwischen zwei aufeinanderfolgenden, gleichgerichteten Durchgängen durch einen Punkt. Diese Dauer variiert mit der Höhenlage des Gewichtsschwerpunktes und ist für einen erfahrenen Schiffsführer ein wichtiges Kriterium für die Beurteilung des momentanen Stabilitätszustandes des Schiffes. Der Einfluß des Seegangs ist dabei zu berücksichtigen. Da die Wellenperiode des Seegangs im allgemeinen kürzer ist als die Rollperiode des Schiffes, läuft ein zu steifes Schiff u. U. eher Gefahr, in eine stabilitätsgefährdende Resonanz mit der Wellenperiode des Seegangs zu geraten als ein rankeres Schiff. Aus der Näherungsformel

$$T = \frac{2i}{\sqrt{MG}}$$

(T = Schwingungsdauer, i = Trägheitsradius, MG = metazentrische Höhe), läßt sich – da i praktisch unverändert – aus der Schwingungs-

Römische Zahlen

dauer die → metazentrische Höhe kontrollieren und damit ein Maß für die derzeitige Stabilität des Schiffes gewinnen.

Römische Zahlen

I	= 1	VI	=	6
II	= 2	VII	=	7
III	= 3	VIII	=	8
IV	= 4	IX	=	9
V	= 5	X	=	10

Nach diesem Schema des Aneinanderreihens bis 3 und des Vorstellens bei 4 und 9 sind auch alle größeren Zahlen aufgebaut. Dabei bedeuten

V	= 5	C	=	100
X	= 10	D	=	500
L	= 50	M	=	1000

1978, zum Beispiel, ist MCMLXXVIII

Rollversuch Ermittlung der Rollperiode zur Stabilitätskontrolle. Man bringt das Schiff in glattem Wasser durch Laufen der Besatzung von einer Seite zur anderen oder durch andere geeignete Maßnahmen in Schwingungen, deren Dauer gestoppt wird.

Roof (engl.) *s.* Eigentlich Schutzdach. Auf kleinen Schiffen früher eine Hütte auf dem Heck, teils als „Küche und Speiseplatz für das Volk", teils als Unterkünfte. Auf den Großseglern im allgemeinen der Aufbau mit den Oberlichtern auf dem Dach des Deckshauses.

RORC-Formel Rennwertformel für Hochseeyachten nach den Vermessungsregeln des Royal Ocean Racing Club. Nach der RORC-Formel wurden die bedeutendsten Seekreuzer-Regatten in europäischen Gewässern gesegelt; in amerikanischen Gewässern war die CCA-Formel vorherrschend. Beide sind der → IOR-Formel gewichen. Vergl. Rennwertformeln im Anhang.

Roring *m.* Ring am Ende des Ankerschaftes, in welchen die Kette eingeschäkelt bzw. wo die Ankertrosse mit einem Roringstek befestigt wird.

Roßbreiten Die nördliche und die südliche Grenzzone des Passatringes, die Kalmengürtel um 25°–35° Nord und Süd; Gebiete relativ hohen Luftdrucks mit häufigen Windstillen. Der Name ist der engl. Bezeichnung *horse latitudes* nachgebildet und wird darauf zurückgeführt, daß bei Tiertransporten insbesondere in diesen Regionen viele tote Pferde über Bord geworfen werden mußten. Erfahrungen der Gegenwart scheinen diesen Zusammenhang zu bestätigen.

Rost Wasserhaltiges Eisenoxid, das sich im Wasser und in feuchter Luft in Form von abbröckelnden, rotbraunen Schichten an der Oberfläche von Eisenmetallen bildet und diese zerstört. Durch Farbanstriche, passive Metallüberzüge oder Kunststoffbeschichtung versucht man, diesen Prozeß so wirkungsvoll wie möglich aufzuhalten.

Rostrum (lat.) *s.* Schnabel, Rüssel, Schnauze; bei den Schiffen des klassischen Altertums der Schiffsschnabel, Rammsteven.

rot 1. Farbe des Lichtes der Seitenlaterne, das die Backbordseite eines Schiffes kennzeichnet. 2. Rotes Sternsignal: Schiff in Seenot. Während einer Rettungsaktion soviel wie „nein", „fier weg", „nicht weiter holen".

Rotorschiff (lat.-engl., dt.) Siehe Flettner-Rotor.

Route (lat.-frz.) Der Verkehrsweg eines Schiffes. Im Sinne der von der IMCO festgelegten Begriffsbestimmung bei Verkehrstrennungsgebieten die empfohlene Richtung des allgemeinen Verkehrsflusses.

Routine (lat.-frz.) Zeiteinteilung für den Borddienst. Das *Routineboot* ist ein nach Zeitplan fahrendes Verkehrsboot.

Roving (engl.) Strähne, Vorgespinst. Das Vorprodukt bei der Herstellung von Glasseidenmatten und -geweben sowie von „Rovingsträngen", die das beste Verstärkungsmaterial für hochbeanspruchte Verbände beim Bau von Kunststoffbooten sind. Siehe GFK.

Royal Über den Bramsegeln geführtes Rahsegel. (Benennung nach „Royal Sovereign" ex „Sovereign of the Seas", jenem Schiff, auf dem dieses Segel 1683 erstmalig geführt wurde. Das lat.-frz. Wort Royal wurde auch zu „Reuel" verdeutscht.)

rückdrehender Wind Linksdrehender, *krimpender* Wind.

rückläufig Die der → rechtläufigen Bewegung entgegengesetzte Ortsveränderung von Himmelskörpern gegenüber den Fixsternen.

Rückrufsignal Signal, das eine in der Wettfahrt zu früh gestartete Yacht zurückruft und zum abermaligen Passieren der Startlinie auffordert.

Rückseitenwetter Bei allen Seglern beliebte Wetterlage auf der Rückseite eines Tiefs nach Durchzug der Kaltfront. Beim meist von heftigen Böen und Regengüssen begleiteten Durchzug der Kaltfront springt der Wind normalerweise auf NW um. Danach beginnt das Barometer zu steigen und der Himmel aufzuklaren; dabei herrscht sehr gute Sicht.

Rückspleiß Auch „spanische Takling" genannte Sicherung eines Tampens gegen Aufdrehen. Man macht eine Hahnepot und verspleißt die Kardeele wie beim Augspleiß. Nachteil: Klemmgefahr durch die Verdickung.

Rückwärtseinschnitt Siehe Doppelwinkelmessung.

Rückwärtsturbine In das Niederdruckgehäuse oder in beide Gehäuse einer Schiffsturbine eingebaute Schaufelkränze für den Rückwärtslauf. Sie sind erforderlich, weil Turbinen stets nur in einer Drehrichtung Arbeit leisten.

Ruder Seemännisch für Steuer; man steuert mit dem Ruder und rudert mit dem Riemen. Die frühen Ruder waren an der Steuerbordseite angebrachte Riemen; das Heckruder taucht erstmalig im 12. Jh. auf. Die eigentliche Ruderfläche, die durch ihren Anstellwinkel die Steuerkraft bewirkt, heißt Ruderblatt. Die Begrenzung des Ruderausschlags liegt bei 32° bis 36° bei großen Seeschiffen und reicht bis etwa 60° bei lebhaft reagierenden Motorbooten.

Während früher lediglich einfache Plattenruder zur Anwendung kamen, sind alle neuzeitlichen Ausführungen Verdrängungsruder. Die wichtigsten Ruderformen für Seeschiffe sind: Das Oertz-Ruder (Ruder dreht sich hinter einem feststehenden, in die Stromlinienform einbezogenen Rudersteven), Simplex-Balanceruder (Ruder bewegt sich um einen Ruderpfosten innerhalb des Ruderblattkörpers), Spornruder (am Schaft und am Sporn gelagertes Halbschweberuder), Spatenruder (am Ruderschaft gelagertes Schweberuder).

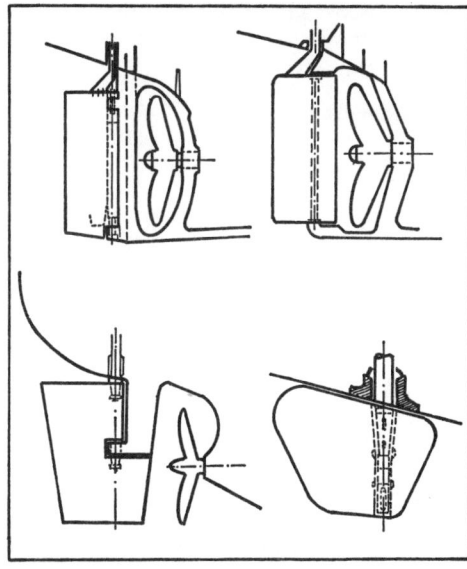

Charakteristische Formen von Rudern für Seeschiffe (Oertz-Ruder, Simplex-Balanceruder, Halbschweberuder, Spatenruder).

Als Ruder werden auch Steuerorgane bezeichnet, die selbst dann wirksam sind, wenn keine Fahrt im Schiff ist. Siehe Aktivruder, Bugstrahlruder, Kort-Düsenruder.

Rudergänger Der Mann, der das Schiff steuert, der die Wache am Ruder geht. Vergl. dem gegenüber Steuermann.

Rudergeschirr Sämtliche Vorrichtungen, die für die Bedienung des Ruders erforderlich sind: Handrad oder Knopfsteuerung, Übertragungsleitung, Rudermaschine, Ruderreep, Ruderquadrant usw.

Ruderkoker Wasserdichte Durchführung durch den Schiffsrumpf für den Ruderschaft.

Ruderkommandos 1. (Für das Steuern): Steuerbord (bzw. Backbord) – Etwas Steuerbord – Hart Steuerbord – Komm auf – Stützen – Recht so – Mittschiffs. Das Kommando betrifft stets die Lage des Ruderblattes, nicht etwa der Pinne. Eindeutig sind bei Segeln auf den Wind bezogene Kommandos wie Anluven und Abfallen.
2. (Für den Bootsdienst): Klar bei Riemen – Rie-

Ruderlageanzeiger

men bei – Ruder an – Halt Wasser – Streich überall (bzw. Stb. oder Bb.) – Laß laufen – Riemen auf – Riemen kreuzen – Riemen ein.

Ruderlageanzeiger Zeiger am Steuerpult oder am Steuerrad, der den jeweiligen Ausschlag des Ruderblattes anzeigt.

Rudermaschine In unmittelbarer Nähe des Ruders angeordnete Hilfsmaschine zum Ruderlegen. Man unterscheidet elektrohydraulische Maschinen (Tauchkolben- oder Drehflügelanlagen) und Elektromotoren, die den Ruderquadranten über Schneckenrad und Ritzel bewegen.

Ruderschaft Der oberhalb des Ruderblattes in der Drehachse liegende Schaft, mit dem das Ruder gelegt wird.

Rudersport Je nachdem, ob jeder Ruderer mit nur einem Riemen oder mit einem Paar Skulls rudert, unterscheidet man Riemenboote und Skuller. Die ersteren gliedern sich in Zweier, Vierer und Achter, die letzteren in Einer (Skiffs), Doppelzweier, Doppeldreier, Doppelvierer. Die Boote werden teils mit, teils ohne Steuermann gefahren.

Rudersteven Bei Einschraubenschiffen älterer Konstruktion mit einem in sich geschlossenen Ruderrahmen der hintere Teil dieses Rahmens, an dem das Ruder drehbar gelagert ist. Bei Segelschiffen der senkrechte hintere Abschluß des Unterwasserschiffes.

Rufzeichen International gültiger Funkname eines Schiffes, einer Küstenfunkstelle, eines Flugzeugs. Das Rufzeichen besteht bei Küstenfunkstellen aus drei, bei Schiffen aus vier, bei Flugzeugen aus fünf Buchstaben, die nach einem festgelegten Schema auf die verschiedenen Länder verteilt sind.

Rule-Cheater (engl.) Gewöhnlich übersetzt mit „Formel-Betrüger". Gemeint ist damit eine Yacht einer Konstruktionsklasse, bei welcher es gelungen ist, bei ausgezeichneten Segeleigenschaften auf einen nur geringen Rennwert zu kommen. Die Bezeichnung „Betrüger" ist irreführend, denn das Recht, aus der Formel das letzte herauszuholen, steht dem Konstrukteur zu. Die korrekte Übersetzung „sich durch List entziehen" trifft den Kern der Sache eher.

Rumpf Der Schiffskörper ohne Takelage, Antriebsorgane, Ruder usw.

Rumpfgeschwindigkeit Siehe relative Geschwindigkeit.

Runabout Aus dem Engl. entlehntes Wort, das seine eigentliche Bedeutung „herumtoben" auf die kleinen Motorboote überträgt. Soviel wie „Flitzer", offene Motorboote von ca. 5 m Länge mit achtern liegendem Motor.

„Rund achtern!" Ausführungskommando für → Halsen.

runden (eine Boje) Eine Boje (Wendemarke einer Regattabahn), auf der gemäß Wettfahrtvorschrift festgelegten Seite umsegeln.

Rundholz Sammelbegriff für Masten und alle Spieren der Takelage wie Stengen, Rahen, Gaffeln, Bäume etc. Als Holzladung und im Werftbetrieb auch unbearbeitete Stämme.

Rundseln Mit kleinen Brettern (Rundselklappen) verschließbare, mit Messing ausgekleidete Einschnitte im Dollbord eines Ruderbootes (Kutters), die als Widerlager der Riemen beim Rudern dienen. Die Rundseln haben die gleiche Funktion wie die bei kleineren Booten auf das Dollbord gesetzten Dollen oder Zepter.

Rundsichtanzeigegerät Bildschirm eines Radarsichtgerätes, auf welchem die erfaßten Ziele in Polarkoordinaten dargestellt werden (Richtung und Entfernung).

Rundspant s. Die normale geschwungene Spantform eines Schiffes bzw. Bootes; Gegensatz: Knickspant.

Rundtörn Das Herumlegen eines Endes um einen Gegenstand um 360°. Der Rundtörn erleichtert das Festmachen einer Leine, auf der bereits Zug ist, und entlastet die Knoten, verhindert z. B. übermäßiges Zusammenziehen (Rundtörn mit zwei halben Schlägen).

Rundumlicht Laterne mit Vollkreislichtschein über den ganzen Horizont (Ankerlaterne, Topplichter von Lotsenfahrzeugen u. a.), im Gegensatz zum Sektorenschein der Positionslaternen.

Rundung Die durch Segellatten ausgespreizte, konvexe Kurvenform des Achterlieks eines Segels. Auch Vor- und Unterliek sind gerundet, doch ist das bei stehendem Segel nicht erkennbar. Diese Rundungen werden durch das Anschlagen an Mast und Baum zur Mitte des Segels verdrängt und bestimmen dessen Bauch.

running days (engl.) Damit sind in der Schiffahrt Lade- und Löschtage in fortlaufender Reihenfolge gemeint, von 0–24 Uhr und ohne Rücksicht auf Sonn- und Feiertage. Vergl. dagegen *working days*.

Rüstanker Reserveanker. Er muß das gleiche Gewicht haben wie die Buganker.

Rüsteisen Gleichbedeutend mit Püttings; Beschläge, die den Wantenzug auf den Schiffskörper übertragen.

Rüsten Horizontal in Deckshöhe an der Außenhaut angebrachte starke, dicke Planken, über die auf den Segelschiffen die Wanten liefen. Die Rüsten hatten die Aufgabe, den Wanten mehr Spreiz zu geben und sie frei vom Schanzkleid zu führen. Die über die Rüsten gehenden, unterhalb derselben fest mit dem Schiff verbolzten Beschläge hießen Rüsteisen.

Rute Schräggestellte Rah eines Lateinersegels.

Rutscher Auch Schlitten; Gleitschuhe, mit denen das Vorliek eines Großsegels an oder in einer Gleitschiene am Mast gehalten wird.

R-Yachten Rennyachten, die nach der International Rule vermessen sind (Konstruktionsklassen). Die 1906 eingeführte Vermessungsformel wurde 1920 vereinfacht und gilt seitdem in der Form

$$R = \frac{L + 2d + \sqrt{S} - F}{2,37}$$

Vor allem drei Klassengrößen gewannen besonderen Einfluß auf das internationale Regattasegeln, die 6 m R-Klasse, die 8 m R- und die 12 m R-Klasse. Die Zahlen 6, 8 und 12 sowie die Dimension Meter sind nicht als Abmessungen zu verstehen, sondern als das lineare Meßergebnis nach der oben zitierten Formel.

S

Saatholz Alte Bezeichnung aus dem Holzschiffbau für Kielschwein.

sacken nd: Wort für sich senken; absacken, wegsacken, sinken. Sich (achteraus) sacken lassen = absichtlich zurückbleiben. Auf Schüttladung bezogen: in sich zusammensacken.

SAE-Leistung Die nach den Normen der *So*ciety of *A*utomotive *E*ngineers ermittelte Nutzleistung einer Verbrennungskraftmaschine. Im Unterschied zur DIN-Leistung wird die SAE-Leistung ohne kraftverzehrende Ausrüstungsteile bestimmt und liegt deshalb um 10–25 % über jener. Ein präziser Umrechnungsfaktor läßt sich wegen der unterschiedlichen Konstruktionen nicht angeben.

Sägefurniere Furniere, die auf Sägegattern hergestellt werden. Sägefurniere sind im Vergleich mit den Schälfurnieren die in der Struktur schöneren, wegen der hohen Schnittverluste aber auch sehr viel teureren.

Sagging (engl.) Durchhängen. Im Zusammenhang mit der Schiffsfestigkeit der Fall „Schiff im Wellental". Gegensatz Hogging.

Saison-Häfen (lat.-frz.; dt.) Häfen, die wegen Vereisung der Fahrwasser nicht das ganze Jahr über offen sind, wie z. B. Häfen an den Küsten im Raum der nördlichen Ostsee, des Weißen Meeres, an den Küsten Kanadas und anderer von der Jahreszeit abhängiger Gebiete.

Saling w. 1. Querholz (oder Metallstange) zum Ausspreizen der Oberwanten von Yachtmasten. Die Ausspreizung erfolgt, um den Wanten eine statisch günstige Zugrichtung zu geben. Bei sehr langen Masten sorgen mehrere Salinge in verschiedenen Höhen mit entsprechender Wantführung für eine Versteifung des Mastes in sich. Oft sind die Salinge horizontal beweglich, um eine für das Segeltrimmen erwünschte Flexibilität des Mastes zu gewährleisten.
2. Bei den Großseglern mit ihren zusammengebauten Masten war die Saling ein wichtiges Bauelement, um den Wanten und dem Fuß einer Stenge Halt zu geben.
3. Bei Frachtschiffen Querträger am Lademast für die Hangerblöcke.

Salzgehalt m. Der Salzgehalt des Meeres schwankt zwischen 1 % (Ostsee) und 4 % (Rotes Meer und Persischer Golf). Im Mittel liegt er bei 3,5 %. 1 Liter Ozeanwasser hat mit diesem Salzgehalt bei einer Temperatur von 17,5° C eine Dichte von 1,028 kg/dm^3.
In Häfen, insbesondere in Flußmündungen, ist der Salzgehalt und damit auch die Dichte des Wassers geringer, wodurch ein Schiff dort tiefer eintaucht. Man rechnet mit einem Mittelwert von 1,015 kg/dm^3. Die Dichte des Wassers zu kennen ist für die Beurteilung des zulässigen Tiefgangs wichtig; sie läßt sich mit Hilfe eines Aräometers feststellen.

Sand Untiefe, aufgespülte Insel. Im Nordsee- und Unterelbebereich gibt es eine ganze Reihe derart geprägter Eigennamen (Krautsand, Pagensand, Schweinesand usw.).

Sandbagger Von engl. *sand bag,* Sandsack. Ein um 1855 entstandener Typ von Booten zwischen 5,50 m und 8,50 m Länge mit großem Mittelschwert und vielköpfiger Besatzung. Bei diesen stark übertakelten Fahrzeugen wurden zur Gewinnung einer ausreichenden Stabilität zahlreiche halbzentnerschwere Sandsäcke jeweils nach Luv gestaut. Seit 1885 ist solch transportabler Ballast auf Yachten verboten.

Sandglas, Logglas Eine Sanduhr mit einer für das Loggen günstigen Durchlaufzeit. Üblich sind 14 Sekunden. Vergl. Handlog und Knoten.

sandstrahlen Oberflächenbehandlung, insbesondere das Entrosten von Stahlplatten (Außenhaut stählerner Schiffe) durch Aufschleudern von Quarzsand mittels Preßluft.

Sandstrak m. Im klassischen Holzschiffbau der dem Balkenkiel nächstgelegene Plankengang.

Sandwichbauweise Eine leichte und sehr feste Verbundbauweise, die vor allem im Luftfahrzeugbau und im modernen Bootsbau verbreitet ist. Zwischen zwei Deckschichten aus glasfaserverstärktem Kunststoff (im Luftfahrzeugbau auch Metall) befindet sich ein Stützkern, der bei Booten im allgemeinen aus PVC-Hartschaumstoff, Balsaholz u. dergl. besteht. Der Kern ist von mehrfacher Dicke der GFK-Schichten. Eine derart aufgebaute Außenhaut ist außerordentlich steif und isoliert sehr gut.
(Der Name geht auf die belegten Brote zurück und diese wiederum auf John Montague, *Earl of Sandwich* [1718–92], der sie sich an den Spieltisch bringen ließ, um das Spiel nicht unterbrechen zu müssen.)

Sapeli Ein dem echten Mahagoni in vieler Hinsicht vergleichbares Holz der westafrikanischen Mahagonifamilie, das an der ganzen Westküste zwischen Angola und Liberia vorkommt. Mittelhartes Holz von guter Festigkeit (Dichte 0,6–0,75 kg/dm^3), jedoch weniger witterungsbeständig als echtes Mahagoni.

Sargassosee Von port. *sargaço,* Tang, Golfkraut. Subtropisches Seegebiet im Nordatlantik zwischen den Kanarischen Inseln und Westindien, etwa 20°–38° N und 30°–65° W. Der Name rührt von den in diesem Gebiet häufig angetroffenen großen Mengen Seetang her.

Saros (grch.) m. Auch Sarosperiode oder Chaldäische Periode, da die Entdeckung derselben den Chaldäern zugeschrieben wird. Zeitspanne, nach welcher sich Sonnen- und Mondfinsternisse unter sehr ähnlichen Bedingungen (Ordnung und Größe) wiederholen. Dieser periodische Zyklus beträgt 18 Jahre und 11,32 Tage. Er ergibt sich aus Bedingungen wie der, daß ein Vielfaches eines synodischen Monats vorliegen muß (Neumond), und daß der Mond in der Nähe eines seiner Knoten steht (vergl. *Regression*). Der Saros beträgt genau 223 synodische Monate.

Satellit (lat.) *m.* In der Astronomie Körper, der einen Planeten umkreist (Mond, Trabant). Unser Planetensystem hat insgesamt 32 natürliche Satelliten: Erde 1, Mars 2, Jupiter 12, Saturn 10, Uranus 5, Neptun 2.
1957 wurde zum erstenmal ein künstlicher Satellit in eine Umlaufbahn um die Erde geschossen. Bis heute folgte eine große Vielzahl Raumflugkörper mit Meßinstrumenten aller Art, deren Ergebnisse zur Erde gefunkt werden. Besondere Bedeutung haben die Satelliten u. a. für die Nachrichtentechnik und für die Wettervorhersage. Auch für die Schiffsstandortbestimmung werden Satelliten genutzt.

Satellitennavigation Von der amerikanischen Marine entwickeltes Navigationsverfahren mit Hilfe künstlicher Satelliten. Die von den Satelliten ausgesendeten Funksignale werden über Spezialantennen mit Ein- oder Zweibandempfängern aufgenommen. Ein eingebauter Computer wandelt die empfangenen Signale direkt in Positionsangaben um, die nach Breite und Länge mit Zeitangabe angezeigt werden.

Sattel Hochdruckrücken. Vom Zentrum des Sattels steigt der Luftdruck in einander entgegengesetzten Richtungen an und fällt 90° dazu ab.

Saturn Der zweitgrößte → Planet unseres Sonnensystems; der sonnenfernste, der für astronomische Navigation noch von Bedeutung ist.

Saugbagger Bagger mit einem schwenkbaren Saugrohr, das mit einem Schneidsaugkopf ausgerüstet ist. Durch dieses Rohr wird mit Wasser vermischtes Baggergut mittels Kreiselpumpen abgesaugt. Die Förderleistung derartiger Bagger beträgt bis zu 10 000 m³/h.

Sauglenzer Lenzventil, das den Fahrtstrom eines (schnellen) Bootes ausnutzt, um die Bilge zu lenzen. Siehe Lenzventil.

Sauglüfter Lüfter, der durch natürlichen Luftstrom oder Gebläse Abluft aus den Schiffsräumen heraussaugt.

Saugkorb An der tiefsten Stelle des Lenzbrunnens installiertes Schmutzfilter vor der Saugöffnung der Lenzleitung.

SBG See-Berufsgenossenschaft, siehe dort.

Schäfchenwolken Populäre Bezeichnung für → Altocumulus und → Cirrocumulus.

Schaft 1. Träger des Ruderblattes.
2. Beim Tauwerk gleichbedeutend mit Kardeel. „Dreischäftiges" Tauwerk hat 3 Kardeele.

schäften Das Anschärfen und Verleimen von Holzkanten bei Stoßverbindungen ohne Lasche und bei Sperrholz. Der Winkel der Anschärfung muß mindestens 1:8 betragen.

Schake *w.* Kettenglied einer Ankerkette (auch einer Eimerkette bei Baggern). Wortverwandt damit *Schäkel*, als Verbindungsglied von Ketten.

Schäkel *m.* 1. U-förmiger Stahlbügel mit Schließbolzen als Verbindungselement, um Blöcke, Beschläge und Teile aller Art miteinander zu verbinden, die man schnell wieder voneinander lösen können muß. Normalerweise werden den die Schäkelbolzen eingeschraubt; bei Patentschäkeln werden sie durch Bajonettverschluß festgehalten und sind gegen Herausfallen gesichert. Sonderausführungen sind gekröpfte und Wirbelschäkel.
2. An Bord üblicher Ausdruck zur Angabe der Länge der ausgesteckten Ankerkette. Gemeint ist die Anzahl der Schäkel, mit denen die einzel-

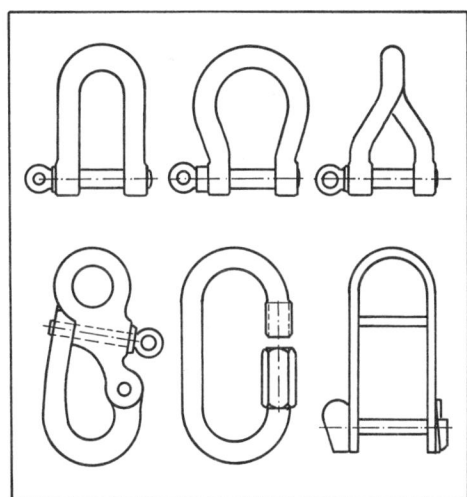

Verschiedene Formen von Schäkeln, wie sie auf Segelyachten gebräuchlich sind.

Schälfurnier

nen Kettenlängen zusammengeschäkelt sind. Ein „Schäkel" entspricht normalerweise 15 Faden. Siehe Kettenlänge.

Schälfurnier Furnier, das vom sich drehenden Stamm zu langen und breiten Bändern heruntergeschält wird. In der Struktur schöner, aber auch sehr viel teurer, sind die Sägefurniere.

schalken, verschalken Eine Luke mit einer Persenning abdecken und diese sichern, indem mit Schalklatten und -keilen der Persenningsaum an das Lukensüll gepreßt wird. Das Verschalken der Luken ist bei hölzernen Lukendeckeln erforderlich; es entfällt bei Stahldeckeln.

Schall Von einer Erregungsquelle ausgehende wellenförmige Dichteänderungen, die im Frequenzbereich 16 Hz–20 kHz im Gehörorgan Lautempfindungen hervorrufen. Die Ausbreitungsgeschwindigkeit der Schallwellen ist in verschiedenen Medien verschieden groß. In der Luft rechnet man bei 0° C ~ 330 m/s, bei 10° C ~ 340 m/s, bei 20° C ~ 350 m/s. Im Wasser wird im allgemeinen mit 1490 m/s oder 1500 m/s gerechnet. Die Schallgeschwindigkeiten in Luft und Wasser genau zu kennen ist für die Schiffsführung von Bedeutung. Ganz abgesehen vom Echolot kommt es vor, daß die Laufzeit eines Echos für eine Abstandsbestimmung von Wert ist. Dafür gilt als Faustformel, daß der einfache Abstand bis zur reflektierenden Küste, Steinwand u. dergl. in Kabellängen (zehntel Seemeilen) gleich der Anzahl Sekunden vom abgegebenen Schall bis zum empfangenen Echo ist.
Auf der Grundlage der bekannten Schallgeschwindigkeit sind verschiedenartige Verfahren zur Abstandsbestimmung entwickelt worden. Von Bedeutung ist z. B. das gleichzeitige Aussenden von Luftschall-, Wasserschall- und F. T.-Signalen durch Küstenfunkstellen, Feuerschiffe u. ä. Aus der Zeitdifferenz des Empfangs läßt sich die Distanz nach folgendem Schlüssel abschätzen:

Bei gleichzeitiger Abgabe von:	ist der angenäherte Abstand von der Schallquelle in sm gleich dem Zeitunterschied des Empfangs in s multipliziert mit:
Wasserschall/F. T.	0,8 (Ostsee 0,77)
Luftschall/Wasserschall	0,25
Luftschall/F. T.	0,18

Schallortung Die Ermittlung der Richtung oder des Standortes einer Schallquelle aufgrund der Ausbreitungsbedingungen des Schalls (Lotung, Entfernungsmessung, Richtungsbestimmung).

Schaltjahr Jahr, in welchem zum Ausgleich der Differenz zwischen der Dauer eines mittleren → Jahres und 365 vollen Tagen ein zusätzlicher Tag eingeschaltet wird. Das ist in der Regel alle vier Jahre der Fall, immer wenn sich die Jahreszahl durch vier teilen läßt, am 29. Februar. Ausnahmen von dieser Regel siehe Kalender.

Schaluppe *w.* Alte Bezeichnung für verschiedene Fahrzeugtypen, vom „Schiffsboot" bis zum Frachtsegler mit Kuttertakelung und Fischereifahrzeug, z. B. die mit 6 Mann geruderten Fangboote der alten Walfänger. Das Wort kommt auch schon früh in anderen Sprachen vor, z. B. frz. chaloupe, engl. sloop, nl. sloep, und daher die alte nd. Lautform slup, die heute als Bezeichnung für die einmastige Yachttakelung lebendig ist.

schamfilen (seltener schamfielen). Scheuern, reiben, durch Reibung schadhaft werden. Eine Leine schamfilt, wenn sie über eine andere oder über eine Kante läuft. Um eine gefährdete Leine zu schützen, wird in Form eines Tausendfußes, eines umgewickelten Lappens oder eines Kunststoffschlauches ein Schamfilschutz angebracht.

Schandeckel (auch Schandeck). Bei aufgeplankten Schiffen die ganz außen liegende, das Deck seitlich abschließende Decksplanke aus Hartholz, die die Oberkante der Außenhaut und die Spantenden abdeckt.

Schanz(e) Ein der erhöhten Back entsprechender Aufbau auf dem Achterschiff. Die Bezeichnung ist bei Kriegsschiffen noch gebräuchlich; auf Handelsschiffen *Poop*.

Schanzkleid Feste Reling, Brustwehr aus Holzplanken oder Stahlplatten. Schanzkleider müssen mit einer ausreichenden Anzahl Wasserpforten versehen bzw. so konstruiert sein, daß überkommendes Wasser in kurzer Zeit wieder abfließen kann. Die Schanzkleidhöhe ist vorgeschrieben und beträgt 0,80 bis 1,10 m je nach Schiffstyp. (Der Name Schanzkleid ist einerseits auf die Verkleidung der Reling mit Segeltuch zurückzuführen, andererseits auch auf Verschanzung gegen Geschosse, wozu früher u. a. die Hängematten verwendet wurden.)

Scharbock Siehe Skorbut.

Schäre *w.* Klippe. Lehnwort aus schwed. *skär.* Speziell die zahlreichen kleinen Inseln und Klippen vor den Küsten Norwegens, Schwedens und Finnlands.

Schärenkreuzer Internationale Rennsegelyachten schwedischen Ursprungs. Der Name wirft ein Licht auf den Charakter dieses Yachttyps, der nicht für die offene See geeignet ist, sondern aus der Besonderheit der gegen Seegang geschützten Gewässer zwischen den Schären entstand. Hervorstechende Merkmale der Schärenkreuzer, die in verschiedenen Klassen gebaut wurden (22er, 30er, 45er, 75er, 100er), sind ein extrem hohes Längen-Breiten-Verhältnis, sehr lange Überhänge, schmale hohe Großsegel bei kleinem Vorsegeldreieck. Für eine ausreichende Stabilität ist ein großes, tief gelegenes Ballastgewicht erforderlich. Die Schärenkreuzer haben zwischen den beiden Weltkriegen einen starken Einfluß auf den Rennyachtbau überhaupt gehabt.

scharf Der Begriff *scharf* in bezug auf die Schiffsform bezeichnet das Gegenteil von *voll.* Scharf gebaut sind solche Schiffe, deren Wasserlinien vorn und achtern in konkaven Linien spitz zulaufen.

Schärfegrad Auch Zylinderkoeffizient. Das die Schiffsform charakterisierende Verhältnis des Deplacements (Volumen des Unterwasserschiffs) zum umschriebenen Zylinder (eingetauchte Hauptspantfläche mal Berechnungslänge)

$$\varphi = \frac{V}{F\!\!\!\bigotimes \cdot L}$$

Scharpie Leichte, schmale, gaffelgetakelte Knickspantjolle mit 12 m² Segelfläche für zwei Mann. Sie war einst olympische Klasse.

Schau Traditionelles Notsignal, früher auch ein Signal, die Boote zum vor Anker liegenden Schiff zurück zu beordern oder einen Lotsen anzufordern, war die „Flagge in Schau", d. h. sie wurde in zusammengebundenem Zustand vorgeheißt. Eine ins Want gebundene Flagge in Schau kann auch heute noch als Notsignal verwendet werden.

Schauer Plötzlich auftretender, heftiger Niederschlag (Regen, Schnee, Hagel), der jedoch nur von kurzer Dauer ist.

Schauerleute Stauereiarbeiter. Tagelöhner, die das Laden und Löschen der Schiffe besorgen (von nl. *sjouwen,* schleppen, sich abmühen; *sjouwerman,* Schauermann).

Schaufelrad Antriebsorgan eines Raddampfers. Das Schaufelrad ist älter als der Propeller und hat in glattem Wasser einen besseren Wirkungsgrad als dieser. Im Seegang ist das Rad dem Propeller jedoch in jeder Beziehung unterlegen. Die Schaufeln werden durch eine exzentrisch zur Radachse gelagerte Hebelsteuerung so bewegt, daß sie möglichst senkrecht, stoßfrei ins Wasser treten und ebenso wieder herausgehoben werden. Vor allem in flachem Wasser haben sich Schaufelräder bewährt, da sie aber aus konstruktiven Gründen nur mit liegenden Dampfmaschinen befriedigend arbeiten und damit unwirtschaftlich sind, werden Raddampfer – jedenfalls in Westeuropa – nicht mehr gebaut.

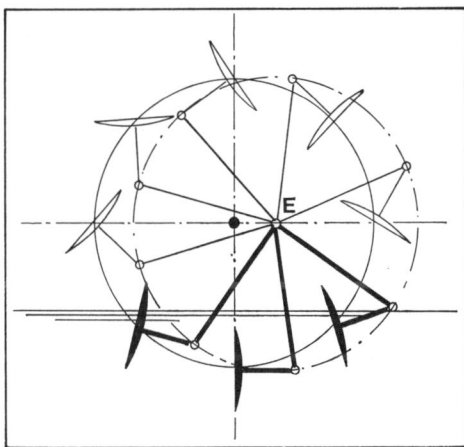

Prinzip des Schaufelrades. Durch die Gelenkverbindung mit dem Exzenterpunkt (E) wird eine günstige Stellung der Schaufeln in der Eintauchzone bewirkt.

Schebecke *w.* Kleines, dreimastiges Segelschiff des 18. u. 19. Jh. mit Lateinersegeln, das in

Scheg

seiner Bauart der Galeere nicht unähnlich war. Beliebt bei den algerischen Korsaren und verbreitet im Mittelmeerraum und auf dem Tejo. Bewaffnung zwischen 6 und 40 Kanonen. Das Wort ist türkisch-arabischen Ursprungs und bedeutet *kleines Schiff*.

Scheg *m.* Älter Schegg, Schegge, Schech, Schecht. Soviel wie *Schaft*. Das Wort kam in verschiedenen Bedeutungen vor:
1. Der Ankerschaft.
2. Der unterste, vordere Teil des aus mehreren Krummhölzern gebauten Vorstevens. Verbindungsstück von Vorsteven und Kiel.
3. Der Teil des Vorstevens, der eben über der Schwimmwasserlinie lag und den Übergang zur Galion bildete (engl. cutwater).
Siehe im Gegensatz hierzu Skeg.

Scheibe Die Seilrolle in einem Block. Liegen mehrere Rollen neben- oder untereinander, spricht man von einem mehrscheibigen Block. Ein an einer Spiere seitlich angebauter einscheibiger Block heißt Scheibenklampe, eine Ausnehmung, in die eine Scheibe eingebaut ist, Scheibengat.

Scheidenagel Ein im Holzschiffbau gebräuchlicher Holzpflock aus Weichholz, der in eine Kiellasche quer zu derselben hineingetrieben wird, um durch sein Aufquellen die Lasche wasserdicht zu verschließen.

scheinbare Höhe (eines Gestirns) Der Winkel am Auge des Beobachters zwischen dem scheinbaren Horizont und dem scheinbaren Ort des Gestirns. Es sei auf den Unterschied aufmerksam gemacht zu ,,Höhe über dem scheinbaren Horizont". Die scheinbare Höhe enthält im Vergleich zu jener noch den Fehler, der durch die Refraktion entsteht.

scheinbarer Horizont Die Schnittlinie einer durch das Auge des Beobachters gehenden horizontalen Ebene mit der gedachten Himmelskugel. Der Begriff scheinbarer Horizont ist nur für die nächstgelegenen Himmelskörper von Belang, für die es eine meßbare → Parallaxe gibt.

scheinbarer Wind Der auf ein Schiff einwirkende Wind ist nur dann nach Größe und Richtung identisch mit dem wahren Wind, wenn das Schiff keine Fahrt macht.

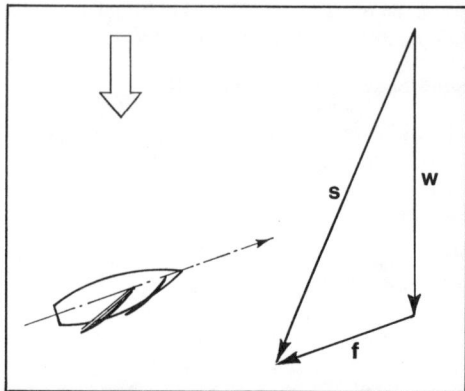

Wahrer Wind (w) und Fahrtwind (f) resultieren zum scheinbaren Wind (s).

Andererseits entsteht bei völliger Windstille an einem fahrenden Schiff ein scheinbarer Wind, dessen Geschwindigkeit der Schiffsgeschwindigkeit gleich, ihr jedoch entgegengerichtet ist (Fahrtwind).
Bei einem fahrenden Schiff resultieren stets der wahre Wind und der Fahrtwind – nicht, wie oft angegeben, die ,,Fahrt des Schiffes" – zum *scheinbaren Wind*, der allein auf dem Schiff wahrgenommen werden kann und mit dem man segelt. Auf Vormwindkurs ist der scheinbare Wind um die Schiffsgeschwindigkeit kleiner als der wahre Wind, auf Amwindkursen um einen vom Kurswinkel abhängigen Teilbetrag größer.

Scheitel(punkt) 1. Der (oder das) Zenit.
2. Der polnächste Punkt eines Großkreises.
3. Auch COD; der Umkehrpunkt in der Zugbahn eines Wirbelsturms, der westlichste Punkt. Vergl. hierzu *schiffbarer Halbkreis*.

Schelf (engl.) Der den Küsten vorgelagerte, bis in etwa 200 m Tiefe hinabreichende Kontinentalsockel. Die entsprechende Meeresregion wird als *Schelfmeer* bezeichnet. Die Nordsee z. B. ist ein Schelfmeer.

Scherbretter Bretter zum Öffnen und Offenhalten eines Schleppnetzes in der Hochseefischerei. Die Bretter sind dergestalt befestigt, daß sie beim Schleppen seitlich ausscheren.

scheren 1. Eine Leine durch einen oder mehrere Blöcke hindurchführen.

2. Ein geschlepptes Schiff, ein Scherbrett, ein Minensuchgerät u. dergl. im Zusammenwirken von Fahrtstrom und Anstellwinkel aus dem Kurs laufen lassen. (Einscheren, ausscheren, abscheren.)

Schergang, Scheergang Der oberste Plattengang der Außenhaut eines stählernen Schiffes, der Abschluß der Außenhaut nach oben. Der Schergang ist als Teil der oberen Gurtung anzusehen. Wegen der dort auftretenden hohen Spannungen ist der Schergang stärker als die übrige Außenhaut. Auf vielen Schiffen ist er der einzige noch genietete Plattengang (in genieteten Platten sind weniger Materialspannungen).

Scherstock Siehe Lukenbalken.

Scheuerdeck Bezeichnung für ein nicht lakkiertes, mit Sand und Seewasser weiß gescheuertes Holzdeck.

Scheuerleiste Rings um ein Boot herumlaufende Leiste, Gummiwulst o. ä., zum Schutz der Außenhaut gegen Beschädigungen durch Stoß oder Reibung. Bei Hafenfahrzeugen auch *Wallschiene* genannt und aus Stahl gefertigt.

Schicht Bezeichnung für verschiedene Arbeitszeiten auf Werften und im Hafen beim Laden und Löschen (erste, zweite, dritte Schicht).

Schichtwolken Siehe Stratus.

Schiebebalken Siehe Lukenbalken.

Schiefe der Ekliptik Der Winkel zwischen der Erdachse und der Erdbahnebene um die Sonne, bzw. der Winkel zwischen den Ebenen der → Ekliptik und des Himmelsäquators. Er beträgt 23° 27′ und ist infolge der → Präzessions- und Nutationsbewegung der Erde geringfügigen Veränderungen unterworfen.

Schiemannsgarn Aus 2–3 Garnen gedrehtes Bändselwerk aus weichem, geteertem Hanf zum Bekleiden von Tauwerk und für seemännische Arbeiten aller Art. Schiemann war früher die Bezeichnung für den „auf den Bootsmann folgenden Unteroffizier, den die Takelage des Fockmastes angeht", was sprachlich aller Wahrscheinlichkeit nach auf die noch ältere Bezeichnung Schipman zurückgeht (Hans. Urkundenbuch, 1350). Vergl. Schiffsmann.

schießen In Verbindung mit Sonne: die Sonnenhöhe beobachten, mit dem Sextanten messen.

Schiff Im Sinne der Haager Regeln jedes Fahrzeug, das für die Beförderung von Gütern und/ oder Personen auf dem Wasser verwendet wird. Man unterscheidet die Schiffe nach Einsatzbereich und Verwendungszweck: Seeschiffe und Binnenschiffe; Frachtschiffe, Fahrgastschiffe, kombinierte Fracht- und Fahrgastschiffe, Tanker, Massengutfrachter, Spezialschiffe aller Art, Kriegs-, Fischerei- und Sportfahrzeuge. Eine weitere Möglichkeit der Einteilung ist die nach der Art des Antriebs: Segelschiffe, Dampfer, Motorschiffe, Turbinenschiffe, Atom- bzw. Kernenergieschiffe und so fort.
In der Segelschiffszeit verstand man unter *Schiff* ohne nähere Bezeichnung der Takelung stets ein *Vollschiff*.

Schiffahrt Es hat sich im fachlichen Sprachgebrauch ein feiner Unterschied herauskristallisiert zwischen Schiffahrt und Seefahrt. Danach umfaßt der Begriff Schiffahrt alles, was dem Erwerb durch die Beförderung von Gütern und Personen mit Schiffen dient, während der Begriff Seefahrt über den kommerziellen Aspekt hinausreicht.

Schiffahrtskonferenzen Kartellähnliche Zusammenschlüsse von Schiffahrtslinien bestimmter Relationen. Siehe Konferenzen.

schiffbarer Halbkreis Andere Bezeichnung für „fahrbares Viertel". Die der zu erwartenden Rückschwenkrichtung gegenüberliegende und für ein Schiff damit ungefährlichere Seite der Zugbahn eines Zyklons (Abb. S. 276).

Schiffbau Der Schiffbau gliedert sich in zwei voneinander getrennt zu betrachtende Teile, den theoretischen und den praktischen. Der theoretische behandelt die hydromechanischen Grundlagen der Schwimmfähigkeit und der Stabilität sowie das große Kapitel Widerstand und Antrieb (vergl. Schiffstheorie). Der praktische Schiffbau umfaßt alle Fragen der Bauausführung, Konstruktion und Materialstärken, Einrichtung und Ausrüstung usw.

Schiffbaustahl Schweißbarer Stahl für den Bau von Schiffen, der im Siemens-Martin- oder

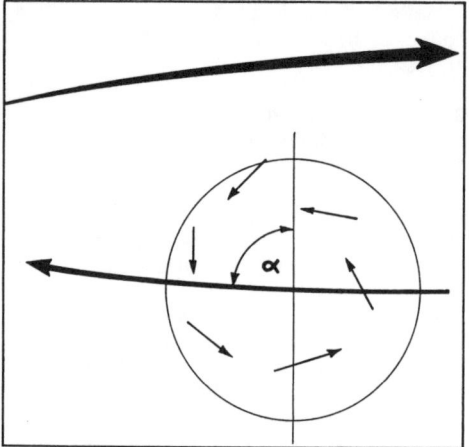

Die normalerweise zu erwartende Zugbahn eines Zyklons auf der Nordhalbkugel. Der untere, der vermutlichen Rückschwenkrichtung gegenüberliegende Halbkreis wird „schiffbarer Halbkreis" genannt, der mit α bezeichnete Sektor „gefährliches Viertel".

Elektro-Ofen bzw. nach einer durch den Germanischen Lloyd oder eine andere Klassifikationsgesellschaft zugelassenen Art hergestellt wurde. Die Zugfestigkeit liegt bei 410 bis 500 N/mm² für alle Gütegrade.

Schiffer, Schipper Der verantwortliche Führer eines Schiffes. Diese heute vorwiegend auf den Führer eines Binnen-, Küsten- oder Sportfahrzeugs bezogene Benennung war früher allgemein üblich. Vergl. Schiffsmann. Das engl. Wort *Shipper* hingegen ist ein fachrechtlicher Begriff und bedeutet Verschiffer, Ablader und auch Verlader. Siehe dort.

Schiffsbewegung Um die z. T. recht unregelmäßigen Bewegungen eines Schiffes im Seegang vollständig zu erfassen, reicht die Trennung in Schlinger- und Stampfbewegungen nicht aus. Man kann 6 Komponenten annehmen: drei Translations-, d. h. Verschiebungsbewegungen und drei Arten von Drehbewegungen. Die Translationsbewegungen erfolgen in Längsrichtung, Querrichtung und in vertikaler Richtung (Tauchbewegungen). Die Drehbewegungen erfolgen um die Längsachse (schlingern, heute jedoch überwiegend rollen genannt), um die Querachse (stampfen) und um die vertikale Achse (gieren). Von diesen sechs Bewegungskomponenten kommen den drei Schwingungsbewegungen tauchen, rollen und stampfen erhöhte Bedeutung zu. Zu unterscheiden von diesen Schwingungsbewegungen des Schiffskörpers als Ganzes sind diejenigen, denen er als elastisches Gebilde in sich unterworfen ist. Siehe Schwingungen.

Schiffseigengewicht Das Gewicht des vollständig ausgerüsteten leeren Schiffes mit Inventar und Reserveteilen, betriebsklarer Maschine, Wasser in den Kesseln und Brennstoff in den Leitungen (vergl. hierzu Tragfähigkeit). Tiefgang und Trimm des leeren Schiffes sind die Basis für alle Trimm- und Stabilitätsuntersuchungen mit beliebiger Zuladung.

Schiffsfestigkeit Das Gebiet des Schiffbaus, das die Beanspruchungen des Schiffskörpers und die sich daraus ergebenden Fragen der Konstruktion behandelt. Anordnung der Verbände und Materialstärken sind abhängig von den Belastungen aller Art, denen das Schiff in seiner Besonderheit als frei schwimmender, außerordentlichen Beschleunigungen unterworfener Körper ausgesetzt ist: hohes Schiffseigengewicht bei ungleichmäßig verteilten Auftriebskräften, wechselnde Beladungszustände, Biege- und Torsionsmomente durch den Seegang, Trägheitskräfte durch die Schiffsbewegungen, außergewöhnliche Belastungen bei Stapellauf und Grundberührung, Stoßbelastungen durch Seeschlag und Eis usw.
Vergl. demgegenüber *Stabilität,* bei der es nicht um die Festigkeit, sondern um das Wiederaufrichtvermögen des Schiffes geht.

Schiffsingenieur Siehe *technischer Schiffsoffizier* und „C" (Patente für technische Schiffsoffiziere).

Schiffsjunge; Decksjunge Angehender Seemann, der nach dreimonatigem Lehrgang auf einer Seemannsschule zum ersten Mal an Bord angemustert worden ist. Die erforderliche Fahrzeit als Schiffsjunge (Decksjunge) beträgt in der Regel 9 Monate, bei guter Eignung kann diese Zeit um 3 Monate abgekürzt werden.

Schiffsmagnetismus Der durch das Magnetfeld der Erde in einem stählernen Schiffskörper während der Bauzeit und auf länger andauernden Kursrichtungen induzierte Magnetismus. Man unterscheidet *festen, halbfesten* und *flüchtigen* Magnetismus, je nachdem, ob der Magnetismus permanent ist oder nach einer gewissen Dauer abklingt, wenn das induzierende Feld sich ändert bzw. verschwindet.

Schiffsmakler Ursprünglich Vermittler von Schiffsraum an die Abladerschaft bzw. von Ladung an das Schiff, dessen Kapitän sich als Schiffseigner oder Mitreeder in fremden Häfen nicht selbst um solche Dinge kümmern konnte. Heute umfassen die Aufgaben des Schiffsmaklers einmal die Vermittlung zwischen Reederei und Kaufmannschaft bzw. Industrie ganz allgemein, zum anderen die Betreuung des Schiffes im Hafen (Abfertigung, Versorgung usw.). Im Lauf der Zeit erfolgte eine zunehmende Spezialisierung und damit oftmals auch Trennung in verschiedene Aufgabenbereiche; so unterscheidet man z. B. den Linienmakler, den Befrachtungsmakler allgemein (Reise-Charter, Zeit-Charter), den An- und Verkaufsmakler (häufig spezialisiert nach Schiffstyp) und den Trampmakler (Betreuung von Schiffen auf Gelegenheitsbasis).

Schiffsmann; Schiffsleute Begriffe der Bemannungsrichtlinien der See-Berufsgenossenschaft für deutsche Seeschiffe. Im Sinne dieser Richtlinien sind Schiffsleute Besatzungsmitglieder des Decksdienstes, die zur Ausübung ihres Dienstes kein Befähigungszeugnis benötigen. Im Seemannsgesetz ist dieser Begriff teils enger, teils weiter gefaßt. Dort wird die Besatzung unterteilt in Schiffsoffiziere, sonstige Angestellte und Schiffsleute, ohne daß für diese letzteren eine klare Definition gegeben wird.
Die Bezeichnung Schiffsmann (Schipmann, Schiemann) ist Jahrhunderte alt. Nur das Wort → *Schiemann* entwickelte sich zu einem festumrissenen technischen Begriff. Im übrigen vermutet man mehr einen allgemeinen Ausdruck des Gegensatzes zu Schipper = Schip-herre = Kapitän.

Schiffsoffizier Es wird in der Handelsschiffahrt zwischen *nautischem* und *technischem* Schiffsoffizier unterschieden; das sind Angestellte, die zur Ausübung ihres Berufes eines staatlichen Befähigungsnachweises bedürfen. Näheres zum Ausbildungsgang siehe unter nautischer bzw. technischer Schiffsoffizier. Auch Schiffsärzte, Seefunker mit Seefunkerzeugnis und Zahlmeister gelten als Schiffsoffiziere.

Schiffsort Gleichbedeutend mit Position; der in geographischer Breite und Länge angegebene Standort eines Schiffes. Man unterscheidet den wahren Schiffsort und den Koppelort (gegißten Ort), je nachdem ob Beobachtungen zugrunde liegen oder ob der Ort durch Koppelrechnung ermittelt worden ist.

Schiffspapiere Die Schiff, Mannschaft und Ladung betreffenden Urkunden, die auf einem Schiff mitgeführt werden müssen. Das Schiff betreffen: Meßbriefe, Schiffszertifikat, Klassifikationszertifikat, Fahrterlaubnisschein, Freibordzeugnis, verschiedene Sicherheitszeugnisse und andere. Ferner werden etliche Ausrüstungspapiere, Ladungs- und Zollpapiere, Fahrgast- und Besatzungspapiere gebraucht.
Für Yachten sind erforderlich: das Internationale Sportboot-Zertifikat und/oder das Yacht-Zertifikat der Kreuzer-Abteilung des Deutschen Segler-Verbandes, Zoll- und Versicherungspapiere, Lampenatteste und gegebenenfalls der Chartervertrag.

Schiffspart Der Anteil eines Miteigentümers an einem Schiff.

Schiffsregister Vom zuständigen Amtsgericht eines Hafenplatzes geführtes Register, in welches alle Schiffe (Seeschiffe und Binnenschiffe getrennt) eingetragen werden, für die der betreffende Ort als Heimathafen gilt. Fehlt ein Heimathafen oder soll die Schiffahrt von einem ausländischen Hafen aus betrieben werden, ist die Wahl des Schiffsregisters freigestellt. Das Schiffsregister ist öffentlich und gibt Auskunft über Eigentum und rechtliche Verhältnisse bezüglich der eingetragenen Schiffe.

Schiffssicherheitsvertrag Siehe Internationaler Schiffssicherheitsvertrag.

Schiffsstabilität Siehe Stabilität.

Schiffstagebuch Gleichbedeutend mit *Journal,* siehe dort.

Schiffstaufe Traditioneller Brauch der Namensgebung eines Schiffes, indem man eine Flasche Sekt am Bug zerschellt; bei Auslands-

Schiffstheorie

aufträgen ist auch die Taufe mit Wasser aus den fernen heimatlichen Gewässern üblich. Die Taufe erfolgt unmittelbar vor dem Stapellauf oder nach dem Aufschwimmen, wenn das Schiff im Baudock gebaut worden ist. Auch rechtlich hat die Schiffstaufe eine Bedeutung; das Schiff wird nach der Taufe aus dem Schiffbauregister in das Schiffsregister übertragen.

Schiffstheorie Die Theorie des Schiffes teilt sich in drei Hauptabschnitte. Der erste umfaßt die hydromechanischen Grundlagen der *Schwimmfähigkeit* (Archimedisches Prinzip), die Gestaltung des Schiffskörpers, die präzise Erfassung aller Berechnungsergebnisse und ihre Darstellung im Kurvenblatt. Aus der festgelegten Form und der genauen Kenntnis der Lage der Schwerpunkte für jede beliebige Eintauchung ergeben sich die Voraussetzungen für den zweiten Hauptteil der Schiffstheorie, die Berechnung der *Stabilität*.
Der dritte Teil behandelt das Kapitel *Widerstand und Vortrieb*. Dazu gehören die Bestimmung des Schiffswiderstandes bzw. der Maschinenleistung aufgrund systematischer Modellschleppversuche, die Theorie des Propellers und des Zusammenwirkens von Schiff und Propeller, die Theorie des Segelns und so fort.

Schiffsvermessung 1. Die Ermittlung des Raumgehaltes eines Schiffes durch das Bundesamt für Schiffsvermessung sowie die Festlegung der Identitätsmaße. Die Ergebnisse der Schiffsvermessung sind die Grundlage für die vom Schiff zu entrichtenden Abgaben. Man unterscheidet Brutto- und Netto-Raumgehalt je nachdem, ob der gesamte Schiffsraum oder nur der nutzbare Raum vermessen wird (siehe Raumgehalt). Für den Panama- und den Suezkanal gelten gesonderte Vermessungsvorschriften. Die Maßeinheit für die Schiffsvermessung ist die Registertonne (1 RT = 100 cu. ft. = 2,8317 m³).
2. Die Bestimmung des Raumgehaltes einer Yacht in RT ist erforderlich, wenn sie ins Schiffsregister eingetragen werden soll. Sonst versteht man bei Yachten unter Vermessung die Ermittlung des → Rennwertes.

Schiffszeit Die Uhrzeit an Bord. Die Uhr kann nach der wahren Ortszeit oder nach der → Zonenzeit gestellt werden. Das Stellen nach der wahren Ortszeit erfolgt am genauesten bei Gelegenheit einer astronomischen Beobachtung. Die Uhr zeigt dann die wahre Ortszeit, solange das Schiff auf derselben Länge bleibt. Die Berichtigung für Längenänderung ist 4 Minuten pro Längengrad; sie wird addiert, wenn man ostwärts und subtrahiert, wenn man westwärts segelt.
Das Stellen der Schiffsuhren nach der wahren Ortszeit ist altmodisch und umständlich. Darum hat man die Zonenzeit auf See eingeführt, bei welcher man sich nach der mittleren Ortszeit jedes fünfzehnten Meridians richtet: 0, 15°, 30°, 45° usw. In den Häfen gilt die jeweilige gesetzliche Zeit.

Schiffszertifikat Auszug aus dem Schiffsregister, ein Schiffspapier, das jedes Schiff erhält, welches in das Schiffsregister eingetragen ist. Das Schiffszertifikat berechtigt und verpflichtet ein Schiff zum Führen der Bundesflagge. Es enthält den Namen des Schiffes sowie Angaben über Typ, Baumaterial, Bauwerft, Heimathafen, Vermessung und Eigentümer. Yachten brauchen nicht registriert zu werden, doch ist eine Eintragung ins Register und damit die Erteilung eines Schiffszertifikates für seegehende Yachten, insbesondere vor größeren Reisen ins Ausland, ratsam.

Schiffszwieback Siehe Hartbrot.

schiften (von engl. *shift,* eine Sache von einer Seite auf die andere bringen).
1. Das Übernehmen der Segel vor dem Wind auf die andere Seite. Beim stehenden Spinnaker Seitenwechsel des Spinnakerbaumes. Bei Luggersegeln nennt man schiften das Nach-Lee-Holen der unteren Rahnock beim Wenden.
2. Auf den großen Segelschiffen nannte man Segelschiften das Auswechseln der Segel, z. B. den Austausch der alten Passatsegel gegen neue starke, wenn die Reise Richtung Kap Hoorn ging.

Schill Leere Muschelschalen und Bruchstücke von Muschelschalen.

Schirmbild Darstellung der Meßergebnisse eines Radargerätes auf dem Schirm der Bildröhre.

Schirokko (ital.) Im Mittelmeerraum ein meist heißer, feuchter Wind aus südlichen Richtungen auf der Vorderseite von Tiefdruckgebieten. Auf der Nordseite von Gebirgen föhnig. Bezeichnende Auswirkungen des Schirokko sind allgemeine Erschlaffung und Lustlosigkeit.

Schlafbaas Siehe Baas.

Schlag 1. Der Kreuzschlag eines Segelschiffes ist die gesegelte Strecke von einer Wende bis zur darauffolgenden.
2. Im Zusammenhang mit Leinen und Knoten: Der Törn, der um einen Gegenstand geschlungene Teil einer Leine; in diesem Sinne „zwei halbe Schläge" u. ä.
3. Kabelschlag und Trossenschlag sind Fachausdrücke des Reepschlägers, d. h. der Herstellung von Tauwerk. Siehe Seil.
4. Beim Pullen, Rudern eigentlich das Einschlagen des Riemens ins Wasser. Genaugenommen versteht man zweierlei unter Schlag: einerseits eine vollständige Bewegung des Riemens bis wieder hin zur Ausgangsstellung, andererseits die Taktgeschwindigkeit, mit der gerudert wird.
5. Seemännische Ausdrucksweise für eine Portion Essen.

Schlagmann Der Ruderer auf der achtersten Ducht (bei Sportbooten auf dem hintersten Rollsitz), der den Schlag, d. h. den Rudertakt angibt.

Schlagplatte, Schlagschott Nicht wasserdichtes Längsschott zur Milderung der durch die Schiffsbewegungen entstehenden Stöße von Wasser oder Öl in halbgefüllten Tanks.

Schlagpütz w. Eimer an einem Tampen, um Wasser an Deck zu holen (aufzuschlagen).

Schlankheitsgrad Ein die Form des Schiffskörpers charakterisierender Verhältniswert:

$$\psi = \frac{L}{\sqrt[3]{V}}$$

(Vergl. Völligkeitsgrade). Als Schlankheitsgrad der Konstruktionswasserlinie bezeichnet man das Verhältnis L/B.

Schlauchboot Schlauchboote werden, je nach Größe und Ausstattung, als Beiboote (mit geringstem Platzbedarf im nichtgebrauchsfertigen Zustand) oder auch als eigenständige Sportgeräte benützt. Der schlauchförmige Auftriebskörper besteht in der Regel aus dreifach geschichtetem Kunststoffgewebe (Trevira, Neopren, Hypalon o. ä.). Er ist in 2 bis 5 abgeschottete Luftkammern unterteilt und ist mit Lenz- und Überdruckventilen ausgerüstet. Mit Schutzzelt kommen Schlauchboote als Rettungsinseln zur Verwendung.

Schlengel m. Der Abgrenzung von Wasserflächen dienender und zum Festmachen von Booten geeigneter, begehbarer langgestreckter Schwimmkörper. Schlengel sind unentbehrlich für Yachthäfen in Tidengewässern.

Schlepper Wendiges Motorschiff mit starker Maschine zum Abschleppen antriebsloser oder havarierter Schiffe, zum Bugsieren großer Schiffe im Hafenrevier und für ähnliche Aufgaben. Je nach Arbeitsgebiet unterscheidet man Hochseeschlepper, Revier-, Hafen- bzw. Seeassistenzschlepper, Kanal- und Flußschlepper. Schiffe über 1000 BRT unterliegen im Hafenrevier dem Schleppzwang; daher liegen dort ständig Schlepper zum Einsatz bereit. Hochseeschlepper zur schnellen Hilfeleistung in Seenotfällen liegen schwerpunktmäßig verteilt an Hafenplätzen aller Meere. In nördlichen Regionen werden sie oft auch als Eisbrecher eingesetzt.

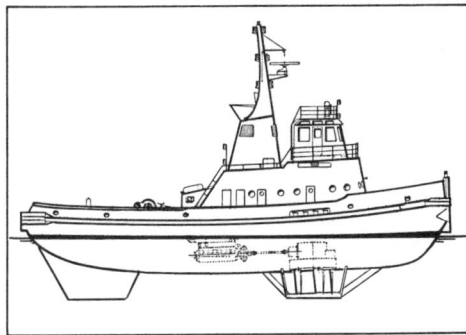

Moderner Mehrzweckschlepper, der sowohl im alltäglichen Hafenbugsierdienst als auch im Lash-Verkehr eingesetzt werden kann. Der Voith-Schneider-Antrieb gewährleistet höchste Manövrierfähigkeit, der Schubsteven erlaubt den Transport von Schubverbänden.

Schleppfehler (des Kompasses) Bei der Drehung eines Schiffes zum Zweck der Aufstellung einer Deviationstabelle besteht die Gefahr, daß die Kompaßrose durch die sie umgebende Flüssigkeit mitgeschleppt wird und sich nicht genau einpendelt, bevor gepeilt wird. Dieser mögliche Schleppfehler wird dadurch beseitigt, daß man die auf zwei einander entgegengerichteten Drehkreisen gepeilten Werte mittelt.

Schleppleistung Zur Leistungsberechnung eines Schiffes aufgrund von Modellschleppversuchen: Diejenige Leistung, die aufgebracht werden muß, um ein antriebsloses Schiff mit einer bestimmten, gleichförmigen Geschwindigkeit vorwärts zu ziehen.

Schleppnetz (Trawl, Geschirr) Das wichtigste Fanggerät der Hochseefischerei. Einem großen, durch Scherbretter (2 Seitenscherbretter und 1 Höhenscherbrett) trichterförmig geöffneten Sack vergleichbar, wird es von Trawlern über den Grund geschleppt (Grundschleppnetz) oder in besonderen Fällen auch durch das freie Wasser (Schwimmschleppnetz). Die Teile des sich trichterförmig öffnenden Vornetzes heißen Dachstück und Flügel (oder Wings), die Teile des Achternetzes Bauchstück, Gat, Tunnel und Steert. Nur in geringem Umfang werden die Netze noch aus Naturfasern hergestellt; auch hier setzen sich Chemiefasern durch (Polyamide, Polyester, Polyäthylen usw.).

Schleppversuch Siehe Modellschleppversuche.

Schleuse w. 1. Bauwerk, das Wasserflächen verschiedener Höhe trennt und den Höhenunterschied für Schiffe überwindbar macht. Binnenschiffsschleusen überbrücken ein natürliches Gefälle, Seeschiffsschleusen (Nord-Ostsee-Kanal, Panamakanal, Dockhäfen) sind erforderlich wegen des wechselnden Wasserstandes infolge Tidenhub und Windstau.
Unter den verschiedenen Schleusenarten bestehen die wesentlichsten Unterschiede zwischen den Kammerschleusen und den Sparschleusen. Bei den Kammerschleusen wird das gesamte Füllwasser an das Unterwasser abgegeben, was in vielen Fällen unerheblich ist; wo jedoch der mit jedem Schleusen verbundene Wasserverlust zu einem Problem wird, sucht man durch Sparschleusen diesen Verlust so klein wie möglich zu halten. Das Füllwasser wird in Sparbecken zwischengespeichert und für die nächste Füllung wiederverwendet.
2. Sielleitungstor in einem Deich.

Schleusenhafen Siehe Dock (2.).

Schlick m. Auf dem Meeresboden, in Flußmündungen und Überschwemmungsgebieten abgelagertes, weiches, fettes, schlammartiges Sediment.

schlieren Das Gleiten, Schlüpfen, Rutschen einer Leine bzw. Trosse auf einem Spillkopf oder Poller.

Schlinge 1. Bauelement, das die Enden anderer, ähnlicher Teile auffängt wie etwa die halben Decksbalken neben einem Luk oder Kajütaufbau.
2. Beim Beladen oder Löschen eines Schiffes der Stropp um eine Hieve Ballen oder Säcke. „In die Schlinge liefern" ist ein Terminus aus dem Seefrachtgeschäft, der besagt, daß der laut Lieferungskontrakt dazu Verpflichtete bei Längsseitsanlieferung auch die Anschläger stellen muß.

schlingern Die durch den Seegang in Wechselwirkung mit der dynamischen Stabilität verursachte periodische Bewegung eines Schiffes um seine Längsachse. Der Gebrauch der Begriffe schlingern und rollen ist nicht von verbindlicher Eindeutigkeit; im wissenschaftlichen Sprachgebrauch steht heute allgemein *rollen* für schlingern. Vergl. Schiffsbewegung.

Schlingerdämpfungsanlagen Vorrichtungen, die einer Schlingerbewegung des Schiffes aktiv entgegenarbeiten.
Bei den *Schlingertanks* (Rolldämpfungstanks) schwingt eine Flüssigkeitsmenge zwischen zwei Tanks von einer Schiffsseite zur anderen, wobei die Flüssigkeit (Wasser oder Öl) – ob aktiv oder passiv – so gesteuert wird, daß die Eigenperiode der Flüssigkeitsschwingung der Schiffsbewegung entgegenwirkt.
Bei den *Flossenstabilisatoren* wird das dämpfende Moment durch in der Kimm ausgefahrene Flossen erzeugt, deren Anstellwinkel elektronisch gesteuert wird. Die Wirksamkeit setzt eine bestimmte Schiffsgeschwindigkeit voraus. Es gibt auch Schiffe mit kombinierten Anlagen (Tanks und Flossen).
Versuche, Seeschiffe durch große, schwere *Kreisel* zu stabilisieren, haben nicht das erwartete Ergebnis gebracht.

Schlingerkiele Einfaches, passives Hilfsmittel zur Reduzierung der Schlingerbewegungen eines Schiffes. Beidseitig werden in der Kimm über etwa ein bis zwei Drittel der Schiffslänge in der Richtung des normalen Strömungsverlaufs Profileisen angebracht, deren Querwiderstand die Rollbewegungen des Schiffes dämpft. Die

Höhe dieser Kiele ist wirkungsvoller als ihre Länge; doch dürfen sie nicht über das umschreibende Rechteck aus Breite und Tiefgang hinausragen.

Schlingerleiste Hochkant stehende Randleiste an Tischen und Kartentischen gegen das Herunterrutschen von Gegenständen bei schlingerndem Schiff.

Schlipp Siehe Slip.

Schlitten Holzunterbau, auf welchem ein Schiff beim Stapellauf von der Helling ins Wasser rutscht. Man unterscheidet Unter- und Oberschlitten. Der Unterschlitten (die Ablaufbahn) liegt fest auf der Helling, der Oberschlitten wird am Schiff festgezurrt. Zwischen beiden befindet sich eine Schmierschicht aus Spezialfetten.
Das Verhältnis vom Ablaufgewicht des Schiffes zur tragenden Schlittenfläche wird als Schlittendruck bezeichnet.

Schlitzantenne Antenne mit scharfgebündelter Richtcharakteristik durch Anordnung von Schlitzen in einem Hohlleiter.

Schloßholz Starker vierkantiger Riegel aus Hartholz oder Eisen, der durch den Fuß einer Stenge geschoben wird und womit sie dann auf den Längssalingen ruht. Die Bezeichnung wird auch für andere Bauteile ähnlicher Funktion gebraucht, z. B. bei Klappmasten.

Schlupf Die Differenz zwischen dem theoretischen Vorwärtsschrauben eines Propellers und dem tatsächlichen Weg des belasteten Propellers im Wasser. Heute allgemein als *Slip* bezeichnet.

Schmack w. Kleines Seeschiff des 18. u. 19. Jh. Vorn und achtern rund gebauter Anderthalbmaster mit Seitenschwertern; Gaffeltakelung mit Rahtoppsegeln am Großmast.

schmarten; Schmarting w. Das Umwickeln von Tauwerk mit Segeltuchstreifen beim Bekleeden (Reihenfolge der Arbeitsgänge siehe bekleeden). Der zum Schmarten verwendete Segeltuchstreifen wird Schmarting genannt.

Schmeerreep s. Taljereep am Schothorn eines Großsegels mit Bindereff. Der Name rührt daher, daß das durch die Reffklampe laufende Reep durch Fetten gängiger gemacht wird.

Schmiege w. Der Winkel, unter dem sich zwei Bauteile berühren; insbesondere der Winkel eines genieteten Spantprofilrückens an der Außenhaut bzw. im Holzschiffbau der Außenseite eines gebauten Spants, auf der die Planken glatt anliegen müssen.

Schnaller Einseile mit zwei Schlingen zum Anschlagen bestimmter Schiffsladungen, z. B. Wollballen. Vier bis fünf Schnaller werden zusammengebändselt über den Ladehaken gestreift.

Schnau w. Zweimastiges Segelschiff des 18. und 19. Jh., das einer Brigg sehr ähnlich war. Als charakteristischer Unterschied zur Brigg ist zu nennen, daß bei der Schnau das dem Briggsegel entsprechende Gaffelsegel, das Schnausegel, an einer gesonderten vertikalen Spiere dicht hinter dem Großmast gefahren wurde. Diese Spiere, die eigentlich mehr den Charakter eines Jackstags hatte, hieß Schnaumast.

Schnee Niederschlagsform, bei der sich aus unterkühlten Wassertröpfchen meist sternförmig verzweigte Eiskristalle bilden. Bei großer Kälte entstehen kleine Flocken, in Luftschichten um den Gefrierpunkt große. Schneetreiben werden Aufwirbelungen von Schneeflocken genannt, wenn die Sichtweite in Augeshöhe weniger als 1 km beträgt.

Schneidbrenner Gerät zum Ausschneiden von Stahlplatten. Acetylen oder Wasserstoff und Sauerstoff werden in ein Mischrohr und durch eine Düse geleitet und gezündet. Der Brennstrahl mit Temperaturen bis etwa 3200° C schneidet beliebig dicke Stahlplatten, Schmiedestücke etc. Zum Ausschneiden beliebig geformter Stahlplatten jeder Stärke werden heute auf allen Werften vollautomatische, elektronisch gesteuerte Brennmaschinen benutzt.

Schnigg w. Kurzes, rundes, nur in der Nordsee gebräuchliches Schiff des 18. u. 19. Jh., vorwiegend für Fisch- und Austernfang. Die Schniggen waren den Galioten sehr ähnlich, nur achtern im Oberschiff noch völliger.

Schnitt Zeichnerische Darstellung, die das Innere eines Gegenstandes in der jeweiligen Schnittfläche sichtbar werden läßt und bei unregelmäßig geformten Körpern wie einem Schiff die Konturen in jeder beliebigen Schnittebene. Die zeichnerische Erfassung eines Schiffskörpers ist ohne zahlreiche Schnitte nicht möglich. Er wird längsschiffs vertikal, längsschiffs horizontal und querschiffs geschnitten, jeweils in einer Anzahl parallel zueinanderliegender Schnittebenen. Die sich ergebenden Kurvenscharen heißen *Schnitte, Wasserlinien* und *Spanten*. Vergl. Linienriß.

Schnittholz Zusammenfassende Bezeichnung für alles in irgendeiner Form gesägte Holz, wie Bretter, Kanthölzer, Latten usw. Vergl. *load*.

Schnorchel *m.* Rohr, mit dem ein getauchtes U-Boot Frischluft für Dieselmotoren, ein Taucher Atemluft ansaugt.

Schnürboden Großer Holzfußboden auf einer Werft, auf dem Spanten, Platten usw. im Maßstab 1:1 aufgerissen werden. Die Arbeit auf dem Schnürboden hat durch die optischen Anzeichengeräte, durch die nach Lichtbildern elektronisch gesteuerten Brennschneidemaschinen, ihre einstige Bedeutung verloren.

Schocker *m.* Eine der ältesten, typischen holländischen Plattbodenyachten. Bis gegen 1875 Nutzfahrzeuge mit Längen bis 16 m. Später wurden diese Schiffe in 10–12 m Länge ausgeführt mit 3–4 m Breite und bis 1 m Tiefgang. Segelfläche mit Fock und Klüver ca. 50 m². Die Schocker sind beliebt wegen guter Segeleigenschaften und Seetüchtigkeit.

Schoner *m.* (In Anlehnung an engl. schooner, gelegentlich auch „Schuner"). Segelschiff mit 2 oder mehr Masten mit Schratsegeln; bei mehr als 2 Masten wird in der Typbezeichnung Dreimast-, Viermast- usw. vorgesetzt. In Amerika hat es einen Siebenmastschoner gegeben. Er hat sich nicht bewährt. Die in Maine gebauten hölzernen Sechsmaster waren das äußerste in bezug auf die Abmessungen, was für diesen Schiffstyp noch sinnvoll war. Abgesehen von diesen großen amerikanischen Schiffen bildete der Schoner eigentlich einen Übergang von den Rahseglern zu den Schiffen mit Gaffelsegeln. Er kam in etlichen Varianten vor. Der normale Dreimastschoner führte am Fockmast Toppsegel

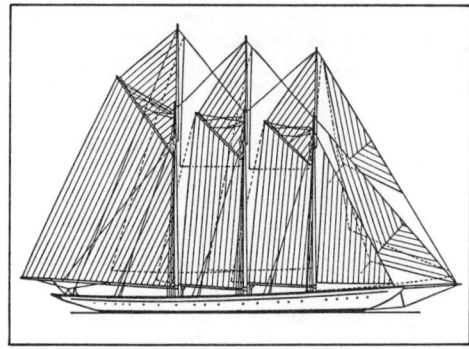

Segelriß der Dreimast-Schoneryacht „Atlantic", die 1905 das Transatlantik-Rennen um den Kaiser-Pokal in einer nicht mehr unterbotenen Rekordzeit gewann.

und Bramsegel. Dreimast-Toppsegelschoner waren Schiffe, die am Fockmast und Großmast Toppsegel und Bramsegel führten. (Unter *Toppsegel* sind jeweils Rahsegel zu verstehen!) Lediglich die Gaffelschoner hatten überhaupt keine Rahsegel, sondern nur Gaffel- und Stagsegel (vergl. hierzu Gaffel). Ausgesprochene Kompromisse zwischen Schoner und Rahsegler waren die Schonerbark und die Schonerbrigg. Im übrigen ist die Typbezeichnung der Kleinsegler vom Schoner abwärts weder einfach noch eindeutig gewesen.
Im Segelsport war der Schoner früher ein verbreiteter Yachttyp, nicht selten mit sehr großer Segelfläche (etliche über 1000 m², Dreimast-Schoneryacht „Atlantic" 1720 m²).

Schonerbark *w.* Auch Barkentine. Dreimastiges Segelschiff, bei welchem der vordere Mast vollgetakelt ist, während die beiden anderen Masten Gaffelsegel führen. Zwischen Vor- und Großmast Stagsegel.

Schonerbrigg *w.* Auch Brigantine. Zweimastiges Segelschiff mit vollgetakeltem vorderen Mast und Gaffelsegel am Großmast. Zwischen beiden Masten Stagsegel. Siehe Brigantine.

Schornstein Abzug für Rauch bzw. Verbrennungsgase. Der Schiffsschornstein enthält darüber hinaus noch etliche Einbauten wie Funkenfänger, Schalldämpfer, Vorwärmer usw. Der Schornsteinmantel ist Träger der sog. Schornsteinmarke, des speziellen Kennzeichens einer Reederei.

Schorre w. Die Küstenzone, die sich von der Niedrigwassergrenze bis in Tiefen erstreckt, in denen noch ein merklicher Transport erodierten Materials stattfindet (Brandungsplattform).

Schot w. Diejenige einfach oder als Talje geschorene Leine des laufenden Gutes, mit der man ein Segel in die richtige Stellung zum Wind bringt, es dichtholt oder auffiert. Bei einem Rahsegel die Taue, die die unteren beiden Ecken des Segels zu den Nocken der darunter befindlichen Rah ausholen; bei einem Untersegel das Tau, das die untere Lee-Ecke des Segels festhält. Schoten sind das am meisten beanspruchte laufende Gut einer Yacht, und man verlangt von ihnen neben großer Bruchfestigkeit, daß sie lehnig und griffig sind. Früher wurde Baumwolltauwerk benutzt; an seine Stelle ist ummanteltes Kunststofftauwerk getreten. Bei extremen Rennyachten, wie den 12 m R-Yachten der America-Pokal-Regatten, werden über Ständerwinschen mit Viergangsgetriebe einfach geschorene Drahtseile gefahren.

Schothorn Die hintere untere Ecke eines Segels, die Ecke, in der die Schotkraft angreift bzw. die zur Baumnock ausgeholt wird.

Schotklemme Auf Yachten eine Klemmvorrichtung, die eine Schot festhält und sie doch mit einem Ruck loszuwerfen gestattet.

Schotrah Die an der Gaffel gehaltene Spiere des Vierkanttoppsegels einer gaffelgetakelten Yacht.

Schotring 1. Oben offener, mit Rollen versehener, um den Großbaum greifender Ringbeschlag für die Großschot. Der Schotring erlaubt beim Reffen ein Aufrollen des Segels auf den Baum, ohne daß die Schot mit aufgewickelt wird. Der Schotring war bei den breiten Gaffelsegeln unerläßlich; bei den meist sehr kurzen Bäumen moderner hochgetakelter Yachten tritt an die Stelle des Schotringes ein drehbarer Beschlag an der Baumnock, wodurch Komplikationen beim Reffen entfallen.
2. Bei Rahsegeln der Ring, in welchen Unter- und Seitenliek eingespleißt werden. Auch Schotenbrille genannt.

Schotstek Knoten zum Verbinden zweier Enden unterschiedlicher Stärke sowie zum Festmachen eines Tampens in einem Auge (z. B. bei der Flagge). Siehe Knoten.

Schott s. Plur. Schotte. Stählerne Trennwände, die ein Schiff in eine Anzahl geschlossener Abteilungen gliedern. Es gibt Querschotte und Längsschotte. Sie dienen der Quer-, Längs- und Torsionssteifigkeit des Schiffskörpers, teilen ihn in wasserdichte Abteilungen und in Feuerabschnitte. Namen wie Kollisionsschott, Stopfbuchsenschott, Maschinenraumschott, Brückenfrontschott usw. bezeichnen ihre Lage im Schiff.
Die Schotte sind bis zum Freiborddeck hochgeführt, auf Fahrgastschiffen bis zum Schottendeck (Kollisionsschott bis zum Oberdeck). Der Abstand der Querschotte voneinander ergibt sich aus der Forderung der Unsinkbarkeit, d. h. daß notfalls eine oder zwei Abteilungen vollaufen dürfen, ohne daß das Schiff sinkt. Dieser Höchstabstand heißt flutbare Länge, die Ermittlung dieses Abstandes Schottenrechnung.
Auf Yachten sind Querschotte im allgemeinen nicht wasserdicht. Kenterbare Yachten sind durch Luftkästen unsinkbar gemacht.

Schottendeck Das oberste Deck, bis zu dem alle wasserdichten Querschotte hinaufgeführt sind.

Schottelnavigator Firmenname einer Antriebsvorrichtung, die auf das Heck eines Schiffes aufgebaut und um 360° gedreht werden kann, und die zugleich die Funktion des Ruders übernimmt. Die Benennung erfolgte nach der Schottel-Werft; Schottel = Stromabschnitt des Rheins, an dem die Werft liegt.

schralen Das Drehen des Windes in dem Sinne, daß er im spitzeren Winkel einkommt und die Schoten dichtergeholt werden müssen (Grundbedeutung des nd. Wortes schral: schlecht, dünn, knapp). Das Gegenteil von schralen ist raumen.

Schratsegel Sammelbezeichnung für alle an Masten und Stagen gefahrenen Segel, deren normale Segelstellung die Schiffslängsrichtung ist, im Gegensatz zu den Rahsegeln. Die Bezeichnung entstand aus nd. *schrad*, schräg, winkelig. Im Englischen *„fore and aft sail"*.

Schraube, Schiffsschraube Siehe Propeller.

schricken Eine auf Kraft stehende Leine über einen Poller oder Spillkopf etwas fieren. Daß dies zumeist mit einem Ruck geschieht, gab der Sache ihren Namen (schricken = schrecken, aufspringen). Einen „Schrick in die Schot" geben bedeutet indessen nicht, dieses ruckartig zu tun, sondern ist als quantitatives Maß zu verstehen: nach einem kurzen Nachgeben gleich wieder festhalten.

Schubschlepper, Schubbootverband Modernes Schleppsystem für Binnenschiffe, bei dem die zu befördernden Transporteinheiten nicht gezogen, sondern zu einem starren oder gelenkig gekoppelten Verband zusammengefaßt, von einem Schubboot mit breiter Stirnfläche geschoben werden. Dieses System hat Vorteile hinsichtlich Schleppleistung und Manövrierfähigkeit. Es gewinnt daher zunehmend an Bedeutung. Auf dem Mississippi sind Schubverbände von selbst 45 Einheiten (zu 5 hintereinander und 9 nebeneinander) keine Seltenheit.

Schulschiff Schiff mit der ausschließlichen Aufgabe der Ausbildung des seemännischen Nachwuchses. Der Begriff *Schulschiff* ist nicht mit *Ausbildungsschiff* zu verwechseln. Wenn bestimmte Voraussetzungen erfüllt sind, werden deutsche Handelsschiffe vom Bundesminister für Verkehr als Ausbildungsschiffe anerkannt und zugelassen. Behördlich anerkannte Schulschiffe der deutschen Handelsmarine gibt es z. Z. nicht. Die Bundesmarine verfügt über ein Segelschulschiff und maschinengetriebene Schulschiffe.

Schuß(faden) Der durch die Kettfäden hindurch „geschossene" Querfaden. Beim Segeltuch verläuft die Kette in Richtung der Bahnen.

Schute *w.* Offenes Transport-Wasserfahrzeug ohne eigenen Antrieb für den Hafenbetrieb. Die Bezeichnung Schute war früher weiterreichend und umfaßte auch dreimastige Transportkähne in der Ostsee sowie auf der Elbe geruderte und gesegelte Fahrzeuge für Lustfahrten und kleine Reisen.

Schüttgut Ladung, die lose in die Räume geschüttet wird, wie Getreide, Kohle, Erz, Sand u. ä. Die natürlichen Böschungswinkel liegen bei Neigungen von 30 bis 50 %, doch kann infolge der Beschleunigungskräfte im Seegang ein Abrutschen schon bei erheblich kleineren Winkeln eintreten. Gegen das Übergehen von losem Schüttgut gibt es Vorschriften über den Einbau von Längsschotten (siehe Getreideschott und gefährliche Güter). Bei Ladungen, die während der Reise breiartig werden können, ist der Laderaum in ganzer Ausdehnung mit einem starken, vollständig abgedichteten Längsschott zu versehen.
Es ist üblich, den Inhalt eines Laderaumes für Schüttgut und Stückgut anzugeben. Beim Schüttgutinhalt werden vom Bruttowert etwa 1 bis 1,5 Prozent für das Volumen fester Einbauteile abgezogen.

Schutzdecker, Shelterdecker Dieser Frachtschifftyp ist einst dadurch entstanden, daß man für Viehtransporte auf dem Oberdeck Verschläge mit durchlaufenden Bedachungen errichtete, ähnlich wie bei den Spar- und Sturmdeckern. Daraus entstand ein zusätzliches Deck, das von der Vermessung ausgeschlossen wurde, wenn man es durch Vermessungsluken, Wasserpforten und Speigatten „offen gemacht" hatte. Strenge Freibordvorschriften führten dann zu der Unterscheidung des offenen und des geschlossenen Schutzdeckers *(open shelter deck, closed shelter deck)*.
Die Oslo Konvention von 1947 unterschied grundsätzlich zwei Ausführungen von Frachtschiffen: den Volldecker und den Schutzdecker. Beim Volldecker nutzte man die Tragfähigkeit voll aus, beim Schutzdecker dagegen den Laderauminhalt. Der Schutzdecker erhielt eine tiefer liegende Freibordmarke (geringeren zugelassenen Tiefgang), dafür wurde das über dem Vermessungsdeck gelegene Zwischendeck vermessungstechnisch nicht berücksichtigt. Zuletzt gab es hinsichtlich der Bauausführung keine Unterschiede mehr; die Frage nach der rationellsten Ausnutzung der Tonnage führte zu den Wechselschiffen. Siehe dort. Der Schutzdeckertyp wurde 1967 gemäß Entschließung der IMCO vom → Freidecker abgelöst.

Schwalbennest Auf Jollen und Yachten im Cockpit eingebaute kleine Fächer zum Ablegen von Doppelglas, Handpeilkompaß, Werkzeug und anderen Dingen, die man schnell zur Hand haben will.

Schwanenhals Rohr für Luftaustritt. Es tritt senkrecht aus dem Deck und ist um 180° zurückgebogen. Das offene Rohrende liegt wenige Zentimeter über Deck.

Schwanzwelle Das hinterste Stück der Wellenleitung, auf dem der Propeller sitzt.

„schwarzer Frost" Schnelle, nicht aufzuhaltende Vereisung eines Schiffes durch überkommende Seen bei großer Kälte.

Schweberuder Nur am Schaft gelagertes Balanceruder. Siehe Ruder.

Schwebung Die Differenzschwingung zweier Schwingungen annähernd gleicher Frequenz. Deutlich hörbar sind Schwebungen bei zwei Schallquellen mit nicht genau gleicher Tonhöhe. Im mechanischen Bereich können Schwebungen an Bord auftreten etwa als Folge nicht übereinstimmender Drehzahlen mehrerer gleichartiger Motoren.

Schweißlatten Die offene Wegerung in den Laderäumen von Frachtschiffen an Bordwänden und Schotten.

Schweißung Die Verbindung gleichartiger Werkstoffe miteinander, so daß die Teile an der Verbindungsstelle nahtlos ineinanderfließen. Stahl und andere Metalle sowie auch Plaste lassen sich schweißen. Unter den verschiedenen Schweißverfahren für Stahl hat das elektrische Lichtbogenschweißen die weitaus größte Bedeutung. Es hat im Schiffbau die Nietung vollständig verdrängt. Die Ränder der zu verbindenden Stahlteile schmelzen im Lichtbogen, während gleichartiger Zusatzwerkstoff hinzugeführt wird, als Elektrode geschaltet oder auch stromlos.
Es gibt heute zahlreiche mechanisierte Lichtbogen-Schweißverfahren. Sie lassen sich in drei Hauptgruppen teilen: Schweißen mit offenem Lichtbogen, mit verdecktem Lichtbogen (Unterpulverschweißen), Schutzgasverfahren.

Schwell (auch Swell; moderne Entlehnung aus dem Engl.) Wellen, die von Seegang herrühren, als Dünung weite Strecken zurücklegen, im flachen Wasser als Schwell die Küsten erreichen und in Buchten und Häfen hineinlaufen.

Schwergut Verladungstechnisch jedes Gut, das nach Gewicht abgerechnet wird; nach einer alten Verordnung Frachtstücke von 1 t und mehr. Für das Ladegeschirr bedeutet Schwergut, was über die Tragkraft eines normalen Ladebaumes hinausgeht, im allg. was schwerer ist als 15 t. Moderne Schwergutbäume tragen bis zu 300 t.
Hinsichtlich der Tragfähigkeit des Schiffes bedeutet Schwergut jede Ladung, die das Schiff bis zur Tiefladelinie eintauchen läßt, bevor der gesamte Schiffsraum ausgefüllt ist.

Schwerkraft Die Anziehungskraft, die ein Körper im Schwerefeld der Erde erfährt. Sie ist durch die der Anziehungskraft entgegenwirkenden, infolge der Kugelgestalt der Erde je nach der geographischen Breite verschiedenen Zentrifugalkraft nicht überall gleich. Die am Äquator wirksame Zentrifugalkraft beträgt etwa $1/300$ der Gravitationskraft. Als Normalfallbeschleunigung ist $g = 9,80665$ m/s^2 festgelegt worden.

Schwerkraftdavit Moderne Form von Bootsdavits, die ein Aussetzen der Rettungsboote bei geringstem Kraftaufwand gestattet. Die Bewegung der Davitarme erfolgt durch die Schwerkraft selbsttätig bis zur Einbootungsstellung, und zwar selbst bei Schlagseite bis 15° (Rollbahndavits).

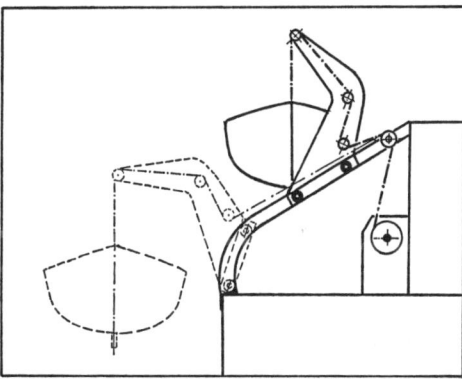

Schwerkraftdavit

Schwerpunkt Derjenige Punkt, in dem man sich die Masse eines Körpers, die Summe der Auftriebskräfte eines Schiffsrumpfes, die auf eine Segelfläche wirkende Windkraft usw. konzentriert denken kann. Die Lage der Volumen-, Massen- und Flächenschwerpunkte zueinander

Schwert

sind für ein Schiff hinsichtlich Stabilität und Trimm von größter Bedeutung. Die Schwerpunkte werden in umfassenden Berechnungen auf das genaueste ermittelt und im → Kurvenblatt in Abhängigkeit vor der Eintauchung des Schiffes aufgezeichnet.

Schwert Absenkbare Flosse zur Verminderung der Abdrift eines Segelfahrzeugs. Die älteste Form, die der Sache im Vergleich mit einem umgehängten Schwert ihren Namen gegeben haben soll, ist die der Seitenschwerter. Das Mittelschwert erschien zuerst 1815 in den USA. Doch auch heute sind – vorwiegend in den Niederlanden – noch Seitenschwerter gebräuchlich. Das Schwert soll in Fahrtrichtung einen denkbar geringen, quer zu derselben einen möglichst großen Widerstand haben. Ein schmales tiefgehendes Schwert ist dynamisch wirkungsvoller als ein breites kurzes. Schwerter dienen nicht nur der Verminderung der Abdrift, sondern je nach Grad der Absenkung und speziell bei Tandemanordnung auch der Beeinflussung der Lage des Lateralschwerpunktes und damit des Ruderdrucks. Keinesfalls ist das Schwert eine Sicherung gegen Kentern, und so tendiert der moderne Rennsegelsport zu möglichst leichten Schwertern. Normalerweise wird das Schwert als Klappschwert, um einen Bolzen drehbar, ausgeführt. Das gestattet Grundberührung ohne Schaden und Gefahr. Das Schwert wird mittels Schwerttalje im Schwertkasten hochgeholt, einem schmalen, bis über die Schwimmwasserlinie reichenden Kasten, der das Eindringen von Wasser durch den Schwerteinschnitt im Kiel verhindert.

Auch Kielyachten können zur Verbesserung des Trimms zusätzlich mit einem Schwert ausgerüstet sein. Kielschwertyachten sind ein Kompromiß aus Kielboot und Jolle, bei welchem die an sich konträren Qualitäten: große Stabilität – geringer Tiefgang – wenig Abdrift in einem vernünftigen Mittelmaß kombiniert werden sollen.

Schwertboot Jolle, relativ breites, flaches und leichtes Segelboot mit geringem Tiefgang, das seine Stabilität seiner Form und dem aufrichtenden Moment seiner nach Luv ausreitenden Mannschaft verdankt. Vergl. formstabil.

schwichten Zwei stehende Taue mittels einer dünnen Leine zusammenziehen und ihnen mehr Spannung geben. Schwicht-Törns sind zusätzliche Längstörns um eine Lasching.

Schwimmdock U-förmiger, kastenartiger Auftriebskörper zum Heraushebung von Schiffen aus dem Wasser, damit am Unterwasserschiff Besichtigungen, Reparaturen, Malerarbeiten usw. ausgeführt werden können. Das Schwimmdock wird durch Fluten abgesenkt und durch Auspumpen gehoben. Das gedockte Schiff ruht dabei auf den Kielpallen und wird durch die verstellbaren Kimmpallen abgestützt. Die Seitenkästen bewirken die Stabilität während des Dockvorgangs. Früher wurden auch L-förmige Schwimmdocks (mit nur einem Seitenkasten) gebaut; sie mußten zur Herstellung der Stabilität durch Gelenkarme mit der Kaimauer verbunden werden. Die Seitenkästen der Schwimmdocks enthalten Pumpenräume, Verholeinrichtungen, Kräne und Führerhaus. Die Energie erhält das Dock durch Landanschluß.

schwimmende Seezeichen Feuerschiffe und Tonnen aller Art, die zur Bezeichnung von Untiefen, Fahrwassern, Wracks, Zwangswegen, Sperrgebieten usw. an besonderen Stellen fest verankert sind.

Schwimmfähigkeit Die Voraussetzung für das Schwimmen eines Schiffes ist, daß sein Auftrieb größer ist als sein Gewicht, d. h. daß das mittlere spezifische Gewicht des Schiffes kleiner ist als das der von ihm verdrängten Wassermenge (Archimedisches Prinzip). Die exakte Berechnung der Verdrängung des Schiffskörpers für jede beliebige Eintauchung und eine sorgfältige Ermittlung des zu erwartenden Gesamtgewichtes sowie der Schwerpunktslagen sind die Hauptaufgaben bei einem Schiffsentwurf.

Schwimmkompaß Siehe Fluidkompaß.

Schwimmkran Auf einen Ponton gebauter Kran für den Umschlag schwerer Kolli, für die Ausrüstung neuerbauter Schiffe, für den Hafenbau und Schiffsbergungen. Neuzeitliche Schwimmkräne haben bis etwa 1000 t Hebekraft.

Schwimmweste, Rettungsweste Eine zugelassene Schwimmweste muß für jede an Bord befindliche Person mitgeführt werden. Zugelassen sind nur Schwimmwesten aus massivem Kork oder einem gleichwertigen Werkstoff, der in Frischwasser 24 Stunden lang eine Tragfähigkeit von 8 kg hat. Aufblasbare Schwimmwesten sind in der Handelsschiffahrt unzulässig. Für die Marine gelten gesonderte Vorschriften.

Der Kragen der Schwimmweste muß so ausgeführt sein, daß der Kopf selbst eines bewußtlosen Trägers über Wasser gehalten wird.

Schwingkiel Ein Ballastkiel, der mittels Getriebe wie ein Schwert hochgeschwenkt werden kann; der Versuch, die Vorzüge einer gewichtsstabilen und einer formstabilen Yacht zu kombinieren. Der Wert dieser Einrichtung für Regatten wird bestimmt durch ihre Besteuerung nach der jeweils gültigen Vermessungsformel.

Schwingmetall Schwingungsdämpfendes Bauelement zur Lagerung von schnellaufenden Verbrennungskraftmaschinen, E-Motoren und sonstigen Vibrationserregern. Es besteht aus einem zwischen Metallplatten gelegten und einvulkanisierten Gummiklotz.

Schwingquarz Siehe Quarzuhr.

Schwingungen 1. Die Schwingungen, die der Schiffskörper als Ganzes im Seegang ausführt, sind die Schlinger- bzw. Rollschwingungen, die Stampf- und die Tauchschwingungen.
2. Darüber hinaus schwingt jedoch der Schiffskörper in sich. Das Schiff ist als elastischer Stab zu denken, in welchem Biegeschwingungen ersten, zweiten und sogar dritten Grades auftreten können, je nachdem sich 2, 3 oder 4 Knotenpunkte bilden. Außerdem treten Torsionsschwingungen und zusätzlich örtliche Schwingungen als Resonanzerscheinungen auf. Erregende Kräfte solcher Art Schwingungen sind vor allem die verschiedenen Maschinen an Bord; auch die Hilfsmaschinen! Massenausgleich in den Motoren, Drehzahlregelung sowie Gestaltung und Anordnung des Propellers sind entscheidende Faktoren bei der Bekämpfung von Vibrationen.
Die Ruhepunkte in einer stehenden Welle heißen Schwingungsknoten, die zwischen zwei Knoten liegenden Stellen größter Schwingungsweiten heißen Schwingungsbäuche, die Schwingungsweiten Amplituden.

Schwingungszahl Die Anzahl der Schwingungen pro Sekunde. Siehe Frequenz.

Schwitzwasser Auch Schweißwasser. Feuchtigkeit, die sich an der Bordwand, an der Unterseite des Decks, an der Ladung usw. niederschlägt, sobald die Flächentemperatur unter den Taupunkt der wasserdampfhaltigen Luft absinkt. Geeignete Ventilationsmaßnahmen können die Schwitzwasserbildung einschränken; ganz ausschalten läßt sie sich im allgemeinen nicht.

schwojen, schwoien (anord.-nl.) Schwingen. Sich vor Anker liegend im Strom pendelnd hin und her bewegen. Auch das Herumtreiben, wenn der Strom kentert.

Schwund 1. Schwankungen der Lautstärke empfangener Funksignale oder Rundfunksendungen infolge von Änderungen der Ausbreitungsbedingungen. Die Vorrichtung zur automatischen Verstärkungsregelung für die Erhaltung gleichbleibender Ausgangsspannung wird als Schwundausgleich bezeichnet.
2. Gewichtsverlust einer Ladung während des Transportes oder der Lagerung.

Sechsergruppe (veralteter Begriff) Sechs verschiedene Schiffsarten, denen gemeinsam war, daß sie durch spezielle Aufgaben behindert wurden und dies durch besondere Sichtzeichen anzeigen mußten: Tonnenleger, Kabelleger, Vermessungsschiffe, Fahrzeuge für Unterwasserarbeiten, Versorgungsfahrzeuge und Flugzeugträger. Durch die geänderte Seestraßenordnung von 1977 fallen alle diese Fahrzeuge unter die Regel 27 „Manövrierunfähige und manövrierbehinderte Fahrzeuge".

Sechsuhrkreis Derjenige Stundenkreis, dessen Ebene rechtwinklig zum Himmelsmeridian steht. Die Schnittpunkte des Sechsuhrkreises mit dem Himmelsäquator heißen Ost- und Westpunkt.

Sedimentgesteine Verwitterungsprodukte, die durch Wind, Wasser und Eis transportiert werden und sich in Schichten ablagern.

See *Die See* wird in der Seemannssprache gegenüber *Meer* bevorzugt. Man geht in See, kommt von See, fährt zur See. Zahlreich sind die Wortzusammensetzungen mit See, siehe die folgenden (Seeamt usw.). Das Wort See wird auch im Sinne von Wellen gebraucht: Seegang, Dwarssee, Kreuzsee, Grundsee usw.

Seeamt Untersuchungsstelle, Seegericht. Das Seeamt hat die Aufgabe, die Ursachen und Schuldfragen von Seeunfällen zu klären. In der

Seeanker

Bundesrepublik gibt es Seeämter in Emden, Bremerhaven, Hamburg, Lübeck und Flensburg. Sitz des Oberseeamtes ist Hamburg. Das Seegericht setzt sich zusammen aus einem Vorsitzenden und vier Beisitzern. Der Vorsitzende muß Volljurist sein, von den Beisitzern müssen mindestens zwei das Patent AG haben. Die Rolle des Staatsanwaltes fällt beim Seeamt dem „Bundesbeauftragten" zu – aus Gründen der Neutralität vorzugsweise ein ehemaliger höherer Seeoffizier der Bundesmarine.

Seeanker Siehe Treibanker.

Seebeben Submarines Erdbeben, dessen Erschütterungen durch das Wasser übertragen werden. Man bezeichnet die Auswirkungen mit ihrem japanischen Namen → Tsunami.

See-Berufsgenossenschaft (SBG) Träger der gesetzlichen Unfallversicherung für Seeleute. Sie ist eine bundesunmittelbare Körperschaft des öffentlichen Rechts. Sonderanstalten der See-Berufsgenossenschaft sind die Seekasse, die Trägerin der gesetzlichen Rentenversicherung und die Seekrankenkasse. Die SBG stellt den Fahrterlaubnisschein aus, ohne den kein deutsches Schiff einen Hafen seewärts verlassen darf. Siehe Fahrterlaubnisschein.

Seefähigkeitsattest Bescheinigung der Seefähigkeit mit befristeter Gültigkeit. Diese Bescheinigung wird nach einer vorläufigen Reparatur oder zur befristeten Verlängerung der Klasse von der zuständigen Klassifikationsgesellschaft ausgestellt.
Neben dem Seefähigkeitsattest muß sich stets der → Fahrterlaubnisschein an Bord befinden.

Seefahrt Im Sinne des Flaggenrechtsgesetzes jede Schiffahrt seewärts eines näher bezeichneten Küstenbereiches. Über die Unterteilung des Seegebietes hinsichtlich der erforderlichen Schiffsführungspatente vergl. *Fahrtgebiete*.

Seefahrtbuch Das Seefahrtbuch ist der Ausweis des Seemannes und muß von jedem Besatzungsmitglied und jeder sonstigen während der Reise an Bord angestellten Person mitgeführt werden. Es befindet sich in Verwahrung beim Kapitän. Im allgemeinen dient das Seefahrtbuch zugleich als Paßersatz und ersatzweise auch als Nachweis über Rentenversicherungszeiten.

Seefahrtskreuzer Veraltete (nationale) Kreuzeryacht-Klassen. Die nach dem System der Grenzmaße konstruierten Seefahrtskreuzer kamen in den folgenden Größenklassen vor: 30, 50, 60, 80, 100 und 150 m^2 Segelfläche.

Seefallreep Siehe Jakobsleiter.

seefest 1. Gegenteil von seekrank werden; der Begriff seefest kennzeichnet einen Menschen, dem die Schiffsbewegungen nichts ausmachen. 2. Seefest zurren heißt, bewegliche Gegenstände an Bord mit Leinen sachgemäß sichern.

Seefrachtgeschäft Die an einem Seefrachtgeschäft Beteiligten sind
a) Der Befrachter, der den Frachtvertrag mit dem Verfrachter abschließt, die Güter liefert und die Fracht bezahlt.
b) Der Ablader, der die Güter für Rechnung des Befrachters zur Beförderung an das Schiff liefert.
c) Der Verfrachter, im allgemeinen der Reeder bzw. als dessen Vertreter der Makler oder Agent. Bei Zeit- und Bareboat-Charter der Charterer.
d) Der Empfänger, der das Konnossement besitzt.
Oft ist der Befrachter zugleich der Ablader und wird Verlader genannt.

Seefrachtvertrag Der Vertrag zwischen Befrachter und Verfrachter, durch welchen dieser sich verpflichtet, die übernommenen Güter gegen Zahlung der Fracht nach dem vereinbarten Bestimmungshafen zu befördern. Man unterscheidet den Raumvertrag (Chartervertrag) und den Stückgutvertrag. Vergl. Charter.

Seefunkdienst Für den Seefunkdienst sind folgende Frequenzbereiche festgelegt:

Mittelwelle	405–535 kHz
Grenzwelle	1,6– 3,8 MHz
Kurzwelle	4,0– 25 MHz
UKW	156–174 MHz

Es gibt eine Rangfolge der Dringlichkeit des Funkverkehrs, die beachtet werden muß:
1. Notverkehr, 2. Dringlichkeitsverkehr, 3. Sicherheitsverkehr, 4. Funkpeilungen, 5. Flugnavigation, 6. Schiffsdienstverkehr und Wettermeldungen, 7. Staatstelegramme, 8. Funkdiensttelegramme, 9. Nachrichten aller Art.

Seefunkzeugnis Befähigungsnachweis des Funkoffiziers in mehreren Klassen: Das Seefunkzeugnis I. Klasse berechtigt zur Ausübung des Funkdienstes auf allen Fracht- und Fahrgastschiffen, das Seefunkzeugnis II. Klasse zur Ausübung des Funkdienstes auf allen deutschen Frachtschiffen als Alleinfunkoffizier und als nachgeordneter Funker auf Fahrgastschiffen. Das Seefunksonderzeugnis berechtigt zur Ausübung des Funkdienstes auf deutschen Schiffen unter 1600 BRT in der Kleinen Fahrt und das Allgemeine Seefunksprechzeugnis zur Ausübung des Funkdienstes auf Schiffen, die nur für den Sprechfunkdienst eingerichtet sind und deren Senderleistung 100 Watt nicht übersteigt. Die erstgenannten Zeugnisse sind Berufsfunkerzeugnisse; das letztgenannte wird in der Regel von nautischen Schiffsoffizieren zusätzlich erworben.

Seegang Die Wellenbewegung auf See allgemein, Oberflächenwellen, die durch den Wind erzeugt werden, und Dünung. Oft überlagern sich Windsee und Dünung aus verschiedenen Richtungen, dann entsteht Kreuzsee. Der Seegang wird wie der Wind in verschiedene Stärkegrade eingeteilt. Siehe Beaufort-Skala für Wind und Seegang mit Windgeschwindigkeiten und Wellenhöhen im Anhang. Vergl. auch *Wellen*.

Seegangsreflexe, -störungen Unerwünschte Echos auf dem Radarbildschirm, die durch Seegang hervorgerufen werden können.

Seehandbücher Handbücher für die Küstennavigation, die die Angaben in den Seekarten ergänzen sollen. Bücher dieser Art gibt es seit langem; das älteste ist das hansische „Seebuch" aus dem 15. Jh.
Die Seehandbücher enthalten Angaben über Fahrwasser und Ansteuerungen, Skizzen von Küstenansichten, Seezeichen, Landmarken usw. Ferner enthalten sie Angaben über Lotsenstationen, Bemerkungen über Gezeitenströme und sonstige Strömungen, die in deutschen Seekarten nicht enthalten sind. Darüber hinaus werden bei kleinen Hafenplätzen für ein Schiff wichtige bzw. nützliche Einrichtungen aufgezählt, wie z. B. Werft, Slip, Zollamt, Post, Einkaufsmöglichkeiten, Bunkerstation u. dergl. mehr. Seehandbücher gehören zur Ausrüstungspflicht eines Schiffes.

Seekarte Winkeltreue, flächenähnliche Karte nach der Mercatorprojektion. Mit zunehmender Breite tritt eine anwachsende Größenverzerrung auf, so daß Maßstäbe nur relative Gültigkeit haben, und zwar nur auf die Breite bezogen, auf der gemessen werden soll. Alle Meridiane bilden sich auf der Seekarte als parallele Geraden ab. Kurse und Peilungen werden als gerade Linien eingetragen. Die Seekarte enthält alle für die terrestrische Navigation wichtigen Angaben: Wassertiefen, Beschaffenheit des Grundes, feste und schwimmende Seezeichen, Wracks usw.
Außer dem genauen Küstenverlauf sind auf den Landgebieten nur die von See aus einzusehenden Teile und markanten Punkte (Kirchen, Mühlen, Schornsteine usw.) eingezeichnet. Die Seekarten werden nach ihrem Maßstab in verschiedene Gruppen eingeteilt:
Ozeankarten: 1:5 Mill. und kleiner
Übersichtskarten: 1:1,6 Mill. bis 1:5 Mill.
Segelkarten: 1:300 000 bis 1:1,6 Mill.
Küstenkarten: 1:30 000 bis 1:300 000
Pläne: 1:30 000 und größer.
Eine vollständige Zeichenerklärung und sämtliche Abkürzungen enthält die Karte D 1 des DHI, die wichtigsten sind in diesem Buch im Abkürzungsverzeichnis aufgeführt. Alle Seekarten für das jeweilige Fahrtgebiet eines Schiffes müssen sich an Bord befinden.

Seekartenberichtigung Die Korrektur derjenigen Angaben in den Seekarten, die sich seit der Kartenausgabe geändert haben. Solche Änderungen können die Wassertiefe betreffen (Versandungen oder Baggerungen), Leuchtfeuer, Fahrwasserbezeichnungen, Bauwerke usw. Für die Schiffahrt wichtige Ereignisse werden in den wöchentlich erscheinenden „Nachrichten für Seefahrer" (N.f.S.) bekanntgegeben.
Berichtigungen über längere Zeitspannen werden von Vertriebsstellen für nautische Veröffentlichungen ausgeführt; eine laufende Zurkenntnisnahme der N.f.S. ist Sache der Schiffsführung.

Seekasse 1907 gegründete Sonderanstalt der See-Berufsgenossenschaft. Sie führt die Invalidenversicherung der Seeleute durch. Die Seekrankenkasse ist eine Abteilung der Seekasse.

Seekasten Kleiner kastenartiger Raum im Unterwasserschiff, von welchem aus die Seewasserleitungen (Ballast-, Kühl-, Feuerlösch- und Spülwasser) ins Schiffsinnere führen. Die Plat-

Seekiste

ten des Seekastens müssen ebenso stark sein wie die der Außenhaut.

Seekiste Der traditionelle „Koffer" des Seemannes. Die Seekiste enthielt früher während der Segelschiffszeit die gesamte Ausrüstung des Seemannes und diente ihm an Bord als Sitzgelegenheit (durch die komfortablen Einrichtungen moderner Schiffe heute überholt).

seeklar Der Ausdruck bezeichnet den Zustand eines Schiffes, das fertig zum Auslaufen ist: alle Mann an Bord, fertig ausgerüstetes Schiff, Dampf in den Kesseln bzw. Segel klar zum Setzen, Luken dicht und bewegliche Gegenstände festgezurrt.

Seeklima Das Klima im Bereich des ausgleichenden Einflusses des Meeres. Das Seeklima hat gegenüber dem kontinentalen Klima geringere Temperaturschwankungen, und zwar sowohl im täglichen als auch im jährlichen Temperaturwechsel. Wo landwärts gerichtete Luftströmungen vorherrschen, erstreckt sich das Seeklima mit feuchter Luft, Bewölkung und Niederschlägen über das Küstengebiet hinaus ins Land hinein.

Seekrankheit Durch die Bewegungen des Schiffes im Seegang hervorgerufene gesundheitliche Störungen, die sich in Übelkeit, Schwindelgefühl, Schweißausbruch, Erbrechen, Angstgefühlen und Apathie äußern. Als Ursache wird Reizung der Bogengänge des Gleichgewichtsorgans angegeben, die im Hirnstamm auf andere Gebiete übertragen wird. Schlechte Luft und der Anblick Seekranker erhöhen die Anfälligkeit beträchtlich. Die Seekrankheit hört in der Regel augenblicklich auf, sobald das Schiff in ruhiges Wasser kommt. Es sind Medikamente entwickelt worden, die die Erregbarkeit des Gehirns und des Brechzentrums herabsetzen.

Seekreuzer Seegehende Kreuzeryacht allgemein, keine → Klassenbezeichnung.

Seele Imprägn. Fasereinlage in Drahtseilen.

Seeleichter *m.* Für Seetransporte geeignete Fahrzeuge ohne eigenen Antrieb.

Seelenverkäufer 1. In der Segelschiffszeit ein unehrlicher Matrosenmakler, gewissenloser Schlafbaas. Das Wort wurde aus dem Niederl. übernommen, wo es anscheinend zuerst im Zusammenhang mit den Ostindienfahrern des 17. und 18. Jh. gebraucht wurde.
2. Bezeichnung für ein schlecht gebautes oder verrottetes Fahrzeug, früher örtlich auch auf ganz bestimmte Typen bezogen, z. B. in Preußen auf gewisse Weichselkähne.

Seelotse Nach dem Gesetz über das Seelotswesen ist Seelotse derjenige, der nach behördlicher Zulassung auf See- oder Seeschiffahrtstraßen außerhalb der Häfen berufsmäßig Schiffe als orts- und schiffahrtskundiger Berater geleitet. Er gehört nicht zur Schiffsbesatzung und hat nur beratende Funktion. Die Verantwortung behält stets der Kapitän.

Seemann; seemännisch Unter Seemann versteht man im engeren Sinne den berufsmäßigen Seefahrer des Decksdienstes, den Matrosen. Der Begriff „seemännisch" enthält jedoch das Kriterium fachgerechten Verhaltens über das Berufliche hinaus und ist auch auf sportlicher Ebene zu einer Qualifizierung geworden. „Unseemännisch" ist ein schlimmer Tadel.

Seemannsämter Von den Landesregierungen eingerichtete Behörden, die für alles zuständig sind, was Musterung, Fürsorge, Versicherungsfragen, Überwachung der Einhaltung von Schiffsbesetzungsordnung und Bemannungsrichtlinien der SBG und ähnliche Angelegenheiten betrifft. Im Ausland üben die diplomatischen und konsularischen Vertretungen der Bundesrepublik zugleich die Funktion der Seemannsämter aus.

Seemannschaft Im weiteren Sinne das gesamte Wissen und Können, das zur Führung und Handhabung eines Schiffes gehört. Im engeren Sinne ist die praktische Seemannschaft jedoch nur als ein Teilgebiet dessen zu verstehen; Navigation, Wetterkunde, Schiffahrtsrecht, Schiffstechnik, Funkwesen usw. sind als gesonderte Bereiche zu betrachten. Die eigentliche Seemannschaft umfaßt alles, was die praktische Handhabung des Schiffes betrifft: alle Manöver, den Umgang mit Leinen, Taljen, Ankern, Segeln, den Sicherheitsdienst, Bootsmanöver, das Verhalten in Notfällen, wie z. B. bei Rettung und Bergung, und schließlich alles, was zur Instandhaltung des Schiffes gehört.

Seemeile Die Seemeile war zunächst als 1 Bogenminute des Äquators definiert und wurde in den verschiedenen Ländern mit unterschiedlichen Werten um 1855 m angenommen. Doch entsprechend der prinzipiellen Ableitung der Basisgrößeneinheit Meter als zehnmillionster Teil eines Meridianquadranten wird seit dem 19. Jh. auch für die Seemeile nicht der Äquator, sondern ein *Meridian* als Basis für die Ableitung zugrunde gelegt:
1 Seemeile = 1 Meridianminute = 1852 m.
Dieser Wert wird auch als „International nautical mile" bezeichnet. In Großbritannien und den Ländern des Vereinigten Königreiches ist noch die „Imperial nautical mile" zu 1853,181 m gültig, während sonst fast alle Staaten den international vereinbarten Wert von 1852 m angenommen haben. Auch die „US nautical mile" zu 1853,248 m ist 1954 durch die internationale Seemeile ersetzt worden.

Seenebel Strömt über eine relativ kalte Wasseroberfläche Warmluft hinweg, entsteht häufig Kondensation in den unteren Luftschichten und es bildet sich eine meist nur niedrige Nebelschicht über dem Wasser.

Seenot Gefahr, in die ein Schiff hineingeraten ist und aus der die Besatzung das Schiff und sich selbst aus eigener Kraft nicht befreien kann, so daß fremde Hilfe angefordert werden muß.

Seenotfrequenzen Für Funktelegraphie 500 kHz, für Funktelephonie 2182 kHz.
Auf diesen Frequenzen muß zu folgenden Zeiten Funkstille herrschen:
im Telegraphieverkehr stündlich von
    15–18 min und 45–48 min,
im Telephonieverkehr stündlich von
    00–03 min und 30–33 min.
Darüber hinaus sind Seenotfrequenzen im UKW-Sprechfunkdienst 156,8 MHz und für Rettungsboote auch 8364 kHz.

Seenot-Funkboje Apparat, der im Seenotfall schwimmend selbsttätig auf der Seenotfrequenz 2182 kHz Funksignale abgibt, wonach Schiffen und Suchflugzeugen die Ortung erleichtert wird.

Seenotruf Seenotrufe über Funk können über verschiedene Frequenzen ausgestrahlt werden, die gerade wenig besetzt sind, doch wählt man im allgemeinen die beiden Seenotfrequenzen, auf denen jeweils zweimal stündlich 3 Minuten Funkstille für den allgemeinen Funkverkehr einzuhalten sind, siehe Seenotfrequenzen. Jedem Notruf muß zur Auslösung von Autoalarmgeräten das Alarmzeichen vorausgehen. Es besteht beim Telegraphiefunk aus 12 Strichen à 4 s mit je 1 s Pause und abschließend dreimal SOS. Als Sprechfunk-Alarmzeichen werden 1 Minute lang ununterbrochen und in schneller Folge abwechselnd Töne mit Frequenzen von 2200 u. 1300 Hz gesendet. Die Notmeldung selbst besteht aus dreimal SOS (Telegraphiefunk) oder dreimal „Mayday" (Sprechfunk) und anschließender Angabe von Schiffsnamen bzw. Rufzeichen, Schiffsort, Art des Notfalles und der erbetenen Hilfe. Vergl. hierzu „Mayday".

Seenotsignale, Notzeichen Ein in Seenot geratenes Schiff versucht sich auf alle erdenkliche Weise bemerkbar zu machen. International werden als Notsignale verstanden: Böllerschüsse in regelmäßigen Abständen, Dauerton mit Nebelhorn, rote Leuchtkugeln, Morsesignal SOS durch Telegraphiefunk oder Morselampe, Sprechfunksignal aus dem gesprochenen Wort „Mayday", Flaggensignal NC des Internationalen Signalbuches, eine viereckige Flagge mit einem Ball darüber oder darunter, Flammensignale, rote Fallschirmrakete oder rote Handfackel, Rauchsignal mit orangefarbenem Rauch, Heben und Senken der ausgestreckten Arme.
Mißbrauch dieser Signale und der Gebrauch von Signalen, die mit den oben aufgeführten verwechselt werden können, sind verboten.

Seeprotest, Note of Protest Die in den USA, in Großbritannien und im Commonwealth übliche Form der → Verklarung. Der Seeprotest wird gewöhnlich nur von einem Notar notiert und nicht beschworen.

Seeraum Im Zusammenhang mit einem auflandigen Sturm bedeutet freier Seeraum einen hinreichenden Abstand von der Küste, um den Sturm gefahrlos abwettern zu können.

Seereling Eine Reling für seegehende Yachten, die mindestens 0,65 m hoch sein sollte. Zwei Durchzüge sind ratsam. Den vorderen Abschluß bildet der sog. Bugkorb, den achteren (seltener) ein dementsprechender Heckkorb.

Seesack Wasserdichter Kleidersack, in welchem der Seemann seine Ausrüstung verstaut.

Seeschiffahrtstraßen

Seeschiffahrtstraßen Die mit der See zusammenhängenden Wasserstraßen. Als seewärtige Begrenzung gilt die Küstenlinie bei mittlerem Hochwasser bzw. die seewärtige Begrenzung von Küstenmeer oder Binnenwasserstraßen. Die landeinwärts liegenden Begrenzungen sind in der Seeschiffahrtstraßen-Ordnung für jede Wasserstraße gesondert festgelegt.

Seeschiffahrtstraßen-Ordnung, SeeSchStrO Bestimmungen für den Verkehr auf deutschen Seeschiffahrtstraßen. Sie enthalten Vorschriften über die Sichtzeichen der verschiedensten Schiffstypen, Schleppverbände, manövrierunfähige Fahrzeuge u. dergl., ferner Schallsignale, Fahrregeln und Vorschriften für ruhenden Verkehr, ergänzende Vorschriften für den Nord-Ostsee-Kanal und etliche sonstige Verfügungen. Jedes Schiff muß einen Abdruck der jeweils neuesten Ausgabe der SeeSchStrO an Bord haben.

Seeschiffer Im Sinne der Schiffsbesetzungsordnung gleichbedeutend mit Kapitän, der verantwortliche Führer des Schiffes.

Seeschiffsregister Siehe Schiffsregister.

Seeschlag Im Gegensatz zum Spritzwasser massives „grünes" Wasser, das an Deck kommt und u. U. Luken und Aufbauten einzuschlagen droht.
Am Strand die aus Schwall und Sog bestehende Wasserbewegung, die Sand und Geröll transportiert und Uferlinien verändern kann.

Seestraßenordnung, SeeStrO Die international gültigen Vorschriften und Regeln zur Sicherung des Seeverkehrs. Diese Vorschriften enthalten die Regeln zur Verhütung von Zusammenstößen auf See. Sie gliedern sich in 5 Hauptabschnitte:
Teil A: Allgemeines (Regel 1–3)
Teil B: Ausweich- und Fahrregeln (Regel 4–19)
Teil C: Lichter und Signalkörper (Regel 20–31)
Teil D: Schall- und Lichtsignale (Regel 32–37)
Teil E: Befreiungen (Regel 38)

Seetörn Die Zeit, die ein Schiff ohne Unterbrechung durch Hafenliegetage hintereinander auf See zubringt bzw. die Strecke, die es in dieser Zeit zurücklegt.

Seetüchtigkeit Das Wort kennzeichnet die Qualität eines Schiffes hinsichtlich Bauausführung und Seeverhalten. Das Schiff muß auf See jeder Situation gewachsen sein, jeder Beanspruchung durch Sturm und Seegang in bezug auf Stabilität und Schiffsfestigkeit standhalten. Unter dem Gesichtspunkt der Bauausführung dient als Nachweis der Seetüchtigkeit die „Klasse". Darüber hinaus schließt der Begriff Seetüchtigkeit sachgerechte Ausrüstung, gehörige Bemannung und Verproviantierung sowie eine qualifizierte Schiffsführung ein. Nachweis für die Seetüchtigkeit in diesem Sinne ist der Fahrterlaubnisschein. In den Allgemeinen deutschen Seeversicherungsbedingungen wird zwischen Seetüchtigkeit, → Ladungtüchtigkeit und → Reisetüchtigkeit unterschieden.

Seeverhalten Unter Seeverhalten werden Qualitäten eines Schiffes in bezug auf seine Bewegungen (Rollperiode), seine Stabilität und Manövriereigenschaften im Seegang verstanden, insbesondere unter dem Gesichtspunkt, ob die Bewegungen des Schiffes für die an Bord befindlichen Personen erträglich sind oder nicht. Ein schlechtes Seeverhalten kann sowohl durch ungeeignete Schiffslinien als auch durch unsachgemäße Beladung hervorgerufen werden. Ein zu steifes Schiff z. B. hat ein sehr unangenehmes Seeverhalten zur Folge.

Seevermessung Lagevermessung der geloteten Wassertiefen zur Herstellung von Seekarten.

Seeversicherung Der älteste nach kaufmännischen Gesichtspunkten betriebene Versicherungszweig überhaupt. Die organisatorische Durchführung der Risikoverteilung im Seehandel geht auf das 13. Jh. zurück und entstand im Mittelmeerraum. Hauptarten der Seeversicherung sind heute die Kasko-Versicherung, die das Beförderungsmittel Schiff selbst betrifft und die Kargo-Versicherung (Güterversicherung). Einzelheiten sind in den Allgemeinen deutschen Seeversicherungsbedingungen (ADS) festgelegt.

Seewetterberichte Zur meteorologischen Sicherung der Seefahrt werden die deutsche Küste und die erreichbaren Schiffe mit kurzer Wetterübersicht und Wettervorhersagen für die folgenden 24 Stunden versorgt. Die Ausstrahlung der Seewetterberichte des Seewetteramtes Hamburg erfolgt im Klartext für den Ostseebereich

Segel

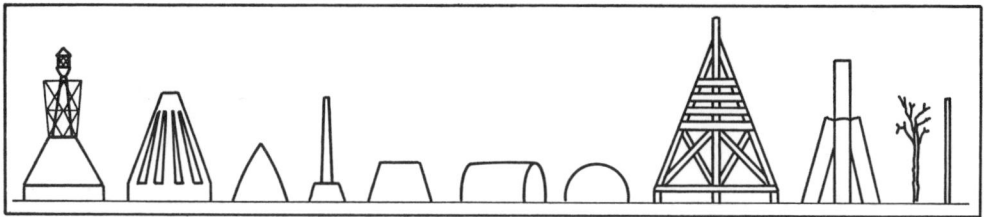

Schwimmende und feste Seezeichen. Von links nach rechts: Ansteuerungstonne, Baken-, Spitz-, Spieren-, Stumpf-, Faß- und Kugeltonne; Bake, Dalben, Pricke und Stange.

über Kiel-Radio und für den Nordseebereich über Norddeich-Radio. Darüber hinaus werden Windwarnungen (Stärke 6–7), Sturmwarnungen (Stärke 8 und mehr), Nebelwarnungen und auf Anforderung auch Wetterberichte für andere Seegebiete bzw. Schiffahrtsrouten gebracht.

Seewind Thermisch bedingter, tagsüber auflandiger Wind. Siehe Land- und Seewind.

Seewurf Das Überbordwerfen von Ladung im Falle, daß durch eine derartige Leichterung die Aussicht besteht, ein Schiff aus einer akuten Gefahr zu retten. Schadenersatz wird nach den Grundsätzen der → Havarie-grosse geleistet.

Seezeichen Alle der Schiffahrt als Orientierungshilfen und zur Erhöhung der Sicherheit dienenden festen und schwimmenden Markierungen: Küsten- und Fahrwasserbezeichnungen, Abgrenzung von Untiefen und Sperrgebieten, Bezeichnung von Wracks, Baggerschüttstellen usw. Man unterscheidet feste und schwimmende (verankerte) Seezeichen. Die festen sind Leuchttürme, Baken, Dalben, Stangen und Pricken; die schwimmenden sind Feuerschiffe und Tonnen aller Art (Bakentonnen, Spierentonnen, Spitztonnen, Stumpftonnen, Faßtonnen usw.). Das im Prinzip auf den 1936 in Genf ausgearbeiteten internationalen Richtlinien beruhende Seezeichensystem läßt sich in die beiden Hauptgruppen der Seitenbezeichnung und der Richtungsbezeichnung gliedern (vergl. hierzu *Lateralsystem* und *Kardinalsystem*). Das neue Betonnungssystem „A" besteht aus einer Kombination kardinaler und lateraler Zeichen. Mit der Umstellung der Betonnung in NW-Europa wurde 1977 im Englischen Kanal begonnen. Bekanntgabe durch das Deutsche Hydrographische Institut.

Seezollgrenze Im allgemeinen die Strandlinie, d. h. die Grenze zwischen Wasser und Land. Abweichungen davon im Nordfriesischen Wattenmeer, wo die Grenze auf der Seeseite der Inselkette liegt, ferner in der Eider-, Elb- und Wesermündung sowie im Küstengewässer bei Neustadt/Holstein, Heiligenhafen, in der Kieler Förde, der Eckernförder Bucht und der Flensburger Förde. Im Zweifelsfall ist beim Zoll nachzufragen.

Segel Aerodynamisch günstig geschnittene und zum Wind gestellte Tuchfläche, die den Wind ausnutzt, um durch diesen bei einfacher Handhabung und möglichst geringem Gewicht des Segels eine optimale Vortriebskraft zu erzeugen.
Der Form nach teilt man die Segel in zwei Hauptgruppen: *Rahsegel* und *Schratsegel*. Der Unterschied besteht darin, daß bei den Rahsegeln die Normalstellung querschiffs, bei den Schratsegeln dagegen längsschiffs gerichtet ist. Die Schratsegel gliedern sich in die an den Masten und den Stagen gesetzten Segel (Großsegel, Besan, Schonersegel sowie verschiedene Stagsegel). Die ersteren werden wiederum nach ihrem Schnitt benannt: Gaffel-, Lugger-, Lateiner-, Sprietsegel und Hoch- oder Bermudasegel.
Die Anforderungen, die an ein Segel gestellt werden, sind im wesentlichen die folgenden: Hoher Widerstand gegen Dehnung und Reck, Formbeständigkeit, Zugfestigkeit, Undurchlässigkeit, Unempfindlichkeit gegen Nässe, Oberflächenglätte und chemische Beständigkeit.
Nur wenigen dieser Anforderungen haben die klassischen Materialien für die Segelherstellung genügt. Die Segel der Großsegler wurden aus Flachs hergestellt. Sie waren nicht sehr formbeständig, hatten aber eine bemerkenswerte Festigkeit, die im feuchten Zustand nicht ab-, son-

Segelanweisung

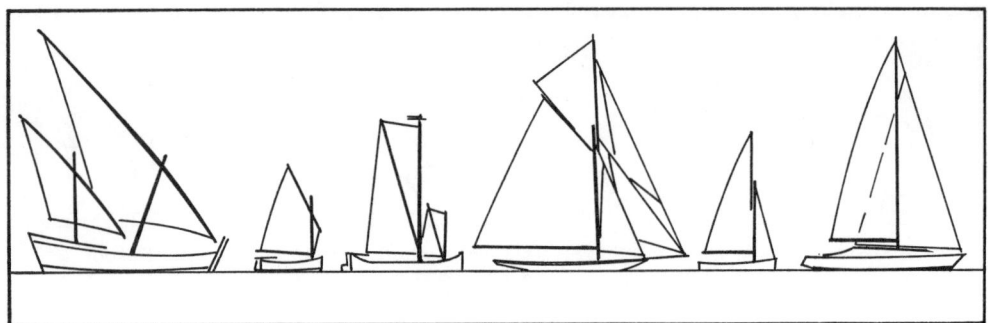

Die charakteristischen Schratsegelformen. Von links nach rechts:
Lateinersegel, Luggersegel, Sprietsegel, Gaffelsegel, Huarisegel, Bermudasegel

dern noch zunahm. Auch Yachtsegel waren zunächst aus Flachs, bis 1851 der berühmte Schoner „America" erstmalig mit Baumwollsegeln in Europa zu einem Rennen antrat.
Baumwolle ist leichter und formbeständiger als Flachs und ergab Segel, mit denen man höher an den Wind gehen konnte. Baumwolle blieb fortan die Faser, aus der Yachtsegeltuch gewebt wurde, bis sie ihrerseits der Kunstfaser weichen mußte, die um 1950 auf dem Markt erschien. Es handelt sich um Polyestergarne, die unter verschiedenen Handelsnamen bekanntgeworden sind, siehe Polyester. Für Spinnaker und leichte Genuas wird auch Polyamid (Nylon, Perlon) und Polypropylen verwandt. Der Vorteil der Kunstfaser gegenüber der Baumwolle liegt in größerer Festigkeit, Unempfindlichkeit gegen Feuchtigkeit (Wasseraufnahme ca. 2 % gegenüber 50 % des Segelgewichtes bei Baumwolle), glatterer Oberfläche und besserer Formbeständigkeit. Die Vortriebskraft von Segeln aus Kunstfasern übertrifft die von Baumwollsegeln um 7 bis 10 %.
Eine weitere Einteilung der Segel ist die nach ihrem Gebrauch an Bord. *Arbeitssegel* sind die zur normalen Amwindfläche gehörenden, *Beisegel* die nur auf speziellen Kursen gesetzten. Die mit dem Segel in Verbindung stehenden Tätigkeiten heißen Segel setzen, Segel bergen, Segel aufheißen, strecken, dichtholen, auffieren, trimmen, reffen.

Segelanweisung In Seehandbüchern lebendig gebliebener Begriff, der sich vom eigentlichen Segeln gelöst hat. Gemeint sind empfohlene Reiserouten für die Seeschiffahrt allgemein sowie Verhaltensweisen hinsichtlich der meteorologischen und sonstigen nautischen Gegebenheiten in den betreffenden Seegebieten.

Segelfahrzeug Als Segelfahrzeug gilt laut Gesetz auch ein Maschinenfahrzeug, das unter Segel und nicht mit Maschinenkraft fährt, z. B. ein Schiff mit Hilfsbesegelung bei ausgefallener Maschine.

Drei Arten, die Bahnen eines Segels auszulegen. Links die für Großsegel allgemein übliche Art mit rechtwinklig zum Achterliek verlaufenden parallelen Bahnen. Mitte: radialer Schnitt (Strahlenschnitt). Rechts: Diagonal- bzw. Laschenschnitt. Diese Schnittart kommt hauptsächlich bei Vorsegeln zur Anwendung.

Segelfäche Ob die wahre Fläche eines Segels vermessen wird, oder Teile davon unberücksichtigt bleiben (z. B. die Rundung des Großsegel-Achterlieks), richtet sich nach den jeweiligen Vermessungsbestimmungen. Will man die

wahre Fläche ermitteln, berechnet man das Dreieck Kopf-Hals-Schothorn und addiert die überstehenden Flächen zwischen den Geraden des Dreiecks und den gerundeten Lieken. (Das Dreieck = $\frac{1}{2}$ längste Seite × Höhe zum gegenüberliegenden Punkt. Die überstehenden Flächen sind gleich $\frac{2}{3}$ Dreiecksseite × größter Auswölbung über dieser Seite.)
Die bei den Hauptabmessungen einer Yacht angegebene *Segelfläche* ist die normale *Amwindfläche,* bei welcher für die Vorsegel die Fläche des in der jeweiligen Vermessungsvorschrift definierten Vorsegeldreiecks berechnet wird.

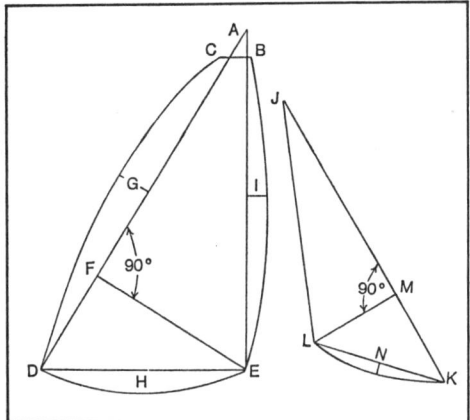

Zur Berechnung der Segelfläche.
Großsegel: $F = \frac{1}{2} (AD \cdot EF) + \frac{2}{3} (CD \cdot G) +$
$+ \frac{2}{3} (DE \cdot H) + \frac{2}{3} (BE \cdot I)$
Vorsegel: $F = \frac{1}{2} (JK \cdot LM) + \frac{2}{3} (LK \cdot N)$

Segelgarn 2- bis 7fädiges festes Garn zum Nähen von Segeln und Betakeln von Tampen.

Segelhandbuch Siehe Seehandbuch.

Segelkarte Die Seekarten sind je nach ihrem Maßstab in verschiedene Gruppen eingeteilt. Als Segelkarten bezeichnet man die im Maßstab 1:300 000 bis 1:1,6 Mill. Sie dienen der Schiffsführung auf See außerhalb der Küstengewässer. Vergl. Seekarte.

Segelkleid 1. Schmale Persenning von der Länge des Baumes zum Schutz eines aufgetuchten Segels gegen Regen und Staub.
2. Die Bahnen, aus denen ein Segel zusammengenäht wird, werden auch als Kleider bezeichnet.

Segelkoje Verschlußraum für Segeltuch und Ersatzsegel auf einem Segelschiff.

Segellatten, Spreizlatten Dünne elastische Brettchen zum Ausspreizen der Achterliekrundung eines Segels. Anzahl, Anordnung und Abmessungen der Segellatten sind zumeist in den Vermessungsvorschriften der jeweiligen Klasse festgelegt. Als Material wird im allgemeinen Eschenholz verwandt; für die gelegentlich zur Anwendung kommenden kurzen Vorsegellatten sind auch synthetische Hartgewebe geeignet.

Segel(macher)handschuh Arbeitsgerät aus Leder, in das eine geriffelte Metallplatte eingearbeitet ist, zum Schutz der Hand beim Nähen mit der Segelnadel. Der Segelhandschuh erfüllt sozusagen die Funktion eines Fingerhutes.

segeln Die Kunst, ein Schiff nur durch Ausnutzung der Windkraft mit möglichst hoher Geschwindigkeit und auf allen physikalisch überhaupt möglichen Kursrichtungen vorwärts zu bringen. Man unterscheidet je nach dem Verhältnis Windrichtung zur Kursrichtung des Schiffes verschiedene Fahrtzustände. *Am Wind* bzw. *beim Wind* heißt jeder spitzwinklige Windeinfall, *halber Wind* wenn der scheinbare Wind querschiffs einkommt; schräg von achtern kommender heißt *raumer Wind* und in Fahrtrichtung wehender Wind läßt das Schiff *vor dem Wind* oder platt vorm Laken segeln. Die vortreibende Wirkung des angeströmten Segels wird nach der Tragflügeltheorie erklärt, wobei Überdruck auf der Luvseite des Segels und Unterdruck auf der Leeseite zusammenwirken, um eine etwa rechtwinklig zu der Fläche wirkende Auftriebskraft zu erzeugen. Diese läßt sich in zwei Komponenten zerlegt denken, von welchen eine in Fahrtrichtung wirkt, die andere quer zu ihr. Diese letztere, abdrifterzeugende wird durch einen zweckmäßigen Lateralplan (Kiel, schwert) nach Möglichkeit unwirksam gemacht, während der Widerstand in Fahrtrichtung so klein wie irgend möglich gehalten wird, denn nur diese relativ kleine Komponente ist die vortreibende Kraft.
Aus diesen Zusammenhängen ergibt sich ein to-

ter Winkel, der von keinem Segelfahrzeug erreichbar ist. Der erreichbare Am-Wind-Winkel liegt in der Praxis etwa bei 40°. Bei hochwertigen Rennyachten im glatten Wasser kann er auf Kosten der Fahrt geringfügig unterschritten werden, im Seegang ist er nicht zu erreichen. Die höchste erreichbare Fahrt liegt auf Kursen mit halbem bis raumem Wind, wobei segeltechnische Dinge, wie z. B. die jeweils geeignetste Besegelung, den Ausschlag geben.

Segelnadel Nähnadel für Arbeiten an Segeln und Tauwerk. Ihr besonderes Merkmal ist eine scharfkantige, dreieckige Querschnittform.

Segelnummer Unterscheidungszeichen einer Segelyacht. Die Segelnummer enthält das Klassenzeichen, bei internationalen Klassen das Kennzeichen der Nationalität und die laufende Nummer der Yacht innerhalb der Klasse. Die Nummern werden im oberen Drittel der Segel angebracht, wobei die Nummer auf der Steuerbordseite höher liegt als die auf der Backbordseite.

Segelriß Maßstabsgetreue Zeichnung, aus welcher Flächeninhalt und Schwerpunktlage jedes Segels ermittelt werden können.

Segelsack Der Größe eines Segels angepaßter Sack zum Verstauen des Segels, wenn es nicht gebraucht wird. Der Segelsack muß so bemessen sein, daß ein ordentlich zusammengelegtes Segel sehr reichlich Platz darin hat, sich notfalls aber auch ein Segel eilig hineinstopfen lassen muß.

Segelschiff Segelschiff, Segelschiffahrt, Segelschiffszeit bezeichnen das Schiff bzw. die Schiffahrt einer bestimmten Epoche, und zwar speziell der Spätzeit des Großseglers, als sich Segelschiff und Dampfer Konkurrenz zu machen begannen und eine sprachliche Unterscheidung notwendig wurde. Bis dahin war es selbstverständlich, daß es sich bei jedem Schiff um ein Segelschiff handelte. Man nannte die Schiffe je nach ihrer Takelung Vollschiff, Bark, Brigg, Schonerbark, Gaffelschoner usw. Unter *Schiff* (ohne nähere Bezeichnung) wurde in der Segelschiffszeit stets ein *Vollschiff* verstanden. Die Blütezeit der Segelschiffahrt und ihr endgültiger Niedergang lagen dicht beieinander; es war das halbe Jahrhundert vom Ausgang der 50er Jahre des 19. Jh., der Zeit der schnellen Klipper, bis zu den Laeiszschen Großseglern kurz nach der Jahrhundertwende. Nur wenige Segelschiffe fuhren auch zwischen den Kriegen noch, und zwar mehr zum Zweck der Ausbildung von seemännischem Nachwuchs und zur Wahrung einer seemännischen Tradition als aus einer wirtschaftlich begründeten Notwendigkeit heraus. Das größte Segelschiff ohne Hilfsantrieb war das Fünfmastvollschiff „Preußen" der Reederei F. Laeisz. Abmessungen der „Preußen" siehe unter *Fünfmastvollschiff*. Über die höchsten von Segelschiffen erreichten Geschwindigkeiten siehe *Etmal*. (Bemerkung: Nach den Vorschriften des GL für Klassifikation und Bau von stählernen Seeschiffen gelten als Segelschiffe alle Schiffe mit oder ohne Maschinenantrieb, deren Segelfläche größer als das 1,5fache von Länge mal Breite ist.)

Segelschwerpunkt. Der Punkt eines Segels, in dem man sich den Angriff der gesamten Windkraft konzentriert denken kann und dessen Lage für den Trimm, für Luv- oder Leegierigkeit eines Segelfahrzeuges von Bedeutung ist. Der Flächenschwerpunkt eines dreieckigen Segels liegt im Schnittpunkt seiner Seitenhalbierenden. Der gemeinsame Schwerpunkt zweier Segel liegt auf der Verbindungslinie der Einzelschwerpunkte, wobei die Streckenabschnitte umgekehrt proportional den beiden Flächen sind.

Segelstellung 1. Der Winkel, in den ein Segel mit Hilfe der Schot zum Wind gebracht wird. 2. Bei einem Falt- oder Drehflügelpropeller die Stellung geringsten Widerstandes im Fahrtstrom, wenn der Propeller nicht zum Vortrieb gebraucht wird. Siehe Faltpropeller.

Segelyacht Siehe Yacht.

Seiches (frz.) *w.* (Mz.) Durch Luftdruckunterschiede oder Wind erzeugte Eigenschwingungen des Wassers in Meeresbecken oder größeren Binnenseen. Seiches spielen in solchen Gewässern eine Rolle, die praktisch nicht den Gezeiten unterliegen. Die Perioden dieser langen stehenden Wellen können zwischen wenigen Minuten und vielen Stunden liegen, die Wasserstandsänderungen beträchtlich sein. Im Ostseebereich sind in den Schwingungsbäuchen in extremen Fällen bei einer etwa 27stündigen Periode bis zu 2 m Wasserstandsänderung beobachtet worden.

Seil Deutsche Normenbezeichnung für jede Art von Tauwerk. Da eine technisch begründete Notwendigkeit für eine Unterteilung nicht vorliegt, wurde sie fallengelassen und es wird in den Normen nur noch die Benennung Faserseil (Kurzform Seil) benutzt. Die Seil-Macharten sind nach dem Faserwerkstoff geordnet, *Naturfasern* oder *Chemiefasern*. Naturfasern sind Manila, Sisal, Langhanf, Hanfwerg, Baumwolle und Kokos. Chemiefasern sind Polyamid, → Polyester, Polypropylen und Polyäthylen.
Seilgarn ist einfaches Garn oder Zwirn aus Natur- oder Chemiefasern, die für die Seilherstellung geeignet sind. In der ersten Verseilstufe werden durch Verseilen oder Verflechten aus Garnen *Litzen* hergestellt, aus Litzen in der zweiten Verseilstufe *Kardeele*. Ein Kardeel entspricht im Aufbau einem Trossenschlag-Seil. Gedrehte (bzw. geschlagene) Seile werden durch schraubenförmiges Umeinanderdrehen hergestellt. Die zweistufige Verseilung ergibt das *Trossenschlag-Seil* (1. Stufe Garne zur Litze, 2. Stufe Litzen zum Seil), die dreistufige Verseilung ergibt das *Kabelschlagseil* (1. Stufe Garne zur Litze, 2. Stufe Litzen zum Kardeel, 3. Stufe Kardeele zum Seil).
Geflochtene Seile (Flechtseile) werden aus gedrehten oder geflochtenen Litzen unmittelbar aus Seilgarnen geflochten. Man unterscheidet nach der Herstellungsweise Rundgeflecht, Spiralgeflecht, Kern-Mantelgeflecht und Quadratgeflecht. Alle Einzelheiten zum Thema Faserseile sind in den Deutschen Normen DIN 820 festgelegt.

Seilhülse Siehe Drahtseilhülse.

Seitenbezeichnung Die eindeutige Kennzeichnung eines Fahrwassers durch Tonnen, Leuchtfeuer etc. macht eine unverwechselbare Seitenbezeichnung erforderlich. Sie beginnt grundsätzlich einlaufend von See. Siehe hierzu Fahrwasserseite.

Seitenfall, -einfall Spantverlauf eines Schiffes, dessen Deck schmaler ist als die Schwimmwasserlinie, dessen Bordwände also nach oben hin einfallen.

Seitenfänger Fischereifahrzeug der klassischen Bauart, bei der das Netz über die Bordwand eingeholt wird. Die Bezeichnung hebt den Gegensatz zum → Heckfänger hervor. Abb. Seite 298.

Seitenhöhe Eine der Hauptabmessungen des Schiffskörpers: die auf halber Schiffslänge gemessene Höhe von Seite Deck (Mallkante) über der Basislinie (Oberkante Kiel). Die Seitenhöhe ist die Summe von Tiefgang des voll abgeladenen Schiffes plus Freibord.

Seitenlichter, Seitenlaternen Diejenigen Positionslichter eines Schiffes, die bei Dunkelheit die Lage eines Schiffes erkennen lassen. Die Steuerbordseite wird durch ein grünes, die Backbordseite durch ein rotes Licht gekennzeichnet. Auf einem Fahrzeug von weniger als 20 m Länge dürfen die Seitenlichter in einer Zweifarbenlaterne über der Längsachse geführt werden.

Seitenpeilung Die auf die Schiffslängsachse bezogene Richtung zu einem angepeilten Objekt. Der Winkel wird im Uhrzeigersinne von 0 bis 360° gemessen oder von recht voraus jeweils bis 180° nach Steuerbord oder Backbord. Für angenähert geschätzte Richtungen ist auch die Angabe in Strichen noch üblich (Windrichtung, in Sicht kommendes Feuer u. dergl.). Siehe Strich.

Seitenschwerter Schwere, breite Bretter zu beiden Seiten eines flachbodigen Segelfahrzeu-

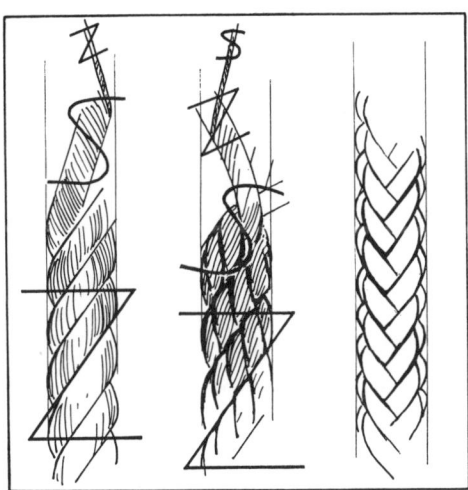

Links: *Trossenschlagseil in Z-Drehung.*
Mitte: *Kabelschlagseil in Z-Drehung.*
Rechts: *Zweiflechtiges Seil.*

Seitenträger

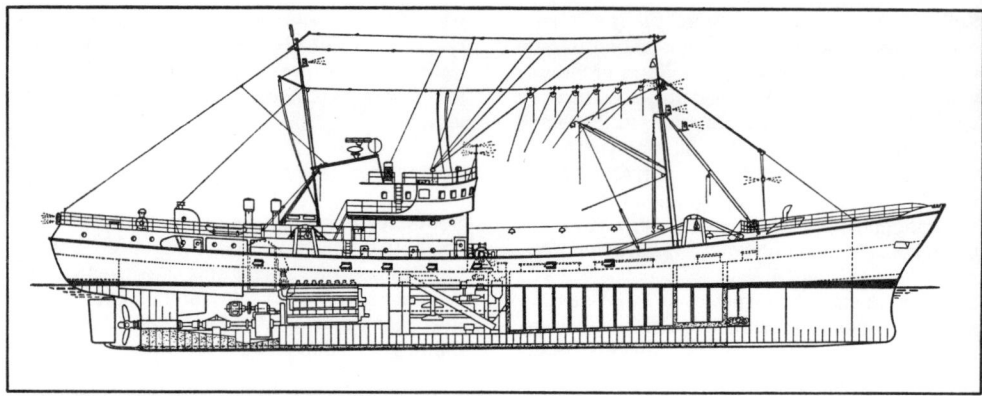

1960 gebauter Seitenfänger (1000 BRT) mit Motorantrieb.

ges, die zur Verhinderung der Abdrift dienen. Die engl. Bezeichnung *leeboard* weist auf die Handhabung hin; das jeweilige Leeschwert ist in Funktion, das Luvschwert wird aufgeholt. Vergleiche Schwert.

Seitenträger Konstruktionselemente des Doppelbodens bei Seeschiffen. Die Seitenträger verlaufen parallel zum Mittelträger, sie dienen der Aussteifung des Bodens und zugleich als Schlagwasserplatten.

Sektionsbauweise Seit dem Zweiten Weltkrieg im Stahlschiffbau praktizierte und fortlaufend vervollkommnete Bauweise, bei welcher im Gegensatz zu der früher üblichen Methode, nach der Kiellegung auf der Helling die Spanten einzeln aufzustellen und zu beplatten, bereits in der Halle große Bauteile zusammengebaut werden, die dann mit großen Kränen zur Helling gebracht und dort montiert werden. Die Vorteile einer solchen Bauweise liegen vor allem in einer wesentlich verkürzten Inanspruchnahme der Helling und in einer Qualitätssteigerung der Bauausführung durch längere Ausnutzung der besseren Arbeitsbedingungen in der Schiffbauhalle. Die Baugewichte von Großsektionen erreichen im modernen Schiffbau mehrere hundert Tonnen.

Sektor (lat.) Kreisausschnitt, ebenes Flächenstück zwischen zwei von einem Punkt ausgehenden Strahlen und dem begrenzenden Bogenstück.

In der Navigation der Winkelbereich der von einem Punkt ausgehenden Licht- oder Funksignale. Bei einem Consolfeuer der Kreisausschnitt zwischen zwei Leitstrahlen.

Sektorenfeuer Leuchtfeuer mit sektorenweise unterschiedlichen Kennungen. Verwendung vor allem als → Leitfeuer.

Sekundärdepression Siehe Randtief.

Sekundär-Radar Radar-Verfahren, bei welchem das Ziel mit einer Empfangs-Sendeeinrichtung ausgerüstet ist. Siehe Racon.

Sekunde (lat.) 1. Abkürzung s; die Basisgrößeneinheit der Zeit(dauer) im physikalischen wie auch im Internationalen Einheitensystem. Sie ist definiert als der (60 · 60 · 24)ste Teil eines mittleren Sonnentages, d. h. dem über ein Jahr genommenen Mittelwert der Zeitspanne zwischen zwei aufeinanderfolgenden Kulminationen der Sonne. Um jede mögliche Ungenauigkeit auszuschließen, wurde ein mittlerer Sonnentag eines ganz bestimmten Jahres festgelegt, und zwar des Jahres 1900. Das Wort Sekunde ist von dieser Ableitung her geprägt. Die Minute von lat. *minuere* (vermindern) bezeichnet den kleinsten Teil erster Ordnung einer Größe, die durch 60 teilbar ist, den 60sten Teil einer Stunde. Das Wort Sekunde, aus *pars minuta secunda,* bezeichnet den 60sten Teil der Minute.

Man hat indessen in der Gegenwart, mit dem

Ziel, eine Einheit der denkbar höchsten Konstanz zu schaffen, von der Definition der Zeiteinheit aufgrund astronomischer Gegebenheiten Abstand genommen und geht heute von atomaren Vorgängen aus. Die Sekunde wurde 1967 – bis zu einer noch genaueren Definition – festgelegt als „das 9 192 631 770fache der Periodendauer der dem Übergang zwischen den beiden Hyperfeinstrukturniveaus des Grundzustandes von Atomen des Nuklids ^{133}Cs entsprechenden Strahlung".
2. Die Bogensekunde ist der 60ste Teil einer Bogenminute, der 3600ste Teil eines Winkelgrades (Kurzzeichen ").

selbstlenzende Plicht Plicht einer Segelyacht, deren Boden oberhalb der Schwimmwasserlinie liegt und aus der überkommendes Wasser von selbst wieder abläuft.

Selbststeuer 1. Automatische Steueranlage für Seeschiffe. Grundprinzip ist eine elektromechanische oder elektronische Steuerung der Rudermaschine durch einen Kreiseltochterkompaß oder auch einen Magnetsteuerkompaß nach einem eingegebenen Kurs. Es gibt so ausgereifte Konstruktionen, daß über die personelle Einsparung hinaus bei sorgfältigen Einstellungen auch eine Schonung der Rudermaschine erreicht wird (selteneres Ruderlegen). Gieren des Schiffes, Stützruder, Luvgierigkeit usw. berücksichtigt ein modernes Selbststeuer wie ein guter Rudergänger.
2. Einrichtung, die eine Segelyacht raumschots oder vor dem Wind selbsttätig einigermaßen auf Kurs hält, vorausgesetzt, daß der Wind stetig ist. Es gibt verschiedene Konstruktionen, die sich auf zwei Grundprinzipien zurückführen lassen; einmal ist es die Schotkraft, die bei Kursabweichungen durch die veränderte scheinbare Windrichtung über Leitblöcke auf die Ruderpinne übertragen wird, zum anderen die Windfahnensteuerung, bei welcher eine Windfahne am Heck ein weitestmöglich achtern angebrachtes zusätzliches Ruderblatt betätigt. Beide Systeme, die von Langstrecken-Einhandseglern viel benutzt werden, sind aus dem Modellyachtsport entwickelt worden.

Selektivität (lat.-nlat.) Die Trennschärfe eines Funkempfängers; die Fähigkeit, die Frequenzen eines Senders aufzunehmen, ohne auf Nachbarkanäle anzusprechen.

Semaphor, Windsemaphor (grch.-nlat.) *m.* Zeichenträger, Flügeltelegraph. An einem Signalmast sind mehrere, den Eisenbahnsignalen ähnliche Klapparme und 2 Scheiben mit drehbaren Zeigern angebracht, mit denen die Windstärke und -richtung an zwei anderen Orten angezeigt werden. Die Windstärke wird durch die Anzahl der ausgebreiteten Zeigerarme mitgeteilt, die Richtung durch die Zeigerstellung. Im Nordseeküstenbereich sind noch bei Cuxhaven und am Hoheweg-Leuchtturm Semaphore aufgestellt, die die Windverhältnisse für Borkum und Helgoland anzeigen. Ihre einstige Bedeutung haben sie durch die Funktechnik verloren.

Semiversus (lat.) Zur Höhenberechnung viel benutzte trigonometrische Funktion:
$$\text{sem } x = (\sin x/2)^2$$

Senkblei Alte Bezeichnung für den Lotkörper eines Handlots.

Senker Kleine Gewichtstücke (Steine, Ton oder Bleiperlen) zum Beschweren des Untersims eines Fischernetzes.

Senkkiel Ballastkiel, der hydraulisch gehoben und abgesenkt werden kann. Vergl. hierzu Schwingkiel.

Senten *w.* Zusätzliche Schnittlinien im Linienriß eines Schiffes. Die Schnittebenen der Senten liegen längsschiffs, dachförmig geneigt, so daß sie im Spantriß die Außenhaut etwa radial treffen. Dadurch wird die Schiffsform in jenen Bereichen gut erfaßt, wo sich allein durch die Wasserlinien infolge „schleifender Schnitte" (sehr spitzer Schnittwinkel) leicht Ungenauigkeiten ergeben können.
Das Wort ist aus dem Holzschiffbau übernommen, wo Senten dünne Latten waren, die man von vorn nach achtern verlaufend über die Spanten nagelte, um den Plankenstrak festzulegen.

separieren (lat.-frz.) Trennen, absondern.
1. Unter Separieren der Ladung versteht man eine auffällige Trennung von Partien ein und derselben Ladung (z. B. bei Massengut) oder von Ladungspartien, die einander sehr ähnlich sehen. Dies kann durch Jutekleider, Bretter, Maschendraht, Matten u. dergl. geschehen.
2. Das Trennen eines Flüssigkeitsgemisches in seine Bestandteile aufgrund verschiedener

Separatoren

Dichte (z. B. Öl – Wasser) sowie auch das Aussondern von festen Verunreinigungen aus flüssigen Brennstoffen. Insbesondere bezeichnet man mit Separieren auf Motorschiffen mit Schwerölverbrauch die Reinigung des Brennstoffes auf dem Wege vom Setztank zum Tagesverbrauchstank in den sog. Separatoren.

Separatoren Apparate zur Trennung von Wasser-Öl-Gemischen in Wasser und Öl. Einmal im oben erläuterten Sinne, zum anderen aber auch umgekehrt zur Reinigung des Wassers von Öl. Laut Gesetz ist es Schiffen innerhalb bestimmter Zonen verboten, ölhaltiges Wasser über Bord zu pumpen. Das betrifft insbesondere Tanker, die auf See leere Tanks reinigen. Sie müssen mit Separatoren ausgerüstet sein, um dem Spülwasser vor dem Ablassen das Öl zu entziehen.

Setzbord Breite Holzplanken, die auf den Rand eines auch zum Segeln eingerichteten Ruderbootes gesetzt wurden, um den Freibord zu erhöhen und sich dadurch gegen überkommendes Wasser zu schützen. Die Bezeichnung blieb erhalten für die Umrandung der Plicht einer Segelyacht. Sie wird auch als Waschbord bezeichnet.

setzen Die Seemannssprache kennt das Wort setzen in sehr verschiedenen Anwendungen. Beispiele:
1. Segel setzen – die Tätigkeit des Aufheißens mit Hilfe des Falls.
2. Eine Leine durchsetzen, d. h. kräftig holen.
3. Ein Boot absetzen, d. h. verhindern, daß es irgendwo gegenstößt bzw. ihm einen Schwung geben, daß es frei schwimmt.
4. Einen Kurs auf der Karte absetzen.
5. Ein Strom setzt in einer bestimmten Richtung. In diesem Sinne *versetzen* für vertreiben.
6. Ein Schiff auf Strand setzen, usw.

Sextant (lat.) Winkelmeßinstrument für die Navigation. Der Sextant wird zum Messen von Höhenwinkeln, Horizontalwinkeln und Winkeln zwischen zwei Gestirnen verwendet, in erster Linie zur Höhenmessung eines Gestirns über der Kimm. Der Sextant hat 2 Spiegel, von denen der kleinere, halbdurchlässige, fest vor dem Fernrohr angebracht ist, während der sog. große Spiegel mit der Alhidade so gedreht wird, daß z. B. bei einer Höhenmessung das Bild des anvisierten Gestirns im kleinen (halbdurchlässigen) Spiegel mit der Kimm zur Deckung gebracht

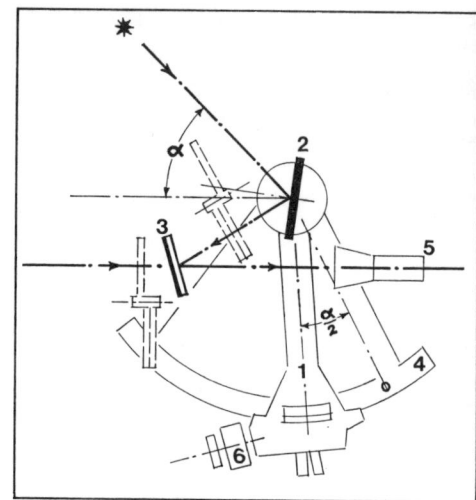

Sextant, prinzipieller Aufbau und Strahlengang. 1 Alhidade, 2 großer Spiegel (Indexspiegel), 3 kleiner Spiegel (Horizontspiegel), 4 Gradbogen, 5 Fernrohr, 6 Trommel. Gestrichelt vor den Spiegeln die Schattengläser.

wird, woraufhin man den Winkel am Gradbogen abliest. Der Name des Gerätes leitet sich daher, daß dieser Gradbogen ein Sechstelkreis ist, d. h. einen Sektor mit einem Winkel von 60° darstellt. Durch die Spiegelreflexion wird jedoch stets ein doppelt so großer Winkel gemessen wie der, um den der große Spiegel mit der Alhidade tatsächlich gedreht wird. Der Meßbereich des Sextanten beträgt also nicht 60°, sondern 120°. Vergl. Oktant.

shanghaien Durch List oder Gewalt einen Seemann gegen dessen freien Willen zum Dienst auf einem Schiff verpflichten. Der Name geht offensichtlich auf jene Zeit zurück, da Woche um Woche „Kuliklipper" Shanghai verließen, um ihre Menschenfracht auf Guano-Inseln, amerikanischen Plantagen oder der Großbaustelle Panamakanal abzuladen. Shanghait wurde indessen überall auf der Welt.

Shanty (engl.) Lied mit einem bestimmten, ausgeprägten Rhythmus, wie sie auf den Segelschiffen gesungen wurden, insbesondere bei der gemeinsamen Ausführung einer seemännischen Arbeit. Je nach der Art der auszuführenden Tätigkeit hatten die Shantys unterschiedlichen Charakter. Im Rhythmus eines Fall-Shantys wurde kräftig an einer Leine geholt, während ein Gangspill-Shanty den endlosen Trab um das Spill begleitete. Die im Engl. und Amerik. vorherrschende Schreibweise *chanty* bzw. *chantey* macht den oftmals vermuteten Zusammenhang mit den Negergesängen, die von den *shanty* genannten Blockhütten nordamerikanischer Farbiger hergeleitet sind, fraglich.

„**Shave and a Haircut**" (engl.) „Haarschneiden und Rasieren". In der Seeschiffahrt allgemein eingebürgerter Ausdruck für eine Routineüberholung, wenn kein wirklicher Schaden vorliegt: Eindocken, Unterwasserschiff reinigen und mit neuem Anstrich versehen, Seewasserventile gängig machen sowie andere kleinere Überholungsarbeiten ausführen.

Shelterdecker (engl.) Siehe Schutzdecker.

Shipbroker (engl.) Siehe Schiffsmakler.

Shipchandler (engl.) International gebräuchliche Bezeichnung für Schiffshändler; auch für eine Firma, die Schiffe mit Proviant und Ausrüstungsgegenständen beliefert.

Shipment (engl.) Verladung, Verschiffung, Verfrachtung und Ladung. Dieser international gebräuchliche Ausdruck bezeichnet also sowohl die Ladung als auch den Vorgang der Verladung, die Abladung und im Amerikanischen darüber hinaus auch die Verladung auf andere Transportmittel.

Shipper (engl.) Ablader, Verlader, Spediteur.

Shipping Order (engl.) Verladeorder. Ladungspapier, durch welches ein Schiff vom Reeder oder Makler beauftragt wird, eine bezeichnete Ladung an Bord zu nehmen.

shipping ton (engl.) Raummaßeinheit für Seetransporte. Im allgemeinen 40 cu.ft. = 1,133 m³, in den USA auch 42 cu.ft. = 1,189 m³.

short ton (engl.) Amerikanisches Gewichtsmaß. 1 short ton = 20 hundredweights = 907,185 kg. Die short ton ist vor allem in der Erz-Fahrt von Bedeutung; Erz wird nach short tons gewogen.

sichere Leestellung Begriff aus dem Rennsegelsport, der eine Situation bezeichnet, in welcher zwei Boote nebeneinander am Wind segeln und zwar so, daß das Luvboot das Leeboot noch nicht abzudecken vermag. In dieser Stellung ist im allgemeinen das Leeboot im Vorteil. Es schadet dem Luvboot, indem es durch den Abwind aus seinen Segeln den Windstrom in Lee des Luvbootes stört und dieses dadurch zumeist hinter sich läßt.

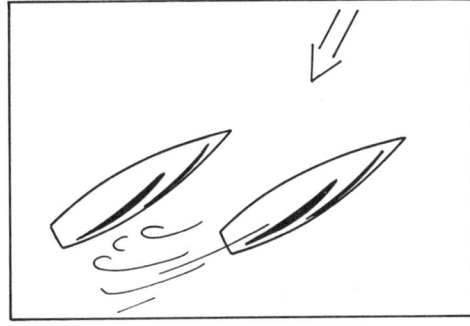

Sichere Leestellung. Das Luvboot hat in dieser Situation kaum eine Chance, an dem in Lee liegenden Boot vorbeizukommen.

Sicherheitsrolle Die Verteilung der Aufgaben, die den einzelnen Besatzungsmitgliedern eines Schiffes in einem Notfall zufallen. Die Sicherheitsrolle muß vor Beginn einer Reise aufgestellt werden.

Sicherheitswege Abgesuchte Wege durch minengefährdete Seegebiete. Ferner Routen bzw. Einbahnwege in verkehrsreichen Revieren, in welchen allen Schiffen empfohlen wird, in annähernd gleicher Richtung zu fahren (Beispiel: Straße von Dover, wo der ausgehende Verkehr auf die englische, der heimkehrende auf die französische Seite verwiesen wird). Sicherheitswege müssen nicht, sollten aber eingehalten werden. Die Regeln der Seestraßenordnung sind in allen Fällen zu befolgen.

Sicht, Sichtigkeit Bezeichnung für die atmosphärisch bedingten Sehmöglichkeiten. Die Luft verliert durch Dunst an Durchsichtigkeit, auch wenn es noch nicht zur nebelbildenden Kondensation des in der Luft enthaltenen Wasserdampfes kommt; desgleichen durch Staubteilchen, die Hunderte von Seemeilen auf das Meer hinausgetragen werden können. Die Sicht wird in Längenmaßeinheiten angegeben. In verschlüsselten Wetterberichten wird die Sicht durch die Schlüsselzahlen 90–99 ausgedrückt. Man unterscheidet 3 Stufen unterschiedlich dicken Nebels, 3 Dunststufen und gute, sehr gute und außergewöhnlich gute Sicht. Vergl. auch Sichtweite.

sichten In Sicht bekommen. („Land in Sicht!")

Sichtfunkpeiler Funkpeiler mit sichtbarer Anzeige der Einfallsrichtung empfangener Funksignale auf einer Braunschen Röhre.

Sichtgerät Bildgerät zur optischen Darstellung empfangener Funksignale (z. B. Radarbildschirm).

Sichtweite 1. (Geographisch bedingt): Der Begriff Sichtweite wird insbesondere im Zusammenhang mit Leuchtfeuern gebraucht und ist definiert als die Entfernung, in der man ein Feuer in der Kimm sieht. Die Sichtweite ist abhängig von der Höhe der Lichtquelle über dem Meeresspiegel und der Augeshöhe des Beobachters. Die Sichtweite beträgt
$$2{,}075\ (\sqrt{H} + \sqrt{h})\ \text{Seemeilen},$$
wenn für H die Feuerhöhe und für h die Augeshöhe in Meter eingesetzt wird.
In Seekarten wird die Sichtweite eines Feuers für 5 m Augeshöhe angegeben.
2. (Atmosphärisch bedingt, vergl. Sicht): Als Sichtweite am Tage wird die horizontale, in Seemeilen ausgedrückte Entfernung bezeichnet, in welcher bei gleichmäßig getrübter Atmosphäre ein Objekt vor dem Horizonthimmel als Hintergrund gerade noch wahrgenommen werden kann, bei Nacht ein auffällig beleuchtetes Objekt.

Sichtzeichen Alle Lichter, Körperzeichen, Flaggen und Tafeln, die zur Regelung des Verkehrs auf den Seeschiffahrtsstraßen dienen.

Sicke w. 1. Kleiner Fischerkahn in West- und Ostpreußen (19. Jh.).
2. Rinnenartige Vertiefung in einer Blechplatte. An Bord stählerner Schiffe werden Wände innerhalb der Aufbauten häufig durch Sicken ausgesteift statt durch aufgeschweißte Profile, was Arbeits- und Gewichtseinsparung bedeutet.

siderisch (lat.) Auf die Sterne bezogen. Das siderische Jahr ist die wahre Umlaufzeit der Erde um die Sonne, d. h. das Zeitintervall zweier aufeinanderfolgender Vorübergänge der Sonne relativ zu den Sternen. Siehe Jahr. Der siderische Monat ist die Zeit, die der Mond braucht, um wieder die gleiche Stellung unter den Sternen einzunehmen. Siehe Monat.

Siebenachtel-Slup Als Slup getakelte Segelyacht, bei welcher das Vorsegelstag in etwa $7/8$ Masthöhe angreift.

Sieben Meere Es wird immer wieder versucht, den Begriff „Sieben Meere" wörtlich zu nehmen. Soweit es sich überblicken läßt, ist es jedoch zu keiner Zeit gelungen, eine befriedigende Einteilung in 7 Weltmeere zu finden. Wenn trotzdem der Begriff „Sieben Meere" unumstößlich lebendig bleibt (nicht nur in unserem Sprachkreis), scheint kein Zweifel darüber zu bestehen, daß das von der Zahlensymbolik her verstanden werden muß. Begriffe wie die Sieben Tage der Schöpfung, Sieben Himmel, - Welten, - Weise und zahlreiche andere liegen auf der gleichen Ebene: Sie sind nichts anderes als symbolischer Ausdruck für Vielzahl, Weite, Unendlichkeit.

Siedepunkt Derjenige Punkt der Dampfdruckkurve, bei welchem ein chemisch einheitlicher Stoff vom flüssigen in den gasförmigen Zustand übergeht. Der Siedepunkt wird vom Druck und von der Temperatur bestimmt; er liegt unter Normaldruck bei Wasser definitionsgemäß bei 100° C.

SI-Einheiten Die Basiseinheiten des Internationalen Einheitensystems (Système *I*nternational d' Unités) sowie die mit dem Zahlenfaktor 1 von ihnen abgeleiteten Einheiten, die z. T. Eigennamen haben. Vergl. Einheitensystem.

Siel s. Deichschleuse, Abzugskanal in einem Deich; das Siel kann bei Niedrigwasser geöffnet werden und gestattet dem Binnenwasser den Abfluß ins Meer. Von solcherart Siel rühren etliche friesische Ortsnamen her.

Signal (frz.) Ursprünglich jedes optische oder akustische Zeichen mit einer vereinbarten Bedeutung (Schall-, Licht-, Flaggensignale); heute darüber hinaus jedoch jeder energieübertragende physikalische Vorgang, der einen entfernten

Empfänger (Beobachter oder Meßgerät) zu irgendeiner Zeit an einem beliebigen Ort erreicht (Funksignale).

Signalflaggen; Signalbuch Zum Zweck einer Verständigung von Schiff zu Schiff, der Weitergabe von Befehlen, Mitteilungen, Warnungen wurde 1857 das System der Signalflaggen eingeführt, das seitdem mehrfach überholt bzw. ganz neu überarbeitet worden ist. Folgendes Prinzip liegt zugrunde: Es gibt 26 Signalflaggen, für jeden Buchstaben eine. Diese rechteckigen Flaggen unterscheiden sich nach Muster und Farben derart, daß eine Verwechslung weitestmöglich ausgeschlossen wird. Darüber hinaus gibt es 10 Zahlenwimpel und einen Antwortwimpel (lange dreieckige Form) sowie 3 Hilfsstander (kurze Dreiecksform). Für jedes Einzelsignal und für eine beliebige Anzahl von Flaggenkombinationen sind verbindliche Aussagebedeutungen festgelegt, die im Internationalen Signalbuch verzeichnet sind. Das Erkennen der verschiedenen Flaggen wird vorausgesetzt; für das Entschlüsseln der übermittelten Nachricht ist jedoch das Signalbuch unerläßlich. Durch die Vervollkommnung des Sprechfunks hat das oben beschriebene Signalsystem sehr an Bedeutung verloren. Das 1969 in Kraft getretene neue Signalbuch wurde deshalb erheblich reduziert und mit dem Ziel größtmöglicher Klarheit auf wesentliche Aussagen konzentriert (siehe Flaggentafel im Anhang).

Sim (Simm) *s.* Obersim und Untersim sind die durch Taue gebildeten oberen und unteren Randabschlüsse von Fischernetzen.

Simplex-Balance-Ruder (lat. „einfach", hier Name eines Patents). Ruder für Seeschiffe, bei welchem der Rudersteven innerhalb des Verdrängungs-Ruderkörpers liegt, und zwar so, daß etwa ein Drittel des Ruderkörpers vor dem Rudersteven liegt. Dadurch rückt der Angriffspunkt der Kraft bei jeder Ruderlage in die Nähe der Drehachse, und die Arbeit des Ruderlegens wird erheblich reduziert. Dieses Ruder wurde in den 30er Jahren auf der Deutschen Werft entwickelt. Es gestattet einen unkomplizierten Aus- und Einbau. Siehe Ruder.

Simpsonsche Regel Nach dem englischen Mathematiker Thomas Simpson (1710–1761) benanntes Verfahren zur näherungsweisen Berechnung von Flächeninhalten beliebig begrenzter ebener Figuren. Man teilt bei dieser für das Entwerfen von Schiffen unentbehrlichen Methode die zu ermittelnde Fläche in eine gerade Anzahl gleichbreiter Streifen und sieht die begrenzenden Kurvenstücke angenähert als Parabelbögen an. Ist x der Abstand der Ordinaten (y) voneinander, dann ergibt sich der Flächeninhalt nach der Formel

$$F = \frac{x}{3}(y_0 + 4y_1 + 2y_2 + 4y_3 + \ldots$$
$$\ldots + 2y_{18} + 4y_{19} + y_{20})$$

(Die erste und letzte Ordinate werden einfach genommen, die übrigen abwechselnd mit 4 und mit 2 multipliziert. Da bei schiffbaulichen Berechnungen aus Symmetriegründen stets nur die halben Ordinaten gemessen werden, sind die errechneten Flächen zu verdoppeln.)

Sinkfleet Siehe Fleet (4).

SINS *S*hipboard *I*nertial *N*avigation *S*ystem. Neuartiges Navigationsverfahren, das auf der Ausnutzung von Trägheitskräften beruht. Siehe Trägheitsnavigation.

Sipo Afrikanisches Mahagoniholz, das von Sierra Leone bis zum Kongo verbreitet ist. Dunkle, rötlichbraune Färbung, sehr unregelmäßiger Faserverlauf und eine Dichte zwischen 0,5 und 0,68 kg/dm^3 kennzeichnen dieses im Bootsbau viel verwendete Holz.

Skalar *m.* Von lat. *scalae*, Stufe, Zahlenfolge. Skalare Größen sind solche, die allein durch ihren zahlenmäßigen Betrag gekennzeichnet sind, wie Länge, Masse, Zeit, Leistung usw., im Gegensatz zum Vektor, bei welchem zusätzlich die Wirkrichtung festgelegt ist.

Skeg (engl.) *m.* Kielhacke, Ruderhacke, Stevensohle, Totholz. Das Wort ist in das Sprachgut des deutschen Yachtsports eingegangen mit der speziellen Bedeutung einer vorgesetzten Leitfläche (Vorflosse) bei einem freistehenden, nicht an die Kielflosse angehängten Ruder einer Segelyacht.

Skiff (germ.-engl.) In Deutschland ist damit allgemein der Renn-Einer des Rudersports gemeint, ein sehr langes, außerordentlich schmales und extrem leichtes Ruderboot für nur einen Ruderer (kein Steuermann). In anderen Ländern dagegen tragen Boote verschiedener Art und Größe die Bezeichnung Skiff. Das Delaware Sturgeon Skiff z. B. ist ein 5-t-Fischerboot von 7,5 m Länge. Das Orkney Skiff ist ein kleines offenes Segelboot, geklinkert und mit geradem Steven; ähnlich ist ein ca. 5 m langes australisches Skiff mit erheblicher Segelfläche (Klüverbaum!), das mit mehrköpfiger Besatzung gesegelt wird. Die Bezeichnung Skiff findet sich noch in weiteren lokalen Bootstypen.

Skipper Die engl. Form *skipper* für Kapitän, Schiffsführer, geht auf die frühe niederl. Form *schipper* bzw. *skypper* zurück. Heute hat sich die Bezeichnung Skipper im Segelsport für den Führer einer Rennyacht international eingebürgert.

Skorbut (mlat.) Seit 1250 beobachtete Mangelerkrankung, die insbesondere auf sehr langen Segelschiffsreisen durch den Vitaminmangel der einförmigen Bordverpflegung, aber unter vergleichbaren Bedingungen auch an Land auftrat. Erste katastrophische Epidemie an Bord auf Vasco da Gamas Reise nach Ostindien, dann über 2 Jahrhunderte lang eine ernste Gefahr für alle Seefahrer. Die an Skorbut Erkrankten fielen praktisch für jede Arbeit an Bord aus; die Sterblichkeit war hoch. Zufuhr von frischem Obst und Gemüse brachte schnell Besserung. Auf Schiffen der britischen Navy war seit 1760 das Mitführen von Zitronenprodukten Vorschrift. Siehe *Lime juicer*.

Skuller (engl.) Sportruderboot mit paarweise angeordneten Skulls zum Rudern. Siehe Rudersport.

Skykompaß (engl.) Navigationsgerät zur Kursbestimmung durch Beobachtung des Sonnenazimuts mit Hilfe der Polarisation des Sonnenlichts. Der Skykompaß kommt insbesondere in Polnähe zur Anwendung, wo weder → Magnetkompaß noch → Kreiselkompaß verwendbar sind. Polarisiertes Sonnenlicht als Navigationshilfe auszunutzen gelang erstmals 1944 in den USA. Der Gebrauch des Skykompasses ist nicht von der direkt sichtbaren Sonne abhängig; der Skykompaß ist auch dann noch verwendbar, wenn die Sonne hinter Wolken oder eben unter der Kimm verschwunden ist.

Skylight (engl.) Oberlicht. Dachartig angeordnetes, aufklappbares Fenster auf dem Kajütdach von Sportbooten; auf großen Schiffen oberer Abschluß des Maschinenschachtes.

Skysegel (engl.) 1. Kleines Rahsegel, das auf einigen Klippern des 19. Jh. noch über dem Royal gesetzt wurde.
2. Stagsegel zwischen den Masttoppen eines Stagsegelschoners.

Skyscraper (engl.) Kleines dreieckiges Segel, das auf den Klippern mit Skysegeln in einigen Fällen noch über diesen zwischen Flaggenknopf und Skysegelrah gesetzt wurde. Vergl. Mondsegel.

Slip Lehnwort aus dem Engl.
1. Schiefe Ebene mit Schienen und Rollschlitten, auf welchen Schiffe aus dem Wasser geholt und zu Wasser gebracht werden können.
2. Die Differenz zwischen dem Weg, den ein rotierender Propeller sich theoretisch durch das Wasser vorwärtsschraubt und dem tatsächlichen Weg des belasteten Propellers.

slippen, schlippen 1. Auf- bzw. abslippen: Ein Boot auf einem Slip aus dem Wasser holen oder zu Wasser bringen.
2. Eine um einen Pfahl oder Poller geschlungene Festmacheleine, deren beide Enden an Bord festgemacht sind, einseitig loswerfen und am anderen Ende einholen.
3. Ein Tau oder eine Ankerkette notfalls ganz ausrauschen lassen (z. B. wenn keine Zeit oder Gelegenheit ist, einen unklaren Anker zu hieven).

Sliphaken 1. Schlepphaken, der durch den Schlepperführer von der Brücke aus auch unter Last geöffnet (geslippt) werden kann.
2. Schnell lösbare Kettenverbindung in Form eines Winkelhebels, der durch einen Sicherungsring gehalten wird. Schlägt man den Sicherungsring zurück, öffnet sich die Verbindung augenblicklich.

Slipwagen Fahrbares Gestell auf Schienen zum Aufslippen von Yachten, Booten und kleineren Wasserfahrzeugen aller Art.

Slup, Sluptakelung Die verbreitetste und wirksamste Takelungsart von Segelyachten. Die Slup hat nur einen Mast, an dem außer dem Großsegel lediglich 1 Vorsegel geführt wird. Das Wort Slup geht auf → Schaluppe zurück.

Smeukewer (nd.) Dialektwort der Bewohner der Nordseeküste für die ersten Fischdampfer.

Smog Aus engl. *smoke* und *fog*. Dicker Nebelrauch, wie er besonders typisch für London ist, sich aber mit der zunehmenden Industrialisierung über zahlreichen Städten bildet.

Smutje Volkstümliche Bezeichnung für den Schiffskoch.

Snipe 1931 entstandene, sehr weit verbreitete amerikanische Knickspantjolle mit 4,73 m (CWL 4,12 m) Länge, 1,52 m Breite und 10,4 m² Segelfläche.

Sofar (engl.) *S*ound *f*ixing *a*nd *r*anging. Hyperbelverfahren zum Orten von Rettungsbooten mit Hilfe von Wasserschallsignalen. Bei diesem von den USA im Zweiten Weltkrieg entwickelten Verfahren wird eine spezielle Wasserbombe geworfen, deren Schall von einem Netz von Abhörgeräten an Land aufgefangen wird.

Software (engl.) Spezifischer Begriff für die Gesamtheit der für eine Datenverarbeitungsanlage verfügbaren Programme. Vergl. im Gegensatz dazu *Hardware*.

Sog 1. Saugkraft, die durch eine turbulente Strömung entsteht oder durch Druckunterschiede, die eine solche Strömung verursacht. Sog entsteht auch bei schneller Fahrt in flachem Wasser und zwischen zwei Schiffen, die einander in ungenügendem Abstand passieren.
2. Die Differenz zwischen Propellerschub und Schiffswiderstand. Der Quotient aus diesem Wert und dem Schiffswiderstand ist die *Sogziffer*. Propellerschub und Schiffswiderstand können nicht eindeutig bestimmt werden, und damit auch nicht der Sog, der ein Kriterium für die Wechselwirkung zwischen Propeller und Schiff ist.

solar (lat.) Die Sonne betreffend.

SOLAS Abk. für *S*afety *o*f *L*ife *a*t *S*ea. Siehe Internationaler Schiffssicherheitsvertrag.

Soling Dreimann-Rennyacht (Kielboot); 1972 erstmals olympische Klasse. Abmessungen: Länge ü. a. = 8,15 m, Länge (CWL) = 6,10 m, Breite = 1,90 m, Tiefgang 1,30 m. Verdrängung = 1 t, Segelfläche = 21,70 m².

Solstitium, Solstitialpunkt (lat.) Sonnenwende. Sommersonnenwende am 21. Juni, Wintersonnenwende am 21. oder 22. Dezember; Solstitium bezeichnet sowohl das Datum als auch den Punkt an der Himmelskugel, an dem die Sonne ihre größte Abweichung hat und ihre nordwärts resp. südwärts gerichtete Bewegung gegenüber den Sternen wieder umkehrt. Vergl. Wendekreise.

Sommer Auf der nördlichen Halbkugel die absteigende Phase der Sonnenbahn beim Stand der Sonne nördlich des Himmelsäquators; die Zeit vom 21. Juni bis zum 22. September. In bezug auf die in der Schiffahrt einzuhaltenden Freibordvorschriften gelten jedoch andere Daten. Siehe hierzu „jahreszeitliche Zonen".

Sommerdreieck Das in unseren Breiten am sommerlichen Abendhimmel beobachtbare Dreieck aus den drei besonders hellen Sternen Wega (Sternbild Lyra), Atair (Aquila) und Deneb (Cygnus).

Sommerzeit Die in verschiedenen Ländern gegenüber der geltenden Standardzeit um eine oder auch zwei Stunden vorverlegte Zeit. Der Zweck dieser Vorverlegung ist eine bessere Nutzung des Tageslichts, daher die amerikanische Bezeichnung „daylight saving time" für Sommerzeit. Sie gilt dort vom 15. April bis zum 15. Oktober.

Sommerzone Siehe jahreszeitliche Zonen und Freibordmarke.

Sonar Kurzwort aus engl. *s*ound *n*avigation *a*nd *r*anging. Akustisches Ortungsmittel für den Nahbereich. Durch gerichtete Aussendung von Unterwasserschall- oder Ultraschallsignalen und Laufzeitmessung der Echos lassen sich Entfernung und Richtung von Unterwasserobjekten bestimmen. In Verbindung mit Radar wertvolle Hilfe beim Manövrieren im Nebel.

Sonderklasse Deutsche Rennyachtklasse, die um 1900 entstand und vor dem 1. Weltkrieg ziemlich verbreitet war. Als Klassenvorschrift

Sonne

gab es lediglich 3 Konstruktionsbedingungen:
1) Länge (CWL) + Breite + Tiefgang ≦ 9,75 m,
2) maximale Segelfläche 51 m²,
3) Mindestverdrängung 1830 kg.
Die Sonderklasse ist ein Paradebeispiel für die Folgen unzulänglicher Vermessungsbedingungen. Es entstanden zuletzt Yachten, deren Länge über alles doppelt so groß war wie die Vermessungslänge: Die Yachten waren auf glattem Wasser außerordentlich schnell, bei Seegang jedoch unbrauchbar.

Sonne Zentralgestirn unseres Planetensystems. Der Radius der Sonne beträgt 696 000 km (im Winkelmaß von der Erde aus ~ 16′), ihr Volumen 1,412 · 10^{18} km³ (1,3 Mill. Erdvolumen).
Die Sonne verändert ihren Stand unter den Sternen von Tag zu Tag; sie durchläuft ihre scheinbare Bahn um die Erde (die Ekliptik) innerhalb eines → Jahres.
Die sichtbare Sonne wird *wahre Sonne* genannt. Für astronomische Zeitmessungen stellt man sich jedoch eine im Himmelsäquator gleichförmig umlaufende Sonne vor. Diese gedachte *mittlere Sonne* durchläuft den Himmelsäquator rechtläufig und braucht für einen Umlauf genau die gleiche Zeit wie die wahre Sonne. Der jeweilige Unterschied zwischen den Stundenkreisen der wahren und der mittleren Sonne heißt *Zeitgleichung*.

Sonnenfinsternis Partielle oder totale Bedeckung der Sonnenscheibe durch den Mond. Sonnenfinsternis kann nur bei Neumond auftreten und auch dann nur, wenn sich der Mond in der Nähe eines Knotens befindet (Schnittpunkt Mondbahn – Ekliptik); der Mond muß in der Verbindungslinie Erde – Sonne stehen. Im Gegensatz zur Mondfinsternis, die eine vom Beobachtungsort unabhängige Erscheinung ist, kann eine Sonnenfinsternis nicht von allen Orten der Erde aus und nicht von verschiedenen Punkten aus zur gleichen Zeit wahrgenommen werden. Vergl. Mondfinsternis.

Sonnenflecken In Gruppen auftretende fleckenartige Gebilde auf der Oberfläche der Sonne. Die Häufigkeit der durch herausschießende Materie entstehenden Sonnenflecken ist einem elfjährigen Zyklus unterworfen. Sonnenflecken haben eine starke magnetische Einwirkung auf die Erdatmosphäre und beeinflussen Wetter und Funkverkehr.

Sonnenhöhe Vertikaler Abstand der Sonne über der Kimm.

Sonnenkompaß Gerät, das insbesondere auf sehr hohen Breiten zur Feststellung der Himmelsrichtung verwendet wird. Das Prinzip entspricht dem einer Sonnenuhr. Während man bei dieser, von der bekannten Nordrichtung ausgehend, aus dem Sonnenstand die Zeit ableitet, ist für den Sonnenkompaß die genaue Uhrzeit erforderlich, um aus dem Sonnenstand die Nord-Süd-Richtung zu ermitteln. Der Sonnenkompaß ist auch als Hilfsgerät bei Kompaßregulierungen sowie zur Kontrolle der Kreiselkompaßanlage zu gebrauchen.

Sonnensegel Auch Sonnenzelt. Horizontal über Teile des Schiffes, besonders die Wohnunterkünfte gespanntes Segel als Schutz gegen direkte Sonneneinstrahlung.

Sonnentag Man unterscheidet den wahren und den mittleren Sonnentag. Der wahre Sonnentag umfaßt die Dauer zwischen zwei aufeinanderfolgenden Durchgängen der wahren Sonne durch den Meridian; der mittlere Sonnentag ist der über ein Jahr genommene Mittelwert zwischen den Zeiten zweier aufeinanderfolgen-

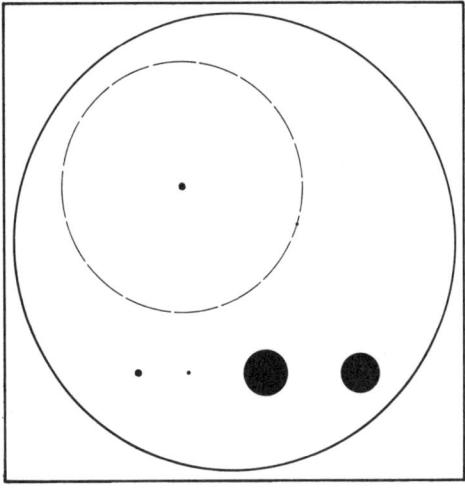

Die wahren Größenverhältnisse von Sonne und Planeten. Großer Kreis: Sonne; oben: Erde mit Mondbahn; unten: die für die Navigation wichtigen Planeten Venus, Mars, Jupiter, Saturn.

der Kulminationen der mittleren Sonne. Diese letztgenannte Zeitspanne beträgt genau 24 Stunden mittlerer Sonnenzeit, wohingegen der wahre Sonnentag von Tag zu Tag verschieden lang ist. Die Differenz zwischen wahrer und mittlerer Zeit ist die Zeitgleichung.
Vom Sonnentag zu unterscheiden ist der um 3 min 55,9 s kürzere → Sterntag.

Sonnentiden Die von der Anziehung der Sonne herrührenden Teilbeträge der Gezeitenerscheinungen. Die Sonnentiden wirken zur Nippzeit den Mondtiden entgegen und verstärken sie zur Springzeit. Die durch die Sonne bewirkten Teilbeträge der Gezeitenerscheinungen machen etwa 46 % der Mondwirkung aus. Siehe Gezeiten.

Sonnenuhr Einfacher Zeitmesser, der auf die Nord-Süd-Richtung ausgerichtet wird und der aus dem Sonnenstand die Zeit ablesen läßt (die wahre Ortszeit). Der schattenwerfende Stift muß parallel zur Erdachse gestellt sein, d. h., daß jede Sonnenuhr nur für diejenige geographische Breite brauchbar ist, für die sie konstruiert worden ist. Der Neigungswinkel des Schattenstabes gegen den Horizont ist gleich der geographischen Breite bzw. der Polhöhe des Ortes, für welchen die Sonnenuhr hergestellt wurde. Je nach Lage der Projektionsebene unterscheidet man die *Äquatorialuhr* mit Projektionsring parallel zum Äquator, dessen Teilung von Stunde zu Stunde 15° beträgt, sowie die *Horizontaluhr* und die *Vertikaluhr,* bei denen die Winkel, die der Schatten von Stunde zu Stunde bestreicht, jeweils verschieden sind.

Sonnenzeit Die auf die Meridiandurchgänge der mittleren oder wahren Sonne bezogene Zeiteinteilung. Danach unterscheidet man mittlere bzw. wahre Sonnenzeit. Die mittlere, auf einen Normalmeridian bezogene Zeit heißt bürgerliche oder gesetzliche Zeit.

Sorgleine 1. Leine oder Kette, die an der hinteren oberen Ecke des Ruderblattes befestigt werden kann und mit der sich das Ruderblatt notfalls bewegen läßt (z. B. bei Ruderschaftbruch).
2. Haltetau einer Ankerboje.

SOS Internationales Seenotzeichen, das sich aus den Morsebuchstaben drei kurz – drei lang – drei kurz zusammensetzt und ohne Pause zwischen den Buchstaben gefunkt oder geblinkt wird. Dieses Signal ist aus praktischen Erwägungen, d. h. wegen seines eindringlichen Rhythmus ··· — — — ··· gewählt worden. Man legt ihm die Bedeutung „save our souls" zugrunde.

Spachtel Schnell trocknende, kittartige Masse zum Herstellen glatter Flächen sowie auch das Werkzeug dazu. Spachtelmasse besteht aus einer Mischung plastischer Kunststoffe mit Füllstoffen wie Kreide, Holzmehl, Polymerisationsprodukten und dergl.

Spake, Spillspake Hölzerne, speichenförmige in einen Spillkopf gesteckte Hebel, mit deren Hilfe früher das Gangspill gedreht wurde (Spake = altfries. Lautform für *Speiche*). Handspake bezeichnet einen Hebel, der auch zu anderen Arbeiten dient, wie Anheben schwerer Lasten o. ä.

spaken Das Bilden von Stockflecken und Schimmel an Segeltuch und anderen Gegenständen, die feucht geworden und nicht genügend gelüftet worden sind.

spanische(r) Takling Gleichbedeutend mit → Rückspleiß.

spanische Winsch Einfache Methode, mittels eines Hebels an einer drehbar gelagerten Achse eine große Zugkraft auf eine Leine auszuüben. Siehe Skizze.

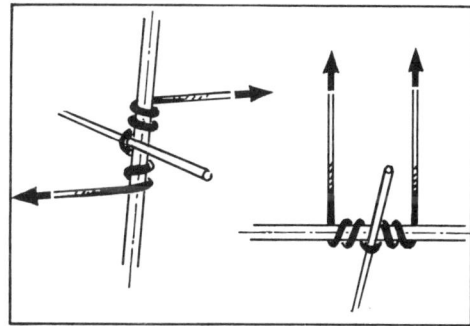

Spanische Winsch.

Spanker (engl.) *m.* 1. Auf Rahseglern das Gaffelsegel des hintersten Mastes, der Besan einer Bark, das Briggsegel einer Brigg.
2. Im modernen Yachtsport ein Beisegel, das einen Kompromiß von Spinnaker und Genua darstellt.

Spannschraube

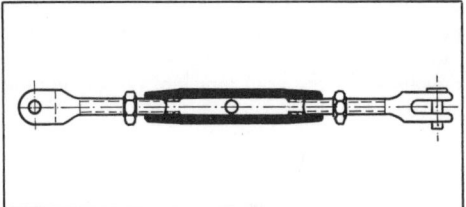

Spannschraube für Wanten und Stagen auf Yachten.

Spannschraube Schraubvorrichtung zum Verkürzen (Spannen) von Teilen des stehenden Gutes (Wanten und Stagen). Das Prinzip beruht darauf, daß eine Schraubhülse zwei Schraubstifte mit gegenläufig geschnittenem Gewinde zusammenzieht. Spannschrauben werden durch Kontermuttern, Bändsel oder Draht gegen unfreiwilliges Aufdrehen gesichert.

Spannung 1. Die mechanische Spannung ist (wie der Druck) der Quotient aus der auf eine Fläche wirkenden Kraft und dem betreffenden Flächeninhalt. Einheit der mechanischen Spannung ist das Pascal

$$1\ Pa = 1\ N/m^2 \approx \frac{1}{9,81}\ kp/m^2 = 0,102\ kp/m^2$$

2. Die elektrische Spannung, früher auch *elektrisches Potential* oder *elektromotorische Kraft* genannt, ist der Quotient aus der elektrischen Energie und der elektrischen Ladung. Sie wird in der Einheit Volt gemessen.

Spant *s.* 1. Rippenartige Querschiffsverbände, die dem Schiffskörper seine Form geben und auf denen die Außenhaut befestigt ist. Die klassische Bauweise, bei welcher nach der Kiellegung die Spanten einzeln aufgestellt wurden und woraufhin dann die Beplankung bzw. Beplattung erfolgte, ist durch neue Bauweisen überholt. Im Stahlschiffbau werden Spanten und Platten mit anderen Bauteilen zusammengeschweißt (siehe Sektionsbauweise). Spanten, die längsschiffs verlaufen, heißen Längsspanten.
Im Holzschiffbau unterscheidet man gewachsene, gebaute, eingebogene und lamellierte Spanten, je nachdem ob die Spanten aus gewachsenen Krummhölzern, gesägten Stücken, biegsamen Leisten oder zusammengeleimten Lamellen hergestellt worden sind. Begriffe wie Rundspant und Knickspant kennzeichnen die Querschnittsform eines Schiffes.
2. Als Konstruktionsspanten werden die für die Berechnung eines Schiffskörpers zugrunde gelegten Querschnitte bezeichnet, die rein theoretischer Natur und von der Anordnung der Bauspanten unabhängig sind. Üblicherweise wird die Berechnungslänge in 20 gleiche Abstände geteilt. Der genau auf Mitte Schiff liegende Querschnitt heißt Hauptspant.

Spantabstand, -entfernung Der horizontale Abstand von einem Spant zum anderen: Bei Konstruktionsspanten üblicherweise $^1/_{20}$ der Berechnungslänge, bei Bauspanten verschieden je nach Größe und Verwendungszweck des Schiffes, Bauvorschrift, Herstellungsverfahren und Baumaterial. Im modernen Yachtbau hat die Schalenbauweise neue Maßstäbe gesetzt.

Spantarealkurven Im → Kurvenblatt an jedem einzelnen Spant aufgezeichnete Kurven, die die auf die Eintauchung bezogenen Spantinhalte (die Spantflächen) angeben.

Spantflächenkurve Auch Spantenskala. Über der Berechnungslänge des Schiffes aufgezeichnete Kurve, deren Ordinaten die Spantareale bis zu einer bestimmten Eintauchung sind, z. B. bis zum Konstruktionstiefgang. Der Flächeninhalt dieser Kurve ergibt die Verdrängung für den betreffenden Tiefgang.

Spantriß (Spantenriß) Der Teil des Linienrisses, der den Schiffsrumpf in einer Reihe von Querschnitten von vorn und von hinten zeigt. Es ist üblich, nur die halbe Querschnittsform darzustellen. So zeigt der Spantriß ein unsymmetrisches Bild; die linke Hälfte enthält die Querschnitthälften vom Heck bis zum Hauptspant, die rechte die vom Bug bis zum Hauptspant (Schiffsmitte). Siehe die Skizze zu Klipper.
Der Spantriß des Linienrisses stellt die Konstruktionsspanten dar; die tatsächlichen Bauelemente zeigt der sog. Bauspantenriß.

Spardecker (engl.) Vorläufer des Schutzdeckers in der frühen Zeit des „Eisenschiffbaus". Die Bezeichnung kommt daher, daß man zum Schutz von Deckspassagieren auf Frachtschiffen Überbauten aus Latten (Spars) errichtete, woraus dann ein eisernes Deck wurde, das von der Vermessung ausgeschlossen war. Für die

Materialstärken galten bei diesen Schiffen gesonderte Vorschriften.

Spatenruder Ruderform, bei welcher der Ruderschaft die einzige Lagerung des Ruders darstellt. Das (balancierte) Ruderblatt hängt frei am Schaft. Siehe Ruder.

Speedometer (engl., grch.) Geschwindigkeitsmesser; Yachtlog nach dem Staudruckmeßprinzip oder mittels Propeller.

Speigat Abflußöffnung des Wassergrabens für den Abfluß von Spritz-, Spül- und Regenwasser nach außenbords.

Speisewasser Wasser für den Betrieb von Dampfkesseln. Da Seewasser nicht geeignet ist, muß das Speisewasser mitgenommen und im Kreislauf durch Kondensation zurückgewonnen werden. Zuzusetzendes Wasser wird durch Verdampfen von Seewasser gewonnen.

Sperrgebiete Im Zusammenhang mit Belangen der Landesverteidigung liegen innerhalb der Hoheitsgewässer eines Landes hier und da Sperrgebiete, die für die Schiffahrt nicht frei sind. Solche Sperrgebiete sind durch Tonnen mit je 2 über Kreuz liegenden gleichen blauen und weißen Feldern abgegrenzt.

Sperrholz Holzplatten aus einer ungeraden Anzahl zusammengeleimter dünner Schichten, deren Maserungen abwechselnd längs und quer verlaufen und dadurch dem Holz eine richtungsunabhängige Festigkeit verleihen. Die Fortschritte in der Herstellung wasser- und kochfester Leime hat auch das Sperrholz zu einem beliebten Werkstoff für den Yacht- und Bootsbau gemacht. Für Rümpfe, Decks und Aufbauten wird Bootsbausperrholz verwendet, für das besondere Vorschriften bestehen. Es sind normalerweise Platten, die aus 9 Hartholzschichten verleimt worden sind. Sperrholz quillt nicht und verzieht sich nicht, hat gute Festigkeitseigenschaften und gestattet Bootskörper zu bauen, die wesentlich besser dichtzubekommen sind als geplankte Rümpfe. Sperrholzyachten haben ein geringes Baugewicht; man zählt sie zu den Leichtdeplacementyachten.

spezifisches Gewicht, Wichte Der Quotient aus Gewichtskraft und Volumen $\gamma = G/V$

Veraltete Einheiten $1\,\frac{p}{cm^3}$, $1\,\frac{kp}{dm^3}$.

Da die Gewichtskraft auf der Erde nicht konstant ist, stellt das spezifische Gewicht bzw. die Wichte keine eindeutige Größe dar. Man verwendet deshalb als unveränderliche, stoffkennzeichnende Größe die (auf die Masse bezogene) → Dichte. Gebräuchliche Einheiten

$$1\,\frac{g}{cm^3},\ 1\,\frac{kg}{dm^3}$$

Wenn zur Kennzeichnung eines Stoffes das „spezifische Gewicht" als reine Zahl angegeben ist, dann ist tatsächlich die relative Wichte bzw. relative Dichte angegeben. Die relative Dichte ist der Quotient aus der Dichte des betreffenden Stoffes und der des Wassers.

Sphäre (grch.) Ball, Kugel, Himmelskugel. Mathematischer Ausdruck für die Oberfläche einer Kugel, sowie auch für die gedachte Himmelskugel. Sphärischer Winkel heißt der Winkel, den zwei sich schneidende Großkreise auf der Oberfläche einer Kugel miteinander bilden.

sphärisches Dreieck Dreieck auf einer Kugeloberfläche, dessen Seiten Bogenstücke von Großkreisen sind, d. h. Kreise, deren Ebenen durch den Kugelmittelpunkt gehen.

sphärisch-astronomisches Grunddreieck Das sphärische Dreieck zwischen Himmelspol, Zenit und Gestirn. Siehe nautisch-astronomisches Grunddreieck.

Spiegel Seit dem 17. Jh. bekannte Bezeichnung für ein plattes Heck.

Spiegelholz Siehe Holz, Schnittarten.

Spiere w. Jedes zur Takelage gehörende Rundholz außer dem Mast (Baum, Gaffel, Rah, Stenge, Spriet, Spinnakerbaum usw.).

Spierentonne Schwimmendes Seezeichen, dessen sichtbarer Teil in Form einer Spiere ausgebildet ist. Typisches Beispiel: die roten, mit weißen Ziffern gekennzeichneten Tonnen zur Bezeichnung der Backbord-Fahrwasserseite.

Spill s. Von *Spindel* abgeleitete Bezeichnung für eine drehbare Vorrichtung zum Ankerhieven,

zum Verholen, zum Einholen von Schlepptrossen u. dergl. Nach ihrer Konstruktion unterscheidet man Spills mit vertikaler Achse (Gangspill) und mit horizontaler Achse (Bratspill, Pumpspill). Das Spill ist in seiner Funktion einer Winde vergleichbar, unterscheidet sich von dieser jedoch grundsätzlich dadurch, daß die geholte Leine (Trosse, Kette) nicht aufgewickelt wird. Die Kraftwirkung beruht lediglich auf dem Zug und der Reibung der in mehreren Rundtörns um den Spillkopf gelegten Trosse bzw. der die einzelnen Kettenglieder greifenden Kettennuß. Das Spill ist unabhängig von der einzuholenden Länge; die gehievte Ankerkette wandert in den Kettenkasten, eine eingeholte Trosse muß aufgeschossen werden.
Unter dem Gesichtspunkt der Arbeitsweise wäre demnach auch eine ,,Schotwinsch'' als Spill zu bezeichnen; der praktische Sprachgebrauch ist da jedoch nicht konsequent.

Spinnaker Viertel- bis halbkugelförmiges Beisegel einer Yacht für achterlichen und raumen Wind. Seine Größe wird durch zwei Maße bestimmt: Höhe (oberster Punkt des Vorsegeldreiecks) und Länge des Spinnakerbaumes (nicht größer als Fußlänge des Vorsegeldreiecks). Der Grad der Bauchigkeit des Spinnakers bestimmt seine Verwendbarkeit bei seitlichen Winden.
Der Ursprung des aus dem Engl. übernommenen, um 1865 zuerst nachweisbaren Wortes ist nicht ganz sicher; man vermutet eine Entstellung von *spin-maker* (*spin* = dahinsausen, schnelle Fahrt, schneller Ritt).

Spinnakerbaum Spiere zum Ausbaumen des Spinnakers nach Luv.

Spinnakernetz Vorheißbare horizontale Leinen, die den Raum zwischen Vorstag und Mast füllen und damit verhindern, daß sich der Spinnaker um das Vorstag törnt.

Spinnaker-Stagsegel s. Das herkömmliche Spinnaker-Stagsegel (auch Leesegel genannt) ist ein leichtes Vorsegel mit kurzem Vorliek und langem Unterliek, das bei gesetztem Spinnaker den freien Raum unter dem Spinnaker nutzt. Es reicht nur bis etwa zur halben Masthöhe hinauf und hat den Nachteil, bei leichtem Wind einzufallen. Neue Spinnaker-Stagsegel sind deshalb hoch und sehr schmal geschnitten. Siehe ,,Tallboy''.

Spinnwebenschnitt Auch Mehrfach-Laschenschnitt genannt. Vorsegel-Schnittform, die gelegentlich bei sehr großen Vorsegeln zur Anwendung kommt. Mehrere Diagonalnähte verlaufen strahlenförmig vom Schothorn zum Vorstag. Die einzelnen Bahnen verlaufen quer dazu, so daß alle Nähte miteinander die Grundform eines Spinngewebes bilden.

Spitzgat Heckform, bei welcher die Schiffslinien achtern spitz zulaufen. Das Ruder hängt am Achtersteven.

Spitztonne Seezeichen in Form eines Kegels mit nach oben gerichteter Spitze. Typisches Beispiel: die schwarzen (nach dem Betonnungssystem ,,A'' grünen) Tonnen zur Bezeichnung der Steuerbord-Fahrwasserseite. Siehe Fahrwasserseite.

Spleiß; spleißen (splissen) Haltbare, dauerhafte Verbindung von Tauwerk durch Verflechten der einzelnen Kardeele miteinander. Die Haltbarkeit beruht darauf, daß, je mehr Zug auf die Leine kommt, die verflochtenen Kardeele um so fester zusammengepreßt werden. Man unterscheidet den Kurzspleiß (Zusammenspleißen zweier Enden gegen den Schlag), den Langspleiß (Aufdrehen der Kardeele und Wiedereindrehen der Kardeele des anzuspleißenden Endes) sowie den Augspleiß (Herstellung eines Auges an einem Tampen). Beim Kurzspleiß und Augspleiß werden die Kardeele von Naturfasertauwerk dreimal, von Chemiefasertauwerk fünfmal durchgesteckt; beim Langspleiß sind schon bei Naturfasertauwerk 7 eingedrehte Windungen erforderlich, bei Kunstfaserleinen entsprechend mehr.
Auch geflochtenes Yachttauwerk (Kern-Mantelgeflecht) läßt sich spleißen, doch ist dies ziemlich kompliziert und nur mit Anleitung der Hersteller auszuführen.
Die Ausführung von Drahtspleißen ist eine Kunst, deren Beherrschung früher für jeden Seemann selbstverständlich war. Heute werden Drahtspleiße nur noch selten ausgeführt. Die aufgepreßten Seilhülsen (Talurit-Muffen) sind dem Spleiß in jeder Hinsicht überlegen.

Splint 1. Sicherung von Bolzen und Schrauben gegen Herausrutschen oder Losdrehen. Der normale Splint ist ein gespaltener Stift, der durch ein Loch gesteckt wird und dessen Enden umge-

bogen werden. Andere Formen sind der Ringsplint und der Nadelsplint.
2. Beim Holz die den harten Kern umschließende äußere, weichere und fäulnisanfälligere Zone des Stammes.

Sponung Einschnitt längs Kiel, Vor- und Achtersteven, worin bei aufgeplankten Schiffen die untere Seitenkante der untersten Planke und die Plankenenden aller anderen Planken eingelassen und befestigt werden. Die Sponung bildet die Umrißlinie, wo die Beplankung in Kiel- und Steven übergeht.

Spreizgaffel-Takelung International auch unter dem Namen „Wishbone-Rigg" bekannt (Wishbone ist ein der Spreizgaffel ähnelnder Geflügel-Brustknochen). Eine andere Bezeichnung ist die nach der ersten Yacht, auf der diese Takelung zur Anwendung kam, „Vamarie-Takelung". Es handelt sich um eine Abart der Bermudatakelung bei einer Ketsch, wo das Großsegel keinen Baum hat, sondern in einer Doppelgaffel ausgespreizt wird, deren Schot zum Besantopp führt. Das Unterliek verläuft von der Gaffelnock zum Hals am Großmast. Der durch diesen Segelschnitt freibleibende Raum zwischen den Masten wird durch ein Besanstagsegel ausgefüllt. Siehe Skizze.

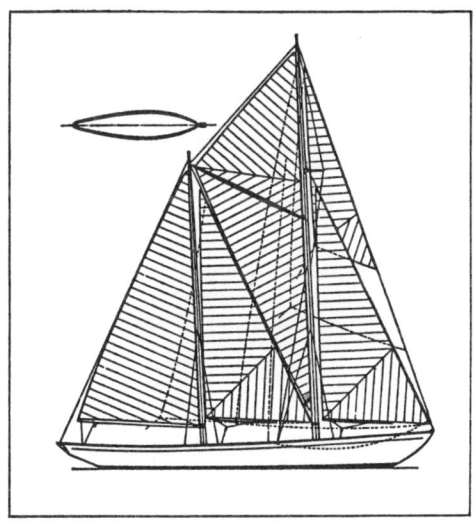

Die 1936 gebaute Ozean-Rennyacht „Vamarie" hatte erstmals eine Spreizgaffel-Takelung.

Spreizlatten Gleichbedeutend mit Segellatten; dünne, elastische Brettchen zum Ausspreizen der Achterliekrundung eines Segels.

Sprengstoff Schiffe mit explosiver Ladung ankern an besonders dafür vorgesehenen Plätzen. Diese sind durch gelbe Faßtonnen mit einem schwarzen P gekennzeichnet.

Sprietsegel Rechteckiges Bootssegel ohne Baum und Gaffel, das durch eine diagonal vom Mastfuß zur Piek verlaufende Spiere ausgespannt wird, die Spriet (wie Bugspriet verw. mit *sprießen*). Fischer- und Transportkähne mit Sprietsegeln waren früher für die Themse ebenso typisch wie für Ostpreußen.

Spring Diejenigen Festmacheleinen, die verhindern, daß sich ein Schiff an der Pier oder längsseits bei anderen Schiffen in der Längsrichtung bewegen kann. Die vordere Spring läuft vom Bug schräg nach achtern, die hintere vom Heck schräg nach vorn.
Spring wird ggf. auch eine Leine von der Ankerkette zum Heck genannt, um damit das Schiff in eine andere Lage zum Wind zu legen – z. B. um zum Ausbooten eine Leeseite zu schaffen.

Springtide Alle vierzehn Tage wiederkehrende Tide, die das Springhochwasser enthält. Springzeit ist theoretisch immer zur Zeit von Vollmond und Neumond, wenn die gezeitenerregenden Kräfte von Sonne und Mond in der gleichen Richtung wirken. Praktisch tritt die Springtide jedoch 1 bis 3 Tage später ein; diese Zeit heißt *Springverspätung* (Atlantikküste 1,5 Tage, südliche Nordsee 2, Deutsche Bucht 3 Tage). Siehe Gezeiten.

Sprinkler Teil einer Beregnungsanlage, die bei Überschreiten einer bestimmten Temperatur selbsttätig Wasser versprühen läßt. Sprinkleranlagen gehören auf Fahrgastschiffen zur Feuerschutzausrüstung.

Spruce Kanadische Schwarzfichte; ein Holz, das sich vorzüglich zur Herstellung von Masten und Spieren eignet. Seine Bedeutung geht mit der zunehmenden Verbreitung von Aluminium-Masten zurück.

Sprühregen Sehr kleine Regentröpfchen (etwa 0,05 mm Durchmesser), die den Übergang

Sprung

vom Nebel zum Regen bilden und aus sehr niedrigen Wolken fallen. Meist starke Beeinträchtigung der Sicht.

Sprung 1. Der geschwungene Deckslinienverlauf eines Schiffes von der Seite gesehen. Beim klassischen Sprungverlauf lag der niedrigste Punkt des Decks um einiges hinter Mitte Schiff, und das ist bei der Mehrzahl aller Schiffe der verschiedensten Typen auch heute noch der Fall. Bei vielen Schiffen vermeidet man jedoch den Sprung aus bau- oder betriebstechnischen Gründen, z. B. bei Containerschiffen, Bulk-Carriern, großen Tankern.
Bei Yachten verzichtet man häufig auf den Sprung zugunsten eines stabilitätserhöhenden Freibords und Raumgewinns unter Deck. Yachten, deren Deckslinie von der Seite her gesehen nach oben gewölbt ist, haben einen „negativen Sprung".
2. In der Funktechnik der Einfall von Raumwellen nach ein- oder mehrfacher Reflexion an der → Ionosphäre.

Sprungwelle Siehe Bore.

Spundwand Wasserdichte Wand aus Stahlprofilen.

Squall (nord.-engl.) Bö, plötzlicher, heftiger Windstoß. Squall line, Böenlinie heißt in der Meteorologie eine frontartige Anordnung von oft sehr heftigen Gewittern etwa 150–500 km vor der eigentlichen Kaltfront.

Squarelines (engl.) Flechttrossen, quadratgeflochtenes Tauwerk. Diese Trossen werden aus je einer gleichen Anzahl rechts- und linksgeschlagener Litzen hergestellt.

stabil (lat.) Bezeichnung für einen Gleichgewichtszustand, bei welchem ein Körper in seiner Lage verharrt oder, nach einer Auslenkung, wieder in dieselbe zurückkehrt. Siehe Gleichgewicht.

Stabilisatoren Aktiv wirkende Anlagen zur Verringerung oder gar Aufhebung der Rollbewegungen eines Schiffes im Seegang. Siehe Schlingerdämpfungsanlagen.

Stabilität (Von lat. *stabilitas*, Festigkeit, Feststehen, als Gegensatz zu *mobilitas*, Beweglichkeit, Veränderlichkeit). Der Begriff wird ausschließlich in dem unter *stabil* erläuterten Sinne verstanden und nicht etwa im Zusammenhang mit der Festigkeit einer Konstruktion. Schiffsstabilität behandelt die Bedingungen, unter denen ein Schiff in aufrechter Lage schwimmt bzw. sich wieder aufrichtet, wenn es durch krängende Momente geneigt wird. Die Fähigkeit des Wiederaufrichtens ist in erster Linie durch die Geometrie der Schiffsform gegeben. Indem der Formschwerpunkt bei einer Krängung (Neigung) nach der Seite auswandert, entsteht ein aufrichtendes Moment, welches das Schiff innerhalb seines Stabilitätsumfanges wieder in seine aufrechte Lage zurückkehren läßt (vergl. hierzu Metazentrum und metazentrische Höhe). Entscheidenden Einfluß auf die Stabilität haben die Form (die Breite!) eines Schiffskörpers und die Höhenlage seines Gewichtsschwerpunktes. Stets wirken Form und Gewicht untrennbar zusammen; man bezeichnet indessen ein leichtes, kenterbares Schiff mit hoher Anfangsstabilität und begrenztem Stabilitätsumfang als formstabil, ein unkenterbares Schiff, dessen Stabilität mit wachsendem Neigungswinkel zunimmt, als gewichtsstabil. Praktisch trifft dieses letztere nur für Kielyachten mit tiefliegendem Ballastgewicht und für Seenotrettungskreuzer zu. Leichte, formstabile Boote (Jollen) erhalten ihre Stabilität durch die Erzeugung eines dem krängenden Moment entgegenwirkenden Momentes (ausreitende Mannschaft, Vorschotmann im Trapez), das mit Geschicklichkeit und Reaktionsfähigkeit ständig variiert werden muß. Siehe formstabil.
Man unterscheidet Quer- und Längsstabilität. Da letztere jedoch praktisch nie ein Problem darstellt und nur im Zusammenhang mit Trimmrechnungen eine Rolle spielt, wird unter *Stabilität* stets die *Querstabilität* verstanden.
Stabilität im hier erörterten Sinne der Entstehung eines der Krängung entgegenwirkenden, aufrichtenden Drehmomentes heißt statische Stabilität. Unter dynamischer Stabilität versteht man die mechanische Arbeit, die geleistet werden muß, um das Schiff bis zu einem bestimmten Winkel zu krängen.

Stabilitätsmoment Das Produkt aus Auftriebskraft und Hebelarm der statischen Stabilität eines gekrängten Schiffes. Dieser Hebelarm ist der horizontale Abstand zwischen dem Gewichtsschwerpunkt des Schiffes und der durch den seitlich ausgewanderten Formschwerpunkt verlaufenden resultierenden Auftriebskraft.

Stabilitätsumfang Der maximale Neigungswinkel, bis zu welchem ein gekrängtes Schiff noch einen positiven Hebelarm der statischen Stabilität hat, d. h. solange ein aufrichtendes Moment vorhanden ist. Dieser Winkel liegt bei Seeschiffen normalerweise zwischen 70° und 80°. Praktisch wird ein Schiff jedoch stets vor Erreichen dieses theoretischen Wertes kentern, da die Hebelarmkurve nach Überschreiten ihres Maximums bei 40–50° rapide abfällt, die krängenden Momente jedoch immer noch groß sein können.

Stack s. An Flußufern quer zum Strom gebaute Steindämme (Buhnen). Sie dienen der Stromregulierung, der Erhaltung der Fahrwassertiefe.

Stag s. Drahtseil, das den Mast in der Schiffslängsrichtung nach vorn hält. Es werden auch massive Stahlstangen verwendet. Die Stage gehören, wie die Wanten, zum stehenden Gut. Ohne nähere Bezeichnung sind die Vorstage gemeint; die den Mast nach achtern haltenden Stage heißen Achterstag oder, wenn sie nach beiden Seiten schräg achteraus geführt werden, Backstage.
Die Stage, an denen Segel gesetzt werden, tragen den Namen des betreffenden Segels: Fockstag, Klüverstag usw., die Stage der Großsegler zusätzlich den Namen des betreffenden Mastes: Kreuzbramstag etc.
„Über Stag gehen" heißt mit dem Vorstag durch den Wind gehen, wenden. Die dem Wort Stag zugrunde liegende Bedeutung ist steif, straff gespannt.

Stagreiter Haken, Legel, mit denen ein Vorsegel an dem dafür bestimmten Stag festgehalten wird. Die Stagreiter sind aus Bronze, Nirosta oder Kunststoff und müssen in gleicher Weise sicher, leicht zu öffnen und gängig sein.

Stagsegel An einem Stag gefahrenes Segel. Auf den Großseglern wurden vor dem Fockmast normalerweise 4 Stagsegel gefahren. Vorstengestagsegel, Innenklüver, Außenklüver, Jager. Zwischen den Masten wurden im allgemeinen 3, seltener 4 Stagsegel gesetzt.
Auf Yachten werden je nach Takelung 1–3 Stagsegel gefahren (3 bei den großen Kuttern: Fock, Klüver, Flieger). Bei Schonern und auf den Anderthalbmastern (Ketsch und Yawl) werden zuweilen auch zwischen den Masten Stagsegel gesetzt.

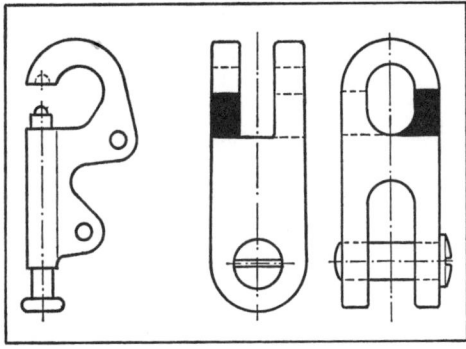

Stagreiter aus Messing mit Unterzug (links) und aus Kunststoff in Form versetzter offener Haken.

Stagsegelschoner Schoneryacht, bei welcher nicht nur vor dem Fockmast, sondern auch zwischen den Masten Stagsegel gesetzt werden, und zwar nicht zusätzlich, sondern anstelle des Schonersegels.

Stahl Jede Legierung aus Eisen und Kohlenstoff; alles ohne Nachbehandlung schmiedbare Eisen (DIN 17006). Das Eisen wird mit den verschiedensten Begleitelementen legiert und erhält dadurch sehr unterschiedliche technologische Eigenschaften. Die Einteilung der Stähle erfolgt nach Herstellungsverfahren, Güte, Legierungsart, Verwendungszweck und Gefügeaufbau. Die Einführung eines verbindlichen, einheitlichen Benennungssystems ist bisher nicht gelungen, da seit längerem eingebürgerte, einfache und einprägsame Markenbenennungen durch erheblich kompliziertere ersetzt werden müßten. Während einer vermutlich noch geraumen Übergangszeit sind also verschiedenartige Benennungen im Umlauf.
Für den Großschiffbau ist Stahl der einzige in Betracht kommende Werkstoff. Im Yachtbau hat Stahl ungeachtet seiner Vorteile (hohe Festigkeit, stets dicht) gegenüber anderen Baustoffen erheblich an Boden verloren. Nachteilig beim Stahl sind Korrosionsanfälligkeit, mangelnde Isolierfähigkeit, Schwitzwasserbildung.
Hinsichtlich der ganz besonders interessierenden rostfreien und säurebeständigen Stähle sei auf die Deutschen Normen DIN 17 440 und das Stahl-Eisen-Werkstoffblatt 400 hingewiesen.

Stahlguß Alle Stähle, die im Siemens-Martin-Verfahren, im Tiegel- oder Elektroofen oder im Konverter erzeugt und in Formen gegossen worden sind.

staken Das Vorwärtsbewegen eines Fahrzeugs in flachem Wasser, indem man sich mit einem Riemen, einer Stange oder einem Bootshaken vom Grund abstößt.

stampfen Die Bewegungen eines Schiffes um die Querachse, das Ein- und Austauchen der Schiffsenden. Siehe hierzu Schiffsbewegungen.

Stampfanlage Technische Anlage zur Erhöhung der Wirksamkeit eines Eisbrechers. Durch rotierende Unwuchtlasten an den Schiffsenden werden Vertikalschwingungen hervorgerufen; die günstigste Frequenz liegt etwa bei 120/min.

Stampfstock Vertikale Spreize für das Stampfstag unter dem Klüverbaum. Der Stampfstock hat für den Klüverbaum die gleiche Funktion wie eine Saling für den Mast. Siehe Skizze zu **Wasserstag**.

Stand Die Anzahl Minuten und Sekunden, um die ein Chronometer von der *mittleren Greenwich-Zeit* (MGZ) abweicht. Positiver Stand (+) bedeutet, daß das Chronometer gegenüber der MGZ zurückgeblieben ist; negativer Stand (−) besagt, daß das Chronometer der MGZ voraus ist. Siehe Chronometerkontrolle.

Standard (germ.-frz.-engl.) Das weitaus gebräuchlichste Holzmaß: 1 Standard = 3 loads. Man unterscheidet je nach Bearbeitungszustand
1) Schnittholz   1 Std. à 165 cu.ft. = 4,672 m^3
2) Bauholz   1 Std. à 150 cu.ft. = 4,247 m^3
3) Rundholz   1 Std. à 120 cu.ft. = 3,398 m^3.

Standardmeridian Jeder Meridian mit einem durch 15 teilbaren Längenunterschied gegen den Nullmeridian von Greenwich. Die Ortszeiten der Standardmeridiane sind maßgebend für die entsprechenden → Zonenzeiten.

Standardzeit Auch Normalzeit. Abweichend von der Zonenzeit, die durch Meridiane 7,5° östlich und westlich des Standardmeridians in ihrer Gültigkeit begrenzt wird, liegen der Festlegung der Gültigkeit einer Standardzeit andere Rücksichten zugrunde, z. B. die Landesgrenzen. Die mitteleuropäische Zeit (MEZ) ist eine Standardzeit.

Stander 1. Für bestimmte Zwecke zurechtgemachtes (z. B. mit Augen versehenes) Stück Drahtseil, das als Verbindung zu einem Taljenblock, als Reffstander zum Niederholen der Reffkausch und ähnlichen Aufgaben dient.
2. Kurze dreieckige Signalflagge mit einem Seitenverhältnis von 2:3, sowie die dreieckige Hausflagge eines Yachtclubs.

Standerschein Ausweis, der eine Yacht zum Führen eines Clubstanders berechtigt. Der Standerschein enthält Angaben über das Schiff, den Eigner, die Vereinszugehörigkeit, den Heimathafen usw.

Standlinie Jede Standlinie ist nur 1 geometrischer Ort für den Standort eines Schiffes; die exakte Position wird erst durch den Schnittpunkt von mindestens zwei, besser mehr Standlinien festgelegt. Man unterscheidet terrestrische, astronomische und Funkstandlinien, je nach dem angewandten Navigationsverfahren. *Terrestrische* Standlinien können Geraden sein (Peilungen), Kreisbögen (Abstandskreise), Reihenlotungen o. ä. Zuverlässige Standlinien sind Deckpeilungen.
Astronomische Standlinie heißt die sog. Höhengleiche bzw. das kleine, als Gerade anzunehmende Stück derselben, das gemäß gegißtem Schiffsort dafür in Frage kommt. *Funkstandlinien* sind z. B. die Hyperbeln bei Decca und Loran. Da sich zwei Standlinien immer schneiden, unabhängig davon, ob eine oder gar beide falsch sind, ist eine Kontrolle durch weitere Standlinien auszuführen, wo irgend möglich.

Standort Siehe Schiffsort.

Stangen(seezeichen) In den Grund gerammte Stangen oder Pfähle zur Begrenzung eines Nebenfahrwassers. Die Stangen stehen an der Steuerbordfahrwasserseite. Sie haben kein Toppzeichen oder einen abwärtsgerichteten Besen.
Stangen mit aufwärtsgerichtetem Besen sind den Pricken gleichwertig und bezeichnen die Backbordfahrwasserseite.

Stapel Unterlage für den Bau eines Schiffes auf der Helling oder im Baudock aus übereinandergeschichteten Klötzen aus Stahl, Beton und Holz.

Stapellauf Das Zuwasserlassen des schwimmfähigen, noch nicht voll ausgerüsteten Schiffsrumpfes von der Helling. Man unterscheidet Längs- und Querablauf. Der allgemein übliche ist der Längsablauf auf 2 Ablaufbahnen oder neuerdings auch auf nur einer Ablaufbahn mit 2 seitlich angeordneten, kaum belasteten kleinen Stützbahnen.

Die Ablaufbahnen werden auf der Helling fest verankert, die Schlitten mit dem Schiff fest verbunden. Zwischen beiden befindet sich die Schmierschicht. Der Längsablauf stellt eine erhebliche Biegebeanspruchung des Schiffskörpers dar, insbesondere in der kritischen Phase, in der das Schiff hinten aufzuschwimmen beginnt und sich der Restauflagedruck im vordersten Unterstützungspunkt konzentriert. In diesem Moment muß das teilweise schwimmende Schiff bereits eine ausreichende Stabilität haben; auch in dieser Hinsicht ist der Augenblick des Aufdrehens die kritische Phase des Stapellaufs.

Diese Probleme entfallen beim Querablauf, der in erster Linie dann praktiziert wird, wenn nicht genügend Platz für den Auslauf des Schiffes vorhanden ist, oder wenn die Bauart des Schiffes die Belastung des Längsablaufes nicht erlaubt (z. B. bei Binnenschiffen). Für einen Querablauf sind je nach Abmessungen, Bauart und Gewicht 8 bis 16 Ablaufbahnen erforderlich.

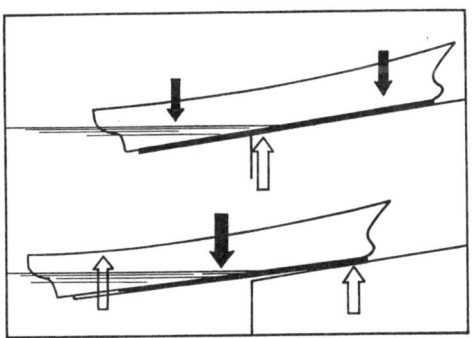

Stapellauf (Längsablauf).
Schematische Darstellung der unterschiedlichen Beanspruchung des Schiffskörpers kurz vor und nach dem Aufschwimmen.

Starboot 1911 entstandene, bis 1921 mit Gaffeltakelung, danach mit Hochtakelung gebaute, sehr weit verbreitete und beliebte Knickspant-Kielrennyacht mit folgenden Abmessungen: Länge ü. a. 6,89 m, Länge WL 4,72 m, Breite 1,73 m, Tiefgang 1,05 m, Segelfläche 26,00 m^2, Verdr. segelfertig 750 kg. Das Starboot ist eine internationale Einheitsklasse, wird jedoch innerhalb der zulässigen Toleranzen verfeinert und variiert wie kaum eine andere Rennyacht. Das Starboot war von 1932 bis 1972 ununterbrochen olympische Klasse. 1976 bei den olympischen Segelregatten in Montreal startete es nicht mehr, ist aber 1980 erneut Olympiaklasse.

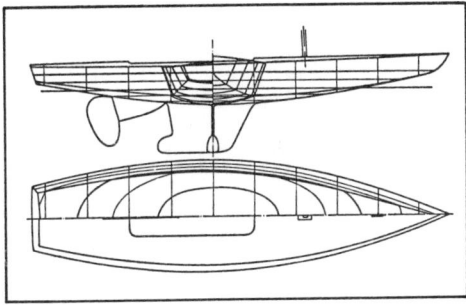

Das Starboot

Star-Contra-Ruder (Star-Kontraruder) In den zwanziger Jahren ist zur Verbesserung der Propulsion eine Ruderform entwickelt worden, bei welcher der vor der Schraube liegende Schraubensteven und der hinter ihr liegende Rudersteven verwunden ausgeführt wurden. Veränderliche Querschnitte sollten eine Leitflächenwirkung erzielen und dem Ruderkörper entwirbeltes Wasser zuleiten. Etliche Schiffe sind damit ausgerüstet worden. Diese Konstruktion bewirkte zwar eine geringfügige Verbesserung der Propulsion, nicht aber der Steuerfähigkeit.

Start Der Augenblick des Beginns einer Wettfahrt. Bei Segelregatten ist der fliegende Start üblich, bei welchem die Yachten beim Startschuß in umkämpfter günstiger Position und möglichst in voller Fahrt die Startlinie passieren. Eine Yacht ist gestartet, sobald sie nach ihrem Startsignal mit irgendeinem Teil ihres Rumpfes, ihrer Besatzung oder Ausrüstung zum erstenmal die Startlinie in Richtung auf die erste Bahnmar-

statischer Druck Der nur von der Wassertiefe, nicht von der Strömungsgeschwindigkeit abhängige Druck.

ke kreuzt. Zu früh gestartete Yachten müssen gemäß den gültigen Wettfahrtvorschriften den Start wiederholen.

statischer Druck Der nur von der Wassertiefe, nicht von der Strömungsgeschwindigkeit abhängige Druck.

statische Stabilität Siehe Stabilität.

Staudruck Der an der vorderen Kante eines angeströmten Flugzeugflügels bzw. am Vorsteven eines Schiffes gemessene Druck. Die mathematische Definition des Staudrucks ist

$$q = \frac{\varrho}{2} \cdot v^2$$

Hierin ist ϱ die Dichte, v die Geschwindigkeit des strömenden Mediums. Der Staudruck ist der Druckunterschied zwischen dem Gesamtdruck und dem statischen Druck im Staupunkt.

stauen Seefest und raumsparend lagern. Das Wort wird insbesondere auf die Ladung bezogen. Stauer, Staureiarbeiter sind die Leute, die im Hafen die übernommene Ladung stauen. Proviant, Segel und Ausrüstungsgegenstände werden *verstaut*.

Stauholz Garnierplanken zum Schutze der Ladung von ca. 2,5 cm Dicke, 10 bis 15 cm Breite und 3 bis 4 m Länge.

Staukoeffizient (Räumte) Das Verhältnis von Gesamtladerauminhalt zum zulässigen Ladungsgewicht. Ein großer Staukoeffizient ist erwünscht bei Schiffen für relativ leichte Ladung, damit auch bei solcher die Tragfähigkeit bis zum zugelassenen Tiefgang ausgenutzt werden kann.

Staumaß Das Staumaß einer Ladung bzw. einer Tankfüllung gibt an, wieviel Raum eine Gewichtstonne derselben beansprucht. Dieses Maß wird im metrischen System in m^3/t, im englischen Maßsystem im allgemeinen in cu.ft./ton angegeben. Der Zusammenhang ist wie folgt:

$$\varrho \left[\frac{t}{m^3}\right] \to \frac{1}{\varrho} \left[\frac{m^3}{t}\right] \to \frac{35{,}88}{\varrho} \left[\frac{cu.ft.}{ton}\right]$$

Beispiele:	$\frac{t}{m^3}$	$\frac{m^3}{t}$	$\frac{cu.ft.}{ton}$
Frischwasser	1	1	35,9
Seewasser	1,025	0,975	35,0
Heizöl	0,950	1,053	37,8
Kohle	0,900	1,111	40,0

(1 t = 1000 kg; 1 ton = 1016 kg)

Stauplan Schematische, gut übersichtliche, aber nicht unbedingt maßstabsgerechte Darstellung sämtlicher Laderäume des Schiffes, in die die jeweilige Beladung des Schiffes eingetragen wird.

Staupunkt Derjenige Punkt eines umströmten Körpers (Tragflügel, Steven des Unterwasserschiffes), an dem die Strömungsgeschwindigkeit gleich Null ist und der Gesamtdruck der Strömung gemessen werden kann (statischer Druck und Staudruck).

Stauverlust Die Differenz zwischen dem an Bord von der Ladung tatsächlich eingenommenen und dem vorher errechneten Raum. Dieser Unterschied wird in Prozenten des tatsächlichen Raumbedarfs ausgedrückt.

Stauwasser Der Moment zwischen Flut und Ebbe, in dem die Strömung zum Stillstand gekommen ist, in dem das aufgelaufene Wasser wieder abzulaufen beginnt, der Strom *kentert*.

Staverse Jol Holländische Plattbodenyacht ohne Seitenschwerter. Seetüchtiges Fahrzeug, das ursprünglich (seit etwa 1870) für die Herings- und Sardellenfischerei gebaut wurde (Länge 5,50–8,50 m, Breite 2,40–3,00 m, Segelfläche ca. 25 m^2).

stechen Der Ausdruck „in See stechen" für „in See gehen" ist in der Seemannssprache unserer Zeit verpönt und gilt als unzünftig. Es sei jedoch bemerkt, daß dem in früherer Zeit keineswegs so war. Vom frühen 17. bis ins 19. Jh. kommt der Ausdruck gerade in der ernst zu nehmenden Literatur häufig vor, und zwar in verschiedenen Formen, wie z. B. auch „in die See stechen", „in den Wind stechen", „hinüberstechen", „seewärts stechen" und ähnlich.

stecken Ausgeben, auslassen, z. B. die Ankerkette. Anstecken heißt eine Leine an eine andere oder einen Gegenstand anknoten. Daher *Stek* für Knoten. Auch auf- bzw. abstecken für verlängern und verkürzen.

Steert, Stert *m.* (nd. Wort mit der Bedeutung „Schwanz".) 1. Kurzes Tauende, das an einen Gegenstand gestroppt wird, um diesen irgendwo festmachen zu können (Hängemattsteert, Steertblock, Steerttalje etc.). 2. Der hintere Teil eines Schleppnetzes, in welchem sich während des Fischens der Fang ansammelt.

Stegglieder Ankerkettenglieder, die zur Aussteifung in der Mitte einen Steg haben. Der Steg verhindert ein Langziehen der Kettenglieder und damit das Festklemmen der Nachbarglieder. Darüber hinaus wird Kinkenbildung vermieden, und das vergrößerte Kettengewicht bewirkt ein elastischeres Vorankerliegen.

stehende Part Siehe feste Part.

stehende Peilung Winkel, unter dem zwei in Fahrt befindliche Schiffe einander peilen, wenn derselbe sich mit der Zeit nicht verändert. Nähern sich die Schiffe einander bei stehender Peilung, dann befinden sie sich auf *Kollisionskurs.*

stehendes Gut Alle Drahtseile (oder auch massive Stangen) eines aufgeriggten Schiffes, die nicht unmittelbar zur Bedienung der Segel gehören und unabhängig von allen Segelmanövern an ihrem Platz bleiben, wie die Stage, Wanten, Pardunen, Pferde, Klüverbaumverstagung usw.

steif 1. Allgemein der Gegensatz zu elastisch. Auf Tauwerk bezogen sowohl straff gespannt, kräftig durchgesetzt, als auch die Beschaffenheit kennzeichnend als Gegensatz zu *lehnig*. 2. In bezug auf das Schiff ist *steif* ein Charakteristikum seines Stabilitätszustandes. Ein steifes Schiff hat ein großes Wiederaufrichtvermögen, eine kurze Rollperiode und damit oft ein unangenehmes Seeverhalten. Gegensatz: *rank.* 3. Als steif wird Wind der Stärke 7 nach der Beaufort-Skala bezeichnet. 4. Der Ausdruck „steifer Grog" bezieht seine sinngemäße Bedeutung aus dem Bereich der „steifen Brise".

Steigdauer Die Zeit zwischen Niedrigwasser und dem darauffolgenden Hochwasser, die Flutdauer.

Steigung Der theoretische Weg, den ein unbelasteter Propeller bei einer vollen Umdrehung sich vorwärts schraubt. Dieser Weg wird in Längenmaßeinheiten angegeben.

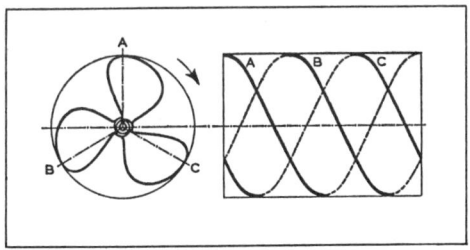

Nominelle Steigung eines Bootspropellers. Die Flügel legen bei einer Umdrehung die rechts angedeuteten Wege zurück.

Steilgaffel Gaffel, die so steil gefahren wird, daß sie praktisch als Verlängerung des Mastes angesehen werden kann. Die aerodynamische Wirksamkeit eines Steilgaffelsegels am Wind erreicht nicht ganz die eines Bermudasegels, doch überwiegen zuweilen andere Vorteile eines kurzen Mastes (z. B. bei unruhigem Liegeplatz). Bekannte Bootsklasse mit Steilgaffel: die H-Jolle. Eine frühe Variante der Steilgaffel ist die → Huari-Takelung.

STG Schiffbautechnische Gesellschaft e. V., Sitz Hamburg. 1899 gegründete Gesellschaft, in welcher Schiffbauer, Reeder, sonstige der Schiffbautechnik und der Schiffahrt nahestehende Personen sowie Werften und wissenschaftliche Institute als korporative Mitglieder zusammengeschlossen sind. Aufgabe der Gesellschaft ist die Förderung der wissenschaftlich-technischen Arbeit auf allen Gebieten des Schiffbaus und der Schiffstechnik.

Stek (nd. für „Stich") Gleichbedeutend mit Knoten. Etliche Knoten tragen die Bezeichnung Stek: Pahlstek, Webeleinstek, Schotstek, Stopperstek. Vergl. auch *stecken.*

Stell *s.* Vollständiger Satz einem bestimmten Zweck dienender gleichartiger Gegenstände. Ein Stell Segel umfaßt die gesamte Besegelung, jedoch ohne etwaige Reservesegel. Die Bezeichnung Stell findet man auch auf andere Elemente

Stellage

der Takelung angewandt, wie z. B. Spieren oder Leinen.

Stellage Arbeitsgerüst, das auf einer Werft um ein auf der Helling liegendes Schiff herum aufgebaut wird.

Stelling Kleine Plattform für Arbeiten an der Außenhaut in Form eines an die Bordwand gehängten Brettergerüstes.

Stellnetz Senkrecht gestellte Fischernetze, die fest mit dem Grund verbunden sind und eine sperrende Wand bilden. Die Fische bleiben mit den Kiemen in den Maschen hängen, wie beim Treibnetz.

St.-Elms-Feuer Siehe Elmsfeuer.

Stenge *w.* Mastverlängerung. Die großen, hölzernen Segelschiffe hatten oft mehrere Stengen, da die Masthöhen die Längen der zur Verfügung stehenden gewachsenen Hölzer bei weitem überschritten, sowie auch aus takelungstechnischen Gründen. Auch stählerne Masten hatten deshalb mindestens eine, im allgemeinen zwei Stengen. Sie trugen normalerweise die Namen der Segel, die sie trugen, Marsstenge, Bramstenge.

Stern (1) Allgemeine Bezeichnung für jeden leuchtenden Himmelskörper mit Ausnahme von Sonne und Mond (der Begriff *Gestirne* im nautisch-astronomischen Sinne schließt diese jedoch ein). Bei den Sternen wird unterschieden zwischen den → Fixsternen, die der Sonne wesensgleich sind, und den → Planeten unseres Sonnensystems. Von diesen letzteren sind vier für die astronomische Navigation von Bedeutung: Venus, Mars, Jupiter und Saturn.
In den folgenden zusammengesetzten Wörtern ist *Stern* im hier erläuterten Sinne zu verstehen.

Sternbild Zusammenfassung mehrerer auffälliger Fixsterne zu einer Gruppe. Im Altertum gab man solchen Konfigurationen am nördlichen Sternhimmel Namen aus der griechischen Mythologie, später kamen für den südlichen Sternhimmel Namen von Erfindungen des 18. Jh. hinzu. Insgesamt unterscheidet man 88 Sternbilder: 30 auf der nördlichen Halbkugel, 47 auf der südlichen Halbkugel und 11 in der Nähe des Himmelsäquators.

Seit 1928 sind die Sternbilder festgelegte Himmelsareale, die durch Stundenkreise und Abweichungsparallele begrenzt sind. Die klassischen Sternbildkonstellationen sind dabei nach Möglichkeit beibehalten worden.

Sternfinder Gerät zur angenäherten Bestimmung der Höhen und Azimute von Gestirnen.

Sterntag Die Zeitspanne zwischen zwei aufeinanderfolgenden unteren Kulminationen des → Frühlingspunktes, d. h. die auf die Fixsterne bezogene Dauer einer Umdrehung der Erde um ihre Achse. Da die Erde infolge ihres Jahresumlaufs um die Sonne auf diese bezogen eine Umdrehung weniger macht als gegenüber dem Fixsternhimmel, ist der Sterntag um
$$\frac{365,2422}{366,2422}$$
kürzer als der mittlere Sonnentag. Ein Sterntag dauert 23 h 56 min 4,1 s mittlerer Zeit.

Sternwinkel Winkel zwischen dem Stundenkreis eines Fixsterns und dem Stundenkreis des Frühlingspunktes. Der Sternwinkel ist nahezu unveränderlich und wird im Nautischen Jahrbuch für die Fixsterne als Bezugsgröße angegeben. Er wird vom Stundenkreis des Frühlingspunktes aus nach Westen von 0–360° gezählt. Der Greenwicher Stundenwinkel des Gestirns ist die Summe aus Sternwinkel und Greenwicher Stundenwinkel des Frühlingspunktes.

Sternzeit Astronomische Zeiteinteilung, bei welcher nicht die Einteilung des mittleren Sonnentages, sondern des um 3 min 55,9 s kürzeren Sterntages in 24 Stunden (24 · 60 · 60 s) zugrunde liegt. Angaben in diesem Zeitmaß sind durch Hinzufügung des Wortes *Sternzeit* gekennzeichnet. Diese Zeiteinteilung ist vom Erdumlauf um die Sonne unabhängig und wird durch den Stundenwinkel des Frühlingspunktes angegeben. Der Sterntag beginnt mit der unteren Kulmination des Frühlingspunktes anstatt der Sonne. Für die Nautik hat die Sternzeit keine Bedeutung.

Stern (2) Das Heck eines Schiffes. Das im 19. Jh. aus dem Engl. übernommene Wort geht mit diesem auf anord. *stjorn* zurück: Steuer, steuern. In Worten wie Sternbuchse (Stevenrohr), Sterndrive (Z-Antriebssystem eines Motorbootes) u. ä. ist Stern als *Heck* zu verstehen.

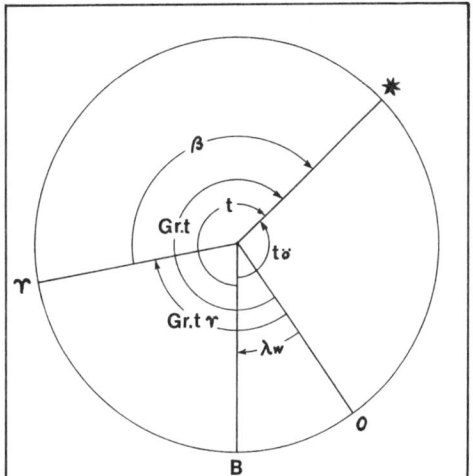

Sternwinkel und Stundenwinkel eines Fixsterns. Man denke sich die nördliche Himmels-Halbkugel von außen auf den Nordpol gesehen.

Es bedeuten:
Strahl Pol-B:
oberer Meridian des Beobachtungsortes
Strahl Pol-O:
oberer Meridian von Greenwich
Strahl Pol-♈:
oberer Meridian des Frühlingspunktes
Strahl-Pol- ✶:
Stundenkreis des Gestirns
t = Ortsstundenwinkel des Gestirns
tö = östlicher Ortsstundenwinkel des Gestirns
Gr.t = Greenwicher Stundenwinkel des Gestirns
Gr.t ♈ = Greenwicher Stundenwinkel des Frühlingspunktes
β = Sternwinkel
λw = westliche Länge des Beobachtungsortes

Steuerbord Die rechte Schiffsseite, wenn man von achtern nach vorn blickt, vom Heck zum Bug, unabhängig von der Fahrtrichtung des Schiffes. Diese Benennung geht bis in die Zeit zurück, da das Steuerruder noch nicht am Hintersteven, sondern an der rechten Schiffsseite angebracht war. Daraus erklärt sich auch *Backbord*, die Seite im Rücken des Steuernden. Die die Steuerbordseite bezeichnende Farbe ist grün. Auf Steuerbordbug segeln heißt: Der Bug liegt Steuerbord vom einkommenden Wind, die Segel stehen an Steuerbord. Dies ist gleichbedeutend mit „Steuerbord-Schoten" und „Backbord-Halsen".

Steuerbordfahrwasserseite Die Seite, die ein von See kommendes Schiff an Steuerbord hat. Bei Durchfahrten gilt diejenige als Steuerbordfahrwasserseite, die ein aus *westlicher* Richtung kommendes Schiff an Steuerbord hat.

Steuerkompaß Der am Steuerstand eines Seeschiffes aufgestellte Tochterkompaß einer Kreiselkompaßanlage sowie auch der Magnetkompaß im Cockpit einer Yacht, nach welchem gesteuert wird. Siehe im Gegensatz dazu Regelkompaß.

Steuermann 1. Auf den Segelschiffen war der Erste Steuermann (Obersteuermann) der höchste Offizier nach dem Kapitän; seine Stellung entsprach der des Ersten Offiziers von heute. Der das Schiff Steuernde war und ist auch heute noch der *Rudergänger*. Die Bezeichnung Steuermann sagt aus, daß der Betreffende die Kunst der Navigation beherrschen muß.
2. Bei der Marine ist der Steuermann ein Navigations-Unteroffizier im Range eines Bootsmannes, eines Feldwebels.
3. Im Gegensatz zur allgemeinen sonstigen Gepflogenheit heißt beim Rudersport Steuermann derjenige, der das Boot steuert.

steuern Die mit dem Wort *Steuer* zusammenhängenden Wortbildungen sind z. T. unlogisch. Man steuert ein Schiff, ein Schiff steuert schlecht (läßt sich schlecht steuern), man spricht von Selbststeuer und Steuerapparat, aber das eigentliche Steuerelement ist das Ruder, Ruderblatt, dazu Ruderpinne, Rudermaschine usw. Nicht der Steuermann steuert ein Schiff, sondern der Mann am Ruder, der Rudergänger. Das Tätigkeitswort rudern hat indessen nichts mit dem Ruder zu tun. Die Antriebsmittel beim Rudern heißen Riemen.

Steuerstrich Mittschiffs am Kompaßkessel des Steuerkompasses angebrachte Ablesemarke, an welcher der anliegende Kurs abgelesen wird.

Steuertafel Tabelle zum Beschicken des mißweisenden Kurses zum Kompaßkurs.
Zum Beschicken des Kompaßkurses zum Kartenkurs wird die Ablenkungstafel (Deviationsta-

belle) aufgestellt. Bei Ablenkungen bis etwa ± 5° genügt nur eine Tafel, d. h. die Deviationstabelle kann als Steuertafel benutzt werden, da die Ablenkungen dann für beide Kurse praktisch gleich groß sind. Bei größeren Ablenkungen empfiehlt sich jedoch die Verwendung von Deviationstabelle und Steuertafel.

Steven *m.* Grundbedeutung soviel wie Stab, Stamm. Demgemäß waren die Steven früher die Balken, die vom Kiel ausgehend den vorderen und hinteren Abschluß des Schiffskörpers bildeten, an welchen die Planken befestigt waren. Der frühe Eisenschiffbau hatte diese Bauform im Prinzip übernommen. Die Bezeichnung Steven ist bis heute beibehalten worden, wenngleich sie in diesem Sinne nur noch selten zutrifft.

Stevenlog *s.* Am Vorsteven angebrachtes Staudruck-Fahrtmeßgerät. Um den Fahrtdruck allein zu erhalten, wird der an anderer Stelle entnommene statische Druck (Tiefgangsdruck) dem zusammengesetzten Druck vom Vorsteven entgegengeschaltet.

Stevenrohr Die Lagerung der Schraubenwelle im Achtersteven, in der sich die Stevenrohrabdichtung befindet. Diese hat die Aufgabe, die aus dem Schiff austretende Propellerwelle bei geringstmöglicher Reibung wasserdicht abzuschließen.

Steward Im 19. Jh. aus dem Engl. übernommene Bezeichnung für Aufwärter, Pantrymann, Kellner an Bord. Die Ausbildung zum Steward, die in der deutschen Seeschiffahrt nach einer Entscheidung des Bundessozialgerichtes als „Berufsausbildung" anerkannt ist, erfolgt an Bord.

Stillwasser Siehe Stauwasser.

Stockanker Auch Admiralitätsanker genannt. Bei diesen Ankern alter Form gräbt sich nur ein Arm ein. Nachteilig sind ein sehr großes Gewicht, Unhandlichkeit und die Gefahr des Vertörnens der Kette beim Schwojen des Schiffes. Der Stockanker wird fast nur noch auf kleineren Schiffen und gelegentlich als Heckanker benutzt.

Stopfbuchsenschott Auf Schraubenschiffen vorgeschriebenes, in angemessenem Abstand vor dem Hintersteven anzuordnendes wasserdichtes Querschott, das bis zum Freiborddeck oder einer oberhalb der Tiefladelinie gelegenen wasserdichten Plattform reichen muß. Das Stopfbuchsenschott bildet den vorderen Abschluß der Hinterpiek. Es hat seinen Namen von der dort angebrachten Stopfbuchse (Stevenrohrabdichtung), die den Austritt der Schraubenwelle wasserdicht abschließt.

„**Stopp!**" Maschinenkommando. Das Kommando betrifft nur den Lauf der Maschine, nicht die Fahrt des Schiffes (vergl. Stoppstrecke).

stoppen, aufstoppen Will man bei hartem Wind einen Sturm-Spinnaker setzen, aber vermeiden, daß er zur Entfaltung kommt, bevor er ganz vorgeheißt ist, wird er aufgestoppt, d. h. der Spinnaker wird von den Lieken aus zusammengerafft, mit Baumwollfäden eingebändselt (oder auch mit Reißverschlüssen zusammengehalten) und ausgerissen, sobald er oben ist.

Stopper Vorrichtung zum Abstoppen und Festhalten belasteter Trossen oder Ketten, siehe Kettenstopper. Einfachste Stopper sind lehnige Leinen, die durch halben Schlag und Stopperstek auf eine Trosse gesetzt werden.

Stopperstek Knoten, mit dem eine dünnere Leine an eine dickere oder an eine Spiere angesteckt wird, und zwar in der Weise, daß beide die gleiche Zugrichtung haben. Die angesteckte Leine bekneift sich dabei selbst, so daß sie nicht verrutscht. Siehe Knoten.

Stoppstrecke Die Strecke, die ein in Fahrt befindliches Schiff benötigt, um mit rückwärts gehender Maschine zum Stehen gebracht zu werden. Die Stoppstrecke hängt von der Masse des Schiffes, Geschwindigkeit und Maschinenleistung ab. Sie kann bei großen Schiffen mehrere Seemeilen betragen (200 000-tdw-Tanker etwa 4,5 sm).

Store (engl.) Raum an Bord zur Aufbewahrung von Vorräten und Materialien aller Art, Ersatzteilen, Werkzeugen etc.

Störung In der Meteorologie jede Abweichung von einem als normal betrachteten Wetterzustand.

Stoß Die Stelle, an der in Längsrichtung zwei Planken aufeinanderstoßen, bzw. im Stahlschiffbau zwei zu vernietende Platten. Die Schweißtechnik hat diesen Begriff weitgehend gegenstandslos gemacht. Bei genieteten Schiffen mußten die Stöße der verschiedenen Plattengänge stets versetzt angeordnet werden. Das ist bei geschweißten Schiffen nicht mehr erforderlich. Neue Herstellungsverfahren von Yacht- und Bootsrümpfen (Schalenbauweise, Formverleimung) kennen weder Nähte noch Stöße.

Strahlantrieb Siehe Wasserstrahlantrieb.

Strahlenbrechung Richtungsänderung eines Strahls beim Übergang von einem Medium in ein anderes (Luft/Wasser, Weltraum/Atmosphäre) sowie auch innerhalb eines Mediums beim Durchlaufen von Schichten verschiedener Dichte. Die astronomische Strahlenbrechung wird als *Refraktion* bezeichnet und ist der Winkel am Auge des Beobachters zwischen den Strahlrichtungen zum wahren und zum scheinbaren Ort des Gestirns.

Strahlenschnitt Segelschnitt, bei dem die einzelnen Bahnen nicht parallel verlaufen, sondern vom Schothorn bzw. von der Baumnock ausgehend sich strahlenförmig zum Vorliek hin verbreitern. Siehe Segel.

straken Der Begriff straken charakterisiert einen Kurvenverlauf, insbesondere den fehlerfreien Verlauf der Schiffslinien in einem Linienriß. Fehlerpunkte werden als außerhalb eines strakenden Verlaufes liegend meist sofort erkannt. Straklatten sind die biegsamen Kurvenlineale zum Aufreißen der Linien, Strakgewichte (Molche) die gußeisernen Beschwerer für die Straklatten.

Strand Im weiteren Sinne flache Sandküste allgemein. Meereskundlich exakter: Die Küstenzone, die oberhalb der Grenze liegt, zu der noch normale Wellen bei Springhochwasser gelangen können. Seewärts der Strandzone liegen *Gezeitenzone* und *Schorre*.

Strandamt An etlichen Küstenorten sind Strandämter eingerichtet, die bei Seenotfällen in Strandnähe zuständig sind. Die dem Strandhauptmann unterstehenden Strandvögte müssen für Hilfeleistung sorgen, verlassene Schiffe und Strandgut sicherstellen sowie bei einer Bergung alle Schiffspapiere an sich nehmen und sie nach Abschluß dem Reeder oder dem Kapitän zurückgeben.

Strandgut Angeschwemmtes Treibgut, das die See an den Strand spült, sowie aus Schiffen geborgene Güter. Strandgut unterliegt der Anmeldepflicht beim zuständigen Strandamt.

Strandung Durch fehlerhafte Navigation, falsche Einschätzung von Wind und Strom bei unsichtigem Wetter, Havarie oder höhere Gewalt verursachtes Aufgrundlaufen eines Schiffes. Das Wort bedeutet nicht, daß es sich dabei um Auflaufen auf flachen Strand handeln muß; jedes Festkommen ist gemeint, bei dem das Schiff ohne außergewöhnliche Maßnahmen nicht abzubringen ist.

Strang Fachausdruck der Binnenschiffahrt für Schlepptrosse.

Stratocumulus (lat.) Häufig vorkommende Übergangsform von Cumulus- und Stratuswolken, wobei schichtartige Wolkenteppiche oft den ganzen Himmel bedecken, einzelne Teile in Form von Walzen und Ballen den Himmel überziehen, und zwar in Höhen von 500–2500 m. Auf See typische Sommerwolken in Hochdruckgebieten, die meist auf ruhiges Wetter schließen lassen.

Stratopause (lat.-grch.) Grenzschicht zwischen Stratosphäre und Mesosphäre in etwa 50 km Höhe.

Stratosphäre (lat.-grch.) Schicht der → Atmosphäre zwischen 10–15 km und ca. 50 km Höhe, an deren oberer Grenze ein bemerkenswerter Temperaturanstieg beobachtet wird.

Stratus (lat.) Niedrige, graue Wolkenschicht mit verhältnismäßig einförmiger Untergrenze zwischen 100 m und 1000 m Höhe. Niederschlag als Sprühregen oder kleine Schneeflocken.

Streckbug Liegt beim Kreuzen das Ziel nicht genau in der Richtung, aus welcher der Wind kommt, ergeben sich unterschiedlich günstige Kreuzschläge. Der längere Schlag, der die Yacht dem Ziel näher bringt, wird als *Streckbug* bezeichnet; der kürzere, auf dem wieder Höhe gewonnen werden muß, heißt *Holebug*.

strecken 1. Bei einem aufgeheißten Segel dessen Hals kräftig nach unten holen.
2. Veraltete Ausdrucksweise für die Kiellegung eines Schiffsneubaus, „Kiel strecken".

Strecker Talje oder andere mechanische Vorrichtung (z. B. Gewindespindel) zum Strecken eines Segels.

Strecktau Bei schlechtem Wetter etwas über Kopfhöhe über ein breites Deck gespanntes Sicherheitstau zum Festhalten.

Streckung Auch Höhenverhältnis genannt, ist der Quotient aus Höhe und mittlerer Breite eines Segels. Dieser Wert ist für aerodynamische Untersuchungen von Bedeutung. Ist bei kompletten Riggs eine mittlere Höhe nicht meßbar, wählt man den Ausdruck

Höhenverhältnis = $\dfrac{H^2}{S}$

(H = Höhe, S = Segelfläche)

streichen 1. Historischer Begriff mit der Bedeutung: etwas herunter lassen. Das wurde sowohl auf Segel und Stenge bezogen als auch auf die Flagge (hier mit der Bedeutung sich zu ergeben, den Kampf abzubrechen).
2. Beim Rudern die Riemen im gegenläufigen Sinne bewegen, um Fahrt achteraus zu machen oder – beim einseitigen Streichen – mit kleinstem Drehkreis zu wenden.

Streichquote Das bei einer aus mehreren Wettfahrten bestehenden Regattaveranstaltung nicht gewertete, schlechteste Tagesergebnis.

Strich Der 32ste Teil der Windrose. Die Striche entstehen durch fortgesetzte Halbierung des Kreises, bis jeder Quadrant in 8 Teile geteilt ist (8 Strich = 90°; 1 Strich = 11,25°). Die Striche werden einzeln benannt, und zwar nach folgendem Schema: N – NzO – NNO – NOzN – NO – NOzO – ONO – OzN – O und so fort, sinngemäß für die übrigen Quadranten. Eine weitere Unterteilung der Striche in halbe, Viertel- oder Achtelstriche wird durch Vorsetzen der betreffenden Bruchzahl gekennzeichnet. Die Strichteilung hat für die Navigation keine Bedeutung mehr. Kursangaben erfolgen ausschließlich in Graden. Lediglich für überschläglich geschätzte Angaben, wie z. B. „6 Strich am Wind", „2 Strich achterlicher

Kompaßrose aus der Mitte des 16. Jh. Sie ist in 32 Strich eingeteilt. Neben der Nordrichtung wurde früher auch die Ostrichtung besonders hervorgehoben.

als dwars" u. ä. ist die Strichteilung noch im Gebrauch.

Stringer *m.* 1. Zur Verstärkung des Schiffsrumpfes in halber Deckshöhe angebrachter Stahlträger mit hohem Steg. Die Stringer haben die Aufgabe, die tragenden Längen von Spanten und Schottsteifen zu verringern; man vermeidet sie jedoch nach Möglichkeit aus ladetechnischen Gründen. Im Vorschiff sind Stringer wegen der erhöhten Beanspruchung, insbesondere als Eisverstärkung, unerläßlich. Diese Art von Stringer wird Seitenstringer genannt.
2. Der außen liegende, mit der Bordwand verbundene Plattengang eines Decks (Deckstringer).

Strom 1. Elektrischer Strom. Im allgemeinsten Sinne jeder elektrische Vorgang, der gemäß dem Durchflutungsgesetz mit einem magnetischen Feld verknüpft ist.
2. Ein schiffbarer Fluß, sowie die Wasserbewegung desselben.
3. Durch Gezeitenkräfte horizontal bewegtes Meerwasser. Vergl. im Gegensatz dazu Strömung.

Stromanker Heckanker zum gelegentlichen

kurzfristigen Ankern im Strom (wobei das Schiff nicht schwojen soll), oder auch zum Abhieven nach Grundberührung. Der Stromanker hat etwa ein Viertel des Gewichtes eines Bugankers.

Stromatlas Siehe Gezeitenstromatlas.

Stromdreieck Aus den Vektoren *Fahrt des Schiffes* und *Stromstärke* gebildetes Dreieck, aus dem sich auf zeichnerischem Wege die Stromversetzung ergibt.

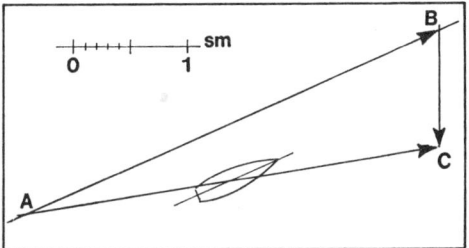

Stromdreieck (Stundendreieck) bei südgehendem Strom (Stromstärke 1 kn) und 4 kn Fahrt des Schiffes durchs Wasser. Kurs rw 67°. Die Strecke AC ist der Weg über Grund.

stromrecht Das Wort bezeichnet die Lage eines Schiffes vor Anker im Strom, wenn der Bug gegen den Strom gerichtet ist. Das ist normalerweise der Fall; nicht aber, wenn Windkräfte aus anderen Richtungen überwiegen. Ob ein Schiff stromrecht vor Anker liegt oder nicht, hängt außer von der Windstärke und -richtung und der Stromstärke vom Windfang des Überwasserschiffes und dem Lateralplan des Schiffes ab.

Stromrichtung Im Gegensatz zur Windrichtung, bei welcher angegeben wird, woher der Wind kommt, gibt man bei der Stromrichtung an, wohin der Strom fließt. Westwind heißt, der Wind kommt aus West; aber *west-gehender* Strom.

Stromstärke 1. In der Elektrotechnik der Quotient aus Spannung und Widerstand. Die Einheit der Stromstärke heißt Ampere.
2. Die Geschwindigkeit strömenden Wassers über Grund. Sie wird auf See (wie die Fahrt eines Schiffes) in sm/h angegeben.

Strömung Im Gegensatz zum Gezeitenstrom bezeichnet Strömung eine klimatisch-geographisch bedingte ozeanische Wasserbewegung. Strömungen erfassen die gesamte Wassermenge der Weltmeere, sind jedoch großen zeitlichen Schwankungen unterworfen und nicht zuverlässig vorauszusagen. Strömungsangaben sind deshalb in deutschen Seekarten nicht mehr enthalten.

Stromversetzung Durch Gezeitenstrom oder Meeresströmung bewirkte Versetzung eines Schiffes von seinem errechneten Ort.

Stropp *m.* Aus Tauwerk hergestellter, in sich geschlossener Ring.

Stückgüter Güter, die in Einzelverpackungen verschiedener Art (Kisten, Tonnen, Packen, Ballen) von verschiedenen Abladern geliefert und im Linienverkehr der Schiffahrtsgesellschaften befördert werden. Gegensatz: Schüttgut, Massengut.

Stufenboot Motorrennboot, dessen Boden nicht glatt durchläuft, sondern durch eine oder auch mehrere Stufen abgesetzt ist. Diese Bodenform entstand bereits im 19. Jh. Ihr Zweck ist, die benetzte Oberfläche zu verkleinern und damit den Reibungswiderstand zu verringern. Voraussetzung dafür ist eine ausreichende Geschwindigkeit zur Erzeugung von genügend dynamischem Auftrieb, daß das Boot von einer nur kleinen Auflagefläche getragen wird. Vergrößerte Leistungen bei verminderten Bootsgewichten haben die Stufenboote durch neue Formen verdrängt. Siehe Zweipunkt-Rennboot.

Stumpftonne Schwimmendes Seezeichen in Form eines stehenden Zylinders oder abgestumpften Kegels.

Stunde, h Der 24. Teil eines mittleren → Sonnentages. 1 h = 60 min = 3600 s.

Stundenglas 1. Sandglas. Siehe Handlog.
2. Bezeichnung für einen Signalkörper in der Form eines Doppelkegels mit zusammenliegenden Spitzen.

Stundenkreis Von einem Himmelspol zum anderen verlaufender größter Halbkreis. Die Stundenkreise stehen senkrecht auf dem Himmelsäquator und bilden an der Himmelskugel die Ent-

Stundenwinkel

sprechung zu den Meridianen auf der Erdoberfläche. Vergl. Koordinaten-Systeme.

Stundenwinkel Der sphärische Winkel am Himmelspol zwischen dem oberen Himmelsmeridian des Ortes und dem Stundenkreis des Gestirns. Die heute übliche Bezeichnung ist Ortsstundenwinkel.

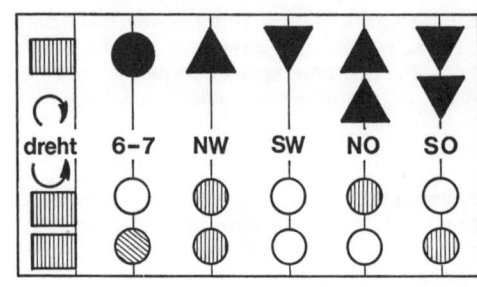

Wind- und Sturmwarnungen.

Sturm Windgeschwindigkeiten über 20 m/s, in der Beaufortskala Windstärke 9 und mehr. Siehe Beaufortskala im Anhang.

Sturmdecker Ein dem Spardeckschiff ähnlicher Vorläufer des Schutzdeckers im 19 Jh. Auch beim Sturmdecker entstand das obere, von der Vermessung ausgeschlossene Deck aus einem durchlaufenden Überbau zum Schutz von Deckspassagieren. Es wurden für diesen Typ besondere Freibordvorschriften ausgearbeitet, doch zeigten sich so offensichtliche Schwächen, daß man den Sturmdecker bereits 1909 endgültig aufgab.

Sturmflut Außergewöhnlich hohes Ansteigen des Wassers infolge Zusammenwirkens von Springflut und auflandigem Sturm. An der deutschen Nordseeküste gilt als Sturmflut, wenn der Wasserstand durch Windstau den Hochwasserstand einer normalen Springtide um mehr als 1 m übersteigt.

Sturmsegel Kleinere Segel von besonderer Tuchstärke für harte Beanspruchungen.

Sturmwarnung Optische Signale sowie Nachrichten über Funk, die auf das Heraufziehen eines Sturmes aufmerksam machen. Küstenstationen setzen folgende Signale:
Sturm aus nordwestl. Richtungen:
1 Kegel, Spitze aufwärts; nachts 2 rote Lichter.
Sturm aus nordöstl. Richtungen:
2 Kegel, Spitzen aufwärts; nachts rot über weiß.
Sturm aus südwestl. Richtungen:
1 Kegel, Spitze abwärts; nachts 2 weiße Lichter.
Sturm aus südöstl. Richtungen:
2 Kegel, Spitzen abwärts; nachts weiß über rot.
Rechtsdrehender Sturm wird durch eine, linksdrehender durch zwei rote Flaggen angezeigt.
Als Windwarnung (Beaufortstärke 6–7) dient ein schwarzer Ball, nachts ein weißes Licht über einem grünen.
Sturm wahrscheinlich, Richtung nicht angebbar: 2 Kegelspitzen gegeneinander, nachts ein rotes Licht.

Sturzgut Gleichbedeutend mit → Schüttgut.

stützen Gegenruder legen, um bei einem Drehmanöver die Drehung des Schiffes abzufangen und es auf den beabsichtigten Kurs zu bringen.

Stützsegel Kleines, ganz dicht geholtes Segel zur Dämpfung heftiger Schlingerbewegungen oder um eine vor Treibanker liegende Yacht im Wind zu halten.

Sublimation (lat.) Direkter Übergang eines Stoffes von der festen in die gasförmige Phase oder auch umgekehrt. Sublimationskerne sind in der Atmosphäre unlösliche Kerne, an denen bei tiefen Temperaturen und hoher relativer Luftfeuchtigkeit der Wasserdampf nicht erst zu Wassertröpfchen, sondern direkt zu Eis wird.

Substitutionsklausel (lat.) Besonderer Vermerk in der Charter-party, wenn ein Reeder anstelle eines namentlich angegebenen Schiffes ein gleichartiges (Schwesterschiff) oder ähnliches, ebenso geeignetes Schiff mit der Durchführung der Reise beauftragt.

Suchanker Kleiner, handlicher Draggen ohne Pflugen. Er soll sich nicht in den Grund eingraben, sondern hinter verlorengegangene Anker, Ketten, Trossen u. dergl. haken, um diese wieder an Bord holen zu können.

Süd Diejenige der vier Himmelsrichtungen, die der Hauptbezugsrichtung Nord um 180° gegenüberliegt.

Südmeridian Der vom Zenit (Scheitelpunkt) durch den Südpunkt des wahren Horizontes zum Nadir (Fußpunkt) gehende Himmelsmeridian.

Südpol Siehe Pol.

Südpunkt Der südliche Schnittpunkt des Himmelsmeridians mit dem wahren Horizont.

Südwester Zum Ölzeug gehörender Wetterhut, der im Nacken über den Kragen reicht. Die Bezeichnung Südwester ist auch in anderen Sprachen geläufig (nl. zuidwester, engl. southwester usw.). Durch die moderne Bekleidungstechnik ist der traditionelle Südwester dem wirksameren Schutz der mit der *Öljacke* – die auch keine solche mehr ist – fest verbundenen Kapuze gewichen.

Süll Hohe Schwelle an Türen, Niedergängen und als Lukeneinfassung zum Abhalten über Deck spülenden Wassers.

Sumlog Yachtlog, bei welchem durch den Fahrtstrom ein kleiner Propeller angetrieben wird, dessen Umdrehungen mechanisch auf die Meßuhr übertragen werden.

Sund Meerenge. „Der Sund" ohne nähere Bezeichnung ist der Öresund zwischen Seeland und der südschwedischen Westküste.

Superkargo (von span. *sobrecargo*, Beaufsichtiger der Ladung). Vertreter des Befrachters, der Interessenvertreter des Zeit-Charterers. In der Zeit-Charter bedingen sich die Charterer das Recht aus, jederzeit und für beliebige Dauer einen Superkargo zu verpflichten, für den die Reederei eine Offizierskammer an Bord stellen muß. Für solche Aufgaben kommen in der Regel ältere Schiffsoffiziere in Betracht; es kann jedoch auch ein zur Besatzung gehörender Offizier beauftragt werden.

Supertanker Anfang der fünfziger Jahre aufgekommener Ausdruck für die ersten Tanker um 30 000 tdw. Die Anwendung dieses Begriffes verschob sich dann mit dem Anwachsen der Tankergrößen bis etwa 100 000 tdw, dann prägte man als Steigerung den Begriff „Mammuttanker". Als dann noch doppelt so große Schiffe in Fahrt kamen, ließ man beide Bezeichnungen wieder fallen. Heute ist für übergroße Tanker (mehrere 100 000 tdw) international die Bezeichnung VLCC üblich (*v*ery *l*arge *c*rude oil *c*arrier).

Surf (engl.) Brandung.

Surfboard, Surfbrett 1. Beliebtes Sportgerät an Stränden mit sehr langen Brandungswellen. Man stellt sich auf das Brett und reitet auf dem Vorderhang der anrollenden Welle dem Strand zu.
2. Neuartiges Sportgerät, das in seiner Form dem oben beschriebenen ähnelt, jedoch durch ein in der Hand gehaltenes Segel fortbewegt wird.

Surfboot Ein in der deutschen Seemannssprache bereits im 19. Jh. geläufiger Ausdruck für Brandungsboot. Gemeint waren vor allem die Boote zum Landen an offenen Küsten in Westafrika.

surfen 1. Wellenreiten auf dem Surfbrett.
2. Besondere Technik des Segelns vor mitlaufender See, wobei man versucht, sich möglichst lange von dem Vorderhang der aufkommenden Welle schieben zu lassen. Das Zustandekommen des Surfens ist abhängig von Wellenlänge, -höhe und -geschwindigkeit; es gelingt am besten, wenn die Wellengeschwindigkeit eben über der erreichbaren Höchstgeschwindigkeit des Bootes liegt. Das seglerische Erlebnis des Surfens ist dem des Gleitens ähnlich, doch sind Surfen und Gleiten verschiedener Natur. Verdrängungsboote können surfen, aber nicht → gleiten.

Surveyor (frz.-engl.) Besichtiger, Experte einer Klassifikations- oder einer Versicherungsgesellschaft.

Süßöltank Kleiner Ladetank auf einem Trockenfrachter für pflanzliches Öl.

Süßwasser In der Seefahrt (Freibordvorschrift) meist *Frischwasser* genannt, bezeichnet ganz allgemein den Gegensatz von Binnengewässern zum salzhaltigen Meerwasser. Im engeren Sinne wird Wasser als Süßwasser bezeichnet, wenn in einem Liter desselben weniger als 1 g Abdampfrückstand enthalten ist. Süßwassergewinnung ist die Herstellung von Süßwasser aus Meerwasser durch Destillation, Enthärtung, Entsalzung.

Swallow Offene Zweimann-Kielrennyacht, die 1948 olympische Klasse war.

synchron (grch.) Gleichzeitig. Synchronisieren heißt, Vorgänge zu einem gleichzeitigen Ablauf bringen, eine Schwingung auf die Frequenz einer anderen abstimmen. Ein Synchronmotor ist ein Wechselstrommotor, bei dem der Läufer synchron mit dem erregenden Drehfeld umläuft.

synodisch (grch.) Auf die Stellung von Sonne und Erde zueinander bezogen, im Gegensatz zu siderisch (auf die Fixsterne bezogen). Synodische Umlaufzeiten sind z. B. die Zeitspannen zwischen zwei aufeinanderfolgenden Voll- oder Neumonden. Vergl. Monat.

synoptisch (grch.-lat.) Übersichtlich zusammengestellt, nebeneinandergereiht. Der Begriff wird insbesondere in der Meteorologie gebraucht. Synoptische Beobachtungen sind solche, die an zahlreichen Orten gleichzeitig gemacht werden, zu den sog. synoptischen Terminen: alle 3 Stunden, beginnend mit 0 Uhr MGZ. Eine synoptische Wetterkarte zeigt die Wetterbedingungen für ein größeres Gebiet zu einem bestimmten Zeitpunkt an.

System des Himmelsäquators, System des Horizontes Siehe Koordinatensysteme.

Systemschwerpunkt Siehe Gewichtsschwerpunkt

T

Tabasco-Mahagoni Nach dem mexikanischen Staat Tabasco benanntes echtes Mahagoniholz. Es war früher das im Yachtbau beliebteste Holz, ist aber heute kaum mehr zu haben.

TACAN Aus engl. *tac*tical *a*ir *n*avigation. Navigationssystem für die Luftfahrt auf Meterwellen nach dem → Rho-Theta-Verfahren.

Tag 1. Die Zeit, während der sich die Sonne für einen bestimmten Beobachtungsort über dem Horizont befindet. Vergl. Tagbogen.
2. Die Zeitspanne einer vollen Erdumdrehung um deren eigene Achse. Die Tageslängen unterscheiden sich voneinander je nach dem Bezugssystem. Vergl. hierzu *Sonnentag* und *Sterntag*.

Tagbogen Der Teil des Abweichungsparallels eines Gestirns, der über dem wahren Horizont verläuft; das unterhalb desselben verlaufende Bogenstück heißt Nachtbogen.
Bei einem Gestirn mit der Abweichung Null, also auf dem Himmelsäquator, betragen Tag- und Nachtbogen je 180° bzw. 12 Stunden. Alle Gestirne mit einer der Breite des Beobachtungsortes gleichnamigen Abweichung haben einen längeren, alle Gestirne mit einer ungleichnamigen Abweichung einen kürzeren Tagbogen. Bezüglich der Sonne heißt das, daß zwischen dem 21. März und dem 23. September, wenn sie sich auf dem nördlich des Himmelsäquators liegenden Teil der Ekliptik befindet, die Tage für die Bewohner der nördlichen Halbkugel der Erde länger, für die der südlichen kürzer sind. Alle Zirkumpolarsterne haben einen 24stündigen Tagbogen.

tägliche Ungleichheit Siehe Ungleichheit.

Tagmarken Nur tagsüber nutzbare Navigationshilfen, wie unbeleuchtete Baken und Bojen sowie Bälle, Kegel und dergl. auf Signalstationen.

Tag- und Nachtgleichenpunkte Äquinoktialpunkte. Die Schnittpunkte der Ekliptik mit dem Himmelsäquator. Die scheinbare Sonnenbahn schneidet den Himmelsäquator im Frühlings- oder Widderpunkt am 21. März, im Herbst- oder Waagepunkt am 23. September.

Taifun (engl. typhoon). Tropischer Wirbelsturm im westlichen Teil des Pazifischen Oze-

ans, insbesondere im Bereich der südchinesischen Küste und der Philippinen. Taifune können in diesen Seegebieten während des ganzen Jahres auftreten, vorwiegend jedoch im Oktober.
Man findet zur Wortgeschichte die Ableitung von chin. *tai* (oder *ta*) für groß und *fung* (oder *fang*) für Wind angegeben. Für diesen Zusammenhang spricht, daß *Taifun* eine spezifische Bezeichnung für die tropischen Wirbelstürme des oben umrissenen ostasiatischen Raumes ist. Eindeutig erwiesen scheint dieser Zusammenhang jedoch nicht. Es ist auch eine Beziehung zu grch.-arab. *typhon* mit der Bedeutung Sturm, Wirbelwind, Wasserhose möglich. (Andere Benennungen für Erscheinungen ähnlicher Art in anderen tropischen Bereichen siehe *tropische Wirbelstürme*.)

Takel s. 1. Zunächst Tauwerk und Hebezeug allgemein; in diesem Sinne Ausgangswort für Takelwerk, Takelage, Takelung.
2. Speziell eine schwere Talje mit zumeist 3scheibigen Blöcken zum Heben schwerer Lasten (*das* Takel). „Takel und Mantel" ist die Bezeichnung für eine Potenztalje, bei welcher an der holenden Part eines Klappläufers wiederum ein Klappläufer angreift. Siehe Talje.

Takelage, Takelwerk (nd.-frz.) Das Wort Takelage ist ein vorwiegend das Segelschiff betreffender Begriff und umfaßt die Gesamtheit der Masten und Spieren, des stehenden und laufenden Gutes, d. h. alles, was das Fortbewegungsmittel Segel trägt und handhabt, alles Tau- und Blockwerk und sämtliche Beschläge. Das Takelwerk eines modernen maschinengetriebenen Seeschiffes beschränkt sich im wesentlichen auf das Ladegeschirr.

Takelgarn Starkes, geteertes oder einfaches Segelgarn für Takelarbeiten aller Art.

takeln 1. Auftakeln. Ein Schiff in einen betriebsklaren Zustand bringen, Mast und stehendes Gut aufbringen, alle Leinen des laufenden Gutes einscheren usw., so daß jederzeit Segel gesetzt werden können. Auftakeln heißt jedoch nicht Segel setzen.
2. Einen Tampen takeln (eine Takling aufsetzen) heißt, ihn mit Takelgarn umwickeln und damit gegen Aufdrehen sichern.

Takelplan Maßstabsgerechte Zeichnung, aus der alle Einzelheiten der Bemastung und Takelung eines Schiffes hervorgehen.

Takelung Abweichend von dem Begriff Takelage, der die zu einer solchen gehörenden Dinge selbst meint, bezeichnet Takelung die Art und Weise, wie ein Schiff getakelt ist und wovon die Typbezeichnung bestimmt wird, wie z. B. die Anzahl der Masten, die Anordnung der Segel oder ihre Form. In diesem Sinne ist ein Segelschiff als Vollschiff, Bark, Brigg, Schonerbark usw. getakelt, eine Yacht als Slup, Kutter, Ketsch, Yawl, Schoner, ist ein Segelfahrzeug hoch- oder gaffelgetakelt und so fort.

Takling (nd.) *m.* und *w.*, „Takelung". Das Abbinden eines Tampens mit Takelgarn zum Schutz gegen Aufdrehen der Litzen und Kardeele. Die Takling ist etwa so breit wie der Tampen dick ist und wird bei starker Beanspruchung benäht. Bei Chemiefasertauwerk entfällt das Takeln; das Tauende wird provisorisch abgebunden und dann verschweißt.

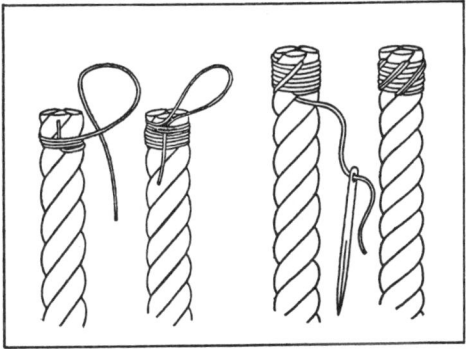

Das Aufsetzen einer einfachen (links) und einer benähten Takling (rechts).

Taktfeuer Alle Leuchtfeuer, die im Gegensatz zum Festfeuer durch rhythmische Unterbrechungen spezielle Kennungen haben. Man unterscheidet unterbrochene Feuer, Blinkfeuer, Blitzfeuer und Funkelfeuer, jeweils in verschiedenen Gruppierungen.

Talfahrt In der Flußschiffahrt die Fahrt stromabwärts. Gegenteil: Bergfahrt.

Talje

Talje (nl.) Seemännische Bezeichnung für Flaschenzug. Die Talje ist das einfachste Hilfsmittel zur Erzeugung von Zugkräften, die die Kraft des Menschen übersteigen, bzw. zur Kraftersparnis. Wie beim Hebel sind auch bei der Talje Kraftaufwand und Zugstrecke einander umgekehrt proportional, d. h. Lastweg : Läuferweg = holende Kraft : Last. Die aufzuwendende Zugkraft verringert sich theoretisch im Verhältnis der Anzahl der Parten am Lastblock; praktisch werden jedoch kaum Taljen mit mehr als 3scheibigen Blöcken verwendet, weil dann Reibung und Biegewiderstand des Taljenläufers (des durch die Blöcke geschorenen Seils) zu groß werden.

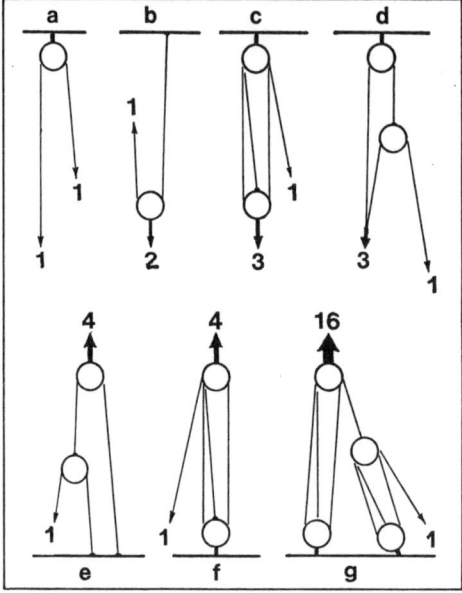

Verschiedene Grundformen von Taljen.

a) Jolltau
b) Klappläufer
c) Arbeitstalje
d) Spanisches Ladetakel („Dory tackle")
e) Takel und Mantel
f) umgekehrte Talje
g) Talje auf Talje

Die Zahlen geben das jeweilige Kräfteverhältnis an.

Taljereep Durch → Jungfern o. ä. wie eine Talje geschorenes Tau (Reep) zum Festsetzen von Wanten und Pardunen. Jeder Törn wird einzeln steifgeholt, damit alle gleichmäßig tragen. Das durch Jungfern geschorene Taljereep wird in einfachster Weise durch den sog. Taljereepsknoten gesichert; ein Knoten, der das Reep verdickt, so daß es nicht ausrauschen kann.

Tallboy (engl.) Bezeichnung für ein aus den USA stammendes neuartiges Spinnakerstagsegel. Es unterscheidet sich von den herkömmlichen Spinnakerstagsegeln dadurch, daß es nicht kurz und breit, sondern extrem hoch und schmal ist, was dem Segel den burschikosen Namen gab (langer Lulatsch). Das Unterliek liegt fast auf Deck auf und ist im Verhältnis zum Vorliek sehr kurz. Das Segel ist insbesondere bei halbem Wind wirksam; seine aerodynamische Funktion ist eine andere als die des niedrigen breiten Spinnakerstagsegels.

Tallymann Von engl. *tally*, Kerbholz, Zählstrich; frz. *tailler*, schneiden. Wörtlich: der Mann, der die Stückzahl ein- und ausgehender Ladung anhand eines Kerbholzes kontrolliert. Die Kontrolle von Stückzahl, Markierung und Beschaffenheit der Güter wird heute im allgemeinen von Tallyfirmen durchgeführt, die zugleich die Ladungsabfertigung vorbereiten. Tallymann ist ein Beruf mit dreijähriger Lehrzeit. Es wird betont, daß der Tallymann als Mittler zwischen Reeder bzw. Makler und Ablader auch durch den zunehmenden Containerverkehr nicht überflüssig geworden ist.

Tampen Tauende. Die Endstücke einer Leine, eines „Endes".

Tangente Von lat. *tangere*, berühren.
Linie, die einen Kreisbogen in einem Punkt berührt. In diesem Punkt steht die Tangente senkrecht auf dem Radius des Kreises.

Tank (Das hindostanische Wort *tankh* für Wasserbehälter kommt bereits Mitte 17. Jh. direkt in dt. Text. Später neue Entlehnung aus dem Engl.) Heute wird unter Tank an Bord jede Art von Behälter für jede Art von Flüssigkeit verstanden. Tanks sind sowohl einzelne im Maschinenraum aufgestellte Behälter als auch ganze abgeschottete Abteilungen des Schiffskörpers sowie einzelne Zellen des Doppelbodens. Bezeichnungen wie Ladetanks, Doppelbodentanks, Piektanks, Tieftanks, Tagestanks geben Auskunft über die

Anordnung, Wörter wie Heizöltanks, Frischwassertanks, Schmieröltanks, Benzintanks usw. über den jeweiligen Verwendungszweck.

Tankdecke Der Innenboden eines Schiffes mit Doppelboden, der obere Abschluß der Doppelbodentanks.

Tanker, Tankschiff Schiff für flüssige Ladung „in bulk", – d. h., Behälter für die Ladung ist der Schiffskörper selbst. Dieser ist durch 2 Längsschotte und eine Anzahl Querschotte in eine Reihe von Ladetanks (Mittel- und Seitentanks) eingeteilt, die wahlweise Ladeöl, Benzin und dergl. oder Ballastwasser aufnehmen können. In der Regel sind einige Tanks ausschließlich für die Aufnahme von Ballastwasser vorgesehen. Die Längsschotte haben die doppelte Funktion, einmal mit der Außenhaut zusammen die Stege des Längsfestigkeitsträgers zu bilden und zum anderen, die Breite der freien Oberflächen zu reduzieren, die in hohem Maße die Stabilität des Schiffes beeinflussen. Bei Tankern neuerer Bauart liegen Antriebsanlage, Kommandobrücke sowie sämtliche Wohn- und Betriebsräume im Achterschiff. Der Maschinenraum ist durch einen Kofferdamm vom Ladetankbereich isoliert. Unterhalb der Ladetanks befindet sich kein Doppelboden.

Tanker haben ein großes Länge-zu-Höhe-Verhältnis und sind zur Verbesserung der Längsfestigkeit nach dem Längsspantensystem gebaut. Die Abmessungen der Tanker haben – nach der Beherrschung von einst sehr schwierigen technischen Problemen (Öldichtigkeit) durch die Schweißtechnik – aufgrund von Rentabilitätserwägungen nach dem Zweiten Weltkrieg, insbesondere nach dem Ausfall des Suezkanals, sprunghaft zugenommen. (Größter Tanker 1950 etwa 30 000 tdw; 1975 ca. 500 000 tdw.) Seit 1976 weltweites Überangebot, zahlreiche Auflieger.

Ein noch nicht restlos beherrschtes Problem ist die Explosionsgefahr, der die Tanker in der Leerfahrt ausgesetzt sind. Zahlreiche Unglücksfälle haben gezeigt, daß Gas-Luft-Gemische mit nur 2prozentiger Gasbeimischung schon zu einer Explosion führen können. Für Tankreinigung und -entgasung sind daher strikt einzuhaltende Vorschriften erlassen worden. Die Be- und Entladung erfolgt durch die Hauptrohrleitungen an Deck, die mit Anschlüssen für die Ladeschläuche der Verladestationen versehen sind. Beim „Free-Flow-System" sind fernbetätigte Schieber in die Tankschotte eingebaut, die dem Ladeöl ein selbsttätiges Abfließen von den vorderen Tanks bis zu den vor dem achteren Pumpenraum liegenden Saugern gestatten.

Tartane Segelfahrzeug des Mittelmeeres; früher eine Art kleiner Galeere, im 19. Jh. ein für Transporte und Fischerei allg. gebrauchtes Fahrzeug mit einem oder auch zwei Masten mit Lateinersegeln, zuweilen Rahtoppsegeln, Stagfock und Klüver. Die Länge der Tartane variiert zwischen 8 m und 20 m, die Breite zwischen 3 m und 4,5 m.

Tastpause Beim Radar die Ruhezeit zwischen zwei ausgesandten Impulsen.

Tastverhältnis Das Verhältnis von Impulsdauer zu Impulsabstand. Der reziproke Wert des Impulsabstandes (der Periodendauer) ist die Impulsfrequenz.

Tastzyklus Die Dauer der gerichteten Aussendung bei einem → Consolfunkfeuer. Sie beträgt 30 Sekunden.

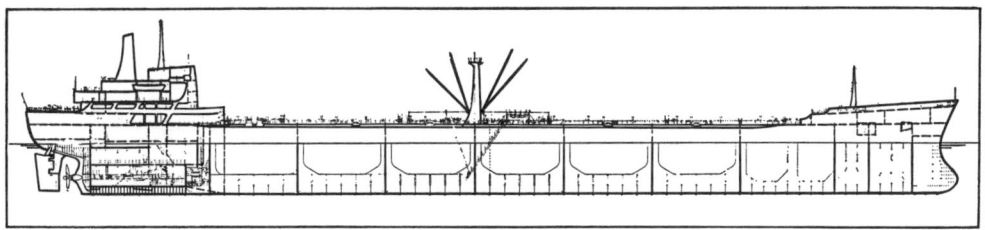

1966 gebauter Turbinentanker mit einer Tragfähigkeit von 68 000 t.

Tau Kondensation des in der Luft enthaltenen Wasserdampfes auf dem Erdboden, auf dem Deck und an festen Gegenständen, sobald deren Temperatur unter den Taupunkt der Luft absinkt. Tau bildet sich besonders in windstillen, klaren Nächten.

Tauchbewegungen, -schwingungen Die durch Seegang verursachten vertikalen Translationsbewegungen eines Schiffes.

Tauchboot Typbezeichnung für diejenigen U-Boote, die vorwiegend über Wasser operieren, aber in der Lage sein müssen, schnell zu tauchen. Vergl. Unterseeboote.

Tauchgeräte Unterwasserarbeiten oder sportlicher Betätigung dienende Geräte, die ein längeres Verweilen unter Wasser ermöglichen:
a) Die *Taucherglocke* ist unten offen, ein Kissen komprimierter Luft hält dem Wasserdruck das Gleichgewicht. Die Luft wird durch Pumpen über Schlauchverbindungen ständig erneuert.
b) *Schlauchgeräte* bestehen aus einem wasserdichten Anzug, dem Rundhelm und beschwerten Schuhen. Der Taucher wird von einem Spezialfahrzeug aus ständig mit frischer Luft versorgt.
c) Sporttaucher führen *Preßluftflaschen* mit sich, die sie von einer festliegenden Luftversorgungsquelle unabhängig machen.

Tauchgrenze 1. Im Sinne der deutschen Schiffssicherheitsvorschriften ist die Tauchgrenze ein die Unsinkbarkeit und Leckstabilität betreffender Begriff: eine Linie, die mindestens 76 mm unterhalb der Oberkante des Schottendecks an der Bordwand gedacht ist.
2. Diejenige Tauchtiefe, bis zu welcher sich ein Taucher bzw. ein U-Boot hinabwagen darf.

Taufe 1. Siehe Linientaufe.
2. Die Zeremonie der Schiffstaufe beim Stapellauf ist zuerst in den romanischen, katholischen Ländern bezeugt; der älteste Beleg betrifft Schiffe der spanischen Armada (1588). Für den ursprünglich religiösen Charakter der Zeremonie sprechen die vielen Namen von Heiligen, nach denen die Schiffe benannt wurden. Bei uns sind Schiffstaufen vor dem 19. Jh. nicht nachzuweisen.

Taupunkt Diejenige Temperatur, bei der die Luft mit Wasserdampf gesättigt ist. Jede noch hinzukommende Menge Wasserdampf bewirkt Niederschlag infolge Übersättigung. Besondere Bedeutung hat der Taupunkt für den Betrieb von Schiffs-Dieselmotorenanlagen in tropischen Gewässern.

Tauwerk Es ist üblich, Tauwerk nach Material, nach Umfang und nach Herstellungsart zu unterscheiden. Vom Material her: Faserseile aus Natur- und aus Chemiefasern, Drahtseile, Herkulestauwerk (Stahldraht und Faserlitzen kombiniert). Je nach Herstellungsart unterscheidet man gedrehtes, geschlagenes, geflochtenes sowie Yacht-Tauwerk; und schließlich kennzeichnet die Benennung nach dem Umfang bzw. Durchmesser (Trosse, Leine, Schiemannsgarn usw.) den Verwendungszweck. Als technische Normbezeichnungen werden heute jedoch für jede Art von Tauwerk die Begriffe Faserseil bzw. → Seil verwendet.

Taxe (lat.) Schätzung, Beurteilung des Wertes. In der Seeversicherung die Festsetzung des Versicherungswertes auf einen bestimmten Betrag.

Taylor-Wulst Auf den amerikanischen Admiral D. W. Taylor (1864–1940) geht die Wulstbugform zurück, die sich heute in der Schiffahrt in den verschiedensten Varianten bei fast allen Schiffstypen durchgesetzt hat. Siehe Wulstbug.

Teeklipper Bezeichnung für einen speziellen Segelschiffstyp einer festumrissenen Epoche: die schnellen amerikanischen und britischen Klipper der 50er und 60er Jahre des 19. Jh. Da es sich um eine leichte und leicht verderbliche Ladung handelte (Tee aus Ostasien), waren diese als Vollschiff getakelten Klipper weniger auf hohe Tragfähigkeit als auf schnelle Reisen gezüchtet. Hohe Prämien und Sportgeist führten zu außergewöhnlichen seemännischen Leistungen, allerdings nicht selten unter härtesten Anforderungen an die Mannschaften. Vergl. Klipper.

Teakholz Das vorwiegend aus Burma, Java, Celebes und Sumatra eingeführte Teak gilt als das beste Schiffbauholz überhaupt. Es ist witterungs- und fäulnisfest, nicht anfällig für die Bohrmuschel, schwindet nur sehr wenig und hat ausgezeichnete Festigkeitseigenschaften.

technischer Schiffsoffizier Offizielle Bezeich-

nung für Maschinisten und Schiffsingenieure. Die schulischen Voraussetzungen für die Erlangung der verschiedenen Patente sind folgende:
C I (Leitender Ingenieur): Abitur oder Versetzung in die Oberprima (Fachhochschulreife). Realschüler mit Abschluß müssen zusätzlich die Fachhochschulreife nachweisen.
C T (Schiffsbetriebstechniker): Realschulreife oder Fachschulreife.
C Ma (Seemaschinist), C Kü (Küstenmaschinist): abgeschlossene Hauptschule.
Näheres über die verschiedenen technischen Patente siehe C.

Teerjacke Im 19. Jh. von *Jack Tar* aus dem Engl. entlehnte Bezeichnung für einen Seemann. Der Ausdruck bezieht sich also nicht unmittelbar auf das Ölzeug, doch ist dieser doppelte Sinn offensichtlich der Grund für die einstige Verbreitung des Wortes.

Temperaturskalen Vergl. *Fahrenheit* sowie Tafel der Vergleichswerte im Anhang.

Tender Von engl. *attend*, achtgeben, *attender*, Begleiter, abgeleitete Bezeichnung für ein Begleitfahrzeug der Marine. Tender haben selbst keinen Kampfwert; sie dienen Hilfs- und Versorgungszwecken.

Tender-Klausel Von engl. *tender*, anbieten, Angebot machen. Klausel eines Seeversicherungsvertrages, die in einem Schadensfalle dem Versicherer das Recht gibt, das Einholen von Preisangeboten oder auch Notreparatur und Verholen an einen anderen Reparaturort zu verlangen. Für dadurch entstehenden Zeitverlust müssen Entschädigungen gezahlt werden.

Tergal Für Segeltuche aus Chemiefasern sind in den verschiedenen Ländern verschiedene Handelsnamen im Umlauf, z. B. Tergal (Frankreich), Terital (Italien), Terlanka (Niederlande), Terylene (Großbritannien), Teteron (Japan) usw. Vergl. Polyester.

Terminal (lat.-engl.) Endstück allgemein, insbesondere das Endstück einer technischen Anlage. Für Schiffahrt und Yachtsport sind von Interesse:
1. Die Endhäfen eines Container-Liniendienstes.
2. Der Beschlag (Auge) am Ende eines Drahtseils. Sowohl für stehendes als auch laufendes Gut setzen sich vorgefertigte Augbeschläge gegenüber dem alten Augspleiß immer mehr durch. Man unterscheidet konische Vergußhülsen, Walz-Terminals, Schraub- und Preßhülsen.

terrestrische Navigation (lat.) *Terrestrisch*, auf die Erde bezüglich. Navigation in Küstennähe mit Benutzung landfester Ziele; Ortsbestimmung aufgrund von Standlinien aus optischen Beobachtungen, z. B. Peilungen verschiedener Art, Abstandbestimmung aus Höhen- und Horizontalwinkelmessungen, ferner Lotungen, Entfernungsbestimmung mit Hilfe von Unterwasser-Schallmessungen usw. Die terrestrische Navigation ist, wie die astronomische, die Funk- und die Inertialnavigation, nur ein Teilgebiet des Gesamtbegriffes Navigation.

Territorialgewässer (lat.-frz., dt.) Gleichbedeutend mit Hoheitsgewässer. Es besteht z. Z. keine allgemeinverbindliche Grenzregelung. Die verschiedenen nationalen Ansprüche reichen von 3 Seemeilen bis 200 Seemeilen.

Tetraederform (grch.-dt.) Auch Doppelkeilform. Spantform von Motorbooten mit scharfem Vorschiff (spitze V-Form), fortschreitender Verwindung des Bodens und völlig ebenem Auslauf desselben am Spiegel.

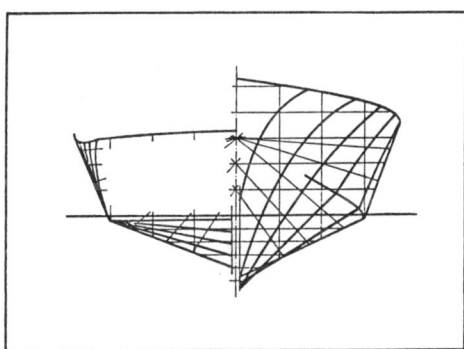

Tetraederform

Teufelsklaue 1. Doppelter Takelhaken, der anstelle eines Schäkels verwendet werden kann. Die beiden Teile des Doppelhakens stehen einander entgegen und sind nur sicher, wenn Zug auf dem Haken steht. Gegen die Gefahr des Öff-

nens und Aushakens bei lose kommender Leine müssen sie bemust (zusammengebunden) werden.
2. Einfacher gewinkelter Stahlbügel, der über ein Kettenglied gehakt wird und als provisorische Halterung für eine Kette dient.
3. Spitze Stahlklaue zum Aufhieven von Holzlasten und Baumstämmen.

Thames Measurement (engl.) Themse-Vermessung. Von 1855–80 angewandte Rennwertformel, die eine geringfügige Abwandlung von Builders Measurement darstellt:

$$\text{Tonnage} = \frac{(L-B) \cdot B \cdot B/2}{94}$$

Erläuterung siehe Builder's Measurement.

Thermometer (grch.) Temperatur-Meßgerät. Es gibt verschiedene physikalische Phänomene, aufgrund derer sich Temperaturänderungen messen lassen; das einfachste Prinzip ist die Nutzung der temperaturabhängigen Ausdehnung von Festkörpern oder Flüssigkeiten. Die Volumenänderung bewirkt eine Längen- oder Drehwinkeländerung, die sich leicht ablesen läßt.

Thermostat (grch.) Vorrichtung zum Konstanthalten einer festgesetzten Temperatur. Wärmequelle oder Kühlaggregat werden von einem Temperaturregler gesteuert.

Tiama Ein leichtes, preiswertes, im Bootsbau verwendetes Holz der afrikanischen Mahagonifamilie.

Tide (nd. Form für Gezeit). Eine Tide umfaßt die Zeitspanne von einem Niedrigwasser über das darauf folgende Hochwasser bis zum nächsten Niedrigwasser. Sie dauert theoretisch einen halben Mondtag, im Durchschnitt 12 Stunden, 25 Minuten. Der Höhenunterschied zwischen einem Niedrigwasser und dem darauf folgenden Hochwasser heißt Tidenstieg; der Betrag, um den das Wasser bis zum nächsten Niedrigwasser wieder fällt, wird Tidenfall genannt. Das arithmetische Mittel aus beiden ist der Tidenhub; der über eine längere Zeitspanne gemittelte Wert ergibt den mittleren Tidenhub. Vergl. Gezeiten.

Tidengewässer Meeresgebiete und Flußmündungen, in denen der Gezeitenwechsel spürbar ist, das Wasser regelmäßig in ca. 6stündigem Rhythmus steigt und fällt.

Tidenhäfen Häfen, in denen alle Schiffe das durch den Gezeitenwechsel bedingte Steigen und Fallen des Wassers mitmachen, im Gegensatz zu den Schleusenhäfen (Docks), in denen der Wasserstand konstant gehalten wird.

Tidenhub Das arithmetische Mittel aus Tidenstieg und Tidenfall (siehe Tide). Der mittlere Tidenhub ist von Ort zu Ort, oft schon über sehr kurze Entfernungen, sehr unterschiedlich. In Hamburg beträgt er 2,20 m, in Wilhelmshaven 3,80 m. Im Ärmelkanal bei Portland beträgt der Tidenhub 1,90 m, etwas weiter nördlich im Bristolkanal dagegen 11,50 m. Der höchste Tidenhub überhaupt wurde in der Fundy-Bai (USA) gemessen; er erreicht dort zur Springzeit im Mittel 14,14 m.

Tidenkalender Siehe Gezeitentafeln.

Tidenstrom Der regelmäßige, mit Ebbe und Flut die Richtung wechselnde Strom in Tidengewässern. Richtung und Stromstärke für bestimmte Stunden vor und nach Durchgang des Mondes durch den Meridian eines geeigneten Bezugsortes sind in einer Sammlung von Karten, dem Gezeitenstromatlas, enthalten.

Tief s. 1. Tiefdruckgebiet. Meteorologischer Begriff für ein Gebiet auf der Erdoberfläche (oder einer darüberliegenden Niveaufläche), in welchem der Luftdruck niedriger ist als in dessen Umgebung. Tiefdruckgebiete werden von Luftströmungen umkreist, deren Drehsinn auf der nördlichen Halbkugel entgegen dem Uhrzeigersinne in das Tief hineingerichtet sind (auf der Südhalbkugel dagegen im Uhrzeigersinne).
2. Eine verbindende Rinne zwischen einem Haff und der offenen See oder in einem Watt.

Tiefenlinien In Seekarten eingezeichnete, auf Kartennull bezogene Linien gleicher Wassertiefen. Außerhalb der farbig getönten Flachwasserzone sind Tiefenlinien üblich:
alle   10 m bis   100 m Wassertiefe,
alle 100 m bis   1000 m Wassertiefe,
alle 1000 m bis 10000 m Wassertiefe.

tiefe V-Spantform Die sehr flache Bodenform moderner Motorrennboote hat Grenzen ihrer

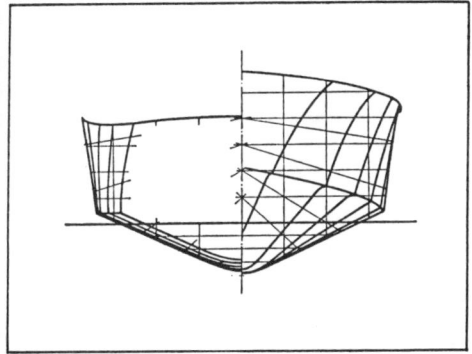

Tiefe V-Spantform

Verwendbarkeit, sobald bei extremen Bootsgeschwindigkeiten der geringste Seegang herrscht. Man hat deshalb Ende der 50er Jahre speziell für Seerennen eine Bootsform entwickelt, bei welcher das Aufschlagen auf das Wasser durch eine angewinkelte Bodenform in erträglichen Grenzen bleiben soll. Als eine solche „tiefe V-Spantform" gilt eine Bootsform, bei der der Boden über die ganze Länge eine Aufkimmung von mehr als 20° hat.

Tiefgang Die Eintauchtiefe eines Schiffes von der jeweiligen Schwimmwasserlinie bis zum tiefsten Punkt des Schiffes. Bei Seeschiffen unterscheidet man zur Erfassung des Trimms den vorderen, mittleren und achteren Tiefgang. Unter Konstruktionstiefgang versteht man den Abstand von Oberkante Kiel bis zur Konstruktionswasserlinie.
Der Freibordtiefgang ist der vertikale Abstand vom tiefsten Punkt des Schiffes bis zu der für das jeweilige Fahrtgebiet festgelegten Tiefladelinie. Siehe Freibordmarke.

Tiefladelinie Diejenige Wasserlinie, bis zu welcher ein Schiff gemäß Freibordvorschrift eintauchen darf. Sie ist je nach Jahreszeit und Fahrtgebiet verschieden. Siehe Freibordmarke.

Tiefsee Der Meeresbereich unterhalb 800 m Wassertiefe. Die wissenschaftliche Arbeit, die in größere Tiefen führt als 800 m, wird als Tiefseeforschung bezeichnet. Tiefseegräben heißen rinnenartige Einsenkungen des Grundes, in denen die größten Tiefen überhaupt gemessen werden. Die tiefste bisher gemessene Stelle liegt im Marianengraben (11 516 m), die größte von einem Tiefseetauchkörper erreichte Tiefe ist 10 912 m („Trieste" 1960).

Tieftank Wasser- und öldicht abgeschottete Tankräume, die nicht Piek- und Doppelbodentanks und nicht Ladetanks sind. Sie können vorn, mittschiffs oder achtern angeordnet sein und dienen der Aufnahme von Treibstoff oder Ballastwasser.

Tierkreis, Zodiakus Man hat die → Ekliptik in 12 gleiche Teile geteilt (12 × 30°), die sog. Himmelszeichen. Die einzelnen Zeichen haben Namen nach den in ihrem Bereich liegenden Sternbildern erhalten; da dies hauptsächlich Namen von Tieren sind, nennt man den Gürtel innerhalb einiger Grade zu beiden Seiten der Ekliptik *Tierkreis*. Sonne, Mond und auch die Planeten bewegen sich in dieser Zone. Beginnt man bei dem → Frühlingspunkt, kommt man im Sinne rechtläufiger Bewegung der Sonne auf folgende Verteilung der astronomischen Längen auf die Zeiteinteilung des Jahres (Abb. Seite 334):

0°– 30°	Widder	♈	21. März –20. April
30°– 60°	Stier	♉	21. April –21. Mai
60°– 90°	Zwillinge	♊	22. Mai –21. Juni
90°–120°	Krebs	♋	22. Juni –22. Juli
120°–150°	Löwe	♌	23. Juli –22. Aug.
150°–180°	Jungfrau	♍	23. Aug. –22. Sept.
180°–210°	Waage	♎	23. Sept.–23. Okt.
210°–240°	Skorpion	♏	24. Okt. –22. Nov.
240°–270°	Schütze	♐	23. Nov. –21. Dez.
270°–300°	Steinbock	♑	22. Dez. –20. Januar
300°–330°	Wassermann	♒	21. Jan. –20. Febr.
330°–360°	Fische	♓	21. Febr. –20. März

Durch die Präzession der Erdachse tritt im Laufe der Zeit eine langsame Verschiebung dieser Einteilung gegenüber dem Fixsternhimmel ein, so daß die Himmelszeichen und die alten, gleichnamigen Sternbilder nicht mehr zusammenfallen. Der „Widderpunkt" (Frühlingspunkt) liegt heute nicht mehr im Sternbild Widder, sondern in dem der Fische. Vergl. hierzu Sternbild.

timber (engl.) Holz. Timber trade certificate = Holzfahrt-Zertifikat. Es gibt noch eine Reihe weiterer mit dem Wort timber für Holz gebildete Fachausdrücke; die in der Holzfahrt international gültige Freibordbezeichnung ist jedoch L (lumber).

Titan

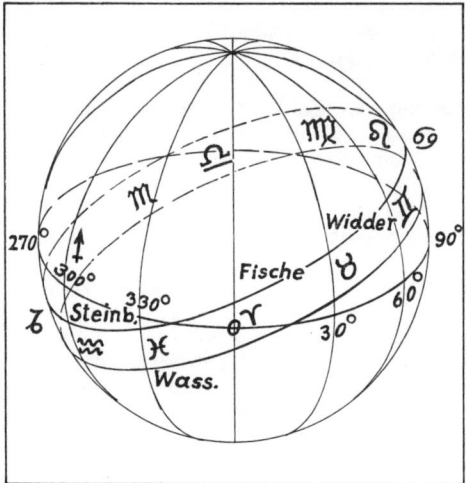

Die Himmelskugel mit dem Tierkreisgürtel. Die ausgeschriebenen Namen bezeichnen die Lage der entsprechenden Sternbilder, gegen die sich der Frühlingspunkt („Widderpunkt") langsam verschiebt, im entgegengesetzten Sinne der scheinbaren Sonnenbewegung.

Titan Metall der IV. Gruppe des Periodensystems, das, mit Aluminium und Vanadium legiert, bei nur geringem Gewicht stahlähnliche Festigkeitseigenschaften aufweist. Darüber hinaus ist Titan von hoher Korrosionsbeständigkeit. Diese Eigenschaften führten ungeachtet eines hohen Preises dazu, daß Titan u. a. in zunehmendem Maße für hochbeanspruchte Teile beim Bau von Rennyachten verwendet wird (Stabwanten, Masttoppen, Spieren, Beschläge). Die Bearbeitung dieses sehr harten Metalls ist schwierig.

Tjalk *w.* Holländischer Frachtsegler aus dem 18. Jh. von 14–20 m Länge und ca. 100 m² Segelfläche. Typisch sind für den Rumpf der sehr breite, flach und rund auslaufende Bug und die Seitenschwerter, für die Takelage die sehr kurze, gebogene Gaffel. Tjalken werden nicht mehr gebaut; aber viele umgebaute fahren noch als Yachten.

Tjotter *m.* Rundspantige, hölzerne Plattbodenyacht, die in den Niederlanden etwa seit 1900 gebaut wird. Die Segelfläche von ca. 25 m² ist im Verhältnis zu dem mit Klüverbaum und Seitenschwertern ausgerüsteten Rumpf beachtlich (Länge ca. 4,80 m, Breite bis 2,50 m).

Tochterkompaß An einem beliebigen Ort an Bord aufzustellendes Anzeigegerät einer Fernkompaßanlage.

Toggle (engl.) Knebel, Winkelverbindung, Kniegelenk *(toggle joint).* Im Yacht-Rigg speziell Gelenkstücke zwischen Wantenspanner und Rüsteisen, die dem Ausgleich eventuell voneinander abweichender Zugrichtungen dienen.

Tonne; Tonnage Das Wort *Tonne* als eine Größe der Schiffsvermessung bzw. Ladefähigkeit läßt sich bis zum Mittelalter zurückverfolgen. Es gilt als sicher, daß die Tonne als Meßgröße auf der Verschiffung von Wein in Fässern basiert, die einfach abgezählt wurden. Die von der realen Weintonne abstrahierte Maßeinheit Tonne wurde indessen schon früh zu einem mehrdeutigen Begriff; einerseits zu einem *Raummaß,* andererseits zu einer *Gewichtseinheit,* und diese Doppelbedeutung hat sie nach wie vor.

1. Tonne als Raummaß. Sie wird als *Registertonne* bezeichnet und mißt 100 cu.ft. = 2,8317 m³. Die Bezeichnungen Brutto- bzw. Netto- betreffen nicht die Maßeinheit als solche, sondern Vermessungsregeln. Die in BRT angegebene Bruttovermessung soll die Schiffsgröße erfassen, die in NRT angegebene Nettotonnage lediglich den nutzbaren Raum *(earning capacity).* Man erhält die Nettotonnage aus der Bruttotonnage durch Abzug der für Betrieb und Sicherheit nötigen Räume des Schiffes. Siehe Raumgehalt.

Sehr voneinander abweichende Meßergebnisse aufgrund unterschiedlicher nationaler Vermessungsregeln haben wiederholt zu weltweiten Bemühungen um ein verbindliches, einheitliches Vermessungssystem geführt. So wurde 1969 auf der Internationalen Schiffsvermessungs-Konferenz in London ein neues System erarbeitet, das die bisherigen Regeln ablösen soll. U. a. soll sich danach künftig der Nettoraumgehalt aus der Bruttotonnage durch eine mathematische Beziehung herleiten, die den Begriff „verdienender Teil" gerechter erfaßt als das bisherige, uneinheitlich gehandhabte Abzugsverfahren. Das Inkrafttreten ist noch an verschiedene Klauseln gebunden.

2. Tonne als Masseneinheit („Gewichtseinheit"). Die Tonne (1 t = 1000 kg) ist hier eindeutig und

ausschließlich als Einheit der Masse zu verstehen (Gewicht im Sinne der deutschen Normen DIN 1305 „als Größe von der Art einer Masse"). Diese Tonne wird als *metrische Tonne* bezeichnet. Daneben ist im internationalen Schiffahrtswesen die *long ton* zu 1016 kg in Gebrauch und seltener, z. B. in der Erzfahrt, die amerikanische *short ton* zu 907,185 kg.
Tonnen im hier erläuterten Sinne sind Maßeinheiten für die Tragfähigkeit eines Schiffes, für das Gewicht einer beförderten Ladung sowie für das → Deplacement (Wasserverdrängung), das dem Schiffsgewicht im jeweiligen Beladungs- bzw. Ausrüstungszustand entspricht.
Die Tragfähigkeit eines Schiffes wird in tdw (tons deadweight) angegeben, wobei ein Hinweis erforderlich ist, ob metrische Tonnen oder long tons gemeint sind.
3. Als weitere „Tonne" ist die *shipping ton* (Frachttonne) als Maßeinheit in Gebrauch, jedoch nicht zur Erfassung der Schiffsgröße, sondern zur Frachtberechnung, und zwar dann, wenn nicht das Gewicht, sondern der Raumbedarf zugrunde gelegt wird: 1 shipping ton = 40 cu.ft. = 1,133 m^3, in den USA auch 42 cu.ft. = 1,189 m^3.

*

Der Begriff *Tonnage* kann heißen:
1. Das Vermessungsergebnis eines Schiffes in BRT, NRT oder auch RT nach Sonderbestimmungen wie Panama- oder Suez-Vermessung.
2. Die Tragfähigkeit eines Schiffes oder auch das Deplacement in t bzw. tons.
3. Die Gesamtsumme einer nach beliebigen Gesichtspunkten zusammengefaßten Menge, wie etwa die Handelsflotte eines Landes, die Welttankerflotte, die Neubauten nach 1970 und so fort, in einer der oben definierten Einheiten.
4. *Tonnage* wurde bis um die Jahrhundertwende auch das Ergebnis der Rennwert-Vermessung von Yachten genannt. Seit Einführung der „linearen Formeln", nach welchen das Meßergebnis nicht mehr ein Raummaß, sondern eine Länge ist, spricht man von → Rennwert bzw. *Rating*.

Tonne (Seezeichen) Verankerte Schwimmkörper charakteristischer Form als Zeichen für die Schiffahrt. Nach ihrer sichtbaren Form unterscheidet man Spitz-, Stumpf-, Spieren-, Faß-, Kugel-, Bakentonnen; ihren Zweck charakterisieren Namen wie Ansteuerungs-, Fahrwasser-, Untiefen-, Wrack-, Kabel-, Sperr- oder Warngebietstonnen. Auf die Art des ausgesandten Signals wird durch Bezeichnungen wie Leuchttonne, Glockentonne, Heultonne hingewiesen.

Tonnenleger Spezialfahrzeug, das zum Auslegen und Aufnehmen von schwimmenden Seezeichen dient und dafür mit geeignetem Hebegeschirr ausgerüstet ist.

Tonnenstrich Gerade Verbindungslinie zwischen zwei Tonnen derselben Fahrwasserseite; sie ist in jedem Fall die Fahrwasserbegrenzung.

Tonner Im Yachtsport eine zusammenfassende Bezeichnung für sechs Klassen, in denen Segelwettkämpfe nach den gleichen Regeln ausgetragen werden: Bewertung nach gesegelter Zeit ohne Zeitvergütung, Wechsel zwischen kurzen Dreiecks- und längeren Seeregatten, Austragung in der Heimat des letzten Gewinners.
Die sechs Klassen heißen Zweitonner, Eintonner, Dreivierteltonner, Halbtonner, Vierteltonner und Achtel- oder Minitonner. Der 1965 neu ausgeschriebene Eintonnerpokal fußt auf einer auf 1898 zurückgehenden Tradition.
Ebensowenig wie der Eintonner lassen die anderen fünf Klassen einen Zusammenhang mit dem Begriff *Tonne* erkennen. Es sind Yachten, die nach 1965 entstanden.
Die Rennwertbegrenzungen liegen nach der 1970 eingeführten IOR-Formel für den Zweitonner bei 32,0 Fuß, für den Eintonner bei 27,5 Fuß, den Dreivierteltonner bei 24,5 Fuß, den Halbtonner bei 21,7 Fuß, den Vierteltonner bei 18,0 Fuß und den Achtel- oder Minitonner bei 16,0 Fuß.

Tonnenrack Siehe Rack.

Topfzeit Ein Begriff, der im Zusammenhang mit dem Bau von Kunststoffbooten sowie bei Zweikomponentenklebern u. -lacken eine wichtige Rolle spielt. Die Topfzeit bezeichnet die Zeitspanne, in der sich das angesetzte Gemisch verarbeiten läßt, bevor es beginnt anzuhärten oder zu gelieren.

Topp (nd.-nl.) Das oberste Ende eines Mastes oder der den Mast verlängernden Stenge.

toppen Siehe auftoppen.

toppgetakelt Bis zur Mastspitze getakelt; Takelungsart einer Yacht, bei welcher das Vorsegeldreieck bis zum Masttopp hinaufreicht.

Toppnanten

Toppnanten Von den Rahnocken schräg aufwärts laufende Taue zum Horizontalhalten oder Auftoppen der Rahen.

Toppsegel Bei gaffelgetakelten Schiffen ein drei- oder vierkantiges Segel, das bei leichtem Wind zwischen Gaffel und Stenge bzw. Masttopp gesetzt wurde. Dieses Segel wurde auch als *Gaffeltoppsegel* bezeichnet, weil die Schoner früher häufig auch Rahtoppsegel fuhren; in der Bezeichnung *Toppsegelschoner* sind *Rahsegel* gemeint. Das Vierkanttoppsegel einer gaffelgetakelten Yacht wird an zwei Spieren gefahren, der Toppsegelrah und der Schotrah. Die die Schotrah haltende Toppsegelschot wird über Gaffelnock und Gaffelklau an Deck geführt. Toppsegel hatten früher auf Kuttern und Schonern oft beträchtliche Größe. Die Hochtakelung hat diese Art von Segeln nahezu verdrängt.

Toppsgast Matrose, der auf einem Segelschiff für den guten Zustand des Tauwerkes und aller Beschläge eines ihm zugeteilten Mastes verantwortlich war. Die Ernennung zu Toppsgasten galt als Auszeichnung.

Topp und Takel „Vor Topp und Takel lenzen" bezeichnet den Zustand eines Segelschiffes, das in einem schweren Sturm ohne jedes Segel treibt, und zwar nicht beigedreht, sondern vor dem Wind lenzend. Der Gefahr des Aus-dem-Ruder-Laufens und Querschlagens begegnet man am zweckmäßigsten durch Nachschleppen eines Treibankers, langer Trossen oder auch Spieren und sonstiger Gegenstände, deren Bremswirkung das Schiff besser auf Kurs zu halten vermag.

Toppzeichen Räumliches Gebilde charakteristischer, aus jeder Blickrichtung gleich aussehender Form zur besonderen Kennzeichnung eines festen oder schwimmenden Seezeichens. Toppzeichen dienen der Unterscheidung (z. B. in einer Reihe mehrerer gleichartiger Tonnen) oder geben besondere Hinweise (Seiten- oder Richtungsbezeichnungen). Geeignete Toppzeichenkörper sind Ball, Zylinder, Kreuz, Kegel – und zwar entweder einfach oder in verschiedenartig zusammengesetzter Form. Siehe Kardinalsystem und Abb. unten.

Torfeuer Zu beiden Seiten eines Fahrwassers sich paarweise gegenüberliegende, gleichartige Leuchtfeuer, d. h. Feuer gleicher Höhe, Lichtstärke und Kennung. Am häufigsten werden weiße Festfeuer verwendet.

Törn (grch.-lat.-engl.) Verdeutscht aus engl. *turn*. Das Wort kommt im Bordbetrieb u. a. in folgenden Bedeutungen vor:
1. Reihenfolge innerhalb des täglichen Dienstes: Wachtörn, Rudertörn usw. im Sinne von „an der Reihe sein" (Turnus).
2. Die Reihenfolge, in welcher im Hafenbetrieb Schiffe zum Laden und Löschen herangenommen werden.
3. Die Anzahl der gesegelten Seemeilen zwischen zwei Hafenliegezeiten bzw. die Seetage dieses Zeitraumes (Seetörn).
4. Ungewollte Schlinge oder absichtliche Umwicklung eines Gegenstandes mit einer Leine (Rundtörn).

Tornado (lat.-span.-engl.).
1. Ein den Tromben ähnlicher, insbesondere in Nordamerika auftretender, sehr heftiger Luftwirbel um eine senkrechte Achse. Der Durchmesser liegt zwischen wenigen Metern und (in Ausnah-

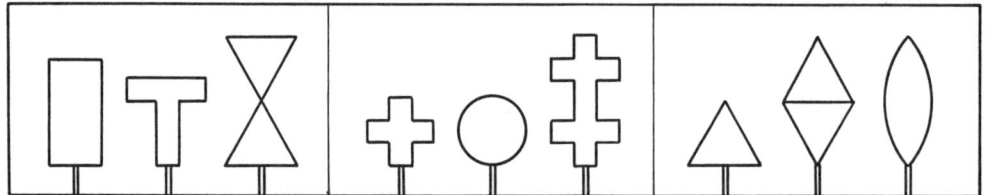

Toppzeichen zur Fahrwasserbezeichnung. Bb.-Seite: Zylinder, T, Stundenglas (nach dem neuen Betonnungssystem „A" nur Zylinder); Mitte Fahrwasser: Kreuz, Ball, Doppelkreuz („A" = nur Ball); Stb.-Seite: Kegel, Doppelkegel, Spindel („A" = nur Kegel).

mefällen) etwa 1 km. Die Lebensdauer eines Tornados beträgt selten mehr als wenige Minuten, doch hinterläßt er eine Bahn katastrophaler Verwüstungen.
2. 1967 in England konstruierter, seit 1968 von der IYRU als internationale Einheitsklasse anerkannter Zweimann-Katamaran mit folgenden Abmessungen:
Länge ü. a.   6,10 m
Länge CWL   5,85 m
Breite   3,05 m
Segelfläche   21,80 m^2
Rumpfgewicht   127 kg
Dieser außerordentlich schnelle Bootstyp wurde als erster Katamaran 1976 zur olympischen Klasse erhoben.

Torossen (russ.) Durch horizontale Eispressung entstandene, mächtige Hügel übereinandergeschobener Eisschollen.

Torr Nach E. Torricelli (1608–47) benannte physikalische Einheit des Druckes, gleichbedeutend mit mm Hg (Quecksilbersäule). Beide Einheiten, Torr und mm Hg, sind im amtlichen und geschäftlichen Verkehr nicht mehr zugelassen.

Torsion (lat.) Verdrehung, Verwindung. Torsionsbeanspruchungen entstehen, wenn ein Stab in einem Querschnitt festgehalten wird, während an seinem freien Ende ein Drehmoment angreift oder wenn eine Achse ein Drehmoment überträgt. Aber auch der Schiffskörper als Ganzes ist Torsionsbeanspruchungen ausgesetzt, z. B. bei schräg zur Kursrichtung verlaufendem Seegang. Dabei ist die Auswirkung von Torsionsschwingungen abhängig von einer möglichen Resonanz zwischen den Impulsmomenten der Wellenbewegung und der Eigenschwingungszahl des Schiffskörpers.

Totalschaden Dem Untergang des Schiffes gleichzusetzender, derart weitgehender Schaden, daß der Versicherer gezwungen ist, die gesamte Versicherungssumme zu zahlen.

toter Gang 1. Die durch das Spiel zwischen zwei Maschinenteilen entstehende unwirksame Bewegung, der unerwünschte Leerlauf innerhalb einer mechanischen Kraftübertragung, wie z. B. einer Radsteuerung u. dergl.
2. Plattengang eines genieteten stählernen Schiffes, der infolge der nach achtern und vorn abnehmenden Spantumfänge nicht bis zu den Schiffsenden durchläuft.

totes Werk Der Teil des Schiffskörpers, der sich *über* dem Wasser befindet; Gegensatz: lebendes Werk (Unterwasserschiff).

tote Zone 1. Das Gebiet zwischen der größten Reichweite der von einem Sender ausgestrahlten Bodenwelle bis zu derjenigen Entfernung, ab welcher Raumwellen zu empfangen sind.
2. Winkelbereich, in dem ein Beobachtungsgerät wegen seiner Bauart oder Aufstellung unwirksam ist.

Totholz Im Holzschiffbau die Aufklotzung zwischen Kiel und Steven an scharfen Schiffsenden. Bei Kielyachten dementsprechend die massive Holzfüllung zwischen Steven und Ballastkiel.

Track (engl.) Seeweg, übliche Route. Vergl. Dampfertrack.

trade winds (engl.) Passat, siehe dort.

Trägerwelle Elektromagnetische Welle, die zur Übertragung von Nachrichten und Signalen in verschiedener Weise moduliert werden kann. Die moderne Sendetechnik kennt mehrere Arten der Modulation; die wichtigsten sind die Amplitudenmodulation und die Frequenzmodulation. Die Frequenz einer unmodulierten Trägerwelle wird als Trägerfrequenz bezeichnet.

Tragfähigkeit Das Gewicht der gesamten Zuladung eines Schiffes, d. h. dasjenige Gewicht, das ein Schiff bis zur zulässigen Tiefladelinie eintauchen läßt – wenn nicht anders angegeben, bis zur Marke „Sommer, Seewasser" (vergl. Freibordmarke). Außer der Ladung ist in der Tragfähigkeit enthalten: Brennstoff, Schmieröl, Kesselspeisewasser, Frischwasser, Proviant, Verbrauchsgüter sowie sämtliche an Bord befindlichen Personen und deren Gepäck („deadweight all told"). Die Tragfähigkeit wird in tdw (tons deadweight, d. h. in t zu 1000 kg oder tons zu 1016 kg) angegeben.

Tragflächenboot, Tragflügelboot Schnellboot, unter dessen Rumpf bügelförmige Stahlträger (Tragflächen oder Tragflügel) angeordnet sind, auf denen sich das Boot ab einer bestimmten Geschwindigkeit infolge dynamischen Auftriebs

Trägheitsgesetz

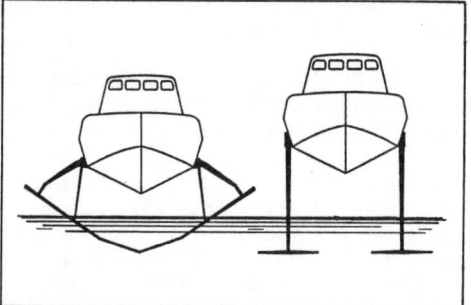

Verschiedene Systeme von Tragflächenbooten. Das rechts gezeigte System ist von Vorteil hinsichtlich ruhiger Lage bei bewegtem Wasser, verlangt jedoch erheblichen Aufwand für eine ausreichende Stabilisierung.

aus dem Wasser hebt. Durch die drastische Verminderung des Reibungswiderstandes beim Austauchen des Bootskörpers aus dem Wasser werden hohe Geschwindigkeiten mit relativ geringer Antriebsleistung erzielt. Der Betrieb derartiger Fahrzeuge setzt jedoch ruhiges Wasser voraus. Die Verwendung beschränkt sich vorläufig auf schnellen Fährverkehr auf Binnengewässern. Die erzielten Geschwindigkeiten liegen bei 80 bis 120 km/h.
In den USA sind Versuche gelungen, unter günstigen Bedingungen auch Segelboote (Leichtbaujollen) zum Gleiten auf Tragflächen zu bringen (neuerdings auch Katamarane, die auf kurzen Teststrecken Geschwindigkeiten von mehr als 20 kn erreichten).

Trägheitsgesetz Das erste der drei Newtonschen Axiome, das bereits von Galilei und Kepler erkannt und auch formuliert worden war (Galilei 1564–1642, J. Kepler 1571–1630, I. Newton 1643–1727). Das Gesetz besagt, daß jeder Körper im Zustand der Ruhe oder der gleichförmigen (geradlinigen, unbeschleunigten) Bewegung verharrt, sofern nicht äußere Kräfte auf ihn einwirken.

Trägheitsmoment 1. Die Summe der Produkte aller Massenteilchen multipliziert mit dem Quadrat ihres Abstandes von einer Drehachse, Maß für die Trägheit eines rotierenden Körpers. Die Massenverteilung ist auch für die Schiffsbewegungen von Bedeutung. Schiffe mit großen Massen an den Enden haben ein großes Beharrungsvermögen und sowohl beim Stampfen im Seegang als auch bei Drehbewegungen ein anderes Seeverhalten als Schiffe, deren Massen mehr zur Mitte hin konzentriert sind ($\Sigma \triangle m \cdot r^2$).
2. In der Festigkeitslehre ist der Begriff Flächenträgheitsmoment von Bedeutung, der analog definiert ist hinsichtlich der Querschnittsfläche eines auf Biegung beanspruchten Trägers ($\Sigma \triangle F \cdot r^2$).

Trägheitsnavigation Neuartiges Navigationsverfahren mit Hilfe von Geräten, die das Beharrungsvermögen (die Trägheit) von Massenkörpern nutzen, um Beschleunigungen zu messen und daraus Geschwindigkeiten und schließlich Koppelorte abzuleiten. Es erfüllt also im Prinzip die gleiche Aufgabe wie die Besteckrechnung. Die besonderen Vorteile dieses Verfahrens liegen darin, daß es unmittelbar den Weg über Grund registriert, und daß es auch dort angewendet werden kann, wo andere Navigationsverfahren versagen. Die Trägheitsnavigation kann andere Verfahren nicht ersetzen, stellt aber eine wertvolle Ergänzung dar.
Das Arbeitsprinzip verlangt ein extrem genau horizontal- und richtungsstabilisiertes Trägersystem (kreiselstabilisierte Plattform; die Genauigkeit hat die Größenordnung von zehntel Bogenminuten!). Die Zuverlässigkeit des gewonnenen Koppelortes ist nicht von den zurückgelegten Distanzen, sondern nur von der Zeit abhängig.

Tragweite Die Entfernung, aus der ein Leuchtfeuer bei normaler Sicht noch eben als solches zu erkennen ist. Im Gegensatz zur Sichtweite ist die Tragweite abhängig von der Lichtstärke des Feuers und der jeweiligen Sichtigkeit. Vergl. dagegen Sichtweite.

Trailer *m.* (von engl. *trail,* schleppen). Anhänger, oft Sattelanhänger, zum Transport von Containern auf der Straße sowie Anhänger mit einer Achse oder Tandemachse zum Transport von Segel- und Motorbooten über Land.

Trailership (engl.) Speziell in den USA auf div. Routen verkehrender Schiffstyp, der beladene Lastwagen und Anhänger an Bord nimmt. Die Schiffe sind so eingerichtet, daß weitgehend Laden und Löschen gleichzeitig erfolgen kann.

Trajekt (lat.) *s.* Eisenbahnfähre. Neuerdings

auch Fähre für Eisenbahnwagen und Kraftfahrzeuge, oder auch nur für Kraftfahrzeuge.

Tramontana (lat.-it. „Über das Gebirge"). Der in Italien über die Alpen kommende Nord- bis Nordwestwind.

Trampschiffahrt Zugrunde liegt das engl. Wort *tramp* mit der Bedeutung „auf Wanderschaft sein", vagabundieren. Schiffahrt, die nicht an feste Linien gebunden ist; freie, unregelmäßige Fahrt nach Angebot und Nachfrage, die daher auch keinen tarifgebundenen Ratenschutz hat. Verfrachtet werden in der Trampschiffahrt vor allem Massengutladungen jeder Art (Getreide, Erz, Holz, Kohle, Zucker usw.).

Transit (lat.-it.) Durchgang, Durchfuhr. Zolltechnisch die Sicherung eines nur für die Durchfuhr bestimmten Gutes gegen Einfuhr ins Zollinland. Das betrifft auch Waren, die nur zum Verbrauch auf See bestimmt sind.

Transit-Satelliten (lat.-it., lat.) Seit 1964 die Erde umkreisende Navigationssatelliten, die mit quarzstabilisierten Frequenzen senden, so daß die Messung des Doppler-Effektes für die Standortbestimmung genutzt werden kann.

Transomplatte Von engl. *transom,* Querbalken. Heckbalkenplatte, an welcher der Rudersteven verankert ist bzw. war (veraltet).

Transversalwellen (lat., dt.) Schwingungsvorgänge mit quer zur Ausbreitungsrichtung schwingender Wellenbewegung. Transversalwellen sind im Gegensatz zu Longitudinalwellen polarisierbar, d. h., daß die räumlich ungeordneten Wellen sich in eine bestimmte Schwingungsebene bringen lassen (polarisiertes Licht).

Trapez (grch.-lat. Eigentlich „kleiner Tisch"). *s.* 1. Ebenes Viereck, bei welchem zwei sich gegenüberliegende Seiten zueinander parallel, aber nicht gleich lang sind. Bei gleicher Länge der nicht parallelen Seiten ist das Trapez gleichschenklig (Grundform der Rahsegel).
2. Auf das schwingende Reck führt die Bezeichnung Trapez für das Hilfsmittel von Rennjollen zurück, mit dessen Hilfe sich der Vorschotmann bei frischem Wind nach außen hängt, um die Wirksamkeit des lebenden Ballastes zu erhöhen. Das Trapez besteht aus einem Haltegurt, der an einem im Mast befestigten Draht eingepickt ist. Der im Trapez hängende Vorschotmann stemmt sich mit den Füßen weit nach Luv hinaus; dadurch lassen sich die Boote auch bei frischem Wind aufrecht segeln und besser zum → Gleiten bringen.

Trapezregel Annäherungsformel für die Berechnung ebener Flächen, die bei Schiffsentwürfen für eine schnelle, überschlägige Bestimmung der Inhalte von Wasserlinienflächen geeignet ist. Man teilt die Berechnungslänge in 20 Streifen mit der Breite x (Konstruktionsspantabstand), und betrachtet diese Streifen unter Vernachlässigung der Rundung der WL-Kurve als Trapeze. Dann ergibt sich für den Flächeninhalt

$$F = x \cdot (\frac{y_0}{2} + y_2 + y_4 + y_6 \ldots + y_{18} + \frac{y_{20}}{2})$$

Genauere Werte liefert die → Simpsonsche Regel.

Traveller (engl.) *m.* Läufer, Bügel. Leitwagen für den Fußblock der Großschot; Rohr oder Schiene, die bei Jollen auf dem Reitbalken angebracht ist und quer über das Cockpit läuft. Der Schotblock rutscht beim Wenden möglichst reibungslos auf die andere Seite, kann jedoch mittels einer Arretiervorrichtung in jeder beliebigen Lage festgesetzt werden.

Travemünder Woche Jährlich im August durchgeführte Segelregatten. Bedeutendes Sportereignis vorwiegend nationalen Charakters.

Traverse (frz.) *w.* Querbalken, Querträger. Insbesondere ein Trägergerüst, an welchem 2 Kräne oder eine Anzahl Laufkatzen gemeinsam anfassen, um eine schwere Last zu heben.
Auf großen Schiffen zuweilen ein Quergerüst zwischen 2 Lade- bzw. Lüfterposten.

traversieren Ein Fahrzeug ohne Fahrt voraus oder zurück quer durch das Wasser bewegen. Das läßt sich durch 2 Voith-Schneider-Propeller erreichen, wenn einer schräg voraus, der andere schräg achteraus arbeitet.

Trawler (engl.) *m.* Schleppnetzfischer, „Fischdampfer", von *trawl,* (Grund-)Schleppnetz. Der erste deutsche Fischdampfer 1885 hatte 148 BRT. Bei dieser Größenordnung blieb es im wesentlichen bis zum Ersten Weltkrieg. Dann nahmen die Abmessungen zu; Kohlefeuerung war noch bis nach dem Zweiten Weltkrieg üblich. Danach Entwicklung des modernen Motortrawlers mit ständig wachsender Größe und Leistungsfähigkeit. Nach dem Fangprinzip unterscheidet man die → Seitenfänger, bei welchen das Netz von der Seite über das Schanzkleid eingeholt wird, und die um 1960 aufgekommenen → Heckfänger, kombinierte Fang- und Fabrikschiffe, die mit Kopf-, Filetier- und Enthäutungsmaschinen sowie Gefrier-, Preß- und Trocknungseinrichtungen für Schlachtabfälle ausgerüstet sind. Allgemeine Größenordnung der Seitenfänger bis etwa 70 m Länge und 1000 BRT, die der Heckfänger bis über 90 m und über 3600 BRT. Alle modernen Fischereifahrzeuge sind mit Fischortungsgeräten ausgerüstet.

Treffpunktaufgaben Auf dem militärischen Sektor auch *Kreuzeraufgaben* genannt. Aus Kurs und Fahrt des eigenen und eines anderen Schiffes Ort und Zeitpunkt eines Zusammentreffens berechnen – etwa um ein Schiff, das Hilfe benötigt, einzuholen oder ihm entgegen zu fahren. Kurs und Fahrt beider Schiffe müssen sich so zueinander verhalten, daß die Peilung steht, d. h. in gleichen Zeiten der Abstand um den gleichen Betrag abnimmt. Ähnlich der Ermittlung einer Stromversetzung sind Treffpunktaufgaben am einfachsten zeichnerisch zu lösen.

Treibanker, Seeanker Segeltuchsack in Kegel- bzw. Pyramidenstumpfform, um ein Schiff im Sturm mit dem Bug im Wind zu halten und die Drift zu reduzieren. Die Brauchbarkeit von Treibankern ist umstritten; oft leisten sie jedoch, nach achtern ausgebracht, als Lenzsack gute Dienste.

Treibeis Als normales Treibeis werden Schollen bis 15 cm Dicke bezeichnet, die durch Wind, Seegang und Schiffsverkehr aus zerbrochenem Festeis entstanden sind und frei herumschwimmen. Dickere Schollen gleicher Art werden als starkes Treibeis bezeichnet. Treibeisgrenze nennt man die Linie, ab welcher man damit rechnen muß, auf Eis zu stoßen, das aus polaren Regionen in Richtung niederer Breiten treibt. Diese Grenze schwankt mit der Jahreszeit und von Jahr zu Jahr.

treiben Die unterste Stufe der Fortbewegung eines schwimmenden Körpers, für welche kennzeichnend ist, daß keine Wellenbildung und damit auch kein Wellenwiderstand auftritt.

Treiber Der verhältnismäßig kleine Besan einer Yawl.

Treibfleet Siehe Fleet (4).

Treibnetz Dem Stellnetz ähnliche Netzwand. Beiden liegt dasselbe Fangprinzip zugrunde: die Fische bleiben mit den Kiemen in den Netzmaschen hängen. Im Gegensatz zum Stellnetz ist das Treibnetz jedoch nicht am Grund festgelegt, sondern an einem Ende mit dem Fahrzeug verbunden, während es im übrigen durch Bojen gekennzeichnet ist. Vergl. Fleet (4).

Treibsand Loser, wandernder Sand vor Flußmündungen, der dort aufgelaufenen Schiffen schnell gefährlich werden kann, indem dieselben derart in ihn eingespült werden, daß sie nicht mehr abzubringen sind (Mahlsand). Außerdem besteht durch turbulente Strömung an den Schiffsenden die Gefahr des Unterspülens, so daß häufig im Treibsand festsitzende Schiffe auseinanderbrachen.

treideln (frz.-nl.-nd.) Ein Schiff an einer langen Leine an einem Fluß oder Kanalufer entlang schleppen. Es war früher üblich, daß Kähne von Treidlern („Trecke-Knechten") oder Zugtieren auf dem Treidelstieg oder Leinpfad gezogen wurden. Bei einer getreidelten Yacht ist der Mast der geeignetste Angriffspunkt für die Zugkraft. Die Zugleine hakt nicht an Hindernissen und die Yacht behält ihre Steuerfähigkeit, da die Zugkraft in der Nähe des Drehpunktes angreift.

trensen Der erste Arbeitsgang beim → Bekleeden von Tauwerk. Das Tau wird mit Kabelgarn dergestalt umwickelt, daß die Keepen zwischen den Kardeelen ausgefüllt werden und eine einigermaßen ebene Oberfläche für das Schmarten und Bekleeden entsteht.

Trevira Handelsname für in der Bundesrepublik Deutschland hergestellte Textilien aus Chemiefasern. Siehe Polyester.

Trial Trip (engl.) Werftprobefahrt eines Schiffsneubaus.

Triere (grch.-lat.) Antikes Ruderschiff, „Drei-

Das Trierenrelief von der Akropolis; unvollkommener und dennoch wichtigster Ausgangspunkt für alle Rekonstruktionsversuche.

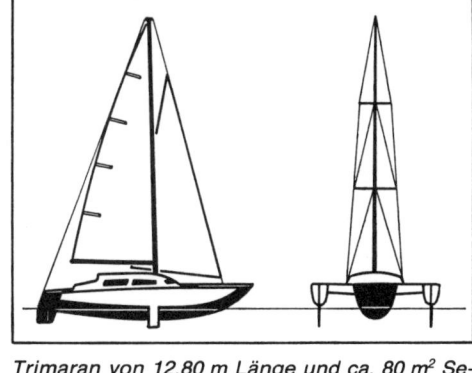

Trimaran von 12,80 m Länge und ca. 80 m² Segelfläche.

ruderer". Da keine Funde über das wahre Aussehen eines derartigen Fahrzeugs Aufschluß geben, sind alle Rekonstruktionsversuche Hypothesen, die sich auf antike Textstellen und bildliche Darstellungen stützen, deren wichtigste das hier abgebildete Flachrelief vom Erechtheion der Athener Akropolis ist. Bei den meisten Rekonstruktionen werden drei Reihen Ruderer übereinander vermutet; unter seemännischem Gesichtswinkel wahrscheinlicher ist, daß die Anordnung ähnlich wie bei den späteren Galeeren gewesen ist, und daß sich die Zahl Tri nicht auf die Zahl der Ruderreihen, sondern die der Ruderer pro Riemen bezieht. Ein stichhaltiger Beweis steht sowohl für die eine als auch die andere Annahme noch aus.

Trift, Drift Treiben, Bewegung; Oberflächenströmungen der Meere in den Regionen der großen Windsysteme mit vorherrschenden Windrichtungen.

Trimaran Modernes Kunstwort in Anlehnung an *Katamaran*. Dreirumpfboot, das durch seine Konstruktion die Vorteile geringen Formwiderstandes sehr schmaler Schiffsrümpfe mit den Vorteilen großer Breite (hinsichtlich der Stabilität) miteinander vereinigt. Gewöhnlich ist nur der Raum des Mittelrumpfes zu einer Kajüte ausgebaut; die Seitenschwimmer haben nur Stützfunktion (Abb. oben rechts).

Trimm (engl.) 1. Schwimmlage eines Schiffes, bezogen auf die Horizontale in der Längsrichtung. Der Trimmwinkel ist für die Längsstabilität das, was für die Querstabilität der Krängungswinkel ist.
Es ist zweckmäßig, den Trimm nicht im Winkelmaß anzugeben, sondern durch die Tauchungsänderung am Hinterschiff und Vorschiff, d. h. die positive oder negative Tiefgangsänderung achtern und vorn.
Trimmänderungen werden hervorgerufen durch Verschieben von Gewichten in der Längsrichtung, Anbordnehmen und Vonbordgeben von Gewichten oder durch Deplacementsveränderung bei Wassereinbruch.
Das aus der Verteilung von Gewicht und Auftrieb resultierende Moment wird als Trimmoment bezeichnet; Einheitstrimmoment heißt dasjenige Moment, das eine Trimmänderung von 1 m Tauchungsunterschied bewirkt.
2. Das Wort Trimm wird auch auf die Besegelung bezogen. Vergl. hierzu trimmen (2).

Trimmblätter Pläne, die jedem Frachtschiff von der Werft mitgegeben werden, mittels derer man den jeweiligen Trimm und Tiefgang des Schiffes bei den verschiedensten möglicherweise vorkommenden Beladungszuständen vorausbestimmen kann.

trimmen 1. Ein Schiff durch zweckmäßige Beladung, durch Stauen und Umstauen, Übernahme von Ballast etc. in die gewünschte Schwimmlage bringen, wobei das Trimmen insbesondere von Schüttladung auch besagt, daß diese gegen Übergehen gesichert sein muß.

Trimmklappe

2. In bezug auf die Besegelung wird unter Trimmen jede Maßnahme verstanden, die der Korrektur der Schwerpunktlage, der Verbesserung des Segelstandes und der Erhöhung der aerodynamischen Wirksamkeit ihrer Form dient, so daß sich bei den jeweils gegebenen Windverhältnissen die höchstmögliche Fahrt aus dem Schiff herausholen läßt.

Trimmklappe 1. Auf Segelyachten auch Kielklappe genannt, siehe dort.
2. Bei Motorrennbooten und -kreuzern sind Trimmklappen unter oder hinter dem Spiegel angeordnete Klappen zur Beeinflussung der dynamischen Auftriebskräfte und damit zur Veränderung des Trimms während der Fahrt. Formen und Verstellmechanismen variieren mit Qualität des Bootsentwurfs, erreichbarer Geschwindigkeit, auftretenden Kräften und Forderungen der Praxis. Die Anstellwinkel der Klappen liegen unterhalb 10°.

Tripelspiegel (lat.-frz., dt.) Reflektor aus je 3 senkrecht aufeinander stehenden Flächen. Der Radarreflektor ist ein Tripelspiegel aus Blech. Es werden verschiedentlich auch optische Tripelspiegel auf Tonnen angebracht, die aufleuchten, wenn man sie mit einem Scheinwerfer anstrahlt. Das Aufleuchten ist u. U. bis zu Distanzen von 1000 m wahrnehmbar.

Trockendock Gebautes Dock, in welchem einzudockende Schiffe durch Leerpumpen des Docks trockengesetzt werden. Für kleine und mittelgroße Schiffe sind Schwimmdocks wirtschaftlicher, doch ist ihre Hebefähigkeit begrenzt. Sehr große Schiffe sind auf Trockendocks angewiesen. Sie werden durch ein schwimmfähiges, pontonartiges Docktor abgeschottet, das zum Ein- und Ausdocken der Schiffe leergepumpt, aufgeschwommen und weggeschleppt wird.

trockenfallen 1. Es gibt im Küstengebiet von Tidengewässern Bereiche, die bei Hochwasser überspült sind und bei Niedrigwasser trockenfallen. Sie sind in deutschen Seekarten blaugrün getönt.
2. Läuft ein Schiff bei Hochwasser auf Grund, dann fällt es bei Niedrigwasser trocken, wenn der Tidenhub größer ist als der Tiefgang des Schiffes. Kleine Schiffe läßt man zur Reinigung des Unterwasserschiffs u. dergl. oft absichtlich trockenfallen.

Trockenfäule Durch Pilze hervorgerufener Verfall abgelagerten, trockenen Holzes. Feuchtigkeit und mangelnde Ventilation beschleunigen den Prozeß. Das Holz wird weich und zeigt keinerlei Festigkeit mehr.

Trockenfrachter Siehe Frachter.

Trockenkompaß Der Trockenkompaß hat ebenso gute magnetische Eigenschaften wie jeder andere Magnetkompaß; er ist jedoch infolge der Schiffsbewegungen im Seegang und der Vibrationen erheblich unruhiger als der → Fluidkompaß und wird deshalb als Schiffskompaß nicht mehr verwendet.

Trog Meteorologische Bezeichnung für ein durch Ausbuchtung der Isobaren gekennzeichnetes Gebiet niedrigen Luftdrucks an der Rückseite eines kräftigen, sich bereits abschwächenden Tiefs. Der Trog wandert meistens hinter der Kaltfront her und tritt mit lebhafter Schauertätigkeit und steifen Winden in Erscheinung. Vielfach wird der Trog durch Warmluftvorstöße abgeschnürt, was zur Bildung eines neuen Tiefs führen kann.

Trombe Wirbelwind mit geringem Durchmesser, aber extrem hohen Windgeschwindigkeiten. Tromben kommen über dem Festland und über dem Wasser vor und werden demgemäß als Wind- oder Wasserhose bezeichnet. Durch emporgerissenen Sand oder Wasser sowie auch durch Niederschlag wird der Trombenschlauch deutlich sichtbar.
Der Durchmesser eines Trombenschlauches braucht nur wenige Meter, kann aber mehrere hundert Meter betragen. Die Spur der Verwüstung, die die Zugbahn einer Trombe hinterläßt, ist auf die immensen Windgeschwindigkeiten im Trichter zurückzuführen. Sie betragen in extremen Fällen bis zu 1200 m/s (33 m/s ist bereits Orkanstärke!).

Trommelsextant „Trommel" bezieht sich bei einem Sextanten lediglich auf den Ablesemechanismus, der dem einer Mikrometerschraube entspricht. Eine Umdrehung der in Bogenminuten geeichten Feinschraube (Trommel) verschiebt die Alhidade um 1° auf dem Gradbogen.

Trompete Knoten zum Verkürzen einer Leine. Siehe Knoten.

Tropen (grch.-lat.) Die feucht-heißen Gebiete des Äquatorgürtels mit stärkeren tageszeitlichen als jahreszeitlichen Temperaturschwankungen. Wörtlich verstanden reichen die Tropen bis zu den Wendekreisen (23° 27′ N u. S); Trope heißt Wende, und zwar Wende der Bahnbewegung eines Gestirns im Koordinatensystem des Äquators beim Erreichen seiner größten nördlichen und südlichen Abweichung. Für die Sonne sind dies die → Wendekreise.

tropischer Monat Die auf den Himmelsäquator bezogene Dauer eines Mondumlaufs, d. h. die Zeitspanne von einem Durchgang des Mondes durch den Himmelsäquator bis zum folgenden Durchgang in der gleichen Richtung. Ein tropischer Monat dauert durchschnittlich 27,32 Tage. Vergl. *Monat*.

tropisches Jahr Zeitintervall zwischen zwei aufeinanderfolgenden Durchgängen der Sonne durch den Frühlingspunkt. Siehe *Jahr*.

tropische Wirbelstürme Auf einige äquatornahe Großräume der Erde beschränkte, jeweils in einem bestimmten Zeitraum auftretende Wirbelstürme. Sie haben in den verschiedenen Gebieten ihres Auftretens verschiedene Namen. Im Raum des Karibischen Meeres, an der Südostküste Nordamerikas und westlich von Mexiko heißt solch ein Wirbelsturm „Hurrikan", im westlichen Pazifik an den Küsten Ostasiens und der benachbarten Inselwelt nördlich des Äquators „Taifun", im australischen Raum „Willy-Willy", im Arabischen Meer und im Golf von Bengalen „Zyklon", im Indischen Ozean östlich von Madagaskar „Mauritius-Orkan". Die Entstehungsgebiete liegen nicht in unmittelbarer Äquatornähe, sondern dort, wo sich die Mallungen um einige Grade vom Äquator entfernen, etwa zwischen 8° und 20° Nord und Süd. Die räumliche Ausdehnung der tropischen Orkane ist gering, ihre Intensität dafür von verheerender Gewalt.

Tropopause Grenzschicht zwischen der Troposphäre und der darüberliegenden Stratosphäre in ca. 10–12 km Höhe.

Troposphäre Die unterste Schicht der → Atmosphäre, in welcher sich das Wettergeschehen auf der Erde abspielt. Die Troposphäre reicht in den gemäßigten Breiten bis in Höhen von 10–12, in den Tropen 16–17, über den Polen 7–8 km.

Trosse Fasertauwerk über 4 cm Durchmesser (5″ bzw. 12,5 cm Umfang) und auch Drahtseile. Insbesondere werden starke Festmache- und Schleppleinen als Trossen bezeichnet. Zum Anstecken zweier Trossen eignet sich der sog. Trossenstek. Siehe Knoten.

Trossenschlag Schlagart von Fasertauwerk, bei welchem in zwei Verseilstufen Garne im S-Schlag zu Litzen, diese im Z-Schlag zum → Seil geschlagen werden.

Trossenzug Die effektive Zugkraft eines Schleppers. Sie wird bei der Pfahlprobe praktisch ermittelt.

Troyer (nd.) *m.* Alte Marine-Bezeichnung für das wollene Unterhemd, das zur Ausrüstung der Mannschaften gehört.

Trübung Bei Radargeräten kann Trübung durch große Regentropfen, Hagel oder Schneeflocken entstehen. Durch einen eingebauten Differentiationskreis lassen sich diese unerwünschten Echos weitgehend beseitigen.

Trübung des Minimums Unschärfe des Minimums durch Rückstrahler in der Nähe des Funkpeilers. Man kompensiert eine solche Trübung durch Ankoppeln einer Hilfsantenne.

True-Motion-Anzeige (engl.) Kursradar-anzeige, bei welcher im Gegensatz zur Relativ-Anzeige die absoluten Bewegungen aller beobachteten Schiffe sowie auch die des eigenen dargestellt werden, während alle Festziele unveränderlich bleiben. Die Bewegung des eigenen Schiffes wird durch Verschiebung des Radarbildmittelpunktes nach eingegebener Kursrichtung und Geschwindigkeit erfaßt.

Trunkdecker Siehe Kofferdeckschiff.

Trysegel 1. (engl. *trysail* oder *spencer*). Schnausegel, das Gaffelsegel an einem Schnaumast. Auch Gaffelsegel an einem der vorderen Masten (bei einer Bark oder einem Vollschiff), bevor solche Segel in der 2. Hälfte des 19. Jh. allgemein durch Stagsegel ersetzt wurden.
2. (engl. *storm trysail*).
Dreieckiges Segel, das auf Yachten als Sturmsegel gesetzt wird; im allg. ein Vorsegel, dessen verstärktes Fußliek am Mast angereiht und des-

sen Achterliek zum Unterliek wird. Die Tuchstärke eines Trysegels aus Chemiefasern braucht nicht stärker als normal zu sein.
Heute werden Trysegel nur noch selten gesetzt, da die neuen Segeltuche auch harten Beanspruchungen standhalten und die moderne Großsegelform (kurzer Baum) durch Reffen im allgemeinen eine ausreichende Verkleinerung der Segelfläche ermöglicht.

Tsunami *m.* Aus jap. *tsu* (Bai, Bucht, Hafen) und *nami* (Welle, Woge). Flutwelle, die ihren Ursprung in seismischer Aktivität (Seebeben) oder vulkanischen Eruptionen im Seegebiet hat. Die durch ein derartiges, den Meeresgrund erschütterndes Beben sich bildenden Wellen sind auf hoher See kaum einen halben Meter hoch; aber ihre Ausbreitungsgeschwindigkeit beträgt u. U. 700–800 km/h und die Reichweite mehrere tausend Kilometer. Ein Schiff im tiefen Wasser ist nicht betroffen; die Auswirkungen beginnen beim Übergang in flacheres Wasser. Die Flutwelle kann 10 m Höhe erreichen und wird insbesondere in einengenden Buchten zu gewaltigen Brechern, die verheerende Schäden anrichten.

Tuckzeese *w.* Schleppnetz, das von zwei Fischkuttern geschleppt wird. Durch diese Arbeitsweise werden zum Fängighalten des Netzes keine Scherbretter benötigt.

Tumble Home (engl.) Sich nach oben einwärts neigen. Schiffbau-Fachausdruck für eine bestimmte Bauart; Schiffe mit höheren Aufbauten haben an Deck und darüber nicht immer die gleiche Breite wie in der CWL. Das Stück, um das das Deck gegenüber der größten Breite eingezogen ist, heißt Tumble Home.

Tunnel 1. Siehe Wellentunnel.
2. Der zwischen Gat und Steert liegende Teil eines → Schleppnetzes.

Tunnelheck Besondere Heckform von Binnenschiffen, bei welcher die Propeller schirm- bzw. muldenförmig überbaut sind, damit sie nicht frei schlagen.

Turas Modernes Kunstwort für ein Maschinenelement zum Antrieb bzw. zum Umlenken einer Förderkette. Insbesondere werden das obere und untere Kettenrad eines Eimerbaggers als Turas bezeichnet.

Turbine (lat.-frz.) Dampfkraftmaschine (für den Schiffsantrieb). Ihre Wirkungsweise beruht darauf, daß hochgespannter Dampf, der mit sehr hoher Geschwindigkeit aus Düsen austritt, über eine Leitvorrichtung einen Läufer treibt und somit Druckenergie in Bewegungsenergie umsetzt.
Man unterscheidet dabei zwei Grundprinzipien, das Gleichdruck- und das Überdruckverfahren, je nachdem ob an beiden Seiten des Laufrades der gleiche Druck herrscht oder der Dampfdruck an der Austrittsseite des Schaufelrades kleiner ist als an der Eintrittsseite.
Das Prinzip eines „Dampfrades" war schon im Altertum bekannt; die technisch brauchbare Verwirklichung geht auf de Laval (1883), Parsons (1884), und Curtis (1900) zurück.
Seit den 20er Jahren stehen Dieselmotor und Dampfturbine im Wettbewerb um die Vorherrschaft als geeignetste Antriebsanlage für Seeschiffe. Es gibt jedoch bei der Vielzahl unterschiedlicher Anforderungen je nach Typ und Leistung keine allgemeingültige Antwort auf die Frage Motor oder Turbine. Ganz allgemein gilt, daß bis Leistungen von etwa 22 000 kW der Motor, darüber die Turbine überwiegt. Leistungen über 29 000 kW bleiben – von wenigen Ausnahmen abgesehen – der Turbine vorbehalten.
Die Turbine ist charakterisiert durch einen einfachen Aufbau, der Energie auf kürzestem Wege in Drehbewegung umzusetzen gestattet, wobei keine unerwünschten Schwingungen erzeugt werden durch alternierende Massenkräfte. Sie arbeitet nur mit sehr hohen Dehzahlen, was aufwendige Untersetzungsgetriebe notwendig macht. Getriebeturbinen sind nicht umsteuerbar; es müssen daher spezielle Rückwärtsläufer eingebaut werden, die während des Vorwärtslaufens mitdrehen. Grundsätzlich von gleichem Aufbau wie Dampfturbinen, aber mit anderen technischen Problemen behaftet sind die → Gasturbinen.

turboelektrischer Antrieb Antriebsanlage eines Schiffes, bei welcher die Turbinen nicht direkt über Getriebe die Propellerwelle drehen, sondern über Generatoren Strom für die Elektromotoren erzeugen, die die eigentlichen Antriebsmaschinen sind. Bei solchen Anlagen entfällt die Rückwärtsturbine sowie der Wellentunnel; dafür muß ein etwa zehnprozentiger Verlust durch die wiederholte Energieumsetzung in Kauf genommen werden.

turbulente Strömung Strömung (bzw. Verlauf der Wasserfäden am Unterwasserschiff) unter ständiger Wirbelbildung. Der Hauptbewegung sind ungeordnete Mischbewegungen überlagert. Gegensatz: Laminare Strömung.

Turbulenz Meteorologische Bezeichnung für unstetige, ungeordnete Luftbewegung.

türkischer Bund Zierknoten in Form einer kranzartigen Umflechtung eines Gegenstandes (Spiere, Riemen, Ruderpinne o. ä.). Im allgemeinen wird die Umflechtung dreifach ausgeführt. Die Bezeichnung geht, wie auch der Blumenname, auf den in ähnlicher Form gewundenen Turban zurück.

Türkischer Bund

Turmdecker Ein dem Kofferdecker ähnlicher, wie dieser seit langem veralteter Schiffstyp, der auf dem seitlich abgerundeten Hauptdeck einen über die ganze Schiffslänge sich erstreckenden Aufbau hatte, dessen Breite höchstens 60% der größten Breite des Schiffes betrug. Schiffe dieses Typs sind in Deutschland nicht gebaut worden.

Tweidel Auch *Dweil*; Besenstiel mit einem Büschel Baumwollfäden oder Lappen zum Deckwaschen.

Twin Screw Ship (engl.) Doppelschraubenschiff.

Typhon 1. Typhoon; engl. für → Taifun.
2. Auch *Tyfon* (von engl. typhoon), Schallsignalgerät für Motorschiffe. Der Ton wird nicht mit Dampf, sondern mit Preßluft erzeugt.

Typverdrängung Auch Typ- oder Standard-Deplacement. Die bei Kriegsschiffen übliche Tonnageangabe: die Masse (das Gewicht) der verdrängten Wassermenge. Das Schiff ist dabei voll ausgerüstet, hat jedoch weder Treibstoff noch Kesselspeisewasser an Bord. Die Typverdrängung wird in long tons (1016 kg) angegeben.

„Überall!" Altes Kommando, um die gesamte Besatzung für ein „Alle-Mann-Manöver" oder zum Appell an Deck zu beordern.

Überarbeiter Jemand, der eine Passage nicht bezahlt, sie jedoch ordnungsgemäß an Bord abarbeitet. Anspruch auf Heuer besteht nicht. Voraussetzung sind ordnungsgemäße Papiere, körperliche Tauglichkeit, Abmusterung und Anmeldung im Bestimmungshafen.

über Bord „Mann über Bord", über Bord gegangen, bedeutet: ins Wasser gefallen.

Überdeckung Der von den Strahlen einer rotierenden Radarantenne überdeckte Bereich, in dem die Feldstärke für eine brauchbare Auswertung noch ausreicht.

über die Toppen flaggen Siehe Flaggengala.

Überfahrt Im Gegensatz zu einer „Reise", die Hin- und Rückfahrt umfaßt, eine einmalige Passage nach einem überseeischen Bestimmungshafen.

überfällig Ein Schiff ist überfällig, wenn es sei-

übergehen

nen Bestimmungshafen nicht innerhalb einer nautisch begründeten Frist nach dem Zeitpunkt der vorgesehenen Ankunft erreicht hat. Vergl. hierzu verschollen.

übergehen 1. Das Verrutschen von Ladung oder festem (d. h. nicht flüssigem) Ballast im Seegang, so daß Schlagseite und schließlich die Gefahr des Kenterns oder Vollaufens besteht. Die Gefahr des Übergehens von Ladung ist immer dann gegeben, wenn sie in nicht gefüllten Räumen Bewegungsfreiheit hat. Besonders gefährdet sind Schiffe mit Erz- und ähnlichen schweren Ladungen, weil sie meistens zu hohe Stabilität haben und daher besonders harte Bewegungen ausführen. Schiffe mit Getreideladung sind gefährdet, wenn die Sicherheitsvorschriften bezüglich der Getreideschotte außer acht gelassen werden.
2. Beim Segeln das selbsttätige Herüberschwingen der Segel (Schratsegel) auf die neue Leeseite beim Wenden.

Überhänge Auf den Schiffsrumpf bezogen der Unterschied zwischen der Länge über alles und der Länge in der Konstruktionswasserlinie, also die über die Wasserlinie hinaushängenden Bug- und Heckpartien.

Überhitzer Ein System von Rohrschlangen, in denen bei Dampfkraftanlagen der Dampf über seine Sättigungstemperatur hinaus zu überhitztem Dampf (Heißdampf) erhitzt wird. Moderne Dampfturbinenanlagen arbeiten mit überhitztem Dampf bei Temperaturen um 500° C.

überholen 1. Takelwerk, Pumpen, Geräte aller Art nachsehen und in Ordnung bringen.
2. Die einzelnen Parten einer Talje lose machen, der Luvschot eines Vorsegels Lose geben u. dergl.
3. (Betonung auf der ersten Silbe): Plötzliche Krängung eines Schiffes unter dem Einfluß von Wind und Seegang.
4. Von achtern aufkommend an einem langsameren Schiff mit der gleichen Fahrtrichtung vorbeilaufen. Steht nicht reichlich Platz zur Verfügung, fordert der Überholende durch das Schallsignal — · · — den Vordermann zum Langsam- und Rechtsheranfahren auf. Dieser bestätigt durch — · —, wenn er sich auf das Überholmanöver einstellt und gibt — · · · ·, wenn dasselbe nicht ausgeführt werden kann.

überlappen 1. Das Überdecken der einzelnen Bahnen beim Zuschneiden eines Segels. Ausmaß und Verteilung der Überlappungen bestimmen die Wölbungstiefe des Segels.
2. Reicht ein Vorsegel vom Vorstag aus weiter nach achtern als bis zum Mast, so überlappt es das Großsegel um dieses Stück. Der überlappende Teil des Vorsegels wird im allg. nicht mitvermessen. Er beeinflußt die Strömung in Lee des Großsegels und ist von Bedeutung für die aerodynamische Wirksamkeit beider Segel.
3. Eine Yacht überlappt eine andere, wenn sie gegenüber dieser anderen nicht klar voraus oder achteraus liegt, sondern ein Teil ihres Rumpfes oder ihrer Ausrüstung in normaler Lage innerhalb der Gesamtlänge (einschließlich Ausrüstung in normaler Lage) von jener liegt. Der Begriff *überlappen* ist nur anwendbar, wenn die beiden Yachten weniger als zwei Bootslängen voneinander entfernt sind. Diese exakte Begriffsbestimmung ist erforderlich, weil in Wettfahrten Wegerecht-Bedingungen damit verknüpft sind.

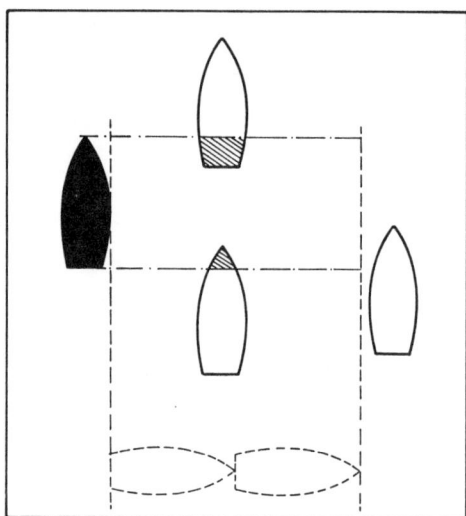

Überlappen als regattataktischer Begriff betrifft nur Boote, die weniger als 2 Bootslängen voneinander entfernt sind.

Überliegezeit Die Zeitspanne, die über die im Chartervertrag festgelegte Lade- und Löschzeit hinaus für Ladungsarbeiten beansprucht wird und für welche zur Entschädigung für den Zeitverlust Liegegeld (demurrage) erhoben wird.

übernehmen 1. Ladung, Proviant, Wasser an Bord nehmen.
2. Im Seegang Wasser an Deck oder ins Cockpit bekommen.

Überreichweite Beim Radar unter besonders günstigen Ausbreitungsbedingungen vorkommende Reichweite, die über die normale, d. h. durch Erdkrümmung und atmosphärische Gegebenheiten bedingte Entfernung des Radarhorizontes hinausreicht. Die Ursachen einer derartigen Überreichweite liegen in meteorologischen Zusammenhängen begründet.

Überschmuggler Die offizielle Bezeichnung für einen „Blinden Passagier", einen Einschleicher, der eine Überfahrt ohne Bezahlung machen will. Ein solcher darf im Bestimmungshafen nicht an Land; er muß auf Kosten des Schiffes wieder zurückbefördert werden. Überschmuggler machen sich strafbar wegen 1. Erschleichen einer Beförderung, 2. Hausfriedensbruch, 3. Paßvergehen, 4. illegaler Aus- und Einwanderung.

Übersegler Siehe Übersichtskarten.

Übersetzung Das Verhältnis der Winkelgeschwindigkeiten (Drehzahlen) vom treibenden zum angetriebenen Element. Übersetzung heißt heraufsetzen, Untersetzung herabsetzen der Drehzahl. Das Übersetzungsverhältnis ist durch das Verhältnis der Durchmesser bzw. Umfänge oder Zähnezahlen der kraftübertragenden Zahnräder gegeben. Während bei Schiffen, deren Propellerdrehzahl unterhalb der Maschinendrehzahl liegt, die Tourenzahl durch Untersetzungsgetriebe reduziert werden muß (Getriebeturbinen), ist es bei schnellen Sportbooten ab einer bestimmten Geschwindigkeit erforderlich, die Propellerdrehzahl gegenüber der Drehzahl des Motors durch ein Übersetzungsgetriebe heraufzusetzen, um die dem günstigsten Propellerwirkungsgrad entsprechende Drehzahl zu erreichen.

Übersichtskarten Seekarten in sehr kleinem Maßstab; sie rangieren zwischen den Ozeankarten und den Segelkarten und haben Maßstäbe zwischen 1:1,6 Mill. und 1:5 Mill. Vergl. Karten.

über Stag gehen Gleichbedeutend mit wenden. Ein Segelfahrzeug geht mit dem Bug (mit dem Stag) durch den Wind.

übertakelt Das Wort charakterisiert ein Segelfahrzeug, das im Verhältnis zu seiner Verdrängung oder seiner Stabilität eine zu große Segelfläche hat. Die Bemessung der richtigen Segelfläche ist kein eindeutig zu lösendes Problem, da die zu erwartenden Belastungen außerordentlich verschieden sind (Tourenyachten für kurze Fahrten oder lange Seetörns, Rennyachten für Dreieckskurse oder Hochseeregatten usw.). Es ist üblich, sich auf typbedingte Erfahrungswerte zu stützen, die durch das auf eine reine Zahl reduzierte Verhältnis von Segelfläche zu Verdrängung ausgedrückt werden ($\sqrt{S}/\sqrt[3]{D}$).
Diese Verhältniswerte schwanken bei Kielyachten etwa zwischen 3,5 und 5, wobei der hohe Wert eine Binnenrennyacht, der niedrige einen Seekreuzer kennzeichnet (S = Segelfläche in m^2, D = Deplacement in m^3).

Überversicherung Übersteigt die Versicherungssumme den Versicherungswert, liegt Überversicherung vor. Für diesen den Versicherungswert übersteigenden Betrag ist die Versicherung rechtsunwirksam.

Überwasserschiff Der oberhalb der Schwimmwasserlinie liegende Teil des Schiffskörpers (totes Werk).

U-Boot Siehe Unterseeboot.

Uferfeuer Leuchtfeuer entlang eines Ufers, um den Verlauf desselben kenntlich zu machen.

Uhr Die für die Schiffsführung wichtigsten mit der Uhr zusammenhängenden Begriffe sind der Gang und der Stand der Uhr (Erklärung siehe *Chronometerkontrolle*).
Uhrvergleich = gleichzeitiges Ablesen zweier Uhren – z. B. Chronometer und Beobachtungsuhr – zur Bestimmung des relativen Standes.
Wie sich aus astronomischen Beobachtungen mit Hilfe der genauen Zeit die geographische Länge errechnen läßt, kann man umgekehrt bei genauer Kenntnis des Schiffsortes (Landsicht, Hafen) über den Stundenwinkel die Uhrzeit kontrollieren. Diese früher wichtige Methode hat durch die Funk-Zeitzeichen ihre einstige Bedeutung verloren.

UHF (engl.) *U*ltra *h*igh *f*requency. Wörtlich gleichbedeutend mit UKW, im Gegensatz hierzu (Meterwelle) jedoch der Dezimeterwellenbereich. Frequenzen 300 bis 3000 MHz (100–10 cm Wellenlänge). Dem Meterwellenbereich entspricht VHF (*v*ery *h*igh *f*requency).

UKW Ultrakurzwelle. Elektromagnetische Welle mit einer Frequenz zwischen 30 und 300 MHz (Wellenlänge zwischen 10 und 1 m). Die neue Bezeichnung für diesen Wellenbereich ist Meterwelle. UKW-Funk eignet sich nur für den Nahverkehr (Verbindung von Schiff zu Schiff oder Schiff zu dienstlichen Landstellen), da sich die Wellen in diesem Frequenzbereich ähnlich gradlinig ausbreiten wie Lichtwellen und der Erdkrümmung nicht folgen. Der speziell dem Seefunkdienst zugeteilte UKW-Frequenzbereich reicht von 152 bis 162 MHz; der des Rundfunks von 87,5 bis 100 MHz. Vergl. hierzu die Übersichten unter Frequenz und Seefunkdienst.

Ullage (engl.) Schwund, Leckage; Flüssigkeitsverlust bei Fässern, Gewichtsverlust bei Säcken. Bei Tankern die Höhe des Freiraumes unter dem Tankdeckel bei gefüllten Tanks. Dieser Freiraum darf ein bestimmtes Maß wegen der temperaturbedingten Ausdehnung der Ladung nicht unterschreiten, soll aber andererseits zur Vermeidung des Überschießens derselben nicht unnötig groß sein.

ultrarot Wärmestrahlung, unsichtbares Licht an der langwelligen Grenze des Spektrums. Der Frequenzbereich liegt zwischen dem noch sichtbaren Rotlicht mit $7,6 \cdot 10^{-4}$ mm und der Radarfrequenz mit 1 mm Wellenlänge. Die Energie der Strahlung wächst mit der vierten Potenz der Temperatur. Anwendungsbereich: Photographie mit besonders sensibilisierten Filmen, Nachtsichtgeräte u. ä.

Ultraschall Schallwellen, deren Frequenz oberhalb der Grenze liegt, bis zu welcher die Wellen vom menschlichen Ohr als Schallempfindung wahrgenommen werden können, über 20 kHz. Ultraschall findet in der Technik vielfältig Verwendung; wichtigstes Beispiel an Bord ist das → Echolot. Andere Anwendungsbeispiele sind die Prüfung von Schweißnähten (zerstörungsfreie Werkstoffprüfung) sowie das Schweißen von Kunststoffen. Schall extrem hoher Frequenzen (> 1 GHz) wird als Hyperschall bezeichnet.

ultraviolett Elektromagnetische Wellen jenseits der kurzwelligen Grenze des Spektrums sichtbaren Lichtes. Die Wellenlängen sind kürzer als $4 \cdot 10^{-4}$ mm und gehen ab $0,3 \cdot 10^{-4}$ mm in den Bereich der Röntgenstrahlen über.

Umformer Maschinen bzw. Aggregate, mit deren Hilfe elektrische Energie einer Art in Energie einer anderen Art umgeformt wird – z. B. andere Spannung, andere Frequenz, Gleichstrom in Wechselstrom, Drehstrom in Gleichstrom usw. Dazu dienen Transformatoren, Einankerumformer, Motorgeneratoren u. a.

Umiak (eskim.) Frauenboot der Eskimos, wie ein Kajak aus fellbespanntem Holz- oder Knochengerüst gebaut. Das Umiak ist jedoch offen, geräumiger und stabiler; es dient in erster Linie Transportzwecken, wird aber auch für die Robbenjagd benutzt.

Umschlag 1. Der Übergang von einer laminaren in eine turbulente Strömung, wenn die laminare Strömung instabil wird.
2. Als Umschlag von Gütern wird die ganze Folge von Operationen bezeichnet, die mit dem Löschen und Wiederbeladen eines Schiffes verbunden sind. Umschlag findet zwischen Lager und Schiff sowie auch zwischen Schiff und Schiff oder Schiff und einem anderen Transportmittel statt.

umstauen Bereits gestaute Ladung noch einmal umpacken.

umsteuern Das Ändern der Drehrichtung einer Maschine: bei Schiffsdieselmotoren durch Änderung der Reihenfolge der Öffnung der einzelnen Ventile bzw. Schlitze; bei Turbinen, indem der Rückwärtsturbine Dampf zugeführt wird. Auf kleineren Fahrzeugen geschieht das Umsteuern mittels eines Wendegetriebes; dabei bleibt die Drehrichtung der Antriebsmaschine unverändert. Das Verhalten von Schiffsmaschinen beim Umsteuern ist unterschiedlich. Die Rückwärtsturbine hat zwar nur die Hälfte der Leistung der Vorwärtsturbine, aber die Umsteuerung erfolgt zügig und gewährleistet gutes Manövrieren. Der Motor hat in beiden Drehrichtungen die gleiche Leistung; seine Drehrichtung läßt sich jedoch erst nach Unterschreiten einer bestimmten Drehzahl mit Hilfe der Anlaßluft gegen das Propellermoment ändern.

UNCTAD *U*nited *N*ations *C*onference on *T*rade *a*nd *D*evelopment. Konferenz der Vereinten Nationen für Handel und Entwicklung.

Underwriter (engl.) Versicherer, Versicherungsgesellschaft; insbesondere in der Seeversicherung.

Unfallverhütung Unfallverhütung und Schiffssicherheit gehören in der deutschen Handelsschiffahrt zu den Aufgaben der See-Berufsgenossenschaft. Diese ist insoweit Behörde und der Fachaufsicht des Bundesverkehrsministeriums unterstellt. Die Unfallverhütungsvorschriften sind auf jedem Schiff im Karten- oder Ruderhaus zur Verfügung zu halten und müssen allen Besatzungsmitgliedern zugänglich sein.

Ungleichheit Begriff aus der Gezeitenlehre. Im Durchschnitt beträgt die Dauer einer Tide 12 Stunden, 25 Minuten, und über lange Zeiträume hinweg scheinen die mittleren Hoch- und Niedrigwasserhöhen einander gleich zu sein. Im einzelnen zeigen die Gezeiten jedoch sowohl in ihrem zeitlichen Rhythmus als auch in ihren Höhen periodische Ungleichheiten, die verschiedene Ursachen haben. Durch die Überlagerung der verschieden langen Perioden werden die Gezeitenerscheinungen so verwickelt, daß sie sich strenggenommen nie genau in gleicher Weise wiederholen, mit großer Annäherung jedoch alle 19 Jahre. Die wichtigsten Ungleichheiten sind:
1. Die halbmonatliche Ungleichheit. Sie hat bei halbtägiger Gezeitenform die Periode eines halben synodischen Monats (14,77 Tage). Ursache ist die Abhängigkeit von der Mondphase (Springtide, Nipptide).
2. Die parallaktische oder monatliche Ungleichheit, mit der Periode eines anomalistischen Monats (27,55 Tage). Bestimmend hierfür ist die Entfernung Erde-Mond, die wegen dessen elliptischer Bahn sich periodisch geringfügig ändert.
3. Die Deklinationsungleichheit, mit einer durchschnittlichen Periode von einem halben tropischen Monat (13,66 Tage).
4. Die tägliche Ungleichheit mit unterschiedlichem Morgen- und Abendhochwasser bzw. -niedrigwasser. Diese Ungleichheit ist auf die Deklination des Mondes und in geringerem Maße auch auf die der Sonne zurückzuführen; sie ist Schwankungen mit der Periode eines tropischen Monats unterworfen (27,32 Tage). Vergl. hierzu *Monat*.

Universalformel Amerikanische Vermessungsformel für Segelyachten:

$$R = \frac{0{,}18 \cdot L \cdot \sqrt{S}}{\sqrt[3]{D}}$$

Nach dieser um 1900 geschaffenen Formel wurden u. a. die America-Pokal-Yachten der J-Klasse vermessen. Siehe Übersicht über die Entwicklung der Rennwertformeln im Anhang.

unkenterbar Bezeichnung für ein Schiff, das selbst dann noch ein aufrichtendes Stabilitätsmoment hat, wenn es um 90° gekrängt ist, das heißt flach auf dem Wasser liegt. Voraussetzung dafür ist ein sehr tief liegender Gewichtsschwerpunkt, wie z. B. bei einer Kielyacht. Unkenterbar ist nicht gleichbedeutend mit unsinkbar. Die Gefahr des Vollaufens und Sinkens ist auch bei unkenterbaren Schiffen gegeben.

unklar Seemännischer Ausdruck für nicht in Ordnung, nicht fertig zum sofortigen Gebrauch. Insbesondere wird das Wort unklar auf den Anker bezogen, z. B. wenn die Kette sich auf dem Grund um eine der Ankerflunken wickelt. Ein Propeller ist unklar, wenn sich eine Leine in ihm vertörnt hat.

unreiner Grund Zum Ankern ungeeigneter Grund, weil auf ihm in der Seekarte im einzelnen nicht vermerkte Hindernisse herumliegen (Steine, Wrackstücke, Ankerketten usw.). Diese Gebiete werden in der Seekarte mit „unreiner Grund" bezeichnet.

unsichtig Atmosphärisch bedingte schlechte Sicht. Siehe Sicht.

Unsinkbarkeit Die Forderung nach Unsinkbarkeit verlangt bei Fahrgastschiffen, daß im Falle des Vollaufens von Abteilungen innerhalb des durch die *flutbare Länge* festgelegten Ausmaßes das Schiff nicht weiter als bis zur *Tauchgrenze* wegsackt, d. h. bis 76 mm unterhalb der Oberkante des Schottendecks.
Der Begriff „Unsinkbarkeit" ist relativ. Er kann nur innerhalb gewisser Grenzen verstanden werden. Absolut unsinkbar ist ein Schiff nur, wenn es auch dann noch leichter als das verdrängte Wasser bleibt, wenn sämtliche Räume vollgelaufen sind. Eine solche Forderung zu erfüllen wäre jedoch weder praktisch möglich noch notwendig. Zu keiner Zeit waren die Schiffe, mit denen

Unterbramsegel

die Menschen zur See fuhren, wirklich unsinkbar. Man versucht jedoch, diesem Ziel so nahe zu kommen, wie es technische Möglichkeit und finanzieller Aufwand nur irgend erlauben.
Bei modernen Sportbooten ist man durch Luftkästen, aufgeblasene Gummi- oder Plastikschläuche, extrem leichte Schaumstoffe etc. der Forderung nach Unsinkbarkeit näher gekommen als je zuvor (vergl. hierzu unkenterbar).

Unterbramsegel Auf Rahseglern normalerweise das vierte Segel von unten.

unterbrochenes Feuer Leuchtfeuer werden, um ihnen eine charakteristische Kennung zu geben, gleichmäßig oder in Takten zu bestimmten Gruppen unterbrochen. Die Unterbrechungen sind verhältnismäßig kurz; im Sonderfall sind Schein und Verdunkelung gleich lang (Gleichtaktfeuer). Die Unterbrechungen erfolgen nicht durch Löschen des Lichtes, sondern durch Verdunkeln mit Blenden.

untere Gurtung Bei einem Schiff als Festigkeitsträger gelten als untere Gurtung der Boden sowie alle durchlaufenden Längsverbände bis mindestens 0,1 H über der Basis.

untere Konjunktion Derjenige Aspekt, bei welchem ein unterer Planet zwischen Erde und Sonne steht, d. h. wenn der Abstand Erde-Planet am kleinsten ist. Vergl. Konjunktion.

untere Kulmination Die niedrigste Höhe, die ein Gestirn auf seiner täglichen Bahn zur Zeit des Meridiandurchgangs erreicht (Meridiandurchgang und Kulmination sind nicht identisch, praktisch werden sie jedoch gleichgesetzt). Sichtbar ist die untere Kulmination nur bei Zirkumpolarsternen.

untere Planeten Die innerhalb der Erdbahn kreisenden → Planeten Venus und Merkur.

unterer Himmelspol Derjenige Schnittpunkt der verlängerten Erdachse mit der gedachten Himmelskugel, der für den Beobachter unsichtbar ist, d. h. der Pol der zum Beobachter ungleichnamigen Halbkugel.

unterer Meridian Der vom oberen Pol über den Nadir (Fußpunkt) zum unteren Pol gehende Himmelsmeridian. Der gegenüberliegende Halbkreis heißt oberer Meridian.

unterfangen Ein gesunkenes und wieder gehobenes Schiff zwischen zwei Bergungsfahrzeugen durch Stahltrossen halten, die unter dem Havaristen hindurchgeführt werden.

Unterfeuer Das vordere, niedriger gelegene von zwei Feuern einer Richtfeuerleitlinie.

Untergang (eines Gestirns) Der Durchgang eines Gestirns durch den Horizont, nachdem es seine Bahn über die obere Halbkugel des Himmels beschrieben hat. Der Ortsstundenwinkel des wahren Untergangs ist gleich dem halben Tagbogen des Gestirns. Dieser kann aus der geographischen Breite des Beobachters und der Abweichung des Gestirns berechnet werden; man entnimmt den Wert jedoch normalerweise den Nautischen Tafeln.
Am Äquator sind Tag- und Nachtbogen für alle Gestirne gleich lang. Gestirne, deren Abweichung gleichnamig mit der Breite des Beobachters und größer als das betreffende Breitenkomplement ist, gehen für den Beobachter nicht unter (Zirkumpolarsterne).
Kimmtiefe, Parallaxe und Refraktion bewirken, daß der sichtbare Untergang um einige Zeit nach dem Zeitpunkt stattfindet, zu welchem das Gestirn den wahren Horizont passiert. (Wenn der Mittelpunkt der Sonne durch den wahren Horizont geht, steht für einen Beobachter mit 5 m Augeshöhe ihr Unterrand noch ca. $^2/_3$ Sonnendurchmesser über der Kimm.)

unterkühlt 1. Es kommt vor, daß Regen bei Temperaturen unter dem Gefrierpunkt fällt, wenn er aus höher gelegenen wärmeren Schichten kommt. Beim Aufschlag auf feste Gegenstände oder den Erdboden wird er sofort zu Eis.
2. Unterkühlung ist bei Schiffbrüchigen eine nicht minder häufige Todesursache wie Ertrinken. Die temperaturbedingten maximalen Überlebenschancen sind:

      bei   0° C   12 Minuten
      bei 2,5° C   26 Minuten
      bei   5° C   55 Minuten
      bei 10° C 160 Minuten
      bei 15° C 380 Minuten
      bei 20° C   16 Stunden
      bei 25° C   3 Tage und mehr.

unter Land In Küstennähe, im Landschutz bei ablandigem Wind.

Untermarssegel Auf einem Rahsegler das zweite Segel von unten. Die Untermarssegel hatten bei voller Breite eine nur geringe Höhe, waren also relativ klein und blieben bei stürmischem Wetter bis zuletzt stehen.

Untermast Der unterste Teil eines aus mehreren Teilen zusammengebauten Mastes bei Segelschiffen. Die angesetzten Verlängerungen heißen Stengen.

Unterrandhöhe Der vertikale Abstand von der Kimm bis zum Unterrand der Sonne oder des Mondes. Zur Berichtigung auf die Mittelpunkthöhe ist der Radius des betreffenden Gestirns zu addieren. Er beträgt sowohl bei der Sonne als auch beim Mond ca. 16'.

Unterraum Laderaum zwischen Tankdecke des Doppelbodens und Zwischendeck.

Unterreichweite Durch meteorologische Zusammenhänge in seltenen Fällen bewirkte Einengung des Radarhorizontes, das Gegenteil von der ebenfalls nur in Ausnahmefällen auftretenden Überreichweite.

Unterscheidungssignal Nach Eintragung ins Schiffsregister wird jedem Schiff vom Registergericht sein individuelles Unterscheidungssignal zugeteilt, unter dem es in den öffentlichen Rufzeichenlisten geführt wird. Das Unterscheidungssignal oder Rufzeichen besteht aus Buchstaben oder Zahlen/Buchstabengruppen. Küstenfunkstellen haben 3, Schiffe 4 und Flugzeuge 5 Zeichen.

unterschlagen (Betonung auf der ersten Silbe). Ein Segel an einer Spiere anreihen.

unterschneiden Derart mit dem Vorschiff, mit der Vorderkante eines Riemens und dergl. ins Wasser tauchen, daß durch den Fahrtstrom negative dynamische Auftriebskraft entsteht. Die Gefahr des Unterschneidens ist insbesondere bei vor dem Wind segelnden schnellen Booten mit scharfem Vorschiff und geringem Freibord gegeben (u. a. Katamaranen), trifft zuweilen aber auch größere schnelle Schiffe. Das Unterschneiden eines Riemens beim Pullen tritt ein, wenn das Blatt beim Nachvornführen zu weit gedreht wurde, so daß es beim Eintauchen die Wirkung eines Tiefenruders hat („Krebs fangen").

Unterseeboot, U-Boot Fahrzeug, das imstande ist, zu tauchen und Unterwasserfahrten auszuführen. Die grundlegenden Voraussetzungen dafür sind der druckfeste, wasserdichte *Druckkörper* und das System der Tauchzellen, mit deren jeweiligem Füllungsgrad der statische Auftrieb gesteuert wird. Unterseeboote dienen bis heute fast ausschließlich militärischen Zwecken, doch gibt es auch schon Forschungs-U-Boote. U-Transportschiffe (Tanker) befinden sich im Projektstadium.

Der Verwendungszweck bestimmt die Bauart. Die kleineren U-Boote mit konventionellem Antrieb sind auf erhebliche Frischluftzufuhr angewiesen und deshalb so gebaut, daß sie vorwiegend an der Oberfläche operieren und nur gelegentlich, dann aber sehr schnell tauchen können müssen. Während diese *Tauchboote* in ihrem unterseeischen Aktionsradius recht beschränkt sind, hat der Kernenergieantrieb auf diesem Gebiet ganz neue Maßstäbe gesetzt. Projekte wie Unterseetanker für das nördliche Eismeer u. ä. sind erst durch den Kernenergieantrieb in den Bereich des Realisierbaren gerückt.

Die Größenordnungen der bisher verwirklichten Leistungen von „Atom-U-Booten" liegen etwa für die Geschwindigkeit über Wasser bei ca. 30 kn, unter Wasser 40–50 kn; Tauchtiefe ca. 600 m, Reichweite 100 000 sm und mehr.

Untersegel Auf Rahseglern die Segel an den untersten Rahen. Sie haben bzw. hatten verschiedene Namen: Am Fockmast – Fock; am Großmast – Großsegel; am Kreuzmast bei Vollschiffen sowie am letzten vollgetakelten Mast bei Barken mit mehr als 3 Masten – Bagien.

Untersetzungsgetriebe 1. Zahnradgetriebe, das eine sehr hohe Maschinendrehzahl auf eine vergleichsweise niedrige Propellerdrehzahl herabsetzt, wie es insbesondere bei Getriebeturbinen der Fall ist.
2. Zahnradgetriebe in Schotwinschen und ähnlichen Apparaten, wo es darauf ankommt, die menschliche Kraft zu steigern. Das zugrundeliegende mechanische Prinzip ist das Hebelgesetz.

untertakelt Bezeichnung für ein Segelfahrzeug, das aufgrund seiner Rumpfgröße mehr Segel tragen könnte. Absichtlich untertakelt sind Yachten, die außergewöhnliche Beanspruchungen erwarten müssen, wie z. B. Ozeanyachten, insbesondere wenn sie mit nur kleiner Mann-

'schaft oder gar einhand gesegelt werden sollen. Vergl. übertakelt.

Unterversicherung Ist die Versicherungssumme niedriger als der Versicherungswert, so gilt der Versicherungsnehmer für den nicht gedeckten Teil des Versicherungswertes als Selbstversicherer. Der Versicherer braucht den Schaden und die Aufwendungen nur nach dem Verhältnis der Versicherungssumme zum Versicherungswert zu ersetzen.

Unterwanten Auf Großseglern die bis zum Mars führenden Wanten des Untermastes. Bei Segelyachten die Wanten bis zum Ansatzpunkt der untersten Saling.

Unterwasseranstrich Jedes im Wasser liegende Schiff ist dem Bewuchs ausgesetzt, dem man auf die wirkungsvollste Weise zu begegnen sucht. In früheren Zeiten wurde ein hölzernes Unterwasserschiff mit Kupferblech beschlagen; heute wird gifthaltige Farbe verwendet. Siehe Antifouling.

Unterwasserschall Unterwasserschallmessungen dienen in der Navigation zur Entfernungsbestimmung. Man mißt die Entfernung bis zu einem Unterwasserschallsender (Feuerschiff, Molenkopf etc.) durch Ablesen der Laufzeitdauer des Signals, das vom Sender zugleich auch über Funk ausgestrahlt wird. Die Schallgeschwindigkeit ist im Wasser rund 4,5mal so groß wie in der Luft. Sie ist bis zu einem gewissen Grade abhängig von Druck, Temperatur und Salzgehalt. Man rechnet allg. mit 1490 oder 1500 m/s.

Unterwasserschneidgerät Brennschneidgerät, bei welchem die Schneidflamme (Wasserstoff oder Azetylen und Sauerstoff) von Preßluft eingehüllt wird, so daß sie nicht verlischt. Das Mundstück des Brenners besteht also aus 3 Düsen; außen liegt die Preßluftdüse, innen sind die Gasdüsen angeordnet.

Unterzüge Von Schott zu Schott durchlaufende hochstegige Längsträger unter den Decks längs den Lukensüllen. Sie dienen als Auflager für die Decksbalken und werden heute so stark ausgeführt, daß man auf die früher üblichen Raumstützen verzichten kann. Ferner werden Unterzüge an besonders beanspruchten Stellen des Decks angebracht.

Untiefe Seemännische Bezeichnung für eine flache Stelle innerhalb oder außerhalb des Fahrwassers. Untiefen innerhalb des Fahrwassers werden nach der Seitenbezeichnung (Lateralsystem), außerhalb desselben nach der Richtungsbezeichnung (Kardinalsystem) markiert. Die Toppzeichen der Untiefentonnen (Baken- oder Spierentonnen) nach der Richtungsbezeichnung sind:

2 Kegel mit Spitzen nach oben = nördlich,
2 Kegel mit Spitzen nach unten = südlich,
2 Kegel Spitzen zusammen = westlich,
2 Kegel Spitzen auseinander = östlich,
Ball = auf der Untiefe. Die Tonnen zeigen an, welche Lage sie zur Untiefe haben.
Die entsprechenden Befeuerungen sind für die einzelnen Quadranten:

nördlich	weißes Feuer mit einer *ungeraden* Anzahl von Blitzen, Blinken oder Unterbrechungen,
westlich	weißes Feuer mit einer *geraden* Anzahl von Blitzen, Blinken, Unterbrechungen oder dauerndes Funkelfeuer,
südlich	wie westlich, im allgemeinen jedoch rot,
östlich	wie nördlich, im allgemeinen jedoch rot,
auf der Untiefe	rotes Gleichtaktfeuer (ausnahmsweise auch weiß).

Nach dem neuen Betonnungssystem „A" gibt es nur noch waagerecht gelb-schwarz kombinierte Baken, Bakentonnen oder Spieren, die sowohl Untiefen als auch Wracks oder andere Schiffahrtshindernisse bezeichnen und die gegebenenfalls weiß befeuert sind. Ihre Doppeltoppzeichen sind immer schwarz. Mit der Umstellung der Betonnung in NW-Europa wurde 1977 im Englischen Kanal, 1978 in der Nordsee begonnen. Ostsee = 1980. Die Bekanntgabe erfolgt jeweils durch die „Nachrichten für Fahrtensegler" (NfS) des Deutschen Hydrographischen Instituts.

Unze Grundbedeutung von lat. *uncia* ist „ein Zwölftel". Es wurde damit einst $1/12$ der jeweiligen Maßeinheit bezeichnet (sprachlich verwandt damit ist *inch*). Demgemäß kam die Unze als Einheit sehr unterschiedlicher Art vor: Gewichtsmaß, Hohlmaß, Länge und auch Münze. Heute noch gebräuchlich ist die Unze (ounce) im angelsächsischen Sprachraum als Hohlmaß: In Großbritannien $1/160$ gallon = 28,4131 cm³, in USA $1/128$ gallon = 29,5737 cm³ (Fluid ounce). Als Gewichtseinheit taucht die Unze noch in verschiedenen Ländern auf, mit unterschiedlichen Werten um 28,35 g.

Usance (lat.-frz.) Brauch, Gepflogenheit, Verkehrssitte. Usancen werden oft mit Gewohnheitsrecht verwechselt; tatsächlich ist aber juristisch scharf zwischen beiden zu unterscheiden. Der Begriff Usance kennzeichnet lediglich ein als zweckmäßig und angemessen erkanntes Verhalten, das jedoch rechtlich nicht begründet zu sein braucht.

USCG United States Coast Guard. Küstenwache der USA.

V

Vakuum (lat.) Eigentlich „luftleerer" Raum; nach DIN 28 400 wird heute unter Vakuum jedoch der gesamte Druckbereich unterhalb des normalen Atmosphärendrucks (1013 mbar) verstanden, soweit es sich um einen abgeschlossenen Raumbereich handelt. Man unterscheidet Grob-, Zwischen-, Fein-, Hoch- und Höchstvakuum (Hochvakuum < 0,133 Pa, Höchstvakuum < 1,3332 · 10^{-4} Pa).

Vamarie-Takelung (auch Wishbone-Rigg genannt) Nach der 1934 gebauten, mit einer → Spreizgaffel-Takelung versehenen Hochseeyacht „Vamarie".

„Vater und Sohn"-Anlage Bei Fischereifahrzeugen gebräuchliche Antriebsanlage, die aus zwei Dieselmotoren unterschiedlicher Leistung besteht. Auf Marschfahrt zum und vom Fanggebiet wird die Gesamtleistung ausgenutzt, wobei die Zusammenschaltung über Elektromotoren oder Schlupfkupplungen erfolgt. Im Fanggebiet ist nur der kleine Diesel in Betrieb.

Vaurien 1952 in Frankreich konstruierte einfache Knickspantjolle, die seitdem große Verbreitung gefunden hat und in etlichen Ländern als Klasse offiziell anerkannt ist. Länge 4,08 m, Breite 1,47 m, Segelfläche 8,1 m².

V-Boden Die übliche Bodenform von Knickspantbooten. Die V-Form ist mehr oder minder stark ausgeprägt, je nachdem, ob das Boot lediglich für glattes Wasser bestimmt ist oder eine gewisse Seefähigkeit haben soll. Siehe „tiefe V-Spantform".

VDKS Verband Deutscher Kapitäne und Schiffsoffiziere e. V.

VDR Verband Deutscher Reeder.

Vektor (lat.) Mathematisch-physikalische Größe, zu deren vollständiger Beschreibung neben der Angabe des Betrages und der Maßeinheit die Angabe einer diese Größe charakterisierenden Richtung und der Angriffspunkt gehört. Vektoren werden durch Pfeile dargestellt, die diese Richtung anzeigen und deren Längen in einem festgelegten Maßstab den jeweiligen Beträgen entsprechen (Beispiele: Geschwindigkeiten, Beschleunigungen, Kräfte usw.). Ein einfaches Beispiel für eine Vektoraddition ist das Stromdreieck.
Der Gegensatz zum *Vektor* (gerichtete Größe) ist der *Skalar* (ungerichtete Größe), der allein durch einen Zahlenwert bestimmt wird.

Velox-Kessel (lat. schnell, geschwind) Hochleistungsdampfkessel für Seeschiffe mit Druckfeuerung. Die Luft wird mit Turbokompressoren zugeführt, das Wasser zirkuliert im Zwangsumlauf. Gute Anfahreigenschaften machen diese Kessel geeignet für Schiffe mit häufig wechselnden Fahr- und Liegezeiten.

Ventil

Ventil (lat.) 1. Absperr- bzw. Drosselorgan in Rohrleitungen aller Art. 2. Steuerorgane für das Arbeitsspiel von Viertaktmotoren, in dem sie den „Takten" entsprechend die Einlaß- und Auslaßleitungen zum Zylinderraum absperren und freigeben.

Ventilation (lat.) Lüftung, Lufterneuerung in geschlossenen Räumen; an Bord zur Erhaltung der Gesundheit der dort befindlichen Personen, zur Erhaltung von Schiff und Ladung, z. B. zur Vermeidung oder zum mindesten Einschränkung von Schwitzwasserbildung sowie zur Verhinderung der Ansammlung giftiger oder explosiver Gase von größter Bedeutung. Man unterscheidet natürliche und künstliche Lüftung, die durch Gebläse bewirkt wird. Drucklüfter werden als Ventilatoren, Sauglüfter als Exhaustoren bezeichnet.

Venus Der hellste der → Planeten. Als Morgen- und Abendstern für die Navigation sehr geeignetes Beobachtungsobjekt. Zeichen ♀. Vergl. *Abendstern* und *Elongation*.

Verband Die für die Festigkeit des Schiffskörpers maßgebenden, tragenden, stützenden und versteifenden Bauteile. Zum Längsverband gehören bei einem Seeschiff Deckstringer und Deckbeplattung neben den Luken, Schergang und der darunter liegende Plattengang der Außenhaut, ggf. Längsspanten als Bestandteile der oberen Gurtung, während zur unteren der Mittelkielträger, Außen- und Innenboden (bei Schiffen mit Doppelboden), Längsspanten usw. gehören. Querverbände sind Schotte, Bodenwrangen, Querspanten und Rahmenspanten, Decksbalken usw., während Unterzüge, Stützen, Steifen u. dergl. örtlicher Versteifung dienen.

Verbandsegeln (Verband im Sinne von Geschwader). Das Segeln mit einer Anzahl gleichartiger Boote in verschiedenen Formationen wie Kiellinie, Dwarslinie, Staffel zum Zweck der Übung in der seemännischen Handhabung der Fahrzeuge.

Verbandsregatten (Verband im Sinne von Verein). Regatten, an denen Segler teilnehmen können, die einem dem DSV angeschlossenen Verein angehören oder einem Verein, der einer anderen Landesvertretung der IYRU angeschlossen sein ist.

Verbrennungskraftmaschinen Alle Kraftmaschinen, bei welchen die Verbrennung eines Brennstoff-Luft-Gemisches unmittelbar in mechanische Arbeit umgewandelt wird: die Verbrennungsmotoren (Otto-, Diesel-, Wankelmotor) und die Gasturbine.

Verbundbauweise Begriff des modernen Bootsbaues. Siehe Sandwichbauweise.

Verbundmaschine Auch Compoundmaschine genannt. Dampfmaschine, bei der das Druckgefälle des Dampfes in mehreren Stufen nacheinander in Zylindern mit verschiedenem Durchmesser verarbeitet wird. Derartige Dampfmaschinen waren früher als Schiffsantriebsmaschinen üblich; sie sind durch Motoren und Turbinenanlagen vollständig verdrängt worden.

verdampfen, verdunsten Der sich unterhalb des Siedepunktes (nur an der Oberfläche) vollziehende Übergang vom flüssigen in den gasförmigen Aggregatzustand. Den vom festen unmittelbar in den gasförmigen Zustand sich vollziehenden Übergang sowie dessen Umkehrung nennt man Sublimation.

Verdrängung Siehe Wasserverdrängung.

Verdrängungsboot, Verdränger Segelyachten und Motorboote schwererer Bauart mit runder Spantform, bei welchen der Strömungsverlauf des Wassers am Rumpf dem von großen Schiffen entspricht. Verdränger fahren durch das Wasser und werden von dem von ihnen selbst erzeugten Wellensystem gehemmt, im Gegensatz zu den → Gleitern, die über die Wasseroberfläche hinwegrutschen. Die erreichbare Geschwindigkeit eines Verdrängungsbootes ist erheblich geringer als die eines Gleitbootes, die Seefähigkeit jedoch bedeutend besser.

Verdrängungskurve Im Kurvenblatt eine über dem Tiefgang aufgetragene Kurve, aus der sich nach dem angegebenen Maßstab für jede beliebige Eintauchung die Verdrängung ablesen läßt.

Verdrängungsruder Im Gegensatz zum einfachen Plattenruder ein stromlinienförmig gestalteter hohler Ruderkörper.

Verdrängungsschwerpunkt Der Schwerpunkt, der von einem schwimmenden Schiff verdrängten Wassermasse. Siehe Formschwerpunkt.

verfahren 1. Eine Trosse von einer Stelle zu einer anderen bringen, z. B. von einem Dalben zum anderen. Das Wort geht auf das Ausfahren einer Leine mit einem Boot zurück.
2. Zusammengeholte Blöcke einer Talje durch Überholen des Taljeläufers wieder auseinanderziehen und die Talje von neuem anbringen. Dieser oft mehrmals wiederholte Vorgang heißt „eine Talje verfahren".

verfangen Den Ausguck, den Mann am Ruder usw. *ablösen.*

Verfrachter Soviel wie *Frachtführer.* Im Seefrachtgeschäft derjenige, der es gemäß Frachtvertrag übernimmt, Ware über See zu befördern, also der Reeder oder der Schiffsausrüster, wenn dieser Deutscher ist, sein Wohnsitz im Geltungsbereich des Grundgesetzes liegt und ihm das Schiff im eigenen Namen zur Bereederung überlassen ist.

Vergaser Wichtiger Teil eines Benzinmotors. Er hat die Aufgabe, unter allen vorkommenden Betriebsbedingungen selbsttätig ein gut aufbereitetes Brennstoff-Luft-Gemisch herzustellen (Gewichtsverhältnis des Gemisches ca. 1:15).

Vergriesung Die meist durch → Rauschen hervorgerufene Aufhellung des Untergrundes bei einem Radarschirmbild.

Vergütung 1. Wärmebehandlung von Metallen zur Verbesserung ihrer technologischen Eigenschaften. Dabei ist die jeweilige Höhe der Temperatur ebenso genau zu beachten wie die Erwärmungs- und Abkühlungsdauer. Von großer Bedeutung sind vergütete Stähle, deren Werkstoffeigenschaften durch die Wärmebehandlung erheblich verändert werden können.
2. Reflexverminderung optischer Linsen durch Aufdampfen dünner Schichten aus Leichtmetallfluoriden auf die außen liegenden Schichten der Gläser (bei Doppelgläsern erkennbar an der typischen Blaufärbung). Diese Schicht, deren Dicke nur Bruchteile der Wellenlänge des sichtbaren Lichtes beträgt, löscht bis zu einem gewissen Grade das reflektierte Licht durch → Interferenz.
3. Zeitvergütung. Um Yachten unterschiedlicher Größe und damit verschiedener erreichbarer Geschwindigkeit in Regatten gegeneinander starten lassen zu können - insbesondere in Hochseeregatten - bemüht man sich seit Jahrzehnten um ein gerechtes Ausgleichssystem. Der Ausgleich erfolgt durch gegenseitige Zeitvergütung, die nach dem Rennwert für jede einzelne Yacht errechnet wird. Siehe hierzu *Rennwert.*

verholen Ein Schiff ohne Inanspruchnahme der eigenen Hauptmaschine, nur mit Hilfe von Spill und Leinen von einem Liegeplatz zu einem anderen bringen; Seeschiffe auch mit Schlepperassistenz, Kleinfahrzeuge von Hand. Große Schiffe verwenden als bordeigene Verholvorrichtung die kombinierte Anker- und Verholwinde sowie spezielle Verholwinden mit automatischer Zugregelung, wozu Doppelpoller, Rollenklampen und ähnliche Leitvorrichtungen gehören.

verjüngen Den Durchmesser eines Tampens, eines Spleißes, einer Spiere u. dergl. nach dem Ende hin dünner machen. Ein Spleiß wird verjüngt, indem man die einzelnen Kardeele jedes für sich mit dem Messer abschabt, wieder zusammendreht und verspleißt, so daß ein ganz allmählicher Übergang von der Stärke des Taus zu der des Spleißes entsteht.

verkatten Zwei Anker hintereinander an derselben Kette oder Trosse ausbringen. Man verkattet einen Anker, um ganz sicherzugehen, daß die Verankerung hält - z. B. wenn man notgedrungen vor einer Leeküste ankern muß oder bei schlechtem Ankergrund. Der Abstand zwischen den beiden Ankern soll etwas mehr als die Wassertiefe betragen, damit man beim Lichten nicht beide Anker zugleich an der Kette hängen hat.

Verkehrsboot Motorboot für routinemäßigen Verkehr im Hafengebiet, in Flüssen oder Küstengewässern. Insbesondere ist „Verkehrsboot" eine feste Typbezeichnung bei Kriegsschiffen, die oft an verkehrsmäßig ungünstigen Plätzen liegen müssen.

Verkehrstrennung Für besonders verkehrsreiche Seegebiete (z. B. Ärmelkanal) ist zur Verminderung der Kollisionsgefahr von der IMCO die Einführung eines Verkehrstrennungssystems beschlossen worden, das aus Einbahnwegen mit dazwischen liegender Trennzone besteht. Solche Gebiete sind in Seekarten durch farbigen Aufdruck angegeben.

Verklarung

Verklarung Erklärung. Eidliche Aussage vor einer Behörde über einen Seeunfall oder eine Havarie, Sturmschäden, Ladungsbeschädigung usw. Die Verklarung wird im nächsten angelaufenen Hafen vor dem dort zuständigen Amtsgericht, im Ausland vor dem deutschen Konsul oder örtlichen Behörden abgelegt. Der Verklarungsbericht muß eine genaue Schilderung der Umstände sowie der getroffenen Maßnahmen enthalten. Er soll als Beweisunterlage bei der Verteidigung gegen privatrechtliche Ansprüche dienen.

Verklicker m. (Von nd. *verklicken,* soviel wie angeben, verraten). Windrichtungsanzeiger. Auf den Segelschiffen kleine Windfahne, Lappen o. ä. für den Rudergänger gut sichtbar an einer der Luvpardunen. Auf Yachten heute ein gut ausgewogenes Drehgestell mit Clubstander, Rennflagge oder Windbüdel im Masttopp.

Verladeorder Die seitens des Maklers oder der Agentur an die Schiffsleitung gerichtete Aufforderung, bestimmte, näher bezeichnete Güter an Bord zu nehmen.

Verlader Im Seefrachtgeschäft derjenige, der dem Schiff für fremde Rechnung Güter zur Beförderung übergibt.

verlorener Gang Platten- oder Plankengang, der zum Ausgleich der nach vorn und achtern abnehmenden Spantumfänge nicht bis zu den Steven durchläuft.

Verlustschlag Beim Kreuzen mit ungleichen Schlägen derjenige, der die Yacht nicht dem Ziel näherbringt, sondern mit dem sie Höhe gewinnen muß. Auch Holebug genannt. Gegenteil: Streckbug.

Vermessung Siehe Schiffsvermessung und Tonne.

Vermessungsdeck Bei Seeschiffen gilt als Vermessungsdeck das oberste durchlaufende Deck, wenn nur ein solches vorhanden ist; sonst das unter dem Oberdeck befindliche durchlaufende Deck.

Vermessungsformel Siehe Rennwert.

Vermessungsöffnung, (-luke) Eine rein vermessungstechnische Einrichtung, die für den Schutzdecker von Bedeutung war. Durch die Vermessungsöffnung konnte der obere Zwischendeckraum „offen gemacht" und von der Vermessung ausgeschlossen werden. Siehe Schutzdecker.

Vermessungsschiff Spezialschiff zur Lotung und Seevermessung für die Herstellung von Seekarten sowie für meereskundliche Messungen aller Art (Strömungen, Temperaturen, Salzgehalt).

vermuren (von engl. *moor, mooring*) In Gewässern mit wechselnder Strömung und beschränktem Raum ein Schiff zwischen zwei Anker legen. Ein Anker liegt stromauf, der andere stromab; das Schiff liegt nur vor dem jeweils stromauf liegenden Anker. Beide Ketten (oder Trossen) laufen dabei über den Bug. Auf diese Weise kann das Schiff mit sehr kleinem Drehkreis zwischen beiden Ankern frei schwojen. Setzt der Strom nur aus einer Richtung, kann man in der Weise vermuren, daß beide Ketten in voneinander abweichenden Richtungen schräg voraus zeigen. Die Bewegungsfreiheit des Schiffes wird dadurch erheblich eingeschränkt.
Bei umspringenden Winden wird zuweilen auch

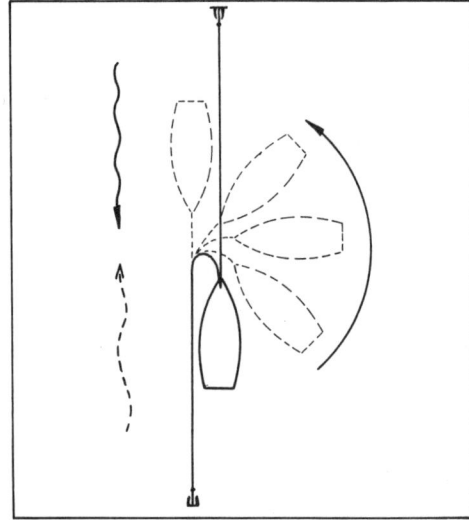

Ein vermurtes Schiff kann zwischen zwei Ankern liegend frei schwojen.

Versicherung

eine Art des Vermurens praktiziert, bei welcher das Schiff vor einem Hauptanker liegt und ein zweiter Anker mit wenig ausgesteckter Kette lediglich eine Bremswirkung ausübt.

versanden 1. Das Ablagern von Sand in Flüssen, Fahrrinnen und Hafeneinfahrten. Bei zur Versandung neigenden Hafenplätzen ist dieses in den Seehandbüchern im allgemeinen vermerkt.
2. Das Einsinken von Wracks in losen Treibsand.

Versaufloch Allg. verbreiteter Ausdruck für Well (siehe Welldecker).

verschalen Mit dünnen Brettern vernageln.

verschalken Eine Luke dicht machen. Siehe schalken.

Verschiebung einer Wettfahrt Eine Wettfahrt gilt als verschoben, wenn sie nicht zur festgesetzten Zeit gestartet wird, aber zu jeder vom Wettfahrtausschuß bestimmten Zeit gesegelt werden kann.

Verschuß Das Versetzen der Stöße benachbarter Planken- bzw. Plattengänge um zwei oder mehr Spantabstände. Bei Schiffen mit Quarterdeck muß dieses um mindestens 7 Spantabstände mit dem Gurtungsdeck verschließen.

verschollen (Seeverschollenheit) Der Wortursprung ist verschallen, aufhören zu schallen, verklingen.
Als verschollen gilt ein Schiff, das eine Reise angetreten, aber seinen Bestimmungshafen nicht innerhalb der sog. *Verschollenheitsfrist* erreicht hat und von dem während dieser Zeit auch keine Nachricht empfangen worden ist. Als Verschollenheitsfrist gilt das Dreifache der Zeit, die die beabsichtigte Reise unter Normalbedingungen dauern würde, mindestens jedoch zwei Monate für maschinengetriebene Schiffe und drei Monate für Segler.

Verschub Siehe Parallaxe.

versegeln Der Ausdruck versegeln wurde früher sowohl ganz allgemein im Sinne des Segelns nach einem beliebigen Bestimmungshafen als auch im Sinne einer Fehlnavigierung verstanden, also z. B. ,,von Hamburg nach Hongkong versegeln" oder auch ,,des rechten Weges verfehlen, verschlagen werden". Heute wird das Wort jedoch als ein ganz bestimmter Begriff der Navigation gebraucht. ,,Eine Standlinie versegeln" bedeutet, daß ein Schiff zwischen zwei oder mehr Beobachtungen seinen Standort verändert hat. In der terrestrischen Navigation gewinnt man bei der Doppelpeilung seinen Schiffsort aus der durch eine Peilung gewonnenen Standlinie, der nach Kurs und Fahrt gekoppelten Distanz zwischen dieser und einer zweiten Peilung zu einem späteren Zeitpunkt und schließlich dieser neuen Peilung. Die erste Peilung wird um den Betrag der gekoppelten Distanz parallel verschoben, *versegelt*. Der Schnittpunkt dieser Parallele mit der 2. Peilung ist der Schiffsort zur Zeit der 2. Peilung. Sinngemäß versegelt man auch eine astronomische Standlinie. Die Zuverlässigkeit dieser Verfahren nimmt mit der Größe der Versegelung ab.

versehen Spieren, Tauwerk, Beschläge u. dergleichen nachsehen, untersuchen, ausbessern.

versenken 1. Das kegelförmige Einlassen eines Niet- oder Schraubenkopfes (Senkkopf) in eine Platte oder ein sonstiges Bauteil. Tiefe und Form (Versenkungswinkel) sind genormt.
2. Baggergut, Munitionsschrott und dergl. an dafür vorgesehenen Plätzen ins Wasser schütten.

versetzen 1. Durch Strömung vom Kurs abgebracht werden.
2. Einen Lotsen vom Versetzschiff zu dem Schiff bringen, das er lotsen soll.

Versetzung Die Wirkung eines Gezeitenstromes oder einer Meeresströmung pro Zeiteinheit allgemein, oder auch die tatsächliche Strecke, um die ein Schiffsort vom theoretischen Standort abweicht.

Versicherer Diejenige Person bzw. Gesellschaft, die sich gegen Bezahlung einer Versicherungsprämie durch die Versicherungspolice verpflichtet, den Versicherten nach Eintritt des Versicherungsfalles zu entschädigen.

Versicherter Derjenige, der durch Zahlung der Versicherungsprämie gemäß Versicherungsvertrag Anspruch auf Entschädigung hat.

Versicherung Vertrag, durch den der eine

Versicherungsfall

Partner (der Versicherer) gegen Entgelt (Prämie) dem anderen Partner (dem Versicherten) für den Eintritt eines Schadensfalles eine Versicherungsleistung in Höhe des Versicherungswertes verspricht. In den Allgemeinen Deutschen Seeversicherungsbedingungen (ADS) sind die für den Versicherungsvertrag notwendigen Voraussetzungen festgelegt. So müssen z. B. → Seetüchtigkeit, → Reise- und → Ladungstüchtigkeit nachgewiesen werden.
Wassersportfahrzeuge können gegen Schiffsunfall, Brand, Explosion, Kurzschluß, Einbruchsdiebstahl, höhere Gewalt usw. versichert werden. Die Versicherung gilt für alle Gewässer innerhalb der in der Police genannten Fahrtgrenzen sowie auf dem Lande, also auch während des Winterlagers. Alle Einzelheiten sind in den Versicherungsbedingungen festgelegt.

Versicherungsfall Das unter die Haftung des Versicherers fallende Ereignis, das als Schadensursache in Frage kommt.

Versicherungsnehmer Darunter versteht man denjenigen, der mit dem Versicherer den Versicherungsvertrag abschließt. Tut er das im eigenen Namen und für eigene Rechnung, dann ist er zugleich der Versicherte.

Versicherungspolice Urkunde über einen abgeschlossenen Versicherungsvertrag.

Versicherungsprämie Die dem Versicherer für die Risikoübernahme zu zahlenden Beiträge.

Versicherungssumme Der beim Verlust des Schiffes zu zahlende Betrag. Im allg. der Versicherungswert, bei Unterversicherung der versicherte Prozentsatz des Versicherungswertes. Bei Teilschäden reduziert sich im Fall der Unterversicherung der zu ersetzende Betrag im gleichen prozentualen Verhältnis.

Versicherungswert (eines Schiffes) Der Wert des Schiffes zum Zeitpunkt des Abschlusses des Versicherungsvertrages.
Ist durch Vereinbarung der Versicherungswert auf einen bestimmten Betrag (Taxe) festgesetzt, so ist die Taxe für den Versicherungswert maßgebend. Ist der Versicherungswert als „vorläufig taxiert" bezeichnet, gilt er nicht als taxiert.

verstagen Einen Mast mit Hilfe von stehendem Gut (Stage, Wanten, Backstage, Achterstag) verspannen und ihm dadurch auf dem Schiff Halt geben. Der Grad der Lockerheit bzw. Steifigkeit der Verstagung ist für den modernen Rennsegelsport zu einem wichtigen Hilfsmittel zur Veränderung der Durchbiegung des Mastes und damit zur Verbesserung des Segeltrimms geworden.

Verstellpropeller Schiffsschraube, deren Flügel um ihre Mittelachse drehbar gelagert sind. Ihre Steigung kann während des Betriebes kontinuierlich verändert werden. Auf diese Weise ist eine Fahrtstufenregelung ohne Drehzahländerung der Propellerwelle möglich. Außerdem gestattet der Verstellpropeller die Anpassung der Steigung an verschiedene Betriebszustände, d. h. Belastungen zur Erzielung des besten Wirkungsgrades (z. B. bei Schleppfahrt oder Freifahrt, auf vollem Tiefgang oder Fahrt in Ballast usw.).
Für Segelyachten sind Verstellpropeller (Segelstellung!) theoretisch ideal; sie sind jedoch durch den Verstellmechanismus störanfälliger als ein Propeller mit festen Flügeln.

verstemmen Bei genieteten Schiffen notwendige Nacharbeit der Plattenkanten der Außenhaut, um die Verbindung wasserdicht und öldicht zu bekommen. Die Dichtigkeit soll nach Möglichkeit nur durch Stahl auf Stahl-Pressung, ohne Dichtungsmittel erreicht werden. Die moderne Schweißtechnik hat das Verstemmen überflüssig gemacht.

Versuchstank Siehe Modellschleppversuche.

vertäuen Das Festlegen eines Schiffes vor Bug- und Heckanker oder auch Buganker und Heckleinen an Land, bzw. auch durch Ausbringen von Leinen nach Dalben und Bojen. (Das Vertäuen zwischen Bug- und Heckanker wird oft mit → vermuren verwechselt!)

Vertikal, Vertikalkreis (lat.) Vom Zenit zum Nadir verlaufender Großkreis der scheinbaren Himmelskugel. Jeder Vertikalkreis schneidet den wahren Horizont im rechten Winkel. Besonders bezeichnet werden unter den Vertikalkreisen der durch die Himmelspole, Nord- und Südpunkt verlaufende *Himmelsmeridian* sowie der senkrecht dazu durch Ost- und Westpunkt verlaufende *Erste Vertikal*.

Vertonungen (von nl. *tonen, zeigen,* sehen lassen). Skizzierte Küstenansichten in Seekarten und Seehandbüchern zur Erleichterung von Ansteuerungen und als Orientierungshilfe in unübersichtlichen Gewässern (Küsten mit vorgelagerten Schären usw.).

vertörnen Verdrehen einer Leine, so daß sich Kinken bilden und die Leine unklar wird.

vertreiben Losreißen und Abtreiben eines schwimmenden Seezeichens von der Position seiner Verankerung infolge Sturm, Eisgang, Rammstoß, Bruch durch Materialfehler o. ä.

verwarpen Ein Schiff mit Warpankern verholen, wenn keine Pfähle, Bojen u. dergl. zum Festmachen der Verholleinen zur Verfügung stehen.

Vibrationen (lat.) Schwingungen eines Schiffskörpers in sich, die ausgelöst werden durch rhythmische Erreger, wie Propeller, Antriebsmaschine oder auch Hilfsmaschinen aller Art. Die Schiffsbewegungen im Seegang fallen nicht unter den Begriff Vibrationen, sie können dieselben jedoch in unangenehmster Weise überlagern. Fallen Erregerfrequenz und Eigenschwingungszahl des Schiffsrumpfes bzw. von Teilen desselben zusammen, entsteht Resonanz. Bis zu einem gewissen Grade können Vibrationen durch veränderte Betriebsbedingungen beeinflußt werden.

Victory-Schiff Aus dem Liberty-Schiff entwickeltes Frachtschiff des amerikanischen Großserien-Schiffbauprogramms während des Zweiten Weltkrieges. Die ab 1944 gebauten Victory-Schiffe hatten ca. 12 000 t Tragfähigkeit und liefen (je nach der zum Einbau gekommenen Maschinenanlage) 17 oder 15 Knoten.

Vierer Sportruderboot mit vier Ruderern. Man unterscheidet Riemenvierer und Doppelvierer (Skuller), Vierer mit und ohne Steuermann, Gigvierer (für Wanderfahrten) und Rennvierer.

vierkant 1. Von rechteckigem oder quadratischem Querschnitt, wie z. B. Bauholz, Profilstahl oder Werkzeuge von entsprechender Form. 2. Soviel wie rechtwinklig. ,,Vierkant" gebraßte Rahen stehen quer zur Schiffslängsachse.

Vierkanttoppsegel Gaffeltoppsegel mit 2 Spieren. Siehe Toppsegel.

Viermastbark Segelschiff mit drei vollgetakelten Masten und einem Besanmast mit Gaffelsegel.
Die Bezeichnung der Masten war Fockmast, Großmast, Hauptmast, Besanmast. Für den Hauptmast wurden auch die Bezeichnungen Mittelmast und Achtermast gebraucht; eine verbindliche, genormte Benennung hat es nicht gegeben.

Viermastvollschiff Segelschiff mit vier vollgetakelten Masten. Mastbenennung für die drei vorderen Masten wie bei Viermastbark. Der achterste Mast heißt bei einem Vollschiff jedoch nicht Besan, sondern Kreuzmast.

vierschäftig Tauwerk mit vier Kardeelen.

Vierstrichpeilung Sonderfall einer Doppelpeilung, mit der sich auf einfachste Weise der Querabstand vom Schiff zum gepeilten Objekt bestimmen läßt. Die erste Ablesung erfolgt, wenn das Objekt in 4 Strich (45°) gepeilt wird, die zweite, wenn es querab ist. Die gekoppelte Distanz zwischen beiden Ablesungen ist zugleich der Querabstand zur Zeit der zweiten Peilung. Eventuelle Stromversetzung ist zu berücksichtigen.

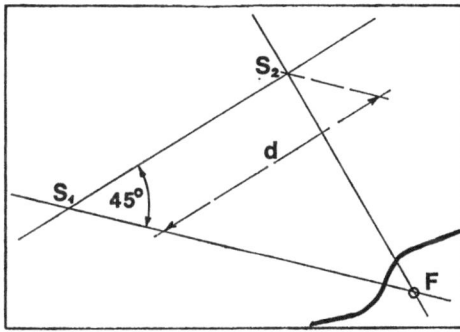

Vierstrichpeilung. Die versegelte Distanz (d) ist gleich dem Abstand des Schiffsortes zur Zeit der 2. Peilung (S_2) vom Feuer (F).

Viertaktverfahren Bezeichnung für das Arbeitsspiel in den Zylindern von Ottomotoren und

Dieselmotoren, wenn dasselbe aus den folgenden vier Takten besteht.
1. Takt: Ansaugen von Frischgas durch den abwärtsbewegten Kolben bei geöffnetem Einlaßventil (beim Ottomotor Benzin-Luft-Gemisch, beim Diesel reine Luft).
2. Takt: Kompression durch Aufwärtsbewegung des Kolbens bei geschlossenen Ventilen. Zündung durch Zündkerze beim Ottomotor, Brennstoffeinspritzung beim Diesel.
3. Takt: Arbeitstakt; Expansion der Verbrennungsgase bei geschlossenen Ventilen, Abwärtsbewegung des Kolbens.
4. Takt: Ausschieben der Abgase durch den aufwärts bewegten Kolben bei geöffnetem Auslaßventil. Danach periodische Wiederholung der gleichen Vorgänge.
Das Öffnen und Schließen der Ventile erfolgt nicht genau im jeweiligen Totpunkt des Kolbens, sondern, durch strömungstechnische Gegebenheiten bedingt, jeweils etwas früher und später. Für kurze Zeit sind beide Ventile geöffnet (Überschneidung).

viertelkreisige Ablenkung Durch das Magnetfeld der Erde im Schiffskörper induzierter Magnetismus, der eine Ablenkung des Magnetkompasses bewirkt, die während eines Drehkreises viermal ihr Vorzeichen ändert.

Vierteltonner 1968 geschaffene Konstruktionsklasse von Segelyachten mit einem Rennwert von maximal 18 Fuß nach IOR. Vergl. Tonner.

Vinnen-Takelung Nach der letzten Bremer Segelschiffs-Reederei benannte Takelung, die nur den fünf 1922 gebauten Fünfmastern dieser Reederei eigentümlich war. Es waren Fünfmastgaffelschoner mit zusätzlichen Rahsegeln am Fockmast und Mittelmast.

Violinblock Doppelblock, dessen Scheiben nicht nebeneinander, sondern hintereinander gelagert sind. Der Durchmesser der außen liegenden Scheibe ist größer als der der inneren, damit die Parten des Taljenläufers nicht schamfilen.

Viskosität (lat.-nlat.) Zähigkeit, Zähflüssigkeit. Der Begriff wird in bezug auf Flüssigkeiten, Gase und auch auf die Stärke der Diffusion eines Magnetfeldes gebraucht. Von spezieller Bedeutung ist die Viskosität für die Beurteilung von Schmierölen und Kraftstoffen. Die Viskosität wird in Deutschland meist in Engler-Graden (°E) angegeben; da sie sehr temperaturabhängig ist, muß zugleich die Bezugstemperatur genannt werden.

Vitalienbrüder Bezeichnung für eine bestimmte Gruppe von Seeräubern, die auf das Jahr 1392 zurückgeht. Vitalien ist eine Verfälschung von Viktualien und weist auf das ursprüngliche Ziel jener Männer hin, die es sich zur Aufgabe gemacht hatten, das von den Dänen belagerte Stockholm zu verproviantieren. Seit 1395 betrieben sie jedoch reine Seeräuberei. Zu ihren namhaftesten Anführern gehörten Störtebeker und Godeke Michel.

Vize (von lat. *vice,* stellvertretend) Spezifisch hamburgische Bezeichnung für *Aufseher.* Mit dieser oder einer sinngemäßen Bedeutung kommt das Wort in verschiedenen Zusammensetzungen vor, wie Stauervize, Lukenvize u. dergleichen mehr.

VLCC (engl.) *V*ery *l*arge *c*rude oil *c*arrier. Bezeichnung für die größten Tanker mit mehreren 100 000 t Tragfähigkeit.

V-Motor Verbrennungsmotor, dessen Zylinder winklig (in V-Form) zueinander angeordnet sind. Dadurch, daß bei einer solchen Anordnung je zwei winklig zueinander stehende Zylinder mit ihren Pleuelstangen auf dieselbe Kröpfung der Kurbelwelle arbeiten können, läßt sich diese dementsprechend verkürzen. Die Anordnung in V-Form wird aus Gründen des Platzbedarfs gewählt. Der Winkel der Zylinderneigung gegeneinander ist nach der Zylinderzahl verschieden; üblich sind 90° bei acht, 60° bei zwölf und 40° bei zwanzig Zylindern (Schnellbootmotoren).

Voith-Schneider-Propeller Nach der Herstellerfirma J. M. Voith und dem Erfinder E. L. Schneider benannter Schiffsantrieb, dessen Besonderheit darin liegt, daß das Antriebsorgan zugleich die Steuerung bewirkt und damit auf ein Ruder verzichtet werden kann. Der V.-S.-Propeller besteht aus einem um eine vertikale Achse rotierenden Laufrad mit 4–6 senkrechten, um ihre Längsachse schwenkbaren Spatenflügeln. Diese werden bei jeder Umdrehung des Laufrades in der Weise umgesteuert, daß ihr Anstell-

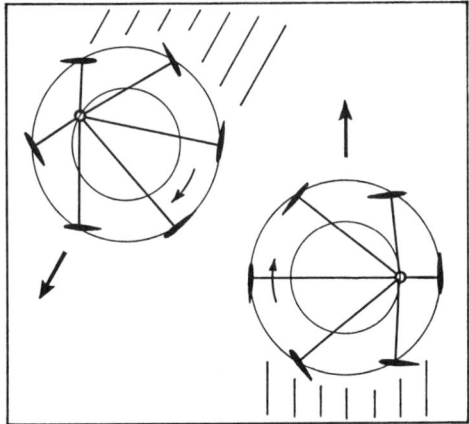

Wirkungsweise des Voith-Schneider-Propellers bei unterschiedlicher Auslenkung des Steuerpunktes.

winkel beim Durchlaufen des einen Halbkreises entgegengesetzt ist dem beim Durchlaufen des anderen. Auf diese Weise entsteht Schub in einer Richtung. Diese dauernde Umsteuerung wird dadurch bewirkt, daß man den Steuerpunkt (den Schnittpunkt der auf den Flügelquerschnitten stehenden Senkrechten) aus der Mitte des Umlaufrades verschiebt. Die Verschiebung liegt quer zur jeweiligen Richtung des Propellerschubes. So bestimmen Betrag und Richtung der Auslenkung des Steuerpunktes unabhängig von der Drehzahl des Laufrades Vortrieb und Steuerwirkung.
Der Voith-Schneider-Antrieb eignet sich vorzüglich für Fahrzeuge, von denen gute Manövriereigenschaften verlangt werden, wie Schlepper, Schubboote, „Voith-Wassertrecker", Fähren, Schwimmkräne usw. Fahrzeuge mit zwei V.-S.-Propellern sind hinsichtlich ihrer Manövrierfähigkeit nicht zu übertreffen. Siehe traversieren.

Volk Veralteter Ausdruck für Mannschaft, Schiffsvolk. Volkslogis hießen früher die Mannschaftsunterkünfte unter der Back.

voll 1. Charakteristikum einer Schiffsform; Gegensatz *scharf*. Vergl. Völligkeitsgrad.
2. Den Stand eines Segels kennzeichnend: Ein Segel steht voll, wenn der Wind in einem nicht zu spitzen Winkel einkommt, so daß das Segel gut zieht und nicht killt.

Volldecker Die Typbezeichnungen Volldecker, Spardecker, Sturmdecker, Shelterdecker datieren aus der frühen Zeit des „Eisenschiffbaus" und hatten zunächst nicht nur vermessungstechnische, sondern auch konstruktive Bedeutung. Beim Volldecker war das oberste durchlaufende Deck das Hauptdeck, während bei den anderen genannten Schiffstypen das oberste Deck als *durchlaufender Aufbau* gewertet wurde. Im Lauf der Zeit wurde jedoch eine rein vermessungstechnische Angelegenheit daraus. Nach der Oslo-Konvention von 1947 wurden zwei Frachtschifftypen unterschieden: der Volldecker, der mit der Beladung den ganzen zugelassenen Tiefgang ausnutzte, und der Schutzdecker, bei dem es auf eine große Räumte ankam und der dann günstiger war, wenn eine relativ leichte Ladung das Schiff nicht bis zur zugelassenen Tiefladelinie eintauchen ließ. Beim Volldecker wurde bzw. wird der gesamte Laderaum vermessen; beim Schutzdecker und beim Freidecker, der 1969 an die Stelle des Schutzdeckers getreten ist, wird das oberste Deck bei der Vermessung nicht berücksichtigt, dafür ist der zulässige Tiefgang geringer. Vergl. hierzu *Freidecker* und *Wechselschiff*.

Vollfroster Siehe Heckfänger.

vollgetakelt Mast mit Rahsegeln. Brigg und Vollschiff hatten nur vollgetakelte Masten, bei einer Bark war der achterste Mast (Besanmast) nicht vollgetakelt.

Vollholz Dieser Begriff kennzeichnet die klassische Bauweise von Yachten und Booten „auf Spanten und Planken" – im Gegensatz zu neuen Baumethoden hölzerner Fahrzeuge, bei welchen z. B. Sperrholz verwendet wird oder aus Furnieren formverleimte Rümpfe hergestellt werden.

Völligkeitsgrade Das Verhältnis einer beliebig geformten Fläche oder eines Körpers zum umschließenden Rechteck bzw. Quader oder Zylinder. Im Schiffbau sind die folgenden Völligkeitsgrade von Bedeutung:

Völligkeitsgrad der WL-Fläche

$$\alpha = \frac{F_{WL}}{L \cdot B}$$

Vollkreiszählung

Völligkeitsgrad der Hauptspantfläche

$$\beta = \frac{F_{\text{\Large ⌾}}}{B \cdot T}$$

Völligkeitsgrad der Verdrängung

$$\delta = \frac{V}{L \cdot B \cdot T}$$

Schärfegrade oder Zylinderkoeffizient

$$\varphi = \frac{V}{F_{\text{\Large ⌾}} \cdot L} = \frac{\delta}{\beta}$$

Schlankheitsgrad (der Verdrängung)

$$\psi = \frac{L}{\sqrt[3]{V}}$$

(Alle Abmessungen betreffen das Unterwasserschiff.)
Diese Verhältniswerte charakterisieren eine Schiffsform und geben als Erfahrungswerte bereits im Entwurfsstadium Aufschluß über die wesentlichen zu erwartenden Eigenschaften eines Schiffes.
Für den aufschlußreichsten Wert δ seien ein paar Zahlenbeispiele angegeben:

5-Mast-Vollschiff „Preußen" (1904)	0,68
Schnelldampfer „Vaterland" (1913)	0,61
moderner Stückgutfrachter	0,55–0,75
schnelles Containerschiff	0,55–0,60
Fahrgastschiff „Hamburg"	0,50
230 000-tdw-Tanker	0,85

Vollkreiszählung Damit ist die Bemessung eines Winkels von 0 bis 360° gemeint, im Gegensatz zu einer Winkelangabe, die von einer Bezugsgröße ausgehend nach beiden Seiten mißt – wie etwa das Azimut vom Himmelsmeridian ausgehend nach Ost und West jeweils von 0 bis 90° (quadrantal).

Vollmatrose Veraltete Bezeichnung zur Unterscheidung vom Leichtmatrosen. Siehe Matrose.

Vollmond Mondwechsel bei Opposition Sonne – Mond. Der Mond zeigt seine voll beleuchtete Scheibe.

Vollschiff Segelschiff mit 3 Masten, die alle vollgetakelt waren. Hatte ein Schiff 4 oder 5 vollgetakelte Masten, so wurde es als Viermast- bzw. Fünfmastvollschiff dementsprechend gekennzeichnet. Das Vollschiff unterschied sich von der Bark dadurch, daß auch der achterste Mast vollgetakelt war. Dieser hieß beim Vollschiff Kreuzmast, bei der Bark Besan.

voll und bei So am Wind segeln, daß alle Segel voll stehen; man achtet in erster Linie auf gute Fahrt im Gegensatz etwa zum „Kneifen", womit das Bestreben gemeint ist, vor allem Höhe zu gewinnen, auch wenn es auf Kosten der Fahrt geht.

Vollzeug Der Ausdruck Vollzeug besagt, daß sämtliche zur normalen Besegelung gehörenden Segel gesetzt sind und daß keines gerefft ist.

Volt, V Nach dem ital. Physiker Alessandro Graf Volta (1745–1827) benannte Einheit der elektrischen Spannung. 1 Volt ist definitionsgemäß der Quotient aus der SI-Einheit für die Energie und der SI-Einheit für die elektrische Ladung:

$$1\,V = 1\,\frac{J}{As} = 1\,\frac{Nm}{As}$$

voraus 1. Bezeichnung für etwas in Fahrtrichtung des Schiffes Liegendes, z. B. „Land voraus in Sicht!". Stimmt die Richtung genau mit der Kursrichtung des Schiffes überein, sagt man „recht voraus". *Vorn* bezeichnet eine Lage auf dem Schiff selbst.
2. Angabe der Bewegungsrichtung eines Schiffes. Das Schiff macht Fahrt voraus, Maschinenkommando „Voll voraus" usw.

Vorbereitungsschuß Das normalerweise 5 Minuten vor dem Startschuß abgegebene Signal, von welchem ab sich die Yachten der jeweils betroffenen Klasse in einer Wettfahrt befinden. Der Startschuß für eine bestimmte Klasse ist zugleich der Vorbereitungsschuß für die als nächste startende Klasse.

Vorbogen Teil des Gradbogens eines Sextanten; die Fortsetzung der Gradteilung um einige Grade über den Nullpunkt hinaus, zur Bestimmung des Indexfehlers und für Winkelmessungen in unmittelbarer Nähe des Horizontes.

vor dem Mast Nach der Gepflogenheit, daß in früheren Zeiten das Achterdeck eines Segelschiffes den Offizieren vorbehalten und die Mannschaft im Vorschiff untergebracht war, wurde der einfache Seemann ohne Dienstgrad als „Mann vor dem Mast" bezeichnet.

vor dem Wind Mit achterlichem Wind, d. h. der Wind weht in der Richtung des Schiffskurses. Der an Bord empfundene *scheinbare Wind* ist um die Schiffsgeschwindigkeit schwächer als der *wahre Wind*.

vorderes Lot Die Senkrechte im Schnittpunkt von Konstruktionswasserlinie und Vorkante Vorsteven (bei hölzernen Schiffen KWL/Sponung).

Vorfuß Das für die früheren Segelyachten typische, vorn tief ins Wasser geführte Stück des Lateralplans, mit welchem man hoffte, die Abdrift wirksam zu vermindern. Der Vorfuß verschwand, nachdem man die Erfahrung gemacht hatte, daß eine kurze tiefe Kielflosse das gleiche bewirkt und dabei infolge der sehr viel kleineren benetzten Oberfläche weniger Reibungswiderstand verursacht.

Vorgelege Zahnradgetriebe mit einer oder mehreren Nebenwellen an einer Winde o. ä. zur Änderung von Übersetzungsverhältnis und Drehrichtung zwischen Antriebswelle und angetriebener Welle.

Vorhaltewinkel Der sich aus dem Stromdreieck oder der geschätzten Abdrift ergebende Winkel, um welchen man den rechtweisenden Kurs korrigieren muß, um den Kartenkurs zu steuern. Vergl. Kurs.

vorheißen Ein Segel aufheißen (hochziehen), bis es ganz oben, d. h. „zu Blocks" ist (gilt auch für Flaggen und Signalkörper).

Vorhelling Der Teil der Helling, der beim Stapellauf eines Schiffes im Wasser liegt. Die Vorhelling muß so weit ins Wasser hineinreichen, daß sie das Vorschiff stützt, bis das Schiff ganz aufgeschwommen ist.

Vorläufer 1. Eine kurze Leine zwischen Logscheit und Logleine, die das Logscheit vom Schiff frei bringt, bevor die Logleine selbst ausläuft (Vorlauf).
2. Eine Art elastischer „Stoßdämpfer" an einer Ankerkette, an Festmachern oder einer Schleppverbindung, in Form einer Nylontrosse, eines Autoreifens o. ä.
3. Yachten, die an einer leichten Trosse vor Anker liegen, verwenden mit Vorteil einen *Kettenvorläufer* zwischen Anker und Trosse, der die Verankerung elastischer und haltbarer macht.

Vorleine Die vom Bug aus schräg nach vorn führende Festmacheleine.

vorlich An Bord allgemein eine Richtung von voraus bis querab zu beiden Seiten.

Vorliek Die Vorderkante eines Schratsegels, von deren Schnitt und Verarbeitung das gute Stehen des Segels in höchstem Maße abhängt. Der beim Zuschnitt des Segels im unteren Bereich leicht konvexe Verlauf des Vorlieks bestimmt weitgehend die Wölbung des Segels. Das Vorliek ist – insbesondere das eines Vorsegels – von den Lieken das am meisten auf Zug beanspruchte und bedarf daher einer Drahtseil-, Tau- oder Polyesterbandverstärkung, die unter Vorspannung an das Segel angenäht wird.

Vorpiek (Entlehnt von engl. *peak*). Der vorderste, unterste Raum eines Schiffes zwischen Vorsteven und Kollisionsschott. Er dient als Tank für Ballastwasser und Frischwasser, soll jedoch nicht als Brennstofftank benutzt werden.
Bei Yachten der Raum im Vorschiff vor dem Mast; auf kleineren Fahrzeugen Segel- und Taulast und evtl. Schlafplatz für 1 oder 2 Personen.

Vorsatz Ausdruck zur Bezeichnung eines dekadischen (bzw. dezimalen) Teils oder Vielfachen einer Einheit, wie *Milli*meter, *Kilo*-Hertz etc.

	Vorsatz	Kurzzeichen	Faktor
(Verkl.)	Piko...	p	10^{-12}
	Nano...	n	10^{-9}
	Mikro...	μ	10^{-6}
	Milli...	m	10^{-3}
	Zenti...	c	10^{-2}
	Dezi...	d	10^{-1}
	Deka...	da	10
	Hekto...	h	10^2
	Kilo...	k	10^3
	Mega...	M	10^6
	Giga...	G	10^9
(Vergr.)	Tera...	T	10^{12}

Vorschiff Der vordere Teil eines Schiffes allgemein. Unter dem Gesichtspunkt der Schiffsfestigkeit der durch das Einsetzen in den Seegang und durch Eis besonders beanspruchte Teil des Rumpfes vom Bug bis zum Beginn der vollen Schiffsbreite, in Bauvorschriften im allgemeinen 0,25 L vom Vorsteven. Der Schiffslinienverlauf im Vorschiff ist von besonderer Bedeutung für

Vorsegel

den Wellenwiderstand und damit für die erreichbare Schiffsgeschwindigkeit.

Vorsegel Stagsegel vor dem Mast, bei Segelfahrzeugen mit mehreren Masten vor dem vordersten Mast.
Das bzw. die Vorsegel haben die zweifache Aufgabe zu erfüllen, einerseits selbst Vortriebssegel zu sein und andererseits durch Ablösungsverzögerung der Strömung in Lee des Großsegels einen günstigen Einfluß auf die Wirkung des Großsegels auszuüben. Das Zusammenwirken der Segel soll mehr ergeben als die Summe der Vortriebskräfte jedes einzelnen Segels. Zur Benennung der Vorsegel: Bei einer Slup spricht man allg. nur von dem Vorsegel (Fock I oder II, der Genua, je nachdem welches der z. T. zahlreichen möglichen, aber stets nur als einziges gesetzte Vorsegel gemeint ist). Auf dem klassischen Kutter wurden 3 Vorsegel gesetzt: Fock, Klüver, Flieger. Auf den Großseglern der Segelschiffszeit hießen die Vorsegel Vorstengestagsegel, Innen- und Außenklüver, Jager.

Vorsegeldreieck Vermessungstechnischer Begriff des Yachtsports. Die Vorsegel werden nicht in ihrer wahren Größe vermessen, sondern nur innerhalb bestimmter Meßpunkte (Festpunkte des Vorstags und Mastfuß).

Vorstag Teil des stehenden Gutes; Drahtseil oder massive Stange aus Stahl oder Titan zum Halten des Mastes in Schiffslängsrichtung nach vorn.

Vorstengestagsegel Das am weitesten innen angeordnete Stagsegel vor dem Fockmast eines Rahseglers. Als *Fock* wird auf solchen Schiffen das unterste Rahsegel des Fockmastes bezeichnet.

Vorsteven Der vordere Abschluß eines Schiffes. Im Holzschiffbau ein Balken, in den die Spo-

nung eingearbeitet ist, die die Plankenenden aufnimmt. Der frühe „Eisenschiffbau" hatte die Form des Balkenstevens übernommen; heute sind im Stahlschiffbau geschweißte Plattenstevens üblich, für welche Stärke und Aussteifungen vorgeschrieben sind.

Vortex (lat.-engl.) Wirbel. Auf engen Raum begrenzter Wirbelsturm.

Vortopp Auf den großen Segelschiffen der Fockmast mitsamt dem Vorgeschirr, d. h. Bugspriet, Klüverbaum und den dazugehörenden Stagsegeln.

vor Topp und Takel Siehe Topp und Takel.

V-Trieb Bezeichnung für eine Motor-Propellerwellen-Anordnung auf Motorbooten, bei welcher der Motor über dem Propeller im Achterschiff untergebracht ist. Die nach vorn gerichtete Motorwelle treibt die Propellerwelle über ein Getriebe an, das im Schnittpunkt der beiden einen spitzen Winkel miteinander bildenden Wellen liegt.

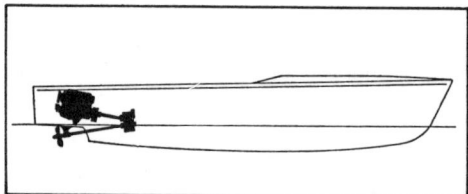

V-Trieb eines Motorbootes.

Vulcan-Getriebe Hydraulische Kupplung („Föttinger-Transformator") und Zahnradgetriebe, durch welche es möglich ist, die Antriebsleistung schnellaufender Dieselmotoren auf die langsamer drehende Propellerwelle zu übertragen und ungleichförmige Drehmomente auszugleichen.

W

Wache 1. Die Tätigkeit des Wachegehens. 2. Die Dauer des Wachdienstes. 3. Die Gesamtheit des jeweils Wache gehenden Teils der Besatzung.
Es war auf deutschen Segelschiffen früher üblich, die Mannschaft in zwei „Wachen" einzuteilen, die umschichtig Wache gingen: die Steuerbord- und die Backbordwache. Der Wachhabende der Stb.-Wache, die auch als Wache des Kapitäns galt, war der Zweite Steuermann, während die Bb.-Wache die Wache des Ersten Steuermanns war.
Wachablösung war alle vier Stunden. Es begann mit der Mittelwache (0–4^{h}00^m), es folgte die Morgenwache (4^{h}00^m–8^{h}00^m) usw. Um zu vermeiden, daß ein und derselbe Mann Tag für Tag mit den gleichen Wachzeiten drankam, wurde der vierstündige Rhythmus nachmittags unterbrochen. Auf englischen Segelschiffen wurden zwischen 16^{h}00^m und 20^{h}00^m zwei zweistündige Törns eingeschoben, die *1. und 2. Plattfuß* oder auch *dog watches* genannt wurden (vergl. Hundewache). Auf deutschen Segelschiffen wurden statt dessen nachmittags in der Regel zwei sechsstündige Wachen gegangen. Es gab aber auch andere Einteilungen. Heute ist der Wachdienst in der Seeschiffahrt im allgemeinen weitgehend der Arbeitszeit an Land angeglichen. Im Seemannsgesetz wird vorgeschrieben, daß „die Seearbeitszeit der zum Wachdienst bestimmten Besatzungsmitglieder 8 Stunden täglich nicht überschreiten darf. Sie wird nach dem Dreiwachenplan eingeteilt", d. h. durchgehender Wechsel zwischen 4stündigem Dienst und 8stündiger Freiwache. Es gibt aber auch heute noch teilweise erhebliche Abwandlungen und Sonderbestimmungen, die bestimmte Schiffstypen betreffen (z. B. Zweiwachen-Schiffe bis 1000 BRT, Fischereifahrzeuge).

Waden Zugnetze, Zuggarne; Fischernetze in Form einer Netzwand, mit denen ein bestimmtes Gebiet umstellt wird. Die darin befindlichen Fische werden dadurch gefangen, daß man die Netze durch Heranziehen wieder aufnimmt (Standwaden, Ringwaden, Snurrwaden).

Wagenschott Siehe Holz, Schnittarten.

wahre Höhe (eines Gestirns) Winkelabstand eines Gestirns über dem wahren Horizont.

wahrer Horizont Der größte Kreis an der Himmelskugel senkrecht zum Lot, in dessen Ebene der Erdmittelpunkt liegt; Bezugslinie für astronomische Höhenmessungen.

wahrer Kurs Der Winkel zwischen rechtweisend Nord und dem Weg eines Schiffes über Grund. Der wahre Kurs unterscheidet sich vom rechtweisenden um Abdrift und Stromversetzung. Vergl. Kurs.

wahrer Mittag Der Zeitpunkt des Durchgangs der wahren (sichtbaren) Sonne durch den oberen Meridian.

wahrer Ort Der aufgrund von terrestrischen oder astronomischen Beobachtungen oder Funkpeilungen gewonnene Schiffsort (im Gegensatz zum *gegißten* Ort, der nicht direkt ermittelt, sondern von einem früheren Ort durch Koppelrechnung abgeleitet worden ist).

wahrer Wind Windrichtung und -stärke bezogen auf ein unbewegtes System. Vom wahren Wind zu unterscheiden ist der *scheinbare* Wind, der aus dem wahren Wind und dem Fahrtwind resultiert.

wahre Sonne Die am Himmel sichtbare Sonne, deren Jahresumlaufbahn die → Ekliptik ist. Im Gegensatz dazu ist die mittlere Sonne eine gedachte, die mit vollkommener Gleichförmigkeit auf dem Himmelsäquator umlaufend angenommen wird.

wahre Zeit Der Zeitwinkel der wahren Sonne, d. h. der sphärische Winkel am Pol zwischen dem unteren Meridian und dem Stundenkreis der wahren Sonne. Siehe hierzu *Zeitgleichung*.

wahrnehmen Das Wort bedeutet neben gewahren, achtgeben in der Seemannssprache auch soviel wie entgegennehmen, z. B. „eine Leine wahrnehmen".

wahrschauen Warnen, aufmerksam machen. Dazu der Warnruf „Wahrschau!" mit der Bedeutung Achtung, Obacht geben! Der Wortursprung liegt in ahd. *wara* (Obacht) und *scihuan* (erschrecken), also „zur Obacht aufschrecken".

Wake Wasserloch in einer Eisdecke oder auch eine eisfreie Stelle zwischen zusammengefrorenen Schollen. (Das Wort bezeichnet sowohl eine aufgebrochene als auch eine noch nicht zugefrorene Stelle. Die Grundbedeutung des Wortes ist lediglich „feucht".)

Walboot 1. Schlanke Spitzgat-Kielschwertyacht mit geringem Tiefgang für Strom- und Küstengewässer. Der Name dieser bei uns nicht verbreiteten Boote rührt von der Ähnlichkeit mit den Walfangbooten früherer Zeiten her.
2. Unter dem gleichen Namen *Walboot* war bei uns vor Jahrzehnten ein Kielkreuzer von etwa 20 m^2 Segelfläche verbreitet, der mit dem obengenannten keine Ähnlichkeit hatte. Der Name war willkürlich wie *Drachen* oder *Hai*.

Waldeck Form eines Decks, das im Querschnitt gesehen nicht rechtwinklig auf den Schergang stößt, sondern mit einer Wölbung in die Bordwände übergeht.

Walfangboote, Walfangmutterschiff Früher wurden Walfangboote (Schaluppen) mit 6 Mann besetzt; sie waren zum Rudern und Segeln eingerichtet, die Harpune wurde vom Bug aus mit der Hand geworfen. Heute sind es maschinengetriebene, seefeste, wendige Fischereifahrzeuge von 20 bis 40 m Länge. Die Harpune wird von einer auf der Back montierten Harpunenkanone abgeschossen. Anstelle von Sprengsätzen am Kopf der Harpune, die man eine Zeitlang zum Töten der Wale verwendete, werden heute Elektroharpunen genommen. Die Fangboote bringen die erlegten Wale zum Mutterschiff, wo sie über eine Heckaufschleppe an Deck gehievt und dort geflenst (abgespeckt) werden. Die Mutterschiffe sind mit ihren Trankochereien und Verarbeitungsmaschinen als komplette Fabrikschiffe eingerichtet, in denen der Fang restlos verwertet, konserviert und verpackt wird. Das Mutterschiff ist zugleich Versorgungsschiff für die Fangboote.

Walkie-Talkie (engl.) Tragbares Funksprechgerät. Im Krieg als Feldsprechgerät entwickelt, wird es heute auf den verschiedensten Gebieten, ganz besonders auch in der Schiffahrt (Hafenverkehr, Lotsendienst usw.) verwendet.

Wall Neben seiner eigentlichen Bedeutung hat sich das Wort bei Küstenbewohnern auch zu „Küste", „Land von See aus" entwickelt (nl. Wal). In diesem Zusammenhang ist „Legerwall" zu verstehen (Schiff unter der Küste bei auflandigem Wind).

Wallgang Bei Panzerschiffen wasserdichter Raum unterhalb des Panzerdecks zwischen Bordwand und parallel dazu verlaufendem Längsschott.

Wallschiene Starke Scheuerleiste zwischen Deck und Wasserlinie, mit welcher Hafenfähren, Lotsenboote und ähnliche Fahrzeuge versehen sind, die ständig an- und ablegen müssen.

Want (Das Want, die Wanten. Ältere Formen sind auch „Wand" und „Wände", möglicherweise auf winden, Gewundenes zurückzuführen.) Die Abstagung, Verspannung eines Mastes nach den Seiten hin aus Drahtseilen oder massiven Stangen. Kleine Yachten haben oft nur ein Paar Wanten, große stets mehrere. Die Gesamtbruchbelastung aller Wanten einer Seite soll etwa das 1,3fache des Schiffsgewichtes betragen. Die am stärksten beanspruchten Wanten sind die Unterwanten, während die über eine oder auch mehrere Salinge geführten Oberwanten bzw. auch Mittel- und Toppwanten vornehmlich den Mast gegen Abknicken sichern und zum Regulieren des Masttrimms dienen.

Wantenspanner Spannschraube, bei welcher eine Hülse durch Drehung zwei mit gegenläufigen Gewinden versehene Schraubbolzen zusammenzieht. Auf den Segelschiffen wurden in früheren Zeiten die Wanten mittels Taljereep gespannt. Siehe Jungfer.

Wantschlag Rechtsgeschlagenes Tauwerk (Z-Schlag) mit vier Kardeelen. Der Name rührt daher, daß derartiges Tauwerk wegen seines gegenüber anderen Schlagarten geringeren Recks früher für stehendes Gut verwendet wurde.

Warmfront Vorderfront einer Warmluftmasse, die auf eine Kaltluftmasse aufgleitet und dabei kondensiert. Es entsteht ein ausgedehnter Wolkenschirm und schließlich leichter Dauerregen.

Warnfeuer Leuchtfeuer zur Warnung vor Schiffahrt- oder Luftfahrthindernissen.

Warnfunkfeuer Von manchen Feuerschiffen vor dem Funkpeilsignal ausgestrahltes Warnsignal mit geringer Reichweite zur Vermeidung von Kollisionen bei Funkzielfahrten bei unsichtigem Wetter.

Warnsektoren Siehe Leitfeuer.

Warnsignal Wird von einem Feuerschiff, Leuchtturm, Küstenwachstelle oder anderem Schiff aus bemerkt, daß ein Schiff sich in Gefahr begibt, wird dasselbe durch Flaggensignale oder Morsezeichen so lange gewarnt, bis das gefährdete Schiff „verstanden" zeigt. Als Warnsignale gelten NF und U.

Warpanker (engl. *warp*, nl. *werpen*, werfen) Kleinerer Anker zum Verholen oder Abbringen eines Schiffes. Der Warpanker wird mit einem Beiboot weit genug ausgefahren, die Trosse vom Schiff aus mit dem Spill wieder eingeholt. Auf Seeschiffen hat der Warpanker etwa ein Achtel des Gewichtes eines Bugankers. Yachten verwenden einen Draggen.

Waschbord Eigentlich der oberste Plankengang eines offenen Bootes. Bei Yachten soviel wie Setzbord, eine das Cockpit einfassende Planke zum Schutz gegen über Deck laufendes Wasser.

Wasserballast Ballast wird heute, sofern es sich nicht um fest eingebauten Ballast handelt, nur noch in Form von Seewasser übernommen. Als Ballasttanks dienen die Doppelbodentanks, die Piektanks und bei Tankern speziell dafür vorgesehene Ladetanks. Es ist wichtig, daß Ballasttanks entweder leer oder gänzlich gefüllt sind, weil die *freien Oberflächen* halbgefüllter Tanks die Stabilität des Schiffes verringern.

Wasserboot Hafenfahrzeug, das Schiffe an Liegeplätzen ohne Wasserleitungsanschluß mit Trink- und Speisewasser versorgt.

Wassergang Die ganz außen am Schanzkleid liegende verstärkte Decksplanke, auf der das an Deck kommende Wasser abläuft.

Wasserhose Siehe Trombe.

Wasserkasten Siehe Seekasten.

Wasserlauf Aussparung zwischen Spant bzw. Bodenwrange und Kielschwein, damit das Bilgewasser zum Lenzbrunnen ablaufen kann.

Wasserlinie Jeder horizontale Schnitt durch den Schiffskörper; siehe Linienriß. Die dem Entwurf zugrunde gelegte theoretische Schwimmwasserlinie heißt Konstruktionswasserlinie (KWL, CWL). Die tatsächliche, sich mit dem Beladungszustand des Schiffes ändernde Schwimmwasserlinie ist diejenige Linie, in der die Wasseroberfläche den Schiffskörper jeweils berührt.

Wasser machen Ein Schiff „macht Wasser", wenn durch ein Leck Wasser eindringt.

Wasserpaß Der Farbstreifen an der Außenhaut eines Schiffes zwischen Über- und Unterwasserschiff in Höhe der Konstruktionswasserlinie. (Das Wort *wasserpaß* wurde früher auch adjektivisch für *horizontal* gebraucht.)

Wasserpforten Für Schiffe mit durchlaufendem, geschlossenem Schanzkleid sind in demselben Öffnungen mit festgelegtem Mindestquerschnitt vorgeschrieben, durch welche überkommendes Wasser schnell genug wieder ablaufen kann.

Wasserratte Ggs. zu Landratte. Siehe dort.

Wasserrohrkessel Siehe Dampfkessel.

Wasserstag Verstagung von der Nock des Bugspriets zum Steven hin gegen den Zug der Vorstage nach oben. Das über den Stampfstock

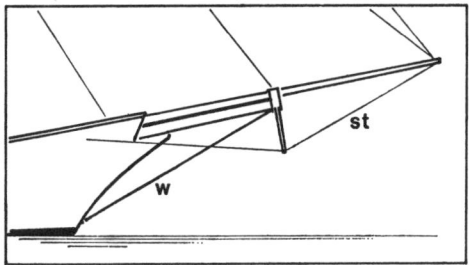

Klüvergeschirr eines Segelschiffes.
w = Wasserstag, st = Stampfstag.

Wasserstand

zur Klüverbaumnock geführte Stag heißt Stampfstag.

Wasserstand Vertikale Höhe der Wasseroberfläche über einem festgelegten Bezugsniveau. Liegt die Wasseroberfläche über diesem Niveau (Nullmarke), wird der Wasserstand mit (+), unter der Nullmarke mit (−) angegeben. Der Ausgangswert für alle von den Landesvermessungsbehörden bekanntgegebenen Höhenzahlen ist Normalnull (NN). Die Nullebene, auf welche sich die Tiefenangaben der Seekarten beziehen, heißt Kartennull (KN).

Wasserstrahlantrieb Antriebsart für Wasserfahrzeuge mit sehr geringem Tiefgang. Statt eines frei im Wasser arbeitenden Propellers wird durch Saugrohre, in welchem Impeller mit hoher Tourenzahl rotieren, Wasser angesaugt und durch Düsen mit hohem Druck achteraus gestrahlt. Die Reaktionskraft des Wasserstrahls ist die Vortriebskraft des Fahrzeugs. Kursänderungen werden durch Strahlumlenkung bewirkt. Anwendung: Sportboote, Militärfahrzeuge, Flachwasser-Schlepper u. ä.

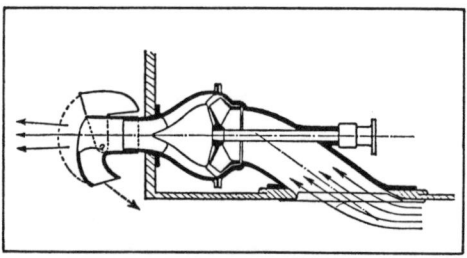

Wasserstrahlantrieb. Prinzip einer halbaxialen Pumpe, wie sie sich insbesondere bei Patrouillenbooten sehr bewährt hat. Manövriert wird mittels Strahlumkehrung.

Wasserstraßen Alle Gewässer, auf welchen Schiffahrt betrieben wird. Man unterscheidet Seestraßen, Seewasserstraßen, Binnenwasserstraßen.

Wassertiefe Die Wassertiefe ist in deutschen Seekarten auf Kartennull bezogen und in Meter angegeben. In Tidengewässern ist die gelotete Wassertiefe nach Tafeln bzw. Tidenkurven zu beschicken, um auf korrekte Wassertiefen zu kommen.

Wasserverdrängung Strenggenommen ist zu unterscheiden:
1. Das Volumen des Unterwasserschiffs, durch welches ein gleiches Volumen Wasser verdrängt wird. Dieses Volumen wird in der Berechnung einmal auf Mallkante Spanten und einmal mit Außenhaut und Anhängen erfaßt. Es wird in m^3 angegeben.
2. Die Masse des durch das Schiff verdrängten Wassers. Sie wird als Deplacement bezeichnet und in t (1000 kg) oder long tons (1016 kg) angegeben. Gemäß dem Archimedischen Prinzip ist diese Masse („Gewicht") des verdrängten Wassers gleich der des schwimmenden Schiffes. Volumen in m^3 und Deplacement in t sind nur im Frischwasser zahlenmäßig gleich; im Seewasser ist das Volumen des eingetauchten Teils des Schiffes geringer. Dem wird durch die Beachtung des jeweiligen Tiefgangs Rechnung getragen. Siehe Freibordmarke.

Wasserwellen Siehe Wellen (Meereswellen).

Watt, W Nach dem Erfinder der Dampfmaschine, James Watt (1736–1819), benannte Leistungseinheit.

$$1 W = 1 VA = 1 J/s = 1 Nm/s$$

Die Einheit PS wird seit 1. 1. 1978 nicht mehr verwendet. An ihre Stelle ist das Kilowatt getreten.

$$1 kW = 1,35962 \text{ PS}$$
$$1 PS = 0,73550 \text{ kW}$$

Watt Küstenzone zwischen Festland und vorgelagerten Inseln an der deutschen Nordseeküste, die bei Niedrigwasser trockenfällt und bei mittlerem Hochwasser überflutet ist. Der Boden besteht aus Sand und Schlick. Die bis zuletzt Wasser führenden Rinnen heißen Priele. Sie sind durch Stangen und Pricken markiert.

Wattfahrt, „W" Fahrtbeschränkungs-Bezeichnung in den Vorschriften für Klassifikation und Bau stählerner Seeschiffe (GL), für Schiffe, die lediglich auf Watten, Bodden, Haffen, Förden und ähnlichen Gewässern verkehren dürfen, d. h. auf Gewässern, auf denen hoher Seegang ausgeschlossen ist.

Webeleinen Auf großen Segelschiffen kurze Enden aus geteertem Kleintauwerk zum Ausweben der Wanten. Die Webeleinen dienen als Sprossen (nur als Fußstützen) zum Aufentern in die Takelage. Sie werden an einem Tampen mit einem Augspleiß versehen und am vordersten Want festgebändselt. Dann werden sie von Want zu Want gespannt und an jedem mit einem Webeleinstek befestigt. Siehe Knoten.

Wechsel der Lichterscheinungen Man unterscheidet bei Leuchtfeuern, die keine Festfeuer sind, in bezug auf Lichterscheinung und Verdunkelung die Begriffe *Folge* und *Wiederkehr*. Folge heißt die Dauer von einer Lichterscheinung bis zur nächsten, bei Gruppenkennung bis zur nächsten Lichterscheinung der gleichen Gruppe.
Wiederkehr dagegen ist die Dauer der gesamten sich wiederholenden Periode (der Unterschied ist nur bei Gruppenkennung von Belang).

Wechselfeuer Leuchtfeuer, dessen Schein in der Farbe wechselt, im allg. weiß-rot. Derartige Leuchtfeuer werden an der deutschen Küste jedoch nicht verwendet.

Wechselschiffe Seeschiffe mit zwei gültigen Vermessungen. Die nach den Regeln der Oslo-Konvention von 1947 gebauten Schiffe konnten als Volldecker und als Schutzdecker fahren unter der Voraussetzung, daß bestimmte Freibordvorschriften erfüllt waren und daß der Meßbrief beim Schiffsvermessungsamt ausgetauscht wurde. Es durfte jeweils nur ein Meßbrief an Bord sein.
Nach einer 1967 in Kraft getretenen IMCO-Entschließung werden heute auf Wechselschiffen jedoch beide Vermessungsergebnisse in einem Meßbrief angegeben. Vergl. hierzu Freidecker.

Wechseltanks Tankräume, die je nach Erfordernis flüssige Brennstoffe oder Ballastwasser aufnehmen können.

Wegablenkungen Ablenkungen eines Funkstrahls außerhalb des Schiffes durch Landeffekt, Hindernisse oder infolge von Luftmassen unterschiedlicher Temperatur und Dichte.

Weg durch das Wasser, Weg über Grund Der Weg über Grund ist der tatsächlich über dem Meeresboden zurückgelegte Weg eines Schiffes; er weicht nach Betrag und Richtung um Abdrift und Stromversetzung vom Weg durchs Wasser ab.

Weg nach Luv Bei einem Kreuzschlag diejenige Strecke, die unabhängig vom insgesamt zurückgelegten Weg gegen die Windrichtung gewonnen worden ist.

Wegerecht Die Ordnung, nach der die Ausweichpflicht für Schiffe geregelt ist, die sich auf Kollisionskurs begegnen. Sie basiert auf dem Prinzip, daß das unbeweglichere oder gefährdetere Schiff Vorfahrt hat. Beispiele: → *Wegerechtschiffe* haben ausnahmslos Vorfahrt. Bei gleichberechtigten Schiffen haben die in einem Fahrwasser fahrenden Vorfahrt gegenüber solchen, die das Fahrwasser queren, in ein solches einlaufen oder dort drehen. In Tidengewässern hat das mit dem Strom fahrende Schiff Vorfahrt. Überholende Schiffe sind ausweichpflichtig. Bei Segelfahrzeugen auf gleichem Bug ist das aus Luv kommende ausweichpflichtig; bei solchen auf verschiedenem Bug ist vereinbarungsgemäß das auf Steuerbordbug segelnde zum Ausweichen verpflichtet.

Wegerechtschiffe Fahrzeuge, die wegen ihres Tiefgangs, ihrer Länge oder wegen anderer Eigenschaften gezwungen sind, den tiefsten Teil des Fahrwassers für sich in Anspruch zu nehmen. Für den Nord-Ostsee-Kanal gelten Sonderbestimmungen. Wegerechtschiffe dürfen zusätzlich zu den laut Seestraßenordnung für tiefgangbehinderte Schiffe vorgeschriebenen Lichtern folgende Sichtzeichen führen: Bei Nacht drei feste rote Lichter übereinander, am Tage einen schwarzen Zylinder.

Wegerung Die Laderäume von Frachtschiffen erhalten eine fest eingebaute Holzverkleidung zum Schutze der Ladung. Die Tankdecke des Doppelbodens und der obere Abschluß der Bilgen erhalten eine dichte Wegerung, Bordwände, Schotte und eingebaute Tanks eine offene Wegerung (Schweißlatten). Die eingebaute Wegerung macht im allgemeinen das zusätzliche Auslegen des Garniers nicht überflüssig.
Auf Yachten wird die innere Bekleidung der Bordwand zum Schutz der Kojen gegen Schwitz- und Leckwasser als Wegerung bezeichnet.

wegsetzen Aus betrügerischen Absichten ein Schiff vorsätzlich zum Sinken oder Stranden bringen.

Wegsteuerung Steuermechanismus, bei dem

Wegweiser

das Ruder durch die Rudermaschine so weit gelegt wird, bis der vom Rudergänger gewünschte und durch Drehen des Steuerrades angegebene Ruderlagewinkel erreicht ist. Vergl. im Gegensatz dazu Zeitsteuerung.

Wegweiser Leitblock oder über einer Nagelbank eines Segelschiffes angeordnetes Lochbrett zur unverwechselbaren Führung von laufendem Gut.

Welldecker (engl. *well,* Brunnen, Vertiefung). Frachtschifftyp, der aus dem Schiff mit Poop oder mit erhöhtem Quarterdeck entstanden war. Der tiefstgelegene Teil des Oberdecks lag zwischen Back und Brücke. Diese Anordnung bewirkte zwar eine günstige Vermessung, beeinträchtigte jedoch die Seefähigkeit. Tatsächlich vorgekommene Seeunfälle trugen der Well die Bezeichnung „Versaufloch" ein. Welldecker werden nicht mehr gebaut.

Wellen (Meereswellen) Durch Einwirkung des Windes unter Einfluß von Schwerkraft und Oberflächenspannung des Wassers an der Oberfläche des Meeres entstehende Wellenbewegung. Meereswellen werden im seemännischen Sprachgebrauch als *Seegang* bezeichnet, wobei zwischen *Windsee* und → Dünung unterschieden wird.
Die Bewegung des Wassers in einer Welle besteht in kreisförmigen Bewegungen der Wasserteilchen (Orbitalbewegung), und zwar auf dem Wellenberg in der Fortpflanzungsrichtung der Welle, im Wellental ihr entgegen. Die Wasserteilchen der Oberfläche sind dieser Bewegung am stärksten unterworfen, doch erstreckt sie sich auch bis in gewisse Tiefen, die von der Wellenhöhe abhängig sind. So erklärt sich der Einfluß der Wassertiefe auf das Wellenbild. Folgende Begriffe sind von Bedeutung:

Wellenlänge: Der horizontale Abstand von Wellenkamm zu Wellenkamm oder überhaupt zwischen gleichen Phasen zweier aufeinanderfolgender Wellen.

Wellenhöhe: Höhenunterschied zwischen tiefstem und höchstem Punkt der Welle, zwischen Wellental und Wellenkamm. Diese Höhe läßt sich an Bord leicht messen, indem man sich in eine Höhe begibt, aus der man die Wellenkämme in dem Moment, in dem das Schiff im Wellental liegt, mit dem Horizont in Deckung bringen kann. Die Wellenhöhe ist dann gleich der Augeshöhe über der derzeitigen Schwimmwasserlinie des Schiffes.

Wellenperiode: Die Dauer vom Eintreffen eines Wellenkammes bis zum darauffolgenden. Diese Dauer ist an Bord nur dann exakt zu bestimmen, wenn das Schiff keine Fahrt durchs Wasser macht. Die Wellenperiode ist im Zusammenhang mit der Eigenrollperiode des Schiffes von Bedeutung hinsichtlich der Stabilität.

Wellengeschwindigkeit: Die Fortpflanzungsgeschwindigkeit einer Welle. Sie hängt – unabhängig von der Art der Entstehung der Welle – nur von deren Länge ab. Es gilt die Beziehung:

$$v = 1{,}25 \cdot \sqrt{L}$$

Darin ist v die Geschwindigkeit in m/s und L die Wellenlänge in m. Über den Zusammenhang von Wellenbildung durch ein Schiff (Bugwelle) und erreichbarer Schiffsgeschwindigkeit siehe *relative Geschwindigkeit;* über Wellengeschwindigkeiten, die bei Wasserwellen im freien Seegebiet möglich sind, siehe z. B. *Tsunami.*
Zwischen den genannten charakteristischen Welleneigenschaften bestehen Beziehungen, die mit Windgeschwindigkeit, Entstehungsdauer der Wellen, Wassertiefe, Strom und anderen Einflußgrößen variieren.

Wellen (elektromagnetische) Schwingungsvorgänge der elektrischen und magnetischen Feldstärke. Elektromagnetische Wellen werden heute in einem außerordentlich weiten Frequenzbereich technisch genutzt. In der nachfolgenden Tabelle (S. 371) sei zum Vergleich eine grobe Übersicht über die verschiedenen Wellenbereiche gegeben, ohne Rücksicht auf die physikalischen Eigenschaften der Wellen.

Wellenbock Bei Doppelschraubenschiffen die vor dem Propeller angeordnete Halterung einer Propellerwelle. Die Arme eines freistehenden Wellenbocks sollen nach Möglichkeit rechtwinklig zueinander stehen.

„Wellenformel" Faustformel, die den Zusammenhang von Wellenlänge und Frequenz elektromagnetischer Wellen deutlich macht:

$$\text{Wellenlänge in m} = \frac{300\,000}{\text{Frequenz in kHz}}$$

	Wellenlängen	Frequenz
Wechselstrom	18 000 und 6 000 km	16,666 und 50 Hz
Tonfrequenz	18 800 – 15 km	16 – 20 000 Hz
Funktechnik — Längstwellen	30 000 – 10 000 m	10 – 30 kHz
Funktechnik — Langwellen	10 000 – 1 000 m	30 – 300 kHz
Funktechnik — Mittelwellen	1 000 – 187 m	300 – 1 600 kHz
Funktechnik — Grenzwellen	187 – 71,5 m	1,6 – 4,2 MHz
Funktechnik — Kurzwellen	71,5 – 10 m	4,2 – 30 MHz
Funktechnik — UKW	10 – 1 m	30 – 300 MHz
Funktechnik — Dezimeterwellen	1 – 0,1 m	300 – 3 000 MHz
Funktechnik — Zentimeterwellen	10 – 1 cm	3 – 30 GHz
Sichtbares Licht	$7,8 \cdot 10^{-5} - 3,6 \cdot 10^{-5}$ cm	$3,8 \cdot 10^{14} - 8,3 \cdot 10^{14}$ Hz
Ultraviolette Strahlen	$3,6 \cdot 10^{-5} - 0,1 \cdot 10^{-5}$ cm	$8,3 \cdot 10^{14} - 3 \cdot 10^{16}$ Hz
Röntgen- und Gammastrahlen	unter 60 nm	über $5 \cdot 10^{15}$ Hz

Wellenfront Zur Ausbreitungsrichtung elektromagnetischer Wellen (Funkstrahl) senkrechte Flächen, deren Punkte in einem beliebigen Augenblick in gleicher Schwingungsphase sind.

Wellengenerator Generator zur Stromerzeugung, der seine Antriebsenergie aus der Hauptantriebsanlage bezieht, indem er mit der Propellerwelle gekoppelt ist. Von Vorteil ist dabei ein geringerer Brennstoffverbrauch; die Abhängigkeit einer Lichtmaschine von einer konstanten Drehzahl macht jedoch zusätzliche Diesel- oder Turbogeneratoren für Stopp und beim Manövrieren erforderlich.

Wellenhose Verkleidete Halterung der aus dem Schiffsrumpf heraustretenden Propellerwellen bei Doppelschraubenschiffen.

Wellenleitung Bei Seeschiffen mit mittschiffs angeordneter Maschine besteht die Propellerwelle aus mehreren, durch Kupplungen miteinander verbundenen Stücken gleicher Länge. Die Wellenleitung führt vom Drucklager (Maschinenraum) durch die hinteren Laderäume bis zum Stopfbuchsenschott. Sie ist mehrfach gelagert und wird durch den Wellentunnel geschützt. Das hinterste Stück der Wellenleitung heißt Schwanzwelle.

Wellen-PS; WPS Die Leistung einer Dampfturbinenanlage am Propeller (bei Motorschiffen wird die entsprechende Leistung in PSe angegeben, effektive Leistung). Die Leistungsangabe erfolgt seit 1978 jedoch nur noch in Kilowatt. Siehe PS.

Wellentunnel Tunnelartig überbauter wasserdichter Gang vom Maschinenraumschott bis zum Stopfbuchsenschott, in welchem die Wellenleitung gelagert ist. Der Tunnel ist so klein bemessen, wie es eine ordentliche Wartung der Wellenleitung noch eben zuläßt. Unter Masten, Stützen und Luken sind besondere Verstärkungen vorgeschrieben.

Weltachse Die über die Erde hinaus verlängerte Erdachse, die die → Himmelskugel in den Himmelspolen trifft.

Weltzeit, Universal Time, UT Zeitskala, die aus der Umdrehung der Erde um ihre Achse abgeleitet ist. Von dieser Skala zu unterscheiden ist die Ephemeridenzeit, bei welcher der Erdumlauf um die Sonne zugrunde liegt und die Atomuhrenzeit, bei welcher man von atomaren Vorgängen ausgeht. Siehe hierzu *Sekunde*. Für die astronomische Navigation maßgebend ist die auf den Meridian von Greenwich bezogene Weltzeit (Universal Time zero, UT 0).

Wendegetriebe Zahnradgetriebe zur Umkehrung des Drehsinns der Antriebswelle bei unverändertem Drehsinn der Kurbelwelle des Motors. Die Maschinenleistung, für welche Wendegetriebe technisch möglich sind, ist begrenzt. Bei größeren Leistungen muß die Maschine selbst umgesteuert werden.

Wendekreise Die Breitenparallele 23° 27' Nord und Süd, zwischen denen die Tropen liegen. Für alle Orte des nördlichen Wendekreises (Wende-

kreis des Krebses) steht die Sonne zur Zeit der Sommersonnenwende am Mittag im Zenit; für alle Orte des südlichen Wendekreises (Wendekreis des Steinbocks) ist das gleiche zur Zeit der Wintersonnenwende der Fall.
Man gebraucht die Bezeichnungen Wendekreis des Krebses bzw. Steinbocks auch für die entsprechenden Abweichungsparallele an der Himmelskugel, bei deren Erreichen die Sonne ihre Bahn wendet. Die geographische Breite der Wendekreise ergibt sich aus der Schiefe der → Ekliptik.

Wendemarken Verankerte Bojen zum Abstecken einer Regattabahn. Es sind meistens waagerecht rot-weiß gestreifte Tonnen mit Fähnchen als Toppzeichen. In der Wettfahrtausschreibung wird festgelegt, an welcher Seite die Wendemarken zu passieren sind.

wenden „Über Stag gehen", d. h. beim Segeln mit dem Bug durch den Wind gehen, von einem Bug auf den anderen gehen.
Im Sinne der Wettsegelbestimmungen ist eine Wende erst dann beendet, wenn auf dem neuen Kurs die Segel wieder vollstehen, auch wenn der neue Kurs kein Amwind-, sondern ein Raumschotskurs ist (z. B. beim Runden von Wendemarken).

Wendepunkt 1. Derjenige Punkt einer ebenen Kurve, in welchem sie ihre Krümmungsrichtung ändert.
2. In der Nautik ein in die Seekarte eingetragener Punkt, in welchem eine Kursänderung erfolgen soll.

Werft Um 1700 aus dem nl. entlehntes Wort für einen Platz, wo Schiffe gebaut und repariert werden. Die eigentlichen Bauplätze sind die Hellinge oder Helgen, von denen die Schiffe im Längs- oder Querablauf (Stapellauf) zu Wasser gebracht werden, oder von großen Portalkränen überbrückte Baudocks. Diese werden geflutet, sobald die Schiffe zum Aufschwimmen bereit sind und verholt werden können. Zu den wesentlichen Bestandteilen einer Werft gehören ferner ein umfangreiches Materiallager, Schiffbauhallen und Ausrüstungswerkstätten aller Art, Docks, sowie die Konstruktionsbüros der verschiedenen Ressorts. Anlage und Organisation einer modernen Werft sind ganz nach den Gesichtspunkten einer rationellen Fabrikation ausgerichtet.

Werftklassen Als neuere Bezeichnung setzt sich „Ein-Typ-Klassen" durch. Begriff aus dem Yachtsport für Bootstypen, die von einer Werft nach eigenen Bauvorschriften einheitlich gebaut werden. Der neuzeitliche Schalenbau ermöglicht dabei eine größere Übereinstimmung der Boote, als dies nach traditionellen Baumethoden selbst bei strengen Bauvorschriften möglich war. Setzt sich eine Werftklasse durch, kann sie vom DSV (Deutscher Segler-Verband) offiziell anerkannt werden. Auch in anderen Ländern sind etliche nationale Klassen aus solchen Werftklassen hervorgegangen.

Werg Abfallprodukt, das beim Hecheln des Flachses gewonnen wird. Es eignet sich als Dichtungsmaterial. Siehe kalfatern.

West Diejenige der vier Himmelsrichtungen, die im Uhrzeigersinn 270° zur Hauptbezugsrichtung Nord liegt.

westeuropäische Zeit Gleichbedeutend mit mittlerer Greenwichzeit (MGZ), für welche der Zeitpunkt 12 Uhr durch den oberen Meridiandurchgang der mittleren Sonne durch den Meridian von Greenwich festgelegt ist.

Westpunkt Der westliche Schnittpunkt des Ersten Vertikals mit dem wahren Horizont.

Wetterbericht Sammelbezeichnung für Wettermeldungen verschiedenster Art. Die allgemein gehaltenen Wetterberichte und Vorhersagen in Rundfunk und Presse im Rahmen eines gewöhnlichen Nachrichtendienstes reichen für die Seefahrt nicht aus. Es werden daher von bestimmten Sendern zu festgelegten Zeiten spezielle Seewetterberichte ausgestrahlt. Senderfrequenzen und Uhrzeiten sind im „Wetter- und Warnfunk" aufgeführt, der vom DHI herausgegeben wird. Die Seegebiete sind in verschiedene Zonen eingeteilt. Das Ostseegebiet mit Kattegat und Skagerrak umfaßt 6, die Nordsee vom Skagerrak bis einschließlich Englischer Kanal und Irische See 10, der Nordatlantik 23 Teilbereiche. (Siehe Abb. Seite 373 oben links.)

Wetterdeck Als Wetterdecks gelten alle freien Decks eines Schiffes außer solchen von nicht wirksamen Aufbauten, d. h. Decks, die nicht Teile der oberen Gurtung des Schiffskörpers sind.

Wetterschlüssel

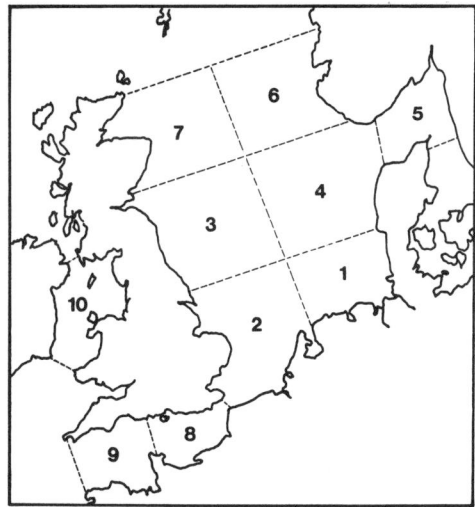

Vorhersagegebiete für Seewetterberichte des Nordseebereiches:
1 Deutsche Bucht. 2 Südwestliche Nordsee. 3 Mittlere Nordsee (Westteil). 4 Mittlere Nordsee (Ostteil). 5 Skagerrak (entspricht im Wetterbericht für Ostsee dem Gebiet 1). 6 Nördliche Nordsee (Westteil). 7 Nördliche Nordsee (Westteil). 8 Englischer Kanal (Ostteil). 9 Englischer Kanal (Westteil). 10 Irische See.

Wetterkarte, synoptische Wetterkarte Graphische Darstellung der Wetterlage für ein bestimmtes Gebiet aufgrund gleichzeitiger Beobachtungen. Die Wetterkarte enthält Angaben über Windrichtung und -stärke, Luftdruck, Niederschläge, Temperaturen, Bewölkung, Sicht usw. Es werden folgende Zeichen verwendet:

○ ◐ ◑ ◕ ●	Bedeckung des Himmels.
(wind symbol)	Wind (hier NW 5. Ein halbes Fiederchen ist eine Windstärke. Die Fiederchen sind auf der nördl. Halbkugel auf der linken Seite des Pfeils gezeichnet). Windstärke 10. (Bei Windstärken darüber zusätzliche Fiederchen.)
▽	Schauer
⁹	Sprühregen
●	Regen
⌐	Gewitter
✻	Schneefall
▲	Hagel

△		Graupeln
=		diesig (Sicht 1 bis 5 km)
≡ ; ⩴		Nebel, Bodennebel
////		Regengebiete
⇒		warme, → kalte Luftströmung
▬●▬●		Warmfront
▬▲▬▲		Kaltfront
▬●▲●▲		Okklusion

Die Druckverteilung wird durch Isobaren mit Druckdifferenzen von jeweils 5 mbar angegeben.

Wetterskala nach Beaufort Wettereintragungen in den Logbüchern werden im allgemeinen nach der altbewährten Beaufort-Wetterskala vorgenommen. Sie umfaßt 25 Symbole mit folgender Bedeutung:

b	blue sky	wolkenloser blauer Himmel
c	clouds	teilweise bewölkt, einzelne Wolken
d	drizzling	Sprühregen
e	evaporation	feuchte Luft ohne Niederschlag
f	fog	Nebel
fe	wet fog	nässender Nebel. Sicht unter 1000 m
g	gloomy	stürmisch aussehendes, trübes Wetter
h	hail	Hagel
l	lightning	Blitzen, Wetterleuchten
m	misty	stark diesig. Sicht zw. 1000 u. 2000 m
o	overcast	bedeckter Himmel
p	passing showers	Schauerwetter
q	squally	Böenwetter
kq	line squall	Böenfront
r	rain	Regen
rs	rain-snow	Schneeregen
s	snow	Schnee
t	thunder	Donner
tl	thunderstorm	Gewitter
u	ugly	drohende Luft
v	visible	sehr sichtig
w	wet, dew	feucht, Tau
x	hoar frost	Rauhreif
y	dry air	trockene Luft (rel. Feuchte unter 60%)
z	hazy	häsiges Wetter, feuchter Dunst

Wetterschlüssel Für den internationalen Wetterdienst ist ein zeit- und raumsparender Wetterschlüssel ausgearbeitet worden, in welchem jeweils 5 Zeichen zu einer Gruppe zusammengefaßt werden und der in Kurzform Meldungen enthält wie Rufzeichen und Standort des Schiffes bzw. der Station, Datum, Uhrzeit nach MGZ, Beobachtungen von Wolken, Wind, Sicht, Witterungsverlauf, Luftdruck und -temperatur, Luftdruckänderung (mit Berücksichtigung von Kurs und Fahrt des Schiffes), Niederschlag, Eis, Seegang usw. Der Wetterschlüssel wird gemäß dem internationalen Schiffssicherheitsvertrag von allen am Wetterdienst beteiligten Schiffen und Stationen benutzt. (Vollständiger Schlüssel FM 21.D, Kurzschlüssel FM 22.D und FM 23.D.)

„Wetter- und Warnfunk" Vom Deutschen Hydrographischen Institut herausgegebene Zusammenstellung der Senderfrequenzen, Sendezeiten usw. aller Wetterberichte, Sturmwarnungen und nautischen Nachrichten für den Nord- und Ostseeraum (Auszug aus „Sprechfunk für Küstenschiffahrt").

Wettfahrt Die Wettfahrt bezeichnet innerhalb einer Regatta lediglich den Zeitraum zwischen Vorbereitungssignal und Zieldurchgang einer einzelnen Klasse (vergl. Regatta). Eine Yacht befindet sich in einer Wettfahrt von ihrem Vorbereitungssignal bis zu ihrem Zieldurchgang, u. U. bis zur Aufgabe des Rennens oder bis zu dem Zeitpunkt, an dem die Wettfahrt aufgehoben, verschoben oder abgebrochen wird.

Wettfahrtausschuß Ausschuß, der die Ausschreibungen für Wettfahrten entwirft, sie dem DSV (Deutscher Segler-Verband) und zuständigen Behörden vorlegt, und der für die ordnungsgemäße Abwicklung verantwortlich ist. Der Wettfahrtausschuß gliedert sich in Wettfahrtleitung und Schiedsgericht. Die Wettfahrtleitung ist für die technische Durchführung der Wettfahrten verantwortlich und entscheidet alle Fragen, die die Bahn, Start, Ziel u. dergl. betreffen.

white squalls (weißen Böen) (engl.) Böenfront infolge Kaltlufteinbruchs, bei welchem sich im Gegensatz zum Normalverhalten keine Bewölkung bildet und keine Niederschläge erfolgen.

Wichte Der Quotient aus Gewichtskraft und Volumen, früher „spezifisches Gewicht". Die Wichte ist nach dem Internationalen Einheitensystem zu ersetzen durch das Produkt aus Dichte und Fallbeschleunigung. Es besteht also die Beziehung $\gamma = \varrho \cdot g$ [N/m³]. Veraltet.

Widderpunkt Siehe Frühlingspunkt.

Widerstand 1. Der Vortriebsleistung eines fahrenden Schiffes setzt sich ein Widerstand entgegen, dessen Größe von verschiedenen Faktoren bestimmt wird. Sieht man einmal vom keineswegs zu vernachlässigenden Luftwiderstand ab, setzt sich der Gesamtwiderstand aus Teilwiderständen zusammen, die man in zwei Hauptgruppen zusammenfassen kann:
a) Formwiderstand (auch als dynamischer Widerstand bezeichnet), dessen sichtbare Wirkung die Wellenbildung und die Turbulenz des Kielwassers ist;
b) Reibungswiderstand, der durch die Reibung des Wassers am Schiffskörper und damit zusammenhängende Faktoren entsteht.
Man geht jedoch in der Schiffstheorie über diese etwas vereinfachende Gliederung des Begriffes Widerstand weit hinaus und unterscheidet Teilwiderstände wie:
Druck- oder Normalwiderstand, Reibungs- oder Tangentialwiderstand, Wellenwiderstand, Zähigkeitswiderstand, Plattenreibungs- und Reibungsformwiderstand, Spritzerwiderstand, Restwiderstand, zäher Druckwiderstand, induzierter Widerstand, Anhängewiderstand, wellenbrechender Widerstand sowie etliche andere mehr.
2. In der Elektrotechnik wird der Begriff Widerstand ebenfalls in sehr verschiedener Weise verstanden. Man unterscheidet:
Elektrischer Widerstand, induktiver Widerstand, kapazitiver Widerstand, komplexer Widerstand, magnetischer Widerstand, negativer Widerstand, Ohmscher Widerstand, spezifischer Widerstand, übertragener Widerstand.

Widerstandsmoment Begriff aus der Festigkeitslehre. Der Quotient aus dem Flächenträgheitsmoment eines Balkenquerschnitts und dem Abstand der äußersten Faser dieses Querschnitts von der Bezugsachse (Nullinie).
$M = J/e$

Wiederkehr Die Dauer vom Beginn der Taktkennung eines Leuchtfeuers bis zum Beginn der darauf folgenden Wiederholung.

Wieling Fender aus kurzen dicken Tauenden

für Boote. Auch ein in Segeltuch eingenähtes Tau, ein mit Kapok gestopfter Kunststoffschlauch oder ein Gummiprofil, das an der obersten Planke eines Beibootes fest angebracht als Scheuerleiste rund um dasselbe herumläuft.

Willy-Willy Regional begrenzte Bezeichnung für die tropischen Wirbelstürme im Norden Australiens. Vergl. tropische Wirbelstürme.

Williamson-Turn Drehmanöver eines Seeschiffes, wenn ein Mann vermißt wird und das Schiff in seinem eigenen Kielwasser wieder auf Gegenkurs gehen soll. Zu diesem Zweck ist das Schiff zunächst um ca. 60° von seinem Kurs zu bringen, bevor durch hartes Gegenruder das Schiff gestützt und gewendet wird.

Wimpel 1. Langes schmales Flaggenzeichen, das auf Kriegsschiffen als Kommandozeichen des Kommandanten im Großtopp geführt und in besonders langer Form (über die ganze Schiffslänge) als sog. „Heimatwimpel" auf der Heimreise gesetzt wird.
2. Im Signal-Flaggenalphabet werden die länglichen Flaggenzeichen für die einzelnen Ziffern (Zahlenwimpel) und der „Signalbuch- und Antwortwimpel" als Wimpel bezeichnet.

Wind Durch Druckunterschiede, deren Ursache in thermisch bedingten Gleichgewichtsstörungen der Atmosphäre liegt, hervorgerufene horizontale Ausgleichsbewegung der Luft. Der Wind wird als eine gerichtete Größe (Vektor) betrachtet, zu deren Beschreibung die Angabe von Stärke und Richtung gehört. Die Windstärke ist vom horizontalen Druckgefälle abhängig (Druckgradient). Sie wird in Windstärkegraden 0 bis 12 nach Beaufort angegeben (siehe Beaufortskala im Anhang) oder nach der Windgeschwindigkeit m/s, km/h oder kn.
Umrechnungswerte siehe Geschwindigkeit. Die Angabe der Windrichtung erfolgt nach den Richtungsbezeichnungen der Windrose (Westwind, Nordostwind usw.) oder auf das System Schiff bezogen, wie z. B. halber Wind, raumer Wind, achterlicher Wind usw.

Windas Alter Ausdruck für ein Spill mit waagerechter Achse. Siehe Bratspill.

Windfahnen-Selbststeueranlage Ein im Modellsegelsport entwickeltes, heute auch auf großen Yachten – vor allem solchen, die einhand gesegelt werden – verwendetes Hilfsruder, das eine Yacht bei gleichmäßigen, nicht zu schwachen Winden selbsttätig auf Kurs hält. Das Prinzip beruht darauf, daß eine Windfahne weit achtern am Heck, die nicht zu klein sein darf und gut ausgewogen sein muß, jede Ablenkung mittels Getriebe oder Seilzug auf eine Flettnerklappe oder über kompliziertere Mechanismen auf das Hauptruder überträgt. Der gesteuerte Kurs kann nur relativ zur Windrichtung konstant gehalten werden.

Windgesetz (barisches) Die Luftströmung von einem Hoch in ein Tief hinein erfährt durch die Erddrehung eine Ablenkung, und zwar auf der nördlichen Halbkugel nach rechts, auf der südlichen nach links. Dadurch entstehen spiralförmige Luftzirkulationen. Auf der nördlichen Halbkugel weht der Wind gegen den Uhrzeigersinn in ein Tief hinein und im Uhrzeigersinn aus einem Hoch heraus. Auf der Südhalbkugel ist alles spiegelbildlich vertauscht.
Aufgrund dieser Gesetzmäßigkeit läßt sich aus der momentanen Windrichtung in etwa die Lage eines Hochs bzw. Tiefs bestimmen:
Segelt ein Schiff vor dem Wind, so hat es auf der nördlichen Halbkugel das Tief an Bb. etwas vorlicher, das Hoch an Stb. etwas achterlicher als querab; auf der Südhalbkugel liegt das Hoch an

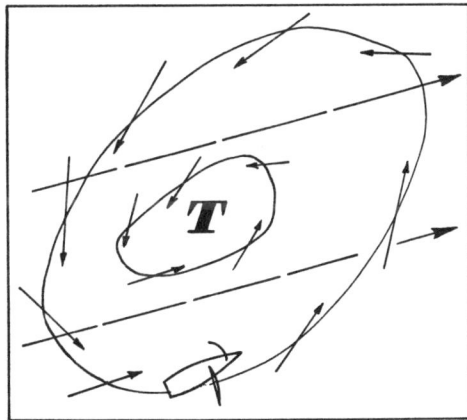

Skizze zur Erläuterung des Windgesetzes. Sie macht zugleich deutlich, daß auf der nördlichen Halbkugel der Wind auf der linken Seite der Zugbahn eines Tiefs rückdrehend, auf der rechten rechtsdrehend ist.

Windhose

Bb. etwas achterlicher, das Tief an Stb. etwas vorlicher als querab.

Windhose Siehe Trombe.

Windhutze Schwenkbarer Lüfterkopf für natürliche Belüftung.

Windjammer (engl.) *m.* Von *jam,* pressen. Ursprünglich Spottbezeichnung englischer Seeleute für die amerikanischen Schoner, die höher an den Wind gehen konnten als die Rahsegler. Zugleich herabsetzende Benennung für die Seeleute auf jenen gaffelgetakelten Schiffen, die ihre Arbeit von Deck aus verrichten konnten, ohne aufentern zu müssen. Heute Segelschiffe allgemein.

Windquerkraft und Windwiderstand Die Komponenten, in welche sich die auf ein Segel wirkende Gesamtkraft zerlegen läßt und die im Windkanal meßbar sind. Die Windquerkraft (Auftrieb) steht senkrecht zur Windrichtung, der Windwiderstand liegt in der Windrichtung.

Windrichtung Die Richtung, aus welcher der Wind weht (im Gegensatz dazu wird beim Strom die Richtung angegeben, in die der Strom fließt). Die Windrichtungsangaben in Wetterkarten deutet man richtig, wenn man sie sich als „gefiederte Pfeile" denkt. Die Fiederung gibt dabei die Stärke an; ein kurzer Querstrich steht für eine, ein langer für zwei Windstärken. Vergl. Wetterkarte.

Windrose Die alte in 32 Strich geteilte, rosenförmig angeordnete Scheibe des Kompasses, nach der heute noch die Windrichtungen benannt werden. Siehe *Strich.*

Windsack Altbewährtes und einfaches Hilfsmittel für die natürliche Belüftung von Schiffsräumen. Aus leichtem Segeltuch werden unten offene, schlauchartige Säcke in die Luken geführt, die oben mit flügelähnlichen Flächen zum Windfangen versehen sind.

Windsee Die Oberflächenwellen der See, die durch unmittelbare Einwirkung des herrschenden Windes entstehen. Sie werden beim Seegang in der Regel von Dünung überlagert. Der Begriff Windsee ist insofern von Bedeutung, als für das Schätzen von Windstärken nur die direkt vom herrschenden Wind erzeugten Wellen maßgebend sind, nicht der Seegang überhaupt.

Windstärke Die Einteilung des Windes in die Stärkegrade 0 bis 12 erfolgt nach Windgeschwindigkeiten. Vergl. Beaufortskala im Anhang.

Windstau Durch auflandige Winde verursachte Erhöhung des Wasserstandes.

Windsysteme Mit Windsystemen werden die aus den physikalischen Gegebenheiten der Erde bzw. der Atmosphäre entstehenden, durch konstante oder periodische Regelmäßigkeit gekennzeichneten Windgürtel bezeichnet, die die Erde überziehen. Ihre Entstehung liegt vor allem in der durch die starke Erwärmung der Äquatorzone hervorgerufenen Luftzirkulation begründet, mit der durch die Erddrehung bewirkten Ablenkung (Passate), im jahreszeitlich bedingten Land-Seewind-Effekt (Monsune) sowie in Auswirkungen der unregelmäßigen Verteilung von Festland und Meer. Größere Landmassen entwickeln ihre eigenen Windsysteme, die die großen Systeme überlagern und verzerren. Sie haben regional begrenzt verschiedene Namen, wie z. B. Bora, Etesien, Levante, Mistral, Harmattan, Norte, Pampero usw.

Windwarnung Siehe Sturmwarnung.

Winkelgeschwindigkeit Richtungsänderung pro Zeit, d. h. der Quotient aus einer Drehwinkeländerung und der dazu benötigten Zeitdauer. Bei einer gleichmäßigen Kreisbewegung ist die Winkelgeschwindigkeit gleich der *Kreisfrequenz*

$$\omega = 2\pi/T \ (T = \text{Umlaufdauer}).$$

winkern Signalisieren mit 2 Handflaggen; ein Verfahren, das ständige Übung voraussetzt und deshalb nur bei Kriegsmarinen für Nachrichtenübermittlung bei guter Sicht und auf kurze Entfernung Bedeutung erlangt hat. Auch dort tritt es gegenüber bequemeren und zuverlässigeren Verfahren (Sprechfunk) immer mehr in den Hintergrund. Das früher in Deutschland gültige Winkeralphabet ist dem davon abweichenden internationalen Alphabet gewichen. Siehe Seite 406.

Winsch *w.* Verdeutschte Entlehnung von engl. *winch.* Seilwinde, die mit einer Kurbel von Hand, hydraulisch oder elektrisch gedreht wird. Eine korrekte Definition bezeichnet als Winsch nur eine Seiltrommel, die eine Leine aufwickelt, – im Gegensatz zum *Spill*, bei welchem die zu holende Leine nur in einigen Rundtörns um den Spillkopf herumgelegt und dann woanders aufgeschossen wird. Der praktische Sprachgebrauch verwischt diesen Unterschied jedoch und bezeichnet z. B. die Holevorrichtungen für die Schoten nicht als Spills, sondern als Winschen.

Winter Auf der nördlichen Halbkugel die aufsteigende Phase der Sonnenbahn beim Stand der Sonne südlich des Himmelsäquators; die Zeitspanne vom 21./22. Dezember bis zum 20. März. Vergl. davon abweichend *jahreszeitliche Zonen*.

Winterdreieck Das in unseren Breiten am winterlichen Sternenhimmel auffällige Dreieck aus den Sternen Beteigeuze (Orion), Procyon (Canis minor) und Sirius (Canis major).

Winterseezeichen Kleinere Tonnen zur Fahrwasserbezeichnung, die im Winter anstelle von eisgefährdeten Baken-, Leucht- oder Heultonnen ausgelegt werden.

Winterzone Seegebiet, für welches in der Schiffahrt im Winter verschärfte Freibordvorschriften gelten. Die für die verschiedenen Winterzonen jeweils gültigen Daten weichen vom bürgerlichen Kalender ab und sind für die verschiedenen Seegebiete gesondert festgelegt. Vergl. *jahreszeitliche Zonen*.

Wippe Gewissermaßen die Umkehrung eines doppelten Jolltaues, bei welchem die Angriffspunkte von Last und Kraft vertauscht sind. Der Zweck einer Wippe ist nicht wie bei einer Talje Kraftgewinn, sondern der, eine leichtere Last ein verhältnismäßig großes Stück und schnell zu bewegen. Die Wippe wird an Bord häufig bei Ladungsübernahme angewendet.

Wippkran Bordkran, der sich beim Heißen oder Fieren einer Last gleichzeitig toppen läßt. Auf vielen modernen Stückgutfrachtern werden alle oder auch nur ein Teil der Ladebäume durch elektrische Wippkräne ersetzt, die zwar teurer sind, mit denen sich aber schneller arbeiten läßt. Für Schwergut kommen sie nicht in Frage.

Wirbelschäkel Schäkel mit einem Drehgelenk zum selbsttätigen Austörnen verdrehter Leinen oder Ketten.

Wirbelsturm Siehe tropische Wirbelstürme.

Wirkungsgrad Das Verhältnis einer Nutzleistung zur insgesamt zugeführten Energie. Jeder Wirkungsgrad ist stets kleiner als 1.

wirtschaftlichste Geschwindigkeit Die Geschwindigkeit, die für das Zurücklegen einer bestimmten Strecke die geringsten Kosten verursacht. Wenn die Reisedauer eine untergeordnete Rolle spielt, dann diejenige Geschwindigkeit, bei der bei gegebenem Brennstoffvorrat der größte Aktionsradius erreicht wird bzw. bei welcher man für die beabsichtigte Reise am wenigsten Brennstoff verbraucht. Diese Geschwindigkeit liegt infolge des etwa mit der dritten Potenz der Schiffsgeschwindigkeit zunehmenden Brennstoffverbrauchs erheblich unter der Höchstgeschwindigkeit.
Da bei Handelsschiffen stets auch die Zeit ein ausschlaggebender Faktor ist, muß für diese die optimale Geschwindigkeit aus den jeweiligen Kosten vieler Einflußgrößen errechnet werden.

Wishbone-Rigg Von engl. *wishbone*, Gabelbein eines Vogels. Verbreitete Bezeichnung für die Spreizgaffel-Takelung. Eine andere Benennung ist „Vamarie-Takelung", nach der 1934 gebauten Ozeanrennyacht, mit der diese Takelung aufkam. Siehe Spreizgaffel.

Wolken Kondensierter Wasserdampf in der Form kleinster Wassertröpfchen oder Eiskristalle. Man teilt die Wolken nach ihrer Form und ihrer Höhenlage ein. Die Hauptformen sind Federwolken (Cirrus), Haufenwolken (Cumulus), Schichtwolken (Stratus) und Regenwolken (Nimbus); dazwischen liegen Übergangsformen wie Stratocumulus, Nimbostratus, Cirrocumulus usw. Nach der Höhenlage unterscheidet man tiefe Wolken (unter 2500 m), mittelhohe Wolken (zwischen 2500 und 6000 m) und hohe Wolken (über 6000 m). Als Wolkenhöhe gilt die Untergrenze der Wolke. Der Vorsatz Alto- in einer Wolkenbezeichnung gibt an, daß es sich um hohe Wolken handelt.

working days (engl.) Arbeitstage. Im allgemeinen werden sie von 0–24 Stunden gerechnet, ohne Rücksicht auf die tatsächliche Arbeitszeit;

doch gibt es Häfen, in denen eine Arbeitszeit von 8 Stunden zugrunde gelegt wird, so daß sich bei Verzögerungen einer Abfertigung die Berechnung der Arbeitstage gegenüber dem Kalender verschiebt.

Wrack *s.* Nd.-nl. Wort für ein gesunkenes, gestrandetes oder sonstwie durch Schiffbruch u. dergl. untauglich gewordenes Schiff. (Als Pluralform ist sowohl Wracke als auch Wracks verbreitet.)

Wracktonne Schwimmendes grünes Seezeichen zur Markierung der Stelle, an der ein Wrack liegt. Nach dem neuen Betonnungssystem „A" werden Wracks *und* Untiefen sowie andere Schiffahrtshindernisse durch waagerecht gelbschwarz kombinierte Seezeichen bezeichnet, die gegebenenfalls weiß befeuert sind. Die Doppeltoppzeichen sind schwarz. Mit der Umstellung der Betonnung in NW-Europa wurde 1977 im Englischen Kanal, 1978 in der Nordsee begonnen; Ostsee = 1980. Bekanntgabe durch das Deutsche Hydrographische Institut.

wriggen, wricken Von nl. *wrikken,* mit der allg. Bedeutung hin und her bewegen, schütteln, wackeln. Gemeint ist hier das Fortbewegen eines Bootes durch nur einen, über das Heck in einer Rundsel ausgebrachten Riemen, der hin und her bewegt und bei jeder Bewegungsumkehrung derart gedreht wird, daß bei jeder Bewegung des Blattes durchs Wasser Schub voraus entsteht (Abb. links unten).

Wuhling, Wuling 1. Altes Tauwerk zum Umwickeln von stehendem Gut oder schadhaften Spieren als Schutz gegen Schamfilen; auch zum Zusammenschnüren zweier oder mehrerer Stücke Holz und dergl.
2. Durcheinander, Gedränge.

Wulstbug Wulstförmige Verdichtung des Vorstevenfußes, durch welche eine Verschiebung des Wellenbildes am fahrenden Schiff hervorgerufen wird. Die typische Bugwelle verschwindet weitgehend, der Wellenwiderstand wird erheblich herabgesetzt. Heute sind in zahllosen Versuchsreihen die für jeden Schiffstyp optimalen Bugwulstformen entwickelt worden, und es gibt kaum noch einen Neubau, ob Tanker, Frachter oder schnelles Containerschiff, der nicht in irgendeiner Form mit einem Wulstbug versehen ist. Die günstige Wirkung des Wulstes ist für jedes Schiff an einen bestimmten Geschwindigkeitsbereich und Tiefgang gebunden. Bei Leerfahrt bringt der Wulst keinen Gewinn.

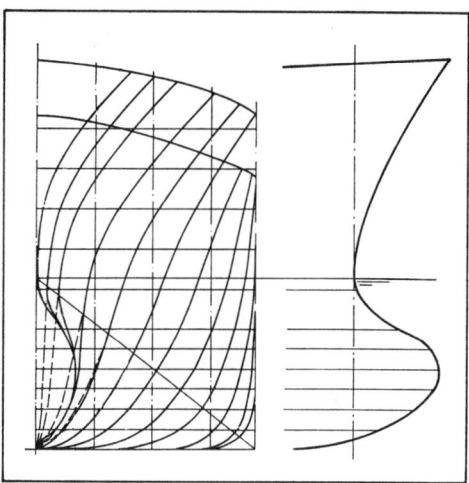

Wulstbug eines modernen Stückgutfrachters.

Die Bewegung des Riemenblattes beim Wriggen.

Wulstkielyacht Um 1900 aufgekommener Rennyachttyp, bei welchem an jollenartig flachen Bootskörpern eine Stahlplatte als Kielflosse angebolzt wurde, an deren unterer Kante in Form eines Wulstes Gußeisen- oder Bleiballast befestigt war.

Wurfleine Lange dünne Leine, an deren einem Tampen ein Gewicht in Form eines dicken Knotens oder eines kleinen mit Sand gefüllten Lederbeutels befestigt ist. Die Wurfleine dient dazu, mit einem kräftigen, gezielten Wurf die erste Verbindung zwischen Schiff und Land oder Schiff und Schiff herzustellen. An die Wurfleine wird dann eine Festmache- oder Schlepptrosse angesteckt und übergeholt.

Y

Yacht (Jacht) Ein Schiff, das ausschließlich dem Sport, dem Vergnügen oder auch repräsentativen Zwecken dient (im Gegensatz zu Schiffen, die zum Handel, der Landesverteidigung oder wissenschaftlichen Zwecken dienen). Yachten werden rechtlich jedoch wie andere Schiffe behandelt und unterliegen in gleicher Weise den Bestimmungen der Seestraßenordnung usw. Der Begriff Yacht umfaßt Segel- und Motorsportfahrzeuge aller Art, jedoch keine Ruderboote. Auch Jollen werden im allg. nicht als Yachten bezeichnet; eine exakte Grenzziehung gibt es indessen nicht.
Eine Bemerkung zur Schreibweise. Das Wort geht auf das 16. Jh. zurück. In deutschen Quellen jener Zeit hießen kleine schnelle Schiffe „Jageschiffe" oder „Jachtschiffe" nach nl. „jagt" bzw. „jahte", woraus engl. „yacht" wurde. Diese letztere Schreibweise gelangte dann unabhängig von der früheren mit dem aufkommenden Yachtsport zusammen von England aus erneut nach Deutschland. So scheint es also keine eindeutige Antwort auf die Frage zu geben, ob *Jacht* oder *Yacht* „richtig" ist. Tatsache ist, daß man sich immer in Zeiten politischer Ressentiments gegen England auf die ursprüngliche Schreibweise Jacht besann bzw. sie neu entdeckte. (Bemerkenswert ist Kluges Formulierung 1911: „... die veraltete Schreibweise Yacht ist eine ungehörige Anlehnung an die englische Schreibung." Ähnlich war es mit den Verdeutschungsbestrebungen in den dreißiger Jahren.) Heute trifft man nur noch gelegentlich auf Jacht; im lebendigen Sprachgebrauch und maritimen Fachschrifttum hat sich *Yacht* durchgesetzt. Zu den verhältnismäßig wenigen Ausnahmen gehört der → „Jachtfunkdienst".

Yachtheck Oberhalb der Konstruktionswasserlinie weit überhängendes Heck einer Kielyacht.

Yachting (engl.) Der Yachtsport, Segelsport allgemein. Die Kunst des Segelns. Titel von Zeitschriften in England und den USA über das Gesamtgebiet „Yachtsport".

Yachtlog Fahrtmeßgerät für Yachten, das entweder durch Staudruckmessung oder über einen kleinen, durch die Strömung betriebenen Propeller funktioniert. Bei Geschwindigkeiten unter 2 Knoten ergeben sich keine brauchbaren Meßwerte.

Yachttauwerk Speziell für den Gebrauch als laufendes Gut auf Segelyachten hergestelltes, griffiges und lehniges Tauwerk. Früher wurde Baumwolltauwerk verwendet; es ist durch Kunstfaser-Kernmantelgeflecht abgelöst worden.

yard (engl.) 1. Britisches Längenmaß:
   1 yard = 3 ft. = 0,914 m
2. Rah.

Yardstick (engl. Maßstab, Vergleichsmaßstab) Der sog. *Portsmouth Yardstick* ist eine aus England stammende Handikap-Methode (Ausgleichsverfahren) für Segelyachten, aufgrund derer Yachten und Jollen aller Art in Regatten gegeneinander antreten können. Die jeweilige Zeitvergütung für jeden Bootstyp wird einer Tabelle entnommen, die auf der Grundlage zahlreicher Wettfahrtergebnisse ausgearbeitet worden ist. Da dieser Schlüssel für die Bewertung um so besser ist, je mehr Erfahrungswerte vorliegen, kommen nur Serienboote für Wettfahrten nach diesem Bewertungssystem in Betracht. Die einem bestimmten Typ zugeteilte Yardstick-Meßzahl ist um so höher, je kleiner der Rennwert der betreffenden Boote ist.

Yawl (engl.-dt.) *w.* Anderthalbmastige Segelyacht, bei welcher der Treibermast (Besan) außerhalb der Konstruktionswasserlinie hinter dem Rudergänger steht. Die Yawl-Takelung bietet größeren Yachten Vorteile wegen der Möglichkeiten, die Segelfläche in verschiedener Weise zu unterteilen und ein von der Vermessung ausgeschlossenes Besanstagsegel zu setzen.

York Antwerp Rules (YAR) Auf die 1864 in York und 1877 in Antwerpen ausgearbeiteten Richtlinien zurückgehende Regeln, die bei Havariegrosse-Schäden anstelle der nicht einheitlichen Landesgesetze die rechtliche Grundlage für die Verteilung von Havarie-grosse-Schäden auf die Beteiligten bildet. Erneuerte Fassung 1949/50.

Z

Zeeschouw (nl.) *w.* Gegen 1900 entstandener holländischer Schiffstyp in Knickspantbauweise; früher als Nutzfahrzeug, heute als Yacht beliebt. Die Schiffe dieser Bauart sind seetüchtig und geräumig und tragen bei 8–10 m Länge und 3 m Breite etwa 30 m² Segel.

Zeising, Zeiser 1. Kurze Bänder aus vernähten Segeltuchstreifen oder Tampen aus ungeteertem Tauwerk, mit denen aufgetuchte Segel beschlagen (zusammengebunden) werden. Dazu das Verb *zeisen*.
2. In der Treibnetzfischerei 12 bis 15 mm dicke Leinen von 8 m Länge, durch welche die → Fleet mit dem Fischreep verbunden ist.

Zeit 1. Eine der Basisgrößen aller physikalisch-technischen Größensysteme. Meßbar ist nicht die *Zeit*, sondern eine *Zeitdifferenz*, eine Dauer. Entsprechend wird im wissenschaftlichen Schrifttum die Sekunde nicht als Zeiteinheit, sondern als Zeitintervalleinheit bezeichnet. Vergl. Sekunde.
2. Die Zeit als „Koordinatensystem" zur Orientierung für den zeitlichen Ablauf von Vorgängen aller Art bedarf einer allgemein verbindlichen Festlegung von Bezugspunkt und Zeitintervalleinheit. Wie problematisch eine solche Festlegung ist, erhellt u. a. aus den Ausführungen über Jahr, Sekunde, Weltzeit, Sternzeit. Für die Schiffahrt allein von Bedeutung ist die aus der Umdrehung der Erde um ihre Achse abgeleitete Weltzeit mit dem Nullpunkt des Durchgangs der mittleren Sonne durch den unteren Meridian von Greenwich. Aus der Dauer der Erdumdrehung ergeben sich die Einheiten Tag, Stunde, Minute und Sekunde, aus dem Umlauf der Erde um die Sonne das von diesen Einheiten unabhängige → Jahr.
Hinsichtlich der Schreibweise wird unterschieden zwischen der Angabe einer Uhrzeit (z. B. 11^h 13^m 10^s – Einheiten hochgesetzt) und einer Dauer, wie z. B. 3 h, 5 min, 17 s (3 Stunden, 5 Minuten, 17 Sekunden).

Zeitazimut Das aus Breite, Abweichung und Stundenwinkel gewonnene Azimut. Man verwendet in der Praxis die dem Nautiker bekannten Zeitazimuttafeln. Vergl. Azimut.

Zeitbeobachtung 1. Astronomische Beobachtung zur Ermittlung der genauen Zeit aus der Stellung der Gestirne bei bekannter Position. Heute nicht mehr von Bedeutung.

2. Das Ablesen des Chronometers bzw. der Beobachtungsuhr im Augenblick der Beobachtung für deren rechnerische Auswertung.

Zeit-Charter Charter (Miete) eines Schiffes für eine festgelegte Dauer. Bei dieser Charterform ist der Reeder nicht Frachtführer, der Kapitän wird jedoch vom Reeder bestellt. Die Unkosten gehen zum Teil zu Lasten des Reeders, zum anderen Teil zu Lasten des Charterers. Andere Charterformen sind → „Reise-Charter" und → „Bareboat-Charter".

Zeitgleichung Der Unterschied zwischen wahrer und mittlerer Zeit, d. h. der sphärische Winkel am Pol zwischen den Stundenkreisen der wahren und der mittleren Sonne. Die wahre Sonne ist die auf ihrer Bahn (→ Ekliptik) sichtbare, die mittlere eine angenommene Sonne, die mit vollkommener Gleichförmigkeit auf dem Himmelsäquator umlaufend gedacht wird. Die Werte der Zeitgleichung varriieren zwischen den Höchstwerten von + 14 min 20 s am 12. Februar und − 16 min 25 s am 3. November. Man entnimmt sie dem Nautischen Jahrbuch. Die mittlere Zeit ergibt sich durch Anbringen der Zeitgleichung mit ihrem jeweiligen Vorzeichen an die wahre Zeit.

Zeitsteuerung Im Gegensatz zur *Wegsteuerung* ein Steuermechanismus, bei welchem die Rudermaschine das Ruder nur so lange legt, wie ein gegen Federdruck zu schließender Kontakt hergestellt ist. Beim Loslassen des Bedienungselementes (Druckknopf, Hebel oder Schaltrad) bleibt das Ruder in der jeweils erreichten Lage stehen. Vergl. Wegsteuerung.

Zeitunterschied Im Zeitmaß ausgedrückter Längenunterschied. Ein Vollwinkel (360°) entspricht 24 Stunden, 15° also einer Stunde, 1° vier Minuten usw. Segelt man ostwärts, ist der Zeitunterschied zu addieren, westwärts zu subtrahieren.

Zeitvergütung Siehe Vergütung (3).

Zeitwinkel Der Bogen des Himmelsäquators vom unteren Meridian bis zum Stundenkreis eines Gestirns bzw. der sphärische Winkel am Pol zwischen dem unteren Meridian und dem betreffenden Stundenkreis, beim Zeitwinkel des Frühlingspunktes zwischen dem unteren Meridian und dem Stundenkreis des Frühlingspunktes.

Der Zeitwinkel wird vom unteren Meridian aus im Sinne der Drehung der Himmelskugel von 0–24^h gezählt (heute ist der Zeitwinkel in der Nautik nicht mehr gebräuchlich).

Zeitzeichen, Zeitsignal Über Funk ausgestrahltes Signal nach einer äußerst genaugehenden Uhr, wonach der Stand eines Chronometers abgelesen bzw. eine Uhr gestellt werden kann. Die Genauigkeit einer die Funksignale steuernden Quarzuhr liegt bei $^1/_{10\,000}$ Sekunde.

Zeitzone Gebiet, innerhalb dessen für alle Orte die gleiche gesetzliche Zeit Gültigkeit hat. Auf See gilt als Zeitzone ein Gebiet zwischen zwei Meridianen mit 15° Längenunterschied, jeweils bis 7,5° östlich und westlich von einem Bezugsmeridian. Bezugsmeridiane sind der Meridian von Greenwich und jeder Meridian, dessen Länge ein ganzzahliges Vielfaches von 15° ist.

Zenit (arab.-it.) Scheitelpunkt. Der Punkt, in dem eine in Richtung der Schwerkraft gedachte Gerade senkrecht über einem Beobachtungsort die scheinbare Himmelskugel trifft. Der Gegenpunkt heißt Nadir (Fußpunkt). Man sagt *der* und auch *das* Zenit.

Zenitdistanz Das Bogenstück eines Vertikalkreises vom Gestirn bis zum Zenit. Die Zenitdistanz ist das Komplement der Höhe. Sie wird mit z bezeichnet.
Die Meridianzenitdistanz z_o ist die Zenitdistanz eines Gestirns im Augenblick des Meridiandurchgangs. Sie ist gleich der algebraischen Differenz von geographischer Breite des Beobachters und Abweichung des Gestirns:
$$z_o = \varphi - \delta$$

Zentimeter, cm In der Physik gebräuchliche Einheit der Basisgröße *Länge* (1 cm = 0,01 m).

Zentimeterwellen Elektromagnetische Wellen im Frequenzbereich 3000 bis 30 000 MHz, Wellenlängen von 10 bis 1 cm.

Zentrifugalkraft Fliehkraft. Die bei der Rotationsbewegung eines Massenpunktes radial nach außen wirkende Kraft. Sie geht von dem rotierenden Massenpunkt aus und greift am Drehzentrum an.

Zentripetalkraft Die der Zentrifugalkraft entgegen, nach dem Drehzentrum hin gerichtete Kraft.

Zepter Genaugenommen ein Fingerling auf dem Dollbord eines Ruderbootes, auf den ein um seine Längsachse nicht drehbarer Riemen aufgesetzt wird. Es werden in der Praxis jedoch auch einfache Rudergabeln (Dollen) als Zepter bezeichnet.

Zickzackschweißung Unterbrochene Kehlnahtschweißung, bei welcher die Schweißungen zu beiden Seiten gegeneinander versetzt angeordnet sind.

Ziehschein In der Schiffahrt gebräuchlicher Verpflichtungsschein, wonach ein Reeder auf Verlangen eines Besatzungsmitgliedes verpflichtet ist, bis zu 75% der Netto-Heuer als Abschlagszahlung an dessen Familie oder eine sonstige von ihm bezeichnete Person oder Adresse zu zahlen.

Ziel 1. Der Bestimmungshafen, der Endpunkt einer Reise.
2. Im Radar erfaßtes Objekt, dessen Echo auf dem Bildschirm empfangen wird.
3. Auf einer Regattabahn abgesteckte Linie, mit deren Durchgang eine Yacht die Wettfahrt beendet.

Zieldurchgang Eine Yacht geht durchs Ziel, sobald ein Teil ihres Rumpfes, ihrer Ausrüstung oder Besatzung – sofern sie sich in normaler Lage befindet – aus der Richtung der letzten Bahnmarke kommend die Ziellinie passiert.

Zielfahrt Direkte Ansteuerung eines Funkfeuers oder eines Schiffes in Seenot und dergl.

Zink-Anode Siehe Korrosionsschutz.

Zirkumpolarsterne (grch.-lat., dt.) Sterne, die von einem Beobachtungsort aus gesehen nicht untergehen. Die Voraussetzung dafür ist gegeben, wenn die Abweichung eines Gestirns gleichnamig mit der Breite des Beobachtungsortes und größer als das Breitenkomplement desselben ist. Nur für Zirkumpolarsterne ist auch die untere Kulmination sichtbar (Abb. rechts).

Zirrus Siehe Cirrus (die Schreibweise Zirrus ist heute ebenfalls gebräuchlich).

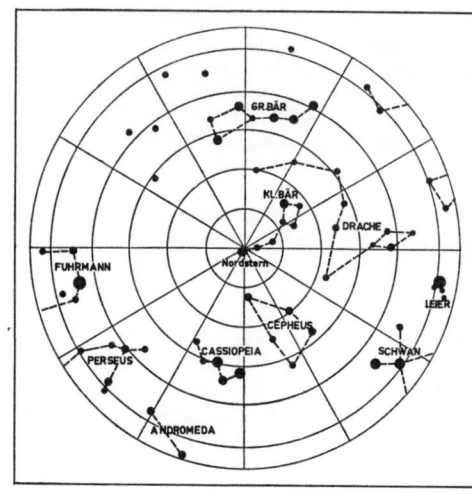

Die Zirkumpolarsterne unserer Breiten.

Zodiakus (grch.-lat.) Tierkreis. Siehe dort.

Zoll In Großbritannien und den USA sowie in der Schiffahrt noch gebräuchliches Längenmaß. 1 Zoll (inch) = 25,4 mm. Vergl. hierzu Fuß.

Zoll Abgabe, die von einem Staat als Instrument der Außenhandelspolitik erhoben wird, um den inländischen Waren einen angemessenen Teil am einheimischen Markt zu sichern. Es kann Einfuhr-, Durchfuhr- und Ausfuhrzoll erhoben werden; in der BRD gibt es z. Z. nur den Einfuhrzoll.

Zollausland Alle Gebiete, die nicht zum Zollgebiet (deutsches Hoheitsgebiet) und auch nicht zum Zollfreigebiet gehören. Zollgrenze ist die jeweilige Strandlinie; in Buchten und Flüssen reicht sie von Landspitze zu Landspitze. Über davon abweichende Regelungen geben die jeweiligen Zollämter Auskunft. Man vergleiche auch die Seehandbücher.

Zoll-„Bezugs- und Anschreibebuch" Bei der Zollstelle des Heimathafens erhältliches Anschreibebuch, in welches Eigner von Sportbooten alle abgabefreien Waren eintragen lassen müssen, die sie beziehen. Das Buch ist dem Zoll gegenüber ein Dokument, das bis zum Ende der Reise sorgfältig geführt werden muß.

Zollfreigebiete Gebiete, die zum deutschen Hoheitsgebiet, aber weder zum deutschen noch zu einem fremden Zollgebiet gehören. Zollfreigebiete sind u. a. Schiffe und Luftfahrzeuge, solange sie sich nicht in irgendeinem Zollgebiet befinden und bestimmte Teile in einigen Seehäfen (Freihäfen), die vom Zollgebiet ausgeschlossen sind. Zollfreigebiet ist auch die Insel Helgoland.

Zollgebiet Das von der Zollgrenze umschlossene deutsche Hoheitsgebiet mit den Zollanschlüssen, d. h. ausländischen Hoheitsgebieten, die dem Zollgebiet angeschlossen sind, aber ohne die Zollfreigebiete.

Zollstraßen Öffentlich bekanntgegebene Wasserstraßen (sowie auch Landstraßen und andere Beförderungswege), auf welchen Zollgut über die Zollgrenze gebracht werden darf. Nur an erlaubten Stellen darf ein- und ausgeladen werden.

Zollzeichen Das Zollzeichen 1 (grüner Wimpel) wird von auslaufenden Schiffen gesetzt, die Zollgut an Bord haben, aber noch nicht zur Gestellung waren. Zollfreier Proviant darf erst nach der Gestellung angebrochen werden.
War das Schiff zur Gestellung, dann wird das Zollzeichen 3 (3. Hilfsstander) gesetzt. Nach dem Passieren der Zollgrenze wird das Zollzeichen niedergeholt. Auch beim Einlaufen in deutsche Hoheitsgewässer muß der 3. Hilfsstander gesetzt werden. Er bedeutet jetzt: Habe abgabefreien Proviant an Bord und bleibe auf der Zollstraße bis zur Gestellung.
Das Zollzeichen 2 (2. Hilfsstander) betrifft Seeschiffe, die von der Anmeldung bei einem Zollansageposten befreit sind, da sie mit einem Lotsen auf einer Zollstraße fahren oder eine besondere Zulassung des Hauptzollamtes haben.

Zonenzeit Mittlere Sonnenzeit für die jeweilige → Zeitzone.

Z-Schlag Bezeichnung von rechtsgeschlagenem Tauwerk. Die Schlagrichtung wird durch den Schrägstrich des Z angegeben. Siehe Seil.

Z-Trieb Im Heck eines Motorbootes eingebauter Motor, der den tiefergelegenen Propeller über Getriebe dreht. Die Propellerwelle ist z-förmig gegen die Motorwelle versetzt. Der Antrieb

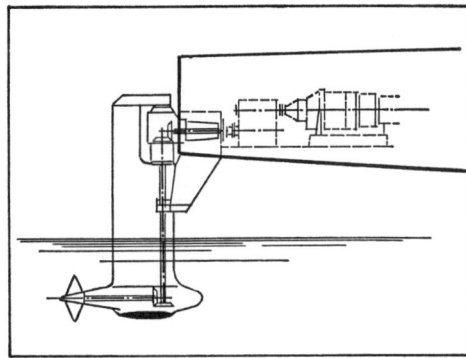

Z-Trieb eines Tragflügelbootes mit Gasturbinenantrieb.

ist horizontal und vertikal schwenkbar. Diese Antriebsart, bei der der Schub nicht direkt, sondern über ein Winkelgetriebe erfolgt, ist für Zwischengrößen zwischen Außenborder und eingebautem Motor am besten geeignet. Ein besonderer Fall von Z-Trieb ist der Antrieb von Tragflügelbooten.

zu Blocks „Bis zum Block" holen. Aufheißen eines Segels, einer Flagge, eines Signalkörpers, einer Last bis zum Anschlag am oberen Block. Auch das Zusammenholen einer Talje, bis die Blöcke aneinanderstoßen, wird als *zu Blocks* bezeichnet.

Zugvogel Beliebte und verbreitete Klasse von Segelbooten, die es in der Ausführung als Schwertboot und als Kielboot gibt. Länge 5,80 m, Breite 1,88 m, Segelfläche 15 m^2 (als Kielboot 18 m^2), Gewicht 280 kg (als Kielboot 380 kg). Baumaterial Sperrholz oder GFK. Rennbesatzung 2 Mann.

zuhalten Auf ein Ziel zuhalten bedeutet, das Ziel direkt ansteuern.

Zurrbrook *w.* Starkes Gurtband zum Festzurren eines Rettungsbootes.

zurren Einen Gegenstand *seefest zurren* heißt, ihn in der Weise befestigen, daß er sich im Seegang nicht von der Stelle rühren kann. Mit der *Zurrkette* wird ein in der Klüse lagernder Buganker gesichert.

Zweiabteilungsschiff Der Ausdruck kennzeichnet Schwimmfähigkeit und Stabilität eines Schiffes im Leckfall. Zwei Abteilungen müssen bei Zweiabteilungsschiffen ohne Gefahr für die Sicherheit des Schiffes vollaufen können. Es darf also im Fall einer Leckage nicht mehr als ein wasserdichtes Schott in Mitleidenschaft gezogen werden.

Zweihüllenboot Bezeichnung für die übliche Bauart größerer U-Boote, bei denen die Tauchtanks außerhalb des Druckkörpers angeordnet sind. Die äußere Wandung der Tauchtanks ergibt bei diesen Booten die Schiffsform.

Zweimastige Yachten Man unterscheidet je nach Größe und Stellung des zweiten Mastes drei Typen:
Yawl Der Besanmast (Treiber) ist verhältnismäßig klein und steht hinter dem Ruder bzw. außerhalb der Schwimmwasserlinie.
Ketsch Der Besanmast ist größer als bei der Yawl und steht vor dem Ruder bzw. innerhalb der CWL. Beide Typen werden auch als *Anderthalbmaster* bezeichnet.
Schoner Der achtere Mast (Großmast) ist größer als der vordere (Schonermast).

Zweipunkt-Rennboot Modernes Rennmotorboot, bei dem das Bootsgewicht nur von zwei sehr kleinen nebeneinander liegenden Stützflächen etwa auf halber Bootslänge getragen wird. Das ganze Hinterschiff liegt oberhalb der Wasseroberfläche, der Propeller taucht nur noch zur Hälfte ein.

Zweitaktverfahren Bezeichnung für das Arbeitsspiel in den Zylindern von Ottomotoren und Dieselmotoren, wenn dasselbe aus den folgenden beiden Takten besteht:
1. Takt: Laden und Verdichten.
2. Takt: Ausdehnen und Auspuffen.
Der Kolben kann die Ladung nicht in den Zylinder saugen, es müssen daher Aufladevorrichtungen vorhanden sein.
Zweitaktmotoren arbeiten mit Schlitzsteuerung, wobei der Kolben selbst die Schlitze öffnet und schließt.

Zwischendeck Ein zwischen Innenboden und Oberdeck eingeschobenes Deck sowie auch der Raum oberhalb des Zwischendecks. Bei Schiffen mit zwei Zwischendecks werden diese als oberes und unteres Zwischendeck bezeichnet; auf Fahrgastschiffen mit mehreren Zwischendecks werden diese unterhalb des Oberdecks von oben nach unten A, B, C, D, E-Deck genannt.

Zwischendeckspassagiere In Massenquartieren in den Zwischendecks untergebrachte Fahrgäste – insbesondere auf den Auswandererschiffen Ende des 19. Jh., jedoch auch noch danach.

zwischen Wind und Wasser Die Zone des Schiffskörpers, die während der Fahrt durch die Rollbewegungen des Schiffes abwechselnd ein- und austaucht.

Zyklon (der) (grch.-lat.) Tropischer Wirbelsturm. Im engeren Sinne nur die Stürme im Arabischen Meer und im Golf von Bengalen; in anderen Gebieten der Erde haben sie andere Namen. Siehe tropische Wirbelstürme (Plural *Zyklone*).

Zyklone (die) Generelle Bezeichnung für ein Tiefdruckgebiet, dessen Durchmesser zwischen 300 km und 3000 km liegen kann. Die von allen Seiten in das Tief einströmenden Luftmassen erfahren infolge der Erddrehung durch die Corioliskräfte eine Ablenkung nach rechts, so daß auf der Nordhalbkugel eine spiralförmig nach innen, gegen den Uhrzeigersinn gerichtete Luftzirkulation bildet, auf der Südhalbkugel dagegen eine spiegelbildlich umgekehrte. Der Luftdruck in einer Zyklone nimmt nach deren Kern hin ab (Plural *Zyklonen*).

Zylinder (grch.-lat.) 1. Geometrischer Körper mit kreisförmiger Grundfläche. Bei einem Durchmesser d und einer Höhe h ist das Volumen des Zylinders

$$V = \frac{\pi d^2}{4} \cdot h$$

2. Die zylinderförmigen Brennkammern eines Kolben-Motors.

Zylinderkoeffizient Siehe Schärfegrad.

Anhang

Im nautisch-technischen Bereich verwendete Abkürzungen und Kurzzeichen

Zahlreiche Kurzzeichen sind mehrdeutig. Da sie dann jedoch verschiedenen Sachgebieten zuzugehören pflegen, ist eine Verwechslung so gut wie ausgeschlossen. Im nachfolgenden Verzeichnis sind verschiedene Bedeutungen ein und desselben Kurzzeichens, mit Ordnungsziffern versehen, nacheinander aufgezählt.
Zur Erleichterung des Auffindens sind die Zeichen nicht nach Anwendungsbereichen gruppiert; lediglich die in deutschen Seekarten verwendeten Abkürzungen sind gesondert zusammengefaßt. Abkürzungen, die hier vermißt werden, schlage man im Textteil nach, wie z. B. die Kurzzeichen der Beaufort-Wetterskala unter Wetterskala, die Schiffsführungspatente und die Sendearten unter A, usw.

A	1. Ampere (Basiseinheit der elektrischen Stromstärke)	BRT	Bruttoraumgehalt in Registertonnen
	2. Deviationskoeffizient für konstante Deviation	BV	1. Besteckversetzung
a	1. Abweitung		2. Bureau Veritas
	2. Beschleunigung (acceleration; früher b)	°C	Grad Celsius
		c	1. Lichtgeschwindigkeit (Geschwindigkeit elektromagn. Wellen)
	3. Jahr		
ABS	American Bureau of Shipping		
ADS	Allgemeine deutsche Seeversicherungsbedingungen		2. Zenti- (Vorsatz)
		Cb	Cumulonimbus
Ah, h	Augeshöhe	Cc	Cirrocumulus
aL	assumed latitude (angenommene Breite)	Ci	Cirrus
		Cs	Cirrostratus
aλ	assumed longitude (angenommene Länge)	Cu	Cumulus
		cd	Candela (Basiseinheit der Lichtstärke)
As	1. Altostratus		
	2. Amperesekunde	CGF	Schwerpunktfaktor (in Rennwertformel)
AT	atomic time (Atomuhrenzeit)		
at	technische Atmosphäre (veraltet)	Chr	Chronometer
Az	Azimut	c.p.s.	cycles per second (Hertz)
		cu ft, cu.ft.	cubic foot; cubic feet (Kubikfuß)
B	1. Beaufort	CWL, KWL	Konstruktionswasserlinie
	2. Breite (eines Schiffes)		
	3. magnetische Flußdichte	D	1. Dampfer
b	1. Breitenkomplement ($90° - \varphi$)		2. Gefahrengebiet (mit näherer Bezeichnung)
	2. Breitenunterschied (bei Besteckrechnungen)	D, P	Deplacement (Gewichtsverdrängung)
Bb	Backbord		
BC	British Corporation	d	1. Dezi- (Vorsatz)
BHP, b.h.p.	brake horsepower (Bremsleistung in HP – veraltet)		2. Distanz
			3. relative Dichte (ϱ_1/ϱ_2)

Anhang 1

	4. Tag	grd	Grad (bei Temperaturdifferenzen)
da	Deka- (Vorsatz)	Gr. t, t_{Grw}	Greenwicher Stundenwinkel
DC	Tiefgangskorrektur (in Rennwertformel)	GRT, gr. r. t.	gross register(ed) tonnage (BRT)
dec., DECL.	declination (Abweichung, δ)	GW	Grenzwelle
DHI	Deutsches Hydrograph. Institut	H	1. Höhe (z. B. eines Leuchtfeuers)
DMYV	Deutscher Motoryachtverband		2. Holzdeckslast (Freibordmarke)
DSV	Deutscher Segler-Verband		3. magnetische Feldstärke
			4. Seitenhöhe (eines Schiffes)
E	1. elektrische Feldstärke	h	1. Hekto- (Vorsatz)
	2. east (Ost)		2. Hebelarm der stat. Stabilität
„E"	Eisverstärkung		3. Stunde; Uhr
e	Zeitgleichung		4. wahre Höhe eines Gestirns
EHF	extremely high frequency (Millimeterwelle)	h'	scheinbare Höhe (eines Gestirns)
		h, Ah	Augeshöhe
EPF	Maschinen- und Propellerfaktor (in Rennwertformel)	Ho	observed altitude (beobachtete Höhe)
ET	ephemeris time (Ephemeridenzeit)	Hc	computed altitude (berechnete Höhe)
EZ	Einheitszeit	HA	hour angle (Stundenwinkel)
F	1. Fahrtfehler (beim Kreiselkompaß)	HF	1. Hochfrequenz
	2. Formschwerpunkt		2. high frequency (Kurzwelle)
	3. Frischwasser (Freibordmarke)	H.O.	Hydrographic Office, Washington
	4. Kraft (force; früher k)	H.P., h.p.	horsepower (veraltet)
°F	Grad Fahrenheit	HP, P_o	Horizontalparallaxe
f	1. Brennweite	hs	sextant altitude (abgelesener Kimmabstand)
	2. Frequenz		
	3. Funkbeschickung, Funkfehlweisung	H. W.	Hochwasser
		Hz	Hertz (Schwingungen pro Sekunde)
Fad.	Faden		
FC	Freibordkorrekt. (Rennwertformel)	I	elektrische Stromstärke
		i	Trägheitsradius
FT	1. Frischwasser Tropen (Freibordmarke)	Ib	1. Breitenträgheitsmoment (J_B)
			2. Indexberichtigung
	2. Funkentelegrafie	IC	index correction (Ib)
ft, ft.	foot; feet (Fuß)	ID	identification (Kennung)
Fw	Fehlweisung	I.H.O.	Internationale Hydrographische Organisation, Monaco
G	1. Gewichtskraft		
	2. Gewichtsschwerpunkt	in.	inch (Zoll)
	3. Giga- (Vorsatz)	IMCO	International Maritime Consultative Organisation
	4. Umfang des Hauptspants (Rennwertformel)		
		IOR	International Offshore Rule
g	1. Fallbeschleunigung	ISSA	Internationale Segelschulen-Vereinigung
	2. Gramm		
g_n	Normfallbeschleunigung	IYRU	International Yacht Racing Union
Gb, G.B.	Gesamtbeschickung (des Kimmabstandes)		
		J	Joule (1 J = 1 Nm = 1 Ws)
GHA	Greenwich hour angle (Greenwicher Stundenwinkel)		
		K	1. Kelvin (Basiseinheit der thermodynamischen Temperatur)
GL	Germanischer Lloyd		
GMT, G.M.T.	Greenwich mean time (mittlere Greenwich-Zeit)		2. Kiel
			3. Große Küstenfahrt

Anhang 1

k	1. Kilo- (Vorsatz)	MF	medium frequency (Mittelwelle)
	2. Kimmtiefe	MG	metazentrische Höhe
	3. Kleine Küstenfahrt	M.H.W.	mittleres Hochwasser
Kblg.	Kabellänge	MHz	Megahertz
kg	Kilogramm (Basiseinheit der Masse)	mm Hg	Millimeter Quecksilbersäule
		MR	measured rating
kHz	Kilohertz	MS	Motorschiff
kn	Knoten	MT	Motortanker
K.N.	Kartennull	M.W.	Mittelwasser
kp	Kilopond (veraltet)	MW	Mittelwelle
KpK	Kompaßkurs	mw; Mw	mißweisend; Mißweisung
KR	Kreuzer-Rennwert	mwK	mißweisender Kurs
KW	Kurzwelle		
kW	Kilowatt	N	1. Newton (Einheit der Kraft)
kWh	Kilowattstunde		2. Nord; nördlich
KWL, CWL	Konstruktionswasserlinie	n	1. Drehfrequenz (früher Drehzahl)
			2. Nadirdistanz
L	1. Länge (eines Schiffes)		3. Nano- (Vorsatz)
	2. Lumber, Holzdeckslast (Freibordmarke)	N.A.P.	Normal Amsterdamer Pegel
		Nb	Nimbus
	3. Schiffsort nach Loggerechnung	NE	northeast (Nordost)
$L_{üa}$	Länge über alles	NF	Niederfrequenz
L_{pp}	Länge zwischen den Loten (Perpendikeln)	N.F.	Nautischer Funkdienst
		N. f. S.	Nachrichten für Seefahrer
l	1. Längenunterschied (bei Besteckrechnungen)	N.N.	Normalnull
		Nm	Newtonmeter
	2. Liter	n mile	international nautical mile
lb(s)	engl. Pfund	NNO	Nordnordost
Lat., lat.	latitude (geographische Breite)	NNW	Nordnordwest
lg	dekadischer Logarithmus (neue Form)	NO	Nordost
		NRT	Nettoraumgehalt in Registertonnen
log	dekadischer Logarithmus (ältere Form)		
		Ns	Nimbostratus
Lon., lon., Long., long.	longitude (geographische Länge)	NS	Nuclear Ship (Kernenergie-Schiff)
		NT	Nautische Tafel
Lfv	Leuchtfeuerverzeichnis	NV	Det Norske Veritas
LF	low frequency (Langwelle)	N.W.	Niedrigwasser
LHA	local hour angle (Ortsstundenwinkel)	NW	Nordwest
LR	Lloyd's Register of Shipping	O	Ost; östlich
LW	Langwelle	Oe	Oersted (Einheit der magnetischen Feldstärke), veraltet = 79,58 A/m
M	1. Mega- (Vorsatz)		
	2. Metazentrum	OEZ	osteuropäische Zeit
	3. Moment	OKK	Oberkante Kiel (Berechnungsbasis für Schiffe)
m	1. Masse		
	2. Meter (Basiseinheit der Länge)	ONO	Ostnordost
	3. Milli- (Vorsatz)	OSO	Ostsüdost
m, min	Minute		
mb, mbar	Millibar	P	1. Höhenparallaxe
MEZ	mitteleuropäische Zeit		2. Leistung (power; früher N)
MGZ	mittlere Greenwich-Zeit		3. Sperrgebiet (mit näherer Bezeichnung)
MOZ	mittlere Ortszeit		

Anhang 1

P, D	Deplacement, Gewichtsverdrängung	SSV	Schiffssicherheitsverordnung
P_o, HP	Horizontalparallaxe	SSW	Südsüdwest
p	1. Druck (pressure)	St	Stratus
	2. Impuls	Stb	Steuerbord
	3. Piko- (Vorsatz)	Std	Stand (des Chronometers)
	4. Poldistanz	SW	Südwest
	5. Pond	SWA	Seewetteramt
	6. wahre Seitenpeilung (bei Funkbeschickung)	T	1. Periodendauer, z. B. Begegnungsperiode beim Seegang
Pa	Pascal (Einheit des Drucks)		2. Temperatur
PS	Pferdestärke (veraltet)		3. Tera- (Vorsatz)
PSe	effektive Pferdestärke (veraltet)		4. Tesla (Einheit der magnetischen Flußdichte)
PSi	indizierte Pferdestärke (veraltet)		5. Tiefgang
psi, p.s.i.	pounds per square inch (engl. Pfund pro Quadratzoll)		6. Tropen (Freibordmarke)
q	1. beobachtete Seitenpeilung (bei Funkbeschickung)	t	1. Stundenwinkel
			2. Tonne (1000 kg)
	2. parallaktischer Winkel am Gestirn		3. Zeitdauer (time)
		tö	östlicher Stundenwinkel
		tw	westlicher Stundenwinkel
R	1. elektrischer Widerstand	t_{Grw} Gr.t.	Greenwicher Stundenwinkel
	2. Refraktion	TD.	Tagesdistanz, Etmals-Distanz
	3. rating (Rennwert)	TH	true heading (rechtweisender Kurs)
RF, R.F.	radio frequency (Funkfrequenz)	$T\varphi$	Rollperiode
RT	1. Raumtiefe	$T\psi$	Stampfperiode
	2. Registertonne	tdw	tons deadweight (Tonnen Tragfähigkeit)
rw	rechtweisend		
rwK	rechtweisender Kurs	ton; ts	Tonne; Tonnen (1016 kg)
		TT	1. Turbinentanker
S	1. Sommer (Freibordmarke)		2. true track (wahrer Kurs)
	2. Süd; südlich		
	3. Segelfläche	U	1. elektrische Spannung
s	Sekunde (Basiseinheit der Zeitdauer)		2. Umdrehungen
		UHF	ultra high frequency (Dezimeterwelle)
SAR	Search and Rescue		
SBG	See-Berufsgenossenschaft	UKW	Ultrakurzwelle (Meterwelle)
SE	southeast (Südost)	UIM	Union Internationale Motonautique
SeeSchStrO	Seeschiffahrtstraßen-Ordnung		
SeeStrO	Seestraßenordnung	UT	universal time (Weltzeit)
S.f.K.	Sprechfunk für Küstenschiffahrt	UZ	Uhrzeit
SG	Seemannsgesetz		
Shb.	Seehandbuch	V	1. Raumverdrängung (kubisches Deplacement)
SHA	sidereal hour angle (Sternwinkel)		
SHP, S.H.P.	shaft horsepower		2. Volt
s.hp., s.h.p.		v	1. Geschwindigkeit (velocity)
sm	Seemeile		2. spezifisches Volumen
sm/h	Seemeile pro Stunde	VHF	very high frequency (Meterwelle, UKW)
SO	Südost		
Sp.	Springzeit	VLF	very low frequency (Längstwellen)
sq ft, sq.ft.	square foot; – feet (Quadratfuß)		
SSO	Südsüdost	VSP	Voith-Schneider-Propeller

W	1. Watt (Einheit der Leistung)		4. Windabdrift (bei Kursverwandlungen)
	2. Wattfahrt (Klassifikation)		1. Sternwinkel
	3. West; westlich	β	2. Stromdrift (bei Kursverwandlungen)
	4. Winter (Freibordmarke)		
Wb	Weber (Einheit des magnetischen Flusses)		3. Völligkeitsgrad der Hauptspantfläche
WE	watch error (Stand)		Wichte („spezifisches Gewicht") (veraltet)
WGZ	wahre Greenwich-Zeit	γ	
WK	wahrer Kurs		1. Deklination (Abweichung eines Gestirns)
WL	Wasserlinie	δ	
WNA	Winter – Nordatlantik (Freibordmarke)		2. Deviation (Ablenkung der Magnetnadel)
WNW	Westnordwest		3. Völligkeitsgrad der Verdrängung
WOZ	wahre Ortszeit		
WPS	Wellen-PS (veraltet)		
Ws	Wattsekunde	η	Wirkungsgrad
WSW	Westsüdwest	λ	1. geogr. Länge
			2. Wellenlänge
yd	Yard	μ	Mikro- (Vorsatz)
		ϱ	1. Dichte
z	Zenitdistanz		2. wahrer Halbmesser eines Gestirns
z_o	Meridianzenitdistanz		
ZD	zone description (Berichtigung der Zonenzeit)	τ	Zeitwinkel
		φ	1. geographische Breite
Zn	azimuth (Azimut, Az)		2. Polhöhe (= Breite des Beobachtungsortes)
Zt	zone time (Zonenzeit, ZZ)		
ZU	Zeitunterschied		3. Krängungswinkel oder Rollwinkel eines Schiffes
ZZ	Zonenzeit auf See		
			4. Schärfegrad, Zylinderkoeffizient
α	1. Kurswinkel (bei Besteckrechnungen)	ψ	1. Schlankheitsgrad (der Verdrängung)
	2. Rektaszension (Gerade Aufsteigung)		2. Stampfwinkel
	3. Völligkeitsgrad von Wasserlinienflächen	ω	Kreisfrequenz
		Ω	Ohm

Abkürzungen in deutschen Seekarten

A		**B**	
A.	Amt, Anstalt	B.	Bucht
Aero-	Luftfahrtfeuer	Batt.	Batterie
Am.	Amerikanisch	beabs.	beabsichtigt
Ankpl.	Ankerplatz	bel.	beleuchtet
Anl.	Anleger	Ber.	Berichtigung
Anst.	Ansteuerung	Bg.	Berg
Arch.	Archipel	Bhf.	Bahnhof
auff.	auffällig	Bk.	Bake(n)
Aus.	Australisch	bl.	blau
Aust.	Austern	Blk.	Blinkfeuer

Anhang 2

Blk. (2)	Blinkgruppenfeuer	Fh.	Fähre
Blk. (1 + 2)	Kombiniertes Blinkgruppenfeuer	Fhrwss.	Fahrwasser
Blz.	Blitzfeuer	Fi.	Fischerfeuer
Blz.(3)	Blitzgruppenfeuer	Fi-Hfn.	Fischereihafen
Blz.(1 + 2)	Kombiniertes Blitzgruppenfeuer	Finn.	Finnisch
Blz.-Blk.	Blitz-Blinkfeuer	Fj.	Fjord
Bn.	Brunnen	Fkl.	Funkelfeuer
bnt.	bunt	Fkl.unt.	Unterbrochenes Funkelfeuer
br.	braun	Fl.	Fluß, Strom
Br.	Breite	Flgmst.	Flaggenmast
Brdg.	Brandung	Flgst.	Flaggenstock
Brit.	Britisch	Flgtm.	Flaggenturm
Brk.	Brücke	Fls.	Felsen
bzw.	beziehungsweise	fls.	felsig
		Fnkmst.	Funkmast(en)
C		Fnktm.	Funkturm
cd.	Candela	Fr.	Foraminiferen
cm	Zentimeter	F-Sch.	Feuerschiff
		Fstm-Tn.	Festmachetonne(n)
D		Ft.	Fort
D.	Deutsch		
Dän.	Dänisch	**G**	
DW	Tiefwasserweg	G.	Golf
Dev.	Deviation	g.	gelb
Dev-Bk.	Deviationsbake	Gas-T.	Gastank, Gasometer
Dev-Dlb.	Deviationsdalben	gb.	grob
Dev-Tn.	Deviationstonne	Gbd.	Gebäude
D.H.I.	Deutsches Hydrographisches Institut	Gbg.	Gebirge
		gb.K.	grober Kies
Di.	Diatomeen	Gd.	Grund
dkl.	dunkel	Gef-S.	Gefahrensignalstelle
Dkm.	Denkmal	gel.	gelöscht
Dlb.	Dalben	gem.	gemeldet
dm	Dezimeter	ger.	geringer
Drchf.	Durchfahrt	Ger. Tiefe	Geringere Tiefe möglich
		Ges-A.	Gesundheitsamt
E		Gez-F.	Gezeitenfeuer
ED	Vorhandensein zweifelhaft	ggf.	gegebenenfalls
ehem.	ehemalig	Gl.	Globigerinen
Einf.	Einfahrt	Glet.	Gletscher
Eis-S.	Eissignalstelle	Gl-Floß	Glockenfloß
E-Werk	Elektrizitätswerk	Glt.	Gleichtaktfeuer
expl.	explosiv	Gl-Tm.	Glockenturm
Expl-Ankpl.	Ankerplatz für Schiffe mit gefährlicher Ladung	Gl-Tn.	Glockentonne
		gn.	grün
Expl-Tn.	Reedetonne für Schiffe mit Explosivstoffen	Gr.	Greenwich
		gr.	grau
		Grp.	Gruppe(n)
F		Grs.	Seegras
F.	Festfeuer	gß.	groß
f.	fein	gß. St.	großer Stein, große Steine
Fbr.	Fabrik		
Fd.	Förde		

Anhang 2

H
h.	hell
0^h	Stunde
Hfn.	Hafen
Hfn-A.	Hafenamt
Hg.	Hügel
H-I.	Halbinsel
Hk.	Huk
Hl-Tn.	Heultonne
Hs.	Haus
Ht.	Hütte
ht.	hart
H.W.	Hochwasser

I
I.	Insel(n)
I.	Institut

J
Jährl. Änd.	Jährliche Änderung

K
K.	Kap
K.	Kies
ka.	kalkig
Kan.	Kanadisch
Kan.	Kanal
Kas.	Kaserne
Kb-Bk.	Kabelbake(n)
Kbblg.	Stromkabbelung
Kblg.	Kabellänge
Kb-Tn.	Kabeltonne
kl.	klein
Klp.	Klippe(n) Unterwasserklippe(n)
kl. St.	kleine Steine
km	Kilometer
kn	Knoten
Kor.	Korallen(riff)
Kpl.	Kapelle
Kr.	Kirche
Kr.	Kreide
Krhs.	Krankenhaus
Krz.	Kreuz, Bildstock
Kst-W.	Küstenwache
Ku.	Kuppel

L
Laz.	Lazarett
Lcht-Tm.	Leuchtturm
Ld.	Land
Ldg-Brk.	Landungsbrücke(n)
Ldg-Pl.	Landungsplatz
Lft-F.	Luftfahrtfeuer
Lfv.	Leuchtfeuerverzeichnis
Lg.	Länge
L-S.	Lotsenstelle
Lt-F.	Leitfeuer
Lv.	Lava

M
M.	Muscheln
M.	Windmühle
m	Meter
0^m	Minute (Zeit)
m^2	Quadratmeter
m^3	Kubikmeter
Mdg.	Mündung
Meß-G.	Meßgerät
Mgl.	Mergel
Mi.	Mischfeuer
Mißw.	Mißweisung
Mk.	Farbfleck, Marke
Ml-Bk.	Meilenbake(n)
Ml-Tn.	Meilentonne
mm	Millimeter
M.Np.H.W.	Mittleres Nipphochwasser
M.Np.N.W.	Mittleres Nippniedrigwasser
Mo.	Morsefeuer
M.Sp.H.W.	Mittleres Springhochwasser
M.Sp.N.W.	Mittleres Springniedrigwasser
Mst.	Mast(en)
mt.	mittlere
Mt-F.	Mittelfeuer
Mun-Vers-Gbt.	Munitionsversenkungsgebiet
M.W.	Mittelwasser

N
N	Nord
Neusl.	Neuseeländisch
NF	Nautischer Funkdienst
NfS	Nachrichten für Seefahrer
Nied.	Niederländisch
N-L.	Nebelleuchte
N-lich	nördlich
NO	Nordost
Nor.	Norwegisch
Not-S.	Notsignalstelle
Nr.	Nummer
N-S.	Nebelschallstation
N-Such-F.	Nebelsuchfeuer
N.W.	Niedrigwasser
NW	Nordwest

O
O	Ost

Anhang 2

Ob-F.	Oberfeuer	**S**	
Obs.	Observatorium	O^s	Sekunde (Zeit)
od.	oder	S.	Stelle, Station
O-lich	östlich	S	Süd
Öl-T.	Öltank(s)	s.	schwarz
or.	orange, bernsteinfarben	Sc.	Schlacken
		Sch.	Schill
P		Sch-H.	Schiffahrtshindernis(se)
PA	Position angenähert	Schl.	Schlamm
P-A.	Postamt	Schl.	Schloß
Pag.	Pagode	Schls.	Schleuse(n)
PD	Position zweifelhaft	Schp.	Schuppen
Pf.	Pfahl, Pfeiler, Pfosten	Schst.	Schornstein(e)
Pgl.	Pegel	Schütt-S.	Baggerschütt- oder Schüttstelle
priv.	privat	schw.	schwach
Pt.	Pteropoden	Schw.	Schwamm
Pyr.	Pyramide	Schw.	Schwedisch
		Schw-Dock	Schwimmdock
Q		Sd.	Sand
Qm-F.	Quermarkenfeuer	Sd.	Sund
Qrt-Ankpl.	Quarantäne-Ankerplatz	SD	Tiefenangabe zweifelhaft
Qrt-S.	Quarantänestation		
Qrt-Tn.	Quarantänetonne	Sdkor.	Sandkoralle
Qu.	Quarz	Sem.	Semaphor
		SFkl.	Schnelles Funkelfeuer
R		Sgn.	Signal, Zeichen
R.	QTG-Küstenfunkstelle	Sgnmst.	Signalmast
R.	Riff	Sgn-S.	Signalstelle
r	rot	,,	Internationale Signalstelle
Ra.	Radarstation	,,	Lloydssignalstelle
,,	Radar, Radarantenne	,,	Marinesignalstelle
Ra-Bk.	Radarantwortbake	,,	Schiffsmeldedienst
Racon	Radarantwortbake	,,	Semaphorstelle
Ra-Ku.	Radarkuppel	Shb.	Seehandbuch
Ramk.	Ramark	Siehe Krt.	Siehe Karte(n)
Ra-Mst.	Radarmast	Sk.	Schlick
Ra-Tm.	Radarturm	sk.	schlickig
RC.	Kreisfunkfeuer	skr.	senkrecht
RC.(Aero)	Flugfunkfeuer	S-lich	südlich
Rcht-Bk.	Richtbake(n)	Slp.	Schlipp, Aufschleppe
Rcht-F.	Richtfeuer	SMt	Seamount
RD.	Richtfunkfeuer	sm	Seemeile
Rd.	Radiolarien	SO	Südost
Rd.	Reede	Sp.	Spitze
Res. Ankpl.	Reservierter Ankerplatz	S^t	Sankt
RG.	Funkpeilstelle	St.	Steine
Rgd.	Riffgrund	st.	steinig
R-S.	Rettungsbootstation	Stg.	Seetang
,,	Rettungsstelle	Str.	Straße
,,	Raketenstelle	Strm-S.	Sturmsignalstelle
Ru.	Ruine	,,	Orkansignalstelle
RW.	Consolfunkfeuer	,,	Taifunsignalstelle
,,	Drehfunkfeuer	Strom-S.	Stromsignalstelle

SW	Südwest
T	
T.	Ton
t	Tonne (Gewicht)
tdw	Tragfähigkeit (tons deadweight)
Tfl.	Tafel(n)
Tg-F.	Tagesfeuer
tlws.	teilweise
Tm.	Turm, Türme
Tm-Bk.	Turmbake
Tp.	Tempel
T.P.	Trigonometrischer Punkt
Tr-Dock	Trockendock
trfall.	trockenfallend
T-S.	Telegrafenstelle
Tst.	Tuffstein
U	
u., &, +	und
u. a.	und andere
Ubr.	Unterbrochenes Feuer
Ubr.(2)	Unterbrochenes Gruppenfeuer
UBr.(2 + 3)	Kombiniertes unterbrochenes Gruppenfeuer
U-F.	Unterfeuer
Umschlpl.	Umschlagplatz
ungf.	ungefähr
Unr.	Unrein
Unr. Gd.	Unreiner Grund
Unr.(Mun.)	Unrein (Munition)
Uns. Mißw.	Unsichere Mißweisung
Untf.	Untiefe
Untsg-Ankpl.	Untersuchungs-Ankerplatz
usw.	und so weiter
U-Wss-Gl.	Unterwasserglocke
V	
v.	vulkanisch
Va.	Vulkanasche
vdklt.	verdunkelt
verb.	verboten
Verb. Gbt.	Verbotenes Gebiet
Verm.	Vermessung, Vermessungs-
viol.	violett
vrd.	verdeckt
vrsdt.	versandet
vrst.	verstärkt
V-S.	Verkehrssignalstelle
"	Barresignalstelle
"	Brückensignalstelle
"	Fahrwasserstörungs-Sgn-S.
"	Hafensignalstelle
"	Reedesignalstelle
"	Schleusensignalstelle
"	Seezeichensignalstelle
"	Sperrsignalstelle
"	Spülsignalstelle
vsw.	versuchsweise
W	
W.	Wache
w.	weiß
W	West
Warn-F.	Warnfeuer
Warn-S.	Warnsignalstelle
"	Wracksignalstelle
"	Schießübungs-Sgn-S.
"	Wasserflugzeug-Sgn-S.
wch.	weich
Wchs. w. r.	Wechselfeuer weiß-rot
Wchs. Ubr. w. r.	Unterbrochenes Wechselfeuer weiß-rot
Wchs. Blk. w. r.	Blinkwechselfeuer weiß-rot
Wchs. Blz. w. r.	Blitzwechselfeuer weiß-rot
Wchs. (2) w. gn.	Wechselgruppenfeuer weiß-grün
wgr.	waagerecht
Wk	Wrack(e)
W-lich	westlich
W-S.	Windsignalstelle
"	Wettersignalstelle
Wss-S.	Wasserstands-Signalstelle
Wss-T.	Wassertank
Wss-Tm.	Wasserturm
W-Tm.	Wachtturm
Z	
z.	zäh
zbr.	zerbrochen
Zgl.	Ziegelei
Zoll-A.	Zollamt
Zoll-S.	Zollstelle
Zoll-W.	Zollwache
zrst.	zerstört
Z-S.	Zufluchtsstelle für Schiffbrüchige
Ztbl.	Zeitball
Zt-S.	Zeitsignalstelle
ztwl.	zeitweilig
ztws.	zeitweise, gelegentlich

Anhang 3

Kennzeichen der Nationalität im Segel

A	Argentinien	KZ	Neuseeland
AL	Algerien	KZA	Zambia
AR	Vereinigte Arabische Republik	L	Finnland
B	Belgien	LE	Libanon
BA	Bahamas	LX	Luxemburg
BL	Brasilien	M	Ungarn
BU	Bulgarien	MA	Marokko
CA	Kambodscha	MG	Madagaskar
CB	Kolumbien	MO	Monaco
CY	Ceylon	MX	Mexico
CZ	Tschechoslowakei	MY	Malaysia
D	Dänemark	N	Norwegen
E	Spanien	NK	Demokratische Volksrepublik Korea
EC	Equador	OE	Österreich
F	Frankreich	P	Portugal
G	Bundesrepublik Deutschland	PH	Philippinen
GO	DDR	PR	Puerto Rico
GR	Griechenland	PU	Peru
GU	Guatemala	PZ	Polen
H	Holland	RC	Cuba
HA	Niederländ. Antillen	RI	Indonesien
I	Italien	RM	Rumänien
IR	Republik Irland	S	Schweden
IS	Israel	SA	Südafrika
J	Japan	SE	Senegal
K	Großbritannien (United Kingdom)	SL	El Salvador
KA	Australien	SR	Union der Sozialistischen Sowjet-Republiken
KB	Bermudas		
KBA	Barbados	T	Tunesien
KC	Kanada	TA	Chinesische Republik (Taiwan)
KG	Guyana	TH	Thailand
KGB	Gibraltar	TK	Türkei
KH	Hongkong	U	Uruguay
KI	Indien	US	Vereinigte Staaten von Amerika
KJ	Jamaica	V	Venezuela
KK	Kenia	VI	U.S. Virgin I.
KR	Rhodesien	X	Chile
KS	Singapur	Y	Jugoslawien
KT	Westindien	Z	Schweiz

Das Kennzeichen der Nationalität wird unter dem Klassenzeichen und vor der Unterscheidungsnummer geführt. Beispiel: Das 152. deutsche Folkeboot hat die Bezeichnung   F
   G 152

Umrechnungsfaktoren für metrische und andere Maßeinheiten

Längen
1″ (inch)	=	25,40 mm		1 m	=	39,37″
1′ (foot)	=	0,3048 m		1 m	=	3,2808′
1 yd (yard)	=	0,9144 m		1 m	=	1,0936 yds
1 Faden	=	1,8288 m		1 m	=	0,5468 Faden
1 Kabellänge	=	185,2 m		1 km	=	5,40 Kabellg.
1 Seemeile	=	1852 m		1 km	=	0,540 sm

Flächen
1 sq.ft.	=	0,0929 m²		1 m²	=	10,764 sq.ft.

Volumen
1 cu.ft.	=	1728 cu.ins.		1 cu.in.	=	$0{,}5787 \cdot 10^{-3}$ cu.ft.
1 cu.ft.	=	0,0283 m³		1 m³	=	35,315 cu.ft.
1 gallon (Brit.)	=	4,5461 l		1 l	=	0,220 gallon (Brit.)
1 gallon (USA)	=	3,7854 l		1 l	=	0,2642 gallon (USA)
1 Reg.Tonne	=	2,8317 m³		1 m³	=	0,3532 RT

Gewichte
1 ounce	=	28,35 g		1 g	=	0,0353 ounce
1 lb (pound)	=	0,4536 kg		1 kg	=	2,2046 lbs
1 long ton	=	1,016 t		1 t	=	0,9842 long ton
1 short ton	=	0,9072 t		1 t	=	1,1023 short tons

Geschwindigkeiten

1 kn = 1,852 km/h = 0,5144 m/s
1 km/h = 0,278 m/s = 0,540 kn
1 m/s = 1,944 kn = 3,600 km/h

kn	km/h	m/s	kn	km/h	m/s	kn	km/h	m/s
1	1,85	0,51	21	38,89	10,80	41	75,93	21,09
2	3,70	1,03	22	40,74	11,32	42	77,78	21,61
3	5,55	1,54	23	42,59	11,83	43	79,63	22,12
4	7,41	2,06	24	44,45	12,35	44	81,49	22,64
5	9,26	2,57	25	46,30	12,86	45	83,34	23,15
6	11,11	3,09	26	48,15	13,38	46	85,19	23,66
7	12,96	3,60	27	50,00	13,89	47	87,04	24,18
8	14,82	4,12	28	51,86	14,40	48	88,90	24,69
9	16,67	4,63	29	53,71	14,92	49	90,75	25,21
10	18,52	5,14	30	55,56	15,43	50	92,60	25,72
11	20,37	5,66	31	57,41	15,95	51	94,45	26,24
12	22,22	6,17	32	59,26	16,46	52	96,30	26,75
13	24,07	6,69	33	61,11	16,98	53	98,15	27,27
14	25,93	7,20	34	62,97	17,49	54	100,01	27,78
15	27,78	7,72	35	64,82	18,05	55	101,86	28,29
16	29,63	8,23	36	66,67	18,52	56	103,71	28,81
17	31,48	8,75	37	68,52	19,03	57	105,56	29,32
18	33,34	9,26	38	70,38	19,55	58	107,42	29,84
19	35,19	9,77	39	72,23	20,06	59	109,27	30,35
20	37,04	10,29	40	74,08	20,58	60	111,12	30,87

Englische Fuß – Meter

Fuß	0	1	2	3	4	5	6	7	8	9
0	0	0,305	0,610	0,914	1,219	1,524	1,829	2,134	2,438	2,743
10	3,048	3,353	3,658	3,962	4,267	4,572	4,877	5,182	5,486	5,791
20	6,096	6,401	6,706	7,010	7,315	7,620	7,925	8,230	8,534	8,839
30	9,144	9,449	9,753	10,058	10,363	10,668	10,973	11,277	11,582	11,887
40	12,192	12,497	12,801	13,106	13,411	13,716	14,021	14,325	14,630	14,935
50	15,240	15,545	15,849	16,154	16,459	16,764	17,068	17,373	17,678	17,983
60	18,288	18,592	18,897	19,202	19,507	19,812	20,116	20,421	20,726	21,031
70	21,336	21,640	21,945	22,250	22,555	22,860	23,164	23,469	23,774	24,079
80	24,384	24,688	24,993	25,298	25,603	25,908	26,212	26,517	26,822	27,127
90	27,432	27,736	28,041	28,346	28,651	28,955	29,260	29,565	29,870	30,175
100	30,479	30,784	31,089	31,394	31,699	32,003	32,308	32,613	32,918	33,223
110	33,527	33,832	34,137	34,442	34,747	35,051	35,356	35,661	35,966	36,271
120	36,575	36,880	37,185	37,490	37,795	38,099	38,404	38,709	39,014	39,318
130	39,623	39,928	40,233	40,538	40,842	41,147	41,452	41,757	42,062	42,366
140	42,671	42,976	43,281	43,586	43,890	44,195	44,500	44,805	45,110	45,414
150	45,719	46,024	46,329	46,634	46,938	47,243	47,548	47,853	48,158	48,462
160	48,767	49,072	49,377	49,642	49,986	50,291	50,596	50,901	51,205	51,510
170	51,815	52,120	52,425	52,729	53,034	53,339	53,644	53,943	54,253	54,558
180	54,863	55,168	55,473	55,777	56,082	56,387	56,692	56,997	57,301	57,606
190	57,911	58,216	58,521	58,825	59,130	59,435	59,740	60,045	60,349	60,654
200	60,959	61,264	61,568	61,873	62,178	62,483	62,788	63,092	63,397	63,702
210	64,007	64,312	64,616	64,921	65,226	65,531	65,836	66,140	66,445	66,750
220	67,055	67,360	67,664	67,969	68,274	68,579	68,884	69,188	69,493	69,798
230	70,103	70,408	70,712	71,017	71,322	71,627	71,932	72,236	72,541	72,846
240	73,151	73,455	73,760	74,065	74,370	74,675	74,979	75,284	75,589	75,894
250	76,199	76,503	76,808	77,113	77,418	77,722	78,027	78,332	78,637	78,942
260	79,246	79,551	79,856	80,161	80,466	80,770	81,075	81,380	81,685	81,990
270	82,294	82,600	82,904	83,209	83,514	83,818	84,123	84,430	84,733	85,038
280	85,342	85,647	85,952	86,257	86,561	86,866	87,171	87,476	87,781	88,085
290	88,390	88,695	89,000	89,305	89,609	89,914	90,219	90,524	90,829	91,133
300	91,438	91,743	92,048	92,353	92,657	92,962	93,267	93,572	93,877	94,181
310	94,486	94,791	95,096	95,401	95,705	96,010	96,315	96,620	96,924	97,229
320	97,534	97,839	98,144	98,448	98,753	99,058	99,363	99,668	99,972	100,227

Anhang 7

Fuß	0	1	2	3	4	5	6	7	8	9
330	100,582	100,887	101,192	101,496	101,801	102,106	102,411	102,716	103,020	103,325
340	103,630	103,935	104,240	104,544	104,849	105,154	105,459	105,764	106,068	106,373
350	106,678	106,993	107,287	107,592	107,897	108,202	108,507	108,811	109,116	109,421
360	109,726	110,031	110,335	110,640	110,945	111,250	111,555	111,859	112,164	112,469
370	112,774	113,079	113,383	113,688	113,993	114,298	114,602	114,907	115,212	115,517
380	115,822	116,126	116,431	116,736	117,041	117,346	117,650	117,955	118,260	118,565
390	118,870	119,174	119,479	119,784	120,089	120,394	120,698	121,003	121,308	121,613
400	121,918	122,222	122,527	122,832	123,136	123,441	123,745	124,050	124,355	124,660
410	124,964	125,269	125,574	125,879	126,184	126,488	126,793	127,098	127,403	127,708
420	128,012	128,317	128,622	128,927	129,232	129,536	129,841	130,146	130,451	130,756
430	131,060	131,365	131,670	131,975	132,280	132,584	132,889	133,194	133,499	133,804
440	134,108	134,413	134,718	135,023	135,327	135,632	135,937	136,242	136,547	136,851
450	137,157	137,462	137,767	138,071	138,376	138,681	138,986	139,291	139,595	139,900
460	140,205	140,510	140,815	141,119	141,424	141,729	142,034	142,339	142,643	142,948
470	143,253	143,558	143,862	144,167	144,472	144,777	145,082	145,386	145,691	145,996
480	146,301	146,606	146,910	147,215	147,520	147,825	148,130	148,434	148,739	149,044
490	149,349	149,654	149,958	150,263	150,568	150,873	151,178	151,482	151,787	152,092
500	152,397									

Englische Zoll – Meter

Zoll	0	1/8	1/4	3/8	1/2	5/8	3/4	7/8
0	0	0,003	0,006	0,010	0,013	0,016	0,019	0,022
1	0,025	0,029	0,032	0,035	0,038	0,041	0,044	0,048
2	0,051	0,054	0,057	0,060	0,064	0,067	0,070	0,073
3	0,076	0,079	0,083	0,086	0,089	0,092	0,095	0,098
4	0,102	0,105	0,108	0,111	0,114	0,117	0,121	0,124
5	0,127	0,130	0,133	0,137	0,140	0,143	0,146	0,149
6	0,152	0,156	0,159	0,162	0,165	0,168	0,171	0,175
7	0,178	0,181	0,184	0,187	0,191	0,194	0,197	0,200
8	0,203	0,206	0,210	0,213	0,216	0,219	0,222	0,225
9	0,229	0,232	0,235	0,238	0,241	0,244	0,248	0,251
10	0,254	0,257	0,260	0,264	0,267	0,270	0,273	0,276
11	0,279	0,283	0,286	0,289	0,292	0,295	0,298	0,302
12	0,305							

Anhang 8

Zurückgelegter Weg in Seemeilen bei gegebener Fahrt in Knoten

min	1	2	3	4	5	6	7	8	9	10	11	12	13	14	15	16	17	18	19	20 kn
1				0,1	0,1	0,1	0,1	0,1	0,2	0,2	0,2	0,2	0,2	0,2	0,3	0,3	0,3	0,3	0,3	0,3
2	0,1	0,1	0,1	0,1	0,2	0,2	0,2	0,3	0,3	0,3	0,4	0,4	0,4	0,5	0,5	0,5	0,6	0,6	0,6	0,7
3	0,1	0,1	0,2	0,2	0,3	0,3	0,4	0,4	0,5	0,5	0,6	0,6	0,7	0,7	0,8	0,8	0,9	0,9	1,0	1,0
4	0,1	0,1	0,2	0,3	0,3	0,4	0,5	0,5	0,6	0,7	0,7	0,8	0,9	0,9	1,0	1,1	1,1	1,2	1,3	1,3
5	0,1	0,2	0,3	0,3	0,4	0,5	0,6	0,7	0,8	0,8	0,9	1,0	1,1	1,2	1,3	1,3	1,4	1,5	1,6	1,7
6	0,1	0,2	0,3	0,4	0,5	0,6	0,7	0,8	0,9	1,0	1,1	1,2	1,3	1,4	1,5	1,6	1,7	1,8	1,9	2,0
7	0,1	0,2	0,4	0,5	0,6	0,7	0,8	0,9	1,1	1,2	1,3	1,4	1,5	1,6	1,8	1,9	2,0	2,1	2,2	2,3
8	0,1	0,3	0,4	0,5	0,7	0,8	0,9	1,1	1,2	1,3	1,5	1,6	1,7	1,9	2,0	2,1	2,3	2,4	2,5	2,7
9	0,2	0,3	0,5	0,6	0,8	0,9	1,1	1,2	1,4	1,5	1,7	1,8	2,0	2,1	2,3	2,4	2,6	2,7	2,9	3,0
10	0,2	0,3	0,5	0,7	0,8	1,0	1,2	1,3	1,5	1,7	1,8	2,0	2,2	2,3	2,5	2,7	2,8	3,0	3,2	3,3
15	0,3	0,5	0,8	1,0	1,3	1,5	1,8	2,0	2,3	2,5	4,6	5,0	5,4	5,8	6,3	6,7	7,1	7,5	7,9	8,3
20	0,3	0,7	1,0	1,3	1,7	2,0	2,3	2,7	3,0	3,3	3,7	4,0	4,3	4,7	5,0	5,3	5,7	6,0	6,3	6,7
25	0,4	0,8	1,3	1,7	2,1	2,5	2,9	3,3	3,8	4,2	2,8	3,0	3,3	3,5	3,8	4,0	4,3	4,5	4,8	5,0
30	0,5	1,0	1,5	2,0	2,5	3,0	3,5	4,0	4,5	5,0	5,5	6,0	6,5	7,0	7,5	8,0	8,5	9,0	9,5	10,0
35	0,6	1,2	1,8	2,3	2,9	3,5	4,1	4,7	5,3	5,8	6,4	7,0	7,6	8,2	8,8	9,3	9,9	10,5	11,1	11,7
40	0,7	1,3	2,0	2,7	3,3	4,0	4,7	5,3	6,0	6,7	7,3	8,0	8,7	9,3	10,0	10,7	11,3	12,0	12,7	13,3
45	0,8	1,5	2,3	3,0	3,8	4,5	5,3	6,0	6,8	7,5	8,3	9,0	9,8	10,5	11,3	12,0	12,8	13,5	14,3	15,0
50	0,8	1,7	2,5	3,3	4,2	5,0	5,8	6,7	7,5	8,3	9,2	10,0	10,8	11,7	12,5	13,3	14,2	15,0	15,8	16,7
55	0,9	1,8	2,8	3,7	4,6	5,5	6,4	7,3	8,3	9,2	10,1	11,0	11,9	12,8	13,8	14,7	15,6	16,5	17,4	18,3
60	1,0	2,0	3,0	4,0	5,0	6,0	7,0	8,0	9,0	10,0	11,0	12,0	13,0	14,0	15,0	16,0	17,0	18,0	19,0	20,0

Anhang 9

Sichtweiten (Leuchtfeuer in der Kimm)

Sichtweite = 2,075 · (√H + √h). Sichtweiten in sm, Höhen in m

Feuerhöhe (H)	Augeshöhe (h)							
	0	1	2	3	4	5	6	7 m
2	2,9	5,0	5,9	6,5	7,1	7,6	8,0	8,4
4	4,2	6,2	7,1	7,8	8,3	8,8	9,3	9,7
6	5,1	7,2	8,0	8,7	9,3	9,7	10,2	10,6
8	5,9	8,0	8,8	9,5	10,0	10,5	11,0	11,4
10	6,6	8,7	9,5	10,2	10,7	11,2	11,7	12,1
12	7,2	9,3	10,1	10,8	11,4	11,8	12,3	12,7
14	7,8	9,9	10,7	11,4	11,9	12,4	12,9	13,3
16	8,3	10,4	11,3	11,9	12,5	13,0	13,4	13,8
18	8,8	10,9	11,8	12,4	13,0	13,5	13,9	14,3
20	9,3	11,4	12,2	12,9	13,5	14,0	14,4	14,8
22	9,8	11,8	12,7	13,4	13,9	14,4	14,9	15,3
24	10,2	12,3	13,1	13,8	14,4	14,8	15,3	15,7
26	10,6	12,7	13,6	14,2	14,8	15,3	15,7	16,1
28	11,0	13,1	14,0	14,6	15,2	15,7	16,1	16,5
30	11,4	13,5	14,3	15,0	15,6	16,0	16,5	16,9
32	11,8	13,9	14,7	15,4	15,9	16,4	16,9	17,3
34	12,1	14,2	15,1	15,7	16,3	16,8	17,2	17,6
36	12,5	14,6	15,4	16,1	16,6	17,1	17,6	18,0
38	12,8	14,9	15,8	16,4	17,0	17,5	17,9	18,3
40	13,2	15,2	16,1	16,8	17,3	17,8	18,3	18,7
45	14,0	16,1	16,9	17,5	18,1	18,6	19,1	19,5
50	14,7	16,8	17,7	18,3	18,9	19,4	19,8	20,2
55	15,4	17,5	18,4	19,0	19,6	20,1	20,5	20,9
60	16,1	18,2	19,0	19,7	20,3	20,8	21,2	21,6
65	16,8	18,9	19,7	20,4	20,9	21,4	21,9	22,3
70	17,4	19,5	20,3	21,0	21,5	22,0	22,5	22,9

Anhang 10

Millimeter Quecksilbersäule – Millibar

mm	mb	mm	mb	mm	mb	mm	mb	mm	mb
Niedrigster Barometerstand, der bis 1972 gemessen wurde: 877 mb		683	911	718	957	753	1004	788	1051
		684	912	719	959	754	1005	789	1052
		685	913	720	960	755	1007	790	1053
		686	915	721	961	756	1008	791	1055
		687	916	722	963	757	1009	792	1056
		688	917	723	964	758	1011	793	1057
		689	919	724	965	759	1012	794	1059
		690	920	725	967	760	1013	795	1060
656	875	691	921	726	968	761	1015	796	1061
657	876	692	923	727	969	762	1016	797	1063
658	877	693	924	728	971	763	1017	798	1064
659	879	694	925	729	972	764	1019	799	1065
660	880	695	927	730	973	765	1020	800	1067
661	881	696	928	731	975	766	1021	801	1068
662	883	697	929	732	976	767	1023	802	1069
663	884	698	931	733	977	768	1024	803	1071
664	885	699	932	734	979	769	1025	804	1072
665	887	700	933	735	980	770	1027	805	1073
666	888	701	935	736	981	771	1028	806	1075
667	889	702	936	737	983	772	1029	807	1076
668	891	703	937	738	984	773	1031	808	1077
669	892	704	939	739	985	774	1032	809	1079
670	893	705	940	740	987	775	1033	810	1080
671	895	706	941	741	988	776	1035	811	1081
672	896	707	943	742	989	777	1036	812	1083
673	897	708	944	743	991	778	1037		
674	899	709	945	744	992	779	1039		
675	900	710	947	745	993	780	1040		
676	901	711	948	746	995	781	1041		
677	903	712	949	747	996	782	1043	Höchster bis 1972 gemessener Barometerstand: 1083,8 mb	
678	904	713	951	748	997	783	1044		
679	905	714	952	749	999	784	1045		
680	907	715	953	750	1000	785	1047		
681	908	716	955	751	1001	786	1048		
682	909	717	956	752	1003	787	1049		

Gegenüber: Temperaturvergleich Fahrenheit – Celsius

$$x\,°F = (x-32) \cdot \frac{5}{9}\,°C$$

$$x\,°C = (32 + \frac{9}{5}x)\,°F$$

°F	°C	°F	°C	°F	°C	°F	°C	°F	°C
-22	-30,0	25	-3,9	72	22,2	119	48,3	166	74,4
-21	-29,4	26	-3,3	73	22,8	120	48,9	167	75,0
-20	-28,9	27	-2,8	74	23,3	121	49,4	168	75,6
-19	-28,3	28	-2,2	75	23,9	122	50,0	169	76,1
-18	-27,8	29	-1,7	76	24,4	123	50,6	170	76,7
-17	-27,2	30	-1,1	77	25,0	124	51,1	171	77,2
-16	-26,7	31	-0,6	78	25,6	125	51,7	172	77,8
-15	-26,1	32	0,0	79	26,1	126	52,2	173	78,3
-14	-25,6	33	0,6	80	26,7	127	52,8	174	78,9
-13	-25,0	34	1,1	81	27,2	128	53,3	175	79,4
-12	-24,4	35	1,7	82	27,8	129	53,9	176	80,0
-11	-23,9	36	2,2	83	28,3	130	54,4	177	80,6
-10	-23,3	37	2,8	84	28,9	131	55,0	178	81,1
-9	-22,8	38	3,3	85	29,4	132	55,6	179	81,7
-8	-22,2	39	3,9	86	30,0	133	56,1	180	82,2
-7	-21,7	40	4,4	87	30,6	134	56,7	181	82,8
-6	-21,1	41	5,0	88	31,1	135	57,2	182	83,3
-5	-20,6	42	5,6	89	31,7	136	57,8	183	83,9
-4	-20,0	43	6,1	90	32,2	137	58,3	184	84,4
-3	-19,4	44	6,7	91	32,8	138	58,9	185	85,0
-2	-18,9	45	7,2	92	33,3	139	59,4	186	85,6
-1	-18,3	46	7,8	93	33,9	140	60,0	187	86,1
0	-17,8	47	8,3	94	34,4	141	60,6	188	86,7
1	-17,2	48	8,9	95	35,0	142	61,1	189	87,2
2	-16,7	49	9,4	96	35,6	143	61,7	190	87,8
3	-16,1	50	10,0	97	36,1	144	62,2	191	88,3
4	-15,6	51	10,6	98	36,7	145	62,8	192	88,9
5	-15,0	52	11,1	99	37,2	146	63,3	193	89,4
6	-14,4	53	11,7	100	37,8	147	63,9	194	90,0
7	-13,9	54	12,2	101	38,3	148	64,4	195	90,6
8	-13,3	55	12,8	102	38,9	149	65,0	196	91,1
9	-12,8	56	13,3	103	39,4	150	65,6	197	91,7
10	-12,2	57	13,9	104	40,0	151	66,1	198	92,2
11	-11,7	58	14,4	105	40,6	152	66,7	199	92,8
12	-11,1	59	15,0	106	41,1	153	67,2	200	93,3
13	-10,6	60	15,6	107	41,7	154	67,8	201	93,9
14	-10,0	61	16,1	108	42,2	155	68,3	202	94,4
15	-9,4	62	16,7	109	42,8	156	68,9	203	95,0
16	-8,9	63	17,2	110	43,3	157	69,4	204	95,6
17	-8,3	64	17,8	111	43,9	158	70,0	205	96,1
18	-7,8	65	18,3	112	44,4	159	70,6	206	96,7
19	-7,2	66	18,9	113	45,0	160	71,1	207	97,2
20	-6,7	67	19,4	114	45,6	161	71,7	208	97,8
21	-6,1	68	20,0	115	46,1	162	72,2	209	98,3
22	-5,6	69	20,6	116	46,7	163	72,8	210	98,9
23	-5,0	70	21,1	117	47,2	164	73,3	211	99,4
24	-4,4	71	21,7	118	47,8	165	73,9	212	100,0

Die wichtigsten Beispiele aus der Entwicklung der Rennwertformeln für Segelyachten

$\text{Tonnage} = \dfrac{(L - \frac{3}{5} B) \cdot B \cdot \frac{B}{2}}{94}$ — Builder's Measurement (seit 1773). Das Vermessungsergebnis war bei dieser und den nächstfolgenden Formeln ein kubisches Maß, man kann also mit Recht von „Tonnage" sprechen.

$\text{Tonnage} = \dfrac{(L - B) \cdot B \cdot \frac{B}{2}}{94}$ — Thames Rule (1855–1880).

$\text{Tonnage} = \dfrac{(L - B)^2 \cdot B}{1730}$ — 1881 von der Y.R.A. angenommene Tonnage Rule.

$\text{Tonnage} = \dfrac{L \cdot B \cdot T}{200}$ — Thames Corinthian Yacht Club.

$\text{Rating Tonnage} = \dfrac{L \cdot S}{6000}$ — Dixon Kemp (zw. 1888 u. 1895). Erstmalig erscheint die Segelfläche als Parameter; das Ergebnis bleibt ein Raummaß.

$\text{Tonnage} = \dfrac{(L - \frac{G}{4}) \cdot G \cdot \sqrt{S}}{130}$ — Französische Yacht-Union.

$\text{Tonnage} = \dfrac{L \cdot G \cdot (L + \sqrt{S})}{150}$ — Benzon.

$R = \dfrac{L \cdot \sqrt{S}}{\sqrt[3]{D}}$ — Erste Fassung von N. Herreshoffs Vorschlag für die Universal-Formel (1902). Diese und alle nachfolgenden Formeln haben als Vermessungsergebnis eine lineare Größe. Der Rennwert wird in Fuß oder Meter ausgedrückt.

$R = \dfrac{0{,}18\, L \cdot \sqrt{S}}{\sqrt[3]{D}}$ — Die Universal-Formel, 1906 von der Mehrzahl der amerikanischen Clubs angenommen. Nach dieser Formel wurde die J-Klasse vermessen (America-Pokal).

$R = \dfrac{L + B + \frac{3}{4} G + 4d + \frac{1}{2} \sqrt{S}}{2{,}1}$ — Erste Fassung der Formel, die 1906 zur International Rule führte. (Vorschlag von R. E. Froude, 1890.)

$R = \dfrac{L + B + \frac{3}{4} G + \frac{1}{4} \sqrt{S}}{2}$ — Deutsche Segellängenformel für Rennyachten (1898).

$R = \dfrac{L + B + \frac{3}{4} G + \frac{1}{4} \sqrt{S} + d - F}{2}$ — Deutsche Segellängenformel für Kreuzeryachten.

$$R = \frac{L + B + \frac{1}{2}G + 3d + \frac{1}{3}\sqrt{S} - F}{2}$$

International Rule (Internationale Segellängenformel seit 1906).

$$R = \frac{L + 2d + \sqrt{S} - F}{2{,}37}$$

Die International Rule in abgewandelter Form, wie sie u. a. für die 12er der Regatten um den America-Pokal gültig ist.

$$KR = \left[\frac{L + \sqrt{S} - (^3\sqrt{D} + B + F)}{1{,}40} + 0{,}7\left(\frac{\sqrt{S}}{^3\sqrt{D}} - 4{,}1\right)\right] \cdot Pr \cdot St$$

Deutsche Kreuzer-Rennwertformel (1963).

$$KR = \left[\frac{L + \sqrt{S} - 0{,}86\,(^3\sqrt{D} + B + F)}{1{,}5} + 0{,}7\left(\frac{\sqrt{S}}{^3\sqrt{D}} - 4{,}1\right)\right] \cdot Pr \cdot St \pm T_{Diff.}$$

Die KR-Formel in der Fassung von 1966.

$$R = 0{,}91\,(L \pm B \pm T \pm D \pm S \pm F) \cdot Pr \cdot St$$

Schematisierte Form, die den Aufbau der CCA-Formel zeigt (Cruising Club of America).

$$R = 0{,}15\,\frac{L \cdot \sqrt{S}}{\sqrt{B \cdot D}} + 0{,}2\,(L + \sqrt{S}) \pm St - Pr + T$$

Die RORC-Formel (Royal Ocean Racing Club).

$$R = \left[\frac{0{,}13\,L \cdot \sqrt{S}}{\sqrt{B \cdot D}} + 0{,}25\,L + 0{,}2\,\sqrt{S} + DC + FC\right] \cdot EPF \cdot CGF$$

Die IOR-Formel.

Internationales Morsealphabet

Buchstaben und internationale Buchstabierworte

a	·—	A	Alfa	j	·———	J	Juliet	s	···	S	Sierra
b	—···	B	Bravo	k	—·—	K	Kilo	t	—	T	Tango
c	—·—·	C	Charlie	l	·—··	L	Lima	u	··—	U	Uniform
d	—··	D	Delta	m	——	M	Mike	v	···—	V	Victor
e	·	E	Echo	n	—·	N	November	w	·——	W	Whisky
f	··—·	F	Foxtrott	o	———	O	Oskar	x	—··—	X	Xray
g	——·	G	Golf	p	·——·	P	Papa	y	—·——	Y	Yankee
h	····	H	Hotel	q	——·—	Q	Quebec	z	——··	Z	Zulu
i	··	I	India	r	·—·	R	Romeo				

Ziffern							
	1	·————	Unaone	6	—····		Soxisix
	2	··———	Bissotwo	7	——···		Setteseven
	3	···——	Terrathree	8	———··		Oktoeight
	4	····—	Kartefour	9	————·		Novenine
	5	·····	Pantafive	0	—————		Nadazero

Buchstabenflaggen

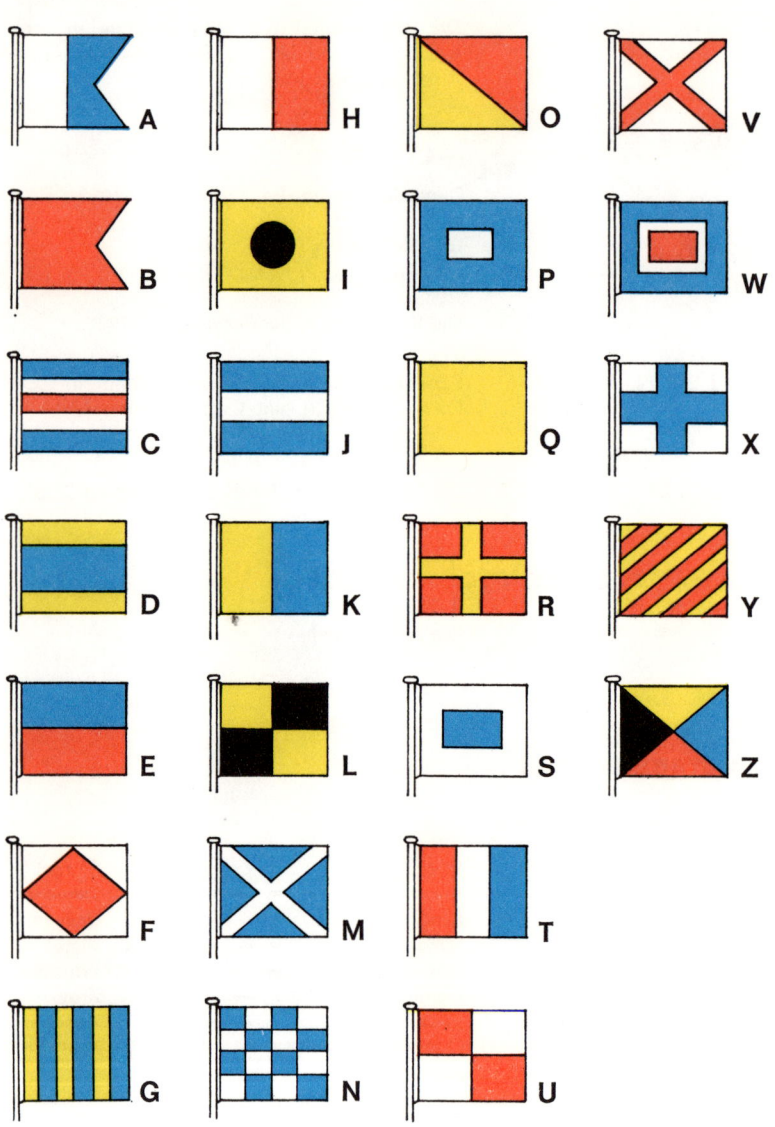

Hilfsstander und Zahlenwimpel

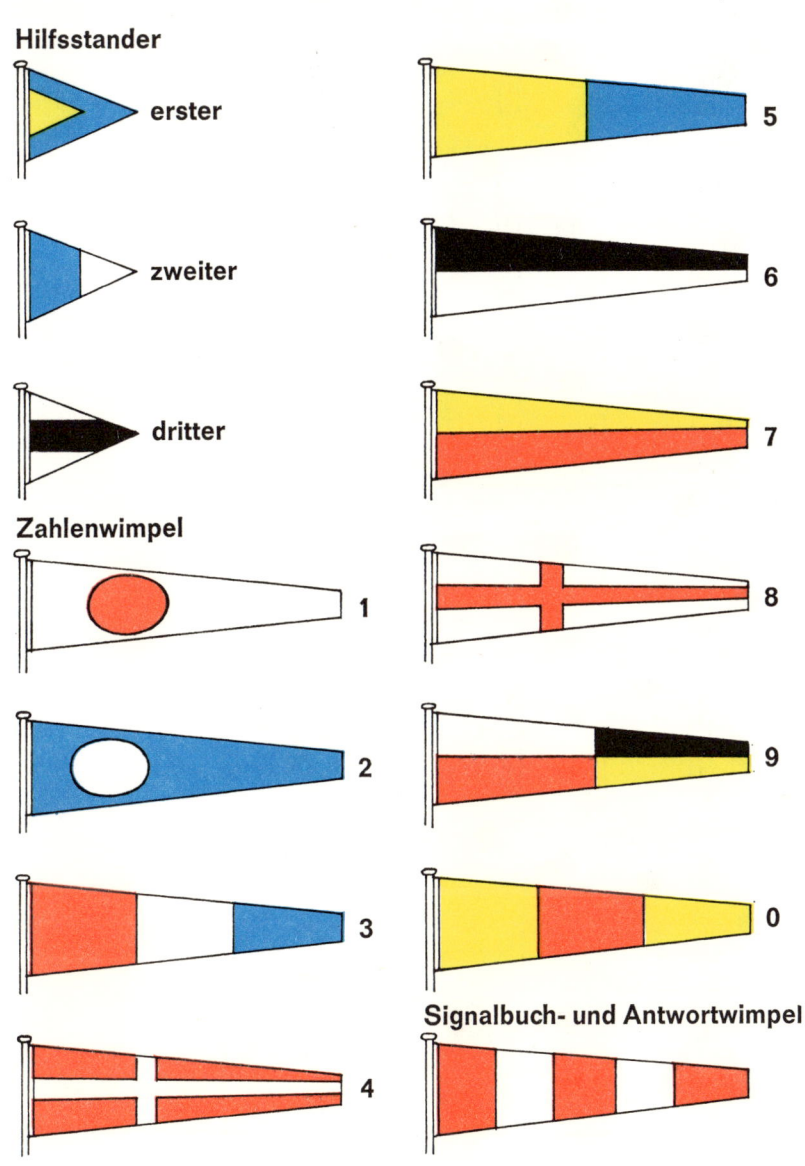

Internationales Winkeralphabet

A	H	O	V
B	I	P	W
C Antwortzeichen	J	Q	X
D	K	R	Y
E Irrungszeichen	L	S	Z
F	M	T	Achtungszeichen
G	N	U	Trennungszeichen

Anhang 16

Windstärken und Seegang nach Beaufort

Offizielle Werte des Internationalen Meteorologischen Instituts Paris 1949

Windstärke	Windgeschwindigkeit			Staudruck bar	Seegang	Wellenhöhe in m, nach Dr. Schumacher Meteorwerk Band VII
	m/s	km/h	Knoten			
0 Windstille	< 0,2	< 1	< 1	0	0 glatte See	0
1 leiser Zug	0,3– 1,5	1– 5	1– 3	0– 1	1 sehr ruhige See	0 – 0,5
2 leichte Brise	1,6– 3,3	6– 11	4– 6	2– 6	2 ruhige See	0,5–0,8
3 schwache Brise	3,4– 5,4	12– 19	7– 10	7– 18		0,8–1,3
4 mäßige Brise	5,5– 7,9	20– 28	11– 15	19– 39	3 leicht bewegte See	1,3–2
5 frische Brise	8 –10,7	29– 38	16– 21	40– 72	4 mäßig bewegte See	2 –3,5
6 starker Wind	10,8–13,8	39– 49	22– 27	73–119	5 ziemlich grobe See	3,5–6
7 steifer Wind	13,9–17,1	50– 61	28– 33	120–183	6 grobe See	>6
8 stürmischer Wind	17,2–20,7	62– 74	34– 40	184–268	7 hohe See	
9 Sturm	20,8–24,4	75– 88	41– 47	269–373		
10 schwerer Sturm	24,5–28,4	89–102	48– 55	374–505	8 sehr hohe See	kann bis 20 m anwachsen
11 orkanartiger Sturm	28,5–32,6	103–117	56– 63	506–665	9 äußerst schwere See	
12 Orkan	≧ 32,7	≧ 118	≧ 64	666–853		
13	37,0–41,4	134–149	72– 80		erweiterte Beaufort-Skala	
14	41,5–46,1	150–166	81– 89			
15 Wirbelstürme	46,2–50,9	167–183	90– 99			
16	51,0–56,0	184–201	100–108			
17	≧ 56	≧ 201	≧ 108			

Literaturnachweis

Verfasser bzw. Herausgeber	Titel	Erschienen
Juan Baader	Segelsport – Segeltechnik – Segelyachten	Bielefeld, Berlin 1967
Juan Baader	Motorkreuzer und schnelle Sportboote	Bielefeld, Berlin 1970
C. de Boer jr.	Maritieme Encyclopedie	Bussum 1970
F. Böer	Der Hafen	Hamburg 1956
L. Brandt	Navigationslexikon	Hamburg 1965
Bundesgesetzblatt	Seeschiffahrtstraßen-Ordnung	Frankfurt/M. 1977
Howard I. Chapelle	The Search for Speed Under Sail	London 1967
F. Conrad, O. Steppes	Lehrbuch der Navigation	Bremen 1943
Deutscher Hochseesportverband „Hansa"	Seemannschaft. 11. und 13. Auflage	Bielefeld, Berlin 1962 und 1969
Deutscher Normenausschuß	DIN-Normblätter	Berlin und Köln 1978
Deutsches Hydrographisches Institut	Nautisches Jahrbuch	Hamburg
Deutsches Hydrographisches Institut	Nachrichten für Seefahrer	Hamburg
R. Dluhy	Schiffstechnisches Wörterbuch	Hannover 1974
C. Eichler	Vom Bug zum Heck	Bielefeld, Berlin 1964
J. H. C. v. Eitzen	Schleppnetze in der Hochseefischerei	Berlin 1960
Eisenhardt	Die Vermessung der Seeschiffe	Hamburg 1960
P. Elvström	Elvström erklärt die Wettsegelbestimmungen	Bielefeld, Berlin 1969
W. Empacher	Der Bau von Kunststoffbooten	Bielefeld, Berlin 1963
E. Foerster	Praktischer Stahlschiffbau	Berlin 1930
Fulst	Nautische Tafeln	Bremen 1972
Germanischer Lloyd	Vorschriften für Klassifikation und Bau von stählernen Seeschiffen	Hamburg 1970
G. Gilgenast	Eine schnelle Yacht entsteht	Bielefeld, Berlin 1968
G. Goedel	Etymologisches Wörterbuch der deutschen Seemannssprache	Kiel und Leipzig 1902
W. Haeder, E. Gärtner	Die gesetzlichen Einheiten in der Technik	Berlin, Köln, Frankfurt/M.
B. Heckstall-Smith, E. Du Boulay	The Complete Yachtsman	London 1928
H. Herner, H. Beyer	Schiffbau	Leipzig 1941
H. Herner, K. Rusch	Die Theorie des Schiffes	Leipzig 1944
H. Herner, R. Verhovsek	Entwurf und Einrichtung von Handelsschiffen	Leipzig 1942

Verfasser bzw. Herausgeber	Titel	Erschienen
H. H. Herrlau	ABC des Seeverkehrs	Hamburg 1965
J. Howard-Williams	Das Segel	Bielefeld, Berlin 1969
H. Johnson	The Guinness Book of Yachting	Enfield 1975
Johow-Forster	Hilfsbuch für den Schiffbau, 5. Auflage	Berlin 1928
R. de Kerchove	International Maritime Dictionary	Princeton, New York 1961
Friedrich Kluge	Seemannssprache	Halle 1911
Friedrich Kluge, W. Mitzka	Etymologisches Wörterbuch der deutschen Sprache, 20. Auflage	Berlin 1967
Krauß/Meldau	Wetter- und Meereskunde für Seefahrer	Berlin/Göttingen, Heidelberg 1963
Basil Lubbock	The China Clippers	Glasgow 1919
Kai Lund	Bändsel, Leinen, Trossen	Bielefeld, Berlin 1972
Mitford M. Mathews	A Dictionary of Americanisms on Historical Principles	Chicago 1951
F. L. Middendorf	Bemastung und Takelung der Schiffe	Berlin 1903
Ulrich Mohr	Sicherheit auf See	Bielefeld, Berlin 1969
Müller-Krauß	Handbuch für die Schiffsführung	Berlin, Heidelberg, New York 1970
E. Muret, D. Sanders	Langenscheidts Enzyklopädisches Wörterbuch der deutschen und englischen Sprache	Berlin 1962
H. Paasch	Vom Kiel zum Flaggenknopf	Antwerpen 1901
F. Robb	Beaufort 10, was tun?	Bielefeld, Berlin 1969
J. H. Röding	Allgemeines Wörterbuch der Marine	Leipzig 1796
Rotermund, Koch	Die Ladung	Hamburg 1961
L. Schaller	Taschenbuch für Schiffbauer, Bootbauer, Schiffszimmerer und Segelmacher, 7. Auflage	Hamburg 1957
Schiffbautechnische Gesellschaft	Jahrbücher (1900 bis 1977)	Berlin, Heidelberg, New York
Fred Schmidt	Von den Bräuchen der Seeleute	Hamburg 1962
W. Schnackenbeck	Die deutsche Seefischerei	Hamburg 1953
William Scholz	Die Stellung der Segelschiffahrt zur Weltwirtschaft und Technik	Jena 1910
A. Schulze-Hinrichs	Handbuch der Seemannschaft	Darmstadt 1967
See-Berufsgenossenschaft	Deutsche Schiffssicherheitsvorschriften	Hamburg 1960
Shell	Taschenbuch für die Schiffahrt	Hamburg 1970
W. W. Skeat	Etymological Dictionary of the English Language	Oxford 1910

Anhang 17

Verfasser bzw. Herausgeber	Titel	Erschienen
J. D. Sleightholme	Seemannschaft von A bis Z	Herford 1970
W. Stein	Astronomische Navigation	Bielefeld, Berlin 1969
A. Stenzel	Deutsches Seemännisches Wörterbuch	Berlin 1904
O. Struve	Astronomie	Berlin 1963
T. Tryckare	Seefahrt	Bielefeld, Berlin 1967
J. Weninger	Einheiten, Größen und Skalenwerte	Frankfurt/M. und Hamburg
G. Westphal	Lexikon der Seefahrt	Hamburg 1967
W. H. Westphal	Physik	Berlin 1941
McWirther	Guiness Book of Records	New York 1970
Zentralverband d. deutschen Seehafenbetriebe e. V.	Fachausdrücke und Rechtsbegriffe in Verkehr, Handel, Versicherung	Hamburg 1967

Allgemeine Nachschlagewerke

Der große Brockhaus	Wiesbaden 1952
Der große Duden	Mannheim 1973
Lueger Lexikon der Technik	Reinbek bei Hamburg 1971
Meyers großes Konversationslexikon	Leipzig und Wien 1905
Meyers Lexikon der Technik und der exakten Naturwissenschaften	Mannheim, Wien, Zürich 1970
The American Peoples Encyclopedia	New York 1968

Zeitschriften

Der Seewart, Nautische Zeitschrift für die deutsche Seeschiffahrt
Die Kommandobrücke, Organ des VDKS
HANSA, Zentralorgan für Schiffahrt, Schiffbau, Hafen
Schiff und Hafen, Organ der STG
YACHT, Deutschlands führende Yachtzeitschrift
„boote", Magazin für Sport und Freizeit auf dem Wasser
Sail
Yachting
Bild der Wissenschaft
WZ Howaldtswerke – Deutsche Werft

UNTER SEGEL UND MOTOR
Das große Buch vom Yachtsport

Alles über den Yachtsport mit großen und kleinen Booten unter Segel und Motor ist in diesem Buch in mehr als 1500 meist farbigen Zeichnungen dargestellt und erklärt. Was es an Interessantem und Wissenswertem über Bootstypen und Ausrüstung, Entwurf und Bau, die Theorie und die praktische Bootsführung, Navigation, Wetter, Sicherheit, Regatten und Rennen zu sagen und zu zeigen gibt, ist darin erfaßt. Mehrere Autoren und Zeichner, jeder ein Experte auf seinem Gebiet, haben an dem großartigen Buch mitgewirkt, das sich zum Nachschlagen ebenso wie zum Lesen und Schmökern eignet, da es auch über ein ausführliches Sachwortverzeichnis verfügt. Es ist ein aus seiner Umgebung herausragendes Buch, nützlich durch seinen Inhalt und prächtig in Gestalt und Aufmachung.

280 Seiten mit über 1500 meist farbigen Zeichnungen, Format 27x30 cm, Ganzleinen DM 98,–

 **Verlag Delius Klasing Bielefeld**

Edmond Pâris

Segelkriegs-schiffe des 17. Jahrhunderts

Mit diesem Band legen wir unseren historisch interessierten Freunden eine Auswahl aus dem großen Werk „Souvenirs de Marine" von Edmond Pâris vor. Er gibt die Originaldarstellungen des Autors über die Segelkriegsschiffe des 17. Jahrhunderts wieder: Angaben zu Konstruktion, Formgebung, Takelage, Bewaffnung und Rangeinteilung stehen neben Zeichnungen von Schiffen und ihren Einzelheiten, von denen besonders die reichgeschmückten Vor- und Achterschiffe hervorgehoben zu werden verdienen. Ausführlich beschrieben sind die beiden französischen Schiffe „La Couronne" und „Le Royal Louis", die zu den besten ihrer Zeit gehörten.

104 Seiten und 7 Ausschlagtafeln mit 142 Abbildungen, Ganzleinen DM 60,–

Edmond Pâris

Die große Zeit der Galeeren und Galeassen

Ein weiterer Auszug aus der zwischen 1882 und 1908 erschienenen Sammlung „Souvenirs de Marine" von Edmond Pâris. Er enthält die Zeichnungen, Daten und Texte, die sich mit den großen Ruderschiffen, den Galeeren und Galeassen bis zum Ausgang des 17. Jahrhunderts befassen. Das Buch bietet ein eindrucksvolles Bild jener Epoche der Schiffahrt und enthält u. a. so berühmte Schiffe wie die Galeere Réale von 1697, die Galeere „La Royale" und den Bucentoro. Die Texte vermitteln einen tiefen Einblick in die Theorie und Praxis der Schiffahrt bzw. des Schiffbaus der damaligen Zeit. Zum besseren Verständnis wurden sie ins Deutsche übersetzt.

96 Seiten und 7 Ausschlagtafeln mit 311 Abbildungen, Ganzleinen DM 60,–

**Verlag Delius Klasing
Bielefeld**

SEEFAHRT
Nautisches Lexikon in Bildern

Dieses Werk ist auch ein Wörterbuch oder Lexikon, jedoch ganz anderer Art. Es erklärt nicht mit Worten, sondern durch Bilder. Über 1570 Zeichnungen von Schiffen und ihren Einzelheiten – zum großen Teil farbig – bilden den Ausgangspunkt und zeigen diese selbst sowie alle seemännischen und nautischen Ausrüstungen mit rund 5000 Namen, Bezeichnungen und Ausdrücken. Sie sind in folgende Abschnitte unterteilt: Rumpf, Takelage, Segel, Maschine, Fischerei, Segelsport, Bewaffnung und Navigation. Jedem Abschnitt ist ein einführender Text vorangestellt. Ein Stichwortverzeichnis und ein illustrierter Index ermöglichen das Auffinden jedes Begriffes. Das Werk ist 1963 zum erstenmal erschienen und jetzt in einer besonders preisgünstigen, aber ungekürzten und unveränderten Sonderausgabe lieferbar.

Ungekürzte Sonderausgabe. 280 Seiten mit 1570 ein- und mehrfarbigen Zeichnungen, Format 28 x 30,5 cm, Ganzleinen DM 64,–

**Verlag Delius Klasing
Bielefeld**